U0710291

該資料輯録爲國家社會科學基金重大項目
"東胡系民族歷史文獻整理與研究"（項目號：17ZDA211）
成果之一，本成果獲得内蒙古大學"部省合建"
科研專項高端成果培育項目資助，爲内蒙古大學
鑄牢中華民族共同體意識研究系列叢書

【東胡系民族資料彙編】

張久和 主編

肖愛民 編

契丹資料輯録

中華書局

圖書在版編目(CIP)數據

契丹資料輯録/肖愛民編. —北京:中華書局,2024. 12. —(東胡系民族資料彙編/張久和主編).—ISBN 978-7-101-16875-4

Ⅰ. K289

中國國家版本館 CIP 數據核字第 20241EH837 號

書　　名	契丹資料輯録
編　　者	肖愛民
叢 書 名	東胡系民族資料彙編
責任編輯	陳　喬
裝幀設計	劉　麗
責任印製	陳麗娜
出版發行	中華書局
	(北京市豐臺區太平橋西里 38 號　100073)
	http://www.zhbc.com.cn
	E-mail:zhbc@zhbc.com.cn
印　　刷	三河市宏達印刷有限公司
版　　次	2024 年 12 月第 1 版
	2024 年 12 月第 1 次印刷
規　　格	開本/920×1250 毫米　1/32
	印張 21⅛　插頁 2　字數 400 千字
國際書號	ISBN 978-7-101-16875-4
定　　價	128.00 元

目 録

凡　例

　　本資料輯録是 2017 年度國家社會科學基金重大項目 "東胡系民族歷史文獻整理與研究"（17ZDA211）子課題《契丹、庫莫奚資料輯録與基本史料辨析》的成果之一。

　　收録的時間，上起自契丹之名始見於朝鮮金富軾《三國史記》中記載的 378 年（東晉太元三年、前秦建元十四年、高句麗小獸林王八年），下訖於 907 年（唐天祐四年、後梁開平元年）耶律阿保機取代遥輦氏稱天皇帝（又稱天皇王，即契丹語 "天可汗" 的漢語意譯）建國。輯録的範圍，爲此段期間内所有能搜集到中外古籍和碑刻中的有關契丹資料，《遼史》《契丹國志》以及宋人的典籍中關於契丹建國前的資料，也在收録的範圍。遼朝滅亡後的歷代典籍中有關契丹建國前資料，因多係抄録或節選前代的資料，故基本不再收録。

　　典籍所使用的版本，首先是學界認可的中華書局權威版本，如《魏書》《晉書》《北史》《南史》《周書》《北齊書》《隋書》《舊唐書》《新唐書》《舊五代史》《新五代史》《遼史》《契丹國志》《十六國春秋輯補》《資治通鑑》《全唐文》《唐大詔令集》《張説集校注》《文苑英華》《通典》《安禄山事迹》《文選》《日藏弘仁本文館詞林校證》等。其次是其他出版社出版的點校本,如上海古籍出版社的《陳子昂集》《唐會要》《五代會要》、商務印書館的《武經總要》、吉林大學出版社的《三國史記》等。最後是文淵閣四庫全書、續修四庫全書和四庫禁毁書叢刊等未經點校的影印版本,在收録時,輯者都加以句讀。有多家出版社的版本,則以中華書局的版本爲主,參校其他出版社的版本。

　　碑刻的版本,則以目前已經出版的歷代墓誌彙編、墓誌會考、墓誌疏證、石刻文編、碑刻考釋、題記彙編等爲主,再輔以考古文物類期刊雜誌中所刊載的碑刻等,有個別的爲輯者實地調查。如《狄仁傑祠堂碑》中的資料,輯者於 2017 年 12 月赴河北省邯鄲市大名縣對此碑進行實地調查,再結合朱獻東、陳振山編《大名石刻精選》中的拓片予以收録。

　　資料的編排方法,與重大項目的課題總要求一致。第一部分爲正史中的契丹專傳。第二部分爲契丹人物的傳記,對於族屬有争議者,也一同收録,以方便查閲和考證。第三部分是散見史料繫年録,以正史爲主,本紀爲綱,按照正史中各朝帝王的年號先後順序排列,於帝王年號後標注公元紀年。同年的資料,按月編排;不同典籍中的相同資料,集中排列;一些無確切時間的資料,則根據正史和《資治通鑑》中的相關記載,列於相關年月下。第四部分爲建國後典籍和碑刻中散見未繫年的史料,如《遼史》《契丹國志》等典籍和建國後碑刻中的史料。

　　關於資料中的注釋等説明。第一,各史的正文以及歷代的注釋、考異等,均予以收録。如《資治通鑑》中的司馬光的考異、胡三省注等,即全部收録,一如原文用小字號字體來標識。第二,中華書局以及其他出版社點校者的校勘記,以對所選史實有所增益,或糾舉訛誤、辨明歧異爲原則進行選録,采用“校勘記”等形式,標注於所收資料的正文之下。第三,凡是輯録者認爲需要進行解釋或者校勘、考訂的地方,則以頁下注的形式,標注於所收資料正文的頁下。第四,一些人物的姓氏、發生事件的時間與地點,在所收資料的原文中省略,在收録時酌情予以補充,用“(　)”來表示。

對於外國的年號,在正文開始處以“(　)”標出,如《三國史記》中唐高宗咸亨四年(673)的資料,正文開始處以(新羅文武王十三年)標記;對於正文中沒有具體帝王年號、月份,可以確定的,或間隔較遠的,以“(　)”標出,如《北史》中“(大業)十一年春正月甲午朔”。《資治通鑑》卷一百八十五“(五月)辛未,突厥始畢可汗遣骨咄禄特勒來”等。

收録資料寫明出處,以方便讀者核對和引用。有的資料,或見於多種典籍中,或見於碑刻彙編、發掘報告、著作、論文等,則以一種版本爲主,並參校其他版本進行收録。主要收録資料的版本信息並列於後面的“參考文獻”中。

契丹專傳

《魏書》卷一百《列傳第八十八·契丹》

契丹國，在庫莫奚東，異種同類，俱竄於松漠之間。登國中，國軍大破之，遂逃迸，與庫莫奚分背。經數十年，稍滋蔓，有部落，於和龍之北數百里，多爲寇盜。真君以來，求朝獻，歲貢名馬。顯祖時，使莫弗紇何辰奉獻，得班饗於諸國之末。歸而相謂，言國家之美，心皆忻慕，於是東北群狄聞之，莫不思服。悉萬丹部、何大何部、伏弗郁部、羽陵部、〔六〕日連部、匹絜部、黎部、〔七〕吐六于部等，〔八〕各以其名馬文皮入獻天府，遂求爲常。皆得交市於和龍、密雲之間，貢獻不絕。太和三年，高句麗竊與蠕蠕謀，欲取地豆于以分之。契丹懼其侵軼，其莫弗賀勿于率其部落車三千乘、衆萬餘口，驅徙雜畜，求入內附，止於白狼水東。自此歲常朝貢。後告饑，高祖矜之，聽其入關市糴。及世宗、肅宗時，恒遣使貢方物。熙平中，契丹使人祖真等三十人還，靈太后以其俗嫁娶之際，以青氈爲上服，人給青氈兩匹，賞其誠款之心，餘依舊式。朝貢至齊受禪常不絕。

【校勘記】

〔六〕伏弗郁部羽陵部　按上《勿吉傳》見“具弗伏國”“郁

羽陵國”，卷六《顯祖紀》皇興元年二月、二年四月並見“具伏弗、郁羽陵”，這裏“伏弗”上當脱“具”字，“郁”“部”誤倒，當作“具伏弗部、郁羽陵部”。

〔七〕匹絜部黎部　按上《勿吉傳》及卷六《顯祖紀》皇興元年、二年並見“匹黎尒部”，《通典》卷二〇〇契丹條作“匹黎部”。疑這裏“匹絜”下衍“部”字，本作“匹絜黎部”，誤分二部。

〔八〕吐六于部　《北史》卷九四《契丹傳》“于”作“干”，卷六《顯祖紀》皇興二年四月作“叱六手”，《通典》卷二〇〇作“比六干”。疑“吐”“比”皆“叱”字之訛。“手”顯訛，“于”“干”不知孰是。

頁二二二三至二二二六

《北史》卷九十四《列傳第八十二·契丹》

契丹國在庫莫奚東，與庫莫奚異種同類。並爲慕容晃所破，俱竄於松漠之間。登國中，魏大破之，遂逃迸，與庫莫奚分住。經數十年，稍滋蔓，有部落，於和龍之北數百里爲寇盗。真君以來，歲貢名馬。獻文時，使莫弗紇何辰來獻，得班饗於諸國之末。歸而相謂，言國家之美，心皆忻慕，於是東北群狄聞之，莫不思服。悉萬丹部、何大何部、伏弗郁部、羽陵部、〔五六〕日連部、匹潔部、黎部、〔五七〕吐六干部等各以其名馬文皮獻天府。遂求爲常，皆得交市於和龍、密雲之間，貢獻不絶。太和三年，高句麗竊與蠕蠕謀，欲取地豆干以分之。契丹舊怨其侵軼，其莫賀弗勿干率其部落，車三千乘、衆萬餘口，驅徙雜畜求内附，止於白狼水東。自此歲常朝貢。後告饑,孝文聽其入關市糴。及宣武、孝明時,恒遣使貢方物。熙平中,契丹使人初真等三十人還,靈太后以其俗嫁娶之際以青氊爲上服,人給青氊兩匹,賞其誠款之心,餘依舊式朝貢。及齊受東魏禪,常不斷絕。

天保四年九月,契丹犯塞,文宣帝親戎北討,〔五八〕至平州,遂西趣長塹。詔司徒潘相樂帥精騎五千,自東道趣青山;復詔安德王韓軌帥精騎四千東趣,斷契丹走路。帝親踰山嶺,奮擊大破之,虜十餘萬口、雜畜數十萬頭。相樂又於青山大破契丹別部。所虜生口,皆分置諸州。其後復爲突厥所逼,又以萬家寄於高麗。

其俗與靺鞨同,好爲寇盜。父母死而悲哭者,以爲不壯。但以其屍置於山樹之上,經三年後,乃收其骨而焚之。因酌酒而祝曰:"冬月時,向陽食,〔五九〕若我射獵時,使我多得豬、鹿。"其無禮頑嚚,於諸夷最甚。

隋開皇四年,率莫賀弗來謁。五年,悉其眾款塞,文帝納之,聽居其故地。責讓之,〔六〇〕其國遣使詣闕,頓顙謝罪。其後,契丹別部出伏等背高麗,率眾內附。文帝見來,憐之。〔六一〕上方與突厥和好,重失遠人之心,悉令給糧還本部,敕突厥撫納之。固辭不去。部落漸眾,遂北徙,逐水草,當遼西正北二百里,依託紇臣水而居,東西亘〔五百里,南北三〕百里,〔六二〕分爲十部。兵多者三千,少者千餘。逐寒暑,隨水草畜牧。有征伐,則酋帥相與議之,興兵動眾,合如符契。〔六三〕突厥沙鉢略可汗遣吐屯潘垤統之,契丹殺吐屯而遁。大業七年,遣使朝,貢方物。

【校勘記】

〔五六〕伏弗郁部羽陵部　按《勿吉傳》有具弗伏國、郁羽陵國。《魏書》卷六《顯祖紀》皇興元年及二年兩見具伏弗、郁羽陵。"具伏弗"自即"具弗伏"。這裏疑脱"具"字，"郁部"二字誤倒。但《通典》卷二〇〇《契丹》條也作"伏弗郁部、羽陵部"。

〔五七〕匹潔部黎部　《通典》無"潔部"二字。按"匹黎部"，疑即《勿吉傳》之"匹黎尒國"。

〔五八〕文宣帝親戎北討　諸本脱"宣"字，據《通志》卷二〇〇《契丹傳》補。事見《北齊書》卷四《文宣紀》天保四年九月。

〔五九〕冬月時向陽食　《隋書》卷八四《契丹傳》同。《通志》下多"夏月時，向陰食"六字。

〔六〇〕聽居其故地責讓之　《隋書》"地"下有"六年，其諸部相攻擊，久不止。又與突厥相侵，高祖使使"二十一字。《北史》有脱文。

〔六一〕率衆内附文帝見來憐之　《隋書》"内附"下有"高祖納之，安置於渴奚那頡之北。開皇末，其別部四千餘家背突厥來降"二十八字。無"文帝見來憐之"語。《北史》當有脱文。

〔六二〕東西亘〔五百里南北三〕百里　諸本脱"五百里南北三"六字，據《隋書》補。

〔六三〕興兵動衆合如符契　《隋書》無"如"字，是。

頁三一二七至三一二九、三一四五

《隋書》卷八十四《列傳第四十九・北狄・契丹》

　　契丹之先,與庫莫奚異種而同類,並爲慕容氏所破,俱竄於松、漠之間。其後稍大,居黃龍之北數百里。其俗頗與靺鞨同。好爲寇盜。父母死而悲哭者,以爲不壯,但以其屍置於山樹之上,經三年之後,乃收其骨而焚之。因酹而祝曰:"冬月時,向陽食。若我射獵時,使我多得猪鹿。"其無禮頑囂,於諸夷最甚。

　　當後魏時,爲高麗所侵,部落萬餘口求内附,止于白貔河。其後爲突厥所逼,又以萬家寄於高麗。開皇四年,率諸莫賀弗來謁。五年,悉其衆款塞,高祖納之,聽居其故地。六年,其諸部相攻擊,久不止,又與突厥相侵,高祖使使責讓之。其國遣使詣闕,頓顙謝罪。其後契丹別部出伏等背高麗,率衆内附。高祖納之,安置於渴奚那頡之北。開皇末,其別部四千餘家背突厥來降。上方與突厥和好,重失遠人之心,悉令給糧還本,敕突厥撫納之。固辭不去。部落漸衆,遂北徙逐水草,當遼西正北二百里,依託紇臣水而居。東西亘五百里,南北三百里,分爲十部。兵多者三千,少者千餘,逐寒暑,隨水草畜牧。有征伐,則酋帥相與議之,興兵動衆合符契。突厥沙鉢略可汗遣吐屯潘垤統之。

頁一八八一至一八八二

《舊唐書》卷一百九十九下《列傳第一百四十九下・
北狄・契丹》

　　契丹,居潢水之南,〔九〕黃龍之北,鮮卑之故地,在京城東北五千三百里。東與高麗鄰，西與奚國接，南至營州，北至室韋。冷陘山在其國南，與奚西山相崎，地方二千里。逐獵往來，居無常處。其君長姓大賀氏。勝兵四萬三千人，分爲八部，若有徵發，諸部皆須議合，不得獨舉。獵則別部，戰則同行。本臣突厥，好與奚鬬，不利則遁保青山及鮮卑山。其俗死者不得作塚墓，以馬駕車送入大山，置之樹上，亦無服紀。子孫死，父母晨夕哭之；父母死，子孫不哭。其餘風俗與突厥同。

武德初，數抄邊境。二年，入寇平州。六年，其君長咄羅遣使貢名馬豐貂。貞觀二年，其君摩會率其部落來降。突厥頡利遣使請以梁師都易契丹，太宗謂曰：“契丹、突厥，本是別類，今來降我，何故索之？師都本中國人，據我州城，以爲盜竊，突厥無故容納之，我師往討，便來救援。計不久自當擒滅，縱其不得，終不以契丹易之。”太宗伐高麗，至營州，會其君長及老人等，賜物各有差，授其蕃長窟哥爲左武衛將軍。二十二年，窟哥等部咸請內屬，乃置松漠都督府，以窟哥爲左領軍將軍兼松漠都督府、無極縣男，賜姓李氏。顯慶初，又拜窟哥爲左監門大將軍。其曾孫祜莫離，則天時歷左衛將軍兼檢校彈汗州刺史，歸順郡王。

又契丹有別部酋帥孫敖曹，初仕隋爲金紫光禄大夫。武德四年，與靺鞨酋長突地稽俱遣使內附，詔令於營州城傍安置，授雲麾將軍，行遼州總管。至曾孫萬榮，垂拱初累授右玉鈐衛將軍、歸誠州刺史，封永樂縣公。萬歲通天中，萬榮與其妹壻松漠都督李盡忠，俱爲營州都督趙翽所侵侮，二人遂舉兵殺翽，據營州作亂。盡忠即窟哥之胤，歷位右武衛大將軍兼松漠都督。則天怒其叛亂，下詔改萬榮名爲萬斬，盡忠爲盡滅。盡滅尋自稱無上可汗，以萬斬爲大將，前鋒略地，所向皆下，旬日兵至數萬，進逼檀州。詔令右金吾大將軍張玄遇、左鷹揚衛將軍曹仁師、司農少卿麻仁節率兵討之。與萬斬戰于西硤石谷，官軍敗績，玄遇、仁節並爲賊所虜。又令夏官尚書王孝傑、左羽林將軍蘇宏暉領兵七萬以繼之。與萬斬戰于東硤石谷，孝傑在陣陷没，[一〇]宏暉棄甲而遁。萬斬乘勝率其衆入幽州，殺略人吏。清邊道大總管、建安郡王武攸宜遣裨將討之，不能克。又詔左金吾大將軍、河内王武懿宗爲大總管，御史大夫婁師德爲副大總管，右武衛將軍沙吒忠義爲前軍總管，率兵三十萬以討之。俄而李盡滅死，萬斬代領其衆。萬斬又遣別帥駱務整、何阿小爲遊軍前鋒，攻陷冀州，殺刺史陸寶積，屠官吏子女數千人。俄而奚及突厥之衆掩擊其後，掠其幼弱。萬斬棄其衆，以輕騎數千人東走。前軍副總管張九節率數百騎設伏以邀之。萬斬窮蹙，乃將其家奴輕騎宵遁，至潞河東，解鞍憩於林下，其奴斬之。張九節傳其首于東都，自是其餘衆遂降突厥。

開元三年，其首領李失活以默啜政衰，率種落内附。失活即盡忠之從父弟也。於是復置松漠都督府，封失活爲松漠郡王，拜左金吾衛大將軍兼松漠都督。其所統八部落，各因舊帥拜爲刺史，又以將軍薛泰督軍以鎮撫之。明年，失活入朝，封宗室外甥女楊氏爲永樂公主以妻之。

六年，失活死，上爲之舉哀，贈特進。失活從父弟娑固代統其衆，遣使册立，仍令襲其兄官爵。娑固大臣可突于驍勇，[一一]頗得衆心，娑固謀欲除之。可突于反攻娑固，娑固奔

營州。都督許欽澹令薛泰帥驍勇五百人，又徵奚王李大輔者
及娑固合衆以討可突于。〔一二〕官軍不利，娑固、大輔臨陣皆
爲可突于所殺，生拘薛泰。營府震恐，許欽澹移軍西入渝關。
可突于立娑固從父弟鬱于爲主，〔一三〕俄又遣使請罪，上乃令
册立鬱于，令襲娑固官爵，仍赦可突于之罪。十年，鬱于入朝
請婚。上又封從妹夫率更令慕容嘉賓女爲燕郡公主以妻之，
仍封鬱于爲松漠郡王，授左金吾衛員外大將軍兼静析軍經略
大使，賜物千段。鬱于還蕃，可突于來朝，拜左羽林將軍，從
幸并州。

　　明年，鬱于病死，弟吐于代統其衆，〔一四〕襲兄官爵，復以
燕郡公主爲妻。吐于與可突于復相猜阻。十三年，携公主來
奔，便不敢還，改封遼陽郡王，因留宿衛。可突于立李盡忠弟
邵固爲主。其冬，車駕東巡，邵固詣行在所，因從至岳下，拜
左羽林軍員外大將軍、静析軍經略大使，改封廣化郡王，又封
皇從外甥女陳氏爲東華公主以妻之。

　　邵固還蕃，又遣可突于入朝，貢方物，中書侍郎李元紘不
禮焉，可突于怏怏而去。左丞相張説謂人曰："兩蕃必叛。可
突于人面獸心，唯利是視，執其國政，人心附之，若不優禮縻
之，必不來矣。"十八年，可突于殺邵固，率部落并脅奚衆降于
突厥，東華公主走投平盧軍。於是詔中書舍人裴寬、給事中
薛侃等於京城及關内、河東、河南、河北分道募壯勇之士，以
忠王浚爲河北道行軍元帥以討之，師竟不行。二十年，詔禮
部尚書信安王禕爲行軍副大總管，領衆與幽州長史趙含章出
塞擊破之，俘獲甚衆。可突于率其麾下遠遁，奚衆盡降，禕乃
班師。明年，可突于又來抄掠。幽州長史薛楚玉遣副將郭英

傑、吴克勤、鄔知義、羅守忠率精騎萬人，并領降奚之衆追擊
之。軍至渝關都山之下，可突于領突厥兵以拒官軍。奚衆遂
持兩端，散走保險。官軍大敗，知義、守忠率麾下遁歸，英傑、
克勤没于陣，其下六千餘人，盡爲賊所殺。詔以張守珪爲幽
州長史兼御史中丞以經略之。可突于漸爲守珪所逼，遣使僞
降。俄又迴惑不定，引衆漸向西北，將就突厥。守珪遣管記
王悔等就部落招諭之。[一五]時契丹衙官李過折與可突于分
掌兵馬，情不叶，悔潛誘之，過折夜勒兵斬可突于及其支黨數
十人。二十三年正月，傳首東都。詔封過折爲北平郡王，授
特進，檢校松漠州都督，賜錦衣一副、銀器十事、絹彩三千疋。
其年，過折爲可突于餘黨泥禮所殺，并其諸子，唯一子剌乾走
投安東得免，拜左驍衛將軍。

　　天寶十年，安禄山誣其酋長欲叛，請舉兵討之。八月，以
幽州、雲中、平盧之衆數萬人，就潢水南契丹衙與之戰，禄山
大敗而還，死者數千人。至十二年，又降附。迄于貞元，常間
歲來修藩禮。

　　貞元四年，與奚衆同寇我振武，大掠人畜而去。九年、
十年，復遣使來朝，大首領悔落拽何已下，各授官放還。十一
年，大首領熱蘇等二十五人來朝。自後至元和、長慶、寶曆、
大和、開成時遣使來朝貢。會昌二年九月，制：“契丹新立王
屈戌，[一六]可雲麾將軍，守右武衛將軍員外置同正員。”幽州
節度使張仲武上言：“屈戌等云，契丹舊用迴紇印，今懇請聞
奏，乞國家賜印。”許之，以“奉國契丹之印”爲文。

【校勘記】
　　〔九〕潢水　各本原作“黄水”，據《唐會要》卷九六、《新

書》卷二一九《契丹傳》改。

〔一〇〕在陣陷没　“在”字各本原作“左”，據《册府》卷九八六改。

〔一一〕可突于　《通鑑》卷二一二、《合鈔》卷二五九下《北狄傳》作“可突干”。

〔一二〕李大輔　《唐會要》卷九六、《通鑑》卷二一一皆作“李大酺”。

〔一三〕鬱于　《唐會要》卷九六作“鬱於”，《通鑑》卷二一二作“鬱干”。

〔一四〕吐于　《通鑑》卷二一二作“吐干”。

〔一五〕管記王悔等　“記”字各本原作“紀”，據本書卷一〇三《張守珪傳》改。

〔一六〕契丹新立王屈戌　“王”字各本原作“五”，據《唐會要》卷九六改。

頁五三四九至五三五四、五三六五至五三六六

《新唐書》卷二百一十九《列傳第一百四十四·北狄·契丹》

契丹，本東胡種，其先爲匈奴所破，保鮮卑山。魏青龍中，部酋比能稍桀驁，爲幽州刺史王雄所殺，衆遂微，逃潢水之南，黄龍之北。至元魏，自號曰契丹。地直京師東北五千里而贏，東距高麗，西奚，南營州，北靺鞨、室韋，阻冷陘山以自固。射獵居處無常。其君大賀氏，有勝兵四萬，析八部，臣于突厥，以爲俟斤。凡調發攻戰，則諸部畢會；獵則部得自行。與奚不平，每鬬不利，輒遁保鮮卑山。風俗與突厥大抵

略倬。死不墓，以馬車載尸入山，置於樹顛。子孫死，父母旦夕哭；父母死則否，亦無喪期。

武德中，其大酋孫敖曹與靺鞨長突地稽俱遣人來朝，而君長或小入寇邊。後二年，君長乃遣使者上名馬、豐貂。貞觀二年，摩會來降。突厥頡利可汗不欲外夷與唐合，乃請以梁師都易契丹。太宗曰："契丹、突厥不同類，今已降我，尚可索邪？師都，唐編户，盗我州部，突厥輒爲助，我將禽之，誼不可易降者。"明年，摩會復入朝，賜鼓纛，由是有常貢。帝伐高麗，悉發酋長與奚首領從軍。帝還，過營州，盡召其長窟哥及老人，差賜繒采，以窟哥爲左武衛將軍。

大酋辱紇主曲據又率衆歸，即其部爲玄州，拜曲據刺史，隸營州都督府。未幾，窟哥舉部内屬，乃置松漠都督府，以窟哥爲使持節十州諸軍事、松漠都督，封無極男，賜氏李；以達稽部爲峭落州，紇便部爲彈汗州，獨活部爲無逢州，芬問部爲羽陵州，突便部爲日連州，芮奚部爲徒河州，墜斤部爲萬丹州，伏部爲匹黎、赤山二州，俱隸松漠府，即以辱紇主爲之刺史。

窟哥死，與奚連叛，行軍總管阿史德樞賓等執松漠都督阿卜固獻東都。窟哥有二孫：曰枯莫離，爲左衛將軍、彈汗州刺史，封歸順郡王；曰盡忠，爲武衛大將軍、松漠都督。而敖曹有孫曰萬榮，爲歸誠州刺史。於是營州都督趙文翽驕沓，數侵侮其下，盡忠等皆怨望。萬榮本以侍子入朝，知中國險易，挾亂不疑，即共舉兵，殺文翽，盗營州反。盡忠自號無上可汗，以萬榮爲將，縱兵四略，所向輒下，不重淹，衆數萬，妄言十萬，攻崇州，執討擊副使許欽寂。武后怒，詔鷹揚將軍曹仁師、金吾大將軍張玄遇、右武威大將軍李多祚、司農少卿麻仁節等二十八將擊之；以梁王武三思爲楡關道安撫大使，納言姚璹爲之副。更號萬榮曰萬斬，盡忠曰盡滅。諸將戰西硤石黃麞谷，王師敗績，玄遇、仁節皆爲虜禽。進攻平州，不克。敗書聞，后乃以右武衛大將軍建安王武攸宜爲清邊道大總管，擊契丹；募天下人奴有勇者，官畀主直，悉發以擊虜。萬榮銜枚夜襲檀州，清邊道副總管張九節募死士數百薄戰，萬榮敗而走山。俄而盡忠死，突厥默啜襲破其部。萬榮收散兵復振，使別將駱務整、何阿小入冀州，殺刺史陸寶積，掠數千人。

　　武后聞盡忠死，更詔夏官尚書王孝傑、羽林衛將軍蘇宏暉率兵十七萬討契丹，戰東硤石，師敗，孝傑死之。萬榮席已勝，遂屠幽州。攸宜遣將討捕，不能克。乃命右金吾衛大將軍河內郡王武懿宗爲神兵道大總管，右肅政臺御史大夫婁師德爲清邊道大總管，右武威衛大將軍沙吒忠義爲清邊中道前軍總管，兵凡二十萬擊賊。萬榮銳甚，鼓而南，殘瀛州屬縣，恣肆無所憚。於是神兵道總管楊玄基率奚軍掩其尾，契丹大敗，獲何阿小，降別將李楷固、駱務整，收仗械如積。萬榮委軍走，殘隊復合，與奚搏，奚四面攻，乃大潰，萬榮左馳。張九節爲三伏伺之，萬榮窮，與家奴輕騎走潞河東，憊甚，臥林下，奴斬其首，九節傳之東都，餘衆潰。攸宜凱而還，后喜，爲赦天下，改元爲神功。

　　契丹不能立，遂附突厥。久視元年，詔左玉鈐衛大將軍李楷固、右武威衛將軍駱務整討契丹，破之。此兩人皆虜善將，嘗犯邊，數窘官軍者也，及是有功。

開元二年,盡忠從父弟都督失活以默啜政衰,率部落與頡利發伊健啜來歸,玄宗賜丹書鐵券。後二年,與奚長李大酺皆來,詔復置松漠府,以失活爲都督,封松漠郡王,授左金吾衛大將軍;仍其府置静析軍,以失活爲經略大使,所統八部皆擢其酋爲刺史。詔將軍薛泰爲押蕃落使,督軍鎮撫。帝以東平王外孫楊元嗣女爲永樂公主,妻失活。明年,失活死,贈特進,帝遣使弔祠,以其弟中郎將娑固襲封及所領。明年,娑固與公主來朝,宴賚有加。

有可突于者,爲静析軍副使,悍勇得衆,娑固欲去之,未決。可突于反攻娑固,娑固奔營州。都督許欽澹以州甲五百,合奚君長李大酺兵共攻可突于,不勝,娑固、大酺皆死,欽澹懼,徙軍入榆關。可突于奉娑固從父弟鬱于爲君,遣使者謝罪,有詔即拜鬱于松漠郡王,而赦可突于。鬱于來朝,授率更令,以宗室所出女慕容爲燕郡公主妻之。〔一〕可突于亦來朝,擢左羽林衛將軍。鬱于死,弟吐于嗣,與可突于有隙,不能定其下,攜公主來奔,封遼陽郡王,留宿衛。可突于奉盡忠弟邵固統衆,詔許襲王。天子封禪,邵固與諸蕃長皆從行在。明年,拜左羽林衛大將軍,徙王廣化郡,以宗室出女陳爲東華公主,妻邵固,詔官其部酋長百餘人,邵固以子入侍。

可突于復來,不爲宰相李元紘所禮,鞅鞅去。張説曰:"彼獸心者,唯利是向。且方持國,下所附也,不假以禮,不來矣。"後三年,可突于殺邵固,立屈烈爲王,脅奚衆共降突厥,公主走平盧軍。詔幽州長史、知范陽節度事趙含章擊之,遣中書舍人裴寬、給事中薛侃大募壯士,拜忠王浚河北道行軍元帥,以御史大夫李朝隱、京兆尹裴伷先副之,帥程伯獻、張文儼、宋之悌、李東蒙、趙萬功、郭英傑等八總管兵擊契丹。
既又以忠王兼河東道諸軍元帥，王不行。以禮部尚書信安郡
王褘持節河北道行軍副元帥，與含章出塞捕虜，大破之。可
突于走，奚衆降，王以二蕃俘級告諸廟。

明年，可突于盜邊，幽州長史薛楚玉、副總管郭英傑、吳
克勤、烏知義、羅守忠率萬騎及奚擊之，戰都山下。可突于以
突厥兵來，奚懼，持兩端，衆走險；知義、守忠敗，英傑、克勤死
之，殺唐兵萬人。帝擢張守珪爲幽州長史經略之。守珪既善
將，可突于恐，陽請臣而稍趨西北倚突厥。其衙官李過折與
可突于內不平，守珪使客王悔陰邀之，以兵圍可突于，過折即
夜斬可突于、屈烈及支黨數十人，自歸。守珪使過折統其部，
函可突于等首傳東都。拜過折北平郡王，爲松漠都督。可突
于殘黨擊殺過折，屠其家，一子刺乾走安東，拜左驍衛將軍。
二十五年，守珪討契丹，再破之，有詔自今戰有功必告廟。

天寶四載，契丹大酋李懷秀降，拜松漠都督，封崇順王，
以宗室出女獨孤爲靜樂公主妻之。是歲，殺公主叛去，范陽
節度使安禄山討破之。更封其酋楷落爲恭仁王，代松漠都
督。禄山方幸，表討契丹以向帝意。發幽州、雲中、平盧、河
東兵十餘萬，以奚爲鄉導，大戰潢水南，禄山敗，死者數千，自
是禄山與相侵掠未嘗解，至其反乃已。

契丹在開元、天寶間，使朝獻者無慮二十。故事，以范陽
節度爲押奚、契丹使，自至德後，藩鎮擅地務自安，斥候
益謹，不生事于邊，奚、契丹亦鮮入寇，歲選酋豪數十入長安
朝會，每引見，賜與有秩，其下率數百皆駐館幽州。至德、寶
應時再朝獻，大曆中十三，貞元間三，元和中七，大和、開成間

凡四,然天子惡其外附回鶻,不復官爵渠長。會昌二年,回鶻破,契丹酋屈戍始復內附,拜雲麾將軍、守右武衛將軍。於是幽州節度使張仲武爲易回鶻所與舊印,賜唐新印,曰"奉國契丹之印"。

咸通中,其王習爾之再遣使者入朝,部落寖強。習爾之死,族人欽德嗣。光啓時,方天下盜興,北疆多故,乃鈔奚、室韋,小小部種皆役服之,因入寇幽、薊。劉仁恭窮師踰摘星山討之,歲燎塞下草,使不得留牧,馬多死,契丹乃乞盟,獻良馬求牧地,仁恭許之。復敗約入寇,劉守光戍平州,契丹以萬騎入,守光僞與和,帳飲具于野,伏發,禽其大將。群胡慟,願納馬五千以贖,不許,欽德輸重賂求之,乃與盟,十年不敢近邊。

欽德晚節政不競,其八部大人法常三歲代,時耶律阿保機建鼓旗爲一部,不肯代,自號爲王而有國,大賀氏遂亡。

【校勘記】

〔一〕鬱于來朝授率更令以宗室所出女慕容爲燕郡公主妻之 《舊書》卷一九九下《契丹傳》云:"鬱于入朝請婚,上又封從妹夫率更令慕容嘉賓女爲燕郡公主以妻之。"《冊府》卷九七九略同。此刪"嘉賓"名而以"率更令"移上,誤。

頁六一六七至六一七三、六一八四

《通典》卷第二百《邊防十六·北狄七·契丹》

契丹之先與庫莫奚異種而同類,并爲慕容氏所破,俱竄於松漠之閒。其俗頗與靺鞨同。父母死而悲哭者爲不壯,但以其屍置於山樹之上。經三年之後,乃收其骨而焚之,因酹酒而祝曰:"冬月時,向陽食;夏月時,向陰食。若我射獵時,使我多得豬鹿。"其無禮頑嚚,於諸夷最甚。

　　後魏初,大破之,遂逃迸,與庫莫奚分背。經數十年,稍滋蔓,有部落於和龍之北數百里,和龍今柳城郡。多爲寇盜。魏太武帝真君以來,歲貢名馬,於是東北群狄悉萬丹部、阿大何部、[六]伏弗郁部、羽陵部、日連部、匹黎部、[七]比六于部各以其名馬文皮入獻,[八]皆得交市於和龍、密雲之間。密雲今郡。其後爲突厥所逼,又以萬家寄於高麗。

　　隋開皇末,有別部四千餘家,[九]背突厥來降。文帝方與突厥和好,重失遠人之情,悉令給糧還本部,敕突厥撫納之。固辭不去。部落漸衆,遂北逐水草,當遼西正北二百里,依託紇臣水而居,[一〇]東西亘五百里,南北三百里,亦鮮卑故地。分爲十部,多者三千,少者千餘,隨水草畜牧。

　　大唐貞觀二十二年十一月,契丹帥窟哥率其部內屬,以契丹部爲松漠都督府,拜窟哥爲持節十州諸軍事、松漠都督於營州,兼置東夷都護,以統松漠、饒樂之地,罷護東夷校尉官。武太后萬歲通天元年五月,窟哥曾孫松漠都督羈縻松漠都護府屬,今柳城郡。李盡忠與其妻兄歸誠州刺史孫萬榮,殺都督趙文翽,舉兵反,陷營州,今柳城。自號可汗。命左鷹揚將軍曹仁師、右金吾將軍張玄遇、右武威大將軍李多祚、司農少卿麻仁節等二十八將討之。遇賊於西硤石、黃麞谷,官軍敗績,玄遇、仁節沒於賊。[一一]李盡忠死,孫萬榮代領其衆,攻陷冀州,今信都郡。刺史陸寶積死之。又陷瀛州屬縣。今河間郡。又遣夏官尚書、同鳳閣鸞臺三品王孝傑與蘇宏暉率兵十八萬,與孫萬榮戰於東硤石,官軍又大敗,孝傑沒於陣,宏暉棄甲而遁。又命河內王武懿宗爲大總管,右肅政御史大夫婁師德爲副,沙吒忠義爲前軍,率兵二十萬以討之。[一二]萬榮爲其家奴所殺,其黨遂潰。開元五年十一月,封宗室女爲永樂公主,出降契丹松漠王李失活。十年閏五月,敕餘姚公主女慕容氏封爲燕郡公主,出降松漠郡王李漠鬱干。[一三]

【校勘記】

〔六〕阿大何部　《太平寰宇記》卷一九九同。《北史·契丹傳》(三一二七頁)"阿"作"何"。

〔七〕匹黎部　《北史·契丹傳》(三一二七頁)、《太平寰宇記》卷一九九作"匹潔部黎部"。

〔八〕比六于部　"于"原訛"千",據明抄本、明刻本、朝鮮本、王吳本、殿本及《太平寰宇記》卷一九九改。按:《北史·契丹傳》(三一二七頁)作"吐六干部"。

〔九〕有別部四千餘家　"部"下原有"落",後人所增,今據朝鮮本、王吳本及《隋書·北狄傳》(一八八一頁)、《太平寰宇記》卷一九九刪。

〔一〇〕依託紇臣水而居　原訛作"依迴紇臨水而居",《太平寰宇記》卷一九九訛作"依托回紇臨水而居"。今據《隋書·北狄傳》(一八八二頁)、《北史·契丹傳》(三一二八頁)改。

〔一一〕玄遇仁節没於賊　"没"《太平寰宇記》卷一九九作"投"。按:《舊唐書·北狄傳》(五三五一頁)、《新唐書·北狄傳》(六一六九頁)並云"玄遇、仁節爲賊所擒"。

〔一二〕率兵二十萬以討之　《太平寰宇記》卷一九九、《新唐書·北狄傳》(六一六九頁)同。《舊唐書·北狄傳》(五三五一頁)"二"作"三"。

〔一三〕出降松漠郡王李漠鬱干　下"漠"字疑涉上而衍。按：契丹首領窟哥於貞觀二十二年被賜姓李氏。其後有李盡忠、李失活。諸書於"鬱干"皆省賜姓，未有名"李漠鬱干"者。

頁五四八五至五四八七、五五〇四

《唐會要》卷九十六《契丹》

契丹居潢水之南，黃龍之北，鮮卑之故地。君長姓大賀氏。勝兵四萬三千人，分爲八部，好與奚鬥。死無服紀。子孫死，父母晨夕哭；父母死，子孫不哭。餘風俗與突厥同。武德二年二月，遣使貢名馬豐貂。

貞觀二十二年，酋長窟哥等部落咸請內附。又契丹有別部酋帥孫敖曹者，武德四年，與靺鞨酋長突地稽俱請內附，詔令營州城傍安置。〔一〕至曾孫萬榮，通天元年中，與妹壻李盡忠殺營州都督趙文翽，據營州作亂。盡忠則窟哥之婿也。則天大怒，更號萬榮爲萬斬，更號盡忠爲盡滅。尋自稱無上可汗，以萬榮爲大將。及盡忠死，萬榮領其衆。上初令曹仁師討之，全軍敗績。又令王孝傑繼之，孝傑没于陣。攻陷冀州，俄爲奚及突厥掩擊其後，張九節設伏以擊之，遂單馬潛遁，爲其奴斬之。開元二年，李盡忠從父弟失活請歸款，復封失活爲松漠都督，授左金吾衛大將軍，仍於其府置静析軍。五年十二月，以東平王外孫楊元嗣女爲永樂公主，出降，失活親迎之，夜遣諸親高品及兩蕃大首領觀花燭。六年，失活卒，玄宗爲之舉哀，贈特進，册立其從父弟娑固爲松漠郡王。十年十一月，娑固與公主來朝，宴於内殿。及歸，娑固衙官可突于勇悍得衆，娑固欲除之，而事泄，可突于攻之，娑固奔營州。可突于立娑固從父弟鬱於爲主，鬱於遣使謝罪，玄宗復册立鬱於，令襲娑固之位，仍赦可突于之罪。至十年，鬱於朝，請婚，又封餘姚縣主長女慕容氏爲燕郡公主以妻之，封鬱於爲松漠郡王，授左金吾員外大將軍、兼靜析軍經略大使。鬱於死，立其弟咄於，襲其官爵，復以燕郡公主爲妻。十三年，咄於復與可突于相猜阻，携公主來奔，改封遼陽郡王。國人立其弟邵固。其冬，邵固詣行在，從至東嶽，詔授左羽林員外大將軍，改封廣化郡王，仍封宗室外甥陳氏女爲東光公主以妻之。十八年，邵固爲可突于所殺，以其衆降突厥，東光公主走投平盧。詔遣使信安王禕、幽州長史薛楚玉等討之，皆不克。二十二年六月，幽州節度使張守珪大破之，遣使獻捷。敕曰："邊境爲患，莫甚于林胡；朝廷是虞，幾煩於將帥。積年逋誅，一朝翦滅。則東方之蟊賊，寖以廓清；河朔之民人，差寬征戍。此皆上憑九廟之靈，下仗群帥之功，今具凱旋，敢不以獻。宜擇日告九廟，所司准式。"其年十一月，幽州節度使張守珪發兵討契丹，斬其王屈列及其大臣可突于等，傳首東都，餘衆及叛奚皆散走山谷。立其酋長李過折爲契丹王，仍授特進，封北平郡王。其年，過折又爲可突于黨泥禮所殺，惟一子剌乾走投安東獲免，拜左驍衛將軍。自後與奚王朝貢歲至，蕃禮甚備。至貞元四年，復犯我北鄙，幽州以聞。九年十二月，遣使朝貢。十年正月，遣使朝貢。其年二月敕："幽州道入朝契丹大首領悔落拽何等五人，並可果毅都尉；次首領王下詔活薛于君等一十六人，並可別將，放還國。"十一年十月，契丹大首領熱蘇等二十五人來朝。

元和元年,遣使朝貢。八年十一月,契丹大首領悔落鶻劣來朝。十年十一月,契丹遣使悔落饒等二十九人來朝貢。十二年十一月,契丹首領介落等朝貢,以告身十九通賜其貴人。

大和九年十一月,契丹大首領二十九人來朝,賜物各有差。

開成元年十一月,契丹大首領涅列壤等三十一人來朝。四年十二月,契丹大首領薛葛等三十人來朝。

會昌二年九月制:"契丹新立王屈戍可雲麾將軍、守右武衛將軍員外置同正員。"幽州節度使張仲武奏:"契丹新立王屈戍等云:'契丹舊用迴鶻印,今懇請當道聞奏,乞國家賜印。'伏望聖慈允許。"敕旨:"宜依,仍以'奉國契丹之印'爲文。"

【校勘記】

〔一〕營州 原作"當州",據甲乙丙三鈔本、《舊唐書》卷一九九下《北狄傳》改。

頁二〇三三至二〇三五、二〇四七

《舊五代史》卷一百三十七《外國列傳第一·契丹》

契丹者,古匈奴之種也。代居遼澤之中,潢水南岸,南距榆關一千一百里,榆關南距幽州七百里,本鮮卑之舊地也。其風土人物,世代君長,前史載之詳矣。

唐咸通末,其王曰習爾之,〔一〕疆土稍大,累來朝貢。光啓中,其王欽德者,〔二〕乘中原多故,北邊無備,遂蠶食諸郡,達靼、奚、室韋之屬,咸被驅役,族帳寖盛,有時入寇。劉仁恭

鎮幽州，素知契丹軍情僞，選將練兵，乘秋深入，踰摘星嶺討
之，霜降秋暮，即燔塞下野草以困之，馬多飢死，即以良馬賂
仁恭，以市牧地。仁恭季年荒恣，出居大安山，契丹背盟，數
來寇鈔。時劉守光戍平州，契丹舍利王子率萬騎攻之，[三]守
光僞與之和，張幄幕於城外以享之，部族就席，伏甲起，擒舍
利王子入城。部族聚哭，請納馬五千以贖之，不許，欽德乞盟
納賂以求之，自是十餘年不能犯塞。

及欽德政衰，有別部長耶律阿保機，最推雄勁，族帳漸
盛，遂代欽德爲主。先是，契丹之先大賀氏有勝兵四萬，分爲
八部，每部皆號大人，内推一人爲主，建旗鼓以尊之，每三年
第其名以代之。及阿保機爲主，乃怙強恃勇，不受諸族之代，
遂自稱國王。

天祐四年，大寇雲中，後唐武皇遣使連和，因與之面會於
雲中東城，大具享禮，延入帳中，約爲兄弟，謂之曰："唐室爲
賊所篡，吾欲今冬大舉，弟可以精騎二萬，同收汴、洛。" 阿保
機許之，賜與甚厚，留馬三千匹以答貺。左右咸勸武皇可乘
間擄之，武皇曰："逆賊未殄，不可失信於部落，自亡之道也。"
乃盡禮遣之。及梁祖建號，阿保機亦遣使送名馬、女樂、貂皮
等求封册。梁祖與之書曰："朕今天下皆平，唯有太原未伏，
卿能長驅精甲，徑至新莊，爲我翦彼寇讎，與爾便行封册。" 莊
宗初嗣世，亦遣使告哀，賂以金繒，求騎軍以救潞州，答其使
曰："我與先王爲兄弟，兒即吾兒也，案：《契丹國志》作吾定兒也，與
《薛史》異。（《舊五代史考異》）寧有父不助子耶！" 許出師，會潞平
而止。

劉守光末年苛慘，軍士亡叛皆入契丹。洎周德威攻圍幽

州,燕之軍民多爲寇所掠,既盡得燕中人士,教之文法,[四]由
是漸盛。十三年八月,阿保機率諸部號稱百萬,自麟、勝陷振
武,長驅雲、朔,北邊大擾。莊宗赴援於代,敵衆方退。十四
年,新州大將盧文進爲衆所迫,殺新州團練使李存矩於祁溝
關,返攻新、武。周德威以衆擊之,文進不利,乃奔於契丹,
引其衆陷新州。周德威率兵三萬以討之,敵騎援新州,德威
爲敵所敗,殺傷殆盡,契丹乘勝攻幽州。是時,或言契丹三十
萬,或言五十萬,幽薊之北,所在敵騎皆滿。莊宗遣明宗與李
存審、閻寶將兵救幽州,遂解其圍,語在《莊宗紀》中。

　　十八年十月,鎮州大將張文禮弒其帥王鎔,莊宗討之,
時定州王處直與文禮合謀,遣威塞軍使王郁復引契丹爲援。
十二月,阿保機傾塞入寇,攻圍幽州,李紹宏以兵城守。契丹
長驅陷涿郡,執刺史李嗣弼。進攻易、定,至新樂,渡沙河,
王都遣使告急。[五]時莊宗在鎮州行營,聞前鋒報曰“敵渡沙
河”,軍中咸恐,議者請權釋鎮州之圍以避之。莊宗曰:“霸王
舉事,自有天道,契丹其如我何! 國初,突厥入寇,至于渭北,
高祖欲棄長安,遷都樊、鄧,太宗曰:‘獫狁孔熾,自古有之,
未聞遷移都邑。霍去病,漢廷將帥,猶且志滅匈奴,況帝王應
運,而欲移都避寇哉!’文皇雄武,不數年俘二突厥爲衛士。
今吾以數萬之衆安集山東,王德明厮養小人,阿保機生長邊
地,豈有退避之理,吾何面視蒼生哉! 爾曹但駕馬同行,看吾
破敵。”莊宗親御鐵騎五千,至新城北,遇契丹前鋒萬騎,莊宗
精甲自桑林突出,光明照日,諸部愕然緩退,莊宗分二廣以乘
之,敵騎散退。時沙河微冰,其馬多陷,阿保機退保望都。是
夜,莊宗次定州,翌日出戰,遇奚長禿餒五千騎,莊宗親軍千

騎與之鬬，爲敵所圍，外救不及，莊宗挺馬奮躍，出入數四，酣戰不解。李嗣昭聞其急也，灑泣而往，攻破敵陣，掖莊宗而歸。時契丹值大雪，野無所掠，馬無芻草，凍死者相望於路，阿保機召盧文進，以手指天謂之曰：“天未令我到此。”乃引衆北去。莊宗率精兵騎躡其後，每經阿保機野宿之所，布秸在地，方而環之，雖去，無一莖亂者，莊宗謂左右曰：“蕃人法令如是，豈中國所及！”莊宗至幽州，發二百騎偵之，皆爲契丹所獲，莊宗乃還。

天祐末，阿保機乃自稱皇帝，署中國官號。其俗舊隨畜牧，素無邑屋，得燕人所教，乃爲城郭宮室之制于漠北，距幽州三千里，名其邑曰西樓邑，屋門皆東向，如車帳之法。城南別作一城，以實漢人，名曰漢城，城中有佛寺三，僧尼千人。其國人號阿保機爲天皇王。同光中，阿保機深著闚地之志，欲收兵大舉，慮渤海躡其後。三年，舉其衆討渤海之遼東，令禿餒、盧文進據營、平等州，擾我燕薊。

明宗初纂嗣，遣供奉官姚坤案：《通鑑考異》引《莊宗實錄》作苗坤。（《舊五代史考異》）奉書告哀，至西樓邑，屬阿保機在渤海，又徑至慎州，崎嶇萬里。既至，謁見阿保機，延入穹廬，阿保機身長九尺，被錦袍，大帶垂後，與妻對榻引見坤。坤未致命，阿保機先問曰：“聞爾漢土河南、河北各有一天子，信乎？”坤曰：“河南天子，今年四月一日洛陽軍變，今凶問至矣。河北總管令公，比爲魏州軍亂，先帝詔令除討，既聞內難，軍衆離心，及京城無主，上下堅册令公，請主社稷，今已順人望登帝位矣。”阿保機號咷，聲淚俱發，曰：“我與河東先世約爲兄弟，河南天子吾兒也。近聞漢地兵亂，點得甲馬五萬騎，比欲自往洛陽救助我兒，又緣渤海未下，我兒果致如此，冤哉！”
泣下不能已。又謂坤曰：“今漢土天子，初聞洛陽有難，不急
救，致令及此。”坤曰：“非不急切，地遠阻隔不及也。”又曰：
“我兒既殂，當合取我商量，安得自立！”坤曰：“吾皇將兵
二十年，位至大總管，所部精兵三十萬，衆口一心，堅相推戴，
違之則立見禍生，非不知禀天皇王意旨，無奈人心何。”其子
突欲在側，謂坤曰：“漢使勿多談。”因引左氏牽牛蹊田之説
以折坤，坤曰：“應天順人，不同匹夫之義，祇如天皇王初領國
事，豈是强取之耶！”阿保機因曰：“理當如此，我漢國兒子致
有此難，我知之矣。聞此兒有宫婢二千，樂官千人，終日放鷹
走狗，耽酒嗜色，不惜人民，任使不肖，致得天下皆怒。我自
聞如斯，常憂傾覆，一月前已有人來報，知我兒有事，我便舉
家斷酒，解放鷹犬，休罷樂官。我亦有諸部家樂千人，非公宴
未嘗妄舉。我若所爲似我兒，亦應不能持久矣，從此願以爲
戒。”又曰：“漢國兒與我雖父子，亦曾彼此讎敵，俱有惡心，
與爾今天子無惡，足得歡好。爾先復命，我續將馬萬騎至幽、
鎮以南，與爾家天子面爲盟約，我要幽州，令漢兒把捉，更不
復侵入漢界。”又問：“漢收得西川，信不？”坤曰：“去年九月
出兵，十一月十六日收下東、西川，得兵馬二十萬，金帛無算。
皇帝初即位，未辦送來，續當遣使至矣。”阿保機忻然曰：“聞
西有劍閣，兵馬從何過得？”坤曰：“川路雖險，然先朝收復河
南，有精兵四十萬，良馬十萬騎，但通人行處，便能去得，視劍
閣如平地耳。”阿保機善漢語，謂坤曰：“吾解漢語，歷口不敢
言，懼部人效我，令兵士怯弱故也。”坤至止三日，阿保機病
傷寒。一夕，大星殞于其帳前，俄而卒于扶餘城，時天成元年

七月二十七日也。其妻述律氏自率衆護其喪歸西樓，坤亦從行，得報而還。既而述律氏立其次子德光爲渠帥，以總國事，尋遣使告哀，明宗爲之輟朝。明年正月，葬阿保機於木葉山，僞謚曰“大聖皇帝”。

阿保機凡三子，皆雄偉。長曰人皇王突欲，即東丹王也；次曰元帥太子，即德光也；幼曰安端少君。德光本名耀屈之，[六]後慕中華文字，遂改焉。唐天成初，阿保機死，其母令德光權主牙帳，令少子安端少君往渤海國代突欲。突欲將立，而德光素爲部族所服，又其母亦常鍾愛，故因而立之。明宗時，德光遣使梅老等三十餘人來修好，又遣使爲父求碑石，明宗許之，賜與甚厚，并賜其母瓔珞錦彩。自是山北安静，蕃漢不相侵擾。

三年，德光僞改爲天顯元年。是歲，定州王都作亂，王都，原本作“王郁”，今從《通鑑》改正。（影庫本粘籤）求援於契丹，德光遂陷平州，遣禿餒以騎五千援都於中山，[七]招討使王晏球破之於曲陽，禿餒走保賊城。其年七月，又遣惕隱率七千騎救定州，王晏球逆戰於唐河北，大破之。幽州趙德鈞以生兵接于要路，生擒惕隱等首領五十餘人，獻于闕下。明年，王都平，擒禿餒及餘衆，斬之。自是契丹大挫，數年不敢窺邊。嘗遣使捵括梅里來求禿餒骸骨，明宗怒其詐，斬之。長興二年，東丹王突欲在闕下，其母繼發使申報，朝廷亦優容之。

長興末，契丹迫雲州，明宗命晉高祖爲河東節度使兼北面蕃漢總管。清泰三年，晉高祖爲張敬達等攻圍甚急，遣指揮使何福齎表乞師，願爲臣子。德光白其母曰：“兒昨夢太原石郎發使到國，今果至矣，案：《契丹國志》作太宗夢見真武，使之救晉，與《薛史》微異。(《舊五代史考異》)事符天意,必須赴之。"德光乃自率五萬騎由雁門至晉陽,即日大破敬達之衆於城下。尋册晉高祖爲大晉皇帝,約爲父子之國,割幽州管内及新、武、雲、應、朔州之地以賂之,仍每歲許輸帛三十萬。時幽州趙德鈞屯兵于團柏谷,遣使至幕帳,求立己爲帝,以石氏世襲太原,德光對使指帳前一石曰:"我已許石郎爲父子之盟,石爛可改矣。"楊光遠等殺張敬達降於契丹,德光戲謂光遠等曰:"汝輩大是惡漢兒,不用鹽酪,食却一萬匹戰馬。"光遠等大慚。晉高祖南行,德光自送至潞州。時趙德鈞、趙延壽自潞州出降于契丹,德光鎖之,令隨牙帳。晉高祖入洛,尋遣宰相趙瑩致謝于契丹。天福三年,又遣宰臣馮道、左僕射劉昫等持節册德光及其母氏徽號,齎鹵簿、儀仗、法服、車輅於本國行禮。德光大悦,尋遣使奉晉高祖爲英武明義皇帝。

　　是歲,契丹改天顯十一年爲會同元年,以趙延壽爲樞密使,升幽州爲南京,以趙思温爲南京留守。既而德光請晉高祖不稱臣,不上表,來往緘題止用家人禮,但云"兒皇帝"。晉祖厚齎金帛以謝之。晉祖奉契丹甚至,歲時問遺,慶弔之禮,必令優厚。每敵使至,即於別殿致敬。德光每有邀請,小不如意,則來譴責,晉祖每屈己以奉之,終晉祖世,略無釁隙。

　　及少帝嗣位,遣使入契丹,德光以少帝不先承禀,擅即尊位,所齎文字,略去臣禮,大怒,形于責讓,朝廷使去,即加譴辱。會契丹迴圖使喬榮北歸,〔八〕侍衛親軍都指揮使景延廣謂榮曰:"先朝是契丹所立,嗣君乃中國自册,稱孫可矣,稱臣未可。中國自有十萬口橫磨劍,橫磨劍,原本作"磨橫劍",今從《通鑑》改正。(影庫本粘籤)要戰即來。"榮至本國,具言其事,德光大怒,會青州楊光遠叛,遣使構之。明年冬,德光率諸部南下。開運元年春,陷祁州,直抵大河,少帝幸澶州以禦之。其年三月,德光敗於陽城,棄其車帳,乘一橐駞奔至幽州。因怒其失律,自大首領已下各杖數百,唯趙延壽免焉。是時,契丹連歲入寇,晉氏疲於奔命,邊民被苦,幾無寧日。晉相桑維翰勸少帝求和於契丹,以紓國難,少帝許之,乃遣使奉表稱臣,卑辭首過。使迴,德光報曰:"但使桑維翰、景延廣自來,并割鎮、定與我,則可通和也。"朝廷知其不可,乃止。時契丹諸部頻年出征,蕃國君臣稍厭兵革,德光母嘗謂蕃漢臣僚曰:"南朝漢兒爭得一向臥耶!自古及今,惟聞漢來和蕃,不聞蕃去和漢,待伊漢兒的當迴心,則我亦不惜通好也。"

　三年,樂壽監軍王巒繼有密奏,苦言瀛、鄭可取之狀。十月,少帝遣杜重威、李守貞等率兵經略。十一月,蕃將高牟翰敗晉師於瀛州之北,梁漢璋死之。契丹主聞晉既出兵,自率諸部由易、定抵鎮州,杜重威等自瀛州西趨常山,至中渡橋,敵已至矣,兩軍隔滹水而砦焉。十二月十日,杜重威率諸軍降於契丹,語在《晉少帝紀》中。十二日,德光入鎮州,大犒將士。十四日,自鎮州南行,中渡降軍所釋甲仗百萬計,並令於鎮州收貯,戰馬數萬匹,長驅而北。命張彥澤領二千騎先趨東京,遣重威部轄降兵取邢、相路前進。晉少帝遣子延煦、延寶奉降表於契丹,並傳國寶一紐至牙帳。明年春正月朔日,德光至汴北,文武百官迎於路。是日入宮,至昏復出,次於赤崗。五日,僞制降晉少帝爲負義侯,於黃龍府安置。七日,德光復自赤崗入居於大內,分命使臣於京城及往諸道括借錢帛。僞命以李崧爲西廳樞密使,以馮道爲太傅,以左僕射和凝及北來翰林學士承旨張礪爲宰相。<small>張礪，原本作“章礪”，今從《歐陽史》改正。（影庫本粘籤）</small>二月朔日，德光服漢法服，坐崇元殿受蕃漢朝賀，僞制大赦天下，改晉國爲大遼國。以趙延壽爲大丞相，兼政事令，充樞密使兼中京留守。降東京爲防禦州，尋復爲宣武軍。

十五日，漢高祖建號于晉陽，德光聞之，削奪漢祖官爵。是月，晉州、潞州並歸河東。時盜賊所在群起，攻劫州郡，斷澶州浮梁。契丹大恐，沿河諸藩鎮並以腹心鎮之。三月朔日，德光坐崇元殿，行入閣之禮，睹漢家儀法之盛，大悦。以蕃大將蕭翰爲汴州節度使。十七日，德光北還。初離東京，宿于赤崗，有大聲如雷，起于牙帳之下。契丹自黎陽濟河，次湯陰縣界，有一崗，土人謂之愁死崗。德光憩于其上，謂宣徽使高勳曰：“我在上國，以打圍食肉爲樂，自及漢地，每每不快，我若得歸本土，死亦無恨。”勳退而謂人曰：“其語偷，殆將死矣。”時賊帥梁暉據相州，德光親率諸部以攻之。四月四日，屠其城而去。德光聞河陽軍亂，謂蕃漢臣僚曰：“我有三失：殺上國兵士，打草穀，一失也；天下括錢，二失也；不尋遣節度使歸藩，三失也。”十六日，次于欒城縣殺胡林之側，時德光已得寒熱疾數日矣，命胡人齎酒脯，禱于得疾之地。十八日晡時，有大星落于穹廬之前，若迸火而散。德光見之，西望而唾，連呼曰：“劉知遠滅，劉知遠滅！”是月二十一日卒，時年四十六，主契丹凡二十二年。契丹人破其屍，摘去腸胃，以鹽沃之，載而北去，漢人目之爲“帝羓”焉。<small>《永樂大典》卷四千五百五十八。案：以下原本闕佚。據《五代會要》云：四月十八日，德光卒於欒城。五月，宣遺制，以永康王襲位。永康王者，東丹王之長子，以其月</small>

二十一日領部族歸國,改會同十年爲天禄元年,自稱天授皇帝。漢乾祐三年十一月,率騎數萬,陷邢州之内丘縣,深州之饒陽縣[九]。周廣順元年正月,太祖命左千牛衞將軍朱憲往修和好,永康王亦遣使報命,獻良馬四匹,太祖復遣尚書左丞田敏、供奉官蔣光遂銜命往聘。其年四月,田敏等迴,永康王遣使獻碧玉金鍍銀裹鞍轡,并馬四十匹。其月,太祖又命左金吾將軍姚漢英、左神武將軍華光裔往使。其年九月,永康王爲部下太寧王所弒,德光之子勒所部兵誅太寧王自立,稱應曆元年,號天順皇帝。顯德元年春,太原劉崇將圖南寇,契丹將楊袞率騎萬餘以助之。三月,世宗親征,與崇戰于潞州高平縣之南原,崇軍大敗,契丹衆棄甲而遁。二年三月,命許州節度使王彥超等築壘於李晏口,與契丹兵數千騎戰于安平縣,敗之。

【校勘記】

〔一〕習爾之　原作"薩勒札",注云:"舊作習爾之,今改正。"按此係輯録《舊五代史》時據《遼史索倫國語解》所改,今恢復原文。

〔二〕欽德　原作"沁丹",注云:"舊作欽德,今改正。"按此係輯録《舊五代史》時據《遼史索倫國語解》所改,今恢復原文。

〔三〕舍利　原作"錫利",注云:"舊作舍利,今改正。"按此係輯録《舊五代史》時據《遼史索倫國語解》所改,今恢復原文。

〔四〕教之文法　"教"原作"歸",據殿本及《册府》卷一〇〇〇改。

〔五〕王都遣使告急　"王都"原作"王郁",據盧本及《册府》卷九八七改。按《通鑑》卷二七一,王處直養子名都、孽子名郁,時處直遣郁召契丹犯塞,都劫處直,自爲留後。契丹攻定州,王都告急于晉。

〔六〕耀屈之　原作“耀衢芝”,注云:“舊作耀屈之,今改正。”按此係輯録《舊五代史》時據《遼史索倫國語解》所改,今恢復原文。殿本作耀庫濟。

〔七〕遣禿餒以騎五千援都　“遣”字原無,據《冊府》卷九八七補。

〔八〕迴圖使　原作“迴國使”,據劉本、彭校改。《通鑑》卷二八三:“河陽牙將喬榮從趙延壽入契丹,契丹以爲回圖使。”注云:“凡外國與中國貿易者,置回圖務,猶今之回易場也。”

〔九〕饒陽縣　“饒”原作“就”,據殿本、劉本改。

《新五代史》卷七十二《四夷附録第一·契丹》

夷狄,種號多矣。其大者,自以名通中國,其次小遠者附見,又其次微不足録者,不可勝數。其地環列九州之外,而西北常强,爲中國患。三代獫狁,見於《詩》《書》。秦、漢以來,匈奴著矣。隋、唐之間,突厥爲大。其後有吐蕃、回鶻之强。五代之際,以名見中國者十七八,而契丹最盛。

契丹自後魏以來,名見中國。或曰與庫莫奚同類而異種。其居曰梟羅箇没里。没里者,河也。是謂黃水之南,黃龍之北,得鮮卑之故地,故又以爲鮮卑之遺種。當唐之世,其地北接室韋,東鄰高麗,西界奚國,而南至營州。其部族之大者曰大賀氏,後分爲八部,其一曰偶皆利部,〔一〕二曰乙室活部,三曰實活部,四曰納尾部,五曰頻没部,六曰内會雞部,七曰集解部,八曰奚嗢部。部之長號大人,而常推一大人建旗鼓以統八部。至其歲久,或其國有災疾而畜牧衰,則八部聚議,以旗鼓立其次而代之。被代者以爲約本如此,不敢爭。某部大人遥輦次立,時劉仁恭據有幽州,數出兵摘星嶺攻之,每歲秋霜落,則燒其野草,契丹馬多飢死,即以良馬賂仁恭求市牧地,請聽盟約甚謹。八部之人以爲遥輦不任事,選於其衆,以阿保機代之。

阿保機,亦不知其何部人也,爲人多智勇而善騎射。是時,劉守光暴虐,幽、涿之人多亡入契丹。阿保機乘間入塞,攻陷城邑,俘其人民,依唐州縣置城以居之。漢人教阿保機曰:“中國之王無代立者。”由是阿保機益以威制諸部而不肯代。其立九年,諸部以其久不代,共責誚之。阿保機不得已,傳其旗鼓,而謂諸部曰:“吾立九年,所得漢人多矣,吾欲自爲一部以治漢城,可乎?”諸部許之。漢城在炭山東南灤河上,有鹽鐵之利,乃後魏滑鹽縣也。其地可植五穀,阿保機率漢人耕種,爲治城郭邑屋廛市如幽州制度,漢人安之,不復思歸。阿保機知衆可用,用其妻述律策,使人告諸部大人曰:“我有鹽池,諸部所食。然諸部知食鹽之利,而不知鹽有主人,可乎?當來犒我。”諸部以爲然,共以牛酒會鹽池。阿保機伏兵其旁,酒酣伏發,盡殺諸部大人,遂立,不復代。

梁將篡唐,晉王李克用使人聘于契丹,阿保機以兵三十萬會克用於雲州東城。置酒,酒酣,握手約爲兄弟。克用贈以金帛甚厚,期共舉兵擊梁。阿保機遺晉馬千匹。既歸而背約,遣使者袍笏梅老聘梁。梁遣太府卿高頎、軍將郎公遠等報聘。逾年,頎還,阿保機遣使者解里隨頎,以良馬、貂裘、朝霞錦聘梁，奉表稱臣，以求封册。梁復遣公遠及司農卿渾特以詔書報勞，別以記事賜之，約共舉兵滅晉，然後封册爲甥舅之國，又使以子弟三百騎入衛京師。克用聞之，大恨。是歲克用病，臨卒，以一箭屬莊宗，期必滅契丹。渾特等至契丹，阿保機不能如約，梁亦未嘗封册。而終梁之世，契丹使者四至。

　　莊宗天祐十三年，阿保機攻晉蔚州，執其振武節度使李嗣本。是時，莊宗已得魏博，方南向與梁争天下，遣李存矩發山北兵。存矩至祁溝關，兵叛，擁偏將盧文進擊殺存矩，亡入契丹。契丹攻破新州，以文進部將劉殷守之。莊宗遣周德威擊殷，而文進引契丹數十萬大至，德威懼，引軍去，爲契丹追及，大敗之。德威走幽州，契丹圍之。幽、薊之間，虜騎遍滿山谷，所得漢人，以長繩連頭繫之於木，漢人夜多自解逃去。文進又教契丹爲火車、地道、起土山以攻城。城中鎔銅鐵汁揮之，中者輒爛墮。德威拒守百餘日，莊宗遣李嗣源、閻寶、李存審等救之。契丹數爲嗣源等所敗，乃解去。

　　契丹比佗夷狄尤頑傲，父母死，以不哭爲勇，載其尸深山，置大木上，後三歲往取其骨焚之，酹而呪曰："夏時向陽食，冬時向陰食，使我射獵，猪鹿多得。"其風俗與奚、靺鞨頗同。至阿保機，稍并服旁諸小國，而多用漢人，漢人教之以隸書之半增損之，作文字數千，以代刻木之約。又制婚嫁，置官號。乃僭稱皇帝，自號天皇王。以其所居橫帳地名爲姓，曰世里。世里，譯者謂之耶律。名年曰天贊。以其所居爲上京，起樓其間，號西樓，又於其東千里起東樓，北三百里起北樓，南木葉山起南樓，往來射獵四樓之間。契丹好鬼而貴日，每月朔旦，東向而拜日，其大會聚、視國事，皆以東向爲尊，四樓門屋皆東向。

莊宗討張文禮，圍鎮州。定州王處直懼鎮且亡，晉兵必并擊己，遣其子郁説契丹，使入塞以牽晉兵。郁謂阿保機曰："臣父處直使布愚款曰：'故趙王王鎔，王趙六世，鎮州金城湯池，金帛山積，燕姬趙女，羅綺盈廷。張文禮得之而爲晉所攻，懼死不暇，故皆留以待皇帝。'"阿保機大喜。其妻述律不肯，曰："我有羊馬之富，西樓足以娛樂，今捨此而遠赴人之急，我聞晉兵强天下，且戰有勝敗，後悔何追？"阿保機躍然曰："張文禮有金玉百萬，留待皇后，可共取之。"於是空國入寇。郁之召契丹也，定人皆以爲後患不可召，而處直不聽。郁已去，處直爲其子都所廢。阿保機攻幽州不克，又攻涿州，陷之。聞處直廢而都立，遂攻中山，渡沙河。都告急於莊宗。莊宗自將鐵騎五千，遇契丹前鋒於新城，晉兵自桑林馳出，人馬精甲，光明燭日，虜騎愕然，稍却，晉軍乘之，虜遂散走，而沙河冰薄，虜皆陷没。阿保機退保望都。會天大雪，契丹人馬飢寒，多死，阿保機顧盧文進以手指天曰："天未使我至此。"乃引兵去。莊宗躡其後，見其宿處，環秸在地，方隅整然，雖去而不亂，歎曰："虜法令嚴，蓋如此也！"

契丹雖無所得而歸，然自此頗有窺中國之志，患女真、渤海等在其後，欲擊渤海，懼中國乘其虛，乃遣使聘唐以通好。同光之間，使者再至。莊宗崩，明宗遣供奉官姚坤告哀於契丹。坤至西樓而阿保機方東攻渤海，坤追至慎州見之。阿保機錦袍大帶垂後，與其妻對坐穹廬中，延坤入謁。阿保機問曰："聞爾河南、北有兩天子，信乎？"坤曰："天子以魏州軍亂,命總管令公將兵討之,而變起洛陽,凶問今至矣。總管返兵河北,赴難京師,爲眾所推,已副人望。"阿保機仰天大哭曰:"晉王與我約爲兄弟,河南天子,即吾兒也。昨聞中國亂,欲以甲馬五萬往助我兒,而渤海未除,志願不遂。"又曰:"我兒既没,理當取我商量,新天子安得自立?"坤曰:"新天子將兵二十年,位至大總管,所領精兵三十萬,天時人事,其可得違?"其子突欲在側曰:"使者無多言,蹊田奪牛,豈不爲過!"坤曰:"應天順人,豈比匹夫之事。至如天皇王得國而不代,豈強取之邪?"阿保機即慰勞坤曰:"理正當如是爾!"又曰:"吾聞此兒有宫婢二千人,樂官千人,放鷹走狗,嗜酒好色,任用不肖,不惜人民,此其所以敗也。我自聞其禍,即舉家斷酒,解放鷹犬,罷散樂官。我亦有諸部樂官千人,非公宴不用。我若所爲類吾兒,則亦安能長久?"又謂坤曰:"吾能漢語,然絶口不道於部人,懼其效漢而怯弱也。"因戒坤曰:"爾當先歸,吾以甲馬三萬會新天子幽、鎮之間,共爲盟約,與我幽州,則不復侵汝矣。"阿保機攻渤海,取其扶餘一城,以爲東丹國,以其長子人皇王突欲爲東丹王。已而阿保機病死,述律護其喪歸西樓,立其次子元帥太子耀屈之。坤從至西樓而還。

當阿保機時,有韓延徽者,幽州人也,爲劉守光參軍,守光遣延徽聘于契丹。延徽見阿保機不拜,阿保機怒,留之不遣,使牧羊馬。久之,知其材,召與語,奇之,遂用以爲謀主。阿保機攻党項、室韋,服諸小國,皆延徽謀也。延徽後逃歸,事莊宗,莊宗客將王緘譖之,延徽懼,求歸幽州省其母。行過常山,匿王德明家。居數月,德明問其所向,延徽曰:"吾欲復走契丹。"德明以爲不可,延徽曰:"阿保機失我,如喪兩目而折手足,今復得我,必喜。"乃復走契丹。阿保機見之,果大喜,以謂自天而下。阿保機僭號,以延徽爲相,號"政事令",契丹謂之"崇文令公",後卒于虜。

耀屈之後更名德光。葬阿保機木葉山,謚曰大聖皇帝,後更其名曰億。德光立三年,改元曰天顯,遣使者以名馬聘唐,并求碑石爲阿保機刻銘。明宗厚禮之,遣飛勝指揮使安念德報聘。定州王都反,唐遣王晏球討之。都以蠟丸書走契丹求援,德光遣禿餒、荝刺等以騎五千救都,都及禿餒擊晏球於曲陽,爲晏球所敗。德光又遣惕隱赫邈益禿餒以騎七千,晏球又敗之于唐河。赫邈與數騎返走,至幽州,爲趙德鈞所執,而晏球攻破定州,擒禿餒、荝刺,皆送京師。明宗斬禿餒等六百餘人,而赦赫邈,選其壯健者五十餘人爲"契丹直"。

初,阿保機死,長子東丹王突欲當立,其母述律遣其幼子安端少君之扶餘代之,將立以爲嗣。然述律尤愛德光。德光有智勇,素已服其諸部,安端已去,而諸部希述律意,共立德光。突欲不得立,長興元年,自扶餘泛海奔于唐。明宗因賜其姓爲東丹,而更其名曰慕華。以其來自遼東,乃以瑞州爲懷化軍,拜慕華懷化軍節度、瑞慎等州觀察處置等使。其部曲五人皆賜姓名,罕只曰罕友通,穆葛曰穆順義,撒羅曰羅賓德,易密曰易師仁,蓋禮曰蓋來賓,以爲歸化、歸德將軍郎將。又賜前所獲赫邈姓名曰狄懷惠,抯列曰列知恩,[二]荝刺曰原知感,福郎曰服懷造,竭失記曰乙懷宥。[三]其餘爲"契丹直"者,皆賜姓名。二年,更賜突欲姓李,更其名曰贊華。三年,以贊華爲義成軍節度使。

契丹自阿保機時侵滅諸國,稱雄北方。及救王都,爲王晏球所敗,喪其萬騎,又失赫邈等,皆名將,而述律尤思念突欲,由是卑辭厚幣數遣使聘中國,因求歸赫邈、菌剌等,唐輒斬其使而不報。當此之時,中國之威幾振。

距幽州北七百里有榆關,東臨海,北有兔耳、覆舟山。山皆斗絕,並海東北,僅通車,其旁地可耕植。唐時置東西狹石、淥疇、米磚、長揚、〔四〕黃花、紫蒙、白狼等戍,以扼契丹於此。戍兵常自耕食,惟衣絮歲給幽州,久之皆有田宅,養子孫,以堅守爲己利。自唐末幽、薊割據,戍兵廢散,契丹因得出陷平、營,而幽、薊之人歲苦寇鈔。自涿州至幽州百里,人迹斷絕,轉餉常以兵護送,契丹多伏兵鹽溝以擊奪之。莊宗之末,趙德鈞鎮幽州,於鹽溝置良鄉縣,又於幽州東五十里築城,皆戍以兵。及破赫邈等,又於其東置三河縣。由是幽、薊之人,始得耕牧,而輸餉可通。德光乃西徙橫帳居撥剌泊,〔五〕出寇雲、朔之間。明宗患之,以石敬瑭鎮河東,總大同、彰國、振武、威塞等軍禦之。應順、清泰之間,調發饋餉,遠近勞敝。

德光事其母甚謹,常侍立其側,國事必告而後行。石敬瑭反,唐遣張敬達等討之。敬瑭遣使求救於德光。德光白其母曰:"吾嘗夢石郎召我,而使者果至,豈非天邪!"母召胡巫問吉凶,巫言吉,乃許。是歲九月,契丹出雁門,車騎連亘數十里,將至太原,遣人謂敬瑭曰:"吾爲爾今日破敵可乎?"敬瑭報曰:"皇帝赴難,要在成功,不在速,大兵遠來,而唐軍甚盛,願少待之。"使者未至,而兵已交。敬達大敗。敬瑭夜出北門見德光,約爲父子,問曰:"大兵遠來,戰速而勝者,何也?"德光曰:"吾謂唐兵能守雁門而扼諸險要,則事未可知。今兵長驅深入而無阻，吾知大事必濟。且吾兵多難久，宜以神速破之。此其所以勝也。"敬達敗，退保晉安寨，德光圍之。唐遣趙德鈞、延壽救敬達，而德鈞父子按兵團柏谷不救。德光謂敬瑭曰："吾三千里赴義，義當徹頭。"乃築壇晉城南，立敬瑭爲皇帝，自解衣冠被之，冊曰："咨爾子晉王，予視爾猶子，爾視予猶父。"已而，楊光遠殺張敬達降晉。晉高祖自太原入洛陽，德光送至潞州，趙德鈞、延壽出降。德光謂晉高祖曰："大事已成。吾命大相温從爾渡河，吾亦留此，俟爾入洛而後北。"臨訣，執手嘘欷，脱白貂裘以衣高祖，遺以良馬二十匹，戰馬千二百匹，戒曰："子子孫孫無相忘！"時天顯九年也。

高祖已入洛，德光乃北，執趙德鈞、延壽以歸。德鈞，幽州人也，事劉守光、守文爲軍校，莊宗伐燕得之，賜姓名曰李紹斌。其子延壽，本姓劉氏，常山人也，其父祁爲蔣縣令，劉守文攻破蔣縣，德鈞得延壽并其母种氏而納之，因以延壽爲子。延壽爲人，姿質妍柔，稍涉書史，明宗以女妻之，號興平公主。莊、明之世，德鈞鎮幽州十餘年，以延壽故尤見信任。延壽，明宗時爲樞密使，罷。至廢帝立，復以爲樞密使。晉高祖起太原，廢帝遣延壽將兵討之。而德鈞亦請以鎮兵討賊，廢帝察其有異志，使自飛狐出擊其後，而德鈞南出吳兒，會延壽於西唐，延壽因以兵屬之。廢帝以德鈞爲諸道行營都統，延壽爲太原南面招討使。德鈞爲延壽求鎮州節度使。廢帝怒曰："德鈞父子握强兵，求大鎮，苟能敗契丹而破太原，雖代予亦可。若玩寇要君，但恐犬兔俱斃。"因遣使者趣德鈞等進軍。德鈞陰遣人聘德光，求立己爲帝。德光指穹廬前巨石謂德鈞使者曰：“吾已許石郎矣。石爛，可改也。”德光至潞州，鎖德鈞父子而去。德光母述律見之，問曰：“汝父子自求爲天子何邪？”德鈞慚不能對，悉以田宅之籍獻之。述律問何在。曰：“幽州。”述律曰：“幽州屬我矣，何獻之爲？”明年，德鈞死，德光以延壽爲幽州節度使，封燕王。

　　契丹當莊宗、明宗時攻陷營、平二州，及已立晉，又得雁門以北幽州節度管内，合一十六州。乃以幽州爲燕京，改天顯十一年爲會同元年，更其國號大遼，置百官，皆依中國，參用中國之人。晉高祖每遣使聘問，奉表稱臣，歲輸絹三十萬匹，其餘寶玉珍異，下至中國飲食諸物，使者相屬於道，無虛日。德光約高祖不稱臣，更表爲書，稱“兒皇帝”，如家人禮。德光遣中書令韓頴奉册高祖爲英武明義皇帝。高祖復遣趙瑩、馮道等以太常鹵簿奉册德光及其母尊號。終其世，奉之甚謹。

　　高祖崩，出帝即位，德光怒其不先以告，而又不奉表，不稱臣而稱孫，數遣使者責晉。晉大臣皆恐，而景延廣對契丹使者語，獨不遜。德光益怒。楊光遠反青州，招之。開運元年春，德光傾國南寇，分其衆爲三：西出雁門，攻并、代，劉知遠擊敗之于秀容；東至于河，陷博州，以應光遠；德光與延壽南，攻陷貝州。德光屯元城，兵及黎陽。晉出帝親征，遣李守貞等東馳馬家渡，擊敗契丹。而德光與晉相距于河，月餘，聞馬家渡兵敗，乃引衆擊晉，戰于戚城。德光臨陣，望見晉軍旗幟光明，而士馬嚴整，有懼色，謂其左右曰：“楊光遠言晉家兵馬半已餓死，何其盛也！”兵既交，殺傷相半，陣間斷箭遺鏃，布厚寸餘。日暮，德光引去，分其兵爲二，一出滄州，一出深州以歸。二年正月，德光復傾國入寇，圍鎮州，分兵攻下鼓城等九縣。杜重威守鎮州，閉壁不敢出。契丹南掠邢、洺、磁，至于安陽河，千里之內，焚剽殆盡。契丹見大桑木，罵曰："吾知紫披襖出自汝身，吾豈容汝活邪！"束薪於木而焚之。是時，出帝病，不能出征，遣張從恩、安審琦、皇甫遇等禦之。遇前渡漳水，遇契丹，戰于榆林，幾爲所虜。審琦從後救之，契丹望見塵起，謂救兵至，引去。而從恩畏怯，不敢追，亦引兵南走黎陽。契丹已北，而出帝疾少間，乃下詔親征，軍于澶州，遣杜重威等北伐。契丹歸至古北，聞晉軍且至，即復引而南，及重威戰于陽城、衛村。晉軍飢渴，鑿井輒壞，絞泥汁而飲。德光坐奚車中，呼其衆曰："晉軍盡在此矣，可生擒之，然後平定天下。"會天大風，晉軍奮死擊之，契丹大敗。德光喪車，騎一白橐駝而走。至幽州，其首領大將各笞數百，獨趙延壽免焉。是時，天下旱蝗，晉人苦兵，乃遣開封府軍將張暉假供奉官聘于契丹，奉表稱臣，以脩和好。德光語不遜。然契丹亦自猒兵。德光母述律嘗謂晉人曰："南朝漢兒爭得一向臥邪？自古聞漢來和蕃，不聞蕃去和漢，若漢兒實有回心，則我亦何惜通好！"晉亦不復遣使，然數以書招趙延壽。

延壽見晉衰而天下亂，嘗有意窺中國，而德光亦嘗許延壽滅晉而立之。延壽得晉書，僞爲好辭報晉，言身陷虜思歸，約晉發兵爲應。而德光將高牟翰亦詐以瀛州降晉，晉君臣皆喜。三年七月，遣杜重威、李守貞、張彥澤等出兵，爲延壽應，兵趨瀛州，牟翰空城而去。晉軍至城下，見城門皆啓，疑有伏兵，不敢入。遣梁漢璋追牟翰及之，漢璋戰死。重威等軍屯武強。德光聞晉出兵，乃入寇鎮州。重威西屯中渡，與德光夾水而軍。德光分兵，並西山出晉軍後，攻破欒城縣，縣有騎軍千人，皆降於虜。德光每獲晉人，刺其面，文曰“奉敕不殺”，縱以南歸。重威等被圍糧絶，遂舉軍降。德光喜，謂趙延壽曰：“所得漢兒皆與爾。”因以龍鳳赭袍賜之，使衣以撫晉軍，亦以赭袍賜重威。遣傅住兒監張彦澤將騎二千，先入京師。晉出帝與太后爲降表，自陳過咎。德光遣解里以手詔賜帝曰：“孫兒但勿憂，管取一喫飯處。”德光將至京師，有司請以法駕奉迎，德光曰：“吾躬擐甲胄，以定中原，太常之儀，不暇顧也。”止而不用。出帝與太后出郊奉迎，德光辭不見，曰：“豈有兩天子相見于道路邪！”四年正月丁亥朔旦，晉文武百官，班于都城北，望帝拜辭，素服紗帽以待。德光被甲衣貂帽，立馬于高岡，百官俯伏待罪。德光入自封丘門，登城樓，遣通事宣言諭衆曰：“我亦人也，可無懼。我本無心至此，漢兵引我來爾。”遂入晉宮，宮中嬪妓迎謁，皆不顧，夕出宿于赤岡。封出帝負義侯，遷于黃龍府。癸巳，入居晉宮，以契丹守諸門，門廡殿廷皆磔犬挂皮，以爲猒勝。甲午，德光胡服視朝于廣政殿。乙未，被中國冠服，百官常參，起居如晉儀，而氊裘左袵，胡馬奚車，羅列階陛，晉人俛首不敢仰視。二月丁巳朔，金吾六軍、殿中省仗、太常樂舞陳于廷，德光冠通天冠，服絳紗袍，執大珪以視朝，大赦，改晉國爲大遼國，開運四年爲會同十年。

　　德光嘗許趙延壽滅晉而立以爲帝，故契丹擊晉，延壽常爲先鋒，虜掠所得，悉以奉德光及其母述律。德光已滅晉而無立延壽意，延壽不敢自言，因李崧以求爲皇太子。德光曰：“吾於燕王無所愛惜，雖我皮肉，可爲燕王用者，吾可割也。

吾聞皇太子是天子之子，燕王豈得爲之？"乃命與之遷秩。翰林學士張礪進擬延壽中京留守、大丞相、録尚書事、都督中外諸軍事。德光索筆，塗其録尚書事、都督中外諸軍事，止以爲中京留守、大丞相，而延壽前爲樞密使、封燕王皆如故。又以礪爲右僕射兼門下侍郎、同中書門下平章事，與故晉相和凝並爲宰相。礪，明宗時翰林學士，晉高祖起太原，唐廢帝遣礪督趙延壽進軍於團柏谷，已而延壽爲德光所鎖，并礪遷于契丹。德光重其文學，仍以爲翰林學士。礪常思歸，逃至境上，爲追者所得，德光責之，礪曰："臣本漢人，衣服飲食言語不同，今思歸而不得，生不如死。"德光顧其通事高唐英曰："吾戒爾輩善待此人，致其逃去，過在爾也。"因笞唐英一百而待礪如故，其愛之如此。德光將視朝，有司給延壽貂蟬冠，礪三品冠服，延壽與礪皆不肯服。而延壽別爲王者冠以自異。礪曰："吾在上國時，晉遣馮道奉册北朝，道賫二貂冠，其一宰相韓延徽冠之，其一命我冠之。今其可降服邪！"卒冠貂蟬以朝。三月丙戌朔，德光服靴、袍，御崇元殿，百官入閣，德光大悦，顧其左右曰："漢家儀物，其盛如此。我得於此殿坐，豈非真天子邪！"其母述律遣人賫書及阿保機明殿書賜德光。明殿，若中國陵寢下宫之制，其國君死，葬，則於其墓側起屋，謂之明殿，置官屬職司，歲時奉表起居如事生，置明殿學士一人掌答書詔，每國有大慶弔，學士以先君之命爲書以賜國君，其書常曰報兒皇帝云。

德光已滅晉，遣其部族酋豪及其通事爲諸州鎮刺史、節度使，括借天下錢帛以賞軍。胡兵人馬不給糧草，遣數千騎分出四野，劫掠人民，號爲"打草穀"，東西二三千里之間，民被其毒,遠近怨嗟。漢高祖起太原,所在州鎮多殺契丹守將歸漢,德光大懼。又時已熱,乃以蕭翰爲宣武軍節度使。翰,契丹之大族,其號阿鉢,翰之妹亦嫁德光,而阿鉢本無姓氏,契丹呼翰爲國舅,及將以爲節度使,李崧爲製姓名曰蕭翰,於是始姓蕭。德光已留翰守汴,乃北歸,以晉内諸司伎術、宮女、諸軍將卒數千人從。自黎陽渡河,行至湯陰,登愁死岡,謂其宣徽使高勳曰:"我在上國,以打圍食肉爲樂,自入中國,心常不快,若得復吾本土,死亦無恨。"勳退而謂人曰:"虜將死矣。"相州梁暉殺契丹守將,閉城距守。德光引兵破之,城中男子無少長皆屠之,婦女悉驅以北。後漢以王繼弘鎮相州,得髑髏十數萬枚,爲大冢葬之。德光至臨洺,見其井邑荒殘,笑謂晉人曰:"致中國至此,皆燕王爲罪首。"又顧張礪曰:"爾亦有力焉。"德光行至欒城,得疾,卒于殺胡林。契丹破其腹,去其腸胃,實之以鹽,載而北,晉人謂之"帝羓"焉。永康王兀欲立,謚德光爲嗣聖皇帝,號阿保機爲太祖,德光爲太宗。

【校勘記】

〔一〕伹皆利部　"伹",他本均作"但"。"皆利",南監、汲、殿、蜀本同,貴池、汪、南昌、鄂、劉校本作"利皆"。《五代會要》卷二九作"旦利皆部",《契丹國志·契丹國初興本末》作"祖(祖)皆利部"。

〔二〕拙列日列知恩　"拙",貴池、汪本作"擔",南監、汲、殿、蜀、鄂、劉校本作"捏"。"恩",殿、蜀本作"思"。

〔三〕竭失記日乙懷宥　"記",他本均作"訖"。"乙",南監、貴池本同,他本均作"訖"。

〔四〕長揚 "揚"，南昌、鄂本作"楊"。《新唐書》卷三九《地理志》作"楊"。

〔五〕捯剌泊 "捯"，南昌、鄂本作"捺"。《通鑑》卷二七八作"捺"，胡注引《薛史》亦作"捺"。查《薛史》卷四三《唐明宗紀》殿本作"納"，考證云："納喇泊，舊作捺剌泊。"

頁八八五至九〇〇

《五代會要》卷二十九《契丹》

契丹，本鮮卑之種也，居遼澤之中，潢水之南。遼澤去榆關一千一百二十里，榆關去幽州七百一十四里。其地東南接海，東際遼河，西北包冷陘，北界松陘。山川東西三千里。地多松柳，澤饒蒲葦，其族本姓大賀氏，後分為八部：一曰旦利皆部，二曰乙室活部，三曰實活部，四曰納尾部，五曰頻没部，六曰内會雞部，七曰集解部，八曰奚嗢部。管縣四十一。每部有剌史，每縣有令。酋長號契丹王。唐制，兼松漠府都督，幽州置松漠府長史一人監之。其後諸姓不常。唐會昌中，幽州節度使張仲武表其王屈戍，請賜印篆為"奉國契丹之印"。朝廷從之，其八族長皆號曰大人，稱剌史，内推一人為王，建旗鼓以尊之。每三年，第其名以代之。唐末有邪律阿保機者，怙强好勇，不受諸族之代，吞侵鄰部，兵力漸盛，嘗與後唐太祖會盟於雲中，結為兄弟。其後僭稱帝號，以妻述律氏為皇后，燕人韓延徽為宰相，法令嚴明，諸部皆畏伏之。

梁開平元年四月，遣其首領袍笏梅老等來貢方物。至二年二月，其王阿保機又遣使來貢良馬。五月，又遣使解里貢細馬十匹，金花鞍轡，貂鼠皮裘并冠；男口一，年十歲，名曰

蘇;女口一,年十一歲,名曰嚐。其妻述律氏貢朝霞錦。前國
王欽德并其大臣皆有貢獻。太祖命司農卿渾特、右千牛衛將
軍郎公遠充使,就本國宣諭。

　　三年閏八月,又遣首領葛禄來貢方物。太祖御文明殿,
召葛禄等五十人張讌,賜金帛等有差。至五年四月,又遣使
實柳梅老來朝貢。

　　後唐同光二年三月,阿保機率所部入寇新城。其年七
月,又率兵東攻渤海國。至九月,爲鄰部室韋、女真、迴鶻所
侵。十二月,又入寇嵐州。三年二月,復入寇幽州,爲王師所
敗,俘其首領衢多等。其年五月,又遣使拽鹿孟等來貢方物。

　　四年正月,阿保機將復寇渤海國,又遣梅老鞋里已下
三十七人貢馬三十匹,詐修和好。

　　天成元年七月,攻渤海國扶餘城,下之,命其長子突欲爲
國主,號東丹王。其月二十七日,阿保機得疾而死。第二子
元帥太子德光嗣立。德光本名曜屈之,慕中國之名,故改爲
德光。初,阿保機有三子,長號人皇王,次號元帥太子,次曰
安端少君。及阿保機死,其妻述律氏令第二子元帥太子德光
句當兵馬,令少子安端少君往渤海國代突欲,將立爲嗣。而
元帥太子素爲部族所敬,又其母述律氏亦常鍾愛,故因而立
之,僞稱天顯元年。尋葬阿保機於西樓,番中地名。僞謚大聖
皇帝。其年十月,遣使設骨餒來告哀,明宗輟其月十九日朝
參以禮之。其月,僞平州守將領幽州節度使盧文進率户口兵
馬車帳來降。至二年十一月,又遣使梅老等二十餘人朝貢,
兼申和好之意。明宗命飛勝指揮使安念德齎錦綺綾羅及金
花銀器、寶裝酒器等賜之。又賜其母述律氏繡被一張,并寶

裝瓔珞。至三年正月，復入寇，陷平州而去。至其年五月，定
州節度使王都叛命，潛相連搆。其主德光遣首領禿餒率雜虜
數千騎入定州。至七月，又遣首領惕隱等率七千餘騎來援，
尋爲行營招討使王晏球等逆戰，破之，剿戮甚衆，餘黨復爲幽
州節度使趙德鈞襲之，殺獲殆盡，擒其首領惕隱等。其月，王
晏球等又獲契丹絹書二封來進。明宗命宣示群臣，莫有識其
文字者。契丹本無文記，唯刻木爲信，漢人陷番者以隸書之
半，就加增減，撰爲胡書，同光之後，稍稍有之。其年八月，幽
州部送所獲番將惕隱已下六百餘人至京師，明宗皆赦之，選
其尤壯健者立爲契丹直，其首領皆賜姓吉。時言事者以爲胡
人悍戾，不可置於君側。俄而有首領吉趙實自京遁歸，奪船
過河，至深州，捕獲斬之。至其年閏八月，僞平州刺史張希崇
來降。四年二月，定州行營招討使王晏球擒禿餒等二千餘人
獻於闕下，悉命戮之。長興元年十一月，契丹渤海國東丹王
突欲率番官四十餘人，馬百匹，自登州泛海內附。明宗御文
明殿召對，及其部曲，慰勞久之。賜以衣冠、金玉帶、鞍馬、錦
彩、器物等。突欲進本國印三面，命宣示宰臣。其年十二月，
中書門下奏："契丹國東丹王突欲，遠泛滄溟，來歸皇化，請賜
姓名，仍准番官入朝例安排。謹按四夷入朝番官，有懷德、懷
化、歸德、歸化等將軍、中郎將名號，又本朝賜新羅、渤海兩番
國王官，初自檢校司空至太保，今突欲是阿保機之子，請比新
羅、渤海王例施行。"敕："渤海國王、人皇王突欲，契丹先收
渤海國改爲東丹，其突欲宜賜姓東丹，名慕華，授光祿大夫、
檢校太保、安東都護、兼御史大夫、上柱國、渤海郡開國公，食
邑一千五百户，充懷化軍節度、瑞慎等州觀察處置押番落等

使。"二年九月,復賜姓李,名贊華。三年五月,授滑州節度使,爲廢帝所殺。至二年,其契丹王母述律氏以其子突欲歸國,遣使朝貢。明宗深慰納之。至三年三月,禮賓使梁進德自契丹報聘迴,稱其王請放蒳剌舍利還本國。蒳剌亦定州所獲番將也。又謂去年十二月十二日,其王帳前有大星晝隕,聲若雷震。其月,又遣使鐵葛羅卿進馬三十疋,亦求蒳剌歸國故也。五月,鐵葛羅卿迴,明宗欲放蒳剌等令歸,大臣爭之未決。會幽州節度使趙德鈞上表論奏,及易州刺史楊檀皆言不可遣,其事乃止。仍遣蒳骨舍利隨其使歸,不欲全阻其請也。其年七月,又遣使都督述禄進馬三十匹。

清泰三年五月,晉高祖起義於太原。九月,官軍集於城下,晉乃間道發使,召德光爲援。是月,德光率部落五萬餘騎至太原城下,尋敗招討使張敬德、楊光遠之兵,降晉安大砦。

晉天福元年十一月,高祖踐位,以德光有援助之力,歃血爲盟,結爲父子,仍約歲輸絹十三萬匹,割鴈門已北及幽州所屬縣並隸番界。德光又率兵迓高祖於潞州。縶幽州節度使趙德鈞并其子樞密使趙延壽而迴。二年二月,德光遣使子解里、舍利梅老來聘。三年十月,又遣使來上尊號曰英武明義。晉祖繼命宰臣馮道、趙瑩、劉昫等齎寶貨珍幣,歲時進貢不絕。德光亦遣名王已下來。至六年六月,鎮州節度使安重榮執契丹使拽剌等,以輕騎掠幽州之南界。高祖累遣中使齎詔開諭,以契丹有助王之功,不欲負其宿約,而重榮奸險肆志,竟誅拽剌等,馳檄天下,言契丹之罪惡,與襄州節度使安從進連謀不軌。高祖命杜重威率兵討之,至貝州宗城縣相遇,重榮之衆大敗。至七年正月二日收復鎮州,斬重榮首,漆之,送

於契丹。至其年四月，高祖不豫。六月崩，少帝嗣立。八月，
遣使郎五來致弔，兼獻衣服鞍馬等。至十月，又遣使大卿已
下二十六人來聘，以高祖山陵有日致祭故也。至九年正月，
德光遣趙延壽、趙延照等率兵五萬入寇貝州。少帝發兵屯守
澶州。初，青州節度使楊光遠搆逆謀，乃繕治城隍，蓄聚芻
粟，爲跋扈之計。屬歲不稔，餓殍相繼，朝廷以廩帑虛竭，軍
用不給，仍發使郡縣，括借民家資財斛斗，海內嗷嗷，不堪其
命。光遠遂以重利誘德光入寇，又以趙延壽等皆中原人士，
常有思歸之意，冀群兇盜國，晉祚不濟，則大福在己。其月，
德光自河間率諸部兵入犯甘陵，陷之，巡檢使吳巒投井而死，
河北大擾。少帝駐蹕澶州，命宋州節度使高行周等將兵以禦
之。三月，德光自領雜虜十餘萬來攻戚城，官軍拒之而退。
又以趙延壽行魏博節度使，改封魏王，以延壽門人高融爲節
度副使，統步奚及燕軍數萬營於南樂。四月，又陷德州、博
州。其年十二月，德光又率衆南下，攻圍鎮州諸邑，皆陷之。

　　開運二年二月，前鋒至邢州，鎮州節度使杜重威差人間
道告急。少帝欲親率大軍渡河決戰。乃命鄆州節度使張從
恩等將兵合諸將之師屯於邢州。時德光之衆已及魏府，建牙
於元氏，從恩等引軍而退。其月，又陷祁州，刺史沈斌死之。
至三月，德光退，杜重威等率兵攻契丹之泰州，下之。迴及陽
城，爲德光精騎所圍，諸將等決力死戰，德光大敗。至三年八
月，契丹所部瀛州刺史僞言納款，少帝復命杜重威等率大軍
迎降。至十一月，迴及鎮州之東垣渡，與番相遇。十二月六
日，遣前鋒奪橋，爲番軍所敗，其月十日，杜重威等以軍降於
德光，命相州節度使張彥澤率漢騎二千先入京城。至明年正

月一日,德光自將大軍至京北。百僚素服班於野次,匍伏請罪,皆命釋之。尋降授少帝檢校太尉、負義侯,令挈其族及將相近臣等於契丹黄龍府安置。二月,德光僞降赦,改國號大遼,稱會同十年,升鎮州爲中京,以燕王趙延壽爲大丞相、中京留守。三月,德光自京率衆北歸,至四月十八日,死於欒城。其年五月,宣遺制,以永康王兀欲襲其僞位。_{永康王者,東}丹王突欲之長子。兀欲自以猶子,不當嗣位,且不奉祖母之命,其諸部首領,素畏述律氏之酷法,復以阿保機死於渤海國,被殺者百人,今德光没于漢地,慮必獲罪如前,同謀以其月二十一日領部族歸國。述律氏拒於石橋,_{番中地名。}其衆悉降於兀欲。命送述律氏於阿保機明殿以幽之。_{阿保機陵寢謂之明殿。}僞改會同十年爲天禄元年,自稱天授皇帝。

漢乾祐三年十一月,兀欲率騎數萬南寇,陷邢州之内邱縣、深州之饒陽縣。

周廣順元年正月,太祖命左千牛衛將軍朱憲往修和好,兀欲亦遣使裹骨支報命,獻良馬四匹。太祖復命尚書左丞田敏、供奉官蔣光遂銜命往聘。至其年四月,田敏等迴,兀欲遣使實六獻碧玉金鍍銀裹鞍轡,并馬四十匹。其月,太祖又命左金吾將軍姚漢英、右神武將軍華光裔往使。至其年九月,兀欲爲部下太寧王、_{偉王子。}燕王述軋所殺。述律_{德光之子。}勒所部兵誅太寧王、述軋。述律自立,號天順皇帝,改名明,僞稱膺歷元年。^{〔一〕}

顯德元年春,太原劉崇將圖南寇,述律使番將楊袞率虜騎萬餘以助之。三月,世宗親征,與崇戰於潞州高平縣之南原。崇軍大敗,番衆棄甲而遁。二年三月,命許州節度使王彥超等築壘于李晏口，與番兵數千騎戰於安平縣之南，敗之。

【校勘記】

〔一〕改名明僞稱膺曆元年　復鈔同。殿本、沈本、上鈔作"改名璟，僞稱應曆元年"。《五代史記》卷七三《四夷附錄》作"改元應曆，號天順皇帝，後更名璟"。《文獻通考》卷三四五與《五代史記》同，惟"應曆"作"應曆"。

頁四五五至四六二、四六六

《文獻通考》卷三百四十五《四裔考二十二·契丹上》

契丹，本東胡種，其先爲匈奴所破，保鮮卑山。與庫莫奚異種而同類，並爲慕容氏所破，俱竄於松漠之間。其俗頗與靺鞨同。〔一〕父母死而悲哭者爲不壯，但以屍置於山樹之上。經三年之後，乃收其骨而焚之，因酹酒而祝曰："冬月時，向陽食；夏月時，向陰食。若我射獵時，使我多得豬鹿。"其無禮頑囂，於諸夷最盛。

後魏初，大破之，遂逃迸，與庫莫奚分背。經數十年，稍滋蔓，有部落於和龍之北數百里，和龍，今柳城郡。多爲寇盜。魏太武帝真君以來，歲貢名馬，於是東北群狄悉萬丹部、阿大何部、〔二〕伏弗郁部、羽林部、〔三〕日連部、匹黎部、〔四〕比六于部各以其名馬文皮入獻，〔五〕皆得交市於和龍、密雲之間。密雲，今郡。齊受魏禪，入貢不絕。天保四年，犯塞。文宣北討，大破之，虜十餘萬口，雜畜數十萬頭。其後復爲突厥所逼，又以萬家寄於高麗。隋開皇末，有別部四千餘家，背突厥來降。文帝方與突厥和好，〔六〕重失信遠人，乃悉給糧，令還本部，敕突厥撫納之。固辭不去。部落漸衆，遂北逐水草畜牧。有征

伐,則酋帥相與議之,興兵動衆,合如符契。突厥沙鉢略可
汗遣吐屯潘垤統之。契丹殺吐屯而遁。隋大業七年,遣使貢
方物。

　　唐武德中,其大酋孫敖曹等遣人來朝,而君長或小入寇
邊。後二年,君長上名馬、豐貂。貞觀初,摩會相降。〔七〕突厥
不欲外夷與唐合,請以梁師都易契丹。太宗曰:“契丹外夷,
已降我,不可索。師都我叛臣,詎可易降者?”不許。明年,
摩會復入朝,自是有常貢。二十二年,契丹帥窟哥率其部内
屬,〔八〕以契丹部爲松漠都督府,拜窟哥爲持節十州諸軍事、
松漠都督,封無極男,賜姓李。置都督府於營州,兼置東夷都
護,以統松漠、饒樂之地。

　　武太后萬歲通天元年五月,窟哥曾孫松漠都督^{羈縻松漠都}
^{督府屬,}〔九〕_{今柳城郡。}李盡忠與其妻兄歸誠州刺史孫萬榮,殺都
督趙文翽,舉兵反,陷營州,_{今柳城。}自號可汗。命左鷹揚將軍
曹仁師、右金吾將軍張玄遇、右武威大將軍李多祚、司農少卿
麻仁節等二十八將討之。遇賊於西硤石、黃麞谷,官軍敗績,
玄遇、仁節没於賊。〔一〇〕李盡忠死,孫萬榮代領其衆,攻陷冀
州,_{今信都郡。}刺史陸寶積死之。又陷瀛州屬縣。_{今河間郡。}又
遣夏官尚書、同鳳閣鸞臺三品王孝傑與蘇宏暉率兵十八萬,
與孫萬榮戰於東硤石,官軍又大敗,孝傑没於陳,宏暉棄甲而
遁。又命河内王武懿宗爲大總管,右肅政御史大夫婁師德爲
副,沙吒忠義爲前軍,率兵二十萬以討破之。〔一一〕萬榮爲其家
奴所殺,其黨遂潰,乃附於突厥。

　　開元初,盡忠從父弟都督失活以默啜政衰,率部落來降,
玄宗賜丹書鐵券。五年,以宗女爲永樂公主,出降契丹松漠

王李失活。失活死，以其弟娑固襲封。後爲其酋可突于所殺，[一二]奉娑固從父弟鬱于爲君，[一三]詔即拜鬱于襲封，以宗室出女慕容氏爲公主妻之。鬱于死，弟吐于嗣。[一四]吐于爲可突于所逼來奔。可突于奉其弟邵固統衆，[一五]詔許襲封。後三年，可突于殺邵固，立屈烈爲王，脅奚衆共降突厥。詔幽州長史、范陽節度使趙含章等八總管兵擊之，大破其師，可突于走。明年，復寇邊，幽州長史張守珪圍之。可突于爲其下所殺，支黨皆散。二十五年，守珪討契丹，再破之。

天寶四載，契丹大酋李懷秀降，拜松漠都督，封崇順王，以宗室出女獨孤爲靜樂公主妻之。是歲，殺公主叛去，范陽節度使安禄山討破之。更封其酋楷落爲恭仁王，代松漠都督。禄山方幸，表討契丹以向帝意。發幽州、雲中、平盧、河東兵十餘萬，以奚爲鄉導，大戰潢水南，禄山敗，死者數千。自是禄山與相侵掠未嘗解，至其反乃已。

契丹在開元、天寶間，使朝獻者無慮二十。故事，以范陽節度爲押奚、契丹使，自至德後，藩鎮擅地務自安，障戍斥候益謹，不生事於邊，奚、契丹亦鮮入寇，歲選酋豪數十入長安朝會，每引見，賜與有秩，其下率數百皆駐館幽州。至德、寶應時再朝獻。大曆中十三，貞元間三，元和中七，大和、開成間凡四，然天子惡其外附回鶻，不復官爵渠長。會昌二年，回鶻破，契丹酋屈戍始復內附，拜雲麾將軍、守右武衛將軍。於是幽州節度使張仲武爲易回鶻所與舊印，賜唐新印，曰"奉國契丹之印"。咸通中，其王習爾之再遣使者入朝，部落寖強。[一六]習爾之死，族人欽德嗣。光啓時，方天下盜興，北疆多故，乃鈔奚、室韋，小小部種皆役服之。

　　其居曰梟羅箇没里,没里者,河也。是謂黃水之南,黃龍之北,得鮮卑之故地。當唐之末,其地北接室韋,東鄰高麗,西界奚國,而南至營州。其部族之大者曰大賀氏,後分爲八部,其一曰但利皆部,〔一七〕二曰乙室活部,三曰實活部,四曰納尾部,五曰頻没部,〔一八〕六曰内會鷄部,七曰集解部,八曰奚嗢部。部之長號大人,而常推一大人建旗鼓以統八部。至其歲久,或其國有災疾而畜牧衰,則八部聚議,以旗鼓立其次而代之。被代者以爲約本如此,不敢争。某部大人遥輦次立,時劉仁恭據有幽州,數出兵摘星嶺攻之,每歲秋霜落,則燒其野草,契丹馬多飢死,以良馬賂仁恭求市牧地,請聽盟約甚謹。八部之人以爲遥輦不任事,選於其衆,以阿保機代之。

　　阿保機,亦不知其何部人也,爲人多智勇而善騎射。是時,劉守光暴虐,幽、涿之人多亡入契丹。阿保機乘間入塞,攻陷城邑,俘其人民,依唐州縣置城以居之。漢人教阿保機曰:“中國之王無代立者。”由是阿保機益以威制諸部而不肯代。其立九年,諸部以久不代,共責誚之。〔一九〕阿保機不得己,傳其旗鼓,而謂諸部曰:“吾立九年,所得漢人多矣,吾欲自爲一部以治漢城,可乎?”諸部許之。漢城在炭山東南灤河上,〔二〇〕有鹽鐵之利,乃後魏滑鹽縣也。其地可植五穀,阿保機率漢人耕種,爲治城郭邑屋廛市如幽州制度,漢人安之,不復思歸。阿保機知衆可用,用其妻述律策,使人告諸部大人曰:“我有鹽池,諸部所食。然諸部知食鹽之利,而不知鹽有主人,可乎?當來犒我。”諸部以爲然,共以牛酒會鹽池。〔二一〕阿保機伏兵其旁,酒酣伏發,盡殺諸部大人,遂立,不復代。

梁將篡唐，晉王李克用使人聘於契丹，約爲兄弟，贈金帛甚厚，期共舉兵擊梁。阿保機既而背約，〔二二〕遣使聘梁稱臣，約共滅晉。後唐莊宗天佑十三年，契丹寇晉蔚州，又攻破新州。莊宗遣周德威擊之，德威兵敗，走幽州，契丹圍之。幽、薊之間，虜騎遍野，德威拒守百餘日，契丹兵敗，乃解去。

阿保機多用漢人，漢人教以隸書之半增損之，作文字數千，以代刻木之約。又制婚姻，〔二三〕置官號。乃僭稱皇帝，自號天皇王。以其所居橫帳地名爲姓，曰世里。世里，譯者謂之耶律。名年曰天贊。以其所居爲上京，起樓其間，號西樓，又於其東千里起東樓，北三百里起北樓，南木葉山起南樓，往來射獵四樓之間。契丹好鬼而貴日，〔二四〕每月朔日，〔二五〕東向而拜日，其會聚、視國事，皆以東向爲尊，四樓門屋皆東向。

【校勘記】

〔一〕其俗頗與靺鞨同 “靺鞨”原作“靺羯”，據《隋書》卷八四《北狄傳》、《通典》卷二〇〇《邊防》一六改。

〔二〕阿大何部 “阿”，《通典》卷二〇〇《邊防》一六、《太平寰宇記》卷一九九《四夷》二八《北狄》一一同，《魏書》卷一〇〇《契丹傳》、《北史》卷九四《契丹傳》作“何”。

〔三〕伏弗郁部羽林部 “林”，《魏書》卷一〇〇《契丹傳》、《北史》卷九四《契丹傳》、《通典》卷二〇〇《邊防》一六俱作“陵”。按《魏書》卷六《顯祖紀》皇興元年二月、二年四月兩見“具伏弗”、“郁羽陵”，《魏書》卷一〇〇《勿吉傳》、《北史》卷九四《勿吉傳》又各有“具弗伏國”、“郁羽陵國”，疑“伏”上脫“具”字，“郁部”二字誤倒，當補乙改作“具弗伏部、郁羽陵部”。

〔四〕匹黎部　《通典》卷二〇〇《邊防》一六同,《魏書》卷一〇〇《契丹傳》、《北史》卷九四《契丹傳》、《太平寰宇記》卷一九九《四夷》二八《北狄》一一作"匹絜部黎部"。按《魏書》卷六《顯祖紀》皇興元年二月、二年四月兩見"匹黎爾",《魏書》卷一〇〇《勿吉傳》、《北史》卷九四《勿吉傳》均有"匹黎爾國",疑即"匹黎部"。

〔五〕比六于部各以其名馬文皮入獻　"比六于",《魏書》卷一〇〇《契丹傳》作"吐六于",同書卷六《顯祖紀》皇興二年四月作"叱六手",《北史》卷九四《契丹傳》作"吐六干"。

〔六〕文帝方與突厥和好　"好"字原脱,據《隋書》卷八四《北狄傳》、《北史》卷九四《契丹傳》、《通典》卷二〇〇《邊防》一六補。

〔七〕摩會相降　"相降",《新唐書》卷二一九《北狄傳》作"來降"。

〔八〕契丹帥窟哥率其部內屬　"帥"原作"師",據《通典》卷二〇〇《邊防》一六改。

〔九〕羈縻松漠都督府屬　"都督",《通典》卷二〇〇《邊防》一六作"都護"。

〔一〇〕玄遇仁節没於賊　"没",《太平寰宇記》卷一九九《四夷》二八《北狄》一一作"投",《舊唐書》卷一九九下《北狄傳》、《新唐書》卷二一九《北狄傳》均作"玄遇、仁節爲賊所擒"。

〔一一〕率兵二十萬以討破之　"二十萬",《新唐書》卷二一九《北狄傳》、《通典》卷二〇〇《邊防》一六、《太平寰宇記》卷一九九《四夷》二八《北狄》一一同,《舊唐書》卷一九九下《北狄傳》作“三十萬”。

〔一二〕後爲其酋可突于所殺　“于”，《舊唐書》卷一九九下《北狄傳》、《新唐書》卷二一九《北狄傳》同，《資治通鑑》卷二一二《唐紀》二八開元八年十一月辛未條作“干”。下同。

〔一三〕奉娑固從父弟鬱于爲君　“于”，《舊唐書》卷一九九下《北狄傳》、《新唐書》卷二一九《北狄傳》同，《唐會要》卷九六《契丹》作“於”，《資治通鑑》卷二一二《唐紀》二八開元十年閏五月己丑條作“干”。下同。

〔一四〕弟吐于嗣　“吐于”，《舊唐書》卷一九九下《北狄傳》、《新唐書》卷二一九《北狄傳》同，《唐會要》卷九六《契丹》作“咄於”，《資治通鑑》卷二一二《唐紀》二八開元十二年十一月辛巳條作“吐干”。下同。

〔一五〕可突于奉其弟邵固統衆　此處“其”乃指吐于，據《舊唐書》卷一九九下《北狄傳》、《新唐書》卷二一九《北狄傳》，邵固乃李盡忠弟。

〔一六〕部落寖强　“寖”下原有“又”字，據《新唐書》卷二一九《北狄傳》刪。

〔一七〕其一曰但利皆部　“但利皆部”，《新五代史》卷七二《四夷附錄》一作“伹皆利部”，《五代會要》卷二九《契丹》作“旦利皆部”，《契丹國志》卷首《契丹國初興本末》作“祖皆利部”。

〔一八〕五曰頻没部　“頻”原作“類”，據《新五代史》卷七二《四夷附錄》一、《契丹國志》卷首《契丹國初興本末》改。

〔一九〕共責誚之　"共"字原脱,據《新五代史》卷七二《四夷附録》一補。

〔二〇〕漢城在炭山東南灤河上　"灤河"原作"欒河",據《新五代史》卷七二《四夷附録》一、《契丹國志》卷二三《併合部落》改。

〔二一〕共以牛酒會鹽池　"會"原作"食",據《新五代史》卷七二《四夷附録》一、《契丹國志》卷二三《併合部落》改。

〔二二〕阿保機既而背約　《新五代史》卷七二《四夷附録》一"既"後有"歸"字。

〔二三〕又制婚姻　"姻",《新五代史》卷七二《四夷附録》一、《契丹國志》卷二三《國土風俗》作"嫁"。

〔二四〕契丹好鬼而貴日　"契丹"二字原脱,據《新五代史》卷七二《四夷附録》一補。

〔二五〕每月朔日　"朔日",《新五代史》卷七二《四夷附録》一作"朔旦"。

頁九五七一至九五七五、九五八五至九五八七

《遼史》卷六十三《表第一·世表》

天開於子,地闢於丑,人生於寅。天地人之初,一焉耳矣。天動也,有恒度;地静也,有恒形;人動静無方,居止靡常。天主流行,地主蓄泄,二氣無往而弗達,亦惟人之所在而畀付焉。

庖犧氏降,炎帝氏、黄帝氏子孫衆多,王畿之封建有限,王政之布濩無窮,故君四方者,多二帝子孫,而自服土中者本

同出也。考之宇文周之《書》，遼本炎帝之後，而耶律儼稱遼爲軒轅後。儼《志》晚出，盍從周《書》。蓋炎帝之裔曰葛烏菟者，世雄朔陲，後爲冒頓可汗所襲，保鮮卑山以居，號鮮卑氏。既而慕容燕破之，析其部曰宇文，曰庫莫奚，曰契丹。契丹之名，昉見于此。

隋、唐之際，契丹之君號大賀氏。武后遣將擊潰其衆，大賀氏微，別部長過折代之。過折尋滅，迭剌部長涅里立迪輦組里爲阻午可汗，更號遙輦氏。唐賜國姓，曰李懷秀。既而懷秀叛唐，更封楷落爲王。而涅里之後曰耨里思者，左右懷秀。楷落至于屈戍幾百年，國勢復振。

至耨里思之孫曰阿保機，[一]功業勃興，號世里氏，是爲遼太祖。於是世里氏與大賀、遙輦號"三耶律"。自時厥後，國日益大。起唐季，涉五代、宋，二百餘年。

【校勘記】

〔一〕耨里思之孫曰阿保機　孫，據《太祖紀贊》及下文"太祖四代祖耨里思"，應是玄孫。

名隨代遷，字傳音轉，此其言語文字之相通，可考而知者也。其所不可知者，有若奇首可汗、胡剌可汗、蘇可汗、昭古可汗，皆遼之先，而世次不可考矣。摭其可知者，作遼《世表》。

帝統　契丹先世。

漢　冒頓可汗以兵襲東胡，滅之。餘衆保鮮卑山，因號鮮卑。

魏　青龍中，部長比能稍桀驁，爲幽州刺史王雄所害，散徙潢水之南，黃龍之北。

晉　鮮卑葛烏菟之後曰普回。普回有子莫那,自陰山南徙,始居遼西。九世爲慕容晃所滅,[二]鮮卑衆散爲宇文氏,或爲庫莫奚,或爲契丹。

【校勘記】

〔二〕爲慕容晃所滅　據《晉書》一〇九《前燕載記》,"晃"應作𣈱。

元魏　契丹國在庫莫奚東,異族同類,東部鮮卑之別支也,至是始自號契丹。爲慕容氏所破,俱竄松漠之間。道武帝登國間,大破之,遂與庫莫奚分背。經數十年,稍滋蔓,有部落於和龍之北數百里。太武帝太平真君以來,歲致名馬。獻文時,使莫弗紇何辰來獻,始班諸國末,欣服。[三]萬丹部、何大何部、伏弗郁部、羽陵部、日連部、匹絜部、黎部、[四]吐六于部以名馬文皮來貢,得交市于和龍、密雲之間。太和三年,高句麗與蠕蠕謀取地豆于以分之,契丹懼,莫弗賀勿于率其部落車三千乘、衆萬餘口内附,止於白狼水東。

【校勘記】

〔三〕始班諸國末欣服　按此源於《魏書》一〇〇《契丹傳》:"得班饗於諸國之末","心皆忻慕","莫不思服",欣服二字,語義不完。

〔四〕萬丹部至黎部　萬丹部,按《營衛志》中及《魏書》一〇〇、《新唐書》二一九《契丹傳》並作悉萬丹部。日連部,連原誤"速",據《營衛志》中及《魏書》、《新唐書·契丹傳》改。伏弗郁、羽陵、匹絜、黎等部參卷三二《校勘記》〔二〕〔三〕。

北齊　天保四年九月,契丹犯塞,文宣帝親討之,至平州,乃趨長塹。[五]司徒潘相樂率精騎五千,自東道趨青山;

安德王韓軌帥騎四千東斷走路。帝親踰山嶺奮擊,虜男女十餘萬,雜畜數十萬。相樂又於青山大破別部,所虜生口分置諸州。復爲突厥所逼,又以萬家寄處高麗境内。

【校勘記】

〔五〕長塹　塹原誤"漸",據《北齊書》四《文宣紀》及《北史》九四《契丹傳》改。

隋　開皇四年,率諸莫弗賀來謁。五年,悉衆款塞,高祖納之,聽居故地。六年,諸部相攻不止,又與突厥相侵,高祖使使諭解之。别部出伏等違高麗,率衆内附,置於渴奚那頡之北。開皇末,别部四千餘户違突厥來降,高祖給糧遣還;固辭不去,部落漸衆。遂北徙,逐水草,當遼西正北二百里,依紇臣水而居。〔六〕東西亘五百里,南北三百里,分爲十部,兵多者三千,少者千餘。有征伐,酋帥相與議之,興兵則合符契。突厥沙鉢略可汗遣吐屯潘垤統之,契丹殺吐屯。大業七年,貢方物。

【校勘記】

〔六〕紇臣水　按《隋書》八四、《北史》九四《契丹傳》作託紇臣水。

唐　契丹地直京師東北五千里而贏,東距高麗,西奚,南營州,北靺鞨、室韋,阻冷陘山以自固。射獵居處無常。其君大賀氏有勝兵四萬,析八部,臣于突厥,以爲俟斤。凡調發攻戰,則諸部畢會,獵則部得自行。與奚不平,每鬥不利,輒遁保鮮卑山。武德初,〔七〕大帥孫敖曹與靺鞨長突地稽俱來朝。二年,入犯平州境。六年,君長咄羅獻名馬、豐貂。貞觀二年,摩會來降,突厥請以梁師都易契丹,太宗曰:"契丹、突厥不同類,師都唐編户,我將擒之,不可易降者。"三年,摩會入朝,賜鼓纛,由是有常貢。帝伐高麗,悉發契丹、奚首領從軍。還過營州,以窟哥爲左武衛將軍。大帥辱紇主據曲率衆來歸,〔八〕即其部爲玄州,以據曲爲刺史,隸營州都督府。窟哥舉部内屬,乃置松漠都督府,以窟哥爲都督,封無極男,賜姓李氏。以達稽部爲峭落州,紇便部爲彈汗州,獨活部爲無逢州,芬問部羽陵州,突便部爲日連州,芮奚部爲徒河州,墜斤部爲萬丹州,伏部爲匹黎、赤山二州,俱隸松漠府,以辱紇主爲刺史。窟哥死,與奚叛,行軍總管阿史德樞賓執松漠都督阿不固,〔九〕獻于東都。窟哥二孫:曰枯莫離,彈汗州刺史、歸順郡王;曰盡忠,松漠都督。敖曹曾孫曰萬榮,〔一〇〕歸誠州刺史。時營州都督趙文翽數侵侮其下,盡忠等怨望,與萬榮共舉兵,殺文翽,據營州,自號“無上可汗”,推萬榮爲帥。不二旬,衆數萬,攻崇州,執撃討副使許欽寂。武后怒,詔將軍曹仁師等二十八將撃之,更號萬榮曰“萬斬”,盡忠曰“盡滅”。戰西硤石黄獐谷,王師敗績。進攻平州,不克。武后益發兵撃契丹。萬榮夜襲檀州,清邊道副總管張九節拒戰,萬榮敗走。俄盡忠死,突厥默啜襲破其部。萬榮收散兵,復振。别將駱務整、何阿小入冀州,殺刺史陸寶積,掠數千人。武后聞盡忠死,詔夏官尚書王孝傑等率兵十七萬討萬榮,戰東硤石,敗績,孝傑死之,萬榮進屠幽州。又詔御史大夫婁師德等率兵二十萬撃之,萬榮乘鋭,鼓行而南,殘瀛州屬縣。神兵道總管楊玄基率奚兵掩撃,〔一一〕大破萬榮,執何阿小,别將李楷固、駱務整降。萬榮委軍走,玄基與奚四面合撃,萬榮衆潰,東走。張九節設三伏待之。萬榮窮蹙,與家奴輕騎走潞河東,憊甚,卧林下。奴斬其首以獻,九節傳東都。契丹餘衆不能立,遂附突厥。開元二年,盡忠從父弟失活率部落歸唐。

【校勘記】

〔七〕武德初　初原作"中"，據下文二年及《舊唐書》一九九下《契丹傳》改。

〔八〕辱紇主據曲　辱紇主原誤"紇主"，據《新唐書》二一九《契丹傳》改。據曲，參卷三二《校勘記》〔七〕。

〔九〕阿不固　按《新唐書‧契丹傳》作阿卜固。

〔一〇〕敖曹曾孫曰萬榮　曾孫，《舊唐書‧契丹傳》同。《新唐書‧契丹傳》作"有孫曰萬榮"。

〔一一〕神兵道總管楊玄基　原作神兵總管楊立基，據《新唐書‧契丹傳》改。

失活，玄宗賜丹書鐵券。開元四年，與奚長李大酺偕來，詔復置松漠府，以失活爲都督，封松漠郡王；仍置静析軍，以失活爲經略大使，八部長皆爲刺史。五年，以楊氏爲永樂公主下嫁失活。〔一二〕六年，卒。

【校勘記】

〔一二〕五年以楊氏爲永樂公主下嫁失活　按《舊唐書‧契丹傳》，"開元三年，其首領李失活率種落內附。明年，失活入朝，封宗室外甥女楊氏爲永樂公主以妻之。"

娑固，失活之弟，帝以娑固襲爵。開元七年十一月，娑固與公主來朝。衙官可突于勇悍，得衆心，娑固欲除之；事泄，可突于攻之，娑固奔營州。都督許欽澹及奚君李大酺攻可突于，不勝，娑固、大酺皆死。韓愈作可突干，劉昫、宋祁及《唐會要》皆作可突于。

郁于，娑固從父弟也，可突于推以爲主，遣使謝罪，玄宗册立襲娑固位。開元十年，郁于入朝，以慕容氏爲燕郡公主下嫁郁于,卒。

　　咄于,[一三]郁于之弟,襲官爵。開元十三年,咄于復與可突于猜阻,與公主來奔,改封遼陽王。[一四]

　　【校勘記】

　　〔一三〕咄于　按《新》、《舊唐書·契丹傳》及《通考》三四五並作吐于。

　　〔一四〕遼陽王　按《新》、《舊唐書·契丹傳》作遼陽郡王。

　　邵固,咄于之弟,[一五]國人共立之。開元十三年冬,朝于行在,從封禪泰山,改封廣化郡王,以陳氏爲東光公主下嫁邵固。[一六]十八年,爲可突于所弑,以其衆降突厥,東光公主走平盧。

　　【校勘記】

　　〔一五〕邵固咄于之弟　按《新》、《舊唐書·契丹傳》作李盡忠之弟。

　　〔一六〕東光公主　《新》、《舊唐書·契丹傳》作東華公主。

　　屈列,[一七]不知其世系,可突于立之。開元二十二年六月,幽州節度使張守珪大破可突于。[一八]十二月,又破之,斬屈列及可突于等,傳首東都,餘衆散走山谷。

　　【校勘記】

　　〔一七〕屈列　《新唐書·契丹傳》作屈烈,張九齡《曲江集》八作據埒。

　　〔一八〕幽州節度使張守珪　《新》、《舊唐書·契丹傳》並作幽州長史張守珪。按當時張守珪官銜爲"幽州節度副大使、幽州長史兼御史大夫",見《曲江集》九。

過折，[一九]本契丹部長，爲松漠府衙官，斬可突于及屈列歸唐。幽州節度使張守珪立之，封北平郡王。是年，可突于餘黨泥禮弑過折，屠其家，一子刺乾走安東，拜左驍衛將軍。自此，契丹中衰，大賀氏附庸於奚王，以通于唐，朝貢歲至。至德、寶應間再至，大曆中十三至，[二〇]貞元九年、十年、十一年三至，元和中七至，太和、開成間四至。泥禮，耶律儼《遼史》書爲涅里，陳大任書爲雅里，蓋遼太祖之始祖也。

【校勘記】

〔一九〕過折　按《曲江集》卷五、卷八作鬱捷，卷九、卷十一作過折。遇、鬱音同，過似應作遇。

〔二〇〕大曆中十三至　原誤"大曆十二年"，據《新唐書·契丹傳》改。按大曆凡十四年，約每年一次。

李懷秀，唐賜姓名，契丹名迪輦俎里，[二一]本八部大帥。天寶四年降唐，拜松漠都督。安禄山表請討契丹，懷秀發兵十萬，[二二]與禄山戰潢水南，禄山大敗，自是與禄山兵連不解。耶律儼《紀》云，太祖四代祖耨里思爲迭剌部夷離堇，遣將只里姑、括里，大敗范陽安禄山于潢水，適當懷秀之世。則懷秀固遙輦氏之首君，爲阻午可汗明矣。

【校勘記】

〔二一〕契丹名迪輦俎里　按上文作迪輦組里。

〔二二〕懷秀發兵十萬　按《新唐書·契丹傳》，安禄山發幽州、雲中、平盧、河東兵十餘萬。非懷秀發兵十萬。

楷落，以唐封恭仁王，代松漠都督，遂稱契丹王。其後寖大，貞元四年，犯北邊，幽州以聞。自禄山反，河北割據，道隔不通，世次不可悉考。[二三]

【校勘記】

〔二三〕世次不可悉考　按《百官志》一,遥輦九帳大常
袞司已列遥輦九世可汗世次。

契丹王屈戍,武宗會昌二年授雲麾將軍,是爲耶瀾可
汗。〔二四〕幽州節度使張仲武奏契丹舊用回鶻印,乞賜聖造,詔
以"奉國契丹"爲文。《高麗古今録》作屈戍。

【校勘記】

〔二四〕授雲麾將軍是爲耶瀾可汗　"是爲耶瀾可汗"原
在下文"幽州節度使"下,誤以屈戍爲幽州節度使。據《新唐
書·契丹傳》改。

契丹王習爾,〔二五〕是爲巴剌可汗。咸通中,再遣使貢獻,
部落寖强。

【校勘記】

〔二五〕習爾　《新唐書·契丹傳》作習爾之。

契丹王欽德,習爾之族也,是爲痕德董可汗。光啓中,鈔
掠奚、室韋諸部,皆役服之,數與劉仁恭相攻。晚年政衰。八
部大人,法常三歲代,迭刺部耶律阿保機建旗鼓,自爲一部,
不肯受代,自號爲王,盡有契丹國,遥輦氏遂亡。

蕭韓家奴有言,先世遥輦可汗洼之後,國祚中絶,自夷離
董雅里立阻午可汗,大位始定。今以唐史、遼史參考,大賀氏
絶于邵固,雅里所立則懷秀也,其間唯屈列、過折二世。屈列
乃可突于所立,過折以別部長爲雅里所殺。唐史稱泥里爲可
突于餘黨,則洼可汗者,殆爲屈列耶?

《遼史》卷六十三《表第一·世表》頁九四九至九五七、
九五七至九五九

契丹人物傳記

李光弼，營州柳城人。其先，契丹之酋長。父楷洛，開元初，左羽林將軍同正、朔方節度副使，封薊國公，以驍果聞。光弼幼持節行，善騎射，能讀班氏《漢書》。少從戎，嚴毅有大略，起家左衛郎。丁父憂，終喪不入妻室。

天寶初，累遷左清道率兼安北都護府、朔方都虞候。五載，河西節度王忠嗣補爲兵馬使，充赤水軍使。忠嗣遇之甚厚，常云：“光弼必居我位。”邊上稱爲名將。八載，充節度副使，封薊郡公。十一載，拜單于副使都護。〔一〕十三載，朔方節度安思順奏爲副使、知留後事。思順愛其材，欲妻之，光弼稱疾辭官。隴右節度哥舒翰聞而奏之，得還京師。禄山之亂，封常清、高仙芝戰敗，斬於潼關。又以哥舒翰率師拒賊。尋命郭子儀爲朔方節度，收兵河西。玄宗眷求良將，委以河北、河東之事，以問子儀，子儀薦光弼堪當閫寄。

十五載正月，以光弼爲雲中太守，攝御史大夫，充河東節度副使、知節度事。二月，轉魏郡太守、河北道采訪使，以朔方兵五千會郭子儀軍，東下井陘，收常山郡。賊將史思明以卒數萬來援常山，追擊破之，進收藁城等十餘縣，南攻趙郡。

三月八日,光弼兼范陽長史、河北節度使,拔趙郡。自禄山反,常山爲戰場,死人蔽野,光弼酹其屍而哭之,爲賊幽閉者出之,誓平寇難,以慰其心。六月,與賊將蔡希德、史思明、尹子奇戰于常山郡之嘉山,大破賊黨,斬首萬計,生擒四千。思明露髮跣足,奔於博陵,河北歸順者十餘郡。

　　光弼以范陽禄山之巢穴,將先斷之,使絶根本。會哥舒翰潼關失守,玄宗幸蜀,人心驚駭。肅宗理兵於靈武,遣中使劉智達追光弼、子儀赴行在,授光弼户部尚書,兼太原尹、北京留守、同中書門下平章事,以景城、河間之卒五千赴太原。時節度王承業軍政不修,詔御史崔衆交兵於河東。衆侮易承業,或裹甲持槍突入承業廳事玩謔之。光弼聞之素不平。至是,交衆兵於光弼。衆以麾下來,光弼出迎,旌旗相接而不避。光弼怒其無禮,又不即交兵,令收繫之。頃中使至,除衆御史中丞,懷其敕問衆所在。光弼曰:“衆有罪,繫之矣!”中使以敕示光弼,光弼曰:“今只斬侍御史;若宣制命,即斬中丞;若拜宰相,亦斬宰相。”中使懼,遂寢之而還。翌日,以兵仗圍衆,至碑堂下斬之,威震三軍。命其親屬弔之。

　　二年,賊將史思明、蔡希德、高秀巖、牛廷玠等四僞帥率衆十餘萬來攻太原。光弼經河北苦戰,精兵盡赴朔方,麾下皆烏合之衆,不滿萬人。思明謂諸將曰:“光弼之兵寡弱,可屈指而取太原,鼓行而西,圖河隴、朔方,無後顧矣!”光弼所部將士聞之皆懼,議欲修城以待之,光弼曰:“城周四十里,賊垂至,今興功役,是未見敵而自疲矣。”乃躬率士卒百姓外城掘壕以自固。作壍數十萬,衆莫知所用。及賊攻城於外,光弼即令增壘於内,壞輒補之。賊城外詬罵戲侮者,光弼令穿地道,一夕而擒之,自此賊將行皆視地,不敢逼城。強弩發石以擊之,賊驍將勁卒死者十二三。城中長幼咸伏其勤智,懦兵增氣而皆欲出戰。史思明揣知之,先歸,留蔡希德等攻之。月餘,我怒而寇怠,光弼率敢死之士出擊,大破之,斬首七萬餘級,軍資器械一皆委棄。賊始至及遁,五十餘日,光弼設小幕,宿於城東南隅,有急即應,行過府門,未嘗迴顧。賊退三日,決軍事畢,始歸府第。轉檢校司徒,收清夷、橫野等軍,擒賊將李弘義以歸。詔曰:“銀青光祿大夫、檢校司徒、兼户部尚書、同中書門下平章事、兼御史大夫、鴻臚卿、太原尹、北京留守、河東節度副大使、薊國公光弼,全德挺生,英才間出,干城禦侮,坐甲安邊。可守司空、兼兵部尚書、中書門下平章事,進封魏國公,食實封八百户。”

乾元元年,與關內節度使王思禮入朝,敕朝官四品已上出城迎謁。遷侍中,改封鄭國公。二年七月,制曰:“元帥之任,實屬於師貞;左軍之選,諒資於邦傑。自非道申啓沃,學富韜鈐,則何以翊分閫而專征,膺鑿門而受律。求諸將相,允得其人。司空、兼侍中、鄭國公光弼,器識弘遠,志懷沉毅,蘊孫、吳之略,有文武之材。往屬艱難,備彰忠勇,協風雲而經始,保宗社於阽危。由是出備長城,入扶大廈,茂功懸於日月,嘉績被於巖廊。屬殘寇猶虞,總戎有命,用擇惟賢之佐,式弘建親之典。必能緝寧邦國,協贊天人,誓於丹浦之師,剿彼綠林之盜。載明朝獎,爰籍舊勳。宜副出車之命,仍踐分麾之寵。爲天下兵馬元帥趙王係之副,知節度行營事。”

八月,兼幽州大都督府長史、河北節度支度營田經略等使,餘如故。與九節度兵圍安慶緒於相州,拔有日矣。史思明自范陽來救,屢絶糧道,光弼身先士卒,苦戰勝之。屬大風晦冥,諸將引衆而退,所在剽掠,唯光弼所部不散。東京留守崔圓、河南尹蘇震南奔襄陽,郭子儀率衆屯於穀水。史思明因殺安慶緒,即僞位,縱兵河南。加光弼太尉、兼中書令,代郭子儀爲朔方節度、兵馬副元帥,以東師委之。左厢兵馬使張用濟承子儀之寬,懼光弼之令,與諸將頗有異議,欲逗留其衆。光弼以數千騎出次汜水縣,用濟單騎迎謁,即斬於轅門。諸將懾伏,都兵馬使僕固懷恩先期而至。

　　初,光弼次汴州,聞思明悉衆且至,謂許叔冀曰:“大夫能守此城浹旬,我必將兵來救。”叔冀曰:“諾。”光弼還東京,思明至汴,叔冀與戰不利,遂與董秦、梁浦、劉從諫率衆降思明。賊勢甚熾,遣梁浦、劉從諫、田神功等將兵徇江淮,謂之曰:“收得其地,每人貢兩船玉帛。”思明乘勝而西。光弼整衆徐行,至洛,謂留守韋陟曰:“賊乘鄴下之勝,再犯王畿,宜按甲以挫其鋒,不利速戰。洛城非禦備之所,公計若何?”陟曰:“加兵陝州,退守潼關,據險以待之,足挫其銳矣!”光弼曰:“此蓋兵家常勢,非用奇之策也。夫兩軍相寇,貴進尺寸之間耳。今委五百里而不顧,是張賊勢也。若移軍河陽,北阻澤潞、三城以抗,勝則擒之,敗則自守,表裏相應,使賊不敢西侵,此則猿臂之勢也。夫辨朝廷之禮,光弼不如公;論軍旅之事,公不如光弼。”陟無以應。判官韋損曰:“東京帝宅,侍中何不守之?”光弼曰:“若守洛城,汜水、崿嶺皆須人守,子爲兵馬判官,能守之乎?”遂移牒留守及河南尹并留司官、坊市居人,出城避寇,空其城,率軍士運油鐵諸物,以爲戰守之備。

　　時史思明已至偃師,光弼悉軍赴河陽。賊已至洛城,光弼軍方至石橋。日暮，令秉炬徐行，與賊相隨，而不敢來犯。乙夜，入河陽三城。排閱守備，號令嚴明，與士卒同甘苦，咸誓力戰。賊憚光弼威略，頓兵白馬寺，南不出百里，西不敢犯宮闕，於河陽南築月城，掘壕以拒光弼。十月，賊攻城。於中潬城西大破逆黨五千餘眾，斬首千餘級，生擒五百餘人，溺死者大半。

初，光弼謂李抱玉曰：“將軍能爲我守南城二日乎？”抱玉曰：“過期若何？”光弼曰：“過期而救不至，任棄也。”抱玉稟命，勒兵守南城。將陷，抱玉紿賊曰：“吾糧盡，明日當降。”賊眾大喜，斂軍以俟之。抱玉復得繕完設備，明日，堅壁請戰。賊怒見欺，急攻之。抱玉出奇兵，表裏夾擊，殺傷甚眾，賊帥周摯領軍而退。光弼自將於中潬城，城外置柵，柵外大掘塹，濶二丈，深亦如之。周摯舍南城，併力攻中潬。光弼命荔非元禮出勁卒於羊馬城以拒賊。光弼於城東北角樹小紅旗，下望賊軍。賊恃眾直逼其城，以車二乘載木鵝、蒙衝、鬪樓、橦車隨其後，督兵填城下塹，三面各八道過其兵，又當塹開柵，各置一門。光弼遙望賊逼城，使人語荔非元禮曰：“中丞看賊填塹開柵過兵，居然不顧，何也？”元禮報曰：“太尉擬守乎，擬戰乎？”光弼曰：“戰。”元禮曰：“若戰，賊爲我填塹，復何嫌也！”光弼曰：“吾智不及公，公其勉之！”元禮俟柵開，率其勇敢出戰，一逼賊軍，退走數百步。元禮料敵陣堅，雖出入馳突，不足破賊，收軍稍退，以怠其寇而攻之。光弼望見收軍，大怒，使人喚元禮，欲按軍令。元禮曰：“戰正忙，喚作何物？”良久，令軍中鼓譟出柵門，徒搏齊進，賊大潰。

周摯復整軍押北城而下，將攻之。光弼遽率眾入北城，登城望曰："彼雖衆，亂而囂，不足懼也。當爲公等日午而破之。"命出將戰。及期，不決，謂諸將曰："向來戰，何處最堅而難犯？"或曰："西北角。"遽命郝玉曰："爾往擊之。"玉曰："玉，步卒也，請騎軍五百翼之。"光弼與之三百。又問："何處最堅？"曰："東南隅。"即命論惟貞以所部往擊之。對曰："貞，蕃將也，不知步戰，請鐵騎三百。"與之百。光弼又出賜馬四十匹分給，且令之曰："爾等望吾旗而戰，若麾旗緩，任爾觀望便宜；吾旗連麾三至地，則萬衆齊入，生死以之，少退者斬無捨。"玉策馬赴賊，有一人將援槍刺賊，洞馬腹，連刺數人；一人逢賊，不戰而退。光弼召不戰者斬，賞援槍者絹五百疋。須臾，郝玉奔歸。光弼望之，驚曰："郝玉退，吾事危矣。"命左右取玉頭來。玉見使者曰："馬中箭，非敢敗也。"使者馳報，光弼令換馬遣之。玉換馬復入，決死而前。光弼連麾，三軍望旗俱進，聲動天地，一鼓而賊大潰，斬萬餘級，生擒八千餘人，軍資器械糧儲數萬計，臨陣擒其大將徐璜玉、李秦授、周摯。〔二〕其大將安太清走保懷州。思明不知摯等敗，尚攻南城。光弼悉驅俘囚臨河以示之，殺數十人以威之，餘衆懼，投河赴南岸，光弼皆斬之。初，光弼將戰，謂左右曰："戰，危事，勝負繫之。光弼位爲三公，不可死於賊手，苟事之不捷，繼之以死。"及是擊賊，常納短刀於靴中，有決死之志，城上面西拜舞，三軍感動。

　　賊既敗走，光弼收懷州，思明來救，迎擊於沁水之上，又敗之。城將安太清極力拒守，月餘不下。光弼令僕固懷恩、郝玉由地道而入，得其軍號，乃登陴大呼，我師同登，城遂拔。生擒安太清、周摯、楊希文等，送於闕下，即日懷州平。以功進爵臨淮郡王，累加實封至一千五百户。

觀軍容使魚朝恩屢言賊可滅之狀，朝旨令光弼速收東都。光弼屢表："賊鋒尚鋭，請候時而動，不可輕進。"僕固懷恩又害光弼之功，潛附朝恩，言賊可滅。由是中使督戰，光弼不獲已，進軍列陣於北邙山下。賊悉精鋭來戰，光弼敗績，軍資器械並爲賊所有。時李抱玉亦棄河陽，光弼渡河保聞喜。朝旨以懷恩異同致敗，優詔徵之。光弼自河中入朝，抗表請罪，詔釋之。光弼懇讓太尉，遂加開府儀同三司、侍中、河南尹、行營節度使；俄復拜太尉，充河南、淮南、山南東道、荆南等副元帥，侍中如故，出鎮臨淮。史朝義乘邙山之勝，寇申、光等十三州，自領精騎圍李岑於宋州。將士皆懼，請南保揚州，光弼徑赴徐州以鎮之，遣田神功擊敗之。浙東賊首袁晁攻剽郡縣，浙東大亂，光弼分兵除討，克定江左，人心乃安。

初，光弼將赴臨淮，在道舁疾而行。監軍使以袁晁方擾江淮，光弼兵少，請保潤州以避其鋒。光弼曰："朝廷寄安危於我，今賊雖强，未測吾衆寡，若出其不意，當自退矣。"遂徑往泗州。光弼未至河南也，田神功平劉展後，逗留於揚府，尚衡、殷仲卿相攻於兗、鄆，來瑱旅拒於襄陽，朝廷患之。及光弼輕騎至徐州，史朝義退走，田神功遽歸河南，尚衡、殷仲卿、來瑱皆懼其威名，相繼赴闕。寶應元年，進封臨淮王，賜鐵券，圖形凌煙閣。

廣德初，吐蕃入寇京畿，代宗詔徵天下兵。光弼與程元振不協，遷延不至。十月，西戎犯京師，代宗幸陝。朝廷方倚光弼爲援，恐成嫌疑，數詔問其母。吐蕃退，乃除光弼東都留守，以察其去就。光弼伺知之，辭以久待救不至，且歸徐州，欲收江淮租賦以自給。代宗還京，二年正月，遣中使往宣慰。光弼母在河中，密詔子儀興歸京師。其弟光進，與李輔國同掌禁兵，委以心膂。至是，以光進爲太子太保、兼御史大夫、涼國公、渭北節度使，上遇之益厚。

　　光弼御軍嚴肅，天下服其威名，每申號令，諸將不敢仰視。及懼朝恩之害，不敢入朝，田神功等皆不禀命，因愧恥成疾，遣衙將孫珍奉遺表自陳。廣德二年七月，薨於徐州，時年五十七。輟朝三日，贈太保，謚曰武穆。光弼既疾亟，將吏問以後事，曰：“吾久在軍中，不得就養，既爲不孝子，夫復何言！”因取已封絹布各三千疋、錢三千貫文分給將士。部下護喪柩還京師。代宗遣中官開府魚朝恩弔問其母於私第，又命京兆尹第五琦監護喪事。十一月，葬於三原，詔宰臣百官祖送於延平門外。母李氏，有鬚數十莖，長五六寸，以子貴，封韓國太夫人，二子皆節制一品。光弼十年間三入朝，與弟光進在京師，雖與光弼異母，性亦孝悌，雙旌在門，鼎味就養，甲第並開，往來追歡，極一時之榮。

　　……

　　史臣曰：凡言將者，以孫、吳、韓、白爲首。如光弼至性居喪，人子之情顯矣，雄才出將，軍旅之政肅然。以奇用兵，以少敗衆，將今比古，詢事考言，彼四子者，或有慚德。邙山之敗，閫外之權不專；徐州之留，君側之人伺隙。失律之尤雖免，匪躬之義或虧，令名不全，良可惜也。然閫外之事，君側之人，得不慎諸！思禮法令嚴整，儲廩豐盈，節制之才，固不易得。景山始以文吏，或有虛名。仗鉞揚州，召匪人而劫掠士庶；分茅并部，持小法而全昧機權。貴馬賤人，衆怒身死，宜哉！雲京賞善懲惡，静亂安邊，功著軍中，寵加身後，不亦美歟！

　　贊曰：光弼雄名，思禮刑清。始致亂者鄧景山，何以救之辛雲京。

【校勘記】

　　〔一〕拜單于副使都護　張森楷云：“使疑當作大，《職官志》大都護府有大都護一員，副大都護二員，副都護四人，無所謂副使都護也。”

　　〔二〕臨陣擒其大將徐璜玉李秦授周摯　《校勘記》卷四二云：“據此似摯已被擒，而下文又云‘生擒安太清、周摯、楊希文等’，前後不相應。”按《册府》卷三五八此處無“周摯”，作“臨陣擒其大將徐璜玉、李泰”。《新書》卷一三六《李光弼傳》此處與《舊傳》同，唯下文亦無“周摯”，作“禽太清、楊希仲”。《通鑑》卷二二一《考異》謂周摯於上元二年三月爲史朝義所殺。

頁三三〇三至三三一一、三三一五至三三一六

《舊唐書》卷一百四十二《列傳第九十二·王武俊》

　　王武俊，契丹怒皆部落也。祖可訥干，父路俱。開元中，饒樂府都督李詩率其部落五千帳，與路俱南河襲冠帶，有詔褒美，從居薊。武俊初號没諾干，年十五，能騎射。上元中，爲史思明恒州刺史李寶臣裨將。寶應元年，王師入井陘，將平河朔，武俊謂寶臣曰：“以寡敵衆，以曲遇直，戰則離，守則潰，鋭師遠鬬，庸可禦乎？”寶臣遂徹警備，以恒、定、深、趙、易五州歸國，與王師協力，東襲遺寇。寶臣除恒、定等州節度

使,以武俊構謀,奏兼御史中丞,充本軍先鋒兵馬使。

大曆十年,田承嗣因薛嵩死,兼有相、衛、磁、邢、洺五州。承嗣遣將盧子期寇磁州,〔三〕詔令寶臣與李正己、李勉、李承昭、田神玉、朱滔、李抱真各出兵討之。諸軍與子期戰於清水,大破之,寶臣將有節生擒子期以獻,代宗嘉其功,使中貴人馬承倩齎詔宣勞。承倩將歸,止傳舍,寶臣親遺百縑。承倩詬詈,擲出道中,寶臣顧左右有愧色。還休府中,諸將散歸,寶臣潛伺屏間,獨武俊佩刀立于門下。召入,解刀與語,曰:"見向者頑豎乎?"武俊曰:"今閣下有功尚爾,寇平後,天子以幅紙之詔召置京下,一匹夫耳,可乎?"寶臣曰:"爲之若何?"武俊曰:"不如玩養承嗣,以爲己資。"寶臣曰:"今與承嗣有釁矣,可推腹心哉?"武俊曰:"勢同患均,轉寇讎爲父子,欬唾間。若傳虛言,無益也。今中貴人劉清譚在驛,斬首送承嗣,立質妻孥矣。"寶臣曰:"恐不能如此。"武俊曰:"朱滔爲國屯兵滄州,請擒送承嗣以取信。"許之。立選鋭士二千,皆乘駿馬,通夜馳三百里,晨至滔營,掩其不備。滔軍出戰,大敗,擒類滔者,滔故得脱。自此寶臣與田承嗣、李正己更相爲援,皆武俊萌之。

寶臣死,其子惟岳謀襲父位。寶臣舊將易州刺史張孝忠以州順命,遂以孝忠代寶臣,俾惟岳護喪歸京,惟岳不受命。建中三年正月,詔朱滔、張孝忠合軍討之。惟岳與武俊復統萬餘衆戰於束鹿,武俊率三千騎先進,爲滔所敗,惟岳遁走。趙州刺史康日知遂以州順命,惟岳令武俊統兵擊之。日知遣人謂武俊曰:"惟岳孱微而無謀,何足同反!我城堅衆一,未可以歲月下。且惟岳恃田悦爲援,前歲悦之丁男甲卒塗地於邢州城下，猶不能陷，况此城乎！"復給僞手詔招武俊，信之，遂倒兵入恒州，率數百騎入衙門，使謂惟岳曰："大夫舉兵與魏、齊同惡，今田尚書已喪敗，李尚書爲趙州所間，軍士自束鹿之役，傷痛軫心。朱僕射强兵宿境內，張尚書已授定州，三軍俱懼殞首喪家。聞有詔徵大夫，宜亟赴命，不爾，禍在漏刻。"惟岳怖，遽睢盱。武俊子士真斬惟岳，持首而出。武俊殺不同己者十數人，遂定。傳首上聞，授武俊檢校秘書少監、兼御史大夫、恒州刺史、恒冀都團練觀察使，實封五百户，以康日知爲深趙團練觀察使。

時惟岳僞定州刺史楊政義以州順命，深州刺史楊榮國降，朱滔分兵鎮之。朝廷既以定州屬張孝忠，深州屬康日知，武俊怒失趙、定二州，且名位不滿其志，朱滔怒失深州，因誘武俊謀反，斥言朝廷，遂連率勁兵救田悦。時馬燧、李抱真、李芃、李晟方討田悦，敗悦於洹水，後連歲暴兵，然悦勢已蹙；至是武俊、朱滔復振起之，悦勢益張。

十一月，武俊使大將張鍾葵寇趙州，康日知擊敗之，斬首上獻。是日，武俊僭建國，稱趙王，以恒州爲真定府，僞命官秩。朱滔、田悦、李納一同僭號，分據所部，各遣使勸誘蔡州李希烈同僭位號。四年三月，希烈既爲周曾謀潰其腹心，或傳希烈已死，馬燧等四節度軍中聞之，歡聲震外。

六月，李抱真使辯客賈林詐降武俊。林至武俊壁曰："是來傳詔，非降也。"武俊色動，徵其説，林曰："天子知大夫宿誠，及登壇建國之日，撫膺顧左右曰：'我本忠義，天子不省。'是後諸軍曾同表論列大夫。天子覽表動容，語使者曰：'朕前事誤，追無及已。朋友間失意尚可謝，朕四海主，毫芒安可復念哉！’”武俊曰：“僕虜將，尚知存撫百姓，天子固不專務殺人以安天下。今山東大兵者五，比戰勝，骨盡暴野，雖勝與誰守？今不憚歸國，以與諸侯盟約，虜性直，不欲曲在己。朝廷能降恩滌盪之，僕首倡歸國，不從者，於以奉辭，則上不負天子，下不負朋友。此謀既行，河朔不五旬可定。”

　　十月，涇原兵犯闕，上幸奉天。京師問至，諸將退軍。李抱真將還潞澤，田悦説武俊與朱滔襲擊之。賈林復説武俊曰：“今退軍前輜重，後鋭師，人心固一，不可圖也。且勝而得地，則利歸魏博；喪師，即成德大傷。大夫本部易、定、滄、趙四州，何不先復故地？”武俊遂北馬首，背田悦約。賈林復説武俊曰：“大夫冀邦豪族，不合謀據中華。且滔心幽險，王室強即藉大夫援之，卑即思有併吞。且河朔無冀國，唯趙、魏、燕耳。今朱滔稱冀，則窺大夫冀州，其兆已形矣。若滔力制山東，大夫須整臣禮，不從，即爲所攻奪，此時臣滔乎？”武俊投袂作色曰：“二百年宗社，我尚不能臣，誰能臣田舍漢！”由此計定，遂南修好抱真，西連盟馬燧。會興元元年德宗罪己，大赦反側。二月，武俊集三軍，削僞國號。詔國子祭酒兼御史大夫董晉、中使王進傑，自行在至恒州宣命，授武俊檢校兵部尚書、成德軍節度使。三月，加司空、同中書門下平章事，兼幽州、盧龍兩道節度使、琅邪郡王。

　　時朱泚僞册滔爲皇太弟，滔率幽、檀勁卒，誘迴紇二千騎，已圍貝州數十日，將絶白馬津，南盜洛都，與泚合勢。時李懷光反據河中，李希烈已陷大梁，南逼江、漢，李納尚反於齊，田緒未爲用，李晟孤軍壁渭上，天子羽書所制者，天下纔十二三，海内蕩析，人心失歸。賈林又説武俊與抱真合軍，同救魏博，爲武俊陳利害曰："朱滔此行，欲先平魏博，更逢田悦被害，人心不安，旬日不救，魏、貝必下，滔益數萬。張孝忠見魏、貝已拔，必臣朱滔。三道連衡，兼統迴紇，長驅至此，家族可得免乎？常山不守，則昭義退保山西，河朔地盡入滔。今乘魏、貝未下，孝忠未附，公與昭義合軍破之，如掇遺耳！此計就，則聲振關中，京邑可坐復，鑾輿反正自公，則勳業無二也。"武俊歡然許之。兩軍議定，卜日同征。五月，武俊、抱真會軍於鉅鹿東。兩軍既交，滔震恐。抱真爲方陣，武俊用奇兵，朱滔傾壘出戰，武俊不擐甲而馳之，滔望風奔潰，自相蹂踐，死者十四五，收其輜重、器甲、馬牛不可勝計，滔夜奔還幽州。武俊班師，表讓幽州盧龍節度使，許之。乃升恒州爲大都督府，以武俊爲長史，加檢校司徒，實封七百户，餘如故。

車駕還京，寵之逾厚，子尚貴主，子弟在孩稚者，皆賜官名。尋丁母憂，起復加左金吾上將軍同正，免喪，加開府儀同三司。十二年，上念舊勳，加檢校太尉，兼中書令。十七年六月卒，時年六十七，廢朝五日，群臣詣延英門奉慰，如渾瑊故事。詔左庶子上公持節册贈太師，賻絹三千匹、布千端、米粟三千石。太常諡曰威烈，德宗曰："武俊竭忠奉國，宜賜諡忠烈。"子士真、士清、士平、士則，士真嗣。

士真，武俊長子。少驍悍，冠於軍中，沉謀有斷。事李寶臣爲帳中親將，仍以女妻之。寶臣末年，慮身後諸子暗弱，爲諸將所奪，屢行誅戮，諸將離心。武俊官位雖卑，而勇略邁世，寶臣惜其才，不忍誅之，而士真密結寶臣左右，保護其父，以是獲免。

惟岳之世，尤加委任，武俊亦盡心匡佐。既兵敗束鹿，張孝忠、康日知以地歸國,受官賞,惟岳稍貯防疑,武俊謀自貶損,出入不過三兩人。左右謂惟岳曰:"先相公委任武俊,以遺大夫,兼有治命。今披肝膽爲大夫者,武俊耳,又士真即大夫妹婿,保無異志。今勢危急,若不坦懷待之,若更如康日知,即大事去矣。"惟岳曰:"我待武俊自厚,不獨先公遺旨。"由是無疑,即令將兵攻趙州。士真更宿於府衙,與同職謀事。及武俊倒戈,士真等數人擒惟岳出衙,縊死之。武俊領節鉞,以士真爲副大使。

建中年,武俊僭稱趙王於魏縣,以士真爲司空、真定府留守,充元帥。及武俊破朱滔順命,以武俊兼幽州盧龍軍節度使,仍以士真爲副使、檢校工部尚書。德宗還京,進位檢校兵部尚書,充德州刺史、德棣觀察使,封清河郡王。十七年,武俊卒,起復授左金吾衛大將軍同正、恒州大都督府長史,充成德軍節度、恒冀深趙德棣等州觀察等使,尋檢校尚書左僕射。順宗即位,進位檢校司空。

士真佐父立功,備歷艱苦,得位之後,恬然守善,雖自補屬吏,賦不上供,然歲貢貨財,名爲進奉者,亦數十萬,比幽、魏二鎮,最爲承順。元和元年,就加同中書門下平章事。四年三月卒。子承宗、承元、承通、承迪、承榮。

士清,以父勳累加官至殿中少監同正。元和初,爲冀州刺史、御史大夫,封北海郡王,早卒。

士平,以父勳補原王府諮議。貞元二年,選尚義陽公主,加秘書少監同正、駙馬都尉。元和中,累遷至安州刺史。時公主縱恣不法,士平與之爭忿,憲宗怒,幽公主於禁中,士平幽於私第,不令出入。後釋之,出爲安州刺史。坐與中貴交結，貶賀州司戶。時輕薄文士蔡南、獨孤申叔爲義陽主歌詞，曰《團雪》、《散雪》等曲，言其遊處離異之狀，往往歌於酒席。憲宗聞而惡之，欲廢進士科，令所司綱捉搦，得南、申叔貶之，由是稍止。及盜殺宰相武元衡，旬日捕賊未獲，士平與兄士則庭奏盜主於承宗，既獲張晏等誅之，乃以士平爲左金吾衛大將軍。及奪承宗官爵，仍以士平襲父實封。

士則，士平異母兄。承宗既立爲節度使，不容諸父，乃奔于京師，用爲神策大將軍。及承宗叛逆，盜殺宰相，士則請移貫京兆府。諸鎮兵討承宗，裴度言士則武俊子，其軍中必有懷之者，乃用士則爲邢州刺史，兼本州團練使，從昭義節度使郗士美討賊，冀携離承宗之黨，且許以節制。士則恃此，頗不受士美節制，行止以兵自衛，雖謁士美，而衛兵如故。吏呵止之，士則不能平，見於辭氣。士美惡之，密以狀聞，乃以張遵代還。

承宗，士真長子。河朔三鎮自置副大使，以嫡長爲之。承宗累奏至鎮州大都督府右司馬、知州事、御史大夫，充都知兵馬使、副大使。

元和四年三月，士真卒，三軍推爲留後，朝廷伺其變，累月不問。承宗懼，累上表陳謝。至八月，上令京兆少尹裴武往宣諭，承宗奉詔甚恭，且曰：“三軍見迫，不候朝旨，今請割德、棣二州上獻，以表丹懇。”由是起復雲麾將軍、左金吾衛大將軍同正、檢校工部尚書、鎮州大都督府長史、御史大夫、成德軍節度、鎮冀深趙等州觀察等使。又以德州刺史薛昌朝檢校右散騎常侍、德州刺史、御史大夫，充保信軍節度、德棣觀察等使。昌朝，故昭義節度使嵩之子，婚姻於王氏，入仕於成德軍,故爲刺史。承宗既獻二州,朝廷不欲別命將帥,且授其親將。保信旌節未至德州,承宗遣數百騎馳往德州,虜昌朝歸真定囚之。朝廷又加棣州刺史田渙充本州團練守捉使,冀漸離之。令中使景忠信往諭旨,令遣昌朝還鎮,承宗不奉詔。憲宗怒,下詔曰:"王承宗頃在苫廬,潛窺戎鎮,而内外以事君之禮,逆而必誅,分土之儀,專則有辟。朕念其先祖嘗有茂勳,貸以私恩,抑於公議。使臣旁午以告諭,孱童俯伏以陳誠,願獻兩州,期無二事。朕欲收其後效,用以曲全,授節制於舊疆,齒勳賢於列位。況德、棣本非成德所管,昌朝又是承宗懿親,俾撫近鄰,斯誠厚渥,外雖兩鎮,中實一家。而承宗象恭懷姦,肖貌稔禍,欺裴武於得位之後,縲昌朝於受命之中。豺狼之心,飽之而愈發;梟獍之性,養之而益凶。加以表疏之中,悖慢斯甚。式遏亂略,期于無刑;恭行天誅,示於有制。[四]可削承宗在身官爵。"詔左神策護軍中尉吐突承璀爲左右神策、河中河陽浙西宣歙等道赴鎮州行營兵馬招討處置等使,會諸道軍進討。神策兵馬使趙萬敵者,王武俊之騎將也,驍悍聞於燕、趙,具言進討必捷。承璀因得兵柄,與萬敵偕行。承璀至行營,威令不振,禁軍屢挫衄。都將酈定進前擒劉闢有功,號爲驍將,又陷於賊。唯范陽節度使劉濟、易定節度使張茂昭至效忠赤,戰賊屢捷。而昭義節度使盧從史反復難制,陰附於賊,憲宗密詔承璀擒之,送於京師。

五年七月,承宗遣巡官崔遂上表三封,乞自陳首,且歸過於盧從史,其略曰:"臣頃在苫廬,綿歷時序,恭守朝旨,罔敢闕違。復奉詔書,令獻州郡,迫以三軍之勢,不從孤臣之心。今天兵四臨,王命久絶,白刃之下,難避國刑;殷憂之中,轉積釁隙。中由盧從史首爲亂階，興天下之兵，生海內之亂，既不忠於國，又不孝於家。當其聞父之喪，已變爲臣之節，迫脅天使，瀆紊朝經。而乃幸臣居喪，敗臣求利，上敢欺於聖主，下不顧其死親，矯情徒見於封章，邪妄素萌於胸臆。今構禍者已就擒獲，抱冤者實冀辯明。況臣之一軍，素守忠義，橫被從史離間君臣，哀號轅門，痛隔恩外。伏冀陛下以天地之德，容納爲心，弘好生之仁，許自新之路。順陽和而布澤，因雷雨以覃恩，追念祖父之前勞，俯觀臣子之來效，特開湯網，使樂堯年。"時朝廷以承璀宿師無功，國威日沮，頗憂；會承宗使至，宰臣商量，請行赦宥，乃全以六郡付之。承宗送薛昌朝入朝，授以右武衛將軍。

承宗以國家加兵不勝，誣從史姦計得行，雖上章表謙恭，而心無忌憚。十年，王師討吳元濟，承宗與李師道繼獻章表，請宥元濟。其牙將尹少卿奏事，因爲元濟游説。少卿至中書，見宰相論列，語意不遜，武元衡怒，叱出之，承宗益不順。自是與李師道姦計百端，以沮用兵。四月，遣盜燒河陰倉。六月，遣盜伏於靖安里，殺宰相武元衡，京師震恐，大索旬日，天子爲之旰食。是時，承宗、師道之盜，所在竊發，焚襄州佛寺，斬建陵門戟，燒獻陵寢宮，欲伏甲屠洛陽。憲宗赫怒，命田弘正出師臨其境，并鄰道六節度之衆討之。時方淮西用兵，國用虛竭，河北諸軍多觀望不進。獨昭義節度使郗士美率精兵壓賊壘，欲乘釁而取之，軍威甚盛，承宗懼，不敢犯。俄詔權罷河北用兵，併力淮西。

十二年十月，誅吳元濟，承宗始懼，求救於田弘正。十三年三月，弘正遣人送承宗男知感、知信及其牙將石汛等詣闕請命，令於客舍安置；又獻德、棣二州圖印，兼請入管内租税，除補官吏。上以弘正表疏相繼，重違其意，乃下詔曰：

帝者承天子人，下臨萬國。觀乾坤覆載之施，常務其曲全；用德刑撫御之方，每先其弘貸。叛則必伐，服而捨之，訪于典謨，亦尚斯道。朕祗符前訓，纘嗣丕圖，底寧方隅，蕩滌氛祲。上以攄祖宗之宿憤，下以致黎庶之阜康，思厚者生，務去者殺。至於包荒藏慝，屈法伸恩，苟衷誠之可矜，則宥過而無大。

王承宗頃居喪紀，見賣於鄰封；後領藩城，受疑於朝野。國恩雖厚，時憲不容；戚實自貽，寵非我絶。百辟卿士，昌言在廷；四方諸侯，飛奏盈篋，競請致討，爭先出軍。尚復廣示招懷，務存容納，至於動衆，事豈願然。開境愍罹其殺傷，退舍爲伏其士伍，取陷救溺，能無慘嗟。以其先祖武俊，有勞王室，書於甲令，銘在景鐘；雖再駕王師，再從人欲，而十代之宥，常切朕懷。

近以三朝稱慶，八表流澤，廣此鴻霈，開其自新。而承宗果能翻然改圖，披露忠懇，遠遣二子，進陳表章，緘圖印以上聞，獻德、棣之名部，發囷奉粟，并竈貢鹽，[五] 地願帥於職方，物請歸於司會。且天子所臨，莫非王土，析兹舊服，將表爾誠，諒由效順之心，悉見納忠之志，抑而不撫，何以示懷。朕念此方，亦猶赤子，一物失所，寢興靡寧，忍驅樂土之人，竟就陳原之戮！既克翦暴，常思止戈，予之此心，天地臨鑒。況常山師旅，舊有功勞，將改往以修來，誓酬恩而遷善，鑒精誠之俱切，俾浹汗而再敷。曠滌乃愆，斷於朕志；復此殊渥，當懷永圖。承宗可依前銀青光禄大夫、檢校吏部尚書、鎮州大都督府長史、御史大夫,充成德軍節度、鎮冀深趙觀察等使。

仍令右丞崔從往鎮州宣慰。承宗素服俟命,乃以華州刺史鄭權爲德州刺史,充橫海軍節度、德棣滄景觀察等使。明年,加金紫光禄大夫、檢校尚書左僕射。是歲,李師道平,承宗奉法逾謹,請當管四州,每州置録事參軍一員、判司三員,每縣令一員、主簿一員,吏補授皆聽朝旨。十五年十一月卒,贈侍中。子知感、知信在朝。

承元,士真第二子。兄承宗既領節鉞,奏承元爲觀察支使、朝議郎、左金吾衛胄曹參軍,兼監察御史,年始十六。勸承宗以二千騎佐王師平李師道,承宗不能用其言。

元和十五年冬,承宗卒,祕不發喪,大將謀取帥於旁郡。時參謀崔燧密與握兵者謀,乃以祖母涼國夫人之命,告親兵及諸將,使拜承元。承元拜泣不受。諸將請之不已,承元曰:“天子使中貴人監軍,有事盡先與議。”及監軍至,因以諸將意贊之。承元謂諸將曰:“諸公未忘先德,不以承元齒幼,欲使領事。承元欲效忠於國,以奉先志,諸公能從之乎?”諸將許諾。遂於衙門都將所理視事,約左右不得呼留後,事無巨細,決之參佐。密疏請帥,天子嘉之,授銀青光禄大夫、檢校工部尚書,兼滑州刺史、義成軍節度、鄭滑觀察等使。鄰鎮以兩河近事諷之,承元不聽,諸將亦悔。及起居舍人柏耆齎詔宣諭滑州之命,兵士或拜或泣。承元與柏耆於館驛召諸將諭之,諸將號哭誼譁。承元詰之曰:“諸公以先世之故,不欲承元失此,意甚隆厚,然奉詔遲留,其罪大矣! 前者李師道未敗時,議赦其罪,時師道欲行,諸將止之,他日殺師道,亦諸將也。今公輩幸勿爲師道之事,敢以拜請。”遂拜諸將,泣涕不自

勝。承元乃盡出家財,籍其人以散之,酌其勤者擢之。牙將
李寂等十數人固留承元,斬寂等,軍中始定。承元出鎮州,時
年十八,所從將吏,有具器用貨幣而行者,承元悉命留之。承
元昆弟及從父昆弟,授郡守者四人,登朝者四人,從事將校有
勞者,亦皆擢用。祖母涼國夫人入朝,穆宗命內宮筵待,錫賚
甚厚。

　　俄而王廷湊殺田弘正,據鎮州叛。移鎮鄜坊丹延節度
使,便道請覲,穆宗器之,數召顧問。未幾,改鳳翔節度使。
鳳翔西北界接涇原,無山谷之險,吐蕃由是徑往入寇。承元
於要衝築壘,分兵千人守之,賜名曰臨汧城。詔襲岐國公,累
加檢校左僕射。鳳翔城東,商旅所集,居人多以烽火相警,承
元奏益城以環之。居鎮十年,加檢校司空、御史大夫,移授平
盧軍節度、淄青登萊觀察等使。時均輸鹽法未嘗行於兩河,
承元首請鹽法,歸之有司,自是兗、鄆諸鎮,皆稟均輸之法。
承元寬惠有制,所理稱治。大和七年十二月,卒於平盧,時年
三十三,冊贈司徒。

【校勘記】

　　〔三〕承嗣遣將盧子期寇磁州　此句上疑有脫文,《通鑑》
卷二二五:“五月,乙未,承嗣將霍榮國以磁州降。”八月,“己
丑,田承嗣遣將盧子期寇磁州。”《新書》卷二一〇《田承嗣
傳》于敘述“盧子期將萬人攻磁州”前,亦有“其下霍榮國以
磁降”句。

　　〔四〕示於有制　“示”字各本原作“干”,據《冊府》卷
一二二改。

　　〔五〕并竈貢鹽　“鹽”字各本原作“煙”,據《冊府》卷

一六五、《唐大詔令集》卷一二二改。

頁三八七一至三八八四、三八九三

《舊唐書》卷一百五十二《列傳第一百二·李景略》

　　李景略，幽州良鄉人也。大父楷固。父承悦，檀州刺史、密雲軍使。景略以門蔭補幽州功曹。大曆末，寓居河中，闔門讀書。李懷光爲朔方節度，招在幕府。五原有偏將張光者，挾私殺妻，前後不能斷。光富於財貨，獄吏不能劾。景略訊其實，光竟伏法。既而亭午有女屬被髮血身，膝行前謝而去。左右有識光妻者，曰："光之妻也。"因授大理司直，遷監察御史。及懷光屯軍咸陽，反狀始萌。景略時説懷光請復宮闕，迎大駕，懷光不從。景略出軍門慟哭曰："誰知此軍一日陷於不義。"軍士相顧甚義之，因退歸私家。

　　尋爲靈武節度杜希全辟在幕府，轉殿中侍御史，兼豐州刺史、西受降城使。豐州北扼迴紇，迴紇使來中國，豐乃其通道。前爲刺史者多懦弱，虜使至則敵禮抗坐。時迴紇遣梅録將軍隨中官薛盈珍入朝，景略欲以氣制之。郊迎，傳言欲先見中使，梅録初未喻。景略既見盈珍，乃使謂梅録曰："知可汗初没，欲申弔禮。"乃登高壇位以待之。梅録俯僂前哭，景略因撫之曰："可汗棄代，助爾號慕。"虜之驕容威氣，索然盡矣，遂以父行呼景略。自此迴紇使至景略，皆拜之于庭，由是有威名。杜希全忌之，上表誣奏，貶袁州司馬。希全死，徵爲左羽林將軍，對於延英殿，奏對衎衎，有大臣風彩。

　　時河東李説有疾，詔以景略爲太原少尹、節度行軍司馬。時方鎮節度使少徵入換代者，皆死亡乃命焉，行軍司馬盡簡自上意。受命之日，人心以屬。景略居疑帥之地，勢已難處。迴紇使梅録將軍入朝，説置宴會，梅録争上下坐，説不能遏，景略叱之。梅録，前過豐州者也，識景略語音，疾趨前拜曰："非豐州李端公耶？不拜麾下久矣，何其瘠也。"又拜，遂命之居次坐。將吏賓客顧景略，悉加嚴憚。説心不平，厚賂中尉竇文場，將去景略，使爲内應。

歲餘，風言迴紇將南下陰山，豐州宜得其人。上素知景略在邊時事。上方軫慮，文場在旁，言景略堪爲邊任，乃以景略爲豐州刺史、兼御史大夫、天德軍西受降城都防御使。迫塞苦寒，土地鹵瘠，俗貧難處。景略節用約己，與士同甘苦，將卒安之。鑿咸應、永清二渠，溉田數百頃，公私利焉。廩儲備，器械具，政令肅，智略明。二歲後，軍聲雄冠北邊，迴紇畏之，天下皆惜其理未盡景略之能。貞元二十年，卒於鎮，年五十五，贈工部尚書。

頁四〇七三至四〇七四

《新唐書》卷一百三十六《列傳第六十一·李光弼》

李光弼，營州柳城人。父楷洛，本契丹酋長，武后時入朝，累官左羽林大將軍，封薊郡公。吐蕃寇河源，楷洛率精兵擊走之。初行，謂人曰："賊平，吾不歸矣。"師還，卒于道，贈營州都督，謚曰忠烈。

光弼嚴毅沈果，有大略，幼不嬉弄，善騎射。起家左衛親府左郎將，累遷左清道率，兼安北都護，補河西王忠嗣府兵馬使，充赤水軍使。忠嗣遇之厚，雖宿將莫能比。嘗曰："它日得我兵者，光弼也。"俄襲父封。以破吐蕃、吐谷渾功，進雲麾將軍。朔方節度使安思順表爲副，知留後事，愛其材，欲以子妻之，光弼引疾去。隴右節度使哥舒翰異其操，表還長安。

安禄山反，郭子儀薦其能，詔攝御史大夫，持節河東節度副大使，知節度事，兼雲中太守。尋加魏郡太守、河北采訪使。光弼以朔方兵五千出土門，東救常山，次真定，常山團結子弟執賊將安思義降。自顏杲卿死，郡爲戰區，露胔蔽野，光弼酹而哭之，出爲賊幽閉者，厚恤其家。

時賊將史思明、李立節、蔡希德攻饒陽，光弼得思義，不殺，問其計，答曰："今軍行疲勞，逢敵不可支，不如按軍入守，料勝而出。虜兵焱鋭，弗能持重，圖之萬全。"光弼曰："善。"據城待。明日，思明兵二萬傅堞，光弼兵不得出，乃以勁弩五百射之，賊退，徙陣稍北。光弼出其南，夾滹沱而軍。思明雖數困，然恃近救，解鞍休士。是日，饒陽賊五千至九門，光弼諜知之，提輕兵，斂旗鼓，伺賊方飯，襲殺之且盡。思明懼，引去，以奇兵斷饟道。馬食薦藉，光弼命將取芻行唐，賊鈔擊之，兵負户戰，賊不能奪。會郭子儀收雲中，詔悉衆出井陘，與光弼合擊賊九門西，思明大敗，挺身走趙郡，立節中流矢死，希德走鉅鹿。收槀城等十縣，遂攻趙。詔加光弼范陽大都督府長史、范陽節度使。思明縣鼓城入博陵，殺官吏。景城、河間、信都、清河、平原、博平六郡結營自守，以附光弼。光弼急攻趙，一日拔之。士多鹵掠，光弼坐譙門，收所獲，悉歸之民，城中大悦。進圍博陵，未下。與子儀合擊思明於嘉山，大破之。光弼以范陽本賊巢窟，當先取之，摑賊根本。會潼關失守，乃拔軍入井陘。

肅宗即位，詔以兵赴靈武，更授户部尚書、同中書門下平章事，節度如故。光弼以景城、河間兵五千入太原。前此，節度使王承業政弛謬，侍御史崔衆主兵太原，每侮狎承業，光弼素不平。及是，詔衆以兵付光弼。衆素狂易，見光弼長揖，不即付兵，光弼怒，收繫之。會使者至，拜衆御史中丞。光弼曰：“衆有罪，已前繫，今但斬侍御史。若使者宣詔，亦斬中丞。”使者内詔不敢出，乃斬衆以徇，威震三軍。

至德二載，思明、希德率高秀巖、牛廷玠將兵十萬攻光弼。時銳兵悉赴朔方，而麾下卒不滿萬，衆議培城以守，光弼曰：“城環四十里，賊至治之，徒疲吾人。”乃徹民屋爲擂石車，車二百人挽之，石所及輒數十人死，賊傷十二。思明爲飛樓，障以木幔，築土山臨城，光弼遣穴地頹之。思明宴城下，倡優居臺上斬指天子，光弼遣人隧地禽取之。思明大駭，徙牙帳遠去，軍中皆視地後行。又潛溝營地，將沈其軍，乃陽約降。至期，以甲士守陴，遣裨校出，若送款者，思明大悦。俄而賊數千没于塹，城上鼓譟，突騎出乘之，俘斬萬計。思明畏敗，乃去，留希德攻太原。光弼出敢死士搏賊，斬首七萬級，希德委資糧遁走。

初，賊至，光弼設公幄城隅以止息，經府門不顧。圍解，閱三昔乃歸私寢。收清夷、橫野等軍。賊別將攻好畤，破大橫關，光弼追敗之。加檢校司徒，尋遷司空，封鄭國公，食實户八百。

乾元元年，入朝，詔朝官四品以上郊謁，進兼侍中。與九節度圍安慶緒於相州，大戰鄴西，敗之。光弼與諸將議：“思明勒兵魏州，欲以怠我，不如起軍逼之。彼懲嘉山之敗，不敢輕出，則慶緒可禽。”觀軍容使魚朝恩固謂不可。既而思明來援，光弼拒賊，戰尤力，殺略大當。會諸將驚潰，各引歸，所在剽掠，獨光弼整衆還太原。帝貸諸將罪，以光弼兼幽州大都督府長史，知諸道節度行營事。又代子儀爲朔方節度使。未幾，爲天下兵馬副元帥。

光弼以河東騎五百馳東都，夜入其軍，且謂賊方窺洛，當扼虎牢，帥師東出河上。檄召兵馬使張用濟，用濟憚光弼嚴，教諸將逗留其兵。用濟單騎入謁，光弼斬之，以辛京杲代。復追都將僕固懷恩，懷恩懼，先期至。會滑汴節度使許叔冀戰不利，降賊，思明乘勝西嚮。光弼敦陣徐行，趨東京，謂留守韋陟曰：“賊新勝，難與爭鋒，欲詘之以計。然洛無見糧，危偪難守，公計安出？”陟曰：“益陝兵，公保潼關，可以持久。”光弼曰：“兩軍相敵，尺寸地必爭。今委五百里而守關，賊得地，勢益張。不如移軍河陽，北阻澤、潞，勝則出，敗則守，表裏相應，賊不得西，此猨臂勢也。夫辨朝廷之禮，我不如公；論軍旅勝負，公不如我。”陟不能答。判官韋損曰：“東都乃帝宅，公當守之。”光弼曰：“汜水、崿嶺盡爲賊蹊，子能盡守乎？”遂檄河南縱官吏避賊，閭無留人，督軍取戰守備。

思明至偃師，光弼悉軍趨河陽，身以五百騎殿。賊游騎至石橋，諸將曰：“並城而北乎？當石橋進乎？”光弼曰：“當石橋進。”甲夜，士持炬徐引，部曲重堅，賊不敢逼。已入三城，衆二萬，軍纔十日糧，與卒伍均少棄甘。賊憚光弼，未敢犯宮闕，頓白馬祠，治塹溝，築月城以守。賊攻光弼，與戰中潬西，破逆黨，斬千級，溺死者甚衆，生執五千人。初，光弼謂李抱玉曰：“將軍能爲我守南城二日乎？”抱玉曰：“過期何若？”曰：“棄之。”抱玉許諾。即紿賊曰：“吾糧盡，明日當降。”賊喜，斂兵待期。抱玉已繕完，即請戰。賊忿欺，急攻之。抱玉出奇兵夾擊，俘獲過當，賊帥周摯引却。光弼自將治中潬，樹壁掘塹。摯捨南城攻中潬，光弼遣荔非元禮戰羊馬，[一]賊大潰。摯收兵復振，與安太清合衆三萬攻北城。光弼斂軍入，登陴望曰：“彼軍雖鋭，然方陣而囂，不足虞也，日中當破。”乃出戰，及期未決，召諸將曰：“彼强而可破者，亂也。今以亂擊亂，宜無功。”因問：“賊陣何所最堅？”曰：“西北隅。”召郝廷玉曰：“爲我以麾下破之。”曰：“廷玉所將步卒，請騎五百。”與之三百。復問其次，曰：“東南隅。”召論惟貞，辭曰：“蕃將也，不知步戰，請鐵騎三百。”與之二百。乃出賜馬四十，分給廷玉等。光弼執大旗曰：“望吾旗，麾若緩，可觀便宜。若三麾至地，諸軍畢入，生死以之，退者斬！”既而馮堞望廷玉軍不能前，趣左右取其首來。廷玉曰：“馬中矢，非却也。”乃命易佗馬。有裨將援矛刺賊，洞馬腹，中數人，又有迎賊不戰而却者，光弼召援矛者賜絹五百匹，不戰者斬。光弼麾旗三，諸軍爭奮，賊衆奔敗，斬首萬餘級，俘八千餘人，馬二千，軍資器械以億計，禽周摯、徐璜玉、李秦授，惟太清挺身走。思明未知，猶攻南城，光弼驅所俘示之，思明大懼，築壘以拒官軍。始，光弼將戰，內刀於靴，曰：“戰，危事。吾位三公，不可辱于賊。萬有一不捷，當自刎以謝天子。”及是，西向拜舞，三軍感動。太清襲懷州，守之。

上元元年，加太尉、中書令。進圍懷州，思明來救，光弼再逐北。思明見兵河清，聲度河絶餉路。光弼壁野水度，既夕還軍，留牙將雍希顥守，曰：“賊將高暉、李日越，萬人敵也，賊必使劫我。爾留此，賊至勿與戰，若降，與偕來。”左右竊怪語無倫。是日，思明果召日越曰：“光弼野次，爾以鐵騎五百夜取之，不然，無歸！”日越至壘，使人問曰：“太尉在乎？”曰：“去矣。”“兵幾何？”曰：“千人。”“將爲誰？”曰：“雍希顥。”日越謂其下曰：“我受命云何，今顧獲希顥，歸不免死。”遂請降。希顥與俱至，光弼厚待之，表授特進，兼右金吾大將軍。高暉聞，亦降。或問：“公降二將何易也？”光弼曰：“思明再敗，恨不得野戰，聞我野次，彼固易之，命將來襲，必許以死。希顥無名，不足以爲功。日越懼死，不降何待？高暉材出日越之右，降者見遇，貳者得不思奮乎？”諸軍決丹水灌懷州，未下。光弼令廷玉由地道入，得其軍號，登陴大呼，王師乘城，禽太清、楊希仲，送之京師，獻俘太廟。進食實户一千五百。

思明使諜宣言賊將士皆北人，謳吟思歸。朝恩信然，屢上賊可滅狀。詔諭光弼，光弼固言賊方銳，未可輕動。僕固懷恩媢光弼功，陰佐朝恩陳掃除計。使者來督戰，光弼不得已，令李抱玉守河陽，出師次北邙。光弼使傅山陣，懷恩曰：“我用騎，今迫險，非便地，請陣諸原。”光弼曰：“有險，可以勝，可以敗；陣于原，敗斯殲矣。且賊致死于我，不如阻險。”懷恩不從。賊據高原，以長戟七百，壯士執刀隨之，委物僞遁。懷恩軍爭剽獲，伏兵發，官軍大潰。懷州復陷，光弼度河保聞喜，抱玉以兵寡，棄河陽。光弼請罪，帝以懷恩違令覆軍，優詔召光弼入朝。懇讓太尉，更拜開府儀同三司、中書令、河中尹晉絳等州節度使。未幾，復拜太尉，兼侍中、河南副元帥，知河南、淮南東西、山南東、荆南五道節度行營事，鎮泗州。帝爲賦詩以餞。

　　朝義乘邙山之捷，進略申、光等十三州，光弼興疾就道，監軍使以兵少，請保揚州。光弼曰：“朝廷以安危寄我，賊安知吾衆寡？若出不意，當自潰。”遂疾驅入徐州。時朝義圍李岑於宋州，使田神功擊走之。初，神功平劉展，逗留淮南，尚衡、殷仲卿相攻汒、郓間，來瑱擅襄陽，及光弼至屯，朝義走，神功還河南，瑱、衡、仲卿踵入朝，其爲諸將憚服類此。寶應元年，進封臨淮郡王。光弼收許州，斬賊贏千級，縛僞將二十二人。朝義分兵攻宋州，光弼破走之。

　　浙東賊袁晁反台州，建元寶勝，以建丑爲正月，殘瓢州縣。光弼遣麾下破其衆於衢州。廣德元年，遂禽晁，浙東平。詔增實封户二千，與一子三品階，賜鐵券，名藏太廟，圖形凌煙閣。

　　相州、北邙之敗，朝恩羞其策繆，故深忌光弼切骨，而程元振尤疾之。二人用事，日謀有以中傷者。及來瑱爲元振讒死，光弼愈恐。吐蕃寇京師，代宗詔入援，光弼畏禍，遷延不敢行。及帝幸陝，猶倚以爲重，數存問其母，以解嫌疑。帝還長安，因拜東都留守，察其去就。光弼以久須詔書不至，歸徐州收租賦爲解。帝令郭子儀自河中輦其母還京。二年，光弼疾篤，奉表上前後所賜實封，詔不許。將吏問後事，答曰：“吾淹軍中，不得就養，爲不孝子，尚何言哉！”取所餘絹布分遺部將。薨，年五十七。部將即以其布遂爲光弼行喪，號哭相問。帝遣使弔恤其母，贈太保，諡曰武穆，詔百官送葬延平門外。

　　光弼用兵，謀定而後戰，能以少覆衆。治師訓整，天下服其威名，軍中指顧，諸將不敢仰視。初，與郭子儀齊名，世稱“李郭”，而戰功推爲中興第一。其代子儀朔方也，營壘、士卒、麾幟無所更，而光弼一號令之，氣色乃益精明云。

子彙，有志操，廉介自將。從賈耽爲裨將，奏兼御史大夫。元和初，分徐州苻離爲宿州，光弼有遺愛，擢彙爲刺史。後遷涇原節度使，罷軍中雜徭，出奉錢贖將士質賣子，還其家。卒，贈工部尚書。

光弼弟光進，字太應。初爲房琯裨將，將北軍戰陳濤斜，兵敗，奔行在，肅宗宥之。代宗即位，拜檢校太子太保，封涼國公。吐蕃入寇，至便橋，郭子儀爲副元帥，光進及郭英乂佐之。自至德後與李輔國並掌禁兵，委以心膂。光弼被譖，出爲渭北、邠寧節度使。永泰初，封武威郡王。累遷太子太保，卒。

母李，有鬚數十，長五寸許，封韓國太夫人，二子節制皆一品。死葬長安南原，將相奠祭凡四十四幄，時以爲榮。

【校勘記】

〔一〕光弼遣荔非元禮戰羊馬　“羊馬”，本卷《荔非元禮傳》及《舊書》卷一一〇《李光弼傳》均作“羊馬城”。按羊馬城指城外短垣，亦稱羊馬垣，非專名。《通典》卷一五二云：“城外四面壕內去城十步，更立小隔城，厚六尺，高五尺，仍立女墻，謂之羊馬城。”《宋史》卷三六六《劉錡傳》載“錡傅城築羊馬垣”即其例。此省“城”字，而但言“戰羊馬”，則不成話語。

頁四五八三至四五九一、四五九八

《新唐書》卷二百二十五上《列傳第一百五十上·逆臣上·孫孝哲》

孫孝哲者,契丹部人。母冶色,禄山通之,故孝哲得狎近。長七尺,伉健有謀。禄山對側門俟召,衣帶絶,不知所爲,孝哲箴縷素具,徐爲紉綻,禄山大悦。尤能先事取情。禄山魁大,非孝哲縫衣不能勝。天寶末,官大將軍。

賊僭位,僞拜殿中監、閑厩使,爵爲王,與嚴莊争寵不平。裘馬光侈,食輒珍滋。賊令監張通儒等守長安,人皆目之。殺妃、主、宗室子百餘人,窮誅楊國忠、高力士黨與及與賊忤者不勝計,剔首析肢,流離道衢。禄山死,莊奪其使以與鄧季陽。慶緒之奔,莊懼爲所圖,因降。

有商胡康謙者,天寶中爲安南都護,附楊國忠,官將軍。上元中,出家貲佐山南驛稟,肅宗喜其濟,許之,累試鴻臚卿。婿在賊中,有告其畔,坐誅。事連莊,繫獄,貶難江尉。京兆尹劉晏發吏防其家,莊恨之。俄詔釋罪,莊入見代宗,誣晏常矜功怨上,漏禁中事,晏遂貶云。

頁六四二五

《新唐書》卷一百四十八《列傳第七十三·張孝忠》

張孝忠字孝忠,本奚種,世爲乙失活[①]酋長。父謐,開元

---

①乙失活,據《新五代史》記載,在唐代的奚五部中,無乙失活部,而在唐代的契丹八部中有乙室活部,故疑《新唐書》中記載張孝忠爲奚人有誤。

中提衆納款，授鴻臚卿。孝忠始名阿勞，以勇聞，燕、趙間共推張阿勞、王没諾干，二人齊名。没諾干，王武俊也。孝忠魁偉，長六尺，性寬裕，事親孝。天寶末，以善射供奉仗内。安禄山奏爲偏將，破九姓突厥，以功擢漳源府折衝。禄山、史思明陷河、洛，常爲賊前鋒。

朝義敗，乃自歸，授左領軍將軍，以兵屬李寶臣。累加左金吾衛將軍，賜今名。寶臣以其沈毅謹詳，遂爲姻家，易州諸屯委以統制，十餘年，威惠流聞。田承嗣寇冀州，寶臣付兵四千，使出上谷，屯貝丘。承嗣見其軍整嚴，歎曰："阿勞在焉，冀未可圖也。"即焚營去。寶臣與朱滔戰瓦橋，奏孝忠爲易州刺史，分精騎七千，當幽州。擢太子賓客，封符陽郡王。〔一〕

寶臣晚節稍忌刻，殺大將李獻誠等而召孝忠，孝忠不往，復使其弟孝節召之。孝忠復命曰："諸將無狀，連頸受戮。吾懼禍，不敢往，亦不敢叛，猶公不覲天子也。"孝節泣曰："即歸，且僇死。"孝忠曰："偕往則并命，吾留，無患也。"果不敢殺。

然寶臣素善孝忠，及病不能語，以手指北而死。子惟岳擅立，詔朱滔以幽州兵討之。滔忌孝忠善戰，慮師出爲己患，使判官蔡雄往説曰："惟岳孺子，弄兵拒命，吾奉詔伐罪，公乃宿將，安用助逆而不自求福也？今昭義、河東軍已破田悦，而淮西軍下襄陽，梁崇義尸出井中，斬漢江上者五千人，河南軍計日北首，趙、魏滅亡可見。公誠去逆蹈順，倡先歸國，可以建不世功。"孝忠然之，遣將程華報滔連和，遣易州録事參軍事董積入朝。德宗嘉之，擢孝忠檢校工部尚書、成德軍節度使,令與滔并力。孝忠子弟在恒州者皆死。孝忠重德滔,爲子茂和聘其女,締約益堅。

敗惟岳於束鹿,滔欲乘勝襲恒州,孝忠乃引軍西北,壁義豐。滔疑之,孝忠將佐諫曰:"尚書推赤心於朱司徒,可謂至矣。今逆賊已潰,元功不終,後且悔之。"孝忠曰:"本求破賊,賊已破矣,而恒州多宿將,迫之則死鬭,緩之則改圖。且滔言大而識淺,可以慮始,難與守成。故吾堅壁于此,以待賊之滅耳。"滔亦止屯束鹿。月餘,王武俊果斬惟岳以獻。已而定州刺史楊政義以州降孝忠,遂有易、定。時三分成德地,詔定州置軍,名義武,以孝忠爲節度、易定滄等州觀察使。

後滔與武俊叛,復遣蔡雄説之,答曰:"吾既爲唐臣,而天性樸強,業已效忠,不復助惡矣。吾與武俊少相狎,然其心喜反覆,不可信。幸謝司徒,志鄙言。"滔復啗以金帛,皆不受。易、定介二鎮間,乃浚溝壘,脩器械,感厲將士,乘城固守。滔悉兵攻之,帝詔李晟、竇文場率師援孝忠,滔解去,遂全其軍。孝忠因與晟結婚。天子出奉天,孝忠遣將楊榮國以鋭卒六百佐晟赴難,收京師。興元初,詔同中書門下平章事。

貞元二年,河北蝗,民餓死如積,孝忠與其下同粗淡,日膳裁豆䝁而已,人服其儉,推爲賢將。明年,檢校司空。詔其子茂宗尚義章公主,孝忠遣妻入朝,執親迎禮,賞賚甚厚。五年,爲將佐所惑,以兵襲蔚州,入之,奉詔還鎮。有司劾擅興,削司空。六年,還其官。卒,年六十二,追封上谷郡王,贈太師,謚曰貞武。

子茂昭、茂宗、茂和。

茂宗擢累光禄少卿、左衛將軍。元和中,歷閑厩使。初,至德時，西戎陷隴右，故隴右監及七厩皆廢，而閑厩私其地入，寶應初，始以其地給貧民。茂宗恃恩，奏悉收其賦，又奏取麟游岐陽牧地三百餘頃，民訴諸朝，詔監察御史孫革按行，還奏不可。茂宗負左右助，誣革所奏不實，復遣侍御史范傳式覆實，乃悉奪其田。長慶初，岐人列訴，下御史，盡以其地還民。寶歷初，遷究海節度使。終左龍武統軍。

茂和歷左武衛將軍。裴度討蔡，奏爲都押衙。茂和數以膽勇求自試，謂度無功，辭不行。度請斬之以令軍，憲宗曰：“予以其家忠且孝，爲卿遠斥。”後終諸衛將軍。

茂昭本名昇雲，德宗時賜今名，字豐明。少沈毅，頗通書傳。孝忠時，累擢檢校工部尚書。孝忠卒，帝拜邕王諒爲義武軍節度大使，[二]以茂昭爲留後，封延德郡王。後二年，爲節度使。弟昇璘薄王武俊爲人，座上嫚罵，武俊怒，襲義豐、安喜、無極，掠萬餘人，茂昭嬰城，遣人厚謝，乃止。久之，入朝，爲帝從容言河朔事，帝竦聽，曰：“恨見卿晚！”召宴麟德殿，賜良馬、甲第、器幣優具，詔其子克禮尚晉康郡主。帝方倚之經置北方，會崩，故茂昭每入臨，輒哀不自勝。

順宗立，進同中書門下平章事，復遣之鎮，賜女樂二人，固辭，車至第門，茂昭引詔使辭曰：“天子女樂，非臣下所宜見。昔汾陽、咸寧、西平、北平皆有大功，故當是賜。今下臣述職以朝，奈何濫賞？後日有立功之臣，陛下何以加之？”復賜安仁里第，亦讓不受。憲宗元和二年，請朝，五奏乃聽。願留，不許，加兼太子太保。

既還，王承宗叛，詔河東、河中、振武、義武合軍爲恒州北道招討，茂昭治廩厩，列亭候，平易道路，以待西軍。承宗以騎二萬踰木刀溝與王師薄戰,茂昭躬擐甲爲前鋒,令其子克讓、從子克儉與諸軍分左右翼繞賊,大敗之,承宗幾危。會有詔班師,加檢校太尉,兼太子太傅。

乃請舉宗還朝,表數上,帝乃許。北鎮遣客間説,皆不納。詔左庶子任迪簡爲行軍司馬,乘馹往代。茂昭奉兩州符節、管鑰、圖籍歸之。先敕妻子上道,戒曰:“吾使而曹出易,庶後世不爲汙俗所染。”未半道,迎拜兼中書令,充河中晉絳慈隰節度使。至京師,雙日開延英,對五刻罷。又表遷墳墓于京兆,許之。明年,疽發於首卒,年五十,册贈太師,謚曰獻武。帝思其忠,擢諸子皆要職,歲給絹二千匹。

少子克勤,開成中歷左武衛大將軍。有詔賜一子五品官,克勤以息幼,推與其甥,吏部員外郎裴夷直劾曰:“克勤骫有司法,引庇它族,開後日賣爵之端,不可許。”詔聽,遂著于令。

夷直字禮卿,亦婞亮,第進士,歷右拾遺,累進中書舍人。武宗立,夷直視册牒,不肯署,乃出爲杭州刺史,斥驩州司户參軍。宣宗初内徙,復拜江、華等州刺史。終散騎常侍。

陳楚者,茂昭甥也,字材卿,定州人。有武幹,事茂昭,歷牙將,常統精卒從征伐。茂昭入朝,擢諸衛大將軍,封普寧郡王。元和末,義武節度使渾鎬喪師,定州亂,拜楚爲節度使,馳傳赴軍。及郊,無迎者,左右勸無入,楚曰:“定軍不來迎以試我。今不入,正墮計中。”乃冒雪行四十里,夜入其州,然軍校部伍,皆楚舊也,由是衆心乃定。徙河陽三城,入爲左羽林統軍,檢校司空。卒,年六十一,贈司空。

子君奕,亦至鳳翔節度使。

【校勘記】

〔一〕封符陽郡王　《舊書》卷一四一《張孝忠傳》“符”作“范”。

〔二〕帝拜邕王諒爲義武軍節度大使　“諒”，各本原作“諒”。據本書卷八二及《舊書》卷一五〇《文敬太子諒傳》、《唐會要》卷七八改。

頁四七六七至四七七二、四七九二

《新唐書》卷一百七十《列傳第九十五·李景略》

李景略，幽州良鄉人。父承悦，檀州刺史、密雲軍使。景略以蔭補幽州府功曹參軍。大曆末，客河中，闔門讀書。

李懷光爲朔方節度使，署巡官。五原將張光殺其妻，以貲市獄，前後不能決，景略覈實，論殺之。既而有若女屬者進謝廷中，如光妻云。遷大理司直。懷光屯咸陽，將襲東渭橋，召幕府計議。景略曰：“殺朱泚，還軍諸道，杖策詣行在，此轉禍爲福也。”不聽。既出軍門，慟哭曰：“豈意此軍乃陷不義乎！”遂遁歸。

靈武節度使杜希全表置于府，累轉侍御史、豐州刺史。豐州當回紇通道，前刺史軟柔，每虜使至，與抗禮。時梅錄將軍入朝，景略欲折之，因郊勞，前遣人謂曰：“可汗新没，欲弔使者。”乃坐高壚待之。梅錄俯僂前哭，景略即撫之曰：“可汗棄代，助爾號慕。”於是虜容氣沮索，不敢抗，以父行呼景略。自此回紇使至者，皆拜于廷，威名顯聞。希全忌之，誣奏，貶袁州司馬。

希全死，遷左羽林將軍，對德宗延英殿，論奏術術，有大臣風。會河東節度使李説病，以景略爲太原少尹、行軍司馬。時方鎮既重，故少召還者，惟不幸則司馬代之。自説有疾，人心固屬景略矣。會梅録復入朝，説大會，虜人爭坐，説不敢遏，景略叱之，梅録識其聲，驚拜曰："非李豐州邪？"遂就坐。將吏相顧嚴憚，説愈不平，賂中尉竇文場謀毀去之。

　　歲餘，塞下傳言回紇將南寇，文場方侍帝傍，即言豐州當得良將，且舉景略，乃拜豐州刺史、天德軍西受降城都防禦使。窮塞苦寒，地埆鹵，邊户勞悴。景略至，節用約己，與士同甘蓼，鑿咸應、永清二渠，溉田數百頃，儲禀器械畢具，威令蕭然，聲雄北疆，回紇畏之。卒於屯，年五十五。天下惜用景略才有所未盡。贈工部尚書。

頁五一七六至五一七七

《新唐書》卷二百一十一《列傳第一百三十六·藩鎮鎮冀·王武俊》

王武俊字元英，本出契丹怒皆[①]部。父路俱，開元中，與饒樂府都督李詩等五千帳求襲冠帶，入居薊。武俊甫十五，善騎射，與張孝忠齊名，隸李寶臣帳下爲裨將。寶應初，王師入井陘，武俊謂寶臣曰："以寡敵衆，曲遇直，戰則離，守則潰，鋭師遠鬭，庸可禦乎！"寶臣遂以恒、定等五州自歸，共平餘賊，武俊謀也。奏兼御史中丞，封維川郡王。其子士真，亦沈

---

① 契丹怒皆部，據《新五代史》記載，在唐代的契丹八部中，無怒皆部，而在唐代的奚五部中，有奴皆部，故《舊唐書》《新唐書》記王武俊爲契丹怒皆部人疑有誤，當爲奚奴皆部人。

悍有斷，寶臣倚愛，出入帳中，以女妻之。寶臣以疑殺許崇俊
等，士真密結左右，故武俊免於難。

惟岳拒命，或言武俊有他志，武俊知之，出入導從纔
一二，未嘗接賓客。惟岳雖内疑，然見其屈損，又惜善鬪，未
忍殺。康日知以趙州降，惟岳謀伐之，皆曰："武俊故心膂，先
君命之使佐大夫，而士真又大夫女弟婿，今事急，宜去猜嫌以
任之，不然，尚誰使？"乃遣與衛常寧將兵往。因謀執惟岳，
而日知亦遣人邀説以禍福，武俊乃還兵，使人謂惟岳曰："大
夫與齊、魏同惡，今魏兵已敗，齊爲趙州所限，幽州兵近在定，
三軍且救死。聞有詔召大夫，宜亟歸。"惟岳惶遽出，遂縊。
即遣其屬孟華奏天子。華辯對稱旨，德宗擢爲兵部郎中，授
武俊檢校祕書監兼御史大夫、恒冀觀察使。

是時，惟岳將楊政義以定降，楊榮國以深降，朱滔受而
戍之。帝以定賜張孝忠，而日知爲深趙觀察使。武俊怨不得
節度而失趙、定，滔亦怨失深州，二人相結。武俊即縛使者送
滔，與之叛。帝聞，詔華諭解，不聽。

時馬燧、李抱真、李芃、李晟討田悦，悦方困，武俊、滔救
之，屯連簣山。帝詔李懷光督神策兵助討賊，軍就舍，氣鋭
甚，謂燧曰："奉詔毋養寇，及壁壘未成擊之，可滅也。"乃縱
兵入滔壁，殺千餘人。悦軍既屢北，不能陣。懷光緩轡觀之，
武俊乘其怠，使趙萬敵等以二千騎橫突，而滔軍踵馳，王師
亂，相蹈藉死，尸梗河爲不流。懷光還走壁。武俊夜決河注
王莽渠，斷燧餉路。燧計窮，而與滔素姻家，乃遣使謾謝滔
曰："老夫不自量，與諸君遇。王大夫善戰，天下無前，吾固宜
敗，幸公圖之，使老夫得還河東，諸將亦罷兵，吾爲言天子，以

河北地付公。"滔亦陰忌武俊勝且不制,即謂武俊曰:"王師既敗,馬公卑約如此,不宜迫人以險。"答曰:"燧等皆國名臣,連兵十萬,一戰而北,貽羞國家,不知何面目見天子耶?彼行不五十里,必反拒我。"滔固許之。燧至魏縣,堅壁自固,師復振。滔慚謝,嫌隙始構矣。武俊使張鍾葵攻趙州,日知斬其首以聞。

於是武俊與田悦等擅相王。武俊國號趙,以恒爲真定府,命士真留守兼元帥;以畢華、鄭儒爲左右內史,王士良司刑,王佑司文,士清司武,並爲尚書;士則司文侍郎,宋端給事中,王洽內史舍人,張士清執憲大夫,衛常寧內史監,皇甫祝尚書右僕射,餘以次封拜。

建中四年,抱真使客賈林詐降武俊,既見,曰:"吾來傳詔,非降也。"武俊色動,林曰:"天子知大夫登壇建國撫膺顧左右曰:'我本忠義,天子不省,故至是。'今諸軍數表大夫至誠,上見表動色曰:'朕前誤無及矣。朋友失意尚可謝,朕四海主,毫芒過失,返不得自新耶!'今大夫親斷逆首,而宰相闇於事宜,國家與大夫烏有細故哉?朱滔以利相動,公何取焉?誠能與昭義同心,曠然改圖,上不失君臣之義,下以爲子孫計。"武俊曰:"僕虜人也,尚知撫百姓,天子固不務殺人以安天下。今山東連兵比戰,骨盡暴野,雖勝尚誰與居?今不憚歸國,業與諸軍盟,虜性樸強,不欲曲在我,天子若能以恩盪刷之,我首倡歸命,有不從者,奉辭伐之,河北不五十日可定。"會帝出奉天,抱真將還澤潞,悦説武俊、滔踵襲之。林曰:"夫退軍,前輜重,後銳師,人心固壹,不可圖也。使戰勝得地,利歸於魏,不幸喪師,趙受其災。今滄、趙乃故地,胡不取之？”武俊遂引而北，林復激之曰：“公異邦豪英，不應謀中夏。燕、魏幽險，彼王室强則須公之援，削則己欲并吞。且河北惟有趙、魏、燕耳，滔乃稱冀，心圖公冀州矣。使滔能制山東，大夫當臣事之，否則見攻。能臣滔乎？”武俊投袂曰：“二百年天子猶不能事，安能臣豎子耶！”乃定計通好抱真，而約馬燧盟。

興元元年赦天下，武俊大集其軍，黜僞號。詔國子祭酒董晉與中人宣慰，拜檢校工部尚書、恒冀深趙節度使，又加檢校司空、同中書門下平章事，兼幽州盧龍節度使、琅邪郡王。

是時，滔悉幽、薊兵與回紇圍貝州，將絶白馬津，南趨洛，李懷光據河中，李希烈陷汴，南略江淮，李納方叛，唯李晟軍渭上。羽書調發天下十之三，人心惴恐。及田緒殺悦，林復説武俊曰：“滔素欲得魏博，會悦死，魏人氣熸，公不救，魏且下。滔益甲數萬，張孝忠將北面事滔，三道連衡，濟以回紇，長驅而南，昭義軍必保山西，則河朔舉入滔矣。今魏尚完，孝忠未附，公與昭義合兵破之，聲振關中，京邑可坐復，天子反正，不朽之業，誰與公參！”武俊大喜，與抱真相聞，自將屯南宮，抱真屯經城，兩軍相距十里而舍。武俊潛會抱真于軍，陳説忼慨，抱真亦傾意結納，約爲兄弟，遂俱東壁貝州，距城三十里止。滔欲迎戰，武俊戒士飽食曰：“軍未合，毋妄動！”遣趙琳、趙萬敵兵五百蔽林以待。滔使票將馬寔、盧南史陣而西，李少成引回紇翼之。日中兵接，武俊與子士清引精騎望少成軍，抱真次之，滔馳騎二百出武俊東南，乘高鼓譟。武俊使步兵決戰，而自以騎當回紇，勒兵避其鋭。回紇馬怒突而過，未及返，武俊急擊，琳等兵亦出，回紇驚，中斷，遂先奔。

初,滔兵蹙武俊軍,不能傷,回紇既却,即欲引還,因囂不能止,軍大奔,滔走還壁。武俊中流矢,謂抱真曰:"士少衰,盍以騎濟師,巢穴可覆也。"抱真使來希皓率勁騎薄滔營,盧玄真乘其後,滔懼,引衆去,希皓迫之,武俊邀于隘,滔大敗,免者八千人。會夜,各按屯,武俊營滔東北,抱真營西北。滔知不支,夜半焚車糧,遁歸幽州,火如晝,師大譟,其聲殷地。抱真以山東蝗,食少,歸於潞,武俊亦還。

會有詔復滔官爵,武俊上還幽州盧龍節度。又詔以恒州爲大都督府,即授武俊長史,賜德、棣二州,以士真爲觀察使、清河郡王。天子至自梁,遇武俊益厚,子弟雖襁褓,悉官之。俄進檢校太尉兼中書令,得建廟京師,有司供擬。

武俊善射,嘗與賓客獵,一日射鶉兔九十五,觀者駭伏。貞元十七年死,年六十七。群臣奉慰天子,如渾瑊故事,贈太師。有司謚威烈,帝更爲忠烈。士真襲位。

士真,其長子也。少佐父立功,更患難。既得節度,息兵善守,雖擅置吏,私賦入,而歲貢數十萬緡,比燕、魏爲恭。元和初,即拜同中書門下平章事。四年死,贈司徒,謚曰景襄。軍中推其子承宗爲留後。

始,河北三鎮自置副大使,常處嫡長,故承宗以御史大夫爲之。及總留事,憲宗久不報,伺其變。承宗數上疏自言。帝聞劉濟、田季安俱大病,議更建節度。翰林學士李絳曰:"鎮州世相繼,人所狃習,惟拒命則討之。且諸道之賞饋百萬士,又燕、魏、淄青,勢同必合。方江、淮水潦,財力刓困,宜即詔承宗嗣領。季安等雖病,徐圖所宜。定四方有天時,不可速也。"帝然之,欲析鎮分建節度,使承宗歲輸賦如李師道。

絳曰："假令承宗奉詔,諸道以割地同怨,是官爵虛出而無當也。不如令使者諭之,無出上意。"帝乃詔京兆尹裴武慰撫,承宗奉詔恭甚,請上德、棣二州,遂以檢校工部尚書嗣領節度,而以德州刺史薛昌朝爲保信軍節度使,統德、棣。

昌朝,嵩子也,與承宗故姻家,帝因欲離其親將,故命之。詔未至,承宗馳騎劫而歸,囚之。詔更用棣州刺史田渙爲二州團練守捉使,遣中人傳詔令歸昌朝,承宗拒命,帝怒,詔削官爵,遣中人吐突承璀將左右神策,率河中、河陽、浙西、宣歙兵討之。趙萬敵者,故武俊將,以健鬬聞,士眞時入朝,上言討之必捷,令與承璀偕。有詔:"武俊忠節茂著,其以實封賜子士則,毋毀墳墓。"

承璀至軍,無威略,師不振。神策大將酈定進號驍將,以禽劉闢功,王陽山郡,至是戰北,馳而僨,趙人曰:"酈王也",害之,師氣益折。及吳少誠死,李絳奏:"蔡無四鄰援,攻討勢易,不如赦承宗,專事淮西。"帝不聽。昭義節度使盧從史市承宗,外自固,内實與之。太常卿權德輿諫曰:"神策兵市井屠販,不更戰陣,恐因勞憚遠,潰爲盗賊。恒冀騎壯兵多,攻之必引時月,西戎乘間,則禁衛不可頓虛。山東,疥癬也;京師,心腹也。不可不深念。且師出半年,費繒錢五百萬。方夏甚暑水潦,疾疫且降,誠慮有潰橈之變。"又言:"山東諸侯,皆以息自副,人心不遠,誰肯爲陛下盡力者。又盧從史倚寇爲援,訹承璀邀寵利,宜召行營善將,令倍驛馳,度至半道,授以澤潞,而徙從史它鎮,破其姦圖,然後赦承宗,衆情必服。"帝未許。

五年,河東軍拔其一屯,張茂昭破之木刀溝;帝患從史

詐,卒以計縛送京師;劉濟又拔安平。承宗懼,遣其屬崔遂上
書謝罪,且言:"往年納地,迫三軍不得專,而爲盧從史賣以求
利,願請吏入賦得自新。"是時宿師久無功,餉不屬,帝憂之。
而淄青、盧龍數表請赦,乃詔浣雪,盡以故地畀之,罷諸道兵。
昌朝歸京師,授右武衛將軍。承宗見兵薄境,已而罷,歸罪從
史,得不詰,自謂計得,謷然無顧憚。

七年,軍庫火,器鎧殆盡,殺守吏百餘人,不自安。及吳
元濟反,承宗與李師道上書請宥,教其將尹少卿爲蔡游説,
見宰相語不遜,武元衡怒,叱遣之。承宗怨甚,與師道謀,遣
惡少年數十曹伏河陰,乘昏射吏,吏奔潰,因火漕院,人趣火
所,鬭死者十餘輩,縣大發民捕盜,亡去不獲,凡敗錢三十萬
緡、粟數萬斛。未幾,張晏等賊宰相元衡,京師大索,天子爲
旰食。承宗嘗疏元衡過咎,留中。至是帝出表示群臣大議,
咸請聲其罪伐之。詔乃絶承宗朝貢,竄其弟承系、承迪、承榮
於遠方,以博野、樂壽故范陽地,命歸劉總。而所遣盜處處竊
發,斷建陵門戟,燔獻陵寢宮,伏甲欲反洛陽,不克。承宗數
出兵掠鄰鄙,田弘正上言承宗宜誅,帝使率師壓境。承宗揣
詔旨兵不即進,即肆剽滄、景、易、定間,人苦之。

十一年,詔削爵,以實封賜士平,使奉武俊後。令河東、
義武、盧龍、橫海、魏博、昭義六節度兵進討,大抵數十萬,環
地數千里,以分其勢。然營屯離置,主約不得一,故士觀望,
獨昭義郗士美薄賊境,賊不敢犯。始,承宗不能叶諸父,皆奔
京師。士則爲神策大將軍,聞其叛,請占數京兆,裴度請用爲
邢州刺史,使隸昭義,以傾趙人。有王怡者,武俊從子,爲承
宗守南宮,士則招之,約歸命,謀泄遇害;子元伯奔還,擢監察

御史，詔贈怡尚書左僕射。

　明年元濟平，承宗大恐，使牙將石汎奉二子至魏博，因田弘正求入侍，且請歸德、棣二州，入租賦，待天子署吏。弘正遣知感、知信詣闕下請命。前此，帝使尚書右丞崔從賜詔書許自新，承宗素服待罪。及是乃詔復官爵，以華州刺史鄭權爲橫海節度使，統德、棣、滄、景等州，復承宗實封戶三百，以所部飢，賜帛萬匹。李師道平，奉法益謹，表所領州錄事、參軍、判司、縣主簿、令，皆丐王官。

　十五年死，贈侍中。軍中推其弟承元爲留後。承元不敢世於鎮，詔用爲義成軍節度使，事見本傳。

頁五九五一至五九五九

《新唐書》卷一百四十八《列傳第七十三·王承元》

　王承元者，承宗弟也。有沈謀。年十六，勸承宗亟引兵共討李師道，承宗少之，不用，然軍中往往指目之。承宗死，未發喪，大將謀取帥它姓。參謀崔燧與諸校計，以祖母涼國夫人李命承元嗣。承元泣且拜，不受，諸將牢請，承元曰：“上使中貴人監軍，盍先請？”監軍至，又如命，乃謝曰：“諸君不忘王氏以及孺子，苟有令，其從我乎？”衆曰：“惟所命。”乃視事牙闔之偏，約左右不得稱留後，事一關參佐，密表請帥于朝。穆宗詔起居舍人柏耆宣慰。授承元檢校工部尚書、義成軍節度使。北鎮以兩河故事脅誘，承元不納，諸將皆悔。耆至，士哭于軍，承元令曰：“諸君不欲我去，意固善。雖然，格天子詔，我獲罪奈何？前李師道有詔赦死，欲舉族西，諸將止弗遣，他日乃共殺之。今君等幸置我，無與師道比。”乃徧拜諸將，諸將語塞。承元即出家貲盡賜之，斬不從命者十輩，軍乃定。於是諫議大夫鄭覃宣慰，賜其軍錢百萬緡，赦囚徒，問孤獨、廢疾不能自存者粟帛有差。

承元去鎮，左右裒器幣自隨，承元使空褚毋留。入朝，昆弟拜刺史者四人，位于朝者四十人。祖母入見，帝命中宮禮賚異等。徙承元鄜坊丹延節度。俄徙鳳翔。鳳翔右袤涇、原，地平少巖險，吐蕃數入盜。承元據勝地爲鄣，置守兵千，詔號臨汧城。府郛左百賈州聚，異時爲虜剽奪，至燎烽相警，承元版堞繚之，人乃告安。以勞封岐國公。大和初，祖母喪，詔曰：“武俊當橫流時，拯定奔潰，功在史官。今李不幸，贈恤宜加厚。”且給儀仗以葬。

五年，徙節平盧、淄青。始，鹽禁未嘗行兩河，承元請歸有司，由是兗、鄆諸鎮皆奉法。承元資仁裕，所至愛利。卒，年三十三，贈司徒。

頁四七八七至四七八八

散見史料繫年録

公元三七八年　東晉孝武帝太元三年　前秦宣昭帝建元十四年　高句麗小獸林王八年

（高句麗小獸林王）八年，旱，民饑相食。秋九月，契丹犯北邊，陷八部落。

《三國史記》卷十八《高句麗本紀第六·小獸林王》頁二二二

公元三八八年　東晉孝武帝太元十三年

魏王珪破庫莫奚於弱落水南，《新唐書》曰：奚亦東胡種，爲匈奴所破，保烏丸山；漢曹操斬蹋頓，蓋其後也。弱落水即饒樂水，在奚中。秋，七月，庫莫奚複襲魏營，復，扶又翻。珪又破之。庫莫奚者，本屬宇文部，與契丹同類而異種，其先皆爲燕王皝所破，徙居松漠之間。契丹國自西樓東去四十里，至真珠寨，又東行，地勢漸高，西望松林鬱然，數十里，遂入平川。契，欺訖翻。洪邁曰：契丹之讀如喫，惟《新唐書》有音。種，章勇翻。

《資治通鑑》卷一百七《晉紀二十九·孝武帝太元十三年》頁三三八四

公元三九二年　東晉孝武帝太元十七年　高句麗廣開土王元年

廣開土王,諱談德,故國壤王之子。生而雄偉,有倜儻之志。故國壤王三年立爲太子,九年王薨,太子即位。

秋七月,南伐百濟,拔十城。九月,北伐契丹,虜男女五百口,又招諭本國陷没民口一萬而歸。

《三國史記》卷十八《高句麗本紀第六·廣開土王》頁二二三

公元三九九至四〇一年　後燕中宗長樂年間

熙字道文,垂之少子也。……盛初即位,降爵爲公,拜都督中外諸軍事、驃騎大將軍、尚書左僕射,領中領軍。從征高句驪、契丹,皆勇冠諸將。

《晉書》卷一百二十四《載記第二十四·慕容熙》頁三一〇四至三一〇五

慕容熙,字道文,一名長生,垂之少子也。……長樂元年,拜都督中外諸軍事、驃騎大將軍、尚書左僕射,領中領軍、昌黎尹。從征高句驪、契丹,皆勇冠諸將。

《十六國春秋輯補》卷四十七《後燕録六·慕容熙》頁三六九

公元四〇四年　後燕高宗光始四年

(慕容)熙北襲契丹,大破之。

《晉書》卷一百二十四《載記第二十四・慕容熙》頁
三一〇六

四年，……（慕容）熙北襲契丹，大破之。

《十六國春秋輯補》卷四十七《後燕録六・慕容熙》頁
三七〇

公元四〇五年　晉安帝義熙元年

十二月，燕王熙襲契丹。契丹本東胡種，其先爲匈奴所破，保鮮
卑山。魏青龍中，部酋軻比能槃鷔，爲幽州刺史王雄所殺，部衆遂微，逃潢水之
南，黄龍之北，後自號曰契丹，種類繁盛。契，欺訖翻。程大昌曰：契丹之契，讀
如喫。

《資治通鑑》卷一百一十四《晉紀三十六・晉安帝義熙
元年》頁三五八八

公元四〇六年　晉安帝義熙二年

熙與苻氏襲契丹，憚其衆盛，將還，苻氏弗聽，遂棄輜重，
輕襲高句驪，周行三千餘里，士馬疲凍，死者屬路。攻木底
城，不克而還。

《晉書》卷一百二十四《載記第二十四・慕容熙》頁
三一〇六

（正月）燕王熙至陘北，陘北，冷陘山之北也。陘，音刑。畏契丹
之衆，欲還，苻后不聽；戊申，遂棄輜重，重，直用翻。輕兵襲高
句麗。

　　《資治通鑑》卷一百一十四《晉紀三十六·晉安帝義熙二年》頁三五八八

　　（廣開土王）十五年……冬十二月,燕王熙襲契丹,至陘北,畏契丹之衆,欲還。遂棄輜重,輕兵襲我。燕軍行三千餘里,士馬疲凍,死者屬路,攻我木底城,不克而還。

　　《三國史記》卷十八《高句麗本紀六·廣開土王》頁二二四

　　六年,熙與苻氏襲契丹。憚其衆盛,將還,苻氏弗聽,遂棄其輜重,輕襲高句驪。周行三千餘里,士馬俱疲,凍死者屬路。攻木底城,不剋而還。

　　《十六國春秋輯補》卷四十七《後燕録六·慕容熙》頁三七一

公元四〇一至四〇七年　後燕高宗光始中

　　（北燕太平）十九年,丁零氏楊道來降。初,後燕帝光始中,丁靈民〔一〕楊道獵於白鹿山,爲契丹所獲,流漂塞外。

【校勘記】

　　〔一〕疑作丁零氏

　　《十六國春秋輯補》卷九十九《北燕録二·馮跋》頁六七五

公元四〇八年　東晉安帝義熙四年

　　（五月）興遺僞檀書曰:遺,于季翻。"今遣齊難討勃勃,恐其西逸,故令弼等於河西邀之。"僞檀以爲然,遂不設備。弼

濟自金城，<small>自金城濟河也。</small>姜紀言於弼曰："今王師聲言討勃勃，
偪檀猶豫，守備未嚴，願給輕騎五千，<small>騎，奇寄翻。</small>掩其城門，則
山澤之民皆爲吾有，孤城無援，可坐克也。"弼不從，進至漠
口，<small>漠口在昌松郡界，謂之昌松漠口。魏收《地形志》，昌松郡有漠口縣。</small>昌
松太守蘇霸閉城拒之。弼遣人諭之使降，霸曰："汝棄信誓而
伐與國，吾有死而已，何降之有！"<small>降，戶江翻。</small>弼進攻，斬之，長
驅至姑臧。

《資治通鑑》卷一百一十四《晉紀三十六·安帝義熙四
年》頁三六○七至三六○八

公元四一四年　東晉安帝義熙十年

（五月）河間人褚匡言於燕王跋曰："陛下龍飛遼、碣，舊
邦族黨，傾首朝陽，<small>言日生於東，猶馮跋興於遼、碣也。其族黨在長樂者，
傾首而東望之。碣，其謁翻。</small>以日爲歲，請往迎之。"跋曰："道路數
千里，複隔異國，如何可致？"<small>復，扶又翻。</small>匡曰："章武臨海，<small>跋
之先，長樂信都人，而章武郡則晉分漢勃海郡所置也。自信都至章武，可以浮
海至遼西。舟楫可通，出於遼西臨渝，不爲難也。"<small>臨渝縣，漢屬遼
西郡。師古曰：渝，音喻。《水經》曰：碣石在縣南。</small>跋許之，以匡爲游擊
將軍、中書侍郎，厚資遣之。匡與跋從兄買、從弟睹<small>從，才用翻。</small>
自長樂帥五千餘戶歸於和龍，<small>漢高帝置信都郡，景帝二年爲廣川國，明
帝更名樂成，安帝改曰安平，晉改曰長樂。樂，音洛。帥，讀曰率。</small>契丹、庫
莫奚皆降於燕。<small>契，欺訖翻，又音喫。降，戶江翻。</small>跋署其大人爲歸
善王。跋弟丕避亂在高句麗，<small>句，如字，又音駒。麗，力知翻。</small>跋召
之，以爲左僕射，封常山公。

《資治通鑑》卷一百一十六《晉紀三十八·安帝義熙十

年》頁三六六七至三六六八

公元四一四年　北燕太宗太平六年

契丹庫莫奚降,署其大人爲歸善王。

《晉書》卷一百二十五《載記第二十五·馮跋》頁三一三一

六年,……契丹庫莫奚降,署其大人爲歸善王。

《十六國春秋輯補》卷九十八《北燕録一·馮跋》頁六七〇

公元四三七年　北魏太武帝太延三年

(太延三年)……二月乙卯,行幸幽州,存恤孤老,問民疾苦;還幸上谷,遂至代。所過復田租之半。高麗、契丹國並遣使朝獻。

《魏書》卷四上《世祖紀第四上》頁八七

(太延)三年……是歲,河西王沮渠牧犍世子封壇來朝,高麗、契丹、龜兹、悦般、焉耆、車師、粟特、疏勒、烏孫、渇盤陁、鄯善、破洛那、[一四]者舌等國各遣使朝貢。

【校勘記】

〔一四〕破洛那　諸本脱"那"字,據《魏書·世祖紀》及本書卷九七《西域傳》序補。

《北史》卷二《魏本紀第二》頁五二、八〇

公元四五三年　北魏文成帝興安二年

（興安二年）冬十有一月辛酉，行幸信都、中山，觀察風俗。十有二月，誅河間鄭民爲賊盗者，男年十五以下爲生口，班賜從臣各有差。甲午，車駕還宮。庫莫奚、契丹、罽賓等十餘國各遣使朝貢。

《魏書》卷五《高宗紀第五》頁一一三

（興安）二年……是歲，疏勒、渴盤陁、庫莫奚、契丹、罽賓等國各遣使朝貢。

《北史》卷二《魏本紀第二》頁六七

公元四六二年　北魏文成帝和平三年

（和平三年）三月甲申，劉駿遣使朝貢。高麗、蓰王、契齮、思厭於師、疏勒、石那、悉居半、渴槃陁諸國各遣使朝獻。

《魏書》卷五《高宗紀第五》頁一二〇

（和平）三年……三月甲申，宋人來聘。高麗、蓰王、契齮、思厭於師、疏勒、石那、悉居半、渴盤陁等國並遣使朝貢。

《北史》卷二《魏本紀第二》頁七一

公元四六七年　北魏獻文帝皇興元年

（皇興元年）二月，……高麗、庫莫奚、具伏弗、郁羽陵、日連、匹黎尒、于闐諸國各遣使朝貢。

《魏書》卷六《顯祖紀第六》頁一二七至一二八

公元四六八年　北魏獻文帝皇興二年

（皇興二年）夏四月辛丑,以南郡公李惠爲征南大將軍、儀同三司、都督關右諸軍事、雍州刺史,進爵爲王。高麗、庫莫奚、契丹、具伏弗、郁羽陵、日連、匹黎尒、叱六手、悉萬丹、阿大何、羽真侯、于闐、波斯國各遣使朝獻。〔二〕

【校勘記】

〔二〕契丹具伏弗郁羽陵日連匹黎尒叱六手悉萬丹阿大何羽真侯于闐波斯國各遣使朝獻　這里列舉諸“國”,除于闐、波斯外,均見于卷一百《勿吉傳》和《契丹傳》,但《紀》、《傳》既有同異,兩《傳》也不相合,今姑依《勿吉傳》標斷。“具伏弗”,《勿吉傳》作“具弗伏”。“叱六手”止見于《契丹傳》,作“吐六于”,疑《紀》誤。“阿大何”,《勿吉傳》作“拔大何”,《契丹傳》作“何大何”,當是《勿吉傳》誤。至兩《傳》互異,別見卷一百校記,不備舉。

　　　　　《魏書》卷六《顯祖紀第六》頁一二八、一三二至一三三

（皇興二年）十有二月……是月,悉萬丹等十餘國各遣使朝貢。

　　　　　　　　　　　《魏書》卷六《顯祖紀第六》頁一二九

公元四六九年　北魏獻文帝皇興三年

（皇興三年）……二月,蠕蠕、高麗、庫莫奚、契丹國各遣使朝獻。

　　　　　　　　　　　《魏書》卷六《顯祖紀第六》頁一二九

公元四七〇年　北魏獻文帝皇興四年

（皇興四年）……二月，以東郡王陸定國爲司空。高麗、庫莫奚、契丹各遣使朝獻。

《魏書》卷六《顯祖紀第六》頁一三〇

公元四七三年　北魏孝文帝延興三年

（延興三年）……二月戊申，高麗、契丹國並遣使朝貢。癸丑，詔牧守令長，勤率百姓，無令失時。

《魏書》卷七上《高祖紀第七上》頁一三八

（延興三年）……夏四月戊申，詔假司空、上黨王長孫觀等討吐谷渾拾寅。壬子，契丹國遣使朝貢。詔以孔子二十八世孫魯郡孔乘爲崇聖大夫，給十户以供洒掃。

《魏書》卷七上《高祖紀第七上》頁一三九

（延興）三年……是歲，高麗、契丹、庫莫奚、悉萬斤等國並遣使朝貢。

《北史》卷三《魏本紀第三》頁九〇

公元四七四年　北魏孝文帝延興四年

（延興四年）……九月，以劉昱内相攻戰，詔將軍元蘭等五將三萬騎及假東陽王丕爲後繼，伐蜀漢。丙子，契丹、庫莫奚、地豆于諸國各遣使朝獻。

《魏書》卷七上《高祖紀第七上》頁一四〇至一四一

（延興）四年……是歲，粟特、敕勒、吐谷渾、高麗、曹利、
闊悉、契丹、庫莫奚、地豆干等國並遣使朝貢。

《北史》卷三《魏本紀第三》頁九一

公元四七五年　北魏孝文帝延興五年

（延興五年）……五月丁酉，契丹、庫莫奚國各遣使獻
名馬。

《魏書》卷七上《高祖紀第七上》頁一四一

（延興）五年……是歲，高麗、吐谷渾、龜兹、契丹、庫莫
奚、地豆干、蠕蠕等國並遣使朝貢。

《北史》卷三《魏本紀第三》頁九一

公元四七六年　北魏孝文帝承明元年

（承明元年）……九月丁亥，曲赦京師。高麗、庫莫奚、契
丹諸國並遣使朝獻。癸丑，宕昌、悉萬斤國並遣使朝貢。

《魏書》卷七上《高祖紀第七上》頁一四二

承明元年……是歲，蠕蠕、高麗、庫莫奚、波斯、契丹、宕
昌、悉萬斤等國並遣使朝貢。

《北史》卷三《魏本紀第三》頁九二

公元四七七年　北魏孝文帝太和元年

（太和元年）……二月……癸未，高麗、契丹、庫莫奚國各
遣使朝獻。

三月……庫莫奚、契丹國各遣使朝獻。

十月……是月，庫莫奚、契丹國各遣使朝獻。又詔七十已上一子不從役。龜茲國遣使朝獻。劉準葭蘆成主楊文度遣弟鼠襲陷仇池。丙子，誅徐州刺史李訢。庫莫奚、契丹國各遣使朝貢。

　　　　《魏書》卷七上《高祖紀第七上》頁一四四

太和初，又貢馬五百匹。乙力支稱：初發其國，乘船泝難河西上，至太沴河，沉船於水，南出陸行，渡洛孤水，從契丹西界達和龍。自云其國先破高句麗十落，密共百濟謀從水道并力取高句麗，遣乙力支奉使大國，請其可否。詔敕三國同是藩附，宜共和順，勿相侵擾。乙力支乃還。從其來道，取得本船，汎達其國。

　　　　《魏書》卷一百《列傳第八十八·勿吉》頁二二二〇

太和元年……是歲，高麗、契丹、庫莫奚、蠕蠕、車多羅、西天竺、舍衛、叠伏羅、栗楊婆、員闊等國並遣使朝貢。

　　　　《北史》卷三《魏本紀第三》頁九四

公元四七九年　北魏孝文帝太和三年

（太和三年）……九月……庚申，隴西王源賀薨。高麗、吐谷渾、地豆于、契丹、庫莫奚、龜茲諸國各遣使朝獻。

　　　　《魏書》卷七上《高祖紀第七上》頁一四七

（太和）三年……是歲，吐谷渾、高麗、蠕蠕、地豆干、契

丹、庫莫奚、龜兹、粟特、州逸、河龔、叠伏羅、員闊、悉萬斤等
國各遣使朝貢。

《北史》卷三《魏本紀第三》頁九六

太和初，又貢馬五百匹。乙力支稱：初發其國，乘船溯難
河西上，至太沴河，沈船於水。南出陸行，度洛孤水，從契丹
西界達和龍。

《北史》卷九十四《列傳第八十二·勿吉》頁三一二五

契丹莫賀弗勿干帥部落萬餘口入附于魏，居白狼水東。
契丹酋帥曰莫賀弗。《隋書》曰：契丹與庫莫奚皆東胡種，爲慕容氏所破，竄於
松漠之間。是時爲高麗所侵，求内附于魏。《水經注》：白狼水出右北平白狼縣
東南，東北流，徑龍城西南，又東南流，至遼東房縣入于遼水。《初學記》：狼河
附黄龍城東北下，即白狼水。契，欺訖翻，又音喫。帥，讀曰率。

《資治通鑑》卷一百三十五《齊紀一·高帝建元元年》頁
四二三四

公元四八六年　北魏孝文帝太和十年

（太和十年）其傍有大莫盧國、覆鍾國、莫多回國、庫婁
國、素和國、具弗伏國、〔三〕匹黎尒國、拔大何國、〔四〕郁羽陵國、
庫伏真國、魯婁國、羽真侯國，前後各遣使朝獻。

【校勘記】

〔三〕具弗伏國　按卷六《顯祖紀》皇興元年二月、二年四
月兩見此部，都作“具伏弗”。下《契丹傳》有“伏弗郁部”，上
脱“具”字，又“郁”“部”二字倒誤，但也可證這裏“弗伏”當

作"伏弗"。

〔四〕拔大何國　按下《契丹傳》有"何大何部"，卷六《顯祖紀》皇興二年四月作"阿大何"。這里"拔"字當是"何"或"阿"之訛。

《魏書》卷一百《列傳第八十八·勿吉》頁二二二一、二二二五

明年，復入貢。其傍有大莫盧國、覆鍾國、莫多回國、庫婁國、素和國、具弗伏國、匹黎尒國、拔大何國、郁羽陵國、庫伏真國、魯婁國、羽真侯國，前後各遣使朝獻。

《北史》卷九十四《列傳第八十二·勿吉》頁三一二五

公元四九〇年　南齊武帝永明八年

五月，己酉，庫莫奚寇魏邊，《隋書》：庫莫奚，東部胡之種，爲慕容氏所破，遺落者竄匿松漠之間。其俗甚爲不潔，而善射獵，好寇鈔。後單稱爲奚。魏高宗皇興二年，置安州，治方城，領密雲、廣陽、安樂等郡。安州都將樓龍兒擊走之。將，即亮翻。

《資治通鑑》卷一百三十七《齊紀三·武帝永明八年》頁四二九二至四二九三

公元四九二年　北魏孝文帝太和十六年

（太和十六年）……四月丁亥朔，班新律令，大赦天下。癸巳，契齧國遣使朝貢。

《魏書》卷七下《高祖紀第七下》頁一六九

（太和）十六年……是歲,高麗、鄧至、契齧、[四八]吐谷渾等國並遣使朝貢。

【校勘記】

〔四八〕"契齧"　諸本"契"下有"丹"字。按《魏書》是年來使諸國,有契齧,無契丹。"丹"字衍文,今據删。

《北史》卷三《魏本紀第三》頁一〇九、一二八

公元四九三年　北魏孝文帝太和十七年

五月乙卯,宕昌、陰平、契丹、庫莫奚諸國並遣使朝獻。

《魏書》卷七下《高祖紀第七下》頁一七一

（太和）十七年……是歲,勿吉、吐谷渾、宕昌、陰平、契丹、庫莫奚、高麗、鄧至等國並遣使朝貢。

《北史》卷三《魏本紀第三》頁一一一

公元四七七至四九九年　北魏孝文帝太和年間

回族叔(封)軌,字廣度。……先是,契丹虜掠邊民六十餘口,又爲高麗擁掠東歸。軌具聞其狀,移書徵之,雲悉資給遣還。有司奏軌遠使絶域,不辱朝命,權宜曉慰,邊民來蘇,宜加爵賞。世宗詔曰:"權宜徵口,使人常體,但光揚有稱,宜賞一階。"轉考功郎中,除本郡中正。

《魏書》卷三十二《列傳第二十·封懿》頁七六四至七六五

公元五〇七年　北魏宣武帝正始四年

秋八月辛卯,契丹國遣使朝獻。己亥,中山王英、齊王蕭寶夤坐鍾離敗退,並除名爲民。

《魏書》卷八《世宗紀第八》頁二〇四

公元五〇八年　北魏宣武帝永平元年

秋七月辛卯,高車、契丹、汗畔、罽賓諸國並遣使朝獻。

《魏書》卷八《世宗紀第八》頁二〇六

公元五〇九年　北魏宣武帝永平二年

秋七月癸未,契丹國遣使朝獻。

《魏書》卷八《世宗紀第八》頁二〇八

公元五一〇年　北魏宣武帝永平三年

六月壬寅,詔重求遺書於天下。丁卯,名皇子曰詡。閏月己亥,吐谷渾、高麗、契丹諸國各遣使朝貢。

《魏書》卷八《世宗紀第八》頁二〇九

公元五一一年　北魏宣武帝永平四年

秋七月辛酉,吐谷渾、契丹國並遣使朝獻。

《魏書》卷八《世宗紀第八》頁二一一

公元五一二年　北魏宣武帝延昌元年

秋七月,吐谷渾、契丹國並遣朝獻。八月壬戌,吐谷渾國遣使朝貢。丁亥,勿吉國貢楛矢。

《魏書》卷八《世宗紀第八》頁二一二

公元五一三年　　北魏宣武帝延昌二年

八月……庚戌,嚈噠、于闐、槃陁及契丹、庫莫奚諸國並遣使朝獻。

《魏書》卷八《世宗紀第八》頁二一三

公元五一四年　　北魏宣武帝延昌三年

九月,吐谷渾、契丹、勿吉諸國並遣使朝貢。

《魏書》卷八《世宗紀第八》頁二一四

公元五一五年　　北魏宣武帝延昌四年

九月……庚申,高昌、庫莫奚、契丹諸國並遣使朝獻。

《魏書》卷九《肅宗紀第九》頁二二三

公元五一七年　　北魏孝明帝熙平二年

二月庚子,契丹、鄧至、宕昌諸國並遣使朝獻。丁未,封御史中尉元匡爲東平王。三月甲戌,吐谷渾國遣使朝獻。

《魏書》卷九《肅宗紀第九》頁二二五

八月……己酉,契丹國遣使朝貢。

《魏書》卷九《肅宗紀第九》頁二二六

……君諱敬邕,博陵安平人也。……永平初,聖主以遼海戎夷，宣化佇賢，肅慎契丹，必也綏接，於是除君持節營州刺史，將軍如故。君軒鑣始邁，聲猷以先，麾蓋踐疆，而溫膏均被，於是殊俗知仁，荒嵎識澤，惠液途於迺遘，德潤潭於邊服。延昌四年，以君清政懷柔，宣風自遠，徵君爲征虜將軍太中大夫。方授美任，而君嬰疾連歲。遂以熙平二年十一月廿一日卒於位。縉紳痛惜，姻舊鹹酸，依君績行，蒙賜左將軍濟州刺史，加謚曰貞，禮也。孤息伯茂，銜哀在疚，摧號罔斷，泣庭訓之崩沉，淚松楊之以樹，洞抽絕其何言，刊遺德於泉路。其辭曰：

綿哉遐胄，帝炎之緒，爰曆姬初，祖唯尚父。曰周曰漢，榮光繼武，邁德傳輝，儒賢代舉。於穆叡考，誕質含靈，秉仁岳峻，動智淵明。育善以和，獎幹以貞，響發邦丘，翼起槐庭。慶鍾盛世，皇澤遠融，入參彝叙，出佐邊戎。謀成轅幕，績著軍功，爲城飆偃，蠢境懷風。王恩流賞，作捍東荒，惠沾海服，愛洽遼鄉。天□方渥，簡爵唯良，如何倉昊，國寶淪光。白楊晦以籠雲，松區杳而煙邃，藐□叫其崩怨，親賓□而垂淚，仰層穹而摧號，痛尊靈之長秘，志遺德兮何陳，篆幽石兮深隧。嗚呼哀哉。①

《漢魏南北朝墓誌集釋》下·卷五《魏故持節龍驤將軍督營州諸軍事營州刺史征虜將軍太中大夫臨青男崔公之墓誌銘》頁二二三

---

① 因墓主崔敬邕"熙平二年十一月廿一日卒於位"，故此墓誌置於此年下。

公元五二四年　北魏孝明帝正光五年

十有二月壬辰,詔太傅、京兆王繼爲太師、大將軍,率諸將討之。嘌噠、契丹、地豆于、庫莫奚諸國並遣使朝貢。

　　　　　《魏書》卷九《肅宗紀第九》頁二三八

（正光）五年……是歲,嘌噠、契丹、地豆于、庫莫奚等國並遣使朝貢。

　　　　　《北史》卷四《魏本紀第四》頁一五一

公元五三二年　北魏孝明帝太昌元年

六月癸亥朔,帝於華林園納訟。丙寅,蠕蠕、嘌噠、高麗、契丹、庫莫奚國並遣使朝貢。

　　　　　《魏書》卷十一《廢出三帝紀第十一·出帝》頁二八三

六月……己卯,帝臨顯陽殿納訟。乙酉,高麗、契丹、庫莫奚國遣使朝貢。丙戌,以前驃騎大將軍、開府儀同三司斛斯椿還爲前官。

　　　　　《魏書》卷十一《廢出三帝紀第十一·出帝》頁二八四

公元五三二年　北魏孝武帝永熙元年

永熙元年……是歲,蠕蠕、嘌噠、高麗、契丹、庫莫奚、高昌等國並遣使朝貢。

　　　　　《北史》卷五《魏本紀第五》頁一七一

公元五三二年　北魏孝武帝永興元年

海夷馮跋,字文起,小名乞直伐,本出長樂信都……太宗初,雲爲左右所殺,跋乃自立爲燕王,置百官,號年太平,于時永興元年也。跋撫納契丹等諸落,頗來附之。

《魏書》卷九十七《列傳第八十五·海夷馮跋》頁二一二六

于時永興元年也。……跋撫納契丹等,諸落頗來附之。

《北史》卷九十三《列傳第八十一·北燕馮氏馮跋》頁三〇七八

公元五三四年　北魏孝武帝永熙三年

夏四月戊午,契丹國遣使朝貢。

《魏書》卷十一《廢出三帝紀第十一·出帝》頁二八九

(永熙)三年是夏,契丹、高麗、吐谷渾並遣使朝貢。

《北史》卷五《魏本紀第五》頁一七三

公元五三五年　東魏孝静帝天平二年

是春,高麗、契丹並遣使朝貢。

《魏書》卷十二《孝静紀第十二》頁二九九

(天平)二年是春,高麗、契丹並遣使朝貢。

《北史》卷五《魏本紀第五》頁一八五

公元五四四年 東魏孝静帝武定二年

失韋國,在勿吉北千里,去洛六千里。路出和龍北千餘里,入契丹國,又北行十日至啜水, ……國土下濕,語與庫莫奚、契丹、豆莫婁國同。……武定二年四月,始遣使張焉豆伐等獻其方物,迄武定末,貢使相尋。

《魏書》卷一百《列傳第八十八‧失韋》頁二二二一

室韋國在勿吉北千里,去洛陽六千里。"室"或爲"失",蓋契丹之類,其南者爲契丹,在北者號爲失韋。路出和龍北千餘里,入契丹國, ……國土下濕,語與庫莫奚、契丹、豆莫婁國同。……

南室韋在契丹北三千里,土地卑濕,至夏則移向北。……其俗,丈夫皆被髮,婦女盤髮,衣服與契丹同。

《北史》卷九十四《列傳第八十二‧室韋》頁三一二九、三一三〇

公元五五〇年 東魏孝静帝武定八年

正月……甲戌,地豆于、契丹國並遣使朝貢。

《魏書》卷十二《孝静紀第十二》頁三一二

(武定)八年……正月……甲戌,地豆干、契丹並遣使朝貢。

《北史》卷五《魏本紀第五》頁一九五

公元五五〇年　北齊文宣帝天保元年

綦連猛，字武兒，代人也……天保元年，除都督、東秦州刺史，別封雍州京兆郡覆城縣開國男。[一二]從顯祖討契丹，大獲户口。

【校勘記】

〔一二〕別封雍州京兆郡覆城縣開國男　按《魏書》卷一〇六《地形志》下京兆郡無“覆城縣”，當是霸城縣之訛。

《北齊書》卷四十一《列傳第三十三·綦連猛》頁五三九至五四〇、五五〇

公元五五一年　北齊文宣帝天保二年

元斌，字善集，祖魏獻文皇帝。……斌少襲祖爵，歷位侍中、尚書左僕射。斌美儀貌，性寬和，居官重慎，頗爲齊文襄愛賞。齊天保初，准例降爵，爲高陽縣公，拜右光禄大夫。二年，從文宣討契丹還，至白狼河，[四]以罪賜死。

【校勘記】

〔四〕至白狼河　諸本“狼”作“浪”。《北史》卷一九《元斌傳》（附《高陽王雍傳》）作“狼”。按白狼水見《水經注》卷一四大遼水注，云“水出右北平白狼縣東南”。“浪”字訛，今據改。

《北齊書》卷二十八《列傳第二十·元斌》頁三八四、三八九

斌字善集，歷位侍中、尚書左僕射。斌美儀貌，性寬和，

居官重慎,頗爲齊文襄愛賞。齊天保初,準例降爵爲高陽縣公,拜右光禄大夫。(天保)二年,從文宣討契丹,還至白狼河,以罪賜死。〔二〇〕

【校勘記】

〔二〇〕二年從文宣討契丹還至白狼河以罪賜死　按《北齊書》卷四《文宣紀》天保二年無"討契丹"事,天保四年九月"北討契丹","至白狼城"。疑此"二年"爲"四年"之誤。

《北史》卷十九《列傳第七・元斌》頁七〇一、七二三

公元五五二年　　北齊文宣帝天保三年

二月……辛丑,契丹遣使朝貢。

《北齊書》卷四《帝紀第四・文宣》頁五六

三年(二月)辛丑……契丹遣使朝貢。三月戊子,詔清河王岳、司徒潘相樂、行臺辛術帥師南伐。

《北史》卷七《齊本紀中第七》頁二四九

公元五五三年　　梁元帝承聖二年　　北齊文宣帝天保四年

九月,契丹犯塞。壬午,帝北巡冀、定、幽、安,仍北討契丹。

冬十月丁酉,帝至平州,遂從西道趣長塹。詔司徒潘相樂率精騎五千自東道趣青山。辛丑,至白狼城。壬寅,經昌黎城。復詔安德王韓軌率精騎四千東趣,斷契丹走路。癸卯,至陽師水,倍道兼行,掩襲契丹。甲辰,帝親踰山嶺,爲士卒先,指麾奮擊,大破之,虜獲十萬餘口、雜畜數十萬頭。樂

又於青山大破契丹別部。所虜生口皆分置諸州。

《北齊書》卷四《帝紀第四・文宣》頁五七

皮景和，琅邪下邳人也……天保初，授假節、通州刺史，封永寧縣開國子。後從襲庫莫奚，加左右大都督。又從度黃龍，征契丹，定稽胡。尋從討茹茹主庵羅辰於陘北，又從平茹茹餘燼。景和趫捷，有武用，每有戰功。

《北齊書》卷四十一《列傳第三十三・皮景和》頁五三六
至五三七

元景安，魏昭成五世孫也……天保初，加征西將軍，別封興勢縣開國伯，帶定襄縣令，賜姓高氏。三年，從破庫莫奚於代川，轉領左右大都督，餘官並如故。四年，從討契丹於黃龍，領北平太守。

《北齊書》卷四十一《列傳第三十三・元景安》頁五四二

（天保）四年……二月，送蠕蠕鐵伐父登注及子庫提還北。鐵伐尋爲契丹所殺，國人復立登注爲主，仍爲其大人阿富提等所殺，國人復立庫提爲主。

……

秋，北巡冀、定、幽、安，仍北討契丹。冬十月丁酉，車駕至平州，遂西道趣長壍。甲辰，帝步踰山嶺，爲士卒先，指麾奮擊，大破契丹。是行也，帝露頭袒身，晝夜不息，行千餘里，唯食肉飲水，氣色彌厲。

《北史》卷七《齊本紀中第七》頁二五〇

天保初，授通州刺史，封永寧縣子。景和趫捷，有武用，從襲庫莫奚，度黄龍，征契丹，定稽胡，討蠕蠕，每有戰功。

　　《北史》卷五十三《列傳第四十一·皮景和傳》頁一九二五

阿那肱初爲庫直，每從征討，以功封直城縣男。天保初，除庫直都督。四年，從破契丹及蠕蠕，以蹻捷見知。

　　《北史》卷九十二《列傳第八十·高阿那肱》頁三○四九

（天保）四年，齊文宣送登注及子庫提還北。鐵伐尋爲契丹所殺，其國人仍立登注爲主。

　　《北史》卷九十八《列傳第八十六·蠕蠕》頁三二六六

（天保）四年，契丹犯塞，文宣帝親御六軍以擊之。

　　《隋書》卷二十三《志第十八·五行下》頁六六九

（二月）齊主送柔然可汗鐵伐之父登注及兄庫提還其國。登注等奔齊見上卷上年。可，從刊入聲。汗，音寒。鐵伐尋爲契丹所殺，契，欺訖翻，又音喫。國人立登注爲可汗。登注復爲其大人阿富提所殺，復，扶又翻。國人立庫提。

　　《資治通鑑》卷一百六十五《梁紀二十一·元帝承聖二年》頁五○九七

（九月庚午）契丹寇齊邊。契，欺訖翻。壬午，齊主北巡冀、定、幽、安，冀、定、幽、安，四州名。遂伐契丹。

　　《資治通鑑》卷一百六十五《梁紀二十一·元帝承聖二

《年》頁五一〇五

　　冬,十月,丁酉,齊主至平州,從西道趣長塹,曹操征烏桓,出盧龍塞,塹山堙谷五百餘里,後人因謂之長塹。趣,七喻翻。塹,七艷翻。使司徒潘相樂帥精騎五千自東道趣青山。辛丑,至白狼城;壬寅,至昌黎城,使安德王韓軌帥精騎四千東斷契丹走路;魏收《地形志》:營州統內建德郡治白狼城。中興初,分樂陵置安德郡,治般縣。帥,讀曰率。騎,奇寄翻。癸卯,至陽師水,《唐志》:貞觀三年,以契丹、室韋部落置師州及陽師縣於營州之廢陽師鎮,即此。倍道兼行,掩襲契丹。齊主露髻肉袒,晝夜不息,行千餘里,踰越山嶺,爲士卒先,唯食肉飲水,壯氣彌厲。甲辰,與契丹遇,奮擊,大破之,虜獲十餘萬口,雜畜數百萬頭。畜,許救翻。潘相樂又於青山破契丹別部。丁未,齊主還至營州。

　　《資治通鑑》卷一百六十五《梁紀二十一·元帝承聖二年》頁五一〇五至五一〇六

公元五五四年　　北齊文宣帝天保五年

五月丁亥,地豆干、契丹等國並遣使朝貢。

　　　　　　《北齊書》卷四《帝紀第四·文宣》頁五八

（天保）五年……五月丁亥,地豆干、契丹並遣使朝貢。

　　　　　　《北史》卷七《齊本紀中第七》頁二五一

公元五五五年　　梁敬帝紹泰元年

俟斤一名燕都,狀貌奇異,面廣尺餘,其色赤甚,眼若瑠璃，剛暴，勇而多知，務於征伐。乃率兵擊鄧叔子，破之。叔子以其餘燼奔西魏。俟斤又西破嚈噠，東走契丹，北并契骨，威服塞外諸國。

　　《北史》卷九十九《列傳第八十七‧突厥》頁三二八七

　　其後（庫莫奚）種類漸多，……隨逐水草，頗同突厥。有阿會氏，五部中最盛，諸部皆歸之。每與契丹相攻擊，虜獲財畜，因遺使貢方物。

　　《北史》卷九十四《列傳第八十二‧庫莫奚》頁三一二七

　　庫莫奚，鮮卑之別種也。其先爲慕容晃所破，竄於松漠之間。後種類漸多，……役屬於突厥，而數與契丹相攻。虜獲財畜，因而行賞。

　　《周書》卷四十九《列傳第四十一‧異域上‧庫莫奚》頁八九九

　　俟斤又西破嚈噠，[八]東走契丹，北并契骨，威服塞外諸國。

【校勘記】

　　〔八〕嚈噠　《魏書》卷一〇二、《北史》本傳、《通典》卷一九七“嚈”作“嚈”，《魏書》目錄作“厭”。《隋書》卷八三作“悒怛”，都是譯音之異，今後不再出校勘記。

　　《周書》卷五十《列傳第四十二‧異域下‧突厥》頁九〇九

木杆勇而多智,遂擊茹茹,滅之,西破挹怛,東走契丹,北
方戎狄悉歸之,抗衡中夏。

《隋書》卷八十四《列傳第四十九·北狄·突厥》頁
一八六四

突厥木杆可汗擊柔然鄧叔子,滅之,厥,九勿翻。杆,公旦翻。
可,從刊入聲。汗,音寒。叔子收其餘燼奔魏。木杆西破嚈噠,嚈,
益涉翻。噠,當割翻,又宅軋翻。東走契丹,北并契骨,契骨,即唐之結
骨。《唐書》曰:黠戞斯,古堅昆國,或曰居勿,或曰結骨。蓋堅昆語訛爲結骨,
稍號紇骨,亦曰紇扢斯。契丹,欺訖翻,又音喫。契骨,苦結翻。威服塞外
諸國。

《資治通鑑》卷一百六十六《梁紀二十二·敬帝紹泰元
年》頁五一四〇

公元五五六年　南朝梁敬帝太平元年
北齊文宣帝天保七年

冬十月丙戌,契丹遣使朝貢。

《北齊書》卷四《帝紀第四·文宣》頁六二

(天保)七年……是歲,庫莫奚、契丹遣使朝貢。

《北史》卷七《齊本紀中第七》頁二五三

(天保)七年……是歲,庫莫奚、契丹遣使朝貢。

《通志》卷十六《北齊紀十六·顯祖文宣皇帝》頁
三一六中

公元五六三年　南朝陳文帝天嘉四年
北齊武成帝河清二年

是歲,室韋、庫莫奚、靺羯、契丹並遣使朝貢。

【校勘記】

〔一〕北齊書卷七　按此卷原缺,後人以《北史》卷八《齊紀》下《武成紀》補。

《北齊書》卷七[一]《帝紀第七·武成》頁九二、九五

（河清）二年……是歲,室韋、庫莫奚、靺鞨、契丹並遣使朝貢。

《北史》卷八《齊本紀下第八》頁二八三至二八四

是歲,室韋、庫莫奚、靺羯、契丹並遣使朝貢。

《通志》卷十六《北齊紀十六·世祖武成皇帝》頁三二一下

公元五六五年　南朝陳文帝天嘉六年
北齊武成帝河清四年　北齊後主天統元年

天統元年……是歲,高麗、契丹、靺鞨並遣使朝貢。

【校勘記】

〔一〕北齊書卷八　按此卷原缺,後人以《北史》卷八《齊紀》下《後主紀》補。三朝本卷末有宋人校語“此卷與《北史》同”。

《北齊書》卷八[一]《帝紀第八·後主》頁九七至九八、一一七

天統元年……是歲，高麗、契丹、靺鞨並遣使朝貢。

　　　　《北史》卷八《齊本紀下第八》頁二八七

天統元年……是歲，高麗、契丹、靺鞨並遣使朝貢。

《通志》卷十六《北齊紀十六·後主》頁三二二中至三二二下

公元五六八年　南朝陳廢帝光大二年
北齊後主天統四年

（天統四年）是歲契丹、靺鞨國並遣使朝貢。

【校勘記】

〔一〕北齊書卷八　按此卷原缺，後人以《北史》卷八《齊紀》下《後主紀》補。三朝本卷末有宋人校語“此卷與《北史》同”。

《北齊書》卷八〔一〕《帝紀第八·後主》頁一〇二、一一七

（天統四年）是歲，契丹、靺鞨國並遣使朝貢。

　　　　　《北史》卷八《齊本紀第八》頁二九〇

（天統四年）是歲，契丹、靺鞨國並遣使朝貢。

　　　《通志》卷十六《北齊紀十六·後主》頁三二三中

公元五七七年　南朝陳宣帝太建九年
北齊少帝承光元年　北周武帝建德六年

周師將至鄴，幽州行臺潘子晃徵黃龍兵，保寧率驍銳并

契丹、靺羯萬餘騎將赴救。

　　《北齊書》卷四十一《列傳第三十三·高保寧》頁五四七

　　周師將至鄴,幽州行臺潘子晃徵黃龍兵,寶寧率驍銳幷契丹、靺羯萬餘騎將赴救。

　　《册府元龜》卷三七二《將帥部·忠三》頁四四二九下

公元五八一年　南朝陳宣帝太建十三年
隋文帝開皇元年

　　上省表大悅,因召與語。晟復口陳形勢,手畫山川,寫其虛實,皆如指掌。上深嗟異,皆納用焉。因遣太僕元暉出伊吾道,使詣玷厥,賜以狼頭纛,謬爲欽敬,禮數甚優。玷厥使來,引居攝圖使上。反間既行,果相猜貳。授晟車騎將軍,出黃龍道,齎幣賜奚、霫、契丹等,遣爲嚮導,得至處羅侯所,深布心腹,誘令內附。

　　《隋書》卷五十一《列傳第十六·長孫晟》頁一三三一

　　上省表大悅,因召與語。晟口陳形勢,手畫山川,寫其虛實,皆如指掌。上深嗟異,皆納用焉。因遣太僕元暉出伊吾道,使詣玷厥,賜以狼頭纛,謬爲欽敬。玷厥使來,引居攝圖使上。反間既行,果相猜貳。授晟車騎將軍,出黃龍道,齎幣賜奚、霫、契丹等,遣爲鄉導,得至處羅侯所,深布心腹,誘令內附。

　　《北史》卷二十二《列傳第十·長孫晟》頁八一八

長孫晟，爲奉車都尉。以突厥攝圖、玷厥、阿波、突利等各握强兵，上書和同，難以力征，易可離間，因上書陳突厥强弱形勝，高祖皆納用焉。因遣太僕元暉出伊吾道，使詣玷厥，賜以狼頭纛，謬爲欽敬，禮數甚優。玷厥使來，引居攝圖使上。反間既行，果相猜貳。授車騎將軍，出黃龍道，齎幣賜奚、霫、契丹等，遣爲鄉道，得至處羅侯所，深布心腹，誘令內附。

　　《册府元龜》卷四一一《將帥部・間諜》頁四八八七上

　　七年二月，發丁男十萬餘脩築長城，二旬而罷。日前周宣帝時，突厥攝圖請婚于周帝，遣長孫晟副汝南公宇文神慶送千金公主于其牙。攝圖弟處羅侯號突利設，尤得衆心，而爲攝圖所忌，密託心腹，陰與晟盟。晟與之遊，因察山川形勢、部衆强弱，皆盡知之。時高祖作相，晟以狀白高祖，高祖大喜，遷車都尉。開皇元年，攝圖曰："我，周家親也，今隋公自立而不能制，復何面目見可賀敦乎？"因與高寶寧攻陷臨渝鎮，約諸面部落，謀共南侵。高祖新立，縣是大懼，脩築長城，發兵屯北境，命陰壽道幽州虞慶則鎮并州，屯兵數萬人，以爲之備。晟先知攝圖、玷厥、阿波突利等叔侄兄弟各統强兵，俱號可汗，分居四面，內懷猜忌，外示和同，難以力征，易可離間，因上表。高祖大悅，因召與語。晟口陳形勢，手畫山川，寫其虛實，皆如指掌。帝深嗟異，皆納用焉。因遣大僕元暉出伊吾道，使詣玷厥，賜以狼頭纛，謬爲欽敬，禮數甚優。玷厥使表，引居攝圖，使上反間。既行，果相猜貳。晟車騎將軍出黃龍道，齎幣賜奚、霫、契丹等，遣爲鄉導，得至處羅侯所，深布心腹，誘令內附。

　　《册府元龜》卷九九〇《外臣部・備禦三》頁一一六三一下至一一六三二上

　　初，奉車都尉長孫晟送千金公主入突厥，長、知兩翻。晟，成正翻。突厥可汗愛其善射，留之竟歲，命諸子弟貴人與之親友，冀得其射法。沙鉢略弟處羅侯，號突利設，尤得衆心，爲沙鉢略所忌，密託心腹陰與晟盟。晟與之遊獵，因察山川形勢，部衆强弱，靡不知之。

　　及突厥入寇，晟上書曰："今諸夏雖安，上，時掌翻。夏，户雅翻。戎虜尚梗，興師致討，未是其時，棄於度外，又相侵擾，此二語明指出當時利病。今人多上書言時事，滕口説耳。故宜密運籌策，有以攘之。此下方是晟獻策。玷厥之於攝圖，兵强而位下，外名相屬，内隙已彰；鼓動其情，必將自戰。又，處羅侯者，攝圖之弟，姦多勢弱，言其心多姦巧而形勢甚弱。曲取衆心，國人愛之，因爲攝圖所忌，其心殊不自安，迹示彌縫，實懷疑懼。又，阿波首鼠，介在其間，《漢書》：首鼠兩端。頗畏攝圖，受其牽率，《左傳》：牽率老夫。唯强是與，未有定心。今宜遠交而近攻，《史記》范睢説秦王之言。離强而合弱。通使玷厥，説合阿波，使，疏吏翻。説，輸芮翻。今人言説合二字，説，音如字；合，音閤。則攝圖迴兵，自防右地。右地，突厥西面地也。又引處羅，遣連奚、霫，奚，庫莫奚。霫，又一種。霫，音習。則攝圖分衆，還備左方。左方，突厥東面地也。首尾猜嫌，腹心離阻，十數年後，乘釁討之，釁，許覲翻。必可一舉而空其國矣。"帝省表，大悦，省，悉景翻。因召與語。晟復口陳形勢，復，扶又翻。手畫山川，寫其虚實，皆如指掌，帝深嗟異，皆納用之。遣太僕元暉出伊吾道，詣達頭，賜以狼頭纛。太僕，太僕卿也。伊吾，即漢伊吾盧之地。突厥之先，狼種也，子孫爲君長，牙門建狼頭纛，示不忘本也。纛，徒到翻。達頭使來，引居沙鉢略使上。使，疏吏翻。以晟爲車騎將軍，出黄龍道，黄龍，即和龍，今黄龍府即其地，時爲高寶寧所據。騎，奇寄翻。齎幣賜奚、霫、契丹，奚，本曰庫莫奚，東部胡之種也。爲慕容氏所破，遺落竄匿松漠之間，後稍强盛。霫，匈奴之別種也，居潢水北。契丹之先，與奚同種而異類，並爲慕容氏所破，俱竄松漠之間。其後稍大，居黃龍之北數百里。契，欺訖翻，又音喫。齎，則分翻。遣爲鄉導，鄉，讀曰嚮。得至處羅侯所，深布心腹，誘之內附。誘，音酉。反間既行，間，古莧翻。果相猜貳。

　　《資治通鑑》卷一百七十五《陳紀九·宣帝太建十三年》頁五四五〇至五四五一

　　唐長孫晟爲奉車都尉，以突厥攝圖、玷厥、阿波、突利等各握强兵，同寇邊。晟知難以力任，可易離間，因上書陳突厥强弱形勢。高祖皆納用，乃遣大僕卿元暉出伊吾道，使詣玷厥，賜以狼頭纛，謬爲欽敬，禮甚優。玷厥使來，引居攝圖使上。反間既行，果相猜貳。授晟車騎將軍，出黃龍道，齎幣賜奚霫契丹等，遣爲鄉導，得至處羅侯所，深布心腹，誘令內附。

　　《武經總要·後集》卷一《故事一·用間》頁三六四

　　上省表大悅，因召與語。晟復口陳形勢，手畫山川，寫其虛實，如指諸掌。上深嗟異，皆納用焉。因遣太僕元暉出伊吾道，使詣玷厥，賜以狼頭纛，謬爲欽敬。玷厥使來，引居攝圖使上。反間既行，果相猜貳。授晟車騎將軍，出黃龍道，齎幣賜奚、霫、契丹等，遣爲鄉導，得至處羅侯所，深布心腹，誘令內附。

　　《通志》卷一百六十《列傳七十三·隋·長孫晟》頁二五九八中

公元五八二年　南朝陳宣帝太建十四年
隋文帝開皇二年

　　沙鉢略勇而得衆,北夷皆歸附之……由是悉衆爲寇,控弦之士四十萬。上令柱國馮昱屯乙弗泊,蘭州總管叱李長叉守臨洮,上柱國李崇屯幽州,達奚長儒據周槃,皆爲虜所敗。於是縱兵自木硤、石門兩道來寇,武威、天水、安定、金城、上郡、弘化、延安六畜咸盡。天子震怒,下詔曰……突厥之北,契丹之徒,[三]切齒磨牙,常伺其便。

　　【校勘記】

　　〔三〕契丹　《北史·突厥傳》作"契骨"。

　　《隋書》卷八十四《列傳第四十九·北狄·突厥》頁一八六五至一八六六、一八八五

　　沙鉢略勇而得衆,北夷皆歸附之……由是悉衆來寇,控弦士四十萬。上令柱國馮昱屯乙弗泊,蘭州總管叱李〔長叉守臨洮,上柱國李〕崇屯幽州,[二四]達奚長儒據周槃,皆爲虜敗。於是縱兵自木硤、石門兩道來寇,武威、天水、安定、金城、上郡、弘化、延安六畜咸盡。天子震怒,下詔曰……突厥之北,契骨之徒,切齒磨牙,常伺其後。

　　【校勘記】

　　〔二四〕蘭州總管叱李〔長叉守臨洮上柱國李〕崇屯幽州　諸本無"長叉守臨洮,上柱國李"九字,《隋書》有。按《隋書》卷一《高祖紀》開皇二年六月云:"以叱李長叉爲蘭州總管。"又《李崇傳》見《隋書》卷三七。

《北史》卷九十九《列傳第八十七·突厥》頁三二九一至
三二九二、三三〇七

十一月，突厥沙鉢悉衆爲寇，縱兵自木硤、石門兩道來
寇，武威、天水、安定、金城、上郡、弘化、延安六畜咸盡。帝赫
怒，下詔曰……突厥之北，契丹之徒，切齒磨牙，常伺其便。

《册府元龜》卷九八四《外臣部·征討三》頁一一五六〇
下至一一五六一上

沙鉢略勇而得衆，北夷皆歸附之……沙鉢略悉衆入寇，
控弦之士四十餘萬。上令柱國馮昱屯乙弗泊，蘭州總管叱李
崇屯幽州，行軍總管達奚長儒據周槃，皆爲所敗。於是沙鉢
略縱兵自木硤、石門兩道來寇，武威、天水、安定、金城、上郡、
弘化、延安六畜咸盡。

《通志》卷二百《四夷七·突厥》頁三二一〇下

公元五八三年　南朝陳長城公至德元年
隋文帝開皇三年

開皇三年，除幽州總管。突厥犯塞，崇輒破之。奚、霤、
契丹等懾其威略，爭來內附。

《隋書》卷三十七《列傳第二·李穆附李崇》頁一一二三

高祖爲丞相，遂連結契丹、靺鞨舉兵反。高祖以中原多
故，未遑進討，以書喻之而不得。開皇初，又引突厥攻圍北
平。至是，令壽率步騎數萬，出盧龍塞以討之。寶寧求救於

突厥。時衛王爽等諸將數道北征,突厥不能援。寶寧棄城奔
于磧北,黄龍諸縣悉平。壽班師,留開府成道昂鎮之。寶寧
遣其子僧伽率輕騎掠城下而去。尋引契丹、靺鞨之衆來攻,
道昂苦戰連日乃退。壽患之,於是重購寶寧,又遣人陰間其
所親任者趙世模、王威等。月餘,世模率其衆降,寶寧復走契
丹,爲其麾下趙修羅所殺,北邊遂安。

　　《隋書》卷三十九《列傳第四·陰壽》頁一一四八

　　其國西北與契丹相接,每相劫掠。後因其使來,高祖誡
之曰:"我憐念契丹與爾無異,宜各守土境,豈不安樂?何爲
輒相攻擊,甚乖我意!"使者謝罪。

　　《隋書》卷八十一《列傳第四十六·東夷·靺鞨》頁一八二二

　　開皇三年,除幽州總管。突厥犯塞,崇輒破之。奚、霤、
契丹等讋其威略,争來内附。

　　《北史》卷五十九《列傳第四十七·李賢附李崇》頁
二一〇九

　　及文帝爲丞相,遂連契丹、靺鞨舉兵反。帝以中原多故,
未遑進討,諭之不下。開皇初,又引突厥攻圍北平。至是,令
壽討之。寶寧棄城奔于磧北,黄龍諸縣悉平。壽班師,留開
府成道昂鎮之。壽患寶寧攻道昂,乃重購獲之,北邊遂安。

　　《北史》卷七十三《列傳第六十一·陰壽》頁二五三四

　　隋開皇初,相率遣使貢獻。文帝詔其使曰:"朕聞彼土人

勇,今來實副朕懷。視爾等如子,爾宜敬朕如父。"對曰:"臣
等僻處一方,聞内國有聖人,故來朝拜。既親奉聖顔,願長爲
奴僕。"其國西北與契丹接,每相劫掠。後因其使來,文帝誡
之,使勿相攻擊。

　　《北史》卷九十四《列傳第八十二・勿吉》頁三一二五

　　李崇爲幽州總管,突厥犯塞,崇輒破之。奚、霫、契丹等
懾其威略,争來内附。

　　《册府元龜》卷三九三《將帥部・威名二》頁四六六〇下

　　李崇爲幽州總管,突厥犯塞,崇輒破之。奚、霫、契丹等
懾其威略,争來内附。

　　《册府元龜》卷四二九《將帥部・守邊》頁五一一〇上

　　高祖爲丞相,遂連結契丹、靺鞨舉兵反。高祖以中原多
故,未遑進討,以書諭之而不得。開皇初,又引突厥攻圍北
平。至是,令壽率步騎數萬出盧龍塞以討之。寶寧求救於突
厥。時衛王爽等諸將數道北征,突厥不能援,寶寧棄城奔於
磧北,黄龍諸縣悉平。

　　《册府元龜》卷三五七《將帥部・立功一〇》頁四二
三〇下

　　高祖爲丞相,壽以行軍總管鎮幽州,即拜幽州總管。時
有高寶寧者,齊氏之疏屬也,周武帝拜爲營州刺史,連結契
丹、靺鞨舉兵反。壽遣人陰間其所親任者,寶寧爲其麾下所

殺，北邊遂安。

　　《册府元龜》卷三八三《將帥部·褒異九》頁四五五二下

　　隋陰壽爲幽州總管，寶寧舉兵反，壽討之。寶寧奔磧北，壽班師，留開府成道昂鎮之。寶寧遣其子僧迦率輕騎，掠城下而去，尋引契丹、靺鞨之衆來攻道昂，苦戰連日乃退。壽患之，於是重賕寶寧，又遣人陰間其所親任者趙世謨、王威等。月餘，世謨率其衆降。寶寧復走契丹，爲其麾下趙修羅所殺。北邊遂安。

　　《武經總要·後集》卷一《故事一·用間》頁三六四

　　幽州總管陰壽帥步騎十【章：十二行本“十”作“數”；乙十一行本同；孔本同。】萬出盧龍塞，擊高寶寧。寶寧求救於突厥，突厥方禦隋師，不能救。庚辰，寶寧棄城奔磧北，磧，七迹翻。和龍諸縣悉平。壽設重賞以購寶寧，又遣人離其腹心；寶寧奔契丹，爲其麾下所殺。高寶寧自齊末據和龍，至是敗滅。契，欺訖翻，又音契。

　　《資治通鑑》卷一百七十五《陳紀九·長城公至德元年》頁五四六三

　　開皇三年，除幽州總管。突厥犯塞，崇輒破之。奚、霫、契丹等讋其威略，爭來内附。

　　《通志》卷一百六十《列傳七十三·李穆附李崇》頁二五九六下

　　及高祖作相，遂連結契丹、靺鞨舉兵反。帝以中原多故，

未遑進討,論之不下。開皇初,又引突厥攻圍北平。至是,令
壽討之。寶寧棄城奔于磧北,黃龍諸縣悉平。壽班師,留開
府成道昂鎮之。壽患寶寧攻道昂,乃重購之。未行間,寶寧
果爲其下所殺,北邊遂安。

　　《通志》卷一百六十一《列傳七十四·隋·陰壽》頁二六
一二下

　　隋開皇初,相率遣使貢獻。文帝詔其使曰:"朕聞彼土人
勇,今來實副朕懷。視爾等如子,爾宜敬朕如父。" 對曰:"臣
等僻處一方,聞内國有聖人,故來朝拜。既親奉聖顏,願長爲
奴僕。" 其國西北與契丹接,每相劫掠。後因其使來,文帝誡
之,使勿相攻擊。使者謝罪。

　　《文獻通考》卷三百二十六《四裔三·勿吉》頁二五六六下

公元五八四年　南朝陳長城公至德二年
隋文帝開皇四年

五月癸酉,契丹主莫賀弗遣使請降,拜大將軍。

　　　　《隋書》卷一《帝紀第一·高祖上》頁二一

五月癸酉,契丹主莫賀弗遣使請降,拜大將軍。

　　　　《北史》卷十一《隋本紀上第十一》頁四一○

五月癸酉,契丹主莫賀弗遣使請降,拜大將軍。

　　《通志》卷十八《隋紀十八·高祖文皇帝》頁三四六上之
三四六中

（九月）庚午，契丹内附。

　　　　　《隋書》卷一《帝紀第一·高祖上》頁二二

（九月）庚午，契丹内附。

　　　　　《北史》卷十一《隋本紀上第十一》頁四一一

（九月）庚午，契丹内附。

　　　　　《通志》卷十八《隋紀十八·高祖文帝》頁三四六中

大都督韓府君（韓暨）之墓誌 [1]

　　君諱暨，字承伯，昌黎龍城人也……開皇四年，總 / 管陽洛公以東北一隅，九夷八狄，綏懷撫慰，不易其人，自非雄 / 略英謀，罕當斯冀。遂上表特奏君與北平總管府參軍事劉季 / 略往契丹國，獎導諸部。未幾，敕授都督，宣揚皇化，夷狄傾心，/ 屈膝稽顙，咸希朝賀。七年，領大將軍。契丹國大莫弗入朝，在醴 / 泉宫引客奉見，詔問東夷北狄安撫之宜，招懷利害。對答 / 天旨，文皇嘆尚，撫手咨嗟。又除帥都督，賜繒二百段。十年，以 / 君久在外蕃，頻有勞績，特敕追入朝，授大都督。恩詔慰喻，/ 朝野榮之……出塞入塞，/ 非無霜露之疲；度遼涉遼，頗犯冰河之疾。薨於遼澤，春秋五十三。

---

①根據墓誌，墓主韓暨於開皇四年（584）"往契丹國獎導諸部"，開皇七年（587）"詔問東夷北狄安撫之宜，招懷利害"，開皇十年（590）"特敕追入朝，授大都督"，死後下葬於大業八年（612）。因其出使契丹是在開皇四年（584），故將其墓誌系於此年。

《新出魏晉南北朝墓誌疏證》卷二一九《韓暨墓誌》頁
六〇一至六〇三

公元五八五年　南朝陳長城公至德三年
隋文帝開皇五年

夏四月甲午,契丹主多彌遣使貢方物。

《隋書》卷一《帝紀第一·高祖》頁二二

夏四月甲午,契丹遣使朝貢。

《北史》卷十一《隋本紀上第十一》頁四一一

夏四月甲午,契丹遣使朝貢。

《通志》卷十八《隋紀十八·高祖文帝》頁三四六中

時沙鉢略既爲達頭所困,又東畏契丹,遣使告急,請將部
落度漠南,寄居白道川内。

《隋書》卷八十四《列傳第四十九·北狄·突厥》頁一八六九

時沙鉢略既爲達頭所困,又東畏契丹,遣使告急,請將部
落度漠南,寄居白道川内。

《北史》卷九十九《列傳第八十七·突厥》頁三二九四

突厥沙鉢略既爲達頭所困,達頭資阿波以兵,使攻沙鉢略,是爲
其所困者也。又畏契丹,西既爲達頭所困,東又畏契丹見逼。契,欺訖翻,
又音喫。遣使告急於隋,請將部落度漠南,寄居白道川。欲南傍

長城下,倚隋爲援。使,疏吏翻。將,即亮翻,又如字。

《資治通鑑》卷一百七十六《陳紀十·長城公至德三年》頁五四八二

時沙鉢略既爲達頭所困,又東畏契丹,遣使告急,請將部落度漠南,寄白道川内。

《通志》卷二百《四夷七·突厥》頁三二一一上

公元五八六年　南朝陳長城公至德四年
隋文帝開皇六年

玄州　隋開皇初置,處契丹李去閭部落。

《舊唐書》卷三十九《志第十九·地理二·河北道》頁一五二二

玄州,今理静蕃縣。隋開皇初置,處契丹李去閭部落。

《太平寰宇記》卷之七十一《河北道二十·玄州》頁一四四〇

玄州城,在衛東南。隋初置州,處契丹李去閭部落。

《讀史方輿紀要》卷十八《北直九·萬全行都司·大寧衛》頁八三八

公元五九〇年　隋文帝開皇十年

(十一月)丙午,契丹遣使朝貢。

《隋書》卷二《帝紀第二·高祖下》頁三五

是歲，吐谷渾、契丹並遣使朝貢。

　　　　《北史》卷十一《隋本紀上第十一》頁四一七

是歲，吐谷渾、契丹並遣使來朝貢。

　　　　《通志》卷十八《隋紀十八·高祖文帝》頁三四七下

公元五九三年　隋文帝開皇十三年

（十三年春正月）丙午，契丹、奚、霫、室韋並遣使貢方物。

　　　　《隋書》卷二《帝紀第二·高祖下》頁三七至三八

是歲，契丹、霫、室韋、靺鞨并遣使朝貢。

　　　　《北史》卷十一《隋本紀上第十一》頁四一九

是歲，契丹、霫、室韋、靺鞨并遣使朝貢。

　　　　《通志》卷十八《隋紀十八·高祖文帝》頁三四八上

公元五九五年　隋文帝開皇十五年

（韋）冲容貌都雅，寬厚得眾心。懷撫靺鞨、契丹，皆能致其死力。奚、霫畏懼，朝貢相續。

　　　　《隋書》卷四十七《列傳第十二·韋冲》頁一二七〇

冲容貌都雅，寬厚得眾心，撫靺羯、契丹，皆能致其死力。奚、霫畏懼，朝貢相續。

　　　　《北史》卷六十四《列傳第五十二·韋冲》頁二二七五

（韋）冲容貌都雅，寬厚得衆心。撫靺鞨、契丹，皆能致其死力。奚霫畏懼，朝貢相續。

《冊府元龜》卷三九七《將帥部·懷撫》頁四七二一上

冲容貌都雅，寬厚得衆心，撫靺羯、契丹，皆能致其死力。奚、霫畏懼，朝貢相續。

《通志》卷一百六十二《列傳第七十五·隋·韋世康附韋冲》頁二六三〇上

公元五九七年　　隋文帝開皇十七年

十七年，上賜湯璽書曰：朕受天命，愛育率土，委王海隅，宣揚朝化，欲使圓首方足各遂其心。王每遣使人，歲常朝貢，雖稱藩附，誠節未盡。王既人臣，須同朕德，而乃驅逼靺鞨，固禁契丹。

《隋書》卷八十一《列傳第·東夷·高麗》頁一八一五

開皇十七年，上賜璽書，責以每遣使人，歲常朝貢，雖稱藩附，誠節未盡。驅逼靺鞨，固禁契丹。

《北史》卷九十四《列傳第八十二·高麗》頁三一一六至三一一七

十七年，賜高麗王湯璽書曰：朕受天命，愛育率土，委王海隅，宣揚朝化，欲使圓首方足，各遂其心。王每遣使人，歲常朝貢，雖稱藩附，誠節未盡。王既人臣，須同朕德，而乃驅逼靺鞨，固禁契丹。

《册府元龜》卷九九六《外臣部·責讓》頁一一六九
五下

公元六〇〇年　隋文帝開皇二十年

二十年春正月辛酉朔，上在仁壽宮。突厥、高麗、契丹並
遣使朝貢方物。

《隋書》卷二《帝紀第二·高祖下》頁四五

二十年春正月辛酉朔，突厥、高麗、契丹并遣使朝貢。

《北史》卷十一《隋本紀上第十一》頁四二三

二十年春正月辛酉朔，突厥、高麗、契丹并遣使朝貢。

《通志》卷十八《隋紀十八·高祖文帝》頁三四八下

公元六〇五年　隋煬帝大業元年

會契丹入抄營州，詔雲起護突厥兵往討契丹部落。啓民
可汗發騎二萬，受其處分。雲起分爲二十營，四道俱引，營相
去各一里，不得交雜。聞鼓聲而行，聞角聲而止，自非公使，
勿得走馬。三令五申之後，擊鼓而發，軍中有犯約者，斬紇干
一人，持首以徇。於是突厥將帥來入謁之，皆膝行股戰，莫敢
仰視。契丹本事突厥，情無猜忌，雲起既入其界，使突厥詐云
向柳城郡，欲共高麗交易，勿言營中有隋使，敢漏泄者斬之。
契丹不備。去賊營百里，詐引南度，夜復退還，去營五十里，
結陣而宿，契丹弗之知也。既明俱發，馳騎襲之，盡獲其男女
四萬口，女子及畜產以半賜突厥，餘將入朝，男子皆殺之。煬

帝大喜,集百官曰:“雲起用突厥而平契丹,行師奇譎,才兼文武,又立朝謇諤,朕今親自舉之。”擢爲治書御史。

《舊唐書》卷七十五《列傳第·韋雲起》頁二六三一至二六三二

營州西北百里曰松陘嶺,其西奚,其東契丹。距營州北四百里至湟水。營州東百八十里至燕郡城。

《新唐書》卷四十三《志第三十三下·地理七下·嶺南道》頁一一四六

會契丹寇營州,詔雲起護突厥兵討之,啓民可汗以二萬騎受節度。雲起使離爲二十屯,屯相聯絡,四道並引,令曰:“鼓而行,角而止,非公使,毋走馬。”三喻五復之。既而紇斤一人犯令,即斬以徇。於是突厥酋長入謁者,皆膝而進,莫敢仰視。始,契丹事突厥無間,且不虞雲起至。既入境,使突厥紿云詣柳城與高麗市易,敢言有隋使在者斬。契丹不疑。因引而南,過賊營百里,夜還陣,以遲明掩擊之,獲契丹男女四萬,以女子及畜產半賜突厥,男子悉殺之,以餘衆還。帝大喜,會百官於廷,曰:“起將突厥兵平契丹,以奇用師,有文武才,朕自舉之。”拜治書御史。

《新唐書》卷一百三《列傳第二十八·韋雲起》頁三九九三至三九九四

韋雲起,契丹入寇營州,詔護突厥兵往討之,啓民可汗發騎二萬,受其處分。雲起分爲二十四營,四道俱引,營相去各一里，不得交雜，聞鼓聲而行，聞角聲而止，自非公使勿得走馬。三令五申之後，擊鼓而發。軍中有犯約者，斬絞干一人，持首以徇。於是，突厥帥來入謁之，皆膝行股戰，莫敢仰視。終立功焉。

　　《武經總要·後集》卷二《故事二·法貴不犯》頁三七七

　　韋雲起討契丹，以其與突厥相通，素無猜忌。雲起既入其界，使突厥詐云："向柳城郡欲共高麗交易，勿言營中有隋使，敢漏泄者，斬。"契丹果不爲備。去其營百里，詐復南渡，夜復還去，營五十里結陣而宿。契丹弗知之也。既明，萬騎俱發襲之，盡獲其男女四萬口，女子及畜産以半賜突厥，餘將入朝，男子皆殺之。煬帝大喜，集百官曰："雲起用突厥而平契丹。"

　　《武經總要·後集》卷三《故事三·詭道》頁四〇四

　　契丹寇營州，遼西郡，置營州。契，欺訖翻，又音喫。詔通事謁者韋雲起《隋志》：帝即位，增置謁者臺，改内史省通事舍人爲謁者臺職，通事謁者員二十人，從六品。護突厥兵討之，啓民可汗發騎二萬，受其處分。厥，九勿翻。可，從刊入聲。汗，音寒。處，昌吕翻。分，扶問翻。雲起分爲二十營，四道俱引，營相去一里，不得交雜，聞鼓聲而行，聞角聲而止，自非公使，勿得走馬，公使，謂公事使之。三令五申，擊鼓而發。有絞干犯約，斬之，絞干，突厥小官。絞，下没翻。持首以徇。於是突厥將帥入謁，皆膝行股栗，莫敢仰視。將，即亮翻。帥，所類翻。契丹本事突厥，情無猜忌。雲起既入其境，使突厥詐云向柳城此古柳城也。《隋志》，遼西郡、營州，並治柳城縣，乃龍城縣。龍城本和龍城，自後魏以來,營州治焉。開皇元年,改爲龍山縣,十八年,改爲柳城。與高麗交易,敢漏泄事實者斬。契丹不爲備,去其營五十里,馳進襲之,盡獲其男女四萬口,殺其男子,以女子及畜產之半賜突厥,餘皆收之以歸。帝大喜,集百官曰:"雲起用突厥平契丹,才兼文武,朕今自舉之。"擢爲治書侍御史。治,直之翻。

《資治通鑑》卷一百八十《隋紀四·煬帝大業元年》頁五六二一至五六二二

公元六〇七年　隋煬帝大業三年

（六月）戊子,車駕頓榆林郡。時改勝州爲榆林郡。帝欲出塞耀兵,徑突厥中,指于涿郡,厥,九勿翻。時改幽州爲涿郡。恐啓民驚懼,先遣武衛將軍長孫晟諭旨。長,知兩翻。晟,承正翻。啓民奉詔,因召所部諸國奚、霫、室韋等酋長數十人咸集。霫,居鮮卑故地,保冷陘山南奧支水。室韋,契丹之類也;其南者爲契丹,其北者爲室韋。《新唐書》:室韋,蓋丁零苗裔也,地據黃龍北,傍猺越河。霫,而立翻。酋,才由翻。長,知兩翻。

《資治通鑑》卷一百八十《隋紀四·煬帝大業三年》頁五六三〇

公元六〇九年　隋煬帝大業五年

始畢可汗咄吉者,啓民可汗子也。隋大業中嗣位,值天下大亂,中國人奔之者衆。其族強盛,東自契丹、室韋,西盡吐谷渾、高昌諸國,皆臣屬焉,控弦百餘萬,北狄之盛,未之有也,高視陰山,有輕中夏之志。

《舊唐書》卷一百九十四上《列傳第一百四十四上·突

厥上》頁五一五三

隋大業之亂，始畢可汗咄吉嗣立，華人多往依之，契丹、室韋、吐谷渾、高昌皆役屬，竇建德、薛舉、劉武周、梁師都、李軌、王世充等倔起虎視，悉臣尊之。

《新唐書》卷二百一十五《列傳第一百四十上·突厥上》頁六〇二八

公元六一二年　隋煬帝大業八年

八年春正月辛巳，大軍集于涿郡。以兵部尚書段文振爲左候衛大將軍。壬午，下詔曰……在昔薄伐，已漏天網，既緩前擒之戮，未即後服之誅，曾不懷恩，翻爲長惡，乃兼契丹之黨，虔劉海戍，習鞨鞈之服，侵軼遼西。

《隋書》卷四《帝紀第四·煬帝下》頁七五至八〇

八年春正月辛巳，大軍集于涿郡。以兵部尚書段文振爲左候衛大將軍。壬午，下詔曰……在昔薄伐，已漏天網。既緩前禽之戮，未即後服之誅。曾不懷恩，翻其長惡。乃兼契丹之黨，虔劉海戍；習鞴鞑之服，侵軼遼西。

《北史》卷十二《隋本紀下第十二·煬帝》頁四五六至四六七

八年春正月辛巳，大軍集于涿郡。以兵部尚書段文振爲左候衛大將軍。壬午，詔曰……在昔薄伐，已漏天綱。既緩前禽之戮，未即後服之誅。曾不懷恩，翻爲長惡。乃兼契丹之黨,虔劉海戍;習靺鞨之服,侵軼遼西。

《册府元龜》卷一一七《帝王部·親征二》頁一三九五下
至一三九六上

二十三年春正月壬午,帝下詔曰……在昔薄伐,已漏天
網,既緩前禽之戮,未即後服之誅,曾不懷恩,翻爲長惡,乃兼
契丹之黨,處劉海戍;習靺鞨之服,侵軼遼西。

《三國史記》卷第二十《高句麗本紀第八·嬰陽王》頁
二四四

公元六一五年　隋煬帝大業十一年

十一年春正月甲午朔,大宴百僚。突厥、新羅、靺鞨、畢
大辭、訶咄、傳越、烏那曷、波臘、吐火羅、俱慮建、忽論、靺鞨、
訶多、沛汗、龜兹、疎勒、于闐、安國、曹國、何國、穆國、畢、衣
密、失范延、伽折、契丹等國並遣使朝貢。

《隋書》卷四《帝紀第四·煬帝下》頁八八

十一年春正月甲午朔,宴百僚。突厥、新羅、靺鞨、畢
大辭、訶咄、傳越、烏那曷、波臘、吐火羅、俱慮建、忽論、靺
鞨、[四二]訶多、沛汗、龜兹、疏勒、于闐、安國、曹國、何國、穆
國、畢、衣密、失範延、伽折、契丹等國,並遣使朝貢。

【校勘記】

〔四二〕靺鞨　張森楷云:"上文已見,此似重出。"按此
處國名,不能完全確定,姑且以意標斷。

《北史》卷十一《隋本紀下第十二·煬帝》頁四六五、四八二

　　十一年春正月甲午朔，宴百寮。突厥、新羅、靺鞨、畢大
辭、訶咄、傅越、烏那曷、波臘、吐火羅、俱慮建、忽論、靺鞨、訶
多、沛汗、龜兹、疏勒、于闐、安國、曹國、何國、穆國、畢、衣密、
失範延、伽折、契丹等國，並遣使朝貢。

　　　　　《通志》卷十八《隋紀十八·煬帝》頁三五三下至三五四上

公元六一七年　　隋煬帝大業十三年

　　時突厥強盛，自契丹、室韋，西盡吐谷渾、高昌，諸國皆臣
之。又恃功驕倨，每遣使至，多暴橫，帝亦優容之。

　　　　　　　《唐會要》卷九十四《北突厥》頁二〇〇〇

公元六一八年　　唐高祖武德元年

　　遼東軍資多在其所，粟帛山積，既逢離亂，景無所私焉。
及帝崩於江都，遼西太守鄧暠率兵救之，遂歸柳城。後將還
幽州，在道遇賊，見害。契丹、靺鞨素感其恩，聞之莫不流涕，
幽、燕人士于今傷惜之。

　　　　　《隋書》卷六十五《列傳第三十·李景》頁一五三一

　　遼東軍資多在其所，粟帛山積，景無所私焉。及帝崩於江
都，遼西太守鄧暠救之，遂歸柳城。將還幽州，遇賊見害。契
丹、靺鞨素感其恩，聞之莫不流涕；幽、燕人士，于今傷惜之。

　　　　　《北史》卷七十六《列傳第六十四·李景》頁二六〇五至
二六〇六

　　又煬帝令(李)景營遼東戰具於北平，後爲高開道所圍，

獨守孤城,外無聲援,歲餘,士卒患脚腫而死者十將六七,景
撫循之,一無離叛。遼東軍資,多在其所,粟帛山積,既逢離
亂,景無所私焉。

　　《册府元龜》卷四〇〇《將帥部·固守二》頁四七五七上

　　（五月）辛未,突厥始畢可汗遣骨咄禄特勒來,厥,九勿翻。
可,從刊入聲。汗,音寒。突厥官子弟曰特勒。咄,當没翻。宴之於太極
殿,奏九部樂。杜佑曰:武德初,因隋舊制,九部樂:一讌樂,二清商,三西
涼,四扶南,五高麗,六龜兹,七安國,八疎勒,九康國。前一百八十卷隋大業四
年引杜佑《註》,九部樂與此不同。又考宋祁《新唐志》:唐有十部樂,有十四國
技,以八國入十部;而不明指八國爲何國,此亦異同而難考者也。時中國人
避亂者多入突厥,突厥强盛,東自契丹、室韋,西盡吐谷渾、高
昌,諸國皆臣之,契,欺訖翻,又音喫。吐,從嘅入聲。谷,音浴。控弦百
餘萬。

　　《資治通鑑》卷一百八十五《唐紀一·高祖武德元年》頁
五七九二

　　後爲高開道所圍,獨守孤城,士卒患脚腫而死者十六七,
景撫循之,一無離叛。遼東軍資,多在其所,粟帛山積,景無
所私焉。

　　《通志》卷一百六十三《列傳七十六·隋·李景》頁二六三八上

公元六一九年　　唐高祖武德二年

　　其吐谷渾已修職貢,高句麗遠送誠款,契丹、靺鞨,咸求
内附。因而鎮撫允合機宜,分命行人,就申好睦,静亂息甿,

於是乎在。布告天下，明知朕意。

　　《册府元龜》卷一七〇《帝王部・來遠》頁二〇五〇下

　鎮撫夷狄詔

　　其吐谷渾已修職貢。高句麗遠送誠款。契丹靺鞨。咸求內附。因而鎮撫。允合機宜。分命行人。就申好睦。靜亂息民。於是乎在。布告天下。明知朕意。武德二年二月。

　　《唐大詔令集》卷第一百二十八《政事・藩夷・綏撫》頁六八九

　　其吐谷渾已修職貢。高句麗遠送誠款。契丹靺鞨。咸求內附。因而鎮撫。允合機宜。分命行人。就申好睦。靜亂息民。於是乎在。布告天下。明知朕意。

　　《全唐文》卷一《高祖皇帝・命行人鎮撫外藩詔》頁二四

　　其吐谷渾已修職貢，高句驪遠送誠款，契丹靺鞨，鹹求內附。因而鎮撫，允合機宜。分命行人，就申好睦，靜亂息甿，于此乎在。布告天下，明知朕意。

　　《日藏弘仁本文館詞林校證》卷六六四《武德年中鎮撫四夷詔一首》頁二四六

公元六二〇　唐高祖武德三年

　　謀令莫賀咄設入自原州，泥步設與師都入自延州，處羅入自并州，突利可汗與奚、霫、契丹、靺鞨入自幽州，合于竇建德，經滏口道來會于晉、絳。

　　《舊唐書》卷五十六《列傳第六・梁師都》頁二二八〇

令莫賀咄設入五原，泥步設與師都趨延州，處羅自攻太原，突利可汗與奚、霤、契丹、靺羯緜幽州道合，竇建德自滏口會晉、絳。

《新唐書》卷八十七《列傳第十二·梁師都》頁三七三一

頡利之立，用次弟爲延陀設，主延陀部，步利設主霤部，統特勒主胡部，斛特勒主斛薛部，以突利可汗主契丹、靺羯部，樹牙南直幽州，東方之衆皆屬焉。

《新唐書》卷二百一十五上《列傳第一百四十上·突厥上》頁六〇三八

張舉、劉旻之降也，是年八月，張舉降。九月，劉旻降。梁師都大懼，遣其尚書陸季覽説突厥處羅可汗曰："比者中原喪亂，説，輸芮翻。比，毗至翻。喪，息浪翻。分爲數國，勢均力弱，故皆北面歸附突厥。今定楊可汗既亡，是年四月，劉武周敗亡。天下將悉爲唐有。師都不辭灰滅，亦恐次及可汗，不若及其未定，南取中原，如魏道武所爲，事見《晉孝武帝紀》。師都請爲鄉導。"鄉，讀曰嚮。處羅從之，謀使莫賀咄設入自原州，平涼郡置原州。處，昌吕翻。咄，當没翻。泥步設與師都入自延州，【章：十二行本"州"下有"處羅入自并州"六字；乙十一行本同；孔本同；張校同；退齋校同。】突利可汗與奚、霤、契丹、靺羯入自幽州，可，從刊入聲。汗，音寒。奚與契丹本皆東胡種，保烏丸山者，其後爲奚，保鮮卑山者，其後爲契丹。霤與突厥同俗，保冷陘山，南契丹，東靺羯，西拔野古。靺羯居肅慎地，亦曰挹婁，元魏時曰勿吉。霤，而立翻。契，欺訖翻，又音喫。靺，莫撥翻。羯，户割翻。《考異》曰：《舊·突厥傳》："大業中，突利年數歲，始畢遣領東牙之兵，號泥步設，頡利嗣位，以爲突利可汗。"按《梁師都傳》，此際有泥步設，又有突利可汗。然則突利、處羅時已爲小可汗，非頡利嗣位後也。《高祖實錄》云："處羅欲分兵大掠中國，於懷戎、鴈門、靈武、凉州四道俱入。"今從《舊書·梁師都傳》。**會竇建德之師自滏口西入，會于晉、絳。**滏口，滏水之口，在磁州滏陽縣界。晉州，隋之臨汾郡。絳州，隋之絳郡。滏，音釜。**莫賀咄者，處羅之弟咄苾也；突利者，始畢之子什鉢苾也。**咄，當没翻。苾，毗必翻。

《資治通鑑》卷一百八十八《唐紀四·高祖武德三年》頁五八九五至五八九六

公元六二二年　　唐高祖武德五年

契丹寇北平。北平郡，平州。契，欺訖翻，又音喫。

《資治通鑑》卷一百九十《唐紀六·高祖武德五年》頁五九五六

公元六二七年　　唐太宗貞觀元年

威州　武德二年，置遼州總管，自燕支城徙寄治營州城內。七年，廢總管府。貞觀元年，改爲威州，隸幽州大都督。所領户，契丹内稽部落。

《舊唐書》卷三十九《志第十九·地理二·河北道》頁一五二二

四曰河北道……遠夷則控契丹、奚、靺鞨、室韋之貢獻焉。

《唐六典》卷三《尚書户部》頁六六至六七

威州，_{今理威化縣}……貞觀元年改爲威州，隸幽州大都督，所領户，契丹内稽部落。

《太平寰宇記》卷之七十一《河北道二十・威州》頁一四三八

慎州城……_{威州城，在營州東南境……貞觀初改爲威州，又置感化縣}爲州治。

《讀史方輿紀要》卷十八《北直九・萬全行都司・大寧衛》頁八三六

公元六二八年　唐太宗貞觀二年

（夏四月）丙申，契丹内屬。

《舊唐書》卷二《本紀第二・太宗上》頁三四

昌州　貞觀二年置，領契丹松漠部落，隸營州都督。

《舊唐書》卷三十九《志第十九・地理二・河北道》頁一五二五

昌州，_{今理龍山縣}。唐貞觀二年置，領契丹松漠部落，隸營州都督。

《太平寰宇記》卷之七十一《河北道二十・昌州》頁一四四四

（四月）丙申，契丹酋長帥其部落來降。_{契，欺訖翻，又音喫。酋，慈由翻。長，知兩翻。降，户江翻；下同。}頡利遣使請以梁師都易契丹，上謂使者曰：“契丹與突厥異類，今來歸附，何故索之！_{索，}

山客翻。師都中國之人，盜我土地，暴我百姓，突厥受而庇之，我興兵致討，輒來救之，彼如魚游釜中，何患不爲我有！借使不得，亦終不以降附之民易之也。"

《資治通鑑》卷一百九十二《唐紀八・太宗貞觀二年》頁六〇五〇

公元六二九年　唐太宗貞觀三年

三年春正月辛亥，契丹渠帥來朝。

《舊唐書》卷二《本紀第二・太宗上》頁三六

師州　貞觀三年置，領契丹室韋部落，隸營州都督。

《舊唐書》卷三十九《志第十九・地理二・河北道》頁一五二三

羈縻州

……突厥之別部及奚、契丹、靺鞨、降胡、高麗隸河北者，爲府十四，州四十六。

《新唐書》卷四十三下《志第三十三下・地理七下・河北道》頁一一一九

師州，今理陽師縣。唐貞觀三年置，領契丹室韋部落，隸營州都督。

《太平寰宇記》卷之七十一《河北道二十・師州》頁一四四二

太宗論自古政化得失,因曰當今大亂之後造次不可致化,公對曰……太宗力行不倦,三數年間,契丹、靺鞨內附,突厥破滅,部落列爲編户。

《魏鄭公諫》卷三《對大亂之後大可致化》頁一八○至一八一

公元六三○年　唐太宗貞觀四年

(八月甲寅)突厥既亡,營州都督薛萬淑遣契丹酋長貪没折説諭東北諸夷,奚、霫、室韋等十餘部皆內附。説,輸芮翻;下同。霫,先立翻。萬淑,萬均之兄也。

《資治通鑑》卷一百九十三《唐紀九·太宗貞觀四年》頁六○八二

公元六三六年　唐太宗貞觀十年

使者從奚契丹中返者,太宗問其土俗,對曰:"最愛肉珠,以數百珠博一馬。"太宗曰:"何爲愛重此物?"對曰:"穿以系頸及交絡身。"太宗哂之。

《魏鄭公諫》卷一《諫國家愛珠》頁一六六

公元六四○年　唐太宗貞觀十四年

大唐故左屯衛郎將李公墓誌銘並序(李範墓誌)

昔荀令之子,終荷構基之業;王公之孫,克負遺薪於野。乃有貽慶昭乎後嗣,盛烈光乎祖宗,襲珪綬以增輝,纂貂蟬而不墜。式隆前緒者,其唯郎將李君乎。公諱範,字弘則,契丹烏丸人也。其先夏后臣唐,息橫流於九域;玄珪是錫,告成功於萬邦。名膺籙錯之文，遂光神器之大。子孫磐石，葉散枝分，朔野稱雄，英奇閒出。種胤於焉繁熾，漢皇待以不臣；款關之義無虧，明君所以下降。根深繫遠，苗裔阜昌，慕我朝儀，班榮列代。

曾祖纈，齊授八部落大蕃長，並賜鼓纛，恩敕追入，加左屯衛大將軍、金紫光禄大夫。祖畢，屬隨［隋］運肇基，輸城［誠］內附。草烏丸之橫俗，染休明之至道，遂得厚秩尊官，仕同先職，詔授契丹大蕃長。列韋鞲而布政，帳毳幕以和戎。壃［疆］鄙無尉候之虞，邊傲［徼］息爟烽之警。加授左光禄大夫、左衛大將軍，封長松郡公。

父摩會，往以隨［隋］曆告終，群凶鼎立，六合雲擾，百郡瓜分，皇家受命上玄，昭臨下武，戮鯨鯢於巨海，落攙槍於昊天，率彼荒服之戎，扈我義旗之役，元勛紀與彝器，嘉績書乎大常，寵授承家之班，允副疇庸之典。以武德元年授本部八蕃君長，仍賜旗纛，加上柱國、左武衛將軍，封長松公。夫以門閥菁華，代濟其美，頤昂異操，不隕家風。凌雪霜而不渝，冠人倫以獨秀。及至青要戒節，羽騎騰驤，翠飾明月之弦，金絡珊瑚之轡。三韓讋其鋒鋭，丸都無外叛之心。九種服其雄晑［圖］，不耐陳筐篚之幣。但陳寔為元方之父，陸抗乃陸績之男，餘慶所鐘，必誕岐嶷。

公幼而明敏，弱不好弄，志節沉毅，邈焉孤峙。陶教義於髫年，習詩書於廿歲。家承累代之貴，執謙衝而誠盈；門藉茅土之封，懷貞淳而彌固。年十四丁父憂，寢伏苫廬，每歐王戎之血；哀號慟絶，淚盡羔柴之涕。率性逾乎子騫，因心過乎參也。國家以勛門之後，詔令起服。公以創鉅之痛，殷勤固請，表章酸切，義感人神。雖復外順皇情，而心哀内疚。授遊擊將軍，仍令長上。典丘欄於軒禁，忠謹之譽克彰；貫通籍於巖廊，敬慎之心逾屬。服闋，授左屯衛郎將。方荷司階之寄，情深警蹕之虞，既挺鵷鸞之姿，將運鴻漸之翼，豈謂梁摧奄及，哲人其萎。以貞觀十四年十月遘疾於京私第，春秋廿有一。嗚呼哀哉！惟公機神爽俊，迥[迴]出風塵之表；壯氣孤標，獨拔煙霞之際。達性命之修短，悟死生之大期，臨没忘身，顧復慈母，懷忠履孝，振古莫儔。詎知年業芳華，秀而不實，門無嗣子，奠酹罔依。女厶乙，痛家道之湮沉，少伶俜而靡託，賦蓼莪而永慕，誦寒泉以凄斷，悲門蔭之不傳，悼尊堂之落構。於是卜其宅兆，灞水西原，穿壙安墳，滻川東岸。彌望鄘里，睇三輔之舊圖；平郊超忽，瞰黄壤乎千里。建山門於崇隴，鐫玄石於幽扃，雖桑田之或改，庶永播乎嘉聲。嗚呼哀哉！迺爲銘曰：

伊公挺生，金箱玉質。少遘愍凶，茹慕成疾。泣血三年，食纔一溢。胡露溢焉，秀而不實。一從窀穸，歲序驟遷。藐藐孤女，長違所天。永懷罔極，改葬新埏。東鄰灞水，西帶滻川。白楊晚吹，青松夕煙。千年古墓，一代名賢。

蘭臺楷書任齊書。

陝西省考古研究院編：《陝西省考古研究院新入藏墓誌》，上海：上海古籍出版社，2019 年，第 236—237 頁；參見鐵顏顏：《北方民族政權融入統一國家的基本路徑探析——以〈唐故左屯衛郎將李公墓誌銘〉爲中心的研究》，《中央民族大學學報》2022 年第 3 期，第 164—176 頁。

唐以平、營二州制臨奚、契丹，[二]而武后時契丹搆釁，平州首被其毒。

【校勘記】

〔二〕唐以平營二州制臨奚契丹　　“二”，底本原作“三”，今據職本、鄒本改。

《讀史方輿紀要》卷十七《北直八·永平府》頁七四九、七九〇

公元六四一年　　唐太宗貞觀十五年

（十一月）癸酉，上命營州都督張儉帥所部騎兵及奚、霫、契丹壓其東境；以兵部尚書李世勣爲朔州道行軍總管，將兵六萬，騎千二百，屯羽方；騎，奇寄翻；下同。“羽方”，《新書》作“朔州”。右衛大將軍李大亮爲靈州道行軍總管，將兵四萬，騎五千，屯靈武；靈武縣屬靈州靈武郡。將兵，即亮翻。右屯衛大將軍張士貴將兵一萬七千，爲慶州道行軍總管，出雲中；涼州都督李襲譽爲涼州道行軍總管，出其西。

《資治通鑑》卷一百九十六《唐紀十二·太宗貞觀十五年》頁六一七一

公元六四三年　　唐太宗貞觀十七年

上曰：“蓋蘇文弒其君而專國政，見上卷十六年。誠不可忍，以今日兵力，取之不難，但不欲勞百姓，吾欲且使契丹、靺鞨擾之，何如？”契，欺訖翻，又音喫。靺鞨，音末曷。長孫無忌曰：“蓋蘇文自知罪大，畏大國之討，必嚴設守備，陛下少爲之隱忍，爲，于僞翻。彼得以自安，必更驕惰，愈肆其惡，然後討之，未晚也。”上曰：“善！”觀此，則知帝之雄心未嘗一日不在高麗也。戊辰，詔以高麗王藏爲上柱國、遼東郡王、高麗王，遣使持節冊命。麗，

力知翻。使，疏吏翻。

《資治通鑑》卷一百九十七《唐紀十三·太宗貞觀十七年》頁六二〇二

（十二年秋九月）帝（唐太宗）曰：“我少發邊兵，總契丹、靺鞨，直入遼東，爾國自解，可緩爾一年之圍。此後知無繼兵，還肆侵侮，四國俱擾，於爾未安，此爲一策。我又能給爾數千朱袍丹幟，二國兵至，建而陳之。彼見者以爲我兵，〔一〇〕必皆奔走，此爲二策。百濟國恃海之嶮，不修機械，男女紛雜，互相燕聚。我以數十百船，載以甲卒，銜枚泛海，直襲其地。爾國以婦人爲主，爲鄰國輕侮，失主延寇，靡歲休寧。我遣一宗支與爲爾國主，而自不可獨王，當遣兵營護，待爾國安，任爾自守，此爲三策。爾宜思之，將從何事？”使人但唯而無對。帝嘆其庸鄙，非乞師告急之才也。

【校勘記】

〔一〇〕彼見者以爲我兵　原缺“兵”字，正德本同。據《册府元龜》卷九九一《外臣部·備禦》補。築波抄本補“師來援”三字。

《三國史記》卷第五《新羅本紀第五·善德王》頁六三、七五

（二年）閏六月，唐太宗曰：“蓋蘇文弑其君而專國政，誠不可忍。以今日兵力，取之不難，但不欲勞百姓，吾欲使契丹、靺鞨擾之，何如？”長孫無忌曰：“蘇文自知罪大，畏大國之討，嚴設守備。陛下姑爲之隱忍，彼得以自安，必更驕惰，

愈肆其惡，然後討之未晚也。"帝曰："善"。

《三國史記》卷第二十一《高勾麗本紀第九·寶藏王上》頁二五三至二五四

公元六四四年　唐太宗貞觀十八年

（張儉）遷營州都督，兼護東夷校尉。

太宗將征遼東，遣儉率蕃兵先行抄掠。儉軍至遼西，爲遼水汎漲，久而未渡，太宗以爲畏懦，召還。儉詣洛陽謁見，面陳利害，因説水草好惡，山川險易，太宗甚悦，仍拜行軍總管，兼領諸蕃騎卒，爲六軍前鋒。

《舊唐書》卷八十三《列傳第三十三·張儉》頁二七七六

七月甲午，營州都督張儉率幽、營兵及契丹、奚以伐高麗。

《新唐書》卷二《本紀第二·太宗》頁四三

（張儉）遷營州都督，兼護東夷校尉。坐事免，詔白衣領職。營州部與契丹、奚、霫、靺鞨諸蕃切畛，高麗引衆入寇，儉率兵破之，俘斬略盡。復拜營州都督。太宗將征遼東，遣儉率蕃兵先進，略地至遼西，川漲，久未度。帝以爲畏懦，召還。見洛陽宮，陳水草美惡、山川險易，并久不進狀。帝悦，拜行軍總管，使領諸蕃騎，爲六軍前鋒。

《新唐書》卷一百一十一《列傳第三十六·張儉》頁四一三三

於是詔營州都督張儉統所部與奚、霫、契丹乘其東，朔州道行軍總管李勣衆六萬、騎三千，營朔州，靈州道行軍總管李大亮衆四萬、騎五千，屯靈武，慶州道行軍總管張士貴衆萬七千出雲中，涼州道行軍總管李襲譽經略之。

《新唐書》卷二百一十七下《列傳第一百四十二下·回鶻下》頁六一三五

會新羅遣使者上書言："高麗、百濟聯和，將見討。謹歸命天子。"帝問："若何而免？"使者曰："計窮矣，惟陛下哀憐！"帝曰："我以偏兵率契丹、靺鞨入遼東，而國可紓一歲，一策也……新羅數請援，乃下吳船四百柁輸糧，詔營州都督張儉等發幽、營兵及契丹、奚、靺鞨等出討。會遼溢，師還。……

於是帝欲自將討之……又發契丹、奚、新羅、百濟諸君長兵悉會。

《新唐書》卷二百二十《列傳第一百四十五·東夷·高麗》頁六一八八至六一九〇

行軍總管執失思力，行軍總管契苾何力率其種落，隨機進討。契丹蕃長於句、折奚蕃長蘇支、燕州刺史李玄正等，各率衆，絕其走伏。

《冊府元龜》卷一一七《帝王部·親征二》頁一三九九下

十八年七月，太宗以高麗莫離支自殺其主，發兵擊新羅，新羅盡禮以事國家，數遣使稽顙請援，乃遣高麗解兵，不從，

欲擊之。於是敕將作大匠閻立德、括州刺史趙元楷、宋州刺
史王波利往洪、饒、江等州造船艦四百艘可以載軍糧泛海攻
戰者，且遣輕騎數千至遼東城以觀其勢。甲午遂下詔曰：“百
濟高麗，恃其僻遠，每動甲兵侵逼。新羅日蹙，百姓塗炭，遣
使請援，道路相望。朕情深愍念，爰命使者，詔彼兩蕃戢兵敦
好，而高麗姦武，攻擊未已。若不拯救，豈濟倒懸？宜令營州
都督張儉、守左宗衛率高履行等率幽、營二都督府兵馬及契
丹、奚、靺鞨，往遼東問罪。”屬遼東水泛溢，儉等兵不能濟。

　　《冊府元龜》卷九八五《外臣部·征討四》頁一一五七〇上

　　六月，詔曰：“百濟、高麗恃其僻遠，每動兵甲，侵逼新羅。
新羅日蹙，百姓塗炭，遣使請援，道路相望。朕情深愍念，爰
命使者，詔彼兩蕃戢兵敦好，而高麗姦忒惑，攻擊未已。若不
拯救，豈濟倒懸？宜令營州都督張儉、守左宗衛率高履行等，
率幽、營二都督府兵馬及契丹、奚、靺鞨往遼東問罪。”屬遼水
泛溢，儉等兵不得濟。

　　《冊府元龜》卷九九一《外臣部·備禦四》頁一一六四〇上

　　行軍總管執失思力、行軍總管契苾何力等、率其種落。
隨機進討。契丹蕃長於句折、奚蕃長蘇支、燕州刺史李玄正
等，各率其衆。絕其走伏。

　　《唐大詔令集》卷第一百三十《藩夷·討伐·親征高麗
詔》頁七〇四

　　上將征高麗，秋，七月，辛卯，敕將作大監【章：十二行本“監”

作“匠”;乙十一行本同。】閻立德等詣洪、饒、江三州,造船四百艘以載軍糧。艘,蘇遭翻。甲午,下詔遣營州都督張儉等帥幽、營二都督兵及契丹、奚、靺鞨先擊遼東以觀其勢。帥,讀曰率。契,欺訖翻,又音喫。以太常卿韋挺爲饋運使,使,疏吏翻。以民部侍郎崔仁師副之,自河北諸州皆受挺節度,聽以便宜從事。又命太僕少卿蕭鋭運河南諸州糧入海。鋭,瑀之子也。

《資治通鑑》卷一百九十七《唐紀十三·太宗貞觀十八年》頁六二〇九至六二一〇

(十二月)甲寅,詔諸軍及新羅、百濟、奚、契丹分道擊高麗。

《資治通鑑》卷一百九十七《唐紀十三·太宗貞觀十八年》頁六二一五

(三年)秋七月,帝將出兵,敕洪、饒、江三州造船四百艘,以載軍糧。遣營州都督張儉等,帥幽、營二都督兵,及契丹、奚、靺鞨,先擊遼東,以觀其勢。以大理卿韋挺爲餽輸使,[一]自河北諸州,皆受挺節度,聽以便宜從事。又命少卿蕭鋭轉河南諸州糧入海。[二]

【校勘記】

〔一〕以大理卿韋挺爲餽輸使 “輸”,築波抄本眉批,“輸,温公《通鑑》作運,麗朝避宣宗諱改之”。

〔二〕又命少卿蕭鋭轉河南諸州糧入海 築波抄本眉批,“少卿上脱太仆二字。轉,亦本作運,麗人改之也。”

《三國史記》卷第二十一《高句麗本紀第九·寳藏王上》

頁二五四至二五五、二六三

（十一月）且言：“昔隋煬帝殘暴其下，高勾麗王仁愛其民。以思亂之軍，擊安和之衆，故不能成功。今略言必勝之道有五：一曰以大擊小，二曰以順討逆，三曰以理乘亂，四曰以逸敵勞，五曰以悦當怨，何憂不克？佈告元元，勿爲疑懼。”於是，凡頓舍供備之具，減者太半。詔諸軍及新羅、百濟、奚、契丹分道擊之。

《三國史記》卷二十一《高勾麗本紀第九·寶藏王》頁二五六

百濟高麗。恃其僻遠。每動兵甲。侵逼新羅。新羅日蹙。百姓塗炭。遣使請援。道路相望。朕情深愍念。爰命使者。詔彼兩蕃。戢兵敦好。而高麗姦惑。攻擊未已。若不拯救。豈濟倒懸。宜令營州都督張儉守左宗衛率高履行等。率幽營二都督府兵馬。及契丹奚靺鞨。往遼東問罪。

《全唐文》卷七《太宗四·命張儉等征高麗詔》頁八六

行軍總管執失思力，行軍總管契苾何力，率其種落，隨機進討。契丹蕃長於勾折、奚蕃長蘇支、燕州刺史李元正等，各率其衆，絕其走伏。

《全唐文》卷七《太宗四·命將征高麗詔》頁八七

公元六四五年　唐太宗貞觀十九年

帶州　貞觀十九年，於營州界内置，處契丹乙失革部落，隸營州都督。

《舊唐書》卷三十九《志第十九·地理二·河北道》頁
一五二四

帶州，今理孤竹縣。唐貞觀十九年於營州界內置，處契丹乙
失革部落，隸營州都督。

《太平寰宇記》卷之七十一《河北道二十·帶州》頁一四四三

（五月己巳）張亮帥舟師自東萊渡海，襲卑沙城，帥，讀曰
率。其城四面懸絕，惟西門可上。上，時掌翻。程名振引兵夜
至，副總管王文度先登，五月，己巳，拔之，獲男女八千口。分
遣總管丘孝忠等曜兵於鴨綠水。杜佑曰：鴨綠水，在平壤城西北
四百五十里，源出靺鞨長白山，《漢書》謂之馬訾水，今謂之混同江。李心傳曰：
鴨綠水發源契丹東北長白山。鴨綠水之源，蓋古肅慎氏之地，今女真居之。

《資治通鑑》卷一百九十七《唐紀十三·太宗貞觀十九
年》頁六二二〇

先命行軍大總管英國公勣、行軍總管張儉等、率領驍鋭，
元戎啟行。北狄西戎之酋，咸爲將帥。奚霫契丹之旅，皆充
甲卒。如羆億計，躍馬千群，總萃遼東之城，攻其南面。

《唐大詔令集》卷第一百三十《藩夷·平亂·破高麗詔》
頁七〇七至七〇八

（師州城）帶州城，在營州境。《唐志》：貞觀十九年于營州界內置，處
契丹乙失革部落，兼置孤竹縣爲州治。

《讀史方輿紀要》卷十八《北直九·萬全行都司·大寧
衛》頁八三六至八三七

　　先命行軍大總管英國公勣行軍總管張儉等,率領驍鋭,
元戎啓行。北狄西戎之酋,咸爲將帥。奚霅契丹之旅。
　　《全唐文》卷七《太宗四·克高麗遼東城詔》頁八九

公元六四六年　唐太宗貞觀二十年

　　室韋者,契丹之別類也。居猱越河北,其國在京師東北
七千里。東至黑水靺鞨,西至突厥,南接契丹,北至于海。[①]
　　《舊唐書》卷一百九十九下《列傳第一百四十九下·室
韋》頁五三五六至五三五七

　　契丹州十七,府一。
　　玄州貞觀二十年以紇主曲據部落置。僑治范陽之魯泊村。縣一:静
蕃。　威州本遼州,武德二年以内稽部落置。初治燕支城,後僑治營州城中。
貞觀元年更名。後治良鄉之石窟堡。縣一:威化。　昌州貞觀二年以松漠部
落置,僑治營州之静蕃戍。七年徙于三合鎮,後治安次之故常道城。縣一:龍
山。　師州貞觀三年以契丹、室韋部落置,僑治營州之廢陽師鎮,後僑治良鄉
之東閭城。縣一:陽師。　帶州貞觀十年以乙失革部落置。僑治昌平之清水
店。縣一:孤竹。　歸順州歸化郡本彈汗州,貞觀二十二年以内屬契丹別
帥析紇便部置。開元四年更名。縣一:懷柔。

———————————

① 據《舊唐書》卷三《太宗下》記載:"(貞觀二十年九月)鐵勒諸部落
　　俟斤、頡利發等遣使……來貢方物,因請置吏,鹹請至尊爲可汗。于
　　是北荒悉平。"故將此條置于貞觀二十年(646)下。

沃州載初中析昌州置。萬歲通天元年没于李盡忠,開元二年復置。後僑治薊之南回城。縣一:濱海。信州萬歲通天元年以乙失活部落置。僑治范陽境。縣一:黃龍。青山州景雲元年析玄州置。僑治范陽之水門村。縣一:青山。

松漠都督府,貞觀二十二年以内屬契丹窟哥部置,其别帥七部分置峭落等八州。李盡忠叛後廢,開元二年復置。領州八。峭落州以達稽部置。無逢州以獨活部置。羽陵州以芬問部置。白連州以突便部置。

徒何州以芮奚部置。萬丹州以墜斤部置。疋黎州以伏部置。赤山州以伏部分置。

《新唐書》卷四十三下《志第三十三下‧地理七下‧河北道》頁一一二六至一一二七

貞觀二十年,既破延陀,太宗幸靈州,次涇陽縣,鐵勒拔野古、同羅、僕骨、都波、[一三]多濫葛、思結、阿跌、契丹、奚、渾、斛薛等十一姓各遣使貢獻。

【校勘記】

〔一三〕都波　萬本、庫本同,宋版無。按《舊唐書》卷三《太宗紀》下載:貞觀二十年,"鐵勒迴紇、拔野古、同羅、僕骨、多濫葛、思結、阿跌、契苾、跌結、渾、斛薛等十一姓各遣使朝貢。"《資治通鑑》卷一九八同。又《新唐書》卷二一七《回鶻傳》下:都播,亦曰都波,"貞觀二十一年,因骨利幹入朝,亦以使通中國"。則貞觀二十年,都波尚未遣使,此當衍。

《太平寰宇記》卷之一百九十八《四夷二十七‧北狄十‧鐵勒》頁三七九一至三七九二、三八〇二至三八〇三貞觀二十年，既破延陀，太宗幸靈州，次涇陽頓，鐵勒迴鶻、拔野古、同羅、僕骨、多濫葛、思結、阿跌、契丹、奚、〔六〕渾、斛薩等十一姓，各遣使朝貢。

【校勘記】

〔六〕契丹奚　鐵勒部落無名"契丹"、"奚"者，據岑仲勉《突厥集史》上册考證，此二名應爲"契苾"、"奚結"。

《唐會要》卷九十六《鐵勒》頁二〇四三、二〇四七

（八月己巳）江夏王道宗兵既渡磧，遇薛延陀阿波達官衆數萬拒戰，道宗擊破之，斬首千餘級，追奔二百里。道宗與薛萬徹各遣使招諭敕勒諸部，其酋長皆喜，頓首請入朝。朝，直遥翻。庚午，車駕至浮陽。浮陽，《舊書》作"涇陽"，當從之。涇陽縣，前漢屬安定郡，後漢、晉省，後魏屬隴東郡，隋、唐屬京兆。杜佑曰：京兆涇陽縣，乃秦封涇陽君之地。漢涇陽縣在今平涼郡界涇陽故城是。此時車駕蓋至京兆之涇陽。回紇、拔野古、同羅、僕骨、多濫葛、思結、阿跌、契苾、跌結、渾、斛薛等十一姓各遣使入貢，跌，徒結翻。《考異》曰：《舊·回紇·鐵勒傳》作"多覽葛"，今從《實錄》及《本紀》、《唐曆》。又《回紇傳》、陳彭年《唐紀》作"斛薩"，《鐵勒傳》作"解薛"。今從《實錄》。《實錄》又有契丹、奚，云十三姓。按契丹、奚本非薛延陀所統，又內附已久，嘗從征遼，非至此乃降。今從《舊本紀》。稱："薛延陀不事大國，暴虐無道，不能與奴等爲主，自取敗死，部落鳥散，不知所之。奴等各有分地，分，扶問翻。不從薛延陀去，歸命天子。願賜哀憐，乞置官司，養育奴等。"上大喜。辛未，詔回紇等使者宴樂，頒資拜官，樂，音洛。賜其酋長璽書，璽，斯氏翻。遣右領軍中郎將安永壽報使。使，疏吏翻；下同。

《資治通鑑》卷一百九十八《唐紀十四·太宗貞觀二十八年》頁六二三八至六二三九

公元六四七年　唐太宗貞觀二十一年

二十一年,李勣復大破高麗於南蘇。班師至頗利城,渡白狼、黃巖二水,皆由膝以下。勣怪二水狹淺,問契丹遼源所在。云:"此二水更行數里,合而南流,即稱遼水,更無遼源可得也。"

《通典》卷第一百八十六《邊防二·東夷下·高句麗》頁五〇一七

二十一年,李勣復大破高麗於南蘇,班師至頗利城,渡白狼、黃巖二水,皆由膝已下。勣怪二水淺狹,問契丹遼源所在。云此二水更行數里即合,南流即稱遼水,更無遼源可得也。

《唐會要》卷九十五《高句麗》頁二〇二一

二十一年,李勣復大破高麗于南蘇,班師至頡利城,〔一七〕渡白狼、黃巖二水,皆由膝以下,勣怪二水狹淺,問契丹遼源所在,云:"此二水更行數里,合而南流,即稱遼水,更無遼源可得也。"

【校勘記】

〔一七〕頡利城　"頡",萬本、《庫》本皆作"頗",《通典·邊防》二、《唐會要》高句麗同,《新唐書·東夷傳》、《資治通鑑》卷一九八皆作"積"。

《太平寰宇記》卷之一百七十三《四夷二·東夷二·高

句麗國》頁三三一五、三三二二

二十一年,李勣復大破高麗於南蘇。班師至頗利城,渡白狼、黃嵓二水,皆由膝以下。勣怪二水狹淺,問契丹遼源所在。云:"此二水更行數里,合而南流,即稱遼水,更無遼源可得也。"

《文獻通考》卷三百二十五《四裔二·東夷·高句麗》頁二五五七下

公元六四八年　唐太宗貞觀二十二年

十一月戊戌,眉、邛、雅三州獠反,右衛將軍梁建方討平之。庚子,契丹帥窟哥、奚帥可度者並率其部內屬。以契丹部爲松漠都督,以奚部置饒樂都督。

《舊唐書》卷三《本紀第三·太宗下》頁六一

契丹馬,其馬極曲,形小於突厥馬,能馳走林木間,今松漠都督,印兆。

《唐會要》卷七十二《諸番馬印》頁一五四九

貞觀二十二年十一月二十三日,契丹酋長窟哥、奚帥可度者,並率其部內屬。以契丹部爲松漠都督府,拜窟哥爲持節十州諸軍事、松漠都督府。又以其別帥達稽部置峭落州,紇便部置彈汗州,獨活部置無逢州,芬問部置羽陵州,突便部置日蓮州,芮奚部置徒河州,墜斤部置萬丹州,出伏部置匹黎、赤山二州,各以其酋長、辱紇主爲刺史,俱隸松漠焉。以奚部置饒樂都督府,拜可度者爲持節六州諸軍事、饒樂都督府。又以別帥阿會部置弱水州,處和部置祁黎州,奧失部置洛瑰州,度稽部置太魯州,元俟析部置渴野州,亦各以其酋長、辱紇主爲刺史,俱隸於饒樂焉。二十三年,於營州兼置東夷都護,以統松漠、饒樂之地,罷置護東夷校尉官。

　　　　　　《唐會要》卷七十三《營州都督府》頁一五六四

　　（四月）己未,契丹辱紇主曲據帥衆内附,奚、契丹酋領皆稱爲辱紇主。契,欺訖翻,又音喫。帥,讀曰率。以其地置玄州,以曲據爲刺史,隸營州都督府。

　　　　　　《資治通鑑》卷一百九十九《唐紀十五·太宗貞觀二十二年》頁六二五六

　　十一月,庚子,契丹帥窟哥、奚帥可度者並帥所部内屬。帥,所類翻;下別帥同。並帥,讀曰率。以契丹部爲松漠府,杜佑曰:松漠之地,在柳城郡之北。以窟哥爲都督;又以其別帥達稽等部爲峭落等九州,各以其辱紇主爲刺史。峭落州、無逢州、羽陵州、白連州、徒何州、萬丹州、疋黎州、赤山州、并松漠府爲九州。峭,七笑翻。以奚部爲饒樂府,以可度者爲都督;樂,音洛。又以其別帥阿會等部爲弱水等五州,弱水州、祁黎州、洛瑰州、太魯州、渴野州。亦各以其辱紇主爲刺史。辛丑,置東夷校尉官於營州。校,户教翻。

　　　　　　《資治通鑑》卷一百九十九《唐紀十五·太宗貞觀二十二年》頁六二六三

太宗曰："近契丹、奚皆內屬，[一]置松漠、饒樂二都督，[二]統於安北都護。[三]朕用薛萬徹，如何？"

（李）靖曰："萬徹不如阿史那社爾及執失思力、契苾何力，此皆蕃臣之知兵者也。因常與之言松漠、饒樂山川道路，蕃情逆順，遠至於西域部落十數種，歷歷可信。臣教之以陣法，無不點頭服義。望陛下任之勿疑。若萬徹，則勇而無謀，難以獨任。"

太宗笑曰："蕃人皆爲卿役使！古人云，以蠻夷攻蠻夷，中國之勢也。卿得之矣。"

【校勘記】

〔一〕契丹　古族名、古國名。源於東胡，遊牧於今遼河上游。唐時其地置松漠都督府，並任契丹首領爲都督。

奚：古族名，南北朝時稱"庫莫奚"。分布於饒樂水（今內蒙古自治區西拉木倫河）流域，過着遊牧生活。

〔二〕松漠　唐朝羈縻都督府名。貞觀二十二年（公元六四八年）爲契丹族部落而設，轄境相當於今內蒙古自治區西拉木倫河流域及其支流老哈河中下游一帶。

饒樂　唐朝羈縻都督府名。貞觀二十二年（公元六四八年）在奚族地置。轄境約相當於今內蒙古自治區老哈河上游及河北灤河中上游一帶。

〔三〕安北都護　唐朝都護府名，統磧北鐵勒諸部族府州。轄境約相當於今蒙古人民共和國及俄羅斯西伯利亞南部一帶。

《李衛公問對校注》頁三九至四〇

唐貞觀初,始置松漠府,以摩會爲都督,賜姓李氏,開元中,降以公主。會昌中,始賜契丹之印。於是統有八部,雄據北漠,懿僖之亂,中國不靖。後有按巴堅,遂僭帝號,抗衡中國,南侵鎮、定、邢、洺、冀、貝之郡。

　　　　《宋朝事實》卷二十"經略幽燕"頁三一三

傍有饒州,蓋唐朝常於契丹至饒樂州,又五十里至保和館,又七十里渡黑水河至宣化館,又五十里至長秦館,西二十里即祖州,又四十里至上京,東微北至木葉山五百一十里。

　　　　《武經總要·前集》卷十六下《邊防·戎狄舊地》頁二六四

公元六五一年　　唐高宗永徽二年

高宗嗣位,永徽二年,始又遣使朝貢。使還,降璽書與義慈曰……高麗若不承命,即令契丹諸蕃渡遼澤入抄掠。王可深思朕言,自求多福,審圖良策,無貽後悔。

　　　　《舊唐書》卷一百九十九上《列傳第一百四十九上·東夷·百濟》頁五三三〇至五三三一

高宗立,乃遣使者來,帝詔義慈曰:"海東三國,開基舊矣,地固犬牙。比者隙争侵校無寧歲,新羅高城重鎮皆爲王并,歸窮于朕,丐王歸地。昔齊桓一諸侯,尚存亡國,況朕萬方主,可不恤其危邪?王所兼城宜還之,新羅所俘亦畀還王。不如詔者,任王決戰,朕將發契丹諸國,度遼深入,王可思之,無後悔!"

《新唐書》卷二百二十《列傳第一百四十五·東夷·百濟》頁六一九九

十一年,遣使入唐朝貢。使還,高宗降璽書,諭王曰:
……

高勾麗若不承命,即令契丹諸藩度遼,深入抄掠。王可深思朕言,自求多福,審圖良策,無貽後悔。

《三國史記》卷第二十八《百濟本紀第六·義慈王》頁三二五至三二六

高宗立,乃遣使者來,帝詔義慈曰:"海東三國,開基舊矣,地固犬牙。比者隙爭侵校無寧歲,新羅高城重鎮皆爲王并,歸窮於朕,丐王歸地。昔齊桓一諸侯,尚存亡國,況朕萬方主,可不恤其危邪?王所兼城宜還之,新羅所俘亦畀還王。不如詔者,任王決戰,朕將發契丹諸國,度遼深入,王毋後悔。"

《文獻通考》卷三百二十六《四裔三·東夷·百濟》頁二五六三下

公元六五二年　唐高宗永徽三年

遼濱城,衛西北百八十里。高麗之遼東城也,唐太宗克之,改曰遼州。時亦謂之新城,以別於遼東故城也。《唐史》:"貞觀十八年伐高麗,江夏王道宗將兵數千至新城。二十年復伐高麗,命李世勣將青州兵自新城道入。永徽三年高麗侵契丹,松漠都督李窟哥將兵禦之,大敗高麗於新城。儀鳳二年徙安東都護於新城,以統高麗、百濟之地。"此唐所名之新城也。後爲拂涅國城。勃海置東平府,督伊、蒙、陀、黑、北五州。契丹阿保機攻渤海,先克東平,五州皆下,復置遼州於此,并置遼濱縣爲州治。亦曰東平軍,德光更爲始平軍。金皇統三年州廢,縣屬瀋州,元并廢縣。近志謂之遼陽城,又謂之顯州城,皆悞也。

《讀史方輿紀要》卷三十七《山東八·遼東行都司》頁一七三六至一七三七

公元六五四年　唐高宗永徽五年

初,婦人施冪䍦以蔽身,永徽中,始用帷冒,施裙及頸,坐檐以代乘車。命婦朝謁,則以駝駕車。數下詔禁而不止。武后時,帷冒益盛,中宗後乃無復冪䍦矣。宮人從駕,皆胡冒乘馬,海内傚之,至露髻馳騁,而帷冒亦廢,有衣男子衣而靴,如奚、契丹之服。

《新唐書》卷二十四《志第十四·車服》頁五三一

永徽五年,藏以靺鞨兵攻契丹,戰新城,大風,矢皆還激,爲契丹所乘,大敗。契丹火野復戰,人死相藉,積尸而冢之。遣使者告捷,高宗爲露布于朝。

《新唐書》卷二百二十《列傳第一百四十五·東夷·高麗》頁六一九五

十月,高麗遣其將安固率高麗、靺鞨兵侵契丹,松漠都督李窟哥發騎禦之,戰于新城,適會大風,高麗放箭,風吹並迴,因而陣亂。契丹乘之,斬首五百級,獲馬七百餘疋。高麗敗走,草乾風勁,契丹又縱火迫之。飆焰飛起,燒殺人馬甚衆。

契丹聚其屍，築爲京觀。遣使來告捷，帝使宣其露布於朝，以示百僚。

《册府元龜》卷九九五《外臣部・交侵》頁一一六八六下

（十月癸丑）高麗遣其將安固將高麗、靺鞨兵擊契丹；麗，力知翻。將，即亮翻。靺鞨，音末曷。契，欺訖翻，又音喫。松漠都督李窟哥禦之，大敗高麗於新城。窟，苦骨翻。敗，補邁翻。

《資治通鑑》卷一百九十九《唐紀十五・高宗永徽五年》頁六二八六

（十三年）冬十月，王遣將安固出師，及靺鞨兵，擊契丹。松漠都督李窟哥禦之，大敗我軍於新城。

《三國史記》卷第二十二《高句麗本紀第十・寶藏王下》頁二六七

高宗永徽五年，（高麗王）藏以靺鞨兵攻契丹，爲所敗。

《文獻通考》卷三百二十五《四裔二・高麗》頁二五五七

大唐故右驍衛大將軍薛國貞公阿史那府君碑①

永徽中，以太妃憂去職，樂棘之痛，若居元闕一字之喪。其年起闕一字授左闕一字衛大闕十一字衛大將軍闕五字爲使闕二字長闕一字道行軍大總管闕一字韓闕一字擾徙斾除殘。契丹縱毒，

---

①阿史那忠死於上元二年（675），其討伐契丹發生於高宗“永徽中”，因無具體時間，故繫於此。

迴戈拯亂。剿元菟之遊魂,覆黃龍之闕二字……

《全唐文》卷九百九十一《大唐故右驍衛大將軍薛國貞公阿史那府君碑》頁一〇二六〇

唐故右驍衛大將軍兼檢校羽林軍贈鎮軍大將軍荆州大都督上柱國薛國公阿史那貞公墓誌銘(阿史那忠墓誌銘)[①]

永徽中,丁太妃艱,不堪號慕,降旨哀譬,仍令起服,爲左武衛大將軍,尋遷右驍衛大將軍,屬興師遼碣,以公爲使,持節長岑道行軍大總管。元戎長驅,天威遐暢,三山因之而波蕩,九種以之而震驚。契丹在白猿之東,居黃龍之右,近侵卉服,外結鳥夷。公迴師誅翦,應機殄滅,虜獲萬計,三軍無私,蒙賞縑帛,仍於羽林軍檢校。鈎陳之對南宮,羽林直通北落。心膂之切,惟公是先。

《唐代墓誌彙編》(上)頁六〇一至六〇二

公元六五五年　唐高宗永徽六年

唐故明威將軍左驍衛懷遠府折沖都尉上柱國沔陽縣開國公孫君墓誌銘

君諱則,字孝振,營州柳城人也……至(貞觀)十九年,扈從東行爲左二軍總管,于時躬先士伍,親決六奇,攻無所守,戰無所拒。詔授上柱國沔陽縣開國子,賞物四百段,口一十五人,進爵爲公,食邑五百戶。復以藩情愛樂,令押契

---

① 墓主阿史那忠死于上元二年(675),因其討伐契丹發生于"永徽中",無具體時間,故繫于此。

丹，尋授松漠都督府長史。永徽五年，有詔以君毅烈，居心幹能，表用早司禁旅，亟陪戎律，加授明威將軍本府折冲都尉，余官如舊。方期棟梁廣廈，舟楫大川。豈圖未陪東嶽之儀，遽落西沉之景。以永徽六年五月一日薨于家第，春秋六十有七，即以其年十月七日，永窆于柳城西南五里之平原。

《朝陽隋唐墓葬發現與研究》頁十五

公元六五八年　　唐高宗顯慶三年

俄又與辛文陵破契丹於黑山，擒契丹王阿卜固及諸首領赴東都，以功封河東縣男。

《舊唐書》卷八十三《列傳第三十三·薛仁貴》頁二七八一

俄與辛文陵破契丹於黑山，執其王阿卜固獻東都。

《新唐書》卷一百一十一《列傳第三十六·薛仁貴》頁四一四〇至四一四一

鮮卑、丁令，重譯而至，罕于、白屋，請吏帥職，此又君之功也。鮮卑、丁令，二國名。重譯，已見上文。張茂先《博物志》曰：北方五狄：一曰匈奴，二曰穢貊，三曰密吉，四曰罕于，五曰白屋。然白屋，今之靺羯也。罕于，今之契丹也。本並以罕于爲單于，疑字誤也。劉淵林《魏都賦》注曰：北羈單于白屋。范曄《後漢書》曰：單于謂耿恭曰：若降者，當封爲白屋王。《漢書》曰：邛笮請吏，比西南夷也。又曰：滇王降，請吏。然請吏，請漢爲之置吏也。

《文選》卷三十五《册魏公九錫文》頁五〇一下

　　三年六月，營州都督兼東夷都護程名振、右領軍中郎將薛仁貴將兵攻高麗之去烽鎮，[一]即拔之，斬首四百餘級，生擒首領以下百餘人。俄而高麗遣其大將立方婁帥衆三萬人來拒官軍。名振以契丹兵逆擊，大破之，逐北二十餘里，斬首二千五百級。

【校勘記】

〔一〕去烽鎮　原作“衆烽鎮”，據宋本改。

　　《册府元龜》卷九八六《外臣部·征討五》頁一一五七七上

　　六月，營州都督兼東夷都護程名振、右領軍中郎將薛仁貴將兵攻高麗之赤烽鎮，拔之，斬首四百餘級，捕虜百餘人。高麗遣其大將豆方婁帥衆三萬拒之，名振以契丹逆擊，大破之，斬首二千五百級。《考異》曰：《舊書仁貴傳》云：“顯慶二年，副程名振經略遼東，破高麗於貴端城，斬首三千級。”今從《實録》。

　　《資治通鑑》卷二百《唐紀十六·高宗顯慶三年》頁六三〇九

公元六六〇年　唐高宗顯慶五年

　　（四月）戊辰，以定襄都督阿史德樞賓、左武候將軍延陀梯真、梯真，薛延陀之種，因以爲姓。居延州都督李合珠並爲冷岍道行軍總管，岍，與岍同，即冷徑山。奚與契丹依阻此山以自固，其地在潢水之南，黄龍之北。各將所部兵以討叛奚，仍命尚書右丞崔餘慶充使總護三部兵，奚尋遣使降。將，即亮翻；下同。使，疏吏翻。降，户江翻。更以樞賓等爲沙磚道行軍總管，以討契丹，擒契丹松漠都督阿卜固送東都。磚，職緣翻。

《資治通鑑》卷二百《唐紀十六·高宗顯慶五年》頁六
三二〇

五月辛丑，作八關宮。戊辰，定襄都督阿史德樞賓爲沙
磚道行軍總管，以伐契丹。

《新唐書》卷三《本紀第三·高宗》頁六〇

十二月辛未，獵于安樂川。己卯，如東都。壬午，左驍衛
大將軍契苾何力爲浿江道行軍大總管，蘇定方爲遼東道行軍
大總管，左驍衛將軍劉伯英爲平壤道行軍大總管，以伐高麗
阿史德樞賓及奚、契丹戰，敗之。

《新唐書》卷三《本紀第三·高宗》頁六一

五年，以定襄都督阿史德樞賓、左武候將軍延陀梯真、居
延州都督李含珠爲冷陘道行軍總管。

《新唐書》卷二百一十九《列傳第一百四十四·北狄·奚》
頁六一七四

五月，以定襄都督阿史德樞賓、左武候將軍延陀梯真、居
延州都督李合珠，並爲冷岍道行軍總管，各領本蕃兵以討叛
奚，仍令尚書左丞崔餘慶充使總護三蕃。尋而奚遣使降附，
改樞賓等爲沙磚道行軍總管以討契丹，松漠都督阿卜固送之
東都，并擒叛奚謀主匹帝禿帝，斬之而還。

《册府元龜》卷九八六《外臣部·征討五》頁一一四一一

大唐故右驍衛大將軍薛國貞公阿史那府君之碑

公諱忠，字義節，其先代人，今京兆萬年人也……顯慶五年，詔爲使持節長岑道行軍大揔管，辰韓俶擾，從旆除殘，契丹縱毒，回戈拯亂，剿玄兔之遊魂，覆黃龍之辰孽，亦既至止，恩賞兼隆。

《突厥集史》卷十五《突厥部人列傳碑志校注》頁七七九至七八二

公元六六六年　唐高宗乾封元年

男生走保國內城，率其衆與契丹、靺鞨兵內附，遣子獻誠訴諸朝。高宗拜獻誠右武衛將軍，賜乘輿、馬、瑞錦、寶刀，使還報。

《新唐書》卷一百一十《列傳第三十五·諸夷蕃將·泉男生》頁四一二三

（泉）男生遣諜往，男建捕得，即矯王命召之。男生懼，不敢入。男建殺其子獻忠。男生走保國內城，率其衆與契丹、靺鞨兵附唐，遣子獻誠訴之。

高宗拜獻誠右武衛將軍，賜乘輿馬、瑞錦、寶刀，使還報。

《三國史記》卷第四十九《列傳第九·蓋蘇文》頁六八四

公元六六七年　唐高宗乾封二年

冬十月二日，英公到平壤城北二百里，差遣爾同兮村主大奈麻江深率契丹騎兵八十餘人，曆阿珍含城至漢城，移書以督兵期，大王從之。

《三國史記》卷六《新羅本紀第六·文武王上》頁八三
至八四

公元六六九年　唐高宗總章二年

唐故涼州長史元君石柱銘并序（張説）

遷隆州司馬，尋加朝請大夫、[二一]守涼州都督府長史。
分乘兩蕃，人康頌作。化澄巴濮，無侵橘柚之園；[18]教溢河
湟，[19]不飲蒲萄之酒。離歌就昃，[二二]歲夢臨辰，命躓修途，
榮慚厚德。總章二年，終於官舍，春秋七十有三。

【校勘記】

〔二一〕請　底本原注：“《唐文》作散。”伍刻、《四庫》、
《全文》作“散”。

〔二二〕昃　《英華》作“具”，無注。

【注釋】

〔18〕無侵橘柚之園　指不侵害普通百姓之利益。《文
選》卷四晉左思《蜀都賦》：“家有鹽泉之井，户有橘柚之園。”

〔19〕教溢河湟　喻其教化之功巨大。《孟子·離婁上》：
“巨室之所慕，一國慕之；一國之所慕，天下慕之；故沛然德教
溢乎四海。”

《張説集校注》卷二十《唐故涼州長史元君石柱銘》頁
九八七、九九〇、九九四

遷隆州司馬。尋加朝散大夫。守涼州都督府長史。分
乘兩蕃。人康頌作。化澄巴濮。無侵橘柚之園。教溢河湟。
不飲蒲萄之酒。

《全唐文》卷二百三十二《張説十二·唐故涼州長史元
君石柱銘》頁二三五二

公元六七三年　唐高宗咸亨四年

唐兵與靺鞨、契丹兵來侵北邊，凡九戰，我兵克之，斬首
二千餘級。唐兵溺瓠瀘、王逢二河，死者不可勝計。冬，唐兵
攻高勾麗牛岑城，降之。契丹、靺鞨兵攻大楊城、童子城，滅
之。始置外司正，州二人、郡一人。

《三國史記》卷第七《新羅本紀第七·文武王下》頁
一〇一至一〇二

公元六七五年　唐高宗上元二年

二月，劉仁軌破我兵於七重城。仁軌引兵還，詔以李謹
行爲安東鎮撫大使，以經略之。王乃遣使，入貢且謝罪，帝赦
之，復王官爵。金仁問中路而還，改封臨海郡公。然多取百
濟地，遂抵高勾麗南境爲州郡。[九]聞唐兵與契丹、靺鞨兵來
侵，出九軍待之。

【校勘記】

〔九〕遂抵高勾麗南境爲州郡　"抵"原作"祇"。據築波
抄本改。

《三國史記》卷七《新羅本紀第七·文武王下》頁
一〇二、一〇六

唐兵與契丹、靺鞨兵來圍七重城，不克。小守儒冬死之。
靺鞨又圍赤木城，滅之，縣令脱起率百姓拒之，力竭俱死。

《三國史記》卷七《新羅本紀第七·文武王下》頁一〇三

公元六七六年　唐高宗上元三年

安東府^{〔八九〕}東至越喜部落二千五百里。南至柳城郡界九十里。西至契丹界八十里。北至渤海一千九百五十里。東南到☒西南到魚胞柵五十里。^{〔九〇〕}西北到契丹衙帳一千里。東北到契丹界八十里。去西京五千三百二十里,去東京四千四百四十里。

【校勘記】

〔八九〕安東府　 "府"北宋本、傅校本、遞修本、明抄本、明刻本作"郡"。

〔九〇〕西南到魚胞柵五十里　 "魚胞柵五十"五字處原爲空白,今據北宋本、傅校本、遞修本、明抄本、明刻本、王吳本補。

《通典》卷一百八十《州郡十·古兗州》頁四七七六、四七九三

儀鳳年中,有長星半天,出東方,三十餘日乃滅。自是土番叛,匈奴反,徐敬業亂,白鐵余作逆,博、豫騷動,忠、萬强梁,契丹翻營府,突厥破趙、定,麻仁節、張玄遇、王孝傑等皆没百萬衆。三十餘年,兵革不息。

《朝野僉載》卷一頁一八至一九

公元六七九年　唐高宗調露元年

調露中,單于突厥背叛,誘扇奚、契丹侵掠州縣,其後奚、羯胡又與桑乾突厥同反。

《舊唐書》卷九十三《列傳第四十三·唐休璟》頁二九七八

　　會突厥誘奚、契丹叛，都督周道務以兵授休璟，破之於獨
護山，數馘多，遷朔州長史。
　　　　《新唐書》卷一百一十一《列傳第三十六・唐休璟附唐
璿》頁四一四九

　　唐休璟爲營府户曹。調露中，單于突厥背叛，誘扇奚契
丹侵掠州縣。其後奚羯胡又與桑乾突厥同反，都督周道務遣
休璟將兵擊破之，于獨護山斬獲甚衆，超拜豐州司馬。
　　　　《册府元龜》卷七二四《幕府部・武功》頁八六二三上

　　（十月）壬子，遣左金吾衛將軍曹懷舜屯井陘，井陘縣，漢、
晉、後魏皆屬常山郡，唐屬恒州。陘，音刑。右武衛將軍崔獻屯龍門，
以備突厥。突厥扇誘奚、契丹侵掠營州，誘，羊久翻。契，欺訖翻，
又音喫。都督周道務遣户曹始平唐休璟將兵擊破之。曹魏置始
平縣，晉武帝置始平郡，後魏廢郡，以縣屬扶風，隋、唐屬雍州。
　　　　《資治通鑑》卷二百二《唐紀十八・高宗調露元年》頁
六三九二

　　調露中，將兵破突厥、奚、契丹於獨護山，遷朔州長史。
　　　　　　《全唐文》卷一八九《唐璿》頁一九一一

公元六八〇年　　唐高宗永隆元年

　　唐故游擊將軍左金吾遼西府折冲都尉駱府君墓誌銘并序
　　公諱本，字道生，昌黎孤竹人也。原夫吞雹誕靈，石槐昭異
人之烈。拓而命族，有魏居□後之□。是以弈葉重光，茂姓基

於朔野；衣纓薦襲，榮望顯於戎昭。誰其□之諦，駱君之謂矣！
曾祖俱，隋光禄大夫、當蕃大首領，蕭蕭松筠，森森□戟。出師
分閫，實爲飛將之門；利建執珪，即處通侯之列。祖國，隋左光
禄大夫、當蕃大首領，衣冠準的，朝野羽儀。行爲旌門，亞槐庭
之三事；伏熊擁軾，剖竹符於六條。父弘，唐雲麾將軍、左金吾
衛遼西府折衝上柱國廣寧郡開國公。星象之精，川嶽之靈，冠
五行之秀氣，總七德之師貞。故得受拜齋壇，承策胙土，爰據洮
波之號方，同勞礪之盟惟。公金社發祥，在河流潤，風骨峻嶷。
天姿秀美，班超之稱燕頷；遥謝封侯，李固之履龜文。多慚有
相，雄圖磊珞，上策從横。慷慨不羈，負仲由之壯節；平生有待，
關乎氏之高門。儀鳳三年起家，授遊擊將軍，守左金吾衛遼西
府折衝都尉，承先烈也。地當遼右，川控海隅，總禁旅於烏丸；
折衝千里，押酋渠於玄塞。桑海四郡，夷夏慕其高風，搢紳欽其
雅量。屬調露二年，釁起三邊，黑山浮蔽日之祅，白波湧滔天之
浸。一力封塞，□□□□之行；五將失道，李陵之節方屈。公遂
領當府兵，擇甲宵征，裹糧晨赴。進寸退尺，卷舒龍豹之韜；以
孤擊虚，瞻候風雲之勢。短兵一舉，逋寇大摧，全此三軍，公之
力也。嗟乎！數奇可嘆，同李廣之無侯；秀而不實，若顔迴之早
喪。以調露二年十月廿五日①歾於私第，春秋四十有二。棄金
谷於百齡，丘墟已矣；埋玉樹於千丈，嗚呼哀哉！即以大周長
壽二年八月十三日葬於先君之舊塋，禮也。夫人昌黎孫氏，

---

①墓誌記載墓主死於調露二年十月廿五日，由於調露二年在八月就改
　元爲永隆元年，故該墓誌在墓主死亡時間上有誤，應改爲“永隆元年
　十月廿五日”。

唐雲麾將軍左金吾衛帶方府折衝都尉之女也。瑶臺降祉，寶
婺資靈。舉按謙光，韞梁妻之令德；擇鄰慈訓，思孟母之貞
規。態掩啼□，吊孤影於鸞鏡；悲纏淚竹，切遺音於鳳簫。嗣
子廣寧公，思順愛敬，因心温恭自性。趨庭阻訓，循□楹而□
神；陟岵纏哀，遵宅兆而安厝。以爲揚名後代，頌聲可久。勒
方碣於泉扃，庶披文於不朽。其銘曰：

高辛景胄，大漢英靈。據雄朔野，命族邊亭。威横塞外，
寵穆專征。竭忠上國，□封廣寧。家聲不墜，祖業爰經。總
戎從戟，飭旅揚旌。直摧雲陣，斜□月營。未圖麟閣，奄謝鴻
名。龜書宅兆，馬鬣載垧。壹歸泉路，萬古佳城。

參見蔡强、於俊玉：《朝陽唐代駱本墓發掘簡報》，教育部
人文社會科學重點研究基地、吉林大學邊疆考古研究中心、
邊疆考古與中國文化認同協同創新中心編：《邊疆考古研究》
第 21 輯，2017 年，北京：科學出版社，第 55—64 頁；馬文濤：
《遼寧朝陽唐駱本墓誌考》，《黄河、黄土、黄種人》2021 年 1
期下，第 36—40 頁。

公元六八二年　唐高宗永淳元年

大周 [①]故左金吾遼西府果毅都尉上柱國駱府君墓誌銘
原夫宇蓋分儀馮律吕而陶化皇王纂歷寄大寶以成規是
知錫土均茅籍股肱而效節開疆納賮資羽翼以求貞自古之雋

[①]大周，是武則天建立的朝代，時間是 690—705 年。而墓主駱英死
于唐高宗永淳元年（682）十二月十八日，但下葬于武則天長壽二年
（693）八月十五日。因下葬時已是武周時期，故墓誌寫爲“大周”。
因駱英死于永淳元年，故將其墓誌繫于此年。

愁攸然今於公可略言矣公諱英字義弘昌黎孤竹人也祖俱皆
以金枝迴布崇基跨蓮嶽之嶺王葉遐分洪濤浚錦波之浪加以
珪璋袁潤竹柏尻貞道邁舟航心同砥礪並隨任光禄大夫本蕃
首領公遠略深謀聘神驥於千里臨危制勝仰齊足而並馳又能
東滅淮夷北殲匈虜青旗蔽野晞湛露金搥白刃飛空曜繁霜於
玉帳總章二年授上柱國其三月授遼西府左果毅都尉景僉□
巳大漸彌留永淳元年臘月十八日薨於私第春秋五十有八鳴
呼哀哉壑舟易殞同激水以俱沉峻景難停逐飛鳥□漸没以長
壽二年八月十五日送葬於營州城南九里即先人之舊域也其
地東臨峻阜望龍首以貫雲西眺平崗睹鷄鳴而並霧背長城而
鎮其後百雉之屺彌存麵狼水以湧其前萬丈之波不絕此則神
皋勝壤宅地無虧著筮屆期遷就深壙嗣子務貞次子務果次子
務獻嘆昊天之岡極無乖七日之悲念膝下之鴻恩不毀三年之
泣故以深埏遠隧積丹甓以千重永槨長棺壘朱版而數仞恐田
成碧海土變青山勒石鐫銘長爲永驗其詞曰蘭衰匜救玉碎難
收公之疟運厥疾不瘳風摧静樹川擁急流良木斯壞覆水沉舟
嗟乎永逝幾渡千秋其一著龜既襲歲月方臨雙牽兩緋只引單
衾山庭擁日隧路抽陰重肩閟兮燈已暗皇泉寂兮永夜深其二

　　朝陽市博物館朝陽市雙塔區文物管理所:《朝陽唐駱英
墓發掘簡報》,遼寧文物考古研究所、日本奈良文化財研究所
編著:《朝陽隋唐墓葬發現與研究》,北京:科學出版社,2012
年,第67—72頁。

公元六八七年　唐則天后垂拱三年

　　垂拱三年,或誣告褘之受歸誠州都督孫萬榮金,[三]兼與

許敬宗妾有私,則天特令肅州刺史王本立推鞫其事。本立宣敕示禕之,禕之曰:"不經鳳閣鸞臺,何名爲敕?"則天大怒,以爲拒捍制使,乃賜死於家,時年五十七。

【校勘記】

〔三〕歸誠州 "誠"字各本原無,據《通典》卷二〇〇、《新書》卷一一七《劉禕之傳》、《通鑑》卷二〇四補。

《舊唐書》卷八十七《列傳第三十七·劉禕之》頁二八四八、二八五九

垂拱中,或告禕之受歸誠州都督孫萬榮金,與許敬宗妾私通,太后遣肅州刺史王本立鞫治,以敕示禕之,禕之曰:"不經鳳閣鸞臺,何謂之敕!"后以爲拒制使,賜死于家,年五十七。

《新唐書》卷一百一十七《列傳第四十二·劉禕之》頁四二五一

(四月壬戌)鳳閣侍郎、同鳳閣鸞臺三品劉禕之竊謂鳳閣舍人永年賈大隱曰:永年,本漢曲梁縣。魏爲廣平郡治所,隋廢郡爲廣平縣,後改爲鷄澤;仁壽元年改曰永元〔年〕,避太子廣諱也;唐帶洺州。"太后既廢昏立明,安用臨朝稱制! 朝,直遙翻。不如返正【章:十二行本"正"作"政";乙十一行本同;退齋校同。】以安天下之心。"大隱密奏之,太后不悅,謂左右曰:"禕之我所引,劉禕之自北門學士至爲相,故云然。乃復叛我! "或誣禕之受歸誠州都督孫萬榮金,貞觀二十二年,以契丹別部置歸誠州,屬松漠都督府。復,扶又翻。又與許敬宗妾有私,太后命肅州刺史王本立推之。本立宣敕示禕之,禕之

曰:"不經鳳閣鸞臺,何名爲敕!"太后大怒,以爲拒捍制使;使,疏吏翻。庚午,賜死于家。

《資治通鑑》卷二百四《唐紀二十·則天后垂拱三年》頁六四四四

公元六九〇　唐則天后載初二年

沃州　載初中,析昌州置,處契丹松漠部落,隸營州。州陷契丹,乃遷於幽州,隸幽州都督。

《舊唐書》卷三十九《志第十九·地理二·河北道》頁一五二四

公元六九二年　唐則天后天授三年
則天后長壽元年　則天后如意元年 ①

(薛登)天授中,累遷左補闕。時選舉濫甚,乃上疏曰:

……

時四夷質子多在京師,如論欽陵、阿史德元珍、孫萬榮,皆因入侍見中國法度,及還,並爲邊害。登諫曰:

臣聞戎、夏不雜,古所戒也。故斥居塞外,有時朝謁,已事則歸,三王之法也。漢、魏以來,革襲衣冠,築室京師,不令歸國。較其利害,三王是而漢、魏非,拒邊長而質子短。昔晉郭欽、江統以夷狄處中夏必爲變,武帝不納,卒有永嘉之亂。

---

①據《資治通鑑》卷二百五《唐紀二十一》頁六四七七記載,長壽元年,即公元六九二年,"是年四月,改元如意;九月,改元長壽。自四月以前猶是天授三年"。

伏見突厥、吐蕃、契丹往因入侍，並被獎遇，官戎秩，步黌門，服改氈裘，語習楚夏，窺圖史成敗，熟山川險易。國家雖有冠帶之名，而狼子孤恩，患必在後。

《新唐書》卷一百一十二《列傳第三十七·薛登》頁四一六九至四一七一

天授三年，左補闕薛謙光上疏曰："戎夏不雜，自古所誡。夷狄無信，易動難安，故斥居塞外，不遷中國。前史所稱，其來已久。然而帝德廣被，有時朝謁，願受向化之誠，請納梯山之禮，貢事畢則歸其父母之國，導以指南之車，此三王之盛典也。自漢魏以後，遂革其風，務飾虛名，徵求侍子，諭令解辮，使襲衣冠，築室京師，不令歸國，此又中葉之故事也。較其利害，則三王是而漢魏非；論其得失，則拒邊長而徵質短。殷鑒在乎往世。豈可不懷經遠之慮哉……竊惟突厥、吐番、契丹等，往因入侍，並叨殊獎。或執戟丹墀，策名戎秩；或曳裾庠序，高步黌門。服改氈裘，語兼中夏。明習漢法，睹衣冠之儀；目擊朝章，知經國之要。窺成敗於圖史，察安危於古今，識邊塞之盈虛，知山川之險易。或委以經略之功，令其展效；或矜其首邱之志，放使歸蕃。於國家雖有冠帶之名，在夷狄廣其從橫之智。雖有慕化之美，苟悅於當時，而狼子孤恩，旋生於過後。及歸部落，鮮不稱兵，邊鄙罹災，實由於此……以愚臣慮者，國家方傳無窮之祚於後，脫備守不謹，邊防失圖，則夷狄稱兵，不在方外，非所以肥中國，削四夷，經營萬乘之業，貽厥孫謀之道也。臣愚以爲願充侍子者，一皆禁絕，必若在中國，不可使歸蕃，[一]則夷人保疆，邊邑無事矣。"

【校勘記】

〔一〕不可使歸蕃 “不”原作“亦”,參據《新唐書》卷
一一二《薛登傳》改。

《唐會要》卷五十六《省號下·左右補闕拾遺》頁一一三三
至一一三四

如意初,里歌曰:“黃麞黃麞草裏藏,彎弓射爾傷。”其
後,王孝傑敗於黃麞谷。

《新唐書》卷三十五《志第二十五·五行二·詩妖》頁
九一九

周如意年中以來,始唱黃麞歌,其詞曰:“黃麞,黃麞,草
裏藏,彎弓射你傷。”俄而契丹反叛,殺都督趙文翽,[二二]營
府陷没。差總管曹仁師、張玄遇、麻仁節、王孝傑,前後百萬
衆,被賊敗於黃麞谷,諸軍並没,罔有孑遺。黃麞之歌,斯爲
驗矣。

【校勘記】

〔二二〕趙文翽 原無“文”字,據《舊書》卷一九九下
《契丹傳》、《通鑑》萬歲通天元年增。

《朝野僉載》卷一頁九、二四

左衛將軍張洽舞黃麞,如意初,里歌曰:“黃麞黃麞草裏藏,彎弓射
爾傷。”亦演以爲舞。

《資治通鑑》卷二百九《唐紀二十五·中宗景龍三年》頁
六六三三

如意初,里歌曰:"黃麞黃麞草裏藏,彎弓射爾傷。"其後,王孝傑敗於黃麞谷。

　　《文獻通考》卷三百九《物異十五・詩異》頁二四二七中

《黃麞歌》

　　《唐書・五行志》曰:如意初,里中歌黃麞。後契丹李盡忠、孫萬榮叛。陷營州。則天令總管曹仁師、王孝傑等將兵百萬討之。大敗於硤石黃麞谷而死。朝廷嘉其忠。爲造此曲。後亦爲舞曲。

　　黃麞黃麞草裏藏,彎弓射爾傷。

　　　　《全唐詩》卷二十九《雜歌謠辭》頁四二三

公元六九四年　唐則天后延載元年

　　武后延載元年六月,幽州都督孫佺討奚、契丹,出師之夕,有大星隕於營中。

　　《文獻通考》卷二百九十一《象緯十四・流星星隕》頁二三〇四中

公元六九六年　唐則天后萬歲通天元年

　　五月,營州城傍契丹首領松漠都督李盡忠與其妻兄歸誠州刺史孫萬榮殺都督趙文翽,[四]舉兵反,攻陷營州。盡忠自號可汗。乙丑,命鷹揚將軍曹仁師、右金吾大將軍張玄遇、右武威大將軍李多祚、司農少卿麻仁節等二十八將討之。

　　秋七月,命春官尚書、梁王三思爲安撫大使,納言姚璹爲之副。制改李盡忠爲盡滅,孫萬榮爲萬斬。

　　秋八月,張玄遇、曹仁師、麻仁節與李盡滅戰于西硤石黃麐谷,官軍敗績,玄遇、仁節並爲賊所虜。九月,命右武衛大將軍、建安王攸宜爲大總管以討契丹。并州長史王方慶爲鸞臺侍郎,〔五〕與殿中監李道廣並同鳳閣鸞臺平章事。吐蕃寇涼州,都督許欽明爲賊所執。庚申,王方慶爲鳳閣侍郎,仍依舊知政事。李盡滅死,其黨孫萬斬代領其衆。

冬十月,孫萬斬攻陷冀州,刺史陸寶積死之。

十一月,〔六〕又陷瀛州屬縣。

二年正月,親享明堂。鳳閣侍郎李元素、夏官侍郎孫元亨坐與綦連耀謀反,伏誅。原州都督府司馬婁師德爲鳳閣侍郎、同鳳閣鸞臺平章事。

春二月,王孝傑、蘇宏暉等率兵十八萬與孫萬斬戰于硤石谷,王師敗績,孝傑没於陣,宏暉棄甲而遁。

夏四月,鑄九鼎成,置于明堂之庭,前益州大都督府長史王及善爲内史。

五月,命右金吾大將軍、河内王懿宗爲大總管,右肅政御史大夫婁師德爲副大總管,右武威衛大將軍沙吒忠義爲前軍總管,率兵二十萬以討孫萬斬。

六月,内史李昭德、司僕少卿來俊臣以罪伏誅。孫萬斬爲其家奴所殺,餘黨大潰。魏王承嗣、梁王三思並同鳳閣鸞臺三品。

秋八月,納言姚璹爲益州大都督府長史。

九月,以契丹李盡滅等平,大赦天下,改元爲神功,大酺七日。婁師德爲納言。

冬十月,前幽州都督狄仁傑爲鸞臺侍郎,司刑卿杜景儉爲鳳閣侍郎,並同鳳閣鸞臺平章事。

【校勘記】

〔四〕歸誠州　“歸”字各本原作“媯”，據《新書》卷四《則天紀》、《通鑑》卷二〇五改。

〔五〕鸞臺侍郎　“鸞臺”，各本原作“鳳閣”，據本書卷八九《王方慶傳》、《合鈔》卷六《則天紀》改。

〔六〕十一月　按當時以十一月爲正月，無十一月之稱，《通鑑》卷二〇五攻瀛州事繫于十月。

《舊唐書》卷《本紀第六·則天皇后》頁一二五至一二六、一三四

其年九月，又大享於通天宮。以契丹破滅，九鼎初成，大赦，改元爲神功。

　　　　　《舊唐書》卷二十二《志第二·禮儀二》頁八六八

（許紹）子欽寂嗣，萬歲登封年爲夔州都督府長史。時契丹入寇，以欽寂兼龍山軍討擊副使，軍次崇州，戰敗被擒。

　　　　　《舊唐書》卷五十九《列傳第九·許紹附許欽寂》頁二三二九

後契丹李萬榮叛，陷營州，則天令總管曹仁師、王孝傑等將兵百萬討之，大敗於黃麞谷，契丹乘勝至趙郡。

　　　　　《舊唐書》卷三十七《志第十七·五行》頁一三七六

威化　後契丹陷營州乃南遷，寄治於良鄉縣石窟堡，爲威化縣，州治也。〔八六〕

【校勘記】

〔八六〕爲威化縣州治也　"州"上各本原有"幽"字,據《寰宇記》卷七一删。

《舊唐書》卷三十九《志第十九·地理二》頁一五二二、一五六四

逢龍　契丹陷營州後南遷,寄治良鄉縣之故都鄉城,爲逢龍縣,州治也。

《舊唐書》卷三十九《志第十九·地理二》頁一五二二

昌黎　貞觀二年,置北黎州,寄治營州東北廢楊師鎮。八年,改爲崇州,置昌黎縣。契丹陷營州,徙治於潞縣之古潞城,爲縣。

《舊唐書》卷三十九《志第十九·地理二》頁一五二三

孤竹　舊治營州界。州陷契丹後,寄治於昌平縣之清水店,爲州治。

《舊唐書》卷三十九《志第十九·地理二》頁一五二四

沃州　載初中,析昌州置,處契丹松漠部落,隸營州。州陷契丹,乃遷於幽州,隸幽州都督。

《舊唐書》卷三十九《志第十九·地理二》頁一五二四

濱海　沃州本寄治營州城内,州陷契丹,乃遷於薊縣東南迴城,爲治所。

《舊唐書》卷三十九《志第十九·地理二》頁一五二四

　　龍山　　貞觀二年，置州於營州東北廢静蕃戍。七年，移治於三合鎮。營州陷契丹，乃遷於安次縣古常道城，爲州治。

　　《舊唐書》卷三十九《志第十九·地理二》頁一五二五

　　來遠　　舊縣在營州界。州陷契丹，移治於良鄉縣之故廣陽城。

　　《舊唐書》卷三十九《志第十九·地理二》頁一五二五

　　信州　　萬歲通天元年置，處契丹失活部落，隸營州都督。二年，遷於青州安置。

　　《舊唐書》卷三十九《志第十九·地理二》頁一五二六

　　萬歲通天年，契丹寇陷冀州，河北震動，徵仁傑爲魏州刺史。

　　《舊唐書》卷八十九《列傳第三十九·狄仁傑》頁二八八九

　　尋屬契丹犯塞，命梁王武三思爲榆關道安撫大使、璹爲副使以備之。及還，坐事，神功初左授益州大都督府長史。

　　《舊唐書》卷八十九《列傳第三十九·姚璹》頁二九〇三

　　垂拱中，歷司屬卿。時山東饑，及善爲巡撫賑給使。尋拜春官尚書、秦州都督，轉益州大都督府長史。以老病請乞致仕，加授光禄大夫。後契丹作亂，山東不安，起授滑州刺史。

　　《舊唐書》卷九十《列傳第四十·王及善》頁二九一〇

萬歲通天年，契丹李盡忠、孫萬榮反叛，復詔孝傑白衣起爲清邊道總管，統兵十八萬以討之。

　　《舊唐書》卷九十三《列傳第四十三·王孝傑》頁二九七七

時契丹寇陷河北數州，兵機填委，元崇剖析若流，皆有條貫。則天甚奇之，超遷夏官侍郎，又尋同鳳閣鸞臺平章事。

　　《舊唐書》卷九十六《列傳第四十六·姚崇》頁三〇二一

時屬突厥及契丹寇陷河北，兼發河南諸州兵募，百姓騷擾，道廣寬猛折衷，稱爲善政，存心慰撫，汴州獨不逃散。

　　《舊唐書》卷九十八《列傳第四十八·李元紘》頁三〇七三

會契丹孫萬榮作亂，河朔不安，思貞善於綏撫，境內獨無驚擾，則天降璽書褒美之。

　　《舊唐書》卷一百《列傳第五十·尹思貞》頁三一〇九

時契丹李盡忠反叛，其將孫萬榮寇陷河北數州，河內王武懿宗擁兵討之，畏懦不敢進。既而賊大掠而去，懿宗條奏滄、瀛百姓爲賊詿誤者數百家，請誅之。求禮執而劾之曰："此詿誤之人，比無良吏教習，城池又不完固，爲賊驅逼，苟徇圖全，豈素有背叛之心哉！懿宗擁強兵數十萬，聞賊將至，走保城邑，罪當誅戮。今乃移禍於詿誤之人，豈是爲臣之道？請斬懿宗以謝河北百姓。"懿宗大懼，則天竟降制赦之。

契丹陷幽州，饋輓不給，左相豆盧欽望請輟京官兩月俸料以助軍，求禮謂欽望曰："公祿厚俸優，輟之可也。國家富有四海,足以儲軍國之用,何藉貧官薄俸。公此舉豈宰相法邪？”

　　《舊唐書》卷一百一《列傳第五十一·王求禮》頁三一五四

　　萬歲通天元年,夏官郎中侯味虛統兵討契丹不利,奏言“賊徒熾盛,常有蛇虎導其軍”。

　　《舊唐書》卷一百八十五上《列傳第一百三十五上·薛季昶》頁四八〇四

　　初,營州都督府置在柳城,控帶奚、契丹。則天時,都督趙文翽政理乖方,兩蕃反叛,攻陷州城,其後移於幽州東二百里漁陽城安置。

　　《舊唐書》卷一百八十五下《列傳第一百三十五下·宋慶禮》頁四八一四

　　武攸宜統軍北討契丹,以子昂爲管記,軍中文翰皆委之。

　　《舊唐書》卷一百九十中《列傳第一百四十中·文苑中·陳子昂》頁五〇二四

　　鄒保英妻奚氏,不知何許人也。萬歲通天年,契丹賊李盡忠來寇平州,保英時任刺史,領兵討擊。既而城孤援寡,勢將欲陷,奚氏乃率家僮及城内女丁相助固守。賊退,所司以聞,優制封爲誠節夫人。

　　《舊唐書》卷一百九十三《列傳第一百四十三·列女·鄒保英妻奚氏》頁五一四五至五一四六

萬歲通天元年，契丹首領李盡忠、孫萬榮反叛，攻陷營府，默啜遣使上言："請還河西降户，即率部落兵馬爲國家討擊契丹。"制許之。默啜遂攻討契丹，部衆大潰，盡獲其家口，默啜自此兵衆漸盛。

《舊唐書》卷一百九十四上《列傳第一百四十四上·突厥上》頁五一六八

萬歲通天年，契丹叛後，奚衆管屬突厥，兩國常遞爲表裏，號曰"兩蕃"。

《舊唐書》卷一百九十九下《列傳第一百四十九下·北狄·奚》頁五三五四

渤海靺鞨大祚榮者，本高麗別種也。高麗既滅，祚榮率家屬徙居營州。萬歲通天年，契丹李盡忠反叛，祚榮與靺鞨乞四比羽各領亡命東奔，保阻以自固。盡忠既死，則天命右玉鈐衛大將軍李楷固率兵討其餘黨，先破斬乞四比羽，又度天門嶺以迫祚榮。祚榮合高麗、靺鞨之衆以拒楷固，王師大敗，楷固脱身而還。屬契丹及奚盡降突厥，道路阻絶，則天不能討，祚榮遂率其衆東保桂婁之故地，〔二二〕據東牟山，築城以居之。

【校勘記】

〔二二〕桂婁 《新書》卷二一九《北狄傳》作"挹婁"。

《舊唐書》卷一百九十九下《列傳第一百四十九下·北狄·渤海靺鞨》頁五三六〇、五三六六

（《唐書》）又曰：鄒保英妻奚氏，不知何許人也。萬歲通天年中，契丹賊李盡忠來寇平州，保英時任刺史，領兵討擊。既而城孤援寡，勢將欲陷，奚氏乃率家僮及城内女丁相助固守。賊退，所司以聞，優制封爲誠節夫人。

《太平御覽》卷二〇二《封建部五·婦人封》頁九七三上至九七三下

萬歲通天元年五月，營州城傍契丹首領松漠都督李盡忠與誠州刺史孫萬榮，殺都督趙文翽，舉兵反，攻陷營州。命左鷹揚衛將軍曹仁師、右金吾衛大將軍張玄遇、左武衛大將軍李多祚、司農少卿麻仁節等二十八將討之。

《册府元龜》卷九八六《外臣部·征討五》頁一一五八上至一一五八下

黄麛谷，在府東南，與碣石山西麓相近。劉昫曰：“平州有西硤石、東硤石二戍，與西硤石近者又有黄麛谷。”硤石蓋碣石之訛也。唐武后萬歲登封初，契丹軍帥李盡忠等作亂，寇檀州，將軍曹仁師擊之，爲契丹所誘，先進至黄麛谷，寇復遣老弱僞降，仁師等不設備，輕軍争入，戰於硤石谷，敗没。谷蓋近昌黎縣界。

《讀史方輿紀要》卷十七《北直八·永平府》頁七五四

據東牟山，築城以居之。

【校勘記】

〔二二〕“桂婁”，《新書》卷二一九《北狄傳》作“挹婁”。

《舊唐書》卷一百九十九下《列傳第一百四十九下·北

狄·靺鞨》頁五三六〇

初,孫萬榮別帥何阿小攻陷冀州,亦多屠害士女;至是,時人號懿宗與阿小爲兩何,爲之語曰:"唯此兩何,殺人最多。"

《舊唐書》卷一百八十三《列傳第一百三十七·外戚·武承嗣》頁四七三七

五月壬子,契丹首領松漠都督李盡忠、歸誠州刺史孫萬榮陷營州,殺都督趙文翽。乙丑,左鷹揚衛將軍曹仁師、右金吾衛大將軍張玄遇、左威衛大將軍李多祚、司農少卿麻仁節等擊之。

七月辛亥,春官尚書武三思爲榆關道安撫大使,納言姚璹爲副,以備契丹。

八月丁酉,張玄遇、曹仁師、麻仁節等及契丹戰于黃麞谷,敗績,執玄遇、仁節。

九月庚子,同州刺史武攸宜爲清邊道行軍大總管,以擊契丹。丁巳,吐蕃寇涼州,都督許欽明死之。庚申,并州長史王方慶爲鸞臺侍郎,殿中監李道廣:同鳳閣鸞臺平章事。

十月辛卯,契丹寇冀州,刺史陸寶積死之。

《新唐書》卷四《本紀第四·則天皇后》頁九六至九七

萬歲通天元年,契丹入寇,詔爲隴山軍討擊副使,戰崇州,敗,爲虜所禽。

《新唐書》卷九十《列傳第十五·許紹》頁三七七二

契丹李盡忠盜塞,副梁王武三思爲榆關道安撫使。

《新唐書》卷一百二《列傳第二十七·姚思廉》頁三九八〇

（陳）子昂多病,居職不樂。會武攸宜討契丹,高置幕府,表子昂參謀。次漁陽,前軍敗,舉軍震恐,攸宜輕易無將略,子昂諫曰:"陛下發天下兵以屬大王,安危成敗在此舉,安可忽哉？今大王法制不立,如小兒戲。願審智愚,量勇怯,度衆寡,以長攻短,此刷恥之道也。夫按軍尚威嚴,擇親信以虞不測。大王提重兵精甲,頓之境上,朱亥竊發之變,良可懼也。王能聽愚計,分麾下萬人爲前驅,契丹小醜,指日可擒。"

《新唐書》卷一百七《列傳第三十二·陳子昂》頁四〇七七

室韋及孫萬榮之叛,多祚與諸將進討,以勞改右羽林大將軍,遂領北門衛兵。

《新唐書》卷一百一十《列傳第三十五·李多祚》頁四一二五

會契丹李盡忠等叛,有詔起白衣爲清邊道總管,將兵十八萬討之。

《新唐書》卷一百一十一《列傳第三十六·王孝傑》頁四一四八

萬歲通天中,契丹陷冀州,河北震動,擢仁傑爲魏州刺史。

《新唐書》卷一百一十五《列傳第四十·狄仁傑》頁

四二一〇

　　是時李楷固、駱務整討契丹，克之，獻俘含樞殿，后大悦。二人者，本契丹李盡忠部將，盡忠入寇，楷固等數挫王師，後降，有司請論如法。仁傑稱其驍勇可任，若貸死，必感恩納節，可以責功。至是凱旋，后舉酒屬仁傑，賞其知人。授楷固左玉鈐衛大將軍、燕國公，賜姓武；務整右武威衛將軍。

　　《新唐書》卷一百一十五《列傳第四十·狄仁傑》頁四二一三

　　夏官郎中侯味虛將兵討契丹，不利，妄言“賊行有蛇虎導軍”。后惡其詭，拜季昶爲河北道按察使。季昶馳至軍，斬味虛以聞，威震北方。

　　《新唐書》卷一百二十《列傳第四十五·薛季昶》頁四三一四

　　契丹擾河北，兵檄叢進，崇奏決若流，武后賢之，即拜侍郎。

　　《新唐書》卷一百二十四《列傳第四十九·姚崇》頁四三八一

　　會契丹孫萬榮亂，朔方震驚，思貞循撫境内，獨無擾。武后璽書褒尉。

　　《新唐書》卷一百二十八《列傳第五十三·尹思貞》頁四四五九

初,營州都督府治柳城,扼制奚、契丹。武后時,趙文翽失兩蕃情,攻殘其府,更治東漁陽城。

《新唐書》卷一百三十《列傳第五十五·宋慶禮》頁四四九四

突厥、契丹寇河北,議發河南兵擊之,百姓震擾,道廣悉心撫定,人無離散。

《新唐書》卷一百二十六《列傳第五十一·李元紘》頁四四一九

先是萬歲通天初,契丹寇平州,鄒保英爲刺史,城且陷,妻奚率家僮女丁乘城,不下賊,詔封誠節夫人。

《新唐書》卷二百五《列傳第一百三十·烈女·楊烈婦》頁五八二六

(武)攸宜歷同州刺史,萬歲通天初,爲清邊道行軍大總管,討契丹,后親餞白馬寺,師無功還,拜左羽林大將軍。……契丹陷營州,以榆關道安撫大使屯邊。

《新唐書》卷二百六《列傳第一百三十一·外戚·武士彠》頁五八三九

契丹李盡忠等反,默啜請擊賊自效,詔可。授左衛大將軍、歸國公,以左豹韜衛將軍閻知微即部册拜遷善可汗。默啜乃引兵擊契丹,會盡忠死,襲松漠部落,盡得孫萬榮妻子輜重,酋長崩潰。

《新唐書》卷二百一十五上《列傳第一百四十上·突厥
傳上》頁六〇四五

奚亦東胡種，爲匈奴所破，保烏丸山。……元魏時自號
庫真奚，居鮮卑故地，直京師東北四千里。其地東北接契丹，
西突厥，南白狼河，北霫。……

萬歲通天中，契丹反，奚亦叛，與突厥相表裏，號“兩蕃”。
延和元年，以左羽林衛大將軍幽州都督孫佺、左驍衛將軍李
楷洛、左威衛將軍周以悌帥兵十二萬，爲三軍，襲擊其部；次
冷陘，前軍楷洛與奚酋李大酺戰不利。佺懼，斂軍，詐大酺
曰：“我奉詔來慰撫若等，而楷洛違節度輒戰，非天子意，方戮
以徇。”大酺曰：“誠慰撫我，有所賜乎？”佺出軍中繒帛、袍
帶與之。大酺謝，請佺還師，舉軍得脱，爭先無部伍，大酺兵
躡之，遂大敗，殺傷數萬，佺、以悌皆爲虜禽，送默啜害之。朝
廷方多故，不暇討。

《新唐書》卷二百一十九《列傳第一百四十四·北狄·奚》
頁六一七三至六一七四

渤海，本粟末靺鞨附高麗者，姓大氏。高麗滅，率衆保挹
婁之東牟山，地直營州東二千里，南比新羅，以泥河爲境，東
窮海，西契丹。築城郭以居，高麗逋殘稍歸之。

萬歲通天中，契丹盡忠殺營州都督趙翽反，有舍利乞乞
仲象者，與靺鞨酋乞四比羽及高麗餘種東走，度遼水，保太
白山之東北，阻奧婁河，樹壁自固。武后封乞四比羽爲許國
公，乞乞仲象爲震國公，赦其罪。比羽不受命，后詔玉鈐衛大

將軍李楷固、中郎將索仇擊斬之。是時仲象已死，其子祚榮引殘痍遁去，楷固窮躡，度天門嶺。祚榮因高麗、靺鞨兵拒楷固，楷固敗還。於是契丹附突厥，王師道絶，不克討。……

扶餘故地爲扶餘府，常屯勁兵扞契丹，領扶、仙二州；……扶餘，契丹道也。

……餘俗與高麗、契丹略等。幽州節度府與相聘問，自營、平距京師蓋八千里而遠。後朝貢至否，史家失傳，故叛附無考焉。

《新唐書》卷二百一十九《列傳第一百四十四·北狄·渤海》頁六一七九至六一八三

渤海，本號靺鞨，高麗之別種也。……武后時，契丹攻北邊，高麗別種大乞乞仲象與靺鞨酋長乞四比羽走遼東，分王高麗故地，武后遣將擊殺乞四比羽，而乞乞仲象亦病死。

《新五代史》卷七十四《四夷附録第三·渤海》頁九一九至九二○

夏，五月，壬子，營州契丹松漠都督李盡忠、歸誠州刺史孫萬榮舉兵反，攻陷營州，《開元十道志》曰：舜築柳城，即虞舜已前已有柳城之地，因有營州之稱。《郡國志》云：當營室分，故曰營州。後漢末，遼西烏丸蹋頓所居。後魏於平州界置遼西郡，周平齊，猶爲高寶寧所據，隋討平寶寧，始置營州。松漠都督府及歸誠州，太宗以内屬契丹部落置。殺都督趙文翽。契，欺訖翻，又音喫。翽，呼會翻。盡忠，萬榮之妹夫也，皆居於營州城側。文翽剛愎，契丹饑不加賑給，視酋長如奴僕，故二人怨而反。愎，弼力翻。賑，津忍翻。酋，慈由翻。長，知兩翻。乙丑，遣左鷹揚衛將軍曹仁師、右金吾衛大將軍張玄遇、左威衛大將軍李多祚、司農少卿麻仁節等二十八將討之。<small>八將，即亮翻。</small>

《資治通鑑》卷二百五《唐紀二十一・則天后萬歲通天元年》頁六五〇五至六五〇六

秋，七月，辛亥，以春官尚書梁王武三思爲榆關道安撫大使，<small>榆關在勝州界，與突厥接，非所以備契丹也。營州城西四百八十里，有榆關守捉城，所謂"臨渝之險"也。"榆"當作"渝"，史於此以後多以"渝"作"榆"，讀者宜詳考。使，疏吏翻。</small>姚璹副之，以備契丹。改李盡忠爲李盡滅，孫萬榮爲孫萬斬。<small>武后改突厥骨咄祿爲不卒祿，又改李盡忠爲李盡滅，孫萬榮爲孫萬斬。此事何異王莽所爲，顧有成敗之異耳。</small>

盡忠尋自稱無上可汗，據營州，<small>可，從刊入聲。汗，音寒。</small>以萬榮爲前鋒，略地，所向皆下，旬日，兵至數萬，進圍檀州，<small>檀州本漢漁陽郡傂奚縣地，舊置安州，後周改爲玄州，隋開皇十六年置檀州。</small>清邊前軍副總管張九節擊却之。

……

《資治通鑑》卷二百五《唐紀二十一・則天后萬歲通天元年》頁六五〇六

八月，丁酉，曹仁師、張玄遇、麻仁節與契丹戰于硤石谷，<small>平州有西硤石、東硤石二戍。</small>唐兵大敗。先是，契丹破營州，<small>先，悉薦翻。</small>獲唐俘數百，囚之地牢，聞唐兵將至，使守牢霉給之曰：<small>使霉守唐俘於地牢，故曰守牢霉。霉，而立翻。給，蕩亥翻。</small>"吾輩家屬，饑寒不能自存，唯俟官軍至即降耳。"<small>降，户江翻；下同。</small>既而契丹引出其俘，飼以糠粥，慰勞之曰：<small>飼，祥吏翻。勞，力到翻。</small>"吾養汝則無食，殺汝又不忍，今縱汝去。"遂釋之。俘至幽州，具言其狀，諸軍聞之，爭欲先入。至黃麞谷，<small>據《舊書》，黃麞谷在西硤石。</small>虜又遣老弱迎降，故遺老牛瘦馬於道側。仁師等三軍棄步卒，將騎兵先進。契丹設伏橫擊之，飛索以絚玄遇、仁節，生獲之，<small>將，即亮翻。騎，奇寄翻。索，昔各翻。字書無"絚"字，今讀與揯同，德𢇉翻，或曰吐合翻。</small>將卒死者填山谷，鮮有脱者。<small>鮮，息淺翻。</small>契丹得軍印，詐爲牒，令玄遇等署之，牒總管燕匪石、宗懷昌等云："官軍已破賊，若至營州，軍將皆斬，兵不叙勛。"<small>燕，因肩翻。將，即亮翻。</small>匪石等得牒，晝夜兼行，不遑寢食以赴之，士馬疲弊；契丹伏兵於中道邀之，全軍皆没。

《資治通鑑》卷二百五《唐紀二十一·則天后萬歲通天元年》頁六五〇六至六五〇七

盡忠尋自稱無上可汗，據營州，<small>可，從刊入聲。汗，音寒。</small>以萬榮爲前鋒，略地，所向皆下，旬日，兵至數萬，進圍檀州，<small>檀州本漢漁陽郡傂奚縣地，舊置安州，後周改爲玄州，隋開皇十六年置檀州。</small>清邊前軍副總管張九節擊却之。

九月，制："天下系囚及庶士家奴驍勇者，官償其直，發以擊契丹。"<small>驍，堅堯翻。</small>初令山東近邊諸州置武騎團兵，以同州刺史建安王武攸宜爲右武威衞大將軍，充清邊道行軍大總管，以討契丹。

右拾遺陳子昂爲攸宜府參謀，<small>以本官參謀軍事，不列爲品秩。</small>上疏曰："恩制免天下罪人及募諸色奴充兵討擊契丹，此乃捷急之計，非天子之兵。且比來刑獄久清，罪人全少，<small>比，毗至翻。少，詩沼翻。</small>奴多怯弱，不慣征行，<small>慣，古患翻。</small>縱其募集，未足可用。

況今天下忠臣義士，萬分未用其一，契丹小孽，孽，魚列翻。假命待誅，何勞免罪贖奴，損國大體！臣恐此策不可威示天下。”

丁巳，突厥寇涼州，執都督許欽明。《考異》曰：《實録》云：“吐蕃寇涼州，都督許欽明爲賊所殺。”按明年正月默啜寇靈州，以欽明自隨；又默啜將襲孫萬榮，殺欽明以祭天。《實録》云吐蕃，誤也。欽明，紹之曾孫也；許紹預淩煙閣二十四功臣之列。時出按部，突厥數萬奄至城下，欽明拒戰，爲所虜。

欽明兄欽寂，時爲龍山軍討擊副使，與契丹戰於崇州，龍山，即慕容氏和龍之山也。崇州，奚州也，武德五年，分饒樂都督府之可汗部置，貞觀三年，徙治營州之廢陽師鎮。軍敗，被擒。虜將圍安東，令欽寂説其屬城未下者。説，輸芮翻。安東都護裴玄珪在城中，高宗總章元年置安東都護府於平壤城，上元元年，徙遼東郡故城，儀鳳二年又徙新城，開元二年徙平州，天寶二年徙遼西故郡城，疑此時已徙平州。宋白曰：營州東南二百七十里有保定軍，舊安東都護府。欽寂謂曰：“狂賊天殃，滅在朝夕，公但勵兵謹守以全忠節。”虜殺之。

……

（庚申）突厥默啜請爲太后子，并爲其女求昏，悉歸河西降户，帥其部衆爲國討契丹。并爲、衆爲、並於僞翻。帥，讀曰率。太后遣豹韜衛大將軍閻知微、龍朔改左右屯衛爲左右武威衛，光宅又改爲左右豹韜衛。左衛郎將攝司賓卿田歸道册授默啜左衛大將軍、遷善可汗。知微，立德之孫；歸道，仁會之子也。閻立德以巧思稱。田仁會，良吏也。

冬，十月，辛卯，契丹李盡忠卒，孫萬榮代領其衆。突厥默啜乘間襲松漠，虜盡忠、萬榮妻子而去。卒，子恤翻。間，古莧翻。太后進拜默啜爲頡跌利施大單于、立功報國可汗。頡，户結翻。跌，徒結翻。單，音蟬。

　　孫萬榮收合餘衆，軍勢復振，復，扶又翻。遣別帥駱務整、何阿小爲前鋒，帥，所類翻。阿，烏葛翻。攻陷冀州，殺刺史陸寶積，屠吏民數千人；又攻瀛州，河北震動。制起彭澤令狄仁傑長壽元年，仁傑貶。爲魏州刺史。前刺史獨孤思莊畏契丹猝至，悉驅百姓入城，繕修守備。仁傑至，悉遣還農，曰：“賊猶在遠，何煩如是！萬一賊來，吾自當之。”百姓大悦。

　　時契丹入寇，軍書填委，夏官郎中硤石姚元崇剖析如流，皆有條理，後魏太和十一年於崤陵置崤縣，屬恒農郡；隋併入熊耳縣，屬河南郡；唐武德元年復置，貞觀十四年移治硤石塢，因更名硤石。太后奇之，擢爲夏官侍郎。

　　《資治通鑑》卷二百五《唐紀二十一·則天后萬歲通天元年》頁六五〇六至六五一〇

　　頃林胡大寇邊，殺右將軍，於是幽薊之北門不啓。天子方憂朔漠之事，問盧龍之策，公安得收其宏略，匣長劍，塊然爲一尉哉！夫感於事則忠義全，登於危則臣節見。必也海水晏，燕山空，代雲胡沙，談笑而静，蓋王師之義全。言未畢，征馬將散，三嘯於離郊之上，敬而辭焉。

　　《全唐文》卷三百三十四《陶翰·送蕭少府之幽州序》頁三三八〇至三三八一

　　日者林胡搆孽，敢亂燕陲，〔一〕陛下征義兵誅不道，天下士庶，焱集星馳，皆忘身憂國，紓禍却難。至於躬先矢石，血塗草莽，冒艱險，歷寒温，氣騰青雲，精貫白日，誠亦勤矣。

【校勘記】

〔一〕敢亂燕陲　“亂”原作“辭”，據王本、庫本、《全唐文》校改。

《陳子昂集》卷四《爲河内王等論軍功表》頁九五

日者林胡搆孽，敢亂燕陲，陛下徵義兵，誅不道。天下士庶，焱集星馳，皆忘身憂國，紓禍却難。至於躬先矢石，血塗草莽，冒艱險，歷寒温，氣騰青雲，精貫白日，誠亦勤矣。

《全唐文》卷二〇九《張九齡八·爲河内王等論軍功表》頁二一一八

天后中，契丹李盡忠、孫萬榮之破營府也，[一六]以地牢囚漢俘數百人。聞麻仁節等諸軍欲至，乃令守囚霤等紿之曰：“家口饑寒，不能存活。求待國家兵到，吾等即降。”其囚日別與一頓粥，引出安慰曰：“吾此無飲食養汝，又不忍殺汝，總放歸若何？”衆皆拜伏乞命，乃紿放去。至幽州，具説饑凍逗遛。兵士聞之，争欲先入。至黄麞峪，[一七]賊又令老者投官軍，送遺老牛瘦馬於道側。仁節等三軍棄步卒，將馬先争入，被賊設伏横截，軍將被索絹之，生擒節等，死者填山谷，罕有一遺。

【校勘記】

〔一六〕孫萬榮之破營府也　原脱“孫”字，“營”作“榮”，據《舊書》卷一九九下《契丹傳》、《通鑑》萬歲通天元年增改。

〔一七〕黄麞峪　《通鑑》萬歲通天元年作“黄麞谷”，本卷下文亦作“谷”。

《朝野僉載》卷一頁七至八、二三

朱前疑淺鈍無識，容貌極醜。上書云“臣夢見陛下八百歲”，即授拾遺，俄遷郎中。出使迴，又上書云“聞嵩山唱萬歲聲”，即賜緋魚袋。未入五品，於綠衫上帶之，朝野莫不怪笑。後契丹反，有敕京官出馬一匹供軍者，即酬五品。前疑買馬納訖，表索緋，上怒，批其狀“即放歸丘園”，憤恚而卒。

　　　　　　　　　　　　　　《朝野僉載》卷四頁九二

　　公諱無競，字仲烈，其先琅琊人也。……

　　初天册中，公①與故人魏州牧獨孤莊書，忿林胡之倡狂，哀冀方之阢隉，誠以軍志，示之死所。客有薦其書者，則天見而異之，有制召見，驟膺寵渥。相如之賦感人主，未云速也！

　　《全唐文》卷三百十三《孫逖六·太子舍人王公墓誌銘》頁三一七九至三一八〇

　　唯契丹，武太后萬歲通天初，其帥李盡忠、孫萬榮陷營州，今柳城郡。自稱爲可汗，司農卿麻仁節等二十八將，敗於西峽石黃麞谷，仁節死焉。賊又陷冀州，今信都郡。刺史陸寶積死之。夏官尚書平章事王孝傑率兵十八萬，又敗没於東峽石。又令御史大夫婁師德率兵二十萬拒之。萬榮爲家奴所殺，其黨遂潰。

　　《通典》卷一百九十四《邊防十·北狄一·序》頁五三〇二

---

①墓主人王無競，死於“神龍初”，開元十六年（728）歸葬於舊塋。因“林胡之倡狂”指萬歲通天元年契丹李盡忠、孫萬榮的“營州之亂”，故繫於此年下。

萬歲通天元年九月敕：“士庶家僮僕有驍勇者，官酬主直，並令討擊契丹。”時契丹首領李盡忠攻陷營州也。

《唐會要》卷八十六《奴婢》頁一八六〇

萬歲通天元年九月敕：“士庶家僮僕有驍勇者，官酬主直，並令討擊契丹。”時契丹首領李盡忠攻陷營州也。

《文獻通考》卷十一《戶口考二》頁一二〇中

萬歲通天中，契丹攻陷營州，靺鞨酋人反，據遼東，分王高麗之地，渤海因保挹婁故地，中宗封爲渤海郡王，兼漢州都督。

《武經總要·前集》卷十六下《邊防·奚、渤海、女真》頁二七三

萬歲通天元年，契丹首領李盡忠、孫萬榮反叛，攻陷營府，默啜遣使上言：“請還河西降戶，即率部落兵馬爲國討擊契丹。”許之。默啜遂攻討契丹，[一]部衆大潰，盡俘其家口，默啜自此兵衆漸盛。

【校勘記】

〔一〕遂攻討契丹　原脱“討”，據明抄本、明刻本、朝鮮本補。

《通典》卷一百九十八《邊防十四·北狄五·突厥中》頁五四三五、五四四五

萬歲通天元年，契丹首領李盡忠、孫萬榮反叛，攻陷營

府,默啜遣使上言:"請還河西降户,即率部落兵馬爲國討擊契丹。"許之。默啜遂攻討契丹,部衆大潰,盡俘其家口,默啜自此兵衆漸盛。

《文獻通考》卷三百四十三《四裔考二十·突厥中》頁二六九一下

渤海靺鞨,本高麗種,唐總章中,高宗平高麗,徙其人散居中國,置州縣於遼外,就平壤城置安東都護府以統之。至萬歲通天中,契丹李萬榮反,攻陷營府。

《五代會要》卷三十《渤海》頁四七三

中宗時,韋皇后表請諸婦人不因夫子而加邑號,許同見任職事,聽子孫用蔭,門施榮戟。制從之。武太后時,契丹寇平州,平州刺史鄒保英妻奚氏率城内女子助守,[四二]賊遂退,封爲誠節夫人。[四三]

【校勘記】

〔四二〕平州刺史鄒保英妻奚氏　"鄒"原訛"鄭","奚"原訛"爰",據《舊唐書·列女傳》五一四五頁改。按:北宋本"鄒"字不誤。

〔四三〕誠節夫人　"誠"原作"成",據《舊唐書·列女傳》五一四六頁改。

《通典》卷三十四《職官十六·大唐外命婦之制》頁九五〇、九五四

(大唐)武太后天册萬歲中,建安王攸宜平契丹迴,欲

以十二月入城，時以爲凱旋，合有樂，既屬先帝忌月，請備而不奏。

　　《通典》卷一百《禮六十·忌日議·子卯日》頁二六六〇

　　大唐武太后天册萬歲二年，清邊道大總管建安王攸宜平契丹凱旋，欲以十二月詣闕獻俘。

　　《通典》卷一百四十七《樂七·忌月不廢樂議》頁三七六九

　　臣某等言："伏見遼東都督高仇須承露布，逆賊孫萬斬等驅率凶黨，燒逼州城。城中出兵與其賊拒戰，則有飛廉作氣，回禄揚熛。起沙礫而薄天，助兹鼉鼓；吹烟火而漲日，燎彼鴻毛。靈應潛施，勇士皆奮。遂使妖徒震懾，亂轍而搴旗；善戰横行，摧枯而拉朽。僵屍蔽於草芥，俘馘聚於轅門。善馬咸牧，名王且繫。無假燒鷄之策，而觀其自焚；不勞燧象之師，而撲其餘燼。又凶渠不逞，將竊號而假名；逆黨未悛，止挺妖而怙亂。或神摧其股，或夭厲其身，似安國之登車，同伯牛之自牖。故知高明輔順，正直司愆。惟辟好仁，與乾坤而合德；惟狂樂禍，在神鬼而同誅。方看翦滅之期，行覿凱旋之奏。臣等叨延驛渥，謬奉軒墀，抃躍之情，實萬恒品。無任慶快之至，謹奉表稱賀以聞。"謹言。

　　《全唐文》卷二百四十三《李嶠二·爲納言姚璹等賀破契丹表》頁二四五九

　　信州，唐天后時置州，以處契丹失活部落，隸營州都督，明年遷於青山州安置。

　　《武經總要・前集》卷十六《邊防・東京四面諸州》頁
二六七

　　其小國者，時有侵擾不爲大患者，則不暇錄焉。唯契丹，
武太后萬歲通天初，其帥李盡忠、孫萬榮陷營州今柳城郡，自稱
可汗，司農卿麻仁節等二十八將，敗於西峽石黃麞谷，仁節死
焉。賊又陷冀州今信都郡，刺史陸寶積死之，夏官尚書平章事
王孝傑率兵十八萬，又敗没於東峽石。又令御史大夫婁師德
率兵二十萬拒之，萬榮爲家奴所殺，其黨遂潰。

　　《文獻通考》卷三百四十《四裔考十七・北・序》頁
二六六六上

　　屬契丹以營州叛，建安郡王武攸宜親總戎律，特詔左補
闕屬之。迨及公參謀幃幕，軍次漁陽，前軍王孝傑等相次陷
没，三軍震慴。公乃進諫，感激忠義，料敵決策，請分麾下萬
人，以爲前驅，奮不顧身，上報於建安，建安復諫，禮謝絶之，
但署以軍曹掌記而已。公知不合，因登薊北樓，感昔樂生燕
昭之事，賦詩而流涕。及軍罷，以父年老，表乞歸侍。

　　《全唐文》卷七百三十二《趙儋・大唐劍南東川節度觀
察處置等使户部尚書兼御史大夫梓州刺史鮮于公爲故拾遺
陳公建旌德之碑》頁七五四八

　　子昂晚愛黃老之言，尤耽味易象。往往精詣，在職默然
不樂，私有挂冠之意。屬契丹以營州叛，建安郡王攸宜親總

戎律，臺閣英妙，皆署軍麾，特敕子昂參謀帷幕。軍次漁陽，前軍王孝傑等相次陷没，三軍震慴。子昂進諫曰："主上應天順人，百蠻向化，契丹小醜，敢謀亂常，天意將空東北之隅以資中國也。大王以元老懿親，威略邁世，受律廟堂，弔人問罪，具精甲百萬，以臨薊門。運海陵之倉，馳隴山之馬，積南方之甲，發西山之雄，傾天下以事一隅，此猶舉太山而壓卵，建瓴破竹之勢也。然而張元遇、王孝傑等不謹師律，授首虜庭，由此長寇威而殆戰士。

《全唐文》卷二三八《盧藏用·陳子昂別傳》頁二四一二

臣聞天子義兵不可以怒發，怒則衆懼，急則人摇，人摇則賊得其勢。故昔者聖人守静以制亂，持重以服姦，大義常存，人無疑懼。臣伏見恩制免天下罪人及募諸色奴充兵討擊者，是捷急之計，非天子之兵。且比來刑獄久清，罪人全少，奴多怯弱，未慣征行，縱其募集，未足可用。況當今天下忠臣勇士，萬分未用其一，契丹小孽，假命待誅，何勞免罪贖奴，損國大義。且陛下富有四海，一戰未勝，遂即免罪募奴，若更有他虞，復何征發？臣恐此不可威示天下。臣聞聖人制事，必理未萌，所以姦不敢謀，賊不得起。臣聞吐蕃近日將兵圍瓜州，數日即退，或云此賊通使墨啜，恐瓜沙止遏，故以此兵送之。臣雖未信，然惟國家比來勍敵，在此兩蕃。至於契丹小醜，未足以比類。今國家爲契丹大發河東道及六胡州綏延丹隰等州稽胡精兵，悉赴營州，而緣塞空虚，靈夏獨立。

《全唐文》卷二一一《陳子昂三·上軍國機要事》頁二一三五

契丹寇幽州，武懿宗統兵御之，至邠，畏懦而遁。懿宗短陋，元一嘲云云，則天未曉，曰："懿宗無馬耶？"元一曰："騎猪，夾豕也。"則天大笑，懿宗曰："此元一宿搆，不是卒辭。"則天曰："以韻與之。"懿宗曰："請以搴韻。"元一應聲云云，則天大悦，懿宗極有慚色。

《全唐詩》卷八百六十九《諧謔一：張元一・嘲武懿宗》頁九八四五至九八四六

君諱佻字元獎，其先太原晉陽人也。……萬歲通天元年，救援平州立功，制授游擊將軍守右羽林衛翊府中郎將。又奉敕充討擊契丹副使。惟公武烈，作鎮漁陽，若馬敦之固汧城，耿恭之在疎勒，無勞燧象，不騁犇牛，入守帶垣，出交鋒戰。卒得煙銷薊北，霧静遼西，百姓安全，公之計力。

《唐代墓誌彙編》上册《大周故檢校勝州都督左衛大將軍全節縣開國公上柱國王君（佻）墓誌銘》頁一〇一三

尊師俗姓侯氏，諱敬忠，鄭州管城人也。……通天年，契丹叛逆，有敕祈五岳恩請神兵冥助，尊師銜命衡霍，遂致昭感。

《唐代墓誌彙編》上册《大唐大弘道觀主故三洞法師侯尊志文》頁一二〇七

公諱慶字弘慶，東萊掖人。……萬歲通天元年，白虜趑趄，鋒交碣石，青林失律，火照甘泉。天子詔左衛將軍薛訥絶海長驅，掩其巢穴，飛蒭挽粟，霧集登萊。監軍御史范玄成與公素遊，揖公清幹，且以元佐務簡，得兼統押，乃密表馳奏，朝

廷許焉。俄除朝議郎行登州司馬,仍充南運使。恩命光臨,
飭躬就列,情勒悦使,義篤均勞,紅粟齊山,飛雲蔽海,三軍歎
美,僉曰得人。聖曆中,運停還伍,公雅愛虛寂,林壑之致,始
終不渝,雖囂塵滿庭,常嘯無啜。

《唐代墓誌彙編》上册《唐故朝儀郎行登州司馬上柱國
王府君墓誌銘并序》頁一二四九至一二五〇

公諱釋子,字爽,隴西狄道人也。其先老君之後也。晉
魏之代,勛庸特崇,賜姓徒何氏,……萬歲之際,敕授左武衛
中侯。時河北孫萬斬、何阿小等蟻集盧龍,蜂飛異載。完"完"
字前後當脱一字兵格,振盪京輦。輦衍入一"輦"字帝知公有良、平
之籌,特追引見,面賜紫袍金帶並金龜袋羅衣兩副,弓刀、甲
鎧、矛楯等各一具,又賜藥三袋。帝曰:"卿戴此藥,矢石患不
到卿身。"詔曰:"聞有將略,堪委專征,若隷諸軍,不申其勇。
宜假一中郎將,别作一軍。進退取捨,任其方略。加以寵錫,
授鉞專征。"公仗劍奮忿,志不餘生,辟轅門、被甲鎧,潛師直
進,出空虛之地。秋七月,將襲於冀。摧凶陷鋭,執訢獲醜,
生獲元帥,斬首萬級。群寇驚駭,波清海隅。迴授右豹韜衛
左郎將。又進左武衛左郎將,又充朔方軍副使。

《李釋子墓誌》,張乃翥:《裴懷古、李釋子、和守陽墓誌所
見盛唐邊政之經略》,《西域研究》2005 年 2 期頁二五至三三

公諱,字庭訓,沛國豐人。……尋遷岩邑府果毅。屬契
丹作梗,侵擾邊陲,恃蚊蚋之師,係雷霆之怒,是以天子按劍,
將軍奮戈。大總管李多祚奏公爲謀主,星卸電邁,馹傳風驅,

行觀細柳之營,坐指長榆之塞。公智如泉湧,勢若轉圓,曾未浹辰,醜徒斯潰,假有餘燼,竄谷潛山。公示之以吉凶,諭之以威福,射貂騎馬,趨魏闕以馳誠;群羊負魚,入金門而獻款。遂授通樂府果毅。……以開元十六年八月十六日終于楊府之旅亭,時年七十有二。……用十八年十月十六日葬於邙山上東里。

《唐代墓誌彙編》上册《大唐故忠武將軍河南府懷音府長上折衝上柱國河間郡劉府君墓誌銘并序》頁一三六九至一三七〇

公諱寂,字蕭然,渤海蓚人。久以因官,今爲洛陽人也。……時營府初建,林胡不庭,劍及薊門,檄飛榆塞,帷幄之任,是佇清人。營府都督趙晦遠籍高風,思籌急務,奏議軍事,帝曰爾諧。慷慨宣明主之威,談笑却賢王之陣。加上柱國,又任許州扶溝縣丞。雖事屈於一同,而化流於百里。

《隋唐五代墓誌彙編·洛陽卷》第九册《唐故朝議大夫守武州別駕上柱國李公(寂)墓誌》頁一二五

萬歲通天年,契丹叛逆,有敕祈五嶽恩請神兵冥助,尊師銜命衡霍,遂致昭感。

《隋唐五代墓誌彙編·洛陽卷》第九册《大唐弘道觀主故三洞法師侯尊師(敬忠)志文》頁二四

公諱懿宗,太原文水人也。則天大聖皇后從父昆弟之子。……神兵軍大總管。……暨林胡作患，草竊幽燕，師兵總乎出律，料敵期乎善戰。無不列在史官，藏之王府，其餘可略而詳矣。

《唐代墓誌彙編續集·大唐故懷州刺史贈特進耿國公武府君墓誌銘并序》頁四一六至四一七

公元六九七年　　則天后萬歲通天二年

義豐……萬歲通天二年，契丹攻之不下，則天改爲立節縣。神龍中，復舊名。

《舊唐書》卷三十九《地理二·定州》頁一五一一

北平……萬歲通天二年，契丹攻之不下，乃改爲徇忠縣。神龍元年，復舊名。

《舊唐書》卷三十九《地理二·定州》頁一五一一

營州上都督府……萬歲通天二年，爲契丹李萬榮所陷。……

《舊唐書》卷三十九《地理二·營州》頁一五二〇至一五二一

柳城……西北與奚接界，北與契丹接界。

《舊唐書》卷三十九《地理二·營州》頁一五二一

（四月）癸未，右金吾衛大將軍武懿宗爲神兵道行軍大總管，及右豹韜衛將軍何迦密以擊契丹。

五月癸卯，婁師德爲清邊道行軍副大總管，右武衛將軍沙吒忠義爲清邊中道前軍總管，以擊契丹。

　　　　《新唐書》卷四《本紀第四・則天皇后》頁九七

　　義豐，緊。萬歲通天二年以拒契丹更名立節，神龍元年復故名。北平，
上。萬歲通天二年以拒契丹更名徇忠，神龍元年復故名。西北有安陽故關。

　　　　《新唐書》卷三十九《地理三・定州》頁一〇一八至
一〇一九

　　月日，清邊道大總管建安郡王攸宜，致書於遼東州高都
督蕃府：賢甥某至，仰知破逆賊孫萬斬十有餘陣，并生獲夷
賊一千人，三軍慶快，萬里同歡。都督體英偉之才，抱忠義之
節，遂能身先士卒，爲國討讎，以數百之兵，當二萬之寇，指
麾電掃，逆黨雲銷。非都督智勇過人，威名遠振，誰能以少擊
衆，陷醜摧凶，使國家無東顧之憂？是都督之力也。賢甥俊
酷似其舅，遂能與某等應機破敵，效節立功。此已各賞金帶
緋袍，薄答誠效，更自録奏，擬加榮官，願都督遠知此意也。
今賊饑餓，災釁日滋，天降其殃，盡滅已死；人厭其禍，萬斬方
誅。營州士人及城傍子弟，近送密款，唯待官軍。〔一〕某令將
蕃漢精兵四十萬衆，尅取某月日百道齊驅，〔二〕分五萬蕃漢精
兵，令中郎將薛訥取海路東入，舟楫已具，來月亦發。請都督
勵兵秣馬，以待此期，共登丸山，〔三〕看殄凶虜，書勛竹帛，開
國傳家，是都督建功之日也。中間尅期同會，當更別使知聞。
正屬有軍事，未能委曲。初春向暖，願動静勝常。所有都督
官屬及大首領并左右立功人等，〔四〕並申此問。相見在近，預
以慰懷。

【校勘記】

〔一〕“唯待官軍”，“唯”原作“准”，據伯三五九〇號敦煌殘卷校改。

〔二〕“尅取某月日百道齊驅”，伯三五九〇號敦煌殘卷“某月日”作“二月一日”。

〔三〕“共登丸山”，“丸”原作“九”，據伯三五九〇號敦煌殘卷、王本、《全唐文》校改。

〔四〕“所有都督官屬及大首領並左右立功人等”，“有”原作“是”，據庫本校改。

《陳子昂集》卷十《爲建安王與遼東書》頁二四七至二四八

月日，清邊道大總管建安郡王攸宜致書於遼東州高都督蕃府：賢甥某至，仰知破逆賊孫萬斬十有餘陣，并生獲夷賊一千人，三軍慶快，萬里同歡。都督體英偉之才，抱忠義之節，遂能身先士卒，爲國討讎，以數百之兵，當二萬之寇，指麾電掃，逆黨雲銷。非都督智勇過人，威名遠振，誰能以少擊衆，陷醜摧凶，使國家無東顧之憂？是都督之力也。賢甥俊酷似其舅，遂能與某等應機破敵，效節立功。此已各賞金帶緋袍，薄答誠效，更自録奏，擬加榮官願都督遠知此意也。今賊饑餓，災疊日滋，天降其殃，盡滅已死，人厭其禍，萬斬方誅。營州士人及城傍子弟，近送密款，準待官軍。某令將蕃漢精兵四十萬衆剋取，某月日百道齊驅。分五萬蕃漢精兵，令中郎將薛訥取海路東入，舟楫已具，來月亦發。請都督勵兵秣馬，以待此期，共登丸山，看殄凶虜，書勳竹帛，開國傳家,是都督建功之日也。中間剋期同會,當更別使知聞。正屬有軍事,未能委曲。初春向暖,願動靜勝常。所是都督官屬及大首領并左右立功人等,並申此問。相見在近,豫以尉懷。

　　《全唐文》卷二一四《陳子昂六·爲建安王與遼東書》頁二一六〇至二一六一

　　臣某言:今月日臣等令中道前軍總管王孝傑進軍平州,十九日行次漁陽界,晝有白鼠入營,孝傑捕得籠送者。身如白雪,目似黄金,頓首踡伏,〔一〕帖若無氣。將士同見,皆謂賊降之徵。臣聞鼠者坎精,孼胡之象,穿竊爲盜,凶賊之徒。固合穴處野居,宵行晝伏。今白日歸命,素質伏辜,天亡之徵,兆實先露。自孝傑發後,再有賊中信來,不謀同詞,皆云盡滅病死,親離衆潰,匪朝即夕。臣訓兵勵勇,取亂侮亡。昔宋克鮮卑,蒼鵝入幕;今聖威遠振,白鼠投營。休兆同符,實如靈契,凡在將士,孰不歡欣。執馘獻俘,期在不遠。

【校勘記】

〔一〕頓首踡伏　　"首"原作"目",據《全唐文》校改。

　　　　　　《陳子昂集》卷四《奏白鼠表》頁九六至九七

　　臣某言:今月日,臣等令中道前軍總管王孝傑進軍平州,十九日行次漁陽界,晝有白鼠入營,孝傑捕得籠送者。身如白雪,目似黄金,頓首踡伏,帖若無氣。將士同見,皆謂賊降之徵。臣聞鼠者坎精,孼胡之象,穿竊爲盜,凶賊之徒。固合穴處野居,宵行晝伏。今白日歸命,素質伏辜,天亡之徵,兆實先露。自孝傑發後，再有賊中信來，不謀同詞，皆云盡滅病死，親離衆潰，匪朝即夕。臣訓兵勵勇，取亂侮亡。昔宋剋鮮卑，蒼鵝入幕；今聖威遠振，白鼠投營。休兆同符，實如靈契。凡在將士，孰不歡欣？執馘獻俘，期在不遠。

《全唐文》卷二〇九《陳子昂一·奏白鼠表》頁二一一六

萬歲通天二年三月朔日，清邊道大總管建安郡王某，敢以牲牢告軍牙之神：蓋先王作兵，以討有罪。奸慝竊命，戎夷不恭，則必肆諸市朝，大戮原野。我皇周子育萬國，寵綏百蠻，青雲干呂，白環入貢，〔一〕久有年矣。〔二〕契丹凶羯，敢亂天常，乃蜂屯丸山，豕食遼塞，〔三〕宴安鳩毒，作爲欓槍。天厭其凶，國用致討，〔四〕皇帝命我，肅將王誅。今大軍已集，吉辰協應，旍頭首建，羽斾前列，〔五〕夷貊咸威，將士聽誓，方俟天休命，爲人殄災。惟爾有神，尚殲乃醜。召太一，會雷公，翼白虎，乘青龍，星流彗掃，永清朔裔，使兵不血刃，戎夏來同。以昭我天子之德，允乃神之功。〔六〕豈非正直克明哉！無縱世讎，〔七〕以作神羞。急急如律令。

【校勘記】

〔一〕白環入貢　“白”字原無，據《全唐文》、《英華》卷九九五校補。

〔二〕久有年矣　“久”原作“文”，據《庫》本、《全唐文》、《英華》校改。

〔三〕“遼塞”原作“寮野”，據《全唐文》、《英華》校改。

〔四〕國用致討　“致”原作“至”，據《全唐文》、《英華》校改。

〔五〕羽旆前列　“旆”原作“飾”，據《庫》本、《全唐文》、《英華》校改。

〔六〕允乃神之功　“乃”字原無，據《庫》本、《全唐文》、《英華》校補。

〔七〕無縱世讎　“縱世”二字原爲破字，模糊不清，據王本、《庫》本、《英華》校補；《全唐文》作“縱大”。

　　　　《陳子昂集》卷七《禡牙文》頁一六七至一六八

　　萬歲通天二年三月朔日，清邊道大總管建安郡王某，敢以牲牢告軍牙之神：蓋先王作兵，以討有罪，奸慝竊命，戎夷不龔，則必肆諸市朝，大戮原野。我皇周子育萬國，寵綏百蠻，青雲干呂，白環入貢，久有年矣。契丹凶羯，敢亂天常，乃蜂聚丸山，豕食遼塞，宴安鴆毒，作爲櫽槍。天厭其凶，國用致討，皇帝命我，肅將王誅。今大軍已集，吉辰協應，旌頭首建，羽旆前列，夷貊咸威，將士聽誓，方俟天休命，爲人殄災。惟爾有神，尚殲乃醜。召太一，會雷公，翼白虎，乘青龍，星流彗掃，永清朔裔，使兵不血刃，戎夏來同。以昭我天子之德，允乃神之功。豈非正直聰明哉！無縱大讎，以作神羞。急急如律令。

　　　　《全唐文》卷二一六《陳子昂八·禡牙文》頁二一八八

　　月日，〔一〕清邊道行軍大總管建安郡王攸宜，致書安東諸州刺史并諸將部校官屬等：〔二〕初春猶寒，公等久統兵馬，勤國扞邊，不至勞弊也。某如常，比賊中頻有人出來，異口同詞，皆云逆賊李盡滅已死，〔三〕營州饑餓，人不聊生，諸蕃首領百姓等,唯望官軍,即擬歸順,前後繼至,非止一人。某先使人向營州昨迴,[四]具得父老密狀,[五]云賊勢窮蹙,去正月上旬,有妖星落孫萬斬營中,其聲如雷,賊黨離心,各以猜貳。天殃如此,人事又然,平殄凶渠,正在今日。大軍即以二月上旬六道並入,指期尅剪,同立大勛。請公等訓勵兵馬,共爲掎角。開國封侯,[六]其機在此,幸各勉力,以圖厥功。尋當更使人續往,先此不具。

【校勘記】

〔一〕"月日",原作"日月",據《英華》卷六八四校改。

〔二〕"致書安東諸州刺史并諸將部校官屬等","校"原作"族",據伯三五九〇號敦煌殘卷、《全唐文》、《英華》校改。

〔三〕"皆云逆賊李盡滅已死","滅"原作"威",據伯三五九〇號敦煌殘卷、王本、庫本、《全唐文》、《英華》校改。

〔四〕"某先使人向營州昨迴","昨"字原無,據伯三五九〇號敦煌殘卷、《全唐文》、《英華》校補。

〔五〕"具得父老密狀","具"原作"且",據伯三五九〇號敦煌殘卷、庫本、《全唐文》、《英華》校改。

〔六〕"開國封侯","國"字原無,據伯三五九〇號敦煌殘卷、庫本、《全唐文》、《英華》校補。

《陳子昂集》卷十《爲建安王與安東諸軍州書》頁二五〇

日月,清邊道行軍大總管建安郡王攸宜致書安東諸州刺史并諸將部校官屬等:初春猶寒,公等久統兵馬,勤國扞邊,不至勞弊也。某如常,比賊中頻有人出來,異口同詞,皆云逆賊李盡滅已死,營州饑餓,人不聊生,諸蕃首領百姓等,唯望官軍，即擬歸順，前後繼至，非止一人。某先使人向營州，昨迴，具得父老密狀，云賊勢窮蹙，去正月上旬，有妖星落孫萬斬營中，其聲如雷，賊黨離心，各以猜貳。天殃如此，人事又然，平殄凶渠，正在今日。大軍即以二月上旬，六道並入，指期剋翦，同立大勳。請公等訓勵兵馬，共爲掎角。開國封侯，其機在此，幸各勉力，以圖厥功。尋當更使人續往，先此不具。

《全唐文》卷二一四《陳子昂六・爲建安王與安東諸軍州書》頁二一六一

林胡搆凶，[一]王師出討，士馬雲集，軍務星繁，糧饋戈甲，動以億計。臣無田疇鄉導之策，又乏杜預度支之才，空竭疲駑，[二]晝夜不息，以勤補拙，首尾三年，[三]彌縫闕漏，幸無愆乏。張玄遇等不謹師律，賊得乘機，遂敢長驅燕陲，深入趙際。臣又無李牧東胡之略，實媿吳起西河之守，使凶狡敚戲，遂擾邊甿，論之國憲，合刎頸謝罪。陛下又不以臣爲辜，更授清邊軍副大總管。五月恩制，六月到軍，逆虜天亡，臣又無效。至於軍功戰籍，叙勳定勞，副職日淺，未及精覆。大兵旋斾，王師獻功，而漢庭將軍，未聞辭第；雲中太守，已論增級。

【校勘記】

〔一〕林胡搆凶　“林”原作“休”，據王本、《庫》本、《全唐文》、《英華》校改。

〔二〕空竭疲駑　“駑”原作“單”，據《全唐文》、《英華》校改。

〔三〕首尾三年　“三”《英華》原作“二”，《全唐文》下有小字注文“一作二”三字。

《陳子昂集》卷四《爲金吾將軍陳令英請免官表》頁九〇

　　林胡構凶，王師出討，士馬雲集，軍務星繁，糧饋戎_{集作戈}甲，以萬_{集作動}以億計。臣無田疇鄉導之策，又乏杜預度支之才，空竭疲駑_{一作單}，晝夜不息，以勤補拙，首尾二_{集作三}年，彌縫闕漏，幸無愆乏。張玄遇等不謹師律，賊得乘機，遂敢長驅燕陲，深入趙地_{集作際}。臣又無李牧東胡之略，實愧吳起西河之守，使匈狡攘奪_{集作敓攘}，遂擾邊甿，論之國憲，合刎頸謝罪，陛下又不以臣之_{集作爲}宰，更授清邊軍副大總管。五月恩制，六月到軍_{一作邊}，逆虜天亡，臣又無效。至於軍功戰籍，叙勳定勞，副職日淺，未及精覆_{一作覆}，大兵旋斾，王師獻功，而漢廷將軍，未聞辭第；雲中太守，已論增級。

《文苑英華》卷五八〇《表二十八・辭官一・爲金吾將軍陳令英請免官表》頁二九九六下至二九九七上

　　林胡構凶，王師出討，士馬雲集，軍務星繁，糧饋軍甲，動以億計。臣無田疇鄉導之策，又乏杜預度支之才，空竭疲駑，晝夜不息，以勤補拙，首尾三年_{一作二}，彌縫闕漏，幸無愆乏。張元遇等不謹師律，賊得乘機，遂敢長驅燕陲，深入趙際。臣又無李牧東胡之略，實媿吳起西河之守，使凶狡敓敤，遂擾邊甿，論之國憲，合刎頸謝罪，陛下又不以臣爲宰，更授清邊軍副大總管。五月恩制，六月到軍，逆虜天亡，臣又無效。至於軍功戰籍，叙勳定勞，副職日淺，未及精覆，大兵旋斾，王師獻功，而漢庭將軍，未聞辭第；雲中太守，已論增級。

《全唐文》卷二一〇《陳子昂二・爲金吾將軍陳令英請

免官表》頁二一三二

　　諸總管部將、旗長隊正各聽命:〔二〕夫聖人用兵,以討有罪。〔三〕奸慝竊命,戎夷不恭,則必肆諸市朝,大戮原野。我皇周子育萬國,寵綏百蠻,遐荒戎狄,莫不率職。兵屯甲聚,〔四〕非欲勞人,蓋逆不可縱,亂不可長,所以屈己推轂,垂涕泣辜,誠恐蒼生顛墜塗炭。今契丹凶羯,敢亂天常,爲封豕長蛇,薦食上國。玉帛皮幣,〔五〕棄而不貢;〔六〕名器正朔,僭而有謀。乃將紿神虐人,〔七〕暴殄天物,故皇帝命我肅將王誅。今大師已集,方將問罪,公等諸將及士卒已上,須各嚴職事,肅恭天命。契丹凶賊,本爲中國奴隸,昏狂不道,勞我師徒。今與公等及士卒久勤干戈,冒犯霜露。夫四郊多壘,士大夫之恥,蕞爾凶狡,〔八〕一劍可屠。〔九〕況皇帝義兵,尅期誅剪,①此猶太山壓卵,鴻毛在爐。今日之伐,須如雷霆之震,虎豹之擊,搴旗斬馘,掃孽除凶,上以攄至尊之憤,下以息邊人之患。鼓以作氣,旗以應機,公等各宜戮力,務當其任。若能奮不顧命,陷堅摧鋒,金紫玉帛,國有重賞。若進退留顧,向背失機,斧鉞嚴誅,軍有大戮。各宜勉勵,無犯典刑。

　　【校勘記】

　　〔一〕爲建安王誓衆詞　"王"字原無,據《全唐文》、《英華》卷三七七校補。

　　〔二〕諸總管部將旗長隊正各聽命　此十二字原無,據庫本、《全唐文》、《英華》校補。

────────────

①"克期誅剪","剪"《全唐文》作"翦"。

〔三〕以討有罪　《全唐文》、《英華》“討”作“伐”。

〔四〕兵屯甲聚　“兵屯甲”三字原爲墨丁，據庫本校補。《全唐文》作“聚兵帥衆”。

〔五〕玉帛皮幣　“幣”原作“弊”，據《庫》本、《全唐文》校改。

〔六〕棄而不貢　“貢”原作“寔”，據《庫》本、《全唐文》校改。

〔七〕乃將給神虐人　“給”原作“詒”，據《庫》本、《全唐文》校改。

〔八〕蕞爾兇狡　“爾”原作“薾”，據王本、《庫》本、《全唐文》校改。

〔九〕一劍可屠　“劍”原作“鈕”，據王本、《庫》本、《英華》校改。

《陳子昂集》卷七《爲建安王誓衆詞〔一〕》頁一七七至一七八

諸總管部將旗長隊正各聽命：夫聖人用兵，以伐有罪。奸慝竊命，戎夷不龔，則必肆諸市朝，大戮原野。我皇周子毓萬國，寵綏百蠻，遐荒戎狄，莫不率職。聚兵帥衆，非欲勞人，蓋逆不可縱，亂不可長，所以屈己推轂，垂涕泣辜，誠恐蒼生，顛墜塗炭。今契丹凶羯，敢亂天常，爲封豕長蛇，薦食上國。玉帛皮幣，棄而不貢；名器正朔，僭而有謀。乃將給神虐人，暴殄天物。故皇帝命我，肅將王誅。今大師已集，方將問罪，公等諸將，及士卒已上，須各嚴職事，肅恭天命。契丹凶賊，本爲中國奴隸，昏狂不道，勞我師徒。今與公等及士卒久勤干戈，冒犯霜露。夫四郊多壘，士大夫之恥。蕞爾兇狡，一劍可屠。況皇帝義兵，剋期誅翦，此猶太山壓卵，鴻毛在爐。今日之伐，須如雷霆之震，虎豹之擊，搴旗斬馘，掃孽除凶，上以攄至尊之憤，下以息邊人之患。鼓以作氣，旗以應機，公等各宜戮力，務當其任。若能奮不顧命，陷堅摧鋒，金紫玉帛，國有重賞。若進退留顧，向背失機，斧鉞嚴誅，軍有大戮。各宜勉勵，無犯典刑。

《全唐文》卷二一四《陳子昂六・爲建安王誓衆詞》頁二一六七

　　諸惣管部將、旗長隊正各聽命：夫聖人用兵，以伐有罪。姦慝竊命，戎夷不襲，則必肆諸市朝，大戮原野。我皇周子毓萬國，寵綏百蠻，遐荒戎狄，莫不率職。契丹凶羯，敢謀亂常，蜂聚九—作凡山，豕食遼塞。十六字集作聚兵率衆，非欲勞人，蓋逆不可從，亂不可長，所以屈己推轂，垂涕泣辜，誠恐蒼生顛墜塗炭，今契丹凶羯，敢亂天常，封豕長蛇，薦食上國，玉帛布幣，棄而不貢；名器正朔，僭而有謀。乃將紿神虐人，暴殄天物故。皇帝命我肅將王誅。今大師已集，方將問罪，公等諸衆及士卒已上，須各嚴職事，肅恭天命。契丹凶賊，本爲中國奴隸，昏狂不道，勞我師徒。今與公等及士卒久勤干戈，冒犯霜露。夫四郊多壘，士大夫之恥。蕞爾凶狡，一劍可屠。況皇帝義兵，尅期誅剪，此猶太山壓卵，鴻毛在爐。今日之伐，須如雷霆之震，虎豹之擊，搴旗斬馘，掃孽除凶，上以攄至尊之憤，下以息邊人之患。鼓以作氣，旗以應機，公等各宜戮力，務當其任。若能奮不顧其二字集作顧。命，陷堅摧鋒，金紫玉帛，國有重賞。若進退留顧，向背失機，斧鉞嚴刑集作誅,軍有大戮。各自集作宜勉勵,無犯典刑。

　　《文苑英華》卷三七七《雜文三十七·征伐·爲建安王
誓衆詞》頁一九二二至一九二三

　　使至辱書,仰知都督率兵馬摧破凶虜,遠聞慶快,實慰永
懷。非公等忠勇兼資,統率多算,同心戮力,殉節忘軀,何以
尅剪逋凶,〔一〕揚國威武。在此將士,聞公等殊戰,賊不當鋒,
莫不西望憤勇,〔二〕欽羨獨尅,甚善甚善。即日契丹逆醜,天
降其災,〔三〕盡病水腫,命在旦夕。營州饑餓,人不聊生,唯待
官軍,即擬歸順。某此訓勵兵馬,襲擊有期,六軍長驅,此月
將發。恨不得與諸公等共觀諸將斬馘獻俘。旦夕嚴寒,願各
休勝,契丹破了,便望迴兵平殄默啜。與公等相見有日,預以
慰懷。臨使忽忽,書不盡意。

　　【校勘記】

　　〔一〕何以尅翦逋凶　"何"字原無,據伯三五九〇號敦
煌殘卷校補。

　　〔二〕莫不西望憤勇　"憤"原作"慣",據伯三五九〇號
敦煌殘卷、《庫》本、《全唐文》校改。

　　〔三〕天降其災　"天"原作"大",據伯三五九〇號敦煌
殘卷、王本、《庫》本、《全唐文》校改。

　　《陳子昂集》卷十《爲建安王與諸將書》頁二四九

　　使至辱書,仰知都督率兵馬摧破凶虜,遠聞慶快,實慰
永懷。非公等忠勇兼資,統率多算,同心戮力,殉節忘軀,何
以尅剪逋凶,揚國威武。在此將士,聞公等殊戰,賊不當鋒,

莫不西望憤勇，欽羨獨尅，甚善甚善。即日契丹逆醜，天降其災，盡病水腫，命在旦夕。營州饑餓，人不聊生，唯待官軍，即擬歸順。某此訓勵兵馬，襲擊有期，六軍長驅，此月將發。恨不得與諸公等共觀諸將斬馘獻俘。旦夕嚴寒，願各休勝，契丹破了，便望迴兵，平殄默啜。與公等相見有日，預以慰懷。臨使忽忽，書不盡意。

　　《全唐文》卷二百十四《陳子昂六·爲建安王與諸將書》頁二一六一

　　臣某言：今月日得遼東都督高仇須等月日破逆賊契丹孫萬斬等一十一陣露布，并捉得生口一百人送至軍前事。三軍慶快，不勝踴躍。臣聞天之所棄，雖暴必亡；人之共讎，在遠彌戮。況凶羯遺醜，未及犬羊，固作孽以招誅，自辜恩而取滅。伏惟陛下威加四海，子育百蠻，鬼神尚不敢違，凶狡豈能逃罪。逆賊萬斬等天奪其魄，坐自爲殃，仇須等謹奉廟謀，遠憑國計，短兵纔接，群逆銷亡，又云返風迴烟，[二]薰睛掩目，此乃天威潛運，神道密周，豈止人謀，抑由靈助。今盡滅殃病，孽固折服，饑災兼至，[三]凋弊日滋，未加天兵，應自糜爛。臣訓勵士馬，今月尅行，[四]大軍一臨，凶寇必殄，獻俘在即，拜闕有期。預喜承恩，不勝慶賀。[五]無任抃快之至。[六]

【校勘記】

　　〔一〕爲建安王賀破賊表　“賀”字原無，據《庫》本、《全唐文》、《英華》卷五六六校補。

　　〔二〕又云返風迴烟　“又云”二字原無，據《英華》校補。

　　〔三〕饑災兼至　“饑”原作“肌”，據《庫》本、《英華》校改；王本、《全唐文》作"飢"。

〔四〕今月剋行　《全唐文》、《英華》"月"作"日"。

〔五〕不勝慶賀　"不"原作"思"，據王本、《英華》校改。

〔六〕無任抃快之至　六字原無，據《全唐文》校補；《英華》作"無任抃快之極"。

《陳子昂集》卷四《爲建安王賀破賊表〔一〕》頁九三至九四

　　臣某言：今月日得遼東都督高仇須等月日破逆賊契丹孫萬斬等一十一陣露布，并捉得生口一百人送至軍前事。三軍慶快，不勝踴躍。臣聞天之所棄，雖暴必亡；人之共讎，在遠彌戮。況凶羯遺醜，未及犬羊，固作孽以招誅，自辜恩而取滅。伏惟陛下威加四海，子育百靈，鬼神尚不敢欺集作違，凶狡豈能逃罪。逆賊萬斬等天奪其魄，生自爲殃。仇須等謹奉廟謀，遠憑國討，短兵纔接，群逆銷亡，返風迴煙，薰睛掩目，此乃天威潛運，神道密周，豈止人謀，仰由靈助。今盡滅殃病，孽固折服，饑災兼至，凋弊日滋，未加天兵，應自糜爛。臣訓勵士馬，今月克行，大軍一臨，凶寇必殄，獻俘在即，拜闕有期。預喜承恩，不勝慶賀。無任抃快之至。

《全唐文》卷二〇九《陳子昂一·爲建安王賀破賊表》頁二一一六

　　臣某言：今月日得遼東都督高仇湏等日月破逆賊契丹孫萬斬等一十一陣露布，并捉得生口一百人送至軍前事。三軍慶快，不勝踴躍。臣聞天之所棄，雖暴必亡；人之共仇，在遠彌戮。況凶羯遺醜,未及犬羊,固作孽以招誅,自辜恩而取滅。伏惟陛下威加四海,子育百蠻,鬼神尚不敢違,凶狡豈能逃罪。逆賊萬斬等天奪其魄,生自爲殃。仇須等謹奉廟謀,遠憑國計,短兵才接,群逆銷亡,又云反風迴烟,薰睛掩目,此乃天威潛運,神道密周,豈止人謀,仰由靈助。今盡滅殃病,婆固折股_{一作婆且折股},饑災兼至,凋弊日滋,未加天兵,已_{集作應}自糜爛。臣_訓勵士馬,今日_{集作月}尅行,大軍一臨,凶寇必殄,獻俘在即,拜闕有期。預喜承恩,不勝慶賀。無任抃快之極。

　　《文苑英華》卷五六六《表十四·賀捷一·爲建安王賀破賊表》頁二九〇二至二九〇三

　　萬歲通天二年,契丹攻圍,七旬不下,故改爲徇忠縣,尋復舊名。
　　《元和郡縣圖志》卷第十八《河北道三·北平縣》頁五一三

　　唐武后萬歲通天二年,契丹孫萬榮作亂,寇掠河北諸州,既而敗走潞水東,爲其下所殺。
　　《讀史方輿紀要》卷十一《北直二·白河》頁四五七

　　萬歲通天二年契丹來攻不下,改爲徇忠縣,神龍初復曰北平縣。
　　《讀史方輿紀要》卷十二《北直三·完縣》頁五二七

　　萬歲通天二年,以拒契丹,改名立節。
　　《新唐書》卷三十九《志第二十九·地理三》頁一〇一八

萬歲通天二年九月。初，契丹平，命神兵道大總管河內王懿宗，按撫河內諸州。懿宗所過殘酷，有犯法應死者，必生取膽，然後殺之，雖流血盈庭，言笑自若。先賊帥何阿小，攻陷冀州，亦多屠害士女，故時人號懿宗、阿小爲兩河。語曰：唯此兩河，殺人最多，嫉之甚矣。

《唐會要》卷四十一《酷吏》頁八七〇至八七一

唐契丹李盡忠、孫萬榮叛，有詔王孝傑起白衣爲清邊總管，統兵十八萬討之。孝傑軍至于峽石谷遇賊，道險，虜甚衆。孝傑以精卒銳士爲先鋒，且戰且行，及出谷，布方陣以捍賊。後軍總管蘇定暉畏賊衆，棄甲而遁。孝傑既無有後繼，爲賊所乘，營中潰亂，孝傑墮谷而死，兵士被殺殆盡。時張說爲節度管書記，馳奏其事。則天問孝傑敗亡之狀，說曰：“孝傑忠勇敢死，深入賊境，以少禦衆。但爲後援不至，所以致敗。”

《武經總要·後集》卷十《故事十·兵無繼必敗》頁四九七

伏惟天册金輪皇帝陛下，肅恭上帝，子育群生，萬國所以宅心，百蠻由其屈膝。而契丹凶狡，敢竊邊陲，毒虐生靈，暴殄天物。皇兵順伐，仗仁義以共行；窮寇姦回，憑險阻而猶鬭。臣等仁虧聖略，智昧詭圖，遂以熊羆之師，挫於犬羊之旅，誠合結纓軍壘，抵罪國章。〔二〕

【校勘記】

〔一〕爲副大總管屯營大將軍蘇宏暉謝表　原題奪“蘇

宏暉”三字，表下有“二首”小字，據《全唐文》校改。《英華》
卷六一八作“爲副大總管營田大將軍蘇宏暉謝表”。

〔二〕抵罪國章　“抵”原作“祇”，據《全唐文》、《英華》
校改。

《陳子昂集》卷四《爲副大總管屯營大將軍蘇宏暉謝
表〔一〕》頁九一

伏惟天册金輪皇帝陛下，肅恭上帝，子育群生，萬國所以
宅心，百蠻由其屈膝。而契丹凶狡，敢竊邊陲，毒虐生靈，暴
殄天物。皇兵順伐，仗仁義以共行；窮寇姦回，憑險阻而猶
鬭。臣等仁虧聖略，知集作智昧詭圖，遂以熊羆之師，挫於犬羊
之旅，誠合結纓軍壘，抵罪國章。

《文苑英華》卷六一八《表六十六・刑法二・爲副大總
管營田大將軍蘇宏暉謝表》頁三二〇五下

伏惟天册金輪皇帝陛下肅恭上帝，子育群生，萬國所以
宅心，百蠻由其屈膝。而契丹凶狡，敢竊陲邊，毒虐生靈，暴
殄天物。皇兵順伐，仗仁義以共行；窮寇姦回，憑險阻而猶
鬭。臣等仁虧聖略，智昧詭圖，遂以熊羆之師，挫於犬羊之
旅，誠合結纓軍壘，抵罪國章。

《全唐文》卷二一〇《陳子昂二・爲副大總管屯營大將
軍蘇宏暉謝表》頁二一二六

右被牒奉敕責通大總管功狀者，〔一〕自契丹背恩，營州
失守，前軍喪律，榆關不開，幽、平鳥棲於重壍，戎羯虎食於

四野，燕南諸城，十僅存一，河朔之地，人挾兩端。由是豺狼入於牢阱，蜂蠆出於懷袖。王受服不宿，[二]孤劍先驅，寇讎日深，甲兵未繼。於時鳩合步騎，[三]不滿三千，彼衆我寡，兵怊虜熾。[四]且保關守塞，力猶不禦；況土人弄兵，轉相攻拔。外召夷狄，內據險隘，冀州既陷，勢將不已。當決水之衝，承烈火之焰，逆風撲燎，摧岸塞河，[五]韓、白見之，知其難矣。

【校勘記】

〔一〕通　聚珍、朱刻作“聞”。

〔二〕王　聚珍、朱刻無此字。

〔三〕鳩　底本原作“句”，注：“唐文作鳩。”據《文粹》、《全文》、《四庫》、朱刻改。

〔四〕怊　底本原注：“《唐文》作怯。”《文粹》、《全文》、《四庫》、聚珍、朱刻作“怯”。

〔五〕摧　底本原作“仰”，注：“《唐文》作摧。”據《文粹》、《全文》、《四庫》、聚珍、朱刻改。

《張説集校注》卷三十《論神兵軍大總管功狀》頁一四五二至一四五四

右被牒奉敕責通大總管功狀者，自契丹背恩，營州失守，前軍喪律，榆關不開，幽平鳥棲於重壍，戎羯虎食於四野。燕南諸城，十僅存一，河朔之地，人挾兩端。由是豺狼入於牢穽，蜂蠆出於懷袖。王受服不宿，孤劍先驅，寇讎日深，甲兵未繼。於時鳩合步騎，不滿三千，彼衆我寡，兵怯虜熾。且保關守塞，力猶不禦，況土人弄兵，轉相攻拔。外召夷狄，內據險隘，冀州既陷，勢將不已。當決水之衝，承烈火之焰，逆風撲燎，摧岸塞河，韓白見之，知其難矣！

　　《全唐文》卷二二四《張説四·論神兵軍大總管功狀》頁
二二五八

　　大總管右金吾衛大將軍兼檢校洛州長史河内郡王臣某、
前軍總管行左衛勳一府中郎將上柱國定陽郡開國公臣楊玄
基、〔二〕行軍長史朝奉大夫守給事中護軍臣唐奉一、行軍司馬
通議大夫行天官郎中臣鄭杲等言，〔三〕臣聞氛祲薄霄，戎狄謀
夏，則武庫兵動，中國有弧矢之威；文昌將飛，邊城用金革之
事。蓋以式遏姦暴，大庇黎人，震蠻蕩夷，明罰耀武者也。伏
惟天册金輪聖神皇帝陛下，仁覆有截，化行無外，〔四〕皇圖未
臣之黨，帝載不庭之俗，〔五〕罔不依被聲教，浸潤雍熙，〔六〕望
雲向風，密近遐裔。而契丹兇醜，奴隸根苗，〔七〕非蹋頓之雄
族，〔八〕異單于之貴種，徒以錯居遠郡，漸化平時，田牧混乎四
甿，貿遷通于三賈，〔九〕戰士解甲，〔十〕邊馬垂彎。禽獸飽而忘
恩，蜂蠆養而成毒，〔十一〕敢孤亭育，自絶生成。乃狼心干紀，
鴟張竊發，〔十二〕虐我邊吏，覆我鎮軍。大棘殘於夷落，孤竹
淪於荒徼。〔十三〕陛下震赫斯之怒，授決勝之符，天地合謀，鬼
神助伐。〔十四〕六狄舉國，百蠻整衆，運檛槍而掃除，縱列缺而
焚蕩。〔十五〕臣飲冰受斧，指日揚麾，雖謝河間之學，〔十六〕竊慕
任城之勇，誓將首冒鋒刃，躬先士卒，上假神兵之威，下定鬼
方之罪。凶醜狂悖，素無大志，因乘便利，扇動姦邪。〔十七〕去
歲嘗師，疑一軍之盡化；今春輕敵，見三帥之不歸。蟻聚實
繁，豺牙益厲，結山戎以西寇，〔十八〕連島夷而東入。〔十九〕臣乃
廣開形勢，大振聲威，〔二十〕移告郡邑，金湯固守；傳檄諸軍，

掎角相應。清邊道大總管建安郡王攸宜，杖鉞薊門，作鎮燕國，〔二一〕當要害之地，挫犬羊之群。〔二二〕高壘深溝，臥驚營而不動；〔二三〕山蛇雲鳥，陣死地而無疑。總管沙吒忠義、〔二四〕王伯禮、安道買等，兵臨易水，使接桑河，犀渠衝壯士之髮，〔二五〕雕騎識將軍之箭，〔二六〕四面當寇，〔二七〕九拒乘城。御史大夫婁師德、總管高再牟、〔二八〕薛思行，扞敵中山，折衝外侮，訓厲鷹揚之士，揖穆震驚之師，其餘部散校分，〔二九〕離綱別緒，〔三十〕兵車星布，巡太行而綴碣石；介馬雲羅，〔三一〕挾衡漳而連海浦。山川積雨，共消胡騎之塵；〔三二〕草木長風，咸有王師之氣。清邊士馬，稍南驅而擁麾；神兵甲卒，漸北逐以威臨。但合圍而持重，未輕挑而即戰。重以藩臣默啜，統率氈裘，控弦逾於萬騎，帶甲彌於千里。長驅松漠，掩奪柳城，〔三三〕巢穴是空，胎卵皆覆。于時賊衆兵馬，屯逼幽州，聞其塞外之敗，懼有舟中之敵。勢力外審，心腹內乖，建安郡王攸宜，蓄銳淵渟，〔三四〕乘機電發，援桴作氣，則山岳可搖；書箭一飛，則酋渠相滅。兵纔接刃，元兇授首，舂喉蔽野，京觀起於中州；積甲成山，組練收於外府。雖本根斯拔，已蕩滌於一隅；而餘蔓以滋，〔三五〕尚聯延於數郡。〔三六〕賊帥何阿小等，頑兇是極，屠儈爲資，受其署置，肆行劫掠，〔三七〕幽陵之下，不知首惡之已擒；兩河之間，仍謂遊魂之可恃。士女遭其迫脅，〔三八〕城池被其屠陷。〔三九〕以殺戮爲事，戶積虔劉之悲；以劫奪爲心，家盈剝割之痛。鹿城縣令李懷璧，衣冠貴冑，令長崇班，背我朝恩，歸誠狄寇。〔四十〕潛修甲杖，輸以利器之資；見委兵權，當其上將之任。蠢兹狂亂，誓同燎火；言事剪除，方申沃雪。〔四一〕臣乃盛兵邢、趙，塞井陘之隘，命虎賁之將，遏其衝突之鋒。長史唐奉一，馳使洺魏，〔四二〕據河渭之津，〔四三〕縱羽林之雄，挫其侵軼之勢。臣又遣前軍總管忠武將軍行左衛勳（一）府中郎將上柱國定陽郡開國公楊玄基〔四四〕……等，略其西南。或折衝其前，或乘蹑其後，整貔貅之佐，奮勇猛之倫，〔四五〕長戟林迴，高旗雲繞，〔四六〕賊黨昬窮漏急，〔四七〕命窄途殫，執無全之心，投必死之計。以今月一日，何阿小等帥不悛之旅，擁脅從之衆，結聚數萬，抗拒官軍。自寅及午，前後九陣，玄基等並鋒鏑爭先，戈鋋遞躍，抗足而跐，鮮卑之血塗地；攘臂而扔，烏丸之首積野。摧同冰陷，〔四八〕裂若山焚，窮其孑遺，無復噍類。斬獲逆賊冀州三品大總管何阿小、逆賊河北道招慰大使冀州刺史馬行感、〔四九〕逆賊冀州道副大總管楊奉節、逆賊冀州長史王弘胤、逆賊總管劉伏念、逆賊十二衛大將軍見任鹿城縣令李懷璧、逆賊信都縣令楊志寂、總管胡六郎、逆賊總管王知先、逆賊帥馬明誓、逆賊三品總管姬目等魁首巨蠹三百餘人。〔五十〕所有戎羯憑陵殘毀之處，〔五一〕臣皆宣布制旨，撫集其人，咸懷聖恩，俱得復業。群凶既定，四方砥平，〔五二〕二載逋誅，一朝泯滅，數州怨毒，俄爾清弭。〔五三〕舞溢河冀，歌達塞垣，截風浪以息滄溟，廓氛埃而睹白日①。郤獻何力，〔五四〕敢推群帥之勞；叔向有言，實在明君之德。臣憑籍睿略，忝當戎政，神機密運，不待橫草之功；天贊宜休，〔五五〕恭承破竹之勢。伏瞻廟勝，〔五六〕速奉朝歡，忭躍之情，〔五七〕倍萬恒品，不勝慶快之至。〔五八〕謹遣傔人天官常選李佑，別奏左衛長上校尉張德俊，〔五九〕奉露布以聞。其軍資器械，別簿條上，謹言。

---

① “廓氛埃而睹白日”，《全唐文》作“廓氛埃而清白日”。

【校勘記】

〔一〕底本題下原注：“《唐文》作爲河内郡王武懿宗平冀州賊契丹等露布。”《英華》作此題，並于“宗”字下注：“集作爲神兵道。”於題下注：“按《新唐書》：神功元年，武懿宗爲神兵大總管討契丹。一本作爲建安郡王武攸宜作。”

〔二〕勳一　底本“勳”下原注：“《唐文》無此字。”《英華》、《全文》、《四庫》、朱刻均無此字；一，底本原作“翊”，據清抄改。

〔三〕杲　底本原注：“《唐文》作果。”《全文》、《四庫》、朱刻作“果”。

〔四〕行　《英華》作“被”，注：“集作行。”

〔五〕帝載　《英華》作“先帝”，注：“集作帝載。”

〔六〕雍　《英華》作“邕”，注：“集作雍。”

〔七〕根　《英華》作“餘”，注：“集作根。”

〔八〕蹋　《英華》作“冒”，注：“集作蹋。”

〔九〕賈　底本原注：“《唐文》作市。”《英華》、《全文》、《四庫》、朱刻均作“市”。

〔十〕戰士　底本原注：“《唐文》作戍人。”《英華》作“戍人”，注：“集作戰士。”

〔十一〕成　底本原注：“《唐文》作恣。”《英華》作“恣”，注：“集作成。”

〔十二〕張　《英華》、清抄作“誼”。

〔十三〕淪　底本原作“藏”，據《英華》、清抄改；徽，底本原注：“《唐文》作虚。”《英華》作“虚”，注：“集作徽。”

〔十四〕伐　底本原作“代”，注：“《唐文》作順。”《全文》、《四庫》、聚珍作“順”,據《英華》、清抄改。

〔十五〕縱　底本原注:“《唐文》作從。”列,《英華》作
“裂”,注:“集作列。”

〔十六〕學　《四庫》作“樂”。

〔十七〕邪　《英華》、《四庫》、聚珍、《全文》作“回”,《英
華》注:“集作邪。”

〔十八〕山　《四庫》作“三”;西,《英華》、《四庫》作
“四”,注:“集作西。”

〔十九〕東　《英華》、《四庫》作“深”,注:“集作東。”

〔二十〕聲威　《英華》、《四庫》作“軍聲”,注:“集作聲
威。”

〔二一〕燕　《英華》、《四庫》作“幽”,注:“集作燕。”

〔二二〕犬羊　底本原注:“《唐文》作虎狼。”《全文》、
《四庫》、聚珍作“虎狼”。

〔二三〕驚　底本原注:“《唐文》作舊。”《英華》、《四庫》
作“舊”,《英華》注:“集作驚。”

〔二四〕沙吒　底本原作“沙叱”,清抄作“少叶”,據《唐
書》、《英華》改。

〔二五〕壯　底本原注:“《唐文》作將。”《英華》、《四庫》
作“將”,《英華》注:“集作壯。”髮,底本原注:“《唐文》作
冠。”《英華》、《四庫》作“冠”,《英華》注:“集作髮。”

〔二六〕識　底本原注:“《唐文》作落。”《英華》、《四庫》
作“落”,《英華》注:“集作識”;箭,《英華》、《四庫》作“戰”,
《英華》注:“集作箭。”

〔二七〕寇　底本原注:“《唐文》作敵。”《英華》、《四庫》

作"敵",《英華》注:"集作寇。"

〔二八〕再 《英華》注:"集作丹。"清抄作"舟"。

〔二九〕部散校分,《英華》注:"集作部校分離。"清抄作"部校分離"。

〔三十〕離綱 《英華》注:"集作綱條。"清抄作"綱條"。

〔三一〕介 底本原作"錢",注:"《唐文》作介。"清抄始作"棧",改作"錢";據《英華》、《全文》、《四庫》、聚珍改。

〔三二〕共 《英華》、《四庫》作"盡",《英華》注:"集作共。"

〔三三〕掩奪 底本原作"淹奪",《英華》、《全文》、《四庫》、聚珍作"掩集",《英華》於"集"下注:"集作奪。""掩"據《英華》、《全文》、《四庫》、聚珍、清抄改。

〔三四〕銳 《四庫》作"水";淵渟,底本原注:"《唐文》作泉停。"《全文》作"泉停",《英華》、《四庫》、聚珍作"淵停"。

〔三五〕以 底本原注:"《唐文》作所。"《英華》作"所",注:"集作以。"

〔三六〕郡 《英華》作"刻",注:"集作郡。"

〔三七〕劫 底本原注:"《唐文》作驅。"《英華》、《全文》、《四庫》、聚珍作"驅",英華注:"集作劫。"

〔三八〕迫 底本原注:"《唐文》作逼。"《全文》作"逼"。

〔三九〕城池 底本原注:"《唐文》作軍城。"《全文》、《四庫》、聚珍作"軍城",《英華》注:"集作城池。"

〔四十〕誠 《全文》作"城"。

〔四一〕雪 此字下底本及清抄原注:"自小河以下至沃雪(清抄作"憲",誤)上,倉曹劉憲詞也。"《英華》注略同。

"小河",《英華》作"阿小";"憲"作"慮";注:"慮,集作憲。"

〔四二〕洺 《英華》、《全文》、《四庫》、聚珍作"洛"。

〔四三〕河渭 底本原注:"《唐文》作阿(河之誤)曹。"《英華》作"河曹",《全文》、《四庫》、聚珍作"阿曹"。

〔四四〕勳 底本原注:"《唐文》作翊。"《英華》、《四庫》作"翊";"一"字據清抄補。清抄此處佚"上柱國定陽郡開國公楊玄基"十二字。

〔四五〕勇猛 《英華》、《四庫》、《全文》作"猛毅",《英華》注:"集作勇猛。"

〔四六〕迴 清抄作"高";繞,底本原作"橈",聚珍作"撓",據《英華》、《四庫》改。

〔四七〕曷 底本原作"略",據《英華》、《四庫》、《全文》改。

〔四八〕摧 底本原作"漼",注:"《唐文》作摧。"據《英華》、《全文》、《四庫》、聚珍改。

〔四九〕感 底本原注:"《唐文》作慰。"《全文》、聚珍作"慰"。

〔五十〕姬目 清抄此上佚"逆賊冀州長史王弘胤……逆賊三品總管姬目"一段近百字;誓,《英華》作"哲"。

〔五一〕羯 底本原注:"《唐文》作馬。"《全文》、聚珍作"馬"。

〔五二〕四 底本原注:"《唐文》作冀。"《英華》、《四庫》、《全文》、聚珍作"冀",英華注:"集作四。"

〔五三〕爾 《英華》、《四庫》、《全文》、聚珍作"然",《英華》注:"集作爾。"弭,清抄作"殄"。

〔五四〕獻　底本原注：“《唐文》作穀。”《英華》、《全文》作“穀”，《英華》注：“集作獻。”

〔五五〕宜休　底本原作“冥符”，據清抄改。

〔五六〕瞻　底本原注：“《唐文》作惟。”《英華》、《四庫》、《全文》、聚珍作“惟”，《英華》注：“集作瞻。”

〔五七〕忙躍　底本原於“躍”字下注：“《唐文》作舞。”《全文》、聚珍作“抃舞”。

〔五八〕勝　《英華》注：“集作任。”清抄作“任”。慶快，清抄作“愛悅”。

〔五九〕俊　清抄此上佚“遣傔人天官常選李佑別奉左衛長上校尉張德俊”二十字。

《張說集校注》卷三十《神兵道爲申平冀州賊契丹等露布〔一〕》頁一四三五至一四四五

大惣管右金吾衛大將軍兼檢校洛州長史河內郡王臣某、前軍惣管行左衛翊府中郎將上柱國定陽郡開國公臣楊玄基、行軍長史朝奉大夫守給事中護軍臣唐奉一、行軍司馬通議大夫行天官郎中臣鄭杲等言，臣聞氛祲薄霄，戎狄謀夏，則武庫兵動，中國有弧矢之威；文昌將飛，邊城用金革之事。蓋以式遏姦暴，大庇黎人，震蠻盪夷，明罰耀武者也。伏惟天策金輪聖神皇帝陛下，仁覆有載，化被集作行無外，皇圖未臣之黨，先帝集作帝載不庭之俗，罔不依被聲教，浸潤邑集作雍熙，望雲向風，密邇遐裔。而契丹凶醜，奴隸餘集作根苗，非冒集作蹋頓之雄族，異單于之貴種，徒以錯居遠郡，漸化平時，田牧混乎四氓，貿遷通於三市集作賈。戍人集作戰士解甲，邊馬垂蠻。禽獸飽而忘恩，蜂蠆養而恣集作成毒，敢孤亭育，自絶生成。乃狼心干紀，鴟詛竊發，虐我邊吏，覆我鎮軍。大棘殘於夷落，孤竹淪於荒虚集作徼。陛下震赫斯之怒，授決勝之符，天地合謀，鬼神助伐。六狄舉國，百蠻整衆，運欃槍而掃除，縱裂集作列缺而焚蕩。臣飲冰受斧，指日揚麾，雖謝河間之學，竊慕任城之勇，誓將首冒鋒刃，躬先士卒，上假神兵之威，下定鬼方之罪。凶醜狂悖，素無大志，因乘便利，扇動姦回集作邪。去歲嘗師，疑一軍之盡化；今春輕敵，見三帥之不歸。蟻聚寔繁，豺牙益厲，結山戎以四集作西寇，連島夷而深集作東入。臣乃廣開形勢，大振軍聲集作聲威，移告郡邑，金湯固守；傳檄諸軍，掎角相應。清邊道大惣管建安郡王攸宜，杖鉞薊門，作鎮幽集作燕國，當要害之地，挫犬羊之群。高壘深溝，卧旗集作鶩營而不動；山蛇雲鳥，陣死地而無疑。惣管沙吒忠義、王伯禮、安道買等，兵臨易水，使接桑河，犀渠衝將集作壯士之冠集作發，雕騎落集作識將軍之戰集作箭，四面當敵集作寇，九拒乘城。御史大夫婁師德、惣管高再集作丹牟、薛思行等，扞敵中山，折衝外侮，訓厲鷹揚之士，輯穆震驚之師，其餘部散校分集作部校分離，離綱集作綱條别緒，兵車星布，巡太行而綴碣石；介馬雲羅，挾衡漳而連海浦。山川積雨，盡集作共消胡騎之塵；草木長風，咸有王師之氣。清邊士馬，稍南驅而擁蹙；神兵甲卒，漸北逐以威臨。但合圍而持重，未輕挑而即戰。重以蕃臣默啜，統率氈裘，控弦逾於萬騎，帶甲彌於千里。長驅松漠，掩集集作奪柳城，巢穴是空，胎卵皆覆。于時賊衆兵馬，屯逼幽州，聞其塞外之敗，懼有舟中之敵。勢力外窘，心腹内乖，建安郡王攸宜，蓄鋭淵唐諱停，乘機電發，援桴作氣，則山岳可摇；書箭

一飛,則酋渠相滅。兵纔接刃,元凶授首,春喉蔽野,京觀起
於中州;積甲成山,組練收於外府。雖本根斯拔,已蕩滌於一
隅;而餘蔓所集作以滋,尚聯延於數刻集作郡。賊帥何阿小等,
頑凶是極,屠儈爲資,受其署置,肆行驅集作劫掠,幽陵之下,
不知首惡之已擒;兩河之間,仍謂游魂之可恃。士女遭其逼
脅,軍城集作城池被其屠陷。以殺戮爲事,户積虔劉之悲;以劫
奪爲心,家盈剥割之痛。鹿城縣令李懷璧,衣冠貴冑,令長崇
班,背我朝恩,歸誠狄寇。潛修甲杖,輸以利器之資;見委兵
權,當其上將之任。蠢兹狂亂,暫集作誓同燎火;言事剪除,方
申沃雪自阿小至沃雪以上,倉曹劉憲詞。臣乃盛兵邢、趙,塞井陘之
隘,命虎賁之將,遏其衝突之鋒。長史唐奉一,馳使洺魏,據
河曹之津,縱羽林之雄,挫其侵軼之勢。臣又遣前軍惣管忠
武將軍行左衛翊府中郎將上柱國定陽郡開國公楊玄基……
等,略其西南。或折衝其前,或乘躡其後,整貔貅之佐,奮猛
毅集作勇猛之倫,長戟林迴,高旗雲繞,賊黨曁窮漏急,命窄途
殫。執無全之心,投必死之計。以今月一日,何阿小等帥不
悛之旅,擁脅從之衆,結聚數萬,抗拒官軍。自寅及午,前後
九陣。玄基等並鋒鏑争先,戈鋌遞躍。抗足而跐,鮮卑之血
塗地;攘臂而扔人蒸切因也,烏丸之首積野。摧同冰陷,裂若山
焚,窮其孑遺,無復噍類。斬獲逆賊冀州三品大惣管何阿小、
逆賊河北道招慰大使冀州刺史馬行感、逆賊冀州道副大惣管
楊奉節、逆賊冀州長史王弘胤、逆賊惣管劉伏念、逆賊十二衛
大將軍見任鹿城縣令李懷璧、逆賊信都縣令楊志寂、惣管胡
六郎、逆賊惣管王知先、逆賊帥馬明哲、逆賊三品惣管姬目
等魁首巨蠹三百餘人。所有戎羯憑陵殘毀之處,臣皆宣布制

旨，撫集其人，咸懷聖恩，俱得復業。群凶既定，冀<small>集作四方</small>砥平，二載逋誅，一朝泯滅，數州怨毒，俄然<small>集作爾</small>清弭。舞溢河冀，歌達塞垣。截風浪以息滄溟，廓氛埃而睹白日。郤縠<small>集作獻</small>何力，敢推群帥之勞；叔向有言，實在明君之德。臣憑籍睿略，忝當戎政，神機密運，不待橫草之功；天贊冥符，恭承破竹之勢。伏惟<small>集作瞻</small>廟勝，遠奉朝歡，抃躍之情，倍萬恒品，不勝<small>集作任</small>慶快之至。謹遣傔人天官常選李佑，別奏左衛長上校尉張德俊，奉露布以聞。其軍資器械，別簿條上，謹言。

《文苑英華》卷六四七《露布·河南郡王武懿宗平冀州賊契丹等露布》頁三三二八下至三三三一上

　　大總管右金吾衛大將軍兼檢校洛州長史河內郡王臣某、前軍總管行左衛翊府中郎將上柱國定陽郡開國公臣楊元基、行軍長史朝奉大夫守給事中護軍臣唐奉一、行軍司馬通議大夫行天官郎中臣鄭杲等言，臣聞氛祲薄霄，戎狄謀夏，則武庫兵動，中國有弧矢之威；文昌將飛，邊城用金革之事。蓋以式遏姦暴，大庇黎人，震蠻蕩夷，明罰耀武者也。伏惟天册金輪聖神皇帝陛下仁覆有截，化被無外，皇圖未臣之黨，帝載不庭之俗，罔不衣被聲教，浸潤邕熙，望雲向風，密邇遐裔。而契丹凶醜，奴隸餘苗，非冒頓之榮族，異單于之貴種，徒以錯居遠郡，漸化平時，田牧混乎四甿，貿遷通於三市。戍人解甲，邊馬垂鬠。禽獸飽而忘恩，蜂蠆養而恣毒，敢孤亭育，自絕生成。乃狼心干紀，鴟張竊發，虐我邊吏，覆我鎮軍。大棘殘於夷落，孤竹淪於荒虛。陛下震赫斯之怒，授決勝之符，天地合謀，鬼神助順。六狄舉國，百蠻整衆，運欃槍而掃除，縱列缺而焚蕩。臣飲冰受斧，指日揚麾，雖謝河間之學，竊慕任城之勇，誓將首冒鋒刃，躬先士卒，上假神兵之威，下定鬼方之罪。凶醜狂悖，素無大志，因乘便利，扇動姦回。去歲嘗師，疑一軍之盡化；今春輕敵，見三帥之不歸。蟻聚實繁，豺牙益厲，結山戎以西寇，連島夷而東入。臣乃廣開形勢，大振聲威，移告郡邑，金湯固守；傳檄諸軍，掎角相應。清邊道大總管建安郡王攸宜，杖鉞薊門，作鎮燕國，當要害之地，挫虎狼之群。高壘深溝，臥舊營而不動；山蛇雲鳥，陣死地而無疑。總管沙吒忠義、王伯禮、安道買等，兵臨易水，使接桑河，犀渠衝將士之冠，雕騎落將軍之箭，四面當敵，九拒乘城。御史大夫婁師德、總管高再牟、薛思行等，扞敵中山，折衝外侮，訓厲鷹揚之士，輯睦震驚之師，其餘部散校分，離綱別緒，兵車星布，巡太行而綴碣石；介馬雲羅，挾衡漳而連海浦。山川積雨，盡消邊騎之塵；草木長風，咸有王師之氣。清邊士馬，稍南驅而擁甃；神兵甲卒，漸北逐以威臨。但合圍而持重，未輕挑而即戰。重以藩臣默啜，統率氈裘，控弦逾於萬騎，帶甲彌於千里。長驅松漠，掩集柳城，巢穴是空，胎卵皆覆。於時賊眾兵馬，屯逼幽州，聞其塞外之敗，懼有舟中之敵。勢力外窘，心腹內乖，建安郡王攸宜，蓄銳泉停，乘機電發，援枹作氣，則山岳動搖；書箭一飛，則酋渠相滅。兵纔接刃，元凶授首，春喉蔽野，京觀起於中州；積甲成山，組練收於外府。雖本根斯拔，已蕩滌於一隅；而餘蔓以滋，尚聯延於數郡。賊帥何阿小等，頑凶是極，屠儈為資，授其署置，肆行驅掠，幽陵之下，不知首惡之已擒；兩河之間，仍謂游魂之可恃。士女遭其逼脅，軍城被其屠陷。以殺戮為事，戶積虔劉之悲；以劫奪為心，家盈剥割之痛。鹿城縣令李懷璧，衣冠貴冑，令長崇班，背我朝恩，歸城敵寇。潛修甲杖，輸以利器之資；見委兵權，當其上將之任。蠢兹狂亂，暫同燎火；言事翦除，方申沃雪。臣乃盛兵邢、趙，塞井陘之隘，命虎賁之將，遏其衝突之鋒。長史唐奉一，馳使洛魏，據河渭之津，縱羽林之雄，挫其侵軼之勢。臣又遣前軍總管忠武將軍行左衛翊府中郎將上柱國定陽郡開國公楊元基……等，略其西南。或折衝其前，或乘躡其後，整貔貅之佐，奮猛毅之倫，長戟林迴，高旗雲橈，賊黨昬窮漏急，命窄途殫。執無全之心，投必死之計。以今月一日，何阿小等帥不悛之旅，擁脅從之衆，結聚數萬，抗拒官軍。自寅及午，前後九陣。元基等並鋒鏑爭先，戈鋌遞躍。抗足而趾，鮮卑之血塗地；攘臂而扔，烏丸之首積野。摧同冰陷，裂若山焚，窮其孑遺，無復噍類。斬獲逆賊冀州三品大總管何阿小、逆賊河北道招慰大使冀州刺史馬行慰、逆賊冀州道副大總管楊奉節、逆賊冀州長史王宏允、逆賊總管劉伏念、逆賊十二衛大將軍見任鹿城縣令李懷璧、逆賊信都縣令楊志寂、總管胡六郎、逆賊總管王知先、逆賊帥馬明誓、逆賊三品總管姬目等魁首巨蠹三百餘人。所有戎馬憑陵殘毀之地，臣皆宣布制旨，撫集其人，咸懷聖恩，俱得復業。群凶既定，冀方砥平，二載逋誅，一朝泯滅，數州愁毒，俄然清弭。舞溢河冀，歌達塞垣。截風浪以息滄溟，廓気埃而清白日。邵毅何力，敢推群帥之勞；叔向有言，實在明君之德。臣憑籍睿略，忝當戎政，神機密運，不待橫草之功；天贊冥符，恭承破竹之勢。伏惟廟勝，速奉朝歡，抃舞之情，倍萬恒品，不勝慶快之至。謹遣傔人天官常選李佑別奏左衛長上校尉張德俊奉露布以聞。其軍資器械,別簿條上,謹言。

　　《全唐文》卷二二五《張説五·爲河内郡王武懿宗平冀州賊契丹等露布》頁二二六六至二二六九

　　唐薛謙光爲左補闕,萬歲通天二年,四夷多遣侍子入侍。其論欽陵、阿史德元珍、孫萬斬等,皆因充侍子遂得遍觀中國兵威、禮樂,其後竟爲邊害。謙光上疏曰:臣聞戎夏不雜,自古所誡。夷狄無信,易動難安,故斥居塞外,不遷中國。前史所稱,其來久矣。……竊惟突厥、吐蕃、契丹等,往因入侍,並叨殊獎:或執戟丹墀,策名戎秩,或曳裾庠序,高步黌門。服改氈裘,語兼中夏,明習漢法,睹衣冠之儀,目擊朝章,知經國之要。窺成敗於國史,察安危於古今,識邊塞之盈虛,知山川之險易。或委以經略之功,令其展效,或矜其首丘之志,放使歸蕃。於國家遂有冠帶之名,在夷狄廣其縱橫之智。雖則慕化之美,苟悦於當時,而狼子孤恩,旋生於過後。及歸部落,鮮不稱兵。邊鄙羅災,實由於此。

　　《册府元龜》卷五四四《諫諍部·直諫第十一》頁六五二二

　　天册萬歲二年[1],補闕薛謙光上疏曰:
　　臣聞戎夏不雜,自古所誡。夷狄無信,易動難安,故斥居塞外,不遷中國。前史所稱,其來久矣。……

────────

[1]武則天的年號"天册萬歲"只實行了一年,即695年九月至十一月,同年十二月改元"萬歲登封"。次年四月,改元"萬歲通天"。此則資料在《册府元龜》中爲"萬歲通天二年",故此"天册萬歲二年"應爲"萬歲通天二年"(697)之誤。

　　竊唯突厥、吐蕃、契丹等往因入貢，並叨殊獎。或執戟丹墀，册名戎秩，或曳裾庠序，高步學門。服胡氈裘，語兼中夏。明習漢法，睹衣冠之儀；目覿朝章，〔一〕知經國之要，窺成敗於圖史，察安危於古今，識邊塞之盈虛，知山川之險易。或委以經略之功，令其展效；或矜其首丘之志，放使歸蕃。於國家遂有冠帶之名，在夷狄廣其縱橫之智。遂則慕化之美，苟悦於當時；而狼子孤恩，旋生於過後。及歸部落，鮮不稱兵。邊鄙罹災，實由於此。

【校勘記】

〔一〕"目覿朝章"，"目"原訛"申"，據明刻本、朝鮮本、王吳本改。按：《太平寰宇記》卷二〇〇作"日"。

　　《通典》卷二百《邊防十六·鹽漢念》頁五四九五至五四九六

　　臣聞戎夏不雜，自古所誡。夷狄無信，易動難安，故斥居塞外，不遷中國。前史所稱，其來久矣。……

　　竊唯突厥、吐蕃、契丹等，往因入貢，並叨殊獎。或執戟丹墀，策名戎秩，或曳裾庠序，高步黌門。服改氈裘，語兼中夏。明習漢法，睹衣冠之儀；目覿朝章，知經國之要，窺成敗於圖史，察安危於古今，識邊塞之盈虛，知山川之險易。或委以經略之功，令其展效；或矜其首邱之志，放使歸蕃。於國家雖有冠帶之名，在夷狄廣其縱橫之智。遂則慕化之美，苟悦於當時；而狼子孤恩，旋生於過後。及歸部落，鮮不稱兵。邊鄙罹災，實由於此。

　　《全唐文》卷二八一《薛登·請止四夷入侍疏》頁二八五三

公諱質,字性文,遼東朝鮮人也。……天授元年,遷冠軍大將軍、行左鷹揚衛將軍,進封柳城縣開國公,食邑二千戶。公以鷹揚鶚視之威,受豹略龍韜之任,曆踐衡珠之位,頻驅浴鐵之兵。故得上簡天心,高升國爵。繼而林胡作梗,榆塞驚塵,鴞鏑起於邊亭,穀騎橫於朔野。大君當寧,按龍劍而發雷霆;驍將鏖門,擁虹旗而聚雲雨。制命公爲瀘河道討擊大使,仍充清邊東軍總管。公肅承玄旨,電發星驅,徑度蒼波,選徒征騎。雖貔虎葉志,擐甲者爭馳;而蜂蠆盈途,提戈者未集。公以二千餘兵,擊數萬之眾。七擒有效,三捷居多。萬歲通天二年正月,制除左玉鈐衛大將軍、左羽林軍上下。公撫巡士眾,推以赤心。宣布威恩,得其死力。解衣推食,悍螫感惠而守睥;挾纊投醪,童孺銜歡而拒敵。上聞旒扆,特降恩徽。有敕稱之曰:"高性文既能脫衣,招携遠藩,宜內出衣一副,並賜物一百段。又性文下高麗婦女三人,固守城隍,與賊苦戰,各賜衣服一具,並賚物卅段。"但凶狂日熾,救援不臻。眾寡力殊,安危勢倍。城孤地絕,兵盡矢窮。日夜攻圍,卒從陷沒。爲虜所執,詞色懔然。不屈凶威,遂被屠害。以萬歲通天二年五月廿三日,薨於磨米城,春秋七十有二……粵以聖曆三年臘月十七日,安厝於洛州合宮縣平樂鄉之原,禮也。

《全唐文補遺》千唐志齋新藏專輯《韋承慶·大周故鎮軍大將軍行左金吾衛大將軍贈幽州都督上柱國柳城郡開國公高公墓誌銘並序》頁七九

公諱慈。字智捷。朝鮮人也。……萬歲通天元年五月奉敕差乂充瀘河道討擊大使,公奉敕從行,緣破契丹功,授壯武將軍行左豹韜衛翊府郎將。忝跡中權,立功外域,既等耿恭之寄,旋霑來歙之榮。尋以寇賊憑陵,晝夜攻逼;地孤援闊,根盡矢殫,視死猶生,志氣彌勵,父子俱陷,不屈賊庭,以萬歲通天二年五月廿三日終於磨米城南,春秋卅有三。聖上哀悼。傷慟於懷。制曰:故左金吾衛大將軍幽州都督高性文男智捷,隨父臨戎,殞身赴難。忠孝兼極,至性高於二連;義勇俱申,遺烈存於九死。永言喪沒,震悼良深,宜加褒贈,式慰泉壤,可左玉玉鈐衛將軍。又奉敕曰:高性文父子忠鯁身亡,令編入史。又奉敕令准式例葬。粵以聖曆三年臘月十七日窆於洛州合宮縣平樂鄉之原禮也。

《唐代墓誌彙編》上冊《大周故壯武將軍行左豹韜衛郎將贈左玉鈐衛將軍高公墓誌銘》頁九五九至九六〇

公諱慈。字智捷。朝鮮人也。……萬歲通天元年五月奉敕差又充瀘河道討擊大使,公奉敕從行,緣破契丹功,授壯武將軍行左豹韜衛翊府郎將。忝跡中權,立功外域,既等耿恭之寄,旋霑來歙之榮。尋以寇賊憑陵,晝夜攻逼;地孤援闊,根盡矢殫,視死猶生,志氣彌勵,父子俱陷,不屈賊庭,以萬歲通天二年五月廿三日終於磨米城南,春秋卅有三。聖上哀悼。傷慟於懷。制曰:故左金吾衛大將軍幽州都督高性文男智捷,隨父臨戎,殞身赴難。忠孝兼極,至性高於二連;義勇俱申,遺烈存於九死。永言喪沒,震悼良深,宜加褒贈,式慰泉壤,可左玉玉鈐衛將軍。又奉敕曰:高性文父子忠鯁身亡,令編入史。又奉敕令准式例葬。粵以聖曆三年臘月十七日窆於洛州合宮縣平樂鄉之原。禮也。

《全唐文補遺》第三輯《闕名·大周故鎮軍大將軍行左金吾衛大將軍贈幽州都督上柱國柳城郡開國公高公墓誌銘並序》頁五三一

公諱同，字思泰，河東人也，聞喜人也。……會林胡作釁，來侵冀方，負財狼之心，肆蜂蠆之毒，憑凌我郡邑，撓亂我黔黎。公氣摩青霄，誠貫白日，率疲弊之卒，當勇銳之師，懸門以拒攻，浚塹以堅守，發言則三軍挾纊，轉鬭則群凶解圍。嗚呼！執忠不迴，司馬俄而握節；臨難無苟，仲由於是結纓。以萬歲通天二年六月廿一日薨於官第，春秋六十有五。

《唐代墓誌彙編》上冊《唐故冀州棗強縣令贈隨州刺史裴公墓誌銘并序》頁一四二三

君諱玄基，字昭業，其先出自後稷，始於高辛。……唐顯慶元年，從薛仁貴平契丹。……時逆賊何阿小陷没冀州。君兵有二千，騎盈數百，權謀間發，秘略潛施，殺張角於山東，斬陳餘於水上。

《全唐文補遺》第八輯《闕名·大周故左羽林衛將軍上柱國定陽郡開國公右北平陽君墓誌銘並序》頁三三〇

公元六九七年　　則天后神功元年

神功元年，契丹擾山東，擢魏州刺史，武后勞曰："逆虜盜邊，公雖病，可與妻子行，日三十里，爲朕臥治，爲屏蔽也。"因延問朝政得失，及善陳治亂所宜，后悅曰："禦寇末也，輔政本也，公不可行。"留拜內史。

《新唐書》卷一百一十六《列傳第四十一・王及善》頁
四二四一

神功元年時以契丹破滅，九鼎就成，以九月大享，改元爲神功。

《資治通鑑》卷二百六《唐紀二十二・則天后神功元年》
頁六五一二

春，三月，戊申，清邊道總管王孝傑、蘇宏暉等將兵十七
萬與孫萬榮戰於東硤石谷，唐兵大敗，孝傑死之。將，即亮翻。
孝傑遇契丹，帥精兵爲前鋒，帥，讀曰率。力戰。契丹引退，
契，欺訖翻，又音喫。孝傑追之，行背懸崖；背，蒲妹翻。契丹回兵薄
之，薄，伯各翻。宏暉先遁，孝傑墜崖死，將士死亡殆盡。《考異》
曰:《朝野僉載》雲："孝傑將四十萬衆，被賊誘退，逼就懸崖，漸漸挨排，一一
落澗，坑深萬丈，尸與崖平，匹馬無歸，單兵莫返。"張鷟語事多過其實，今不盡
取。管記洛陽張説馳奏其事。太后贈孝傑官爵，遣使斬宏暉
以徇；使者未至，宏暉以立功得免。説，讀曰悦。使，疏吏翻；下同。
武攸宜軍漁陽，漁陽，秦右北平郡所治也。隋爲漁陽縣，屬幽州，在
幽州東二百一十里。聞孝傑等敗没，軍中震恐，不敢進。契丹乘
勝寇幽州，攻陷城邑，剽掠吏民，攸宜遣將擊之，不克。剽，匹妙
翻。將，即亮翻。
　　……
初，咸亨中，突厥有降者，皆處之豐、勝、靈、夏、朔、代六
州，至是，默啜求六州降户及單于都護府之地，并穀種、繒帛、
農器、鐵，降，户江翻。處，昌吕翻。夏，户雅翻。單，音蟬。種，章勇翻。繒，
慈陵翻。太后不許。默啜怒，言辭悖慢。悖，蒲内翻，又蒲没翻。姚

璹、楊再思以契丹未平，請依默啜所求給之。麟臺少監、知鳳閣侍郎贊皇李嶠曰：麟臺少監即祕書少監。贊皇縣，隋置，屬趙州，取贊皇山以爲名。少，詩照翻。"戎狄貪而無信，此所謂'借寇兵資盜糧'也，秦李斯之言。不如治兵以備之。"治，直之翻。璹、再思固請與之，乃悉驅六州降户數千帳以與默啜，并給穀種四萬斛，雜彩五萬段，農器三千事，鐵四萬斤，并許其昏。默啜由是益强。

田歸道始得還，與閻知微爭論於太后前。歸道以爲默啜必負約，不可恃和親，宜爲之備。知微以爲和親必可保。《考異》曰：《舊歸道傳》云："聖曆初，默啜請和，遣閻知微冊爲立功報國可汗。知微擅與使者緋袍，歸道上言不可。及默啜將至單于都護府，乃令歸道攝司賓卿迎勞之。默啜請六胡州，不許，遂拘縶歸道。"《突厥傳》云："李盡忠、孫萬榮陷營府，默啜請爲國討契丹，許之。默啜部衆漸盛，則天遣使冊爲立功報國可汗。"《朝野僉載》云："歸道爲知微副，見默啜，不拜，默啜倒懸，將殺之；元珍諫，乃放之。"按神功元年八月，姚璹左遷益州長史。則與之穀帛，必在此前，非聖曆初也。《實録》："萬歲通天元年，九月，丁卯，以默啜不同契丹之逆，遣閻知微冊爲遷善可汗。"則於時未爲立功報國可汗也。冊拜此號，《實録》無之，不知的在何時。今因契丹未平，姚璹未出，附見於此。歸道在朝爲左衛郎將，何得預論默啜！蓋在道見知微所爲而上言耳。其事則兼采諸書可信者存之。

《資治通鑑》卷二百六《唐紀二十二·則天后神功元年》頁六五一四至六五一六

前益州長史王及善已致仕，會契丹作亂，山東不安，起爲滑州刺史。太后召見，見，賢遍翻。問以朝廷得失，及善陳治亂之要十餘條。治，直吏翻。太后曰："外州末事，此爲根本，卿不可出。"癸酉,留爲内史。

癸未,以右金吾衛大將軍武懿宗爲神兵道行軍大總管,與右豹韜衛將軍何迦密將兵擊契丹。迦,古牙翻,又居伽翻。將,即亮翻。五月,癸卯,又以婁師德爲清邊道副大總管,右武威衛將軍沙吒忠義爲前軍總管,沙吒,虜姓。吒,初加翻。將兵二十萬擊契丹。

先是,有朱前疑者先,悉薦翻。上書云:"臣夢陛下壽滿八百。"即拜拾遺。又自言"夢陛下髮白再玄,齒落更生"。遷駕部郎中。唐駕部郎掌邦國輿輦車乘、傳驛、厩牧,官司馬牛雜畜簿籍,辯其出入,司其名數。上,時掌翻;下同。出使還,上書曰:"聞嵩山呼萬歲。"賜以緋算袋,唐初職事官三品以上賜金裝刀、礪石,一品以下則有手巾、算袋。開元以後,百官朔望朝參,外官衙日,則佩算袋,各隨其所服之色,餘日則否。使,疏吏翻。時未五品,於緑衫上佩之。會發兵討契丹,敕京官出馬一匹供軍,酬以五品。前疑買馬輸之,屢抗表求進階;太后惡其貪鄙,惡,烏路翻。六月,乙丑,敕還其馬,斥歸田里。

《資治通鑑》卷二百六《唐紀二十二·則天后神功元年》頁六五一七至六五一八

武懿宗軍至趙州,聞契丹將駱務整數千騎將至冀州,丹將,即亮翻;下同。騎,奇寄翻;下同。懿宗懼,欲南遁。或曰:"虜無輜重,重,直用翻。以抄掠爲資,抄,楚交翻。若按兵拒守,勢必離散,從而擊之,可有大功。"懿宗不從,退據相州,相,悉亮翻。委棄軍資仗甚衆。契丹遂屠趙州。

甲午,【嚴:"午"改"申"。】孫萬榮爲奴所殺。

萬榮之破王孝傑也，於柳城西北四百里依險築城，留其老弱婦女，所獲器仗資財，使妹夫乙冤羽守之，引精兵寇幽州。恐突厥默啜襲其後，遣五人至黑沙，語默啜曰：黑沙，突厥庭。語，牛倨翻。“我已破王孝傑百萬之衆，唐人破膽，請與可汗乘勝共取幽州。”三人先至，默啜喜，賜以緋袍。二人後至，默啜怒其稽緩，將殺之，二人曰：“請一言而死。”默啜問其故，二人以契丹之情告。默啜乃殺前三人而賜二人緋，使爲鄉導，鄉，讀曰嚮。發兵取契丹新城，殺所獲涼州都督許欽明以祭天；圍新城三日，克之，新城，即前契丹所築，在柳城西北者。盡俘以歸。使乙冤羽馳報萬榮。

時萬榮方與唐兵相持，軍中聞之，恟懼。恟，許勇翻。奚人叛萬榮，神兵道總管楊玄基擊其前，奚兵擊其後，獲其將何阿小。萬榮軍大潰，阿，烏葛翻。《考異》曰：《朝野僉載》：“突厥破萬榮新城，群賊聞之失色，衆皆潰散。”不云爲玄基等所破。《實録》但云爲玄基及奚所破，不云突厥取新城。要之，契丹聞新城破，衆心已離，唐與奚人擊之遂潰耳。今兩取之。帥輕騎數千東走。帥，讀曰率。前軍總管張九節遣兵邀之於道，萬榮窮蹙，與其奴逃至潞水東，鮑丘水從塞外來，南過幽州潞縣，謂之潞水。息於林下，嘆曰：“今欲歸唐，罪已大。歸突厥亦死，歸新羅亦死。將安之乎！”奴斬其首以降，降，户江翻；下同。梟之四方館門。漢有藁街蠻夷邸。後魏置諸國使邸，其後又作四館以處四方來降者，事見一百四十九卷梁武帝普通元年。至隋煬帝置四方館於建國門外，以待四方使客，各掌其方國及互市事，屬鴻臚寺。唐以四方館隸中書省，通事舍人主之。梟，堅堯翻。其餘衆及奚、霫皆降於突厥。霫，而立翻。

……

辛卯,制以契丹初平,命河内王武懿宗、婁師德及魏州刺史狄仁傑分道安撫河北。懿宗所至殘酷,民有爲契丹所脅從復來歸者,復,扶又翻。懿宗皆以爲反,生刲取其膽。先是,何阿小嗜殺人,先,悉薦翻。河北人爲之語曰:"唯此兩何,殺人最多。"武懿宗封河内王,與何阿小爲"兩何"。

《資治通鑑》卷二百六《唐紀二十二·則天后神功元年》頁六五二〇至六五二二

神功元年七月,清邊道大總管建安王攸宜破契丹凱還,欲以是日詣闕獻俘。

《唐會要》卷二十三《忌日》頁五二三

默啜西擊娑葛,破滅之。契丹及奚自神功之後,常受其徵役。

《通典》卷一百九十八《邊防十四·北狄五·突厥中》頁五四三八

契丹賊孫萬榮之寇幽,河内王武懿宗爲元帥,引兵至趙州,聞賊駱務整從北數千騎來,王乃棄兵甲,南走邢州,[六]軍資器械遺於道路。聞賊已退,方更向前。

【校勘記】

〔六〕"南走邢州","邢"原作"荆"。《廣記》卷二五四汪校云,明鈔本"荆"作"邢"。《説郛》卷二、《歷代小史》均作"邢"。按:荆州距趙州甚遠,地望不合,今從《説郛》、《小史》。

《朝野僉載》卷四頁八七

周右拾遺李良弼自矜唇頰，好談玄理，請使北蕃説骨篤
禄。匈奴以木盤盛糞飼之，臨以白刃，弼懼，食一盤並盡，乃
放還。人譏之曰：“李拾遺，能拾突厥之遺。”出爲真源令。秩
滿還瀛州，遇契丹賊孫萬榮使何阿小取滄、瀛、冀、具。[三三]
良弼謂鹿城令李懷璧曰：“‘孫’者胡孫，即是獮猴，難可當也。
‘萬’字者有‘草’，即是‘草中藏’。”勸懷璧降何阿小，授懷璧
五品將軍。[三四]阿小敗，懷璧及良弼父子四人並爲河内王武
懿宗斬之。

【校勘記】

〔三三〕“滄瀛冀具”，“冀”原作“糞”，《廣記》卷二五八
引同，汪校云，明鈔本作“冀”，今從改。按：“具”疑當作
“貝”，指貝州。

〔三四〕“五品將軍”，《廣記》卷二五八引作“三品將軍”。

《朝野僉載》卷四頁九四、一〇五

天后時將軍李楷固，契丹人也，善用緡索。李盡忠之敗
也，麻仁節、張玄遇等並被緡。將麛鹿狐兔走馬遮截，放索緡
之，百無一漏。鞍馬上弄弓矢矛稍如飛仙。天后惜其材不殺，
用以爲將。稍貪財好色，出爲潭州喬口鎮守將，憤恚而卒。

《朝野僉載》卷六頁一三八至一三九

今者契丹大剿，默啜自來，六合大同，四方向化。

《文苑英華》卷五八〇《表二十八·辭官一·爲宗監請
停政事表》頁二九九七下

今者契丹大剿，默啜自來，六合大同，四方向化。

《全唐文》卷二一九《崔融三·爲宗監請停政事表》頁二二一一

武德以後，契丹、奚、室韋、靺鞨諸部落次第歸附，前後置羈縻府州三十餘，隷營州都督府。萬歲通天二年，營州陷於契丹，神龍初改隷幽州都督，開元四年還隷營州。

《讀史方輿紀要》卷五《歷代州域形勢五·營州》頁二三二至二三四

公元六九八年　唐則天后聖曆元年

臣聞朝廷議者，以爲契丹作梗，始明人之逆順，或因迫脅，或有願從，或受僞官，或爲招慰，或兼外賊，或是土人，跡雖不同，心則無別。

《舊唐書》卷八十九《列傳第三十九·狄仁傑》頁二八九二

聖曆中，自立爲振國王，遣使通於突厥。……風俗與高麗及契丹同，頗有文字及書記。

《舊唐書》卷一百九十九下《列傳第一百四十九下·北狄·靺鞨》頁五三六〇

（十月）癸卯，以狄仁傑爲河北道安撫大使。時北【章：十二行本“北”上有“河”字；乙十一行本同；孔本同；張校同。】人爲突厥所驅逼者，虜退，懼誅，往往亡匿。仁傑上疏，以爲：“朝廷議者皆罪契丹、突厥所脅從之人，言其跡雖不同，心則無別。使，疏吏翻。上，時掌翻。別，彼列翻。誠以山東近緣軍機調發傷重，調，徒弔翻。家道悉破，或至逃亡。重以官典侵漁，重以，直用翻。因事而起，枷杖之下，痛切肌膚，事迫情危，不循禮義。愁苦之地，不樂其生，有利則歸，且圖賖死，此乃君子之愧辱，小人之常行也。樂，音洛。行，下孟翻。又，諸城入僞，入僞，謂降賊者。或待天兵，將士求功，皆云攻得，臣憂濫賞，亦恐非辜。以攻取之賞賞將士，則爲濫賞。以從虜之罪罪士民，則爲非辜。以經與賊同，是爲惡地，至於污辱妻子，污，烏故翻。劫掠貨財，兵士信知不仁，簪笏未能以免，簪笏，謂士大夫，當官而行者也。乃是賊平之後，爲惡更深。且賊務招携，秋毫不犯，言除賊務在招撫携貳，秋毫無所侵犯也。今之歸正，即是平人，翻被破傷，豈不悲痛！被，皮義翻。夫人猶水也，壅之則爲泉，疏之則爲川，通塞隨流，塞，悉則翻。豈有常性！今負罪之伍，必不在家，露宿草行，潛竄山澤，赦之則出，不赦則狂，山東群盜，緣茲聚結。臣以邊塵蹔起，不足爲憂，蹔，與暫同。中土不安，此爲大事。罪之則衆情恐懼，恕之則反側自安，伏願曲赦河北諸州，一無所問。”制從之。仁傑於是撫慰百姓，得突厥所驅掠者，悉遞還本貫。散糧運以賑貧乏，修郵驛以濟旋師。恐諸將及使者妄求供頓，乃自食疏糲，郵，音尤。將，即亮翻。使，疏吏翻。疏，粗也。糲，脱粟也。一斛粟得六斗米爲糲。糲，郎葛翻。禁其下無得侵擾百姓，犯者必斬。河北遂安。

《資治通鑑》卷二百六《唐紀二十二・則天后聖曆元年》頁六五三五至六五三六

則天后嘗夢一鸚鵡，羽毛甚偉，兩翅俱折。以問宰臣，群公默然，内史狄仁傑曰：“鵡者，陛下姓也；兩翅折，陛下二子盧陵、相王也。陛下起此二子,兩翅全也。”武承嗣、武三思連項皆赤。後契丹圍幽州,檄朝廷曰“還我盧陵、相王來”,則天乃憶狄公之言,曰:“卿曾爲我占夢,今乃應矣。朕欲立太子,何者爲得?”仁傑曰:“陛下内有賢子,〔八〕外有賢姪,取捨詳擇,斷在聖衷。”則天曰:“我自有聖子,承嗣、三思是何疥癬!”承嗣等懼,掩耳而走。即降敕追盧陵,〔九〕立爲太子,充元帥。初募兵,無有應者,聞太子行,北邙山頭皆兵滿,無容人處。賊自退散。

【校勘記】

〔八〕“陛下内有賢子”,原無“内”字,據《廣記》卷二七七及《通鑑》聖曆元年《考異》引增。按:“内有賢子”與下“外有賢姪”爲對文,顯脱“内”字。

〔九〕“即降敕追盧陵”,《通鑑》聖曆元年《考異》引此下有“河内王等奏,不許入城,龍門安置。賊徒轉盛,陷没冀州,則天急”二十四字。

《朝野僉載》卷三頁六〇、七九

聖曆元年十月,納言狄仁傑爲河北、河朔安撫使,及迴,上疏曰:“臣聞朝廷識者,以契丹作梗,始明人之順逆,或有迫脅,或有願從,或授僞官,或爲招慰,或兼外賊,或是土人,跡雖不同,心實無別。誠以山東强猛,由來重氣,一顧之勢,至死不迴。近緣軍機,調發傷重,家道悉破,或至逃亡。剔屋賣田,人不爲售,内顧生計,四壁皆空。重以官曲侵漁,因事而起,當州役使,十倍軍機,官私不矜,期之必取。枷杖之下,痛切肌膚,事迫情危,不修禮義,愁苦之地,不樂其生,有利則歸,且圖賕死。此乃君子之愧辱,小人之常行。今以負罪之位,必不在家,露宿草行,潛竄山澤,赦之則出,不赦則逃。山東群盜,因緣聚結。臣以近塵雖起,不足爲憂,中國不安,以此爲事。臣聞持大國者,不可以小道治;事廣大者,不可以苟細分。人主恢宏,不拘常法,罪之則衆情恐懼,恕之則反側自安。伏願曲赦河北諸州,一無所問,自然人神通暢,率土歡心。"

《唐會要》卷七十七《巡察按察巡撫等使》頁一六七三至一六七四

公元六九九年　則天后聖曆二年

聖曆二年,復拜鳳閣侍郎、同鳳閣鸞臺平章事。時契丹入寇,河北諸州多陷賊中。

《舊唐書》卷九十《列傳第四十·杜景儉》頁二九二一

容城……聖曆二年,契丹入寇,固守得全,因改名全忠縣。

《舊唐書》卷三十九《志第十九·地理二》頁一五一二

容城,……聖曆二年以拒契丹更名全忠。

《新唐書》卷三十九《志第二十九·地理三》頁一〇一九

營州柳城郡,上都督府。本遼西郡,萬歲通天元年爲契丹所陷,聖曆二年僑治漁陽,開元五年又還治柳城,天寶元年更名。

柳城。中。西北接奚,北接契丹,有東北鎮醫巫閭山祠。又東有碣石山。

《新唐書》卷三十九《志第二十九·地理三》頁一〇二三

公諱德表,字文甫,太原晉陽人。……秩滿,授瀛州文安縣令。屬狂寇孫萬斬等作梗燕垂,公縣當衝要,途交水陸,按劇若閑,軍興是賴。既乃犬羊之黨,侵圍城邑,公勵聲抗節,誓志堅守,而孤城無援,俄陷凶威。雖白刃交臨,竟無所屈。賊等懼公忠烈,不之加害,尋爲俘繫,幽於虜庭。潛圖背逆,夕遁幽府,遂首陳謀議,唱導官軍。廓清巨孽,公之力也。清邊道大總管建安郡王奏公忠果特異,請加超獎,仍命軍司,優以錢帛。瀛州刺史高平郡王神兵軍大總管建安郡王等,復以公化若神君,功踰健令,咸嘉其事,時即奏聞,旋降明旨,俾令甄擢。公飭巾祗慮,解印辭榮,功成不有,樂而知命,以聖曆二年三月二日寢疾,終於遵教里私第,春秋八十。

《唐代墓誌彙編》上冊《大周故瀛洲文安縣縣令王府君墓誌銘并序》頁九四六至九四七

容城縣……唐初屬北義州,貞觀初屬易州。聖曆二年契丹入寇,縣固守得全,因改曰全忠。天寶初復爲容城縣。

《讀史方輿紀要》卷十二《北直三·容城縣》頁五二一

公元七〇〇年　武周武曌聖曆三年

聖曆三年,則天幸三陽宮,王公百僚咸經侍從,唯仁傑特賜宅一區,當時恩寵無比。是歲六月,左玉鈐衛大將軍李楷固、右武威衛將軍駱務整討契丹餘衆,擒之,獻俘於含樞殿。

則天大悦,特賜楷固姓武氏。楷固、務整,並契丹李盡忠之別
帥也。初,盡忠之作亂,楷固等屢率兵以陷官軍,後兵敗來
降,有司斷以極法。仁傑議以爲楷固等並有驍將之才,若恕
其死,必能感恩效節。又奏請授其官爵,委以專征。制並從
之。及楷固等凱旋,則天召仁傑預宴,因舉觴親勸,歸賞於仁
傑。授楷固左玉鈐衛大將軍,賜爵燕國公。

　　《舊唐書》卷八十九《列傳第三十九‧狄仁傑》頁二八九三

　　萬歲通天五年五月,窟哥孫松漠都督李盡忠與其妻兄歸
誠州刺史孫萬榮,殺營州都督趙文翽,舉兵反,攻陷營州。其
後營州都督寄置於幽州漁陽城。至開元五年三月,奚、契丹
等款附,上欲復營州於舊城,宋璟固爭,以爲不可,獨宋慶禮
盛陳其利。乃詔慶禮充使,于柳城築營州,三旬而畢,遂兼營
州都督,開屯田八十餘所。

　　《唐會要》卷七十三《營州都督府》頁一五六四

　　聖曆三年三月六日敕。東至高麗國,南至真臘國,西至
波斯、吐蕃及堅昆都督府,北至契丹、突厥、靺鞨,並爲入番。
以外爲絶域。其使應給料各依式。

　　《唐會要》卷一百《雜録》頁二一三六

公元七〇〇年　武周武曌久視元年

　　(六月)初,契丹將李楷固,善用緪索及騎射、舞槊,每陷
陳,如鶻入鳥群,所向披靡。將,即亮翻。騎,奇寄翻。槊,色角翻。
陳,讀曰陣。披,普彼翻。黃獐之戰,張玄遇、麻仁節皆爲所緪。事

見上卷萬歲通天元年。又有駱務整者,亦爲契丹將,屢敗唐兵。敗,補邁翻。及孫萬榮死,二人皆來降。降,户江翻。有司責其後至,奏請族之。狄仁傑曰:"楷固等並驍勇絶倫,驍,堅堯翻。能盡力於所事,必能盡力於我,若撫之以德,皆爲我用矣。"奏請赦之。所親皆止之,仁傑曰:"苟利於國,豈爲身謀!"太后用其言,赦之。又請與之官,太后以楷固爲左玉鈐衛將軍,務整爲右武威衛將軍,使將兵擊契丹餘黨,悉平之。

《資治通鑑》卷二百六《唐紀二十二·則天后久視元年》頁六五四七

秋,七月,獻俘於含樞殿。李楷固獻契丹之俘也。含樞殿蓋在三陽宮。太后以楷固爲左玉鈐衛大將軍、燕國公,鈐,其廉翻。燕,因肩翻。賜姓武氏。

《資治通鑑》卷二百七《唐紀二十三·則天后久視元年》頁六五四八

公元七○二年　武周武曌長安二年

十二月,甲午,以魏元忠爲安東道安撫大使,使,疏吏翻;下同。羽林衛大將軍李多祚檢校幽州都督,右羽林衛將軍薛訥、左武衛將軍駱務整爲之副。

《資治通鑑》卷二百七《唐紀二十三·則天后長安二年》頁六五六一

鸞臺:辭第鑿門,允稱鼓鼙之將;列位疏爵,是爲廟堂之賞。冠軍大將軍行右威武衛將軍檢校左羽林衛上柱國郕國

公右奉宸内供奉沙叱忠義,遼東壯傑,名蓋於狼河。右武威
衛將軍員外置同正員右奉宸内供奉駱務整,薊北雄渠,氣高
於龍塞。並受登壇之任,俱懷出閫之略。或輕齎絕險,以應
青丘之別軍;或高壘抗威,以要黑山之潛遁。兵強由筭,師克
在和,爰清食蕘之祅,遂廓浮黿之黨。操袂成市,執袪—作驅
盈路。屈指告捷,未待於經年;疇庸册勳,豈假於逾月?宜膺
剖珪之錫,兼峻衛珠之寵。忠義可行右金吾衛將軍,餘如故。
務整可左武威衛將軍,封盧龍縣開國男,食邑三百户,餘如
故。主者施行。

　　《文苑英華》卷四百十六《授沙叱忠義等官爵制》頁
二一〇八

　　鸞臺:辭第鑿門,允稱鼓鼙之將;列位疏爵,是爲廟堂之
賞。冠軍大將軍行右武威衛將軍檢校左羽林衛上柱國鄜國
公右奉宸内供奉沙叱忠義,遼東壯傑,名蓋於狼河。東武威
衛將軍員外置同正員右奉宸内供奉駱務整,薊北雄渠,氣高
於龍塞。並受登壇之任,俱懷出閫之略。或輕齎絕險,以應
青邱之別軍;或高壘抗威,以要黑山之潛遁。兵強由算,師克
在和,爰清食蕘之祅,遂廓浮黿之黨。操袂成市,執袪盈路。
屈指告捷,未待於經年;疇庸册勳,豈假於踰月?宜膺剖珪之
錫,兼峻衛珠之寵。忠義可行右金吾衛將軍,餘如故。務整
可左武威衛將軍,封盧龍縣開國男,食邑三百户,餘如故。主
者施行。

　　《全唐文》卷二百四十二《授沙叱忠義右金吾衛將軍駱
務整左武威衛將軍制》頁二四五一

公元七〇三年　武周武曌長安三年

公諱嘉賓,字願德,其先魏郡武陽人也。……解褐授開方府果毅,化鵬毛羽,佇見屬于雲霄;翔鴻奮飛,且有漸于陵陸。俄而丁憂去職,服闋除龍光府左果毅都尉,襲封武威郡開國公。既復其侯,還出其將。士燮爲士季之子,李陵爲李廣之孫。雖命職於千夫,涼均芳於三傑。塵警松漠,烽映甘泉;將除蟻聚之凶,必待鷹揚之任。以公將門子弟,授幽州昌平府折衝。制曰:"作捍疆垂,寔資雄勇,宜申朝命,俾統兵鈐。"又加清邊軍子總管,受脤寄隆,總戎任重。霍漂姚之北伐,辭第推誠;杜武庫之南征,沉碑顯績。俄殄凶醜,克清氛祲。制加四品,以疇庸也。改授右豹韜衛盧山府折衝,仍留宿衛。……春秋五十有一,終於洛州毓財坊之私第。……粵以長安三年歲次癸卯三月朔十一日葬於京兆少陵之原,禮也。

《談武周苑嘉賓墓誌與告身——以新見石刻材料爲中心》,載《唐史論叢》十七輯(二〇一四年),頁一八六至二〇五

君諱令則,隴西人也。……公神資峻極,粹禀靈長。……屬契丹群醜,爲寇燕垂。公拊劍長息,雄情慷慨。輕生向陰,光(先)登深入。勵乳虎而有餘威,掃飛燕而無遺卵。有司奏加上柱國,賞非厚也。

《大唐西市博物館藏墓誌》一五一《李令則墓誌(七〇三)》頁三三五

公元七〇四年　武周武曌長安四年

以契丹入寇,復拜夏官尚書,兼檢校幽、營等州都督,兼安東都護。

《舊唐書》卷九十三《列傳第四十三·唐休璟傳》頁二九七九

會契丹入塞,復以夏官尚書檢校幽營等州都督、安東都護。

《新唐書》卷一百一十一《列傳第三十六·唐休璟》頁四一五〇

公元七〇五年　唐中宗神龍元年

中宗即位,遣侍御史張行岌往招慰之。柞榮遣子入侍,將加册立,會契丹與突厥連歲寇邊,使命不達。

《舊唐書》卷一百九十九下《列傳第一百四十九下·北狄·靺鞨傳》頁五三六〇

姜師度,魏人也。明經舉。神龍初,累遷易州刺史、兼御史中丞,爲河北道監察兼支度營田使。師度勤於爲政,又有巧思,頗知溝洫之利。始於薊門之北,漲水爲溝,以備奚、契丹之寇。

《舊唐書》卷一百八十五下《列傳第一百三十五下·良吏·姜師度》頁四八一六

漁陽,中。神龍元年隸營州,開元四年還隸幽州。有平虜渠傍海穿漕,以避海難,又其北漲水爲溝,以拒契丹,皆神龍中滄州刺史姜師度開。

《新唐書》卷三十九《志第二十九·地理三》頁一○二二

姜師度,魏州魏人。擢明經,調丹陵尉、龍崗令,有清白稱。神龍初,試爲易州刺史、河北道巡察,兼支度營田使。好興作,始厮溝於薊門,以限奚、契丹,循魏武帝故跡,並海鑿平虜渠,以通餉路,罷海運,省功多。

《新唐書》卷一百《列傳第二十五·姜師度》頁三九四五至三九四六

元泰,武后朝清源尉,入爲殿中侍御史内供奉。

陳時政疏

……頃者林胡叛换,獯虜侵擾,帑藏虛竭,户口流亡,豈人有厭於枌榆,乃事良由於賦斂。下人失業,不可謂太平也。邊兵未解,不可謂無事也。水旱爲災,不可謂年登也。倉廪未實,不可謂國富也。

《全唐文》卷二百七十《陳時政疏》頁二七四一至二七四二

頃者林胡叛涣,獯虜侵擾,帑藏虛竭,户口流亡,豈人有厭於枌榆,乃事良由於賦斂。下人失業,不可謂太平也;邊兵未解,不可謂無事也;水旱爲災,不可謂年登也;倉廪未實,不可謂國富也。

《册府元龜》卷五百三十二《諫诤部·規諫九》頁六三六三

蠢彼林胡,阻分遼漢,挺而走險,代搆其患。昔我大唐之創業也,東舉日域,北暨幽陵,不毛之類,僉率貢職。頃邊吏不謹,忿我王度,夷戎怙亂,遂荒塞垣。致乃虔劉朔邊,騷驚河冀,天地悔禍,人亦有心,懷我舊章,自相魚肉,游魂待命,爲日久矣。光天纂曜,景號昭升,萬靈與能,兩儀交際,蠢彼醜裔,何獨非人? 但未諭堯心,自疑其譴,累息跼蹐,猶昧占風。且舜自側微舞干,而有苗即叙;湯亦小惠褰羅,而異方懷柔。今若一選王人,以備行李,諭兹天造。慰彼遺黎,則兼程驟步,不日而至。北極夷障,無限於幽荒;東絕扶桑,盡同于封內。何止兵不血刃,野無勞師,復遼水之城池,循丸山之琛贖而已。

　　　《全唐文》卷二百零八《對議邊塞事策》頁二一〇九

蠢彼林胡,阻分遼漢,挺而走險,代搆其患。昔我大唐之創業也,東舉日域,北暨幽陵,不毛之類,僉率貢職。頃邊吏不謹,忿我王度,夷戎恬亂,遂荒塞垣。致乃虔劉朔邊,騷驚河冀,天地悔禍,人亦有心,懷我舊章,自相魚肉,游魂待命,爲日久矣。光天纂曜,景號昭升,萬靈與能,兩儀交際,蠢彼醜裔,何獨匪人? 但未諭堯心,自疑其譴,累息跼,蹐猶昧占風。且舜自側微舞干,而有苗即叙;湯亦小惠褰羅,而異方懷柔。今若一選王人,以備行李,諭兹天造。慰彼遺黎,則兼程驟步,不日而至。北極夷障,無限於幽荒;東絕扶桑,盡同於封內。何止兵不血刃,野無勞師,復遼水之城地,循丸山之琛賮而已。

　　　《文苑英華》卷五百零一《對議邊塞事》頁二五七〇

　　漁陽廢縣唐初屬幽州,武后時營州陷於契丹,寄治漁陽。神龍初縣改屬營州,開元四年復屬幽州。十八年,置薊州治焉。自是州郡皆治此。

　　　　　　　《讀史方輿紀要》卷十一《北直二》頁四九三

公元七〇七年　唐中宗神龍三年　唐中宗景龍元年

　　神龍三年,滄州刺史姜師度於薊州之北,漲水爲溝,以備奚、契丹之寇。又約舊渠,傍海穿漕,號爲平虜渠,以避海難運糧。

　　　　　《舊唐書》卷四十九《志第二十九·食貨下》頁二一一三

　　神龍三年,滄州刺史姜師度於薊州之北漲水爲溝,以備契丹、奚之人寇。又約舊渠,傍海穿漕,號爲平虜渠,以避海難,運糧者至今賴焉。

　　　　　　　《唐會要》卷八十七《漕運》頁一八九一

　　平虜渠,在州南。《唐志》:"漁陽有平虜渠,傍海穿漕,以避海險;又其北漲水爲溝,以拒契丹,皆神龍中滄州刺史姜師度所開。"

　　　　　　　《讀史方輿紀要》卷十一《北直二》頁四九五

　　公諱虔福,字敬客,河南洛陽人也。……尋轉檀州刺史,仍爲清邊西道前軍大總管。屬契丹賊帥李盡滅等作亂,將軍張玄遇熸師于前,尚書王孝傑喪元於後,幽州總管建安王嚴城晝掩,神兵總管河內王棄甲宵歸,屠陷我冀方,侵軼我河朔,百姓走險而聚,天子當宁不怡,朝廷勞於旰食,亭侯疲於奔命。當是也,公以偏師,獨當巨寇,挫其南侵之勢,斷其北歸之跡。單于系頸而受馘,林胡舉落而面内。燕薊解倒懸之難,趙魏忘左袵之憂,實惟公之力也。帝念元功,載錫休命,拜右玉鈐衛大將軍、上柱國,封漁陽縣開國子。……以神龍三年四月八日遇疾,薨於京第。……粤以景龍元年歲次丁未十一月乙未朔八日壬寅,歸葬於邙山禮也。

《唐代墓誌彙編》上冊《景龍〇〇二‧唐故雲麾將軍右金吾衛將軍上柱國漁陽縣開國子閻公墓誌并序》頁一〇七七至一〇七八;又見《全唐文補遺》第六輯頁三二至三三

公元七〇八年　唐中宗景龍二年

重以林胡叛換,六軍齊没;匈奴侵擾,趙定爲疆,勁卒壯夫,死於鋒刃,少妻弱子,遭於驅掠,衰老童幼,街號巷哭者,悲感行路。

《全唐文》卷二百七十《諫廣修佛寺疏》頁二七四三至二七四四;又見《册府元龜》卷五百四十五《諫諍部‧直諫十二》頁六五三九

公元七一〇年　唐睿宗景雲元年

初,景雲中,默啜西滅娑葛,遂役屬契丹、奚,因虐用其下。

《新唐書》卷二百一十五上《列傳第一百四十上‧突厥上》頁六〇四八

公元七一二年　唐睿宗延和元年

（孫處約）子佺，睿宗時爲左羽林大將軍，征契丹戰殁。

《舊唐書》卷八十一《列傳第三十一·孫處約》頁二七五八

延和元年六月，幽州都督孫佺討奚、契丹，出師之夕，有大星隕于營中。

《新唐書》卷三十二《志第二十二·天文二》頁八四三

公元七一二年　唐玄宗先天元年

（六月）庚申，幽州大都督孫佺與奚酋李大酺戰于冷陘，貞觀中，奚酋可度者内附，賜姓李，後遂以李爲姓。酋，慈由翻。酺，音蒲。陘，音刑。《考異》曰：《上皇録》云“甲子”，今從《睿宗録》。全軍覆没。

是時，佺帥左驍衛將軍李楷洛，左威衛將軍周以悌發兵二萬、騎八千，分爲三軍，以襲奚、契丹。

《資治通鑑》卷二百一十《唐紀二十六·玄宗先天元年》頁六六七二

十一月，乙酉，奚、契丹二萬騎寇漁陽，幽州都督宋璟閉城不出，虜大掠而去。

《資治通鑑》卷二百一十《唐紀二十六·玄宗先天元年》頁六六七八

公元七一三年　唐玄宗開元元年

李光弼,營州柳城人。其先,契丹之酋長。父楷洛,開元初,左羽林將軍同正、朔方節度副使,封薊國公,以驍果聞。

《舊唐書》卷一百一十《列傳第六十·李光弼》頁三三〇三

李光弼,營州柳城人。父楷洛,本契丹酋長,武后時入朝,累官左羽林大將軍,封薊郡公。

《新唐書》卷一百三十六《列傳第六十一·李光弼》頁四五八三

（開元元年二月）初,高麗既亡,高麗亡見二百一卷高宗總章元年。其別種大祚榮徙居營州。及李盡忠反,李盡忠反見二百五卷武后萬歲通天元年。《風俗通》:大姓,大庭氏之後;大款爲顓帝師。按《禮記》曰:大連善居喪,東夷之子也。蓋東夷之有大姓尚矣。種,章勇翻。祚榮與靺鞨乞四比羽聚衆東走,阻險自固,靺鞨,音末曷。盡忠死,武后使將軍李楷固討其餘黨。楷固擊乞四比羽,斬之,引兵踰天門嶺,逼祚榮。《新書》:天門嶺在土護真河北三百里。祚榮逆戰,楷固大敗,僅以身免。祚榮遂帥其衆東據東牟山,築城居之。東牟山在挹婁國界,地直營州東二千里,南北(與?)新羅以泥河爲境,東窮海,西契丹。帥,讀曰率。祚榮驍勇善戰,驍,堅堯翻;下同。高麗、靺鞨之人稍稍歸之,地方二千里,户十余萬,勝兵數萬人,勝,音升。自稱振國王,附于突厥。時奚、契丹皆叛,道路阻絕,武后不能討。中宗即位,遣侍御史張行岌招慰之,岌,魚及翻。祚榮遣子入侍。至是,以祚榮爲左驍衛大將軍、勃海郡王;以其所部爲忽汗州,令祚榮兼都督。靺鞨自此盛矣;始去靺鞨,專號勃海。

《資治通鑑》卷二百一十《唐紀二十六·玄宗開元元年》頁六六八〇

公元七一四年　唐玄宗開元二年

（開元二年正月）甲申,并州大都督府長史兼檢校左衛大將軍薛訥同紫微黃門三品,仍總兵以討奚、契丹。

《舊唐書》卷八《本紀第八·玄宗上》頁一七二

時契丹及奚與突厥連和,屢爲邊患,訥建議請出師討之。開元二年夏,詔與左監門將軍杜賓客、定州刺史崔宣道等率衆二萬,出檀州道以討契丹等。杜賓客以爲時屬炎暑,將土負戈甲,齎資糧,深入寇境,恐難爲制勝。中書令姚元崇亦以爲然。訥獨曰:"夏月草茂,羔犢生息之際,不費糧儲,亦可漸進。一舉振國威靈,不可失也。"時議咸以爲不便。玄宗方欲威服四夷,特令訥同紫微黃門三品,總兵擊奚、契丹,議者乃息。六月,師至灤河,遇賊,時既蒸暑,諸將失計會,盡爲契丹等所覆。

《舊唐書》卷九十三《列傳第四十三·薛訥》頁二九八四

開元初,玄宗講武新豐,詔訥爲左軍節度。時諸部頗失序,唯訥與解琬軍不動。帝令輕騎召之,至軍門,不得入。禮成,尤見慰勞。

明年,契丹、奚、突厥連和,數入邊,訥建議請討,詔監門將軍杜賓客、定州刺史崔宣道與訥帥眾二萬出檀州。

《新唐書》卷一百一十一《列傳第三十六·薛仁貴》頁四一四三

（開元二年正月）甲申，并州節度大使薛訥同紫微黃門三品，以伐契丹。

《新唐書》卷五《本紀第五·玄宗》頁一二三

（開元二年七月）庚子，薛訥及奚、契丹戰于灤河，敗績。

《新唐書》卷五《本紀第五·玄宗》頁一二三

（正月乙卯）初，營州都督治柳城以鎮撫奚、契丹，則天之世，都督趙文翽失政，奚、契丹攻陷之，見二百五卷武后萬歲通天元年。契，欺訖翻，又音喫。翽，呼會翻。是後寄治幽州東漁陽城。據《舊書》，漁陽城在幽州東二百里。或言："靺鞨、奚、霫大欲降唐，正以唐不建營州，無所依投，爲默啜所侵擾，故且附之；靺鞨，音末曷。霫，而立翻。降，戶江翻。啜，陟劣翻。若唐復建營州，則相帥歸化矣。"復，扶又翻。帥，讀曰率。并州長史、和戎、大武等軍州節度大使薛訥信之，大武軍在代州北，後改曰大同軍。使，疏吏翻。奏請擊契丹，復置營州；上亦以冷陘之役，欲討契丹。冷陘敗見上卷先天元年。群臣姚崇等多諫。甲申，以訥同紫微黃門三品，將兵擊契丹，將，即亮翻。群臣乃不敢言。

《資治通鑑》卷二百一十一《唐紀二十七·玄宗開元二年》頁六六九五

薛訥與左監門衛將軍杜賓客、定州刺史崔宣道等將兵六萬……《考異》曰:《舊傳》云 "兵二萬",《僉載》云 "八萬人皆没"。今從《唐紀》。出檀州擊契丹。賓客以爲 "士卒盛夏負戈甲,齎資糧,深入寇境,難以成功。" 訥曰:"盛夏草肥,羔犢孳息,小羊曰羔,小牛曰犢。孳,津之翻,生也。因糧於敵,正得天時,一舉滅虜,不可失也。" 行至灤水山峽中,薊州雄武軍東北行百二十里至鹽城守捉,又東北渡灤河。灤,落官翻。契丹伏兵遮其前後,從山上擊之,唐兵大敗,死者什八九。訥與數十騎突圍,得免,虜中嗤之,謂之 "薛婆"。俗謂婦人之老曰婆。言薛訥老怯如老婦人也。薛【章:十二行本 "薛" 作 "崔";乙十一行本同;張校同。】宣道將後軍,聞訥敗,亦走。訥歸罪於宣道及胡將李思敬等八人,將,即亮翻制悉斬之於幽州。庚子,敕免訥死,削除其官爵;獨赦杜賓客之罪。

《資治通鑑》卷二百一十一《唐紀二十七·玄宗開元二年》頁六七〇二至六七〇三

灤河。唐開元二年,幽州帥薛訥出檀州擊契丹,至灤水山峽中,契丹伏兵遮其前後,從山上擊之,訥大敗。即此地也。

《讀史方輿紀要》卷十一《北直二》頁五〇一

公元七一五年　唐玄宗開元三年

明年(開元三年),……(李)大酺後與契丹可突于鬥,死。弟魯蘇領其部,襲王。詔兼保塞軍經略大使。

《新唐書》卷二百一十九《列傳第一百四十四·北狄·奚》頁六一七四

公元七一六年　唐玄宗開元四年

毗伽可汗以開元四年即位,本蕃號爲小殺。性仁友,自以得國是闕特勤之功,固讓之,闕特勤不受,遂以爲左賢王,專掌兵馬。是時奚、契丹相率款塞,突騎施蘇禄自立爲可汗,突厥部落頗多携貳,乃召默啜時衙官暾欲谷爲謀主。

《舊唐書》卷一百九十四上《列傳第一百四十四上·突厥上》頁五一七三

歸順州　開元四年置,爲契丹松漠府彈汗州部落。

《舊唐書》卷三十九《志第十九·地理二》頁一五二〇

玄宗時,奚、契丹款附,帝欲復治故城,宋璟固爭不可,獨慶禮執處其利,乃詔與太子詹事姜師度、左驍衛將軍邵宏等爲使,築裁三旬畢。

《新唐書》卷一百三十《列傳第五十五·宋慶禮》頁四四九四

八月辛未,奚、契丹降。

《新唐書》卷五《本紀第五·玄宗》頁一二五

贊曰:西方之戎,古未嘗通中國,至漢始載烏孫諸國。後以名字見者浸多。唐興,以次脩貢,蓋百餘,皆冒萬里而至,亦已勤矣! 然中國有報贈、册吊、程糧、傳驛之費,東至高麗,南至真臘,西至波斯、吐蕃、堅昆,北至突厥、契丹、靺鞨,謂之“八蕃”,

其外謂之"絶域",視地遠近而給費。開元盛時,税西域商胡以供四鎮,出北道者納賦輪臺。地廣則費倍,此盛王之鑒也。

《新唐書》卷二百二十一下《列傳第一百四十六下·西域下》頁六二六四至六二六五

（八月）辛未,契丹李失活、奚李大酺帥所部來降。武后萬歲通天時,奚、契丹叛。帝即位之後,孫佺、薛訥相繼喪師,兩蕃不敢乘勝憑陵中國,乃相帥來降,中國之勢安强,有以服其心故也。酺,音蒲。帥,讀曰率。降,户江翻;下同。制以失活爲松漠郡王、行左金吾大將軍兼松漠都督,因其八部落酋長,拜爲刺史;貞觀末,以契丹達稽部爲峭落州,紇便部爲彈汗州,獨活部爲無逢州,芬問部爲羽陵州,突便部爲日連州,芮奚部爲徒河州,墜斤部爲萬丹州,伏部爲匹黎、赤山二州,並松漠府凡六部十州;今復以其酋長各爲刺史。又以將軍薛泰督軍鎮撫之。大酺爲饒樂郡王、行右金吾大將軍兼饒樂都督。失活,盡忠之從父弟也。李盡忠即萬歲通天叛者。

……

突厥默啜既死,奚、契丹、拔曳固等諸部皆内附,突騎施蘇禄復自立爲可汗。突厥部落多離散,毗伽可汗患之,乃召默啜時牙官暾欲谷,以爲謀主。暾欲谷年七十余,暾,乃昆翻多智略,國人信服之。突厥降户處河曲者,北河之曲。聞毗伽立,多復叛歸之。

《資治通鑑》卷二百一十一《唐紀二十七·玄宗開元四年》頁六七二〇

四年八月,契丹李失活、奚李大酺,各以所部來降。制曰："混一六合,紀綱四海,開物所以苞舉華夷,列爵所以範圍中外。契丹松漠州都督李失活,奚饒樂州都督李大酺等,並材雄劍騎,家襲簪組。翻飛涿鹿之郊,高視無閭之地。往屬誑惑,遂爾携離。海表爲虞,在苞桑之厚戒;匯往順命,乃連茹而同歸。柔懷有章,寵渥斯在。俾侯利建,宜膺胙土之榮;上將師貞,仍允齋壇之拜。失活可封松漠郡王,食邑三千户,行左金吾衛大將軍。大酺可封饒樂郡王,食邑三千户,行右金吾衛大將軍並員外置余如故。"

《冊府元龜》卷九百六十四《外臣部·封冊二》頁一一三四二至一一三四三

混一六合,紀綱四海,開物所以苞舉華夷,列爵所以範圍中外。契丹松漠州都督李失活,奚饒樂州都督李大酺等,並材雄劍騎,家襲簪組。翻飛涿鹿之郊,高視無閭之地。往屬誑惑,遂爾携離。海表爲虞,在苞桑之厚戒;彙征順命,乃連茹而同歸。柔懷有章,寵渥斯在。俾侯利建,宜膺胙土之榮;上將師貞,仍允齋壇之拜。失活可封松漠郡王,食邑三千户,行左金吾衛大將軍。大酺可封饒樂郡王,食邑三千户,行右金吾衛大將軍,並員外置,餘如故。

《全唐文》卷二十一《封契丹李失活奚李大酺制》頁二四九至二五〇

《暾欲谷碑》第一石南面九至至一七行:

探子的話是這樣:"在九姓烏古斯人民之上有了可汗。據説,他們往唐朝派去了 Quni 將軍,往契丹派去了同羅司馬

（Tongrasimä），帶去了這樣的話：有少數突厥人正在游動，其可汗是勇敢的，其顧問是英明的。如那兩人存在，（南邊）他們將把你唐人殺死，東邊將把契丹人殺死，（北邊）將把我烏古斯人殺死。唐人、你們從南襲擊！契丹人，你們從東襲擊！我則從北襲擊！不要讓突厥 Sir 人民的地方存有君主。如有可能，讓我們消滅他們！"

聽到那些話後，我夜裡睡不著覺，白天坐不下來。以後，我對我的可汗說。我這樣説道："要是唐人、烏古斯、契丹三者聯合起來，我們將無救，我們將腹背受敵。俗話説，把薄的東西穿透是容易的，把細的東西折斷是容易的。要是薄的東西變成厚的，穿透就難了；要細的變成粗的，要折斷就難了。我估計會用兩三千軍隊東面來自契丹，南面來自唐朝，西面來自和田（？），北面來自烏古斯。不是這樣嗎？"我這樣對他説了。

我的可汗聽從了我本人暾欲谷的話。他説："按你想的指揮（軍隊）吧！"過了 Kök Öng，我率領眾人帶着乳牛和馱畜到達於都斤山。烏古斯人從土拉（河）而來。

其軍是三千，我軍是兩千。我們交了戰。上天保佑，我們擊潰了他們，他們落入了河中。在潰逃的路上，據説又死了（很多）。之後，烏古斯人全都來了（即臣服了）。

當聽到（我讓）（突厥可汗）、突厥人民來到於都斤地方，我自己謀臣暾欲谷住在於都斤地方後，南邊的人民及西邊、北邊、東邊的人民都來（臣服）了。

第二石南面四八至五〇行：

頡跌利施可汗由於其英明和勇敢，曾與唐朝交戰十七次,與契丹交戰七次,與烏古斯交戰五次。那時其顧問也是我,其前敵官也是我。爲頡跌利施可汗,爲突厥默啜(Bögü)可汗,爲突厥毗伽可汗(我出了力)。

《古代突厥文碑銘研究》頁九二至一一四

公元七一七年　唐玄宗開元五年

開元五年,奚、契丹各款塞歸附,玄宗欲復營州於舊城……

《舊唐書》卷一百八十五下《列傳第一百三十五下·宋慶禮》頁四八一四

五年,大輔與契丹首領松漠郡王李失活咸請於柳城依舊置營州都督府,上從之。敕太子詹事姜師度充使督工作,役八千餘人。其年,大輔入朝,詔封從外甥女辛氏爲固安公主以妻之,賜物一千五百匹,遣右領軍將軍李濟持節送還蕃。

《舊唐書》卷一百九十九下《列傳第一百四十九下·北狄·奚》頁五三五五

十一月己亥,契丹首領松漠郡王李失活來朝,以宗女爲永樂公主以妻之。

《舊唐書》卷八《本紀第八·玄宗上》頁一七八

宋慶禮,洺州永年人。……

開元中,累遷貝州刺史,仍爲河北支度營田使。初,營州都督府置在柳城,控帶奚、契丹。則天時,都督趙文翽政理乖方，兩蕃反叛，攻陷州城，其後移於幽州東二百里漁陽城安置。開元五年，奚、契丹各款塞歸附，玄宗欲復營州於舊城，侍中宋璟固爭以爲不可，獨慶禮甚陳其利。乃詔慶禮及太子詹事姜師度、左驍衛將軍邵宏等充使，更於柳城築營州城，興役三旬而畢。俄拜慶禮御史中丞，兼檢校營州都督。開屯田八十餘所，追拔幽州及漁陽、淄青等戶，並招輯商胡，爲立店肆，數年間，營州倉廩頗實，居人漸殷。

慶禮爲政清嚴，……嘗於邊險置阱立槍，以邀賊路，議者頗嗤其不切事也。七年卒，贈工部尚書。太常博士張星議曰：“宋慶禮大剛則折，至察無徒，有事東北，所亡萬計，所謂害於而家，凶於而國。案諡法，好巧自是曰‘專’，請諡曰‘專’。”禮部員外郎張九齡駁曰：

……況營州者，鎮彼戎夷，扼喉斷臂，逆則制其死命，順則爲其主人，是稱樂都，其來尚矣。往緣趙翽作牧，馭之非才，自經墮廢，便長寇孽。故二十年間，有事東鄙，僵屍暴骨，敗將覆軍，蓋不可勝計。

大明臨下，聖謀獨斷，恢祖宗之舊，復大禹之跡。以數千之役徒，無甲兵之強衛，指期遂往，稟命而行。於是量畚築，執鼙鼓，親總其役，不愆所慮，俾柳城爲金湯之險，林胡生腹心之疾，蓋爲此也。尋而罷海運，收歲儲，邊亭晏然，河朔無擾。與夫興師之費，轉輸之勞，較其優劣，孰爲利害？而云“所亡萬計”，一何謬哉！及契丹背誕之日，懼我掎角之勢，雖鼠穴自固，而駒牧無侵，蓋張惶彼都緊賴之力也。安有踐其跡以制其實，貶其諡以徇其虛，采慮始之謗聲，忘經遠之權利，義非得所，孰謂其可？請以所議，更下太常，庶素行之跡可尋，易名之典不墜者也。

星復執前議，慶禮兄子辭玉又詣闕稱冤，乃謚曰敬。

《舊唐書》卷一百八十五下《列傳第一百三十五下·良吏下·宋慶禮》頁四八一四至四八一六

二月甲戌，……奚、契丹既內附，貝州刺史宋慶禮建議，請復營州。三月，庚戌，制復置營州都督於柳城，制復，扶又翻，又如字。兼平盧軍使，管內州縣鎮戍皆如其舊；武后萬歲通天元年營州陷，至是乃復。以太子詹事姜師度爲營田、支度使，與慶禮等築之，三旬而畢。慶禮清勤嚴肅，開屯田八十餘所，招安流散，數年之間，倉廩充實，市里浸繁。

《資治通鑑》卷二百一十一《唐紀二十七·玄宗開元五年》頁六七二七

十一月，丙申，契丹王李失活入朝。朝，直遥翻。《考異》曰：《長曆》，十一月丁酉朔，丙申，十月晦也，與《實錄》差一日。《舊紀》《唐曆》皆云"十一月己亥，契丹李失活來朝。"今從《實錄》。十二月，壬午，以東平王外孫楊氏爲永樂公主，妻之。東平王續，紀王慎之子也。慎，太宗子。樂，音洛。妻，子細翻。

《資治通鑑》卷二百一十一《唐紀二十七·玄宗開元五年》頁六七三〇

卿等累覃邦化，多歷年所，城池郡邑，冠蓋相望。往緣邊牧非任，遂令卿等失業，念彼雄藩，鞠爲茂草。今卿等削摧異俗，歸誠本朝，頻獻封章，益明忠款，克復州鎮，宛如平昔。失

活將尚公主,永爲藩臣,入拜闕庭,良深慰喜。卿等涉路遠
來,得平安好否? 近屬節假,不得早與卿等相見,且向曹司安
置,待後進止。

　　《全唐文》卷十六《勞契丹李失活詔》頁二〇一;《册府元
龜》卷九百七十四《外臣部・褒異一》頁一一四四五

　　朕聞舞干戚者,所以懷荒遠;固城池者,所以款戎夷。我
國家頃有營州,兹爲虜障,此北狄不敢窺覘東藩,由其輯睦者
久矣。自趙文翽失于鎮静,部落因此携離,頗見負塗之睽,旋
聞改邑之歎。高墉填壍,故里爲墟,言念於此,每思開復。奚
饒樂郡王李大酺,賜婚來朝,已納呼韓之拜;契丹松漠郡王李
失活,遣子入侍,彌嘉秺侯之節。咸申懇請,朕所難違,宜恢
遠圖,用光舊業,其營州都督府,宜依舊於柳州置,管內州縣
鎮戍等,並准舊額。太子詹事姜師度、貝州刺史宋慶禮、左饒
衛大將軍兼營田都督邵宏、鄭州刺史劉嘉言、屯田員外郎游
子騫等,並貞以幹事,恪勤在公,爰精衆官之選,任以一方之
役。師度可充營田支度及修築使,游子騫爲副;宏可兼充燕
郡經略鎮副使,仍兼知修築使事。應須人夫糧等,一物已上,
依別敕處分。有司仍速支配,師度等並馳驛發遣。

　　《唐大詔令集》卷九十九《置營州都督府制》頁四九九;
《全唐文》卷二十七《命柳城復置營州詔》頁三〇九;《册府
元龜》卷九百九十二《外臣部・備禦五》頁一一六五〇至
一一六五一

　　故東平王外孫正議大夫復州司馬楊元嗣第七女,譽叶才

明,體光柔順,葭莩懿戚,敦睦有倫,舜華靡頹,德容兼茂。屬賢王慕義,於以賜親,納采問名,兹焉迨吉。宜升外館之寵,俾耀邊城之地。可封永樂縣主,出降契丹松漠郡王李失活。婚之夜,遣諸親高品及兩蕃太守,領觀花燭。

《全唐文》卷二十七《封永樂縣主出降松漠郡王詔》頁三一○;《冊府元龜》卷九百七十九《外臣部·和親二》頁一一五○○

七月己亥,突厥遣使獻馬,授其使郎將,放還蕃,降書喻之曰:"皇帝敬問突厥可汗,使人他滿達干至,所言堅昆使來及吐蕃使不願入漢,並奚、契丹等俱知之。朕於西夷,亦信而已,來無所拒,去無所留。可汗好心,遠申委曲,深知厚意。今附銀胡瓶盤及雜彩七十匹,至可領取。"

《冊府元龜》卷九百七十四《外臣部·褒異一》頁一一四四五

皇帝敬問突厥可汗,使人他滿達干至,所言堅昆使來及吐蕃使不願入漢,並奚、契丹等俱知之。朕於西夷,亦信而已,來無所拒,去無所留。可汗好心,遠申委曲,深知厚意。今附銀胡瓶盤及雜彩七十匹,至可領取。

《全唐文》卷十七《賜突厥書》頁二一○

公元七一八年　唐玄宗開元六年

夏五月乙未,孝敬哀皇后祔于恭陵。契丹松漠郡王李失活卒。

《舊唐書》卷八《本紀第八·玄宗上》頁一七九

二月，戊子，移蔚州横野軍於山北，_{杜佑曰：横野軍在蔚州東北}百四十里，去太原九百里。此蓋指言開元所移軍之地。蔚，紆勿翻。屯兵三萬，爲九姓之援；以拔曳固都督頡質略、同羅都督毗伽末啜、霫都督比言、回紇都督夷健頡利發、僕固都督曳勒歌等各出騎兵爲前、後、左、右軍討擊大使，_{頡，户結翻。啜，陟劣翻。霫，而立}_{翻。騎，奇寄翻。使，疏吏翻；下同。}皆受天兵軍節度。_{天兵軍在并州城}_{中。}《考異》曰：《實録》："壬辰，制大舉擊突厥，五都督及拔悉密金山道總管處木昆執米啜、堅昆都督骨篤禄毗伽、契丹都督李失活、奚都督李大酺及默啜之子右賢王默特勒逾輪等夷夏之師，凡三十萬，並取朔方道行軍大總管王晙節度；"而於後俱不見出師勝敗。按此年正月，突厥請和，帝有答詔；而二月伐之，恐無此事。《舊紀》及《王晙》、《突厥傳》皆無此月出兵事。

　　《資治通鑑》卷二百一十二《唐紀二十八·玄宗開元六年》頁六七三二

　　五月辛亥，……契丹王李失活卒，癸巳，以其弟娑固代之。

　　《資治通鑑》卷二百一十二《唐紀二十八·玄宗開元六年》頁六七三三

　　命礦人采銅於黄山，使興鼓鑄之利；命杼人斬木於燕岳，使通林麓之財；命圉人市駿於兩蕃，使頒質馬之政；命廩人搜粟於塞下，使循平糴之法。

　　《全唐文》卷三百十二《唐故幽州都督河北節度使燕國文貞張公遺愛頌並序》頁三一七三；《文苑英華》卷七百七十五《唐故幽州都督河北節度使燕國文貞張公遺愛頌並序》頁

四〇八三至四〇八四

今契丹、奚等，輸款入朝，皆封郡王，各賜公主，放歸所部，以息其人。

《全唐文》卷四十《賜突厥璽書》頁四四〇；《册府元龜》卷九百八十《外臣部·通好》頁一一五一一

六年二月，大舉蕃漢兵北伐突厥。下制曰：……突厥殺殺，名也窮漠餘裔，大邦通誅，恃其悍俗，未遵朝化，比爲潛遁幽荒，隔閡華壤，固聲朔之不披，將羈縻以畜之，而擾我諸蕃，窺我邊境。……契丹都督左金吾衛大將軍靜析軍經略大使松漠郡王李失活、奚都督右金吾衛大將軍保塞軍經略大使饒樂郡王李大酺等，士馬之精，何往不尅。並總戎雲萃，賈勇風馳。西從沙磧，至於德建山下，東發海浦，期乎獨活河上。

《册府元龜》卷九百八十六《外臣部·征討五》頁一一五八三；《全唐文》卷二十一《征突厥制》頁二五一至二五二

六月己丑，松漠郡王失活卒，降書於契丹衙官靜析軍副大使可突干曰：“自從松漠郡王殂歿，已遣使吊祭，卿蕃部大臣，衆情所望，事生送死，惟義與忠，並敦舊好，以副深委。近得捍蕃使薛泰表，云突厥殺兒到大洛，揚言萬衆欲抄兩蕃。左手有急，右手不助，既在一身，得其自勉力捍。時須覺察，審防奸詐。自從默啜破敗，殘賊困窮，非時遠來，冒死邀利。以卿智勇，制彼狂愚，拉朽摧枯，不足爲喻。深思此便，以效忠功。動静與宋慶禮等籌度，勿失事理。"

《册府元龜》卷九百九十二《外臣部·備禦五》頁一一
六五二

自從松漠郡王殂歿，已遣使吊祭，卿蕃部大臣，衆情所
望，事生送死，惟義與忠，並敦舊好，以副深委。近得捍藩使
薛泰表云，突厥殺兒到大雄揚言，萬衆欲抄兩蕃。左手有急，
右手不助，既在一身，得其自勉力捍。時須覺察，審防姦詐。
自從默啜破敗，殘賊困窮，非時遠來，冒死邀利。以卿智勇，
制彼狂愚，拉朽摧枯，不足爲喻。深思此便，以效忠功。動静
與宋慶禮等籌度，勿失事理。

《全唐文》卷四十《賜契丹衙官静析軍副大使可突干書》
頁四四〇

論幽州邊事書[一]

開元六年五月七日，燕國公臣説頓首死罪，上書皇帝陛
下：[二]先帝以臣踐履忠孝，使臣啓發聖明，故得侍讀春宫，夙
承天眷。[三]景雲中歲，兼掌樞密，[四]内當沸騰之口，外禦傾
奪之勢。陛下監撫既安，自天所佑；臣協贊之意，[五]明神啓
之。開元之始，首典鈞軸，智小任大，福過災生。出守三州，
違離六載，曲直非己，升降由人。惟君知臣，事不待説。今
改秩邊鎮，委重戎麾。竊以兩蕃近和，[六]能無同異；[七]九姓
遠附，未聞撫納。[八]欲恃賊殺無侵擾之慮，保寧兩蕃受徵發
之盟，[九]臣愚料之，恐未然矣。何者？賊殺新立，[十]必逞兵
威；賊兵所加，必收九姓；[十一]九姓若去，[十二]兩蕃摇矣。[十三]

九姓雖屬并州節度,然共幽州密邇,〔十四〕脱有風塵,何事不至?〔十五〕臣熟聞幽州兵馬寡弱,卒欲排比,未可即戎。〔十六〕城中倉糧,全無貯積,設若來迫,〔十七〕臣實憂之。伏乞聖慈,深以垂意,博詢舊將,預爲籌畫,若早圖之,〔十八〕必無後悔。且孤臣總眾,易起猜嫌,寬大失濟事之宜,嚴整招怨黷之謗,遠辭天聽,臨路彷徨。〔十九〕如有論告臣身,奏劾軍事者,乞追臣面問,對定真虛,〔二十〕則日月無可蔽之期,幽遠有自通之望。伏願留書在內,時加矜察。

【校勘記】

〔一〕底本題下原注:"《唐文》作論幽州邊事書。"《英華》、《四庫》、聚珍、朱刻作"幽州論戎事表",《英華》注:"集無。""書"字原作"論",據《全文》及本文改。

〔二〕此前一段文字,《英華》、《四庫》作"臣某言伏以",聚珍、朱刻"某"作"説",《全文》作"臣頓首死罪,皇帝陛下"。

〔三〕夙　清抄作"風"。

〔四〕密　底本原注:"《唐文》作衡。"《全文》作"衡"。

〔五〕協　《英華》、《四庫》、聚珍、朱刻作"葉"。

〔六〕近　《英華》、《四庫》、聚珍、朱刻作"共"。

〔七〕無　《英華》作"器",並注:"疑。"聚珍、《四庫》、朱刻作"識"。《英華》

〔八〕九姓遠附,未聞撫納　《英華》、《四庫》、聚珍、朱刻作"九姓遠聞撫納",當佚"附未"二字。

〔九〕此句《英華》、《四庫》、聚珍、朱刻無"寧"字。盟,《英華》、《四庫》、聚珍、朱刻作"期";清抄作"明"。

〔十〕新　《英華》、《四庫》作"親",注:"一作新。"

〔十一〕以上十二字《英華》、《四庫》、聚珍、朱刻作"必逞兵所加必收。"顯然有佚字。

〔十二〕姓　朱刻作"期"，誤。

〔十三〕矣　《英華》、《四庫》、聚珍、朱刻作"失"。

〔十四〕共幽　《英華》、聚珍、朱刻作"其幽"，《四庫》作"其出"。

〔十五〕事　《英華》、《四庫》、聚珍、朱刻作"所"。

〔十六〕戎　《英華》、《四庫》、聚珍、朱刻作"用"，誤。

〔十七〕設若來　《英華》、《四庫》、聚珍、朱刻作"事未逼"。

〔十八〕若早圖之　《英華》、《四庫》、聚珍、朱刻作"事若早圖"。

〔十九〕臨路彷徨　《英華》、《四庫》、聚珍、朱刻作"臨事回惶"。

〔二十〕真虚　《英華》作"寘虚"，並於"寘"字下注："疑。"《四庫》作"寘辭"，聚珍、朱刻作"實虚"。

《張説集校注》卷三十《幽州論邊事書》頁一四一七至一四一八;《全唐文》卷二百二十四《論幽州邊事書》頁二二五七

　　公諱泰之，字泰之，清河東武城人也。……屬北狄不賓，邊守失禦，招公持節按撫諸軍，威略克宣，軍容斯振。丁内憂去職，水漿不入於口者七日，泣血三年，未嘗見齒。

《唐代墓誌彙編》（上册）《大唐故銀青光禄大夫守工部尚書兼荆州大都督清河郡開國公上柱國崔公墓誌銘並序》頁一二七六至一二七八

公元七一九年　唐玄宗開元七年

（開元）七年（宋慶禮）卒，贈工部尚書。太常博士張星議曰：“宋慶禮大剛則折，至察無徒，有事東北，所亡萬計，所謂害於而家，凶於而國。案諡法，好巧自是曰‘專’，請諡曰‘專’。”禮部員外郎張九齡駁曰：

“慶禮在人苦節，爲國勞臣，一行邊陲，三十年所。……況營州者，鎮彼戎夷，扼喉斷臂，逆則制其死命，順則爲其主人，是稱樂都，其來尚矣。往緣趙翽作牧，馭之非才，自經墜廢，便長寇孽。故二十年間，有事東鄙，僵屍暴骨，敗將覆軍，蓋不可勝紀。

大明臨下，聖謀獨斷，恢祖宗之舊，復大禹之跡。以數千之役徒，無甲兵之強衛，指期遂往，稟命而行。於是量畚築，執藝鼓，親總其役，不愆所慮，俾柳城爲金湯之險，林胡生腹心之疾，蓋爲此也。尋而罷海運，收歲儲，邊亭晏然，河朔無擾。與夫興師之費，轉輸之勞，較其優劣，孰爲利害？而云‘所亡萬計’，一何謬哉！及契丹背誕之日，懼我掎角之勢，雖鼠穴自固，而駒牧無侵，蓋張皇彼都繫賴之力也。”

《舊唐書》卷一百八十五下《列傳第一百三十五下·良吏下·宋慶禮》頁四八一五

十一月，壬申。【章：十二行本“申”下有“契丹王李婆固與公主入朝”十一字；乙十一行本同，惟“婆”作“娑”；孔本同；張校同，“固”作“圉”；退齋校本仍作“固”。】上以岐山令王仁琛，岐山縣，隋置，屬岐州。琛，丑林翻。藩邸故吏，墨敕令與五品官。宋璟奏：“故舊恩私，則有大例,除官資歷,非無公道。仁琛向緣舊恩,已獲優改,今若再蒙超獎,遂于諸人不類;又是后族,王仁琛,蓋仁皎群從。須杜興言。興,衆也。乞下吏部檢勘,苟無負犯,於格應留,請依資稍優注擬。"從之。

《資治通鑑》卷二百一十二《唐紀二十八‧玄宗開元七年》頁六七三七至六七三八

公元七二〇年　唐玄宗開元八年

八年夏,契丹寇營州,發關中卒援之。

《舊唐書》卷三十七《志第十七‧五行志》頁一三五七

開元初,每年賜射,節級賜物,屬年儉,甚費府庫。(許)景先奏曰:"近以三九之辰,頻賜宴射,已著格令,猶降綸言。……近河南、河北,水澇處多,林胡小蕃,見寇郊壘,軍書日至,河朔騷然。命將除凶,未圖克捷,興師十萬,日費千金。"

《舊唐書》卷一百九十中《列傳第一百四十中‧文苑中‧許景先》頁五〇三一至五〇三二

近以三九之辰,頻賜宴射,已著格令,猶降綸言。……近河北水澇處多,林胡小蕃,見寇效壘,軍書日至,河朔騷然。命將除凶,未圖克捷,興師十萬,日費千金。

《册府元龜》卷四百六十九《台省部‧封駁》頁五五八五至五五八六

近臣以三九之辰,頻賜宴射,已著格令,猶降綸言。……

近河南河北，水潦處多，林胡小蕃，見寇郊壘，軍書日至，河朔騷然。命將除凶，未圖克捷，興師十萬，日費千金。

《全唐文》卷二百六十八《奏停賜射疏》頁二七二六

八年冬，御史大夫王晙爲朔方大總管，奏請西征拔悉密，東發奚、契丹兩蕃，期以明年秋初，引朔方兵數道俱入，掩突厥衙帳於稽落河上。小殺聞之，大恐。暾欲谷曰："拔悉密今在北庭，與兩蕃東、西相去極遠，勢必不合。王晙兵馬，計亦無能至此。必若能來，候其臨到，即移衙帳向北三日，唐兵糧盡，自然去矣。且拔悉密輕而好利，聞命必是先來，王晙與張嘉貞不協，奏請有所不愜，必不敢動。若王晙兵馬不來，拔悉密獨至，即須擊取之，勢易爲也。"九年秋，拔悉密果臨突厥衙帳，而王晙兵及兩蕃不至。

《舊唐書》卷一百九十四上《列傳第一百四十四上·突厥上》頁五一七四

八年，(李)大輔率兵救契丹，戰死，其弟魯蘇嗣立。

《舊唐書》卷一百九十九下《列傳第一百四十九下·北狄·奚》頁五三五五

(八年九月)壬申，契丹寇邊，王晙檢校幽州都督、節度河北諸軍大使，黃門侍郎韋抗爲朔方道行軍大總管，以伐之。

《新唐書》卷五《本紀第五·玄宗》頁一二八

八年夏，契丹寇營州，發關中卒援之，宿澠池之缺門，營穀水上,夜半,山水暴至,萬餘人皆溺死。

　　　《新唐書》卷三十六《志第十七·五行志三》頁九三〇

　　默棘連既得降胡,欲南盜塞,暾欲谷曰:“不可,天子英武,人和歲豐,未有間,且我兵新集,不可動也。”默棘連又欲城所都,起佛、老廟,暾欲谷曰:“突厥衆不敵唐百分一,所能與抗者,隨水草射獵,居處無常,習於武事,强則進取,弱則遁伏,唐兵雖多,無所用也。若城而居,戰一敗,必爲彼禽。且佛、老教人仁弱,非武强術。”默棘連當其策,即遣使者請和。帝以不情,答而不許。俄下詔伐之,乃以拔悉蜜右驍衛大將軍金山道總管處木昆執米啜、堅昆都督右武衛大將軍骨篤禄毗伽可汗、契丹都督李失活、奚都督李大酺、突厥默啜子左賢王墨特勒、左威衛將軍右賢王阿史那毗伽特勒、燕山郡王火拔石失畢等蕃漢士悉發,凡三十萬,以御史大夫、朔方道大總管王晙統之,期八年秋並集稽落水上,使拔悉蜜、奚、契丹分道掩其牙,捕默棘連。默棘連大恐,暾欲谷曰:“拔悉蜜在北庭,與二蕃相距遠,必不合。晙與張嘉貞有隙,必相執異,亦必不能來。即皆能來,我當前三日悉衆北徙,彼糧竭自去。拔悉蜜輕而好利,當先至,擊之可取也。”俄而拔悉蜜果引衆逼突厥牙,知晙等不至,乃引却,突厥欲擊之,暾欲谷曰:“兵千里遠出,士殊死鬭,鋒不可當也。不如躡之,邀近而取之。”距北庭二百里,乃分兵由它道襲拔其城,即急擊拔悉蜜,衆走趨北庭,無所歸,悉禽之。還出赤亭,掠凉州,都督楊敬述使官屬盧公利、元澄等勒兵討捕,暾欲谷曰:“敬述若城守,當與和。如兵出,吾且決戰,必有功。”澄令于軍曰:“贏臂持滿外注。”會大寒裂膚，士手不能張弓矢，由是大敗，元澄走，敬述坐以白衣檢校涼州事，突厥遂大振，盡有默啜餘衆。

明年，固乞和，請父事天子，許之。又連歲遣使獻方物求婚。是時天子東巡泰山，中書令張說謀益屯以備突厥，兵部郎中裴光庭曰：“封禪以告成功，若復調發，不可謂成功者。”說曰：“突厥雖請和，難以信結也。且其可汗仁而愛人，下爲之用，闕特勒善戰，暾欲谷沈雄，愈老而智，李靖、世勣流也，三虜方協，知我舉國東巡，有如乘間，何以禦之？”光庭即請以使召其大臣入衛，乃遣鴻臚卿袁振往諭帝意。默棘連置酒與可敦、闕特勒、暾欲谷坐帳中，謂振曰：“吐蕃，犬出也，唐與爲昏；奚、契丹，我奴而役也，亦尚主；獨突厥前後請，不許，云何？”振曰：“可汗，天子子也，子而昏，可乎？”默棘連曰：“不然，二蕃皆賜姓，而得尚主，何不可云？且公主亦非帝女，我不敢有所擇，但屢請不得，爲諸國笑。”振許爲請，默棘連遣大臣阿史德頡利發入獻，遂從封禪。有詔四夷諸酋皆入仗佩弓矢，會兔起帝馬前，帝一發斃之，頡利發奉兔頓首賀曰：“陛下神武超絕，若天上則臣不知，人間無有也。”詔問：“飢欲食乎？”對曰：“仰觀弧矢之威，使十日不食猶爲飽。”因令仗內馳射。扈封畢，厚宴賜遣之，然卒不許和親。

《新唐書》卷二百一十五下《列傳第一百四十下·突厥下》頁六〇五二至六〇五三

十一月……辛未，突厥寇甘、涼等州，涼州西至甘州五百里。《考異》曰：《唐曆》，突厥寇涼州在九月。《舊突厥傳》云：“八年冬，御史大夫王晙爲朔方大總管，奏請西征拔悉密，東發奚、契丹兩蕃，期以明年秋初，引朔方兵數道俱入，掩突厥牙帳於稽落河上。"按王晙此月爲幽州都督，今從《實録》、《舊紀》。敗河西節度使楊敬述，掠契苾部落而去。貞觀中，契苾來降，處其部落於涼州。契，欺訖翻。苾，毗必翻。

先是，朔方大總管王晙奏請西發拔悉密，拔悉密酋長姓阿史那氏，蓋亦突厥之種也，居北庭。先，悉薦翻。東發奚、契丹，期以今秋掩毗伽牙帳於稽落水上；稽落水蓋導源落山。毗伽聞之，大懼。暾欲谷曰："不足畏也。拔悉密在北庭，與奚、契丹相去絶遠，勢不相及；朔方兵計亦不能來此。若必能來，俟其垂至，徙牙帳北行三日，唐兵食儘自去矣。且拔悉密輕而好利，輕，牽正翻。好，呼到翻。得王晙之約，必喜而先至。晙與張嘉貞不相悅，奏請多不相應，必不敢出兵。史言在廷在邊之謀不叶，爲夷狄所窺。晙兵不出，拔悉密獨至，擊而取之，勢甚易耳。"易，以豉翻。

既而拔悉密果發兵逼突厥牙帳，而朔方及奚、契丹兵不至，拔悉密懼，引退。毗伽欲擊之，暾欲谷曰："此屬去家千里，將死戰，未可擊也。不如以兵躡之。"去北庭二百里，暾欲谷分兵間道先圍北庭，間，古莧翻。因縱兵擊拔悉密，大破之。拔悉密衆潰走，趨北庭，不得入，趨，逡喻翻。盡爲突厥所虜。……

契丹牙官可突干驍勇得衆心，李娑固猜畏，欲去之。是歲，可突干舉兵擊娑固，娑固敗奔營州。營州都督許欽澹遣安東都護薛泰帥驍勇五百與奚王李大酺奉娑固以討之，戰敗，娑固、李大酺皆爲可突干所殺，帥，讀曰率。酺，音蒲。生擒薛泰，營州震恐。許欽澹移軍入渝關，可突干立娑固從父弟鬱干爲主，遣使請罪。上赦可突干之罪，以鬱干爲松漠都督，以李大酺之弟魯蘇爲饒樂都督。使，疏吏翻；下同。樂，音洛。

《資治通鑑》卷二百一十二《唐紀二十八・玄宗開元八年》頁六七四二至六七四三

開元八年,契丹叛,關中兵救營府,至澠池缺門,營于穀水側。夜半水漲,漂二萬餘人,惟行網夜樗蒲不睡,[一]據高獲免,村店並没盡。

【校勘記】

〔一〕"行網",《廣記》卷一四〇引作"行綱",疑是。

《朝野僉載》卷一頁二一

并州論邊事表[一]

臣説頓首,[二]死罪死罪言:臣聞小忿不忍,[三]延起大患;小罪不寬,迫成大禍。契丹、奚背恩,誠負天地不容之責。然原其狀,本是夷戎,[四]君臣不和,自相誅戮耳。所望聖慈,[五]且使其族類在朝者,將敕書再三告讓,因其所欲立酋長而便定之,[六]或可不戰而定也。必告之不馴,則大發兵馬,東召靺羯,西舉九姓,來春未青,數道齊入,突干之首,[七]可拾而取,未爲晚也。天恩若不忍以中國勞事蠻夷,則嚴兵備塞,棄兩蕃如糞土耳。又許欽淡擁二萬餘衆,[八]據五丈之城,[九]有糧即守不可拔,無糧即鼓而行歸,[十]何所慮也?今遣史獻非時遠抄近掠,其實甚難。[十一]萬一未捷,賊氣轉壯。下臣愚昧,[十二]不敢隱情,伏願聖思,[十三]再加裁度。臣説誠惶誠恐,頓首頓首,死罪死罪,臣某云云。[十四]

【校勘記】

〔一〕論　底本此字下原有"兵"字,並注:"《唐文》無兵字。"據《英華》、《四庫》、《全文》、聚珍、朱刻删。題下《四庫》、《英華》並有"玄宗"二字注,英華署名"前人",下還有"開元七年"四字注。

〔二〕臣 《英華》、《四庫》此字前尚有"臣某言"三字,聚珍、《全文》、朱刻作"臣説言"。

〔三〕不忍 《四庫》佚此二字。

〔四〕夷戎 聚珍、朱刻作"兩蕃",《英華》、《四庫》作"夷狄"。

〔五〕所 《英華》、《四庫》、聚珍、朱刻作"伏",《英華》、《四庫》注:"集作所。"

〔六〕便 聚珍、朱刻作"更"。

〔七〕突干 應爲"可突干"之縮寫,《英華》、《四庫》作"突於",聚珍、朱刻作"單于"。

〔八〕淡 底本原作"浹",據《英華》、《四庫》、聚珍、朱刻改。兩唐書、通鑑作"澹",會要作"琰";衆,《英華》、《四庫》、聚珍、朱刻作"兵"。《英華》、《四庫》注"集作衆。"

〔九〕丈 《四庫》此字佚,注:"缺。"

〔十〕歸 朱刻、《英華》、《四庫》無此字。

〔十一〕非時遠抄近掠其實甚難 《英華》、《四庫》作"非時遠抄兵回甚難。"《英華》注:"八字集作非時遠抄近掠其實甚難。"

〔十二〕下臣愚昧 《英華》、《四庫》作"臣愚不曉",注:"《集》作下臣愚昧。"

〔十三〕願聖思 《英華》、《全文》作"願聖恩",《四庫》、聚珍、朱刻作"望聖恩"。

〔十四〕《英華》、《四庫》、聚珍、朱刻、《全文》無此上八字。

《張説集》卷二十七《并州論邊事表》頁一二八五

臣説頓首，死罪死罪言：臣聞小忿不忍，延起大患；小罪不寬，迫成大禍。契丹、奚背恩，誠負天地不容之責。然原其狀，本是夷狄，君臣不和，自相誅戮耳。伏《集》作所望聖慈，且使其族類在朝者，將敕書再三告讓，因其所欲立酋長而便定之，或可不戰而定也。必告之不馴，則大發兵馬，東召靺羯，西舉九姓，來春未青，數道齊入，突于之首，可拾而取，未爲晚也。天恩若不忍以中國勞事蠻夷，則嚴兵備塞，棄兩蕃如糞土耳。又許欽淡《集》作淶擁二萬餘兵《集》作衆，據五丈之城，有糧即守不可拔，無糧即鼓而行，何所慮也？今遣史獻非時遠抄，兵回甚難八字《集》作非時遠抄近掠其實甚難。萬一未捷，賊氣轉壯。臣愚不曉《集》作下臣愚昧，不敢隱情，伏望聖恩，再加裁度。臣説誠惶誠恐，頓首頓首。

《文苑英華》卷六百十四《并州論邊事表》頁三一八八

臣説言，臣説頓首，死罪死罪言：臣聞小忿不忍，延起大患；小罪不寬，迫成大禍。契丹、奚背恩，誠負天地不容之責。然原其狀，本是夷戎，君臣不和，自相誅戮耳。所望聖慈，且使其族在朝者，將敕書再三告讓，因其所欲立酋長而便定之，或可不戰而定也。必告之不馴，則大發兵馬，東召靺羯，西舉九姓，來春未青，道齊入，突干之首，可拾而取，未爲晚也。天恩若不忍以中國勞事蠻夷，則嚴兵備塞，棄兩蕃如糞土耳。又許欽淶擁二萬餘衆，據五丈之城，有糧即守不可拔，無糧即鼓而行歸,何所慮也?今遣史獻非時遠抄近掠,其實甚難。
萬一未捷,賊氣轉壯。下臣愚昧,不敢隱情,伏願聖恩,再加
裁度。臣説誠惶誠恐,頓首頓首。

　　　《全唐文》卷二百二十二《并州論邊事表》頁二二四一

　　八年冬,御史大夫王晙爲朔方大總管,奏請西征拔悉密,
東發奚、契丹兩蕃,期以明年秋初,引朔方兵數道俱入,掩突
厥衙帳於稽落河上。

　　　《文獻通考》卷三百四十三《四裔考二十·突厥中》頁
九五一九

　　開元八年契丹寇營州,發關中卒援之,宿缺門縈谷水上。
夜半山水暴至,萬餘人皆溺死。

　　　《讀史方輿紀要》卷四十八《河南三》頁二二五九至
二二六〇

公元七二一年　唐玄宗開元九年

　　今邊境未清,統邊須將。頃林胡暫擾,柳城非捷,北虜忽
驚,西軍莫振,罪由失律,過在無謀。

　　　《唐大詔令集》卷一百二《求訪武士詔》頁五二一;《全唐
文》卷二十八《令州縣舉智勇詔》頁三一九;《册府元龜》卷
六十八《帝王部·求賢二》頁七六二

公元七二二年　唐玄宗開元十年

　　夏四月丁酉,封契丹首領松漠都督李鬱于爲松漠郡王,

奚首領饒樂都督李魯蘇爲饒樂郡王。

　　　　《舊唐書》卷八《本紀第八·玄宗上》頁一八三

　　履忠鄉人左庶子吳兢謂履忠曰：“吾子家室屢空，竟不霑斗米匹帛，雖得五品，何益於實也？”履忠欣然曰：“往歲契丹入寇，家家盡著括排門夫，履忠特以少讀書籍，縣司放免，至今惶愧。今雖不得，且是吾家終身高臥，免徭役，豈易得也！”

　　　　《舊唐書》卷一百九十二《列傳第一百四十二·隱逸·白履忠》頁五一二四

　　瑞州　本威州，貞觀十年以烏突汗達干部落置，在營州之境。咸亨中更名。後僑治良鄉之廣陽城。縣一：來遠。

　　右初隸營州都督府，及李盡忠陷營州，以順州隸幽州都督府，徙瑞州于宋州之境。神龍初北還，亦隸幽州都督府。

　　　　《新唐書》卷四十三下《志第三十三下·地理七下》頁一一二五至一一二六

　　吳兢，其里人也，謂曰：“子素貧，不沾斗米匹帛，雖得五品亦何益？”履忠曰：“往契丹入寇，家取排門夫，吾以讀書，縣爲免。今終身高臥，寬徭役，豈易得哉！”

　　　　《新唐書》卷一百九十六《列傳第一百二十一·隱逸·白履忠》頁五六〇三

　　（閏五月）己丑，以余姚縣主女慕容氏爲燕郡公主，妻契丹王鬱干。

《資治通鑑》卷二百一十二《唐紀二十八·玄宗開元十年》頁六七五〇

宜命所司勘會諸蕃充職宿衛子弟等,放還歸國。契丹及奚斤通質子並即停追。前令還蕃首領等至幽州且住交替者,即旋去。

《唐大詔令集》卷一百二十八《放諸蕃質子各還本國敕》頁六八九;《册府元龜》卷一百七十《帝王部·來遠》頁二〇五四

宜命所司勘會諸蕃充質宿衛子弟等,量放還國。契丹及奚延通質子,並即停追。前令還蕃首領等,至幽州且住,交替者即旋去。

《全唐文》卷二十六《放還諸蕃宿衛子弟詔》頁二九九

漢圖既采,蕃國是親。公主嫁烏孫之王,良家聘氈裘之長,欽若前志,抑有舊章。餘姚縣主長女慕容氏,柔懿爲德,幽閒在性,蘭儀載美,蕙問增芬,公宮之教夙成,師氏之謀可則。今林胡請屬析津,雖無外之仁,已私於上略,而由内之德,亦質於元女。宜光兹寵命,睦此蕃服,俾遵下嫁之禮,以叶大邦之好。可封爲燕郡公主,出降與松漠郡王李鬱于。

《唐大詔令集》卷四十二《封燕郡公主制》頁二〇五;《全唐文》卷二十二《封燕郡公主制》頁二五八

公元七二四年　唐玄宗開元十二年

是歲，契丹王李鬱干卒，弟吐干襲位。

《資治通鑑》卷二百一十二《唐紀二十八‧玄宗開元十二年》頁六七六二

戎狄夷蠻羌胡朝獻之國，突厥頡利發，奚、契丹等王，大食，謝䫻、五天十姓，崑崙、日本、新羅、靺鞨之侍子及使，內臣之蕃，高麗朝鮮王，百濟帶方王，十姓摩阿史那興昔可汗，三十姓左右賢王，日南、西竺、鑿齒、雕題、牂柯、烏滸之酋長，咸在位。

《唐會要》卷八《郊議》頁一三七至一三八

公主出降蕃王，本擬安養部落，請入朝謁，深慮勞煩。朕之割恩，抑而求許，思加殊惠，以慰遠心。奚有五部落，宜賜物三萬段。其中取二萬段，先給征行游奕及百姓，余一萬段與燕郡公主、松漠王衙官、刺史、縣令。其物雜以絹布，務令均平，給訖奏聞。

《唐大詔令集》卷四十二《止和蕃公主入朝制》頁二〇五

公主出降蕃王，本擬安養部，請入朝謁，深慮勞煩，朕知割恩，抑而未許，思加殊惠，以慰遠心。奚有五部落，宜賜物三萬段，先給征行游弈兵及百姓，餘一萬段與東光公主、饒樂王衙官、刺史、縣令。契丹有八部落，宜賜物五萬段，其中取四萬段先給征行遊弈兵士及百姓，餘一萬段與燕郡公主、

松漠王衙官、刺史、縣令。其物雜以絹布,務令均平,給訖
奏聞。

《册府元龜》卷九百七十九《外臣部・和親二》頁一一
五○一

公主出降蕃王,本擬安養部落,請入朝謁,深慮勞煩,朕
知割恩,抑而未許,思加殊惠,以慰遠心。奚有五部落,宜賜
物三萬段,其中取二萬段先給征行游奕兵及百姓,餘一萬段
與東光公主饒樂王衙官刺史縣令。契丹有八部落,宜賜物五
萬段,與燕郡公主松漠王衙官刺史縣令。其物雜以絹布,務
令均平,給訖奏聞。

《全唐文》卷二十九《賜奚契丹等絹綿詔》頁三二七

公元七二三年至七二五年　唐玄宗開元十一至十三年

《闕利啜碑》東面一七行:

在對契丹、奚(tatabï)人進行的五次戰鬥中,(闕利)啜
是其督查官、勇士和參謀官。

《古代突厥文碑銘研究》頁一七八至一八二

公元七二五年　唐玄宗開元十三年

(十一月)壬辰,玄宗御朝覲之帳殿,大備陳布。文武百
僚,二王後,孔子後,諸方朝集使,岳牧舉賢良及儒生、文士上
賦頌者,戎狄夷蠻羌胡朝獻之國,突厥頡利發,契丹、奚等王,
大食、謝颭、五天十姓,崑崙、日本、新羅、靺鞨之侍子及使,内
臣之番,高麗朝鮮王,百濟帶方王,十姓摩阿史那興昔可汗,

三十姓左右賢王，日南、西竺、鑿齒、雕題、牂柯、烏滸之酋長，咸在位。

《舊唐書》卷二十三《志第三·禮儀三》頁九〇〇

小殺與其妻及闕特勤、暾欲谷等環坐帳中設宴，謂（袁）振曰："吐蕃狗種，唐國與之爲婚；奚及契丹舊是突厥之奴，亦尚唐家公主；突厥前後請結和親，獨不蒙許，何也？"袁振曰："可汗既與皇帝爲子，父子豈合爲婚姻？"小殺等曰："兩蕃亦蒙賜姓，猶得尚主，但依此例，有何不可？且聞入蕃公主，皆非天子之女，今之所求，豈問真假，頻請不得，實亦羞見諸蕃。"

《舊唐書》卷一百九十四上《列傳第一百四十四上·突厥上》頁五一七五至五一七六

小殺與妻及闕特勤、暾欲谷等環坐帳中設宴，謂振曰："吐蕃狗種，唐國與之爲婚；奚及契丹舊是突厥之奴，亦尚唐家公主。突厥前後請結和親，獨不蒙許，何也？"袁振曰："可汗既與皇帝爲子，父子豈合婚姻？"小殺等曰："兩蕃亦蒙賜姓，猶得尚公主，但依此例，有何不可？且聞入蕃公主，皆非天子女，今之所求，豈問真假。頻請不得，亦實羞見諸蕃。"

《文獻通考》卷三百四十三《四裔考二十·突厥中》頁九五二〇

玄宗有事岱宗，中書令張説以天子東巡，京師空虛，恐夷狄乘間竊發，議欲加兵守邊，召（裴）光庭與謀，……因奏用其策,突厥果遣使來朝。

《新唐書》卷一百八《列傳第三十三·裴光庭》頁四〇八九至四〇九〇

（四月丙辰）上遣中書直省袁振以他官直中書省,謂之直省,今之直省吏職也。攝鴻臚卿,諭旨於突厥,臚,陵如翻小殺與闕特勒、暾欲谷環坐帳中,置酒,謂振曰:"吐蕃,狗種;西戎,古曰犬戎,故謂吐蕃爲狗種。奚、契丹,本突厥奴也;夷言奴,猶華言臣也。皆得尚主。突厥前後求婚獨不許,何也? 且吾亦知入蕃公主皆非天子女,今豈問真偽! 但屢請不獲,愧見諸蕃耳。"振許爲之奏請。小殺乃使其大臣阿史德頡利發入貢,因扈從東巡。爲,于偽翻。從,才用翻。

《資治通鑑》卷二百一十二《唐紀二十八·玄宗開元十三年》頁六七六四至六七六五

（十二月乙巳）先是,契丹王李吐干與可突干復相猜忌,携公主來奔,不敢復還,更封遼陽王,留宿衛;可突干立李盡忠之弟邵固爲主。車駕東巡,邵固詣行在,因從至泰山,拜左羽林大將軍、靜折軍經略大使。四年,契丹來降,置靜折軍於松漠府,以其酋長爲經略大使,言中國之兵不動而契丹自降,以靜而折退冲也。使,疏吏翻。

《資治通鑑》卷二百一十二《唐紀二十八·開元十三年》頁六七六九

公元七二六年　唐玄宗開元十四年

十四年春正月癸亥,改封契丹松漠郡王李召固爲廣化王,奚饒樂郡王李魯蘇爲奉誠王,封宗室外甥女二人爲公主,各以妻之。

三月壬寅,以國甥東華公主降于契丹李召固。

《舊唐書》卷八《本紀第八·玄宗上》頁一八九

春,正月,癸未,更立契丹松漠王李邵固爲廣化王,奚饒樂王李魯蘇爲奉誠王。契,欺訖翻。樂,音洛。以上從甥陳氏爲東華公主,妻邵固;從,才用翻。妻,七細翻;下同。《考異》曰:東華出降,《實録》在三月壬子;於此終言之。以成安公主之女韋氏爲東光公主,成安公主,中宗之女,下嫁韋捷。妻魯蘇。

《資治通鑑》卷二百一十三《唐紀二十九·玄宗開元十四年》頁六七七〇

李邵固等,輸忠保塞,乃誠奉國,屬外寰中,無遠不屆。而華裔靡隔,等數有加,宜賜休名,俾承慶澤。

《全唐文》卷二十二《改封契丹松漠郡王李邵固爲廣化王奚饒樂郡王李魯蘇爲奉誠王制》頁二六二;《冊府元龜》卷六十四《外臣部·封冊二》頁一一三四四

郤萌曰:"客星入天節,奚、契丹有憂。"《荆州占》曰:"客星守天節,臣有憂。"

《唐開元占經》卷八十四《客星占八·客星犯天節九》頁七九〇

公元七二七年　唐玄宗開元十五年

燕郡。余姚公主女,慕容氏。開元十五年閏五月十九日,出降契丹松漠郡王李鬱子焉。

《唐會要》卷六《和蕃公主》頁八六

公元七三〇年　唐玄宗開元十八年

五月,契丹衙官可突干殺其主李召固,率部落降于突厥,奚部落亦隨西叛。奚王李魯蘇來奔,召固妻東華公主陳氏及魯蘇妻東光公主韋氏並奔投平盧軍。制幽州長史趙含章率兵討之。

《舊唐書》卷八《本紀第八·玄宗上》頁一九五

（六月）丙子,命單于大都護、忠王浚爲河北道行軍元帥,御史大夫李朝隱、京兆尹裴仙先爲副,率十八總管以討契丹及奚等,事竟不行。

《舊唐書》卷八《本紀第八·玄宗上》頁一九五

十八年,奚、契丹犯塞,以上爲河北道元帥,信安王禕爲副,帥御史大夫李朝隱、京兆尹裴仙先等八總管兵以討之。

《舊唐書》卷十《本紀第十·肅宗》頁二三九

十八年,奚衆爲契丹衙官可突于所脅,復叛降突厥。

《舊唐書》卷一百九十九下《列傳第一百四十九下·北狄·奚》頁五三五六

五月己酉，奚、契丹附于突厥。

《新唐書》卷五《本紀第五·玄宗》頁一三五

十八年，奚、契丹寇邊，乃以肅宗爲河北道行軍元帥，遣御史大夫李朝隱等八總管兵十萬以伐之。居二歲，朝隱等敗奚、契丹于范陽北，肅宗以統帥功遷司徒。

《新唐書》卷六《本紀第六·肅宗》頁一五五

契丹可突于殺其王邵固降突厥，而奚亦亂，其王魯蘇挈族屬及邵固妻子自歸。是歲，奚、契丹入寇，詔承玼擊之，破於捺禄山。

《新唐書》卷一百三十六《列傳第六十一·烏承玼》頁四五九六

契丹牙官可突于叛，詔拜忠王爲河北道行軍元帥討之，敕褘以副。

《新唐書》卷八十《列傳第五·太宗諸子·信安王褘》頁三五六八

薊州漁陽郡，下。開元十八年析幽州置。土貢：白膠。戶五千三百一十七，口萬八千五百二十一。縣三：有府二，曰漁陽、臨渠。南二百里有静塞軍，本障塞軍，開元十九年更名。又有雄武軍，故廣漢川也；東北九十里有洪水守捉，又東北三十里有鹽城守捉，又東北渡灤河有古盧龍鎮，又有斗陘鎮。自古盧龍北經九荆嶺、受米城、張洪隘度石嶺至奚王帳六百里。又東北行傍吐護真河五百里至奚、契丹衙帳。又北百里至室韋帳。

《新唐書》卷三十九《志第二十九·地理三》頁一〇二二

久之，契丹可突于反，脅奚衆並附突厥。魯蘇不能制，奔榆關，公主奔平盧。幽州長史趙含章發清夷軍討破之，衆稍自歸。

《新唐書》卷二百一十九《列傳第一百四十四·北狄·奚》頁六一七五

（五月）初，契丹王李邵固遣可突干入貢，同平章事李元紘不禮焉。左丞相張説謂人曰："奚、契丹必叛。可突干狡而很，專其國政久矣，人心附之。此謂契丹國人之心也。契，欺訖翻，又音喫。很，户墾翻。今失其心，必不來矣。"己酉，可突干弑邵固，帥其國人並脅奚衆叛降突厥，奚王李魯蘇及其妻韋氏、邵固妻陳氏皆來奔。史言張説之言之驗。韋、陳皆中國以爲公主嫁兩蕃，事見上十四年。帥，讀曰率。降，户江翻。厥，九勿翻。制幽州長史趙含章討之，又命中書舍人裴寬、給事中薛侃等於關内、河東、河南、北分道募勇士，六月，《考異》曰：《唐朝年代記》云："初，裴光庭娶武三思女，高力士私焉。光庭有吏材，力士爲之推轂，因以入相，時彦鄙之，宋璟、王晙酒後舞《回波樂》以爲戲謔。光庭患之，乃奏：'天下三十餘州缺刺史，升平日久，人皆不樂外官，請重臣兼外官領刺史以雄其望。'於是擬璟揚州，晙魏州，陸象先荆州，凡十餘人。蕭嵩執奏：'天下務重，實賴舊臣宿德訪其得失，今盡失之，則朝廷空矣。'上乃悟，遂止。"按《實録》，是歲閏六月"以太子少保陸象先兼荆州長史"，璟、晙未嘗除外官。今不取。丙子，以單于大都護忠王浚領河北道行軍元帥，單，音蟬。帥，所類翻。以御史大夫李朝隱、京兆尹裴伷先副之，帥十八總管以討奚、契丹。朝，直遥翻。伷，與冑同。帥，讀曰率。命浚與百官相見於光順門。張説退，謂學士孫逖、韋述曰：此集賢書院學士也。"吾嘗觀太宗畫像，雅類忠王，此社稷之福也。"

可突干寇平盧，先鋒使張掖烏承玼破之於捺禄山。開元初，置平盧軍于營州。《考異》曰：韓愈《烏氏先廟碑》云："尚書諱承洽，開元中管平盧先鋒軍，屢破奚、契丹，從戰捺禄，走可突干。"《新傳》云："承玼，開元中與族兄承恩皆爲平盧先鋒，沈勇而決，號輔門二龍。"據此，則承玼、承洽一人也。今從《新書》。

《資治通鑑》卷二百一十三《唐紀二十九·玄宗開元十八年》頁六七八九至六七九〇

契丹衙官可突干叛，敕褘副忠王爲河北道行軍元帥。王不行，褘率諸將分道出范陽北，大破多蕃，擒酋長以還，加開府儀同三司，兼關内支度、營田、采訪處置等使。

《全唐文》卷一百《信安郡王褘》頁一〇二六

開元中，尚書（烏承玼）管平盧先鋒軍，屢破奚、契丹。[一]從戰捺禄，走可突干。[二]渤海擾海上，[三]至馬都山，吏民逃徙失業。[四]尚書領所部兵塞其道，塹原累石，[五]綿四百里，[六]深高皆三丈，寇不得進。民還其居，歲罷運錢三千餘萬。[七]

【校勘記】

〔一〕苑本、粹本"屢"作"屬"，苑本注："屬，二本作'屢'。"文本"屢"作"數"，注："一作'屢'。"《舉正》訂"屢"

作“屬”,雲:“閣本、杭本、苑、粹皆作‘屬’。”朱熹從方本,《考異》:“屬,或作‘屢’。今按:屬亦連屬之意。”

〔二〕“突干”,潮本作“汗于”,苑本、祝本、南宋蜀本同。潮本注:“汗,一作‘突’。”祝本注同。粹本、文本、魏本作“突於”。文本注:“突,一本作‘汗’,非。”魏本注:“一本作‘走可汗于’,讀連下文‘渤海上’爲一句,非是。”《舉正》訂作“突干”,云:“閣本、杭本、苑、粹皆作‘可突于’,新、舊史亦作‘于’,考許碑當作‘干’。可突干,契丹之勇將也。《新傳》:‘奚契丹入寇,承玼破於捺禄山。又戰白城,承玼按隊出其右,斬首萬計,可突干奔北。’‘可突干’當爲句斷,諸本多誤讀。”朱熹從方本,《考異》:“諸本多作‘突于’,或作‘汗于’,方從許碑定從‘干’。”今從方本。

〔三〕“擾海”二字,潮本無,苑本、粹本、祝本、文本、南宋蜀本、魏本同。《舉正》增“擾海”二字,云:“許碑云:‘武藝出海濱,至馬都山,屠陷城邑。公以本營士馬防遏要害。’武藝,乃渤海王也。諸本皆脱‘擾海’二字,更不可讀。今據李本增入,《新傳》亦可考也。”朱熹從方本,《考異》:“或無‘擾海’字,方以李本增。”今從方本。

〔四〕苑本“徙”作“死”,注:“死,二本作‘徙’。”

〔五〕潮本注:“累,一作‘壘’。”祝本、魏本注同。《考異》:“累,或作‘壘’。”

〔六〕文本“綿”作“緜”。謹按:“緜”、“綿”,古今字。《玉篇》:“緜,彌然切,新絮也,纏也,緜緜不絶。今作‘綿’。”

〔七〕文本無“餘”字,注:“一本有‘餘’字。”苑本“萬”下多一“貫”字,注:“二本無此字。”

《韓愈文集彙校箋注》卷十六《烏氏廟碑銘》頁一七八五、一七八九至一七九〇

開元中，尚書管平盧先鋒軍屬破奚契丹，從戰捄録，走可突于渤海上。至馬都山，吏民逃徙失業。尚書領所部兵塞其道，塱原累石，縣四百里，深高皆三丈，寇不得進。民還其居，歲罷運錢三千萬餘。

《全唐文》卷五百六十一《烏氏廟碑銘》頁五六八三

開元中，尚書管平盧先鋒軍，屬二本作屢破奚、契丹。從戰捄禄，走可汗渤海上《文粹》作"走可突干渤海上"，韓文舉正云許孟容《烏承玼碑》作"可突干"，又云渤海乃武藝也，李邴本作"渤海擾海上"，諸本脱"擾海"二字，至馬都山，吏民逃死二本作徙失業。尚書領所部兵塞其道，塱原累石，綿四百里，深高皆三丈，寇不得進。民還其居，歲罷運錢三千萬餘貫。

《文苑英華》卷八百八十《河陽軍節度使烏公先廟碑》頁四六四二

契丹可突于反，脅奚衆附突厥……後與契丹叛，詔立他酋婆固爲都督、昭信王，以定其部落。

《文獻通考》卷三百四十四《四裔考二十一》頁九五五三至九五五四

夫人諱實活，本沮落鮮卑人也。……夫人去開元十八年，屬林胡不寧，酋首背伴（叛）。夫人霜操不易，忠志不移。

迺潜謀運奇,與男沮禮等,出死入生,率衆投漢。聖恩遠□,優貴特加。開元廿年十月五日,制授夫人榮陽郡太夫人鄭氏。十八年八月十三日,制授男沮禮襲父冠軍大將軍、右武衛將軍、左羽林軍上下,賜錦袍鈿帶。

《唐代墓誌彙編》(上册)《大唐故冠軍大將軍行右武衛大將軍啜禄夫人鄭氏(實活)墓誌銘》頁一五一六

公元七三一年　唐玄宗開元十九年

十九年,契丹衙官可突干殺其王邵固,率部落降于突厥。玄宗遣忠王爲河北道行軍元帥以討奚及契丹兩蕃,以禕爲副。王既不行,禕率户部侍郎裴耀卿等諸副將分道統兵出於范陽之北,大破兩蕃之衆,擒其酋長,餘黨竄入山谷。軍還,禕以攻加開府儀同三司,兼關内支度、營田等使,兼采訪處置使,仍與二子官。禕既有勳績,執政頗害其功,故其賞不厚,甚爲當時所歎。

《舊唐書》卷七十六《列傳第二十六·太宗諸子·吳王恪》頁二六五二

明年,信安王禕降其酋李詩鎖高等部落五千帳,以其地爲歸義州,因以王詩,拜左羽林軍大將軍、本州都督,賜帛十萬,置其部幽州之偏。

李詩死,子延寵嗣,與契丹又叛,爲幽州張守珪所困。延寵降,復拜饒樂都督、懷信王,以宗室出女楊爲宜芳公主妻之。延寵殺公主復叛,詔立它酋婆固爲昭信王、饒樂都督,以定其部。安禄山節度范陽,詭邊功,數與鏖鬥,飾俘以獻,誅其君李日越,料所俘驍壯戍雲南。

《新唐書》卷二百一十九《列傳第一百四十四·北狄·奚》
頁六一七五

十九年,契丹衙官可突于殺其王邵固,率部落降于突厥。
玄宗以忠王爲河北道行軍元帥,以討奚及契丹兩蕃,以禕爲
副。王既不行,禕率户部侍郎裴輝卿等諸副將分道統兵馬,
出於范陽之北,大破兩蕃之衆,擒其酋長,餘黨竄入山谷。軍
還,以功加開府儀同三司。

《册府元龜》卷二百九十一《宗室部·立功二》頁三四二九

公元七三二年　唐玄宗開元二十年

二十年春正月乙卯,以禮部尚書、信安王禕率兵討契
丹。……

三月,信安王禕與幽州長史趙含章大破奚、契丹於幽州
之北山。……

五月……辛亥,金仙公主薨。戊辰,信安王獻奚、契丹之
俘,上御應天門受之。

六月丁丑,單于大都護、河北東道行軍元帥、忠王浚加司
徒,都護如故;副大使信安王禕加開府儀同三司。

《舊唐書》卷八《本紀第八·玄宗上》頁一九七至一九八

二十年,〔一〕諸將大破奚、契丹,以上遙統之功,加司徒。

【校勘記】

〔一〕"二十年","十"字各本原無,據本書卷八《玄宗

紀》、《御覽》卷一一二補。

《舊唐書》卷十《本紀第十·肅宗》頁二三九

二十年,禮部尚書、信安王禕受詔討契丹,詔以(裴)耀卿爲副。

《舊唐書》卷九十八《列傳第四十八·裴耀卿》頁三〇八〇

二十年正月乙卯,信安郡王禕爲河東、河北道行軍副元帥,以伐奚、契丹。

二月甲戌朔,日有食之。壬午,降囚罪,徒以下原之。

三月己巳,信安郡王禕及奚、契丹戰于薊州,敗之。

五月戊申,忠王浚俘奚、契丹以獻。

《新唐書》卷五《本紀第五·玄宗》頁一三六

歸義州歸德郡總章中以新羅户置,僑治良鄉之廣陽城。縣一:歸義。後廢。開元中,信安王禕降契丹李詩部落五千帳,以其衆復置。

《新唐書》卷四十三下《志第三十三下·地理七下》頁一一二六

開元二十年,副信安王禕討契丹,又持帛二十萬賜立功奚官,(裴)耀卿曰:"幣涉寇境,不可以不備。"

《新唐書》卷一百二十七《列傳第五十二·裴耀卿》頁四四五二

張守珪節度幽州,(安)祿山盜羊而獲,守珪將殺之,呼曰：“公不欲滅兩蕃邪？何殺我？”守珪壯其語，又見偉而晳，釋之，與史思明俱爲捉生。知山川水泉處，嘗以五騎禽契丹數十人，守珪異之，稍益其兵，有討輒剋，拔爲偏將。守珪醜其肥，由是不敢飽，因養爲子。後以平盧兵馬使擢特進、幽州節度副使。

《新唐書》卷二百二十五上《列傳第一百五十上·逆臣上·安禄山》頁六四一一至六四一二

春，正月，乙卯，以朔方節度副大使信安王禕爲河東、河北行軍副大總管，將兵擊奚、契丹；壬申，以户部侍郎裴耀卿爲副總管。

《資治通鑑》卷二百一十三《唐紀二十九·玄宗開元二十年》頁六七九七

（三月癸酉）信安王禕帥裴耀卿及幽州節度使趙含章分道擊契【章：十二行本“契”上有“奚”字；乙十一行本同；孔本同；張校同。】丹，帥，讀曰率；下同。含章與虜遇，虜望風遁去。平盧先鋒將烏承玼言於含章曰：“二虜，劇賊也。前日遁去，非畏我，乃誘我也，將，即亮翻。玼，且禮翻，又音此。誘，音酉。宜按兵以觀其變。”含章不從，與虜戰于白山，白山，後漢時烏桓所居，在五阮關外大荒中。果大敗。承玼別引兵出其右，擊虜，破之。己巳，禕等大破奚、契丹，俘斬甚衆，《考異》曰：《唐曆》作“庚辰”。今從《實録》。可突干帥麾下遠遁，餘黨潛竄山谷。奚酋李詩瑣高帥五千餘帳來降。酋，慈由翻。降，户江翻。禕引兵還。賜李詩爵歸義王，充歸義州都督，徙其部落置幽州境内。高宗總章中，以新羅降户置歸義州於良鄉縣廣陽城，後廢，今復置以處李詩部落。

《資治通鑑》卷二百一十三《唐紀二十九·玄宗開元二十年》頁六七九七至六七九八

開元二十年以後，邀功之將，務恢封略，以甘上心，將欲蕩滅奚，契丹，竆除蠻、吐蕃，喪師者失萬而言一，勝敵者獲一而言萬，寵錫云極，驕矜遂增。

《通典》卷一百四十八《兵一·兵序》頁三七八〇

誅有罪，討不庭，去其毒螫，登於仁壽，固以俯安庶類，仰叶靈心。頃以兩蕃背恩，爰命龔伐，精意虔告，順天行誅，干旄所指，不戰而潰，山谷遺類，盡爲俘馘。疾如震霆，動若神助，豈非昊穹垂福，陵廟降靈，故得萬旅安全，一隅澄晏。永惟昭感之著，先洽顧懷之福，虔奉明靈，載深寅畏。宜令所司擇日發使，告享諸陵廟。

《全唐文》卷三十五《破奚契丹告享陵廟敕》頁三八六；《冊府元龜》卷十二《帝王部·告功》頁一三五至一三六

（安禄山）長而奸賊殘忍，多智計，善揣人情，解九蕃語，[一]爲諸蕃互市牙郎。張守珪爲范陽節度使，禄山盜羊奸發，追捕至，欲棒殺之，禄山大呼曰：“大夫不欲滅奚、契丹兩蕃耶？而殺壯士！”守珪奇其言貌，乃釋之，留軍前驅使，遂與史思明同爲捉生將。禄山素習山川井泉，嘗以麾下三五騎生擒契丹數十人，守珪轉奇之，每益以兵，擒賊必倍。

【校勘記】

〔一〕"解九蕃語",繆荃孫校云,《新唐書》卷二二五《安祿山傳》作"六蕃",本書卷中云,"禄山悉解九夷之語",則以"九蕃"爲是。

《安禄山事迹》卷上頁七三至七四

開元中,信安郡王禕以宗室之賢,受登壇之寄,每有討伐,命公先鋒。寇必能嘗,險不避難,馘黠虜之首,繫林胡之俘。仍援河湟,大破戎醜,數實過當,議功居多。一自捍邊,三十餘載,終於左衛大將軍,春秋六十。

《全唐文》卷三百七十一《左武衛將軍白公神道碑》頁三七六五;《文苑英華》卷九百八《左武衛將軍白公神道碑》頁四七七九

《闕特勤碑》東面第三至四行:

他們這樣統治了國家。他們統治了國家並創建了法制。他們(之後)去世了。(作爲)弔唁者從前面,從日出之方,有莫離(bökli)荒原人、唐人、吐蕃人、阿瓦爾(apar)人、拂林(purum)人、黠戛斯人、三姓骨利干人、三十姓韃靼人、契丹人、奚(tatabï)人——這樣多的人民前來弔唁。他們是那樣名聲顯赫的可汗。

東面第一三至一四行:

當有了七百人之後,(我父可汗)就按照我祖先的法制,組織和教導了曾喪失國家、喪失可汗的人民,曾淪爲女婢、成爲奴隸的人民,曾失掉突厥法制的人民,在那裡組織了突利

斯及達頭（兩部）人民。在右邊（南方）唐人是敵人，在左邊
（北方）巴兹（baz）可汗及九姓烏古斯是敵人，頡戛斯、骨利
干、三十姓轄戛、契丹、奚，都是敵人。

東面第二八行：

爲了養育人民，北面反對烏古斯人民，東面反對契丹、奚
人民，南面反對唐人，我出征了十二次……我作了戰。

北面一〇至一二行：

要是沒有闕特勤的話，你們都將死掉！我弟闕特勤去世
了，我自己很悲痛。我的眼睛好像看不見了，我能洞悉（一切
事物）的智慧好像遲鈍了。我自己十分悲痛。壽命是上天決
定的，人類之子全都是爲死而生。

我十分悲痛。眼睛流淚，我強忍住；心裡難過，我強抑
住。我萬分悲痛。我想，兩設及我的諸弟、諸子、諸官、我的
人民將哭壞他們的眼睛。作爲吊唁者，udar 將軍代表契丹、
奚人民到來了。

《古代突厥文碑銘研究》頁一一六至一四七

公元七三三年　唐玄宗開元二十一年

閏（三）月，幽州道副總管郭英傑等討契丹，爲所敗於都
山之下，英傑死之。

《舊唐書》卷八《本紀第八·玄宗上》頁一九九

開元二十一年，幽州長史薛楚玉遣（郭）英傑及裨將吳克
勤、烏知義、羅守忠等率精騎萬人及降奚之衆以討契丹，屯
兵于榆關之外；契丹首領可突干引突厥之衆拒戰於都山之

下。[一]官軍不利,知義、守忠率麾下便道遁歸。英傑與克勤逢賊力戰,皆没於陣。其下精鋭六千餘人仍與賊苦戰,賊以英傑之首示之,竟不降,盡爲賊所殺。

【校勘記】

〔一〕"可突干","干"字各本原作"于",據本書卷八《玄宗紀》、《通鑑》卷二一三改。

《舊唐書》卷一百三《列傳第五十三·郭英傑》頁三一九〇

（開元）二十一年,轉幽州長史、兼御史中丞、營州都督、河北節度副大使,俄又加河北采訪處置使。先是,契丹及奚連年爲邊患,契丹衙官可突干驍勇有謀略,頗爲夷人所伏。趙含章、薛楚玉等前後爲幽州長史,竟不能拒。及守珪到官,頻出擊之,每戰皆捷。契丹首領屈刺與可突干恐懼,遣使詐降。守珪察知其僞,遣管記右衛騎曹王悔詣其部落就謀之。悔至屈刺帳,賊徒初無降意,乃移其營帳漸向西北,密遣使引突厥,將殺悔以叛。會契丹別帥李過折與可突干爭權不叶,悔潛誘之,夜斬屈刺及可突干,盡誅其黨,率餘燼以降。守珪因出師次於紫蒙川,大閲軍實,宴賞將士,傳屈刺、可突干等首于東都,梟於天津橋之南。詔封李過折爲北平王,使統其衆,尋爲可突干餘黨所殺。

《舊唐書》卷一百三《列傳第五十三·張守珪》頁三一九四至三一九五

閏（三）月癸酉,幽州副總管郭英傑及契丹戰于都山,英傑死之。

《新唐書》卷五《本紀第五·玄宗》頁一三七

　　契丹、奚連年梗邊，牙官可突于，胡有謀者，前長史趙含章、薛楚玉等不能制，守珪至，每戰輒勝，虜遂大敗。帝喜，詔有司告九廟。契丹酋屈刺及突于恐懼，乃遣使詐降。守珪得其情，遣右衛騎曹王悔詣部計事，屈刺無降意，徙帳稍西北，密引突厥衆將殺悔以叛。契丹別帥李過折與突于爭權不叶，悔因間誘之，夜斬屈刺及突于，盡滅其黨，以衆降。守珪次紫蒙川，大閱軍實，賞將士，傳屈刺、突于首於東都。

　　二十三年，入見天子，會藉田畢，即酺燕爲守珪飲至，帝賦詩寵之。加拜輔國大將軍、右羽林大將軍，賜金彩，授二子官，詔立碑紀功。

　　久之，復討契丹餘党于捺禄山，鹵獲不訾。

《新唐書》卷一百三十三《列傳第五十八·張守珪》頁四五四九

　　（正月丁巳）上遣大門藝詣幽州發兵，以討勃海王武藝；《考異》曰：《新書·烏承玼傳》云：“可突干殺其王邵固，降突厥，而奚亦亂。是歲，奚、契丹入寇，詔承玼擊之，破於捺禄山。”又云：“勃海大武藝引兵至馬都山，屠城邑。承玼窒要路，塹以大石，亘四百里，於是流人得還土少休，脱鎧而耕，歲省度支運錢。”按韓愈爲烏重胤作廟碑，叙重胤父承治云：“屢破奚、契丹，從戰捺禄，走可突干勃海上，至馬都山，吏民逃徙失業。尚書領所部兵塞其道，塹原累石，綿四百里，深高皆三丈。寇不得進，民還其居，歲罷錢三千萬。”疑《新書》約此碑作《承玼傳》。按新、舊《帝紀》及《勃海傳》皆無武藝入寇至馬都山事，或者韓碑云“走可突干勃海上，至馬都山”，謂破走可突干勃海上，追之至馬都山耳。二十一年，郭英傑與可突干戰都山。然則都山蓋契丹之地也。吏民逃徙失業，蓋因可突干入寇而然，與上止是一事，《新書》承之致誤。然未知《新書·承玼傳》中餘事，別據何書。庚申，命太僕員外卿金思蘭使于新羅，思蘭，新羅王之侍子，留京師，官爲太僕卿，員外置。發兵擊其南鄙。會大雪丈餘，山路阻隘，士卒死者過半，無功而還。武藝怨門藝不已，密遣客刺門藝于天津橋南，不死；上命河南搜捕賊黨，盡殺之。河南，謂河南府。刺，七亦翻。

《資治通鑑》卷二百一十三《唐紀二十九·玄宗開元二十一年》頁六八〇〇

閏（三）月，癸酉，幽州道副總管郭英傑與契丹戰于都山，敗死。時節度【章：十二行本“度”下有“使”字；乙十一行本同；孔本同。】薛楚玉遣英傑將精騎一萬及降奚擊契丹，屯於榆關之外。“榆”當作“渝”。此渝關在營、平之間，古所謂臨渝之險者也。《漢書音義》：渝，音喻。又唐勝州界有榆關。隋之榆林郡界二關，有“渝”、“榆”之異。史家傳寫混淆無別，故詳辯之。將，即亮翻。騎，奇寄翻。降，戶江翻；下同。可突干引突厥之衆來合戰，奚持兩端，散走保險；唐兵不利，英傑戰死。餘衆六千餘人猶力戰不已，虜以英傑首示之，竟不降，盡爲虜所殺。楚玉，訥之弟也。

《資治通鑑》卷二百一十三《唐紀二十九·玄宗開元二十一年》頁六八〇一至六八〇二

臣聞天地設險，聖人則之，士生懸弧，其來尚矣。故黃帝涿鹿之戰，重華三苗之役，湯伐有扈，文王克崇，至於不得已而用之，其實一也。伏惟開元神武皇帝陛下乘五聖之資，踞六合之大，德光天下，威振百蠻，四方無金革之事，蓋亦久矣。蠢茲凶寇，東胡餘孽，日者關內未通，隔在荒外，自相殺戮，君臣無序，不能獨立，交臂屈膝，求我國家以安之。聖朝矜其輸誠，且以護塞，故列于朝貢，編於鴻臚，故再册名王，累降重主。魁渠豪首，靡不霑渥。自開復營州，二十年內，部落不聳，安農互商，金帛山積，我國家之於惠貸亦深矣。而野性易動，狼心不革，中復背誕，寇我柳城，我是以有平盧之戰。當爲兵少城孤，不暇追北，盡其巢穴，殘凶游魂，假氣絶徼，自以爲黃河、涇、渭，可以保天險；懸塞沙漠，可以逃靈誅。陸梁窮荒，迷肆不復。我王師遠略，是以有黑山之討。其突厥分兵，助爲聲援，官軍既會，萬弩齊發，逆順不敵，賢王失陣。契丹東龍鍾走林奔穴，甌脱不守，髦頭匿光，可突干挾馬浮河，僅獲殘喘。謂其困而知悟，面縛請降，而西連匈奴，東搆渤海，收合餘燼，窺我阿降奚，我是以有盧龍之師。當是時也，四蕃雲屯，十萬雨集，動兵鼓噪，聲聞百里，山川晝昏，土木皆震，勢欲朝驅降户，夕通河朔。我行軍七千，乘天假威靈，黜之硤石，斬單于之愛子，燔契丹之積卒，衆虜奔逃，扶傷不暇。於是從散約解，雲卷霧消，投戈棄甲，莫敢回視。我降户完然堅利，而西蕃輜畜，十遺半矣。夫突厥乘天驕，兩蕃藉其銳悍，所向得志，其來久矣。昔漢高祖以三十萬衆，猛將如雲，謀臣若雨，平城之下，七日不食，竟以計免。頃萬歲通天中，亦憤其不恭，雷霆發怒，驅熊羆之卒，策貔武之將，以數十萬，相繼而出，没之峽中，隻輪不返。卒使趙定陷没，河北塗炭，數十年間，瘡痏不復，所以敢輕犯官軍之衆者，以往事之驕。我國家偏師不滿七千，當十萬之寇，綿險提寡，揚桴而出，勢同解竹，兵不留行。於戲！前事也如彼，今事也如此哉！蓋順人心，因神怒，察地利，用天時，威靈之所覆，而逆順不敵也。然自黃龍舉烽，無歲不戰，驚駭我城柵，虔劉我亭戍，勞軼我師徒，糜耗我廣輸，實已四稔於茲矣。若乘勝不殄，無以一戎，所以戰士憤惋，餘怒未泄，將斬踏頓以染鍔，血頭曼以釁鼓。彷徨北兵，望烟塵而不肯返旆者久之。

臣以爲突厥銳而逃，渤海懾懼，勢未敢出。契丹大戰之後，人馬俱羸，其心不振，又恃以荒遠，必無我虞。而諸軍蓄銳，久思奮發，新聞破賊，無不增氣，若驅而襲之，可不血刃而取也。臣又與侍御史王審禮、節度副使烏知義及將士等僉議，咸以爲然。議猶未決，適會敕令臣討逐，已準敕書，當日宣布，三軍之士，莫不踴躍。於是拔距蒙輪之伍響應，投蓋超乘之卒景集，節度副使、右羽林軍大將軍烏知義，即令都護裴旻理兵述職，大閱於松林。管內勇士萬人，駃駒千里，拔三丈者，得七十四。輕幟迅走之乘，鷹揚貔武之士，左贏糧，右持械者，日越七百里，朝發薊門，夕宿碣石者，得八千人。勵以威神，節以金鼓，既而饒樂歸義王李詩衙官可支剌史伊覓暗燭禄并里水扶餘者違未盧東胡雜種君長之郡，左射人，右射馬，翼迅霆轉，沙振騞角者，二萬五千餘騎。鐵甲霜野，朱旗火天，遂陵赤山，下塞谷，絕泱瀣，橫大漠。以四月二十三日夜，銜枚渡黃河，質明頓兵松漠。漠庭疾雷暴驚，天落地動，群凶狂顧，周章自失。於是三軍橫亙，風偃電掃，烏知義都統主中權，裴旻領三千騎與宣慰計會，發兵馬使内給事蔚思賢、副使内寺伯李安達、右領軍衛翊府郎將李良玉、軍前討擊副

使大將軍鑰高等爲先鋒，中郎内供奉李先壽領馬步五千，與
宣慰内供奉奚官局令王尚客、内供奉中郎李延光、長上折衝
内直臣右驍衛左郎將王抱一、經略軍副使左衛率府右郎將李
永定、咸寧府軍李車蒙領馬步五千，與宣慰使内謁者監劉元
向、供奉長上折衝康太和、供奉長上折衝白延宗、長上果毅高
處謀、永寧府果毅閻鼎臣、副將布折等爲右翼，中郎將裴倩領
馬步五千，與攝副使内供奉左驍衛府郎將抱忠英、樂府折衝
李瓚等爲殿，奚王李詩與内供奉長上折衝歸州刺史韓仙松、
銜官段志忠等統其部屬知虜掠，北郡長上折衝兼儒州都督烏
承恩與供奉將軍恩盧延賓、平盧軍攝副使遂城縣折衝桓善
珍、經略軍副使政和府果毅楊元亨、軍前討擊副使果毅路順
清、夷軍子將英樂府右果毅樊懷璧等四面雲合，煙塵俱起，兩
翼掩進，前後夾攻。百里間，沸聲若雷，波駭雲亂，窮寇奪氣，
僵仆相藉，弓不暇張，戈不敢振。雖蒙茸奔穴，町疃走險，轊
轊所曁，盡爲鯨鯢。其餘屠幼匿車，惕喘穹帳，烈火既焚，與
煙俱銷者，不可勝數。或遺奔迸脱，扼據峻嶺，聚徒嘯侶，擬
欲鳴吠。而左縈右拂，咸在彀中，傷鳥惡弦，舉弓皆落。於是
韜兵弛甲，俯伏請命，俘虜蔽於原野，羊牛填於坑谷，遺械如
草，流膏成川。然後戮渠魁，斬封豕，責元歸罪，祐衆啓降。

　　二十五日收獲南驅，二十七日次於烏鵲都山。前後大小
三十一陣，旗鼓所向，莫不奔潰，野絶遺寇，萬里肅清。然後
頓軍休士，大閱俘實，約生級羊、馬、馳、驢、器械，都獲三十
餘萬口、匹、頭。其餘瀑潦奔注，浮澗涉河，揭厲未畢，而中流
汩没，不入見者，十餘二三。所斬丁將豪健，暴骸相藉者，亦
三萬餘級。所焚蓺車帳、農具、器械、儲糧、老小灰燼燼滅者，

不知涯極。於是椎牛買酒，散賞高會。宣慰使內謁者監普心
寂與判官掖庭局監潘進忠別敕行人李如意等銜命至，便申慰
諭，三軍蹈舞，呼聲動天。將吏等令驅蠻夷而襲虜庭，因寇糧
以贍軍用，亦降奚所勤懇也。伏惟敕俘虜許戰士奚等內附，
賞餌因而用之。且不踰時，禮也。羊十六萬口、牛四萬頭、馬
四萬匹、車五十乘，并生級除留堪進九千人已上，餘四萬衆悉
降奚。既以蠻夷出攻，亦以蠻夷入賞。俘獲數廣，行程不多，
自振旅而旋，日役數十，以今月四日兵馬並平安到平盧，蕃漢
健兒，惟六人損一人死。臣聞善戰不陣，良將難之。臣等不
才，承命出師，遠征勁虜二十三部落，並不鈍鋒，士馬完歸，軍
容益整。非陛下神威所覆，則臣等碎首必然。今幸睹洪勳，
不勝慶快之至！謹遣戰將攝副使行軍虞候總管檀州密雲府
果毅都尉賜紫金魚袋車仙惲奉露布以聞，其所獲首級、器械，
別錄申上。

　　《全唐文》卷三百五十二《爲幽州長史薛楚玉破契丹露
布》頁三五六八至三五七一；《文苑英華》卷六百四十七《爲
幽州長史薛楚玉破契丹露布》頁三三三一至三三三二

敕幽州節度張守珪書

　　敕幽州節度副大使、兼御史中丞張守珪：漁陽、平盧，東
北重鎮，匈奴斷臂，山戎扼喉，節製之權，莫不在此。朕所以
雅仗才識，誠思遠圖，既膺此舉，當成本志。今奚賊殘破，固
不足言，契丹余孽，猶且爲梗，將遂掃蕩，懸賞須明。至如寇
抄之來，邊境常事者，苟非大敵，不勞我師。

　　《張九齡集校注》卷八《敕幽州節度（副大使）張守珪書》

頁五四三至五四四

公元七三四年　唐玄宗開元二十二年

十二月戊子朔，日有蝕之。乙巳，幽州長史張守珪發兵討契丹，斬其王屈烈及其大臣可突干於陣，傳首東都，餘叛奚皆散走山谷。立其酋長李過折爲契丹王。

　　　　《舊唐書》卷八《本紀第八・玄宗上》頁二〇二

時范陽節度使張守珪以裨將安禄山討奚、契丹敗衂，執送京師，請行朝典。

　　　　《舊唐書》卷九十九《列傳第四十九・張九齡》頁三〇九九

六月壬辰，幽州節度使張守珪俘奚、契丹以獻。

　　　　《新唐書》卷五《本紀第五・玄宗》頁一三八

七月己巳，薛王業薨。

　　　　《新唐書》卷五《本紀第五・玄宗》頁一三八

十一月甲戌，免關内、河南八等以下户田不百畝者今歲租。

　　　　《新唐書》卷五《本紀第五・玄宗》頁一三八

十二月戊子朔，日有食之。乙巳，張守珪及契丹戰，敗之，殺其王屈烈。

　　　　《新唐書》卷五《本紀第五・玄宗》頁一三八

時契丹屈烈部將謀入寇，河北騷然。俻至虜中，脅説禍福，虜乃不入。

《新唐書》卷一百一十六《列傳第四十一·王綝》頁四二二六

及討奚、契丹敗，張守珪執如京師，九齡署其狀曰："穰苴出師而誅莊賈，孫武習戰猶戮宮嬪，守珪法行於軍，禄山不容免死。"帝不許，赦之。

《新唐書》卷一百二十六《列傳第五十一·張九齡》頁四四二九至四四三〇

六月，壬辰，幽州節度使張守珪大破契丹，使，疏吏翻；下同。契，欺訖翻，又音喫。《考異》曰：《實録》："守珪大破林胡。"按《會要》，契丹事，二十二年，守珪大破之。蓋《實録》以契丹即戰國時林胡地，故云然。遣使獻捷。

《資治通鑑》卷二百一十四《唐紀三十·玄宗開元二十二年》頁六八〇七

（十二月）乙巳，幽州節度使張守珪斬契丹王屈烈及可突干，傳首。《考異》曰：《舊守珪傳》"屈烈"作"屈刺"。《契丹傳》來年正月傳首。今從《實録》。

時可突干連年爲邊患，趙含章、薛楚玉皆不能討，守珪到官，屢擊破之。可突干困迫，遣使詐降，守珪使管記王悔就撫之。悔至其牙帳，察契丹上下殊無降意，降，戶江翻；下同。但稍徙營帳近西北，密遣人引突厥，謀殺悔以叛；悔知之。近，其靳翻。牙官李過折《考異》曰：《舊契丹傳》作“遇折”。今從《實録》及《守珪傳》。與可突干分典兵馬，爭權不叶，悔説過折使圖之。説，式芮翻。過折夜勒兵斬屈烈及可突干，盡誅其黨，帥余衆來降。帥，讀曰率。守珪出師紫蒙州，【章：十二行本“州”作“川”；乙十一行本同；孔本同。】據《晉書載記》：秦、漢之間，東胡邑于紫蒙之野。《唐書地理志》，平州有紫蒙、白狼、昌黎等戍。蓋平州之北境，契丹之南界也。大閲以鎮撫之。梟屈烈、可突干首于天津〔橋〕之南。梟，堅堯翻。

《資治通鑑》卷二百一十四《唐紀三十·玄宗開元二十二年》頁六八〇八至六八〇九

正議大夫使持節易州諸軍事守易州刺史兼高陽軍使賞紫金魚袋上柱國田公德政之碑並序

……公名琬，字正勤。……尋以將軍兼靈州刺史、朔方軍節度副使押渾部落仍檢校豐安定遠及十將兵馬使。會遭家艱，奔喪州里，扶杖未起，粥嗌不入，古之純孝，何以尚兹。明年，林胡寇邊，天子震怒，起公除易州刺史，鎮北邊也。公聞命驚殞，以死讓請，情既難奪，恩爲中停。廿四年禮終，復除易州刺史兼高陽軍使。

《全唐文》卷三〇五《正議大夫使持節易州諸軍事守易州刺史兼高陽軍使賞紫金魚袋上柱國田公德政之碑並序》頁三〇九八上至三〇九九上

北嶽廟碑

自東胡逆命，多歷歲年，推亡固存，天心獨昭。乃命大使輔國大將軍左羽林衛大將軍幽府長史兼御史大夫經略軍支度營田節度副大使兼知河北道采訪使南陽郡開國公張守珪，分閫董戎，假節專制，抗棱運策，凶渠喪元，屈人不戰，種落夷謐。

《全唐文》卷三二九《北嶽廟碑》頁三三三四上至三三三四下

平戎告廟敕

邊境爲患，莫甚於林胡；朝廷是虞，幾煩於將帥。車徒屢出，芻粟載勞，使燕趙黎氓，略無寧歲。而山戎種落，常爲匪人，近有野心，窮而歸我。曾是懷附，每所綏柔，而不變梟聲，輒爲獸搏。幽州節度副大使張守珪等，乘間電發，表裏奮討，積年逋誅，一朝翦滅。則東北之祲，便以廓清；河朔之人，差寬征戍。皆上憑九廟之略，下仗群帥之功，今其凱旋，敢不以獻。宜擇吉日告九廟，所司準式。

《全唐文》卷三四《平戎告廟敕》頁三七三上至三七三下；《唐大詔令集》卷一百三十"平戎告廟敕"頁七一一

敕擇日告廟

敕：邊境爲患，莫甚於林胡。朝廷是虞，幾煩於將帥，車徒屢出，芻粟載勞，使燕趙黎氓，略無寧歲。而山戎種落，常爲匪人，近有野心，窮而歸我。曾是懷附，每所撫柔，而不變鴉音，輒爲獸搏。幽州節度使、副大使張守珪等，乘間電發，表裏奮討，積年逋逃，一朝翦滅。則東北之祲，便以廓清；河朔之人，差寬征戍。此皆上憑九廟之略，下仗群帥之功。今其凱旋，敢不以獻？宜擇吉日告九廟，所司準式。

《張九齡集校注》卷七《敕擇日告廟》頁五〇七;《全唐文》卷二八四《敕擇日告廟》頁二八八二;又見《唐大詔令集》卷一百三十"告廟·平戎告廟敕"頁七一一

賀奚契丹並自離貳廓清有期狀

右:適高力士宣示臣等,張守珪奏,契丹及奚,並自離貳,兼安禄山復有殺獲。賊數將盡,觸緒猜携,邊鎮勤兵,伺隙而動,誅剪有日,廓清可期。此皆天威遠臨,逋逃自滅,臣等不勝慶躍之至!

《張九齡集校注》卷十四《賀奚契丹並自離貳廓清有期狀》頁七四八至七四九;《全唐文》卷二八九《賀奚契丹並自離貳廓清有期狀》頁二九三〇。

賀東北累捷狀

右:今日劉思賢至,奉宣聖旨,垂示臣等破賊所由兼見守珪表奏,具承契丹累捷。伏以聖武所加,制勝者無失;天威不抗,犯順者自亡。突厥負衆背恩,窮凶遠襲,兩蕃懷德,誓死如歸;三軍奉國,從命如指:遂使一戰便剋,已聞殺傷無算;慟哭而奔;則知主將必死。且蠻夷相伐,我則不勞,疆場有虞,義亦奚失? 固知無愆信於漠北,有大造於燕陲。此實獨斷神謀,事皆有預,萬全之策,永静邊隅。薄伐之師,匪勞中夏,凡在黎庶,孰不欣躍? 臣等忝預樞近,倍百恒情,無任慶悦之至。

《張九齡集校注》卷十四《賀東北累捷狀》頁七五四至七五五;《全唐文》卷二八九《賀東北累捷狀》頁二九三一

敕幽州節度使張守珪書

敕張守珪、安禄山：兩蕃自昔輔車相依，奚既破傷，殆無遺噍；契丹孤弱，何能自全？復聞突厥征求，欲有逃避；傳者縱其未實，此虜終已合然。藉卿運籌，徐以計取；況禄山義勇，武用絶人，謀帥得賢，裨將復爾，以討殘蒤，勢若摧枯；仗順而行，何敵之有？今者又云遇賊，略有芟夷，乘其數窮，日向殲盡，其灼然有功效者，可具以狀聞，會取實勞，以當優賞。

《張九齡集校注》卷十四《敕幽州節度（副大）使張守珪（等）書》頁五四五至五四六；《全唐文》卷二八四《敕幽州節度張守珪書》頁二八八七

敕契丹王據埒可突干等書

敕契丹王據埒及衙官可突干、蜀活剌史鬱捷等：順道則吉，惟智能圖；逆節則凶，豈愚所覺？卿頃年背誕，實養禍胎；今而知之，亦猶未晚。因是轉災爲福，因敗而成（功），去百死之危，保萬全之計。則昔者之去，何其悖也；今兹復來，又何智也！皆是卿素有籌略，本於忠誠，率先種人，拔於死地。自爾之後，更有何憂？朕於諸蕃，未嘗負約，況於卿等，更有舊恩。聞卿此來，豁然慰意，一則兵革都息，二則君臣如初。百姓之間，不失耕種，豐草美水，畜牧隨之，更無外虞，且知上策。人生自奉，誰不求安？保此永年，一無他慮；在卿所見，何假朕言？部落初歸，應須安置，可與守珪審定，務依蕃部所欲。相其沃饒之所，適彼寒暑之便，無令下人，有所不愜也。冬末寒甚，卿與衙官軍吏刺史已下，及部落百姓，並平安好。遣書指不多及。

《張九齡集校注》卷八《敕契丹王據埒（及衙官）可突干
等書》頁五五〇至五五一；《全唐文》卷二百八十五《敕契丹
王據埒可突干等書》頁二八八八

賀誅奚賊可突干狀

右：高力士宣示，張守珪所上逆賊契丹屈烈及可突干等
首級。此等惡稔，喪敗將及，故天誘其衷，既降又貳。而感義
之士，惡其翻復，背恩之賊，既已誅鋤，幽障廓清，華夷俱静，
計其余噍，永無動搖。陛下邊任先擇，聖謀獨斷，克禀成命，
樹此戎功。且知河朔無轉輸之勞，林胡爲賦税之地。臣等忝
在樞近，預聞遠績，捷書之至，喜倍恒情！謹奉狀陳賀以聞。
謹奏。

《張九齡集校注》卷十四《賀誅奚賊可突干狀》頁七五〇；
《全唐文》卷二八九《賀誅奚賊可突於狀》頁二九三〇至
二九三一；《文苑英華》卷六三七“賀賊自誅滅狀”頁三二八二

開元紀功德頌並序

二十二年冬，十有二月，中貴將命，元戎受律，三軍疾雷
於非時，二庭喪膽於非意。欲遁則衆潰不保，欲拒則兵鋒莫
當，因而僞降，幸且紓禍，遽圖反復，將肆鴟張。觀釁先人，豈
伊負我？以間諜而情得，乘猜携而計從，或奇兵以嘗，或厚利
以啖，無何變作，果自族誅。凶元惡首，鬼惑神誘，假天威而
無前，覆鳥巢而何有！於是諸部大駭，率衆復歸。責以不義
之尤，舍其不臣之罪。既服即序，有威且懷，載籍以來，固未
之見也。昔我睿祖，取句驪於拾遺；今兹聖謀，易林胡於反

掌。獻功有續，後嗣無忘；百王所廢之勛，四夷未賓之俗，自
我底定，巍乎登皇，其若此也。

　　《張九齡集校注》卷五《開元紀功德頌並序》頁三九六；
《全唐文》卷二八三《開元紀功德頌並序》頁二八七三至
二八七四；《文苑英華》卷七七三"開元紀功德頌並序"頁
四〇六八

魏博節度使田公神道碑

　　開元中，林胡犯邊，公始以兵術聞。節將急而求公，乃
假公平盧先鋒使，即日以偏師敵之。公大破夷落，斬首萬計，
朔漠之人，恃公爲雄。戎帥以捷聞，特拜公左武衛郎將，策殊
勛也。仍前平盧先鋒使，擒俘斬首，一月三捷，戎陬氣懾，邊
徼塵清。改左武衛中郎將，遷左清道率，拜左武衛將軍，昭武
功也。

　　《全唐文》卷四四四《魏博節度使田公神道碑》頁
四五三一下；《文苑英華》卷九百一十五《裴抗：魏博節度使
田公神道碑》頁四八一五至四八一六

　　唐契丹及奚人連年爲邊患，契丹衙官可突于（千）驍勇有
謀略，頗爲夷所服。張守珪到官，頻出擊之，每戰皆捷。契丹
首領屈剌與可突千恐懼，遣使詐降。守珪察其僞，遣管記右
衛騎曹王悔詣其部落就謀之。悔至屈剌帳，賊徒初無降意，
密遣使引突厥將殺悔以叛。會契丹別帥李過折與可突千爭
權不協，悔潛誘之，夜斬屈剌及可突于（千），盡誅其黨，率余
燼以降。守珪因出師次於紫蒙川，大閱軍實，犒賞將士，傳屈

刺、可突于（千）等首於東都。

《武經總要·後集》卷十二《故事十二·立奇功》頁五四〇

　　朝議郎,行冀州下博主簿,集賢院學士萬俟餘慶撰

　　宣德郎,行許州許昌縣丞,直集賢院南陽張若芬書

　　君諱休光,字芬,清河人也。……旋以良家子調補清夷軍倉曹兼本軍總管,後以軍功,有詔賞緋魚袋。憬彼東胡,獨阻聲教;蹂踐沙漠,蒸湧嚚氛。皇靈遠鑠,爰整其旅。君躬援甲胄,屬當戎行。短兵既交,摧然陷没。次子上柱國遊秦,亦以武勇,時隸軍行,奮不顧身。抽戈赴敵。蜂蠆有毒,忠良殱焉。萬姓於是呼嗟,三軍爲之飲淚。馬革歸來,果效班超之願;家成忠孝,遙徵卞壺之名。以開元二十二年十月二十二日歸葬於河南北山平樂鄉之原禮也。次東南十四步,即遊秦之墓。高墳同域,拱樹連蔭,千載歸魂,此焉遊處。妻柏氏,長子遊晉等,枕戈嘗膽,毀貌墮情,庶癢揚徽烈,永刊泉壤。銘曰:

　　英英乃祖,灼灼靈苗,才通思洽,武烈文昭。烏桓末裔,檀石餘襖,挺援天驕,皇威赫怒,軍容大振,偃月臨營,橫雲拂陣。猗嗟夫子,哀哉令胤! 既不力存,空將命殉。洛城之北,邙阜之陽,新移宰樹,式瘞便房。榛枯野火,葉死秋霜,唯餘盛烈,終天不亡。

《唐代石刻珍品——〈張休光墓誌〉考》,《開封教育學院學報》2018 年第 1 期頁二四四至二四六

公元七三五年　唐玄宗開元二十三年

開元二十三年,長史薛楚玉遣英傑與裨將吳克勤、烏知義、羅守忠帥萬騎及奚衆討契丹,屯榆關。契丹酋長可突于拒戰都山下,奚衆貳,官軍不利,知義、守忠引麾下遁去,英傑、克勤力戰死。其下尚六千人,殊死戰,虜示以英傑首,終不屈,師遂殲。

《新唐書》卷一百三十三《列傳第五十八·郭知運附英傑》頁四五四五

春,正月,契丹知兵馬中郎李過折來獻捷;制以過折爲北平王,檢校松漠州都督。《考異》曰:《實錄》云"同幽州節度副大使"。《舊傳》云"授特進、檢校松漠州都督"。按過折雖有功,唐未必肯使爲幽州節度使。今從《舊傳》。

《資治通鑑》卷二百一十四《唐紀三十·玄宗開元二十三年》頁六八〇九至六八一〇

（正月乙亥）上美張守珪之功,欲以爲相,張九齡諫曰:"宰相者,代天理物,非賞功之官也。"上曰:"假以其名而不使任其職,可乎?"對曰:"不可。惟名與器不可以假人,君之所司也。《左傳》記孔子之言。且守珪纔破契丹,陛下即以爲宰相;若盡滅奚、厥,奚、厥,謂奚與突厥。厥,九勿翻。將以何官賞之?"上乃止。二月,守珪詣東都獻捷,拜右羽林大將軍,兼御史大夫,賜二子官,賞賚甚厚。賚,來代翻。

《資治通鑑》卷二百一十四《唐紀三十·玄宗開元二十三

年》頁六八一一

　　是歲，契丹王過折爲其臣涅禮所殺，涅，奴結翻。《考異》曰：
《舊傳》，過折爲可突干餘黨泥里所殺，不云朝廷如何處置泥里。今據張九齡
《集》有此《賜契丹都督涅禮敕》，又有《賜張守珪敕》云："涅禮自擅，難以義責，
而未有名位，恐其不安，卿可宣示朝旨，使知無他也。"蓋泥里即涅禮也。并其
諸子，一子剌乾奔安東得免。剌，盧達翻。乾，音干。開元二年移安東
都護府於平州。涅禮上言，過折用刑殘虐，衆情不安，故殺之。上
赦其罪，因以涅禮爲松漠都督，且賜書責之曰："卿之蕃法多
無義於君長，長，知兩翻。自昔如此，朕亦知之。然過折是卿之
王，有惡輒殺之，爲此王者，不亦難乎！但恐卿爲王，後人亦
爾。常不自保，誰願作王！亦應防慮後事，豈得取快目前！"
突厥尋引兵東侵奚、契丹，涅禮與奚王李歸國擊破之。
　　《資治通鑑》卷二百一十四《唐紀三十·玄宗開元二十三
年》頁六八一二至六八一三

請東北將吏刊石紀功德狀

　　右：奚及契丹，尤近邊鄙，侵佚是慮，式遏成勞。臣庶常
情，惟欲防禦，所謂長策，無出此者。陛下獨斷宸襟，高奪群
議，以爲頓兵塞下，轉粟邊軍，曠日持久，役無寧歲。不若因
利乘便，一舉遂平，使遷善者自新，爲惡者就戮；事若不爾，無
息我人。且令大兵臨之，凶徒必潰，不出此歲，當並成擒。臣
等初奉聖謀，高深未測，及聞凱捷，晷候不差。而兩蕃遺噍，
莫不稽顙；緣邊戍卒，咸以返耕。卧鼓滅烽，誠自此始！斯皆
陛下睿謀先定，神武非常，觀變早於未萌，必取預於無象。伏

以成功不宰,君人所以爲量;有美不宣,臣子所以成罪。臣雖蒙瞽,安敢無言?既預聞始謀,又幸見成事,豈可使天功虛往,而日用不知?竹帛相傳,復紀何事!請具狀宣付史館,垂示將來。仍請將吏等刊石勒頌,以紀功德。臣某等不勝區區忭躍之至!謹奉狀以聞。謹奏。

　　《張九齡集校注》卷十三《請東北將吏刊石紀功德狀》頁七三三至七三四;《全唐文》卷二八八《請東北將吏刊石紀功德狀》頁二九二八至二九二九;《册府元龜》卷三七"帝王部(三十七)·頌德"頁四一三至四一四

敕幽州節度張守珪書

　　敕幽州節度副大使、兼御史大夫張守珪:近有降人,云虜騎東下,其數稍衆,固宜有以待之。仍聞兩蕃,亦有應接,當是妄語,終須審觀,若保無他,便可信任也。至於兵馬權略,決在一時,卿自審量,不可懸料。然虜騎馳突,難與爭鋒。會是乘其氣衰,然後邀擊,一戰取滅,或在此舉。頃者泥禮自擅,雖以義責,而未有名位,恐其不安。卿可宣示朝旨,使知無他也。並便處置訖奏聞,朕當即有處分。比秋熱,卿及將士已下,並平安好。今令趙惠琮往,一一口具。遣書指不多及。

　　《張九齡集校注》卷八《敕幽州節度張守珪書》頁五五三;《全唐文》卷二八五《敕幽州節度張守珪書》頁二八八九

敕幽州節度張守珪書

　　敕幽州節度副大使、幽州長史兼御史大夫張守珪:北虜猖狂,勞師遠襲;朕已成料,知其破傷;得卿上言,果如前策。

然契丹恃我，其心不携，以逸待勞，取之必也。既有克捷，當更防之；困獸猶鬥，窮寇勿遏。喪敗之餘，其氣不振；乘此不取，後悔難追。熟料萬全，然後邀擊，蕃漢相雜，使其莫辨。此亦便不可失，時不再來；臨事指麾，在卿審斷也。事今若此，得算已多，勿復匆匆，致難於末路。卿比疹疾，今復何似？宜善將療，不得自勤。秋涼，卿及將士以下，並平安好，遣書指不多及。

《張九齡集校注》卷九《敕幽州節度張守珪書》頁五六六；《全唐文》卷二八五《敕幽州節度張守珪書》頁二八九〇

敕奚都督李歸國書

敕奚都督、右金吾衛大將軍、歸誠王李歸國：朕比聞突厥欲滅卿兩蕃，先敕守珪嚴爲防護。今聞涅禮已破凶徒，仍慮其收合餘燼，復來掩襲，卿可與涅禮相爲腹背。但突厥不盡，後患終深。卿可伺其歸師，乘其喪氣，與諸將計會，逐要追襲。時不可失，宜自思之。秋深極冷，卿及衙官將士已下，並平安好，遣書指不多及。

《張九齡集校注》卷九《敕奚都督（右金吾衛大將軍歸誠王）李歸國書》頁五六二；《全唐文》卷二八五《敕奚都督李歸國書》頁二八八九；《文苑英華》卷四百七十一《敕奚都督李歸國書》頁二四〇六

敕渤海王大武藝書

又近得卿表云：突厥遣使求合，擬打兩蕃。奚及契丹，今既內屬，而突厥私恨，欲仇此蕃。卿但不從，何妨有使；擬行執縛，義所不然，此是人情，況爲君道。

《張九齡集校注》卷九《敕渤海王大武藝書》頁五八二；《全唐文》卷二八五《敕渤海王大武藝書》頁二八九三；《文苑英華》卷四七一《敕渤海王大武藝書》頁二四〇五

敕宴幽州老人

敕：幽州老人師知禮等，比者林胡翻覆，薦歲不寧，戎馬之鄉，良亦艱苦。而賊虜自叛，天實誘之，主將致誅，略無遺噍，實除邊患，且減征徭。卿等忠義因心，遠來陳賀，深所嘉尚，並宜坐食。各有賜物，食訖領取。

《張九齡集校注》卷七《敕宴幽州老人》頁五〇四；《全唐文》卷二八四《敕幽州老人》頁二八八二；《唐大詔令集》卷八十《敕幽州老人》頁四五九

敕契丹知兵馬中郎李過折書

敕契丹知兵馬中郎李過折等：卿比在蕃中，已知才略，一此行事，十倍所聞，既立殊勛，又成大節，何其壯也！可突干狡算翻覆，人面獸心，事其君長，不忠不義；處其種落，無信無恩；專持兩端，隨事向背。而屈烈愚蔽，與之同惡。卿比觀變，實爲遠圖，誅元凶而存一蕃，行權宜而合正道。所全者大，所慮實深。今諸部帖然，皆卿之力也。且頃者携叛，又甚崎嶇，羊馬不保於孳生，田疇不安於耕種。寄命山谷，並力干戈，總由頑凶，致此勞苦。向若無卿此舉，信彼所行，以疲弊之殘人，當驍雄之巨衆，彼則朝夕奔命，此方歲月攻守，而衆寡不敵，殲滅有期。賴卿先見之明，遽爲轉禍之計，以救萬人之命,以成萬代之名,豈獨大功,真爲上智！今將疇其井賦,異姓封王,以旌厥庸,且有後命。在彼初有變故,乇應驚擾,百姓既知,想當安帖。卿可與張守珪量事處置,務逐便宜。今既一家,愛同赤子,惟其所欲,隨事撫存。春初尚寒,卿及衙官、刺史、縣令並百姓已下,並平安好。遣書指不多及。

《張九齡集校注》卷十一《敕契丹知兵馬中郎李過折書》頁六二三至六二四；《全唐文》卷二八六《敕契丹知兵馬中郎李過折書》頁二九〇〇；《文苑英華》卷四七一《敕契丹知兵馬中郎李過折書》頁二四〇七至二四〇八

賀東北累捷狀

右：今日劉思賢至,奉宣聖旨,垂示臣等破賊所由,兼見守珪表奏,具承契丹累捷。伏以聖武所加,制勝者無失；天威不抗,犯順者自亡。突厥負衆背恩,窮凶遠襲；兩蕃懷德,誓死如歸；三軍奉國,從命如指。遂使一戰便克,已聞殺傷無算,慟哭而奔,則知主將必死。且蠻夷相伐,我則不勞；疆場有虞,義亦奚失？固知無愆信於漠北,有大造於燕陲。此實獨斷神謀,事皆有預,萬全之策,永静邊隅；薄伐之師,匪勞中夏。凡在黎庶,孰不欣躍？臣等忝預樞近,倍百恒情,無任慶悅之至！

《張九齡集校注》卷十四《賀東北累捷狀》頁七五四至七五五；《全唐文》卷二八九《賀東北累捷狀》頁二九三一；《文苑英華》卷六三七《狀十·賀東北累捷狀》頁三二八一至三二八二

封李過折北平郡王制

二十三年正月，契丹知兵馬官李過折來獻戎捷，制曰："高懸爵秩，以待勛庸，能者得之，固其宜也。契丹兵馬官李過折，蕃中貴種，塞下雄才，其謀慮之深，既能轉禍，當義勇之發，何異疾雷。故得積年逋誅，一朝蕩滌，使鳥竄之衆，復爲戎人，鷹揚之師，且息邊甲。言念誠節，宜超等數。特加象輅之封，仍異龍城之禮。可封北平郡王同幽州節度副大使，賜帛一千匹。"

《全唐文》卷二三《封李過折北平郡王制》頁二七二；《冊府元龜》卷九六四《外臣部·封冊二》頁一一三四五下

論東北軍未可輕動狀

右：高力士宣奉敕。張守珪所進送突厥生口，具問知委曲，故令劉思賢去者。臣等伏以北虜凶狡，誠亦難保其心；然陛下以恩澤懷柔，歲月已久，使彼豺武，頓改頑暴；以事觀察，信然不虛。何者？昨李佺使回，虜亦具云東下，中間或言難信；今果如所說，即是輸誠於國，未有他詐。且契丹等翻復，或往或來；今其東討，雖未禀命，在於夷狄，亦不可責於常理；若因而屠之，亦便除患。陛下先有聖料，以爲如此；臣等常竊思之，固非所及。今其來也，若契丹等偶勝，北虜勢衰，因而乘之，滅其大半。審料必取，始可決行；事若不然，而軍將妄動，徒結大隙，亦以不信，爲國生患，莫甚於此！臣伏以在邊諸將，苟利一軍，便即行之，以邀榮賞，不思遠計，誠是大失。今劉思賢往，望將降書處分守珪，必爲遠圖，無得妄動，防約諸將，使知聖心。縱虜庭聞之，尤彰天澤。未審可否，謹錄狀奏聞。

　　《張九齡集校注》卷十三《論東北軍未可輕動狀》頁
七二六至七二七;《全唐文》卷二八八《論東北軍未可輕動
狀》頁二九二八

敕契丹都督涅禮書

　　敕契丹都督涅禮:往者屈(烈、可)突于凶惡,無心憂矜
百姓,背叛於我,終日自防,丁壯不得耕耘,牛馬不得生養。
及依附突厥,而課稅又多,部落吁嗟,卿所見也。李過折因衆
人之忿,誅頑凶之徒,諸部酋豪,相率歸我,已令隨事賞賜,亦
云且得安寧。過折封王,豈直賞功而已,亦爲百姓,衆意賴其
撫存。不知近日已來,若爲非理,亦聞殺害無罪,棒打又多,
衆情不安,遂至非命。然卿彼之蕃法,多無義於君長,自昔如
此,朕亦知之。然是卿蕃王,有惡徑殺,爲此王者,不亦難乎?
但恐卿今爲王後,人亦常不自保,誰願作王? 卿雖蕃人,是當
土豪傑,亦須防慮後事,豈取快志目前? 過折既亡,卿初知都
督,百姓諸處分,復得安寧以否? 張守珪先(擬)往彼,亦即
令便就處置。卿應有官賞,即有處分。夏中甚熱,卿及首領
百姓,並平安好,今賜卿錦衣一副、並細腰帶七事,至宜領取。
(遣)書(指不多及)。

　　《張九齡集校注》卷九《敕契丹都督涅禮書》頁五五七
至五五八;《全唐文》卷二八五《敕契丹都督泥禮書》頁
二八八八至二八八九;《文苑英華》卷四七一《敕契丹都督涅
禮書》頁二四○七

賀破突厥狀并御批

右：張守珪表奏突厥四萬騎，前月二十五日至能訖離山。契丹涅禮等，前後斬獲俘馘數（逾）十萬，突厥可汗棄甲逃亡，奚王李歸國及平盧軍將等，追奔逐北，計日殲滅。更聞奏者，伏以突厥新立，輕事用兵，彼之威衆，在於一舉；又兩蕃與其結隙，交構未深，在於邊隅，猶軫天算。陛下料其終始，指授規模，知其舉種盡來，本自無策；勞師襲遠，必合成擒。使蕃騎先鋒，漢軍堅壁，坐觀成敗，自戰蠻夷。今契丹才交，突厥已破，計其奔北，必至喪亡，（縱）脫身獲全，亦舉衆皆棄。北虜震懾，從此氣衰；東胡保邊，永不携貳；寬徭罷柝，自此可期。斯皆聖德遠覃，皇威遐振，事無遺策，舉不失圖。臣忝跡樞近，親承睿略，抃躍之至，倍百恒情！謹奉狀陳賀以聞，謹奏。

御批

兩蕃歸我，因用禦邊。北虜倡狂，欲有親率。何則？馳騁之騎，突厥頗强；弓矢之功，契丹稱勁。彼强也，歷遠已弊；此勁也，襲近而摧。勢自不敵，況違天意，廟堂良算，亭障棱威，故合而有成，豈朕之獨斷？所賀知。

《張九齡集校注》卷十四《賀破突厥狀并御批》頁七五二至七五三；《全唐文》卷二八九《賀破突厥狀》頁二九三一；《文苑英華》卷六三七《賀破突厥狀》頁三二八一

敕平盧（節度）使烏知義書

敕（平盧節度使）烏知義：兩蕃既已歸我，突厥仍敢患邊，此其不順，誠可殘滅。適聞契丹及奚等，並力合謀，同破

凶醜;卿亦繼進,相與成功。此之一捷,使其喪氣。然鬥防困
獸,誘備羸師;兵家之難,慎在終始;卿是宿將,當自明之。若
見可則行,務須盡敵;固在臨事,難用速言;必圖萬全,不可輕
舉。已敕守珪與卿計會,可須觀釁裁之。秋涼,卿及將士以
下,並平安好,遣書指不多及。

　　《張九齡集校注》卷九《敕平盧(節度)使烏知義書》
頁五六三;《全唐文》卷二八五《敕平盧使烏知義書》頁
二八八九

《毗伽可汗碑》

東面第 4—5 行:

　　他們是英明的可汗、勇敢的可汗。他們的梅録也是英明
的,勇敢的;他們的諸官和人民也是忠義的。(直譯:正直的)
因此,他們這樣統治了國家。他們統治了國家並創建了法
制。他們(之後)去世了。

　　(作爲)吊唁者從前面,從日出之方,有莫離(bökli)荒原
人、唐人、吐蕃人、阿瓦爾(apar)人、拂林(purum)人、黠戛斯
人、三姓骨利幹人、三十姓韃靼人、契丹人、奚(tatabï)人——
這樣多的人民前來吊唁。他們是那樣聲名顯赫的可汗。

第 12—13 行:

　　在那裏組織了突利斯及達頭(兩部)人民,並在那裏(賜)
給了葉護及設(的稱號)。在右邊(南方)唐人是敵人,在左邊
(北方)巴兹(baz)可汗及九姓烏古斯是敵人,黠戛斯、骨利
幹、三十姓韃靼、契丹、奚,都是敵人。我父可汗(出征)這樣
多……

他出征了四十七次,參加了二十次戰鬥。由於上天保佑,使有國家的失去國家,使有可汗的失去可汗,征服了敵人,使有膝的屈膝,使有頭的頓首(投降)。我父可汗這樣建立了國家、法制以後就去世了。

第23—24行:

爲了養育人民,我率領大軍出征了十二次,北面反對烏古斯人民,東面反對契丹、奚人民,南面反對唐朝……我作了戰。之後,感謝上天,由於我的福份,由於我的幸運,我振興了瀕死的人民,使赤裸的人民有衣穿,使貧窮的人民富裕起來,

我使人民由少變多,我使(他們)比有强大國家和强大可汗的(人民)過得更好。我把四方的人民全部征服了,使其不再爲敵。他們都臣服於我。

東南面2—9行:

我出征……次。當我三十八歲時,冬天我出征契丹。當我三十九歲時,春天我出征奚……

我消滅了這些(人)……妻女,

去……,

我打了仗……爲了……

給了(?)。我斬其勇士當作殺人石。當我五十歲時,奚人民脫離契丹去……Tüngär 山……

郭(Qugh)將軍領四萬軍而來。我在 Tüngär 山襲擊之。我消滅三萬軍,擊潰一萬軍……奚人……

消滅之。當我的長子病死時,我把郭將軍立爲殺人石。

《古代突厥文碑銘研究》頁一四八至一七四

敕松漠都督涅禮書

敕松漠都督、右金吾衛大將軍涅禮：得張守珪表，知卿等破賊。且突厥此來也，其心毒害，又甚輕敵，人事之與神道，可得不有傷殘？卿之忠誠，加以義勇，以順討逆，自然必勝。朕所懸爵秩，惟賞有功；況卿赤心，復加戎捷。然狂賊自遠，投於死地；今其傷敗，必更有謀；可須防之，重不可失。烏知義在彼，宜與臨事籌之；若須邀截，亦與之計會。秋氣漸冷，卿及衙官首領百姓，並平安好，遣書指不多及。

《張九齡集校注》卷九《敕松漠都督涅禮書》頁五六四至五六五；《全唐文》卷二八五《敕松漠都督泥禮書》頁二八九〇

賀依聖料赤山北無賊及突厥要重人死狀并御批

（先是）信安郡王禕，承王忠（嗣）副（使）警，因牒云：赤山有賊。

右：先得前件牒云：九月三日，奚探見賊無數。前三日，臣等面奉聖旨，料此必安禄山所將之兵，奚疑是賊，便有此牒也。臣等當時又奏：突厥舉國大來，微有輸失便去，竊料此意，恐其有謀。陛下又云：必應彼有要重人死，所以即去。今日幽州節度判官、監察御史張曉至，云今月十一日從幽州發來，赤山元自無賊，奚所見者，正是安禄山下兵馬。又云：契丹有蕃落人走來，云突厥之兵馬平章事第一人死，所以狼狽即去，在路每日於帳衙前哭。此（並）聖心懸照，有如目擊。臣等親奉睿算，及此符同，萬里無差，不勝驚喜，無任踴躍之至！仍望宣付史館。

《張九齡集校注》卷十四《賀依聖料赤山北無賊及突厥要重人死狀并御批》頁七五六至七五七;《全唐文》卷二八九《賀依聖料赤山北無賊及突厥要重人死請宣付史館狀先是信安郡王禕承王忠嗣警因牒云赤山有賊》頁二九三一至二九三二

賀突厥小可汗必是傷死狀

右:牛仙童宣敕送前件契丹令問委曲者,臣等借問突厥退散所由,其伊吐于被擒,將隨五日,因夜却走回,每日實見突厥諸將皆於衙帳前哭,及劖正面是實。據此,必是小可汗傷死;若其不然,不合如此。審觀伊吐于情狀,亦即不敢妄言,必其不虛,乃是天敗。比其歸至本處,固應更有餘殃,醜虜破亡,必自此始也。陛下聖德無遠,妖沴自銷,不勞師徒,已清朔漠。臣等獲奉廟算,不勝忭躍之至!

《張九齡集校注》卷十四《賀突厥小可汗必是傷死狀》頁七五八;《全唐文》卷二八九《賀突厥小可汗必是傷死狀》頁二九三二

賀聖料突厥必有亡征其兆今見狀

右:林招隱宣敕示臣等,張守珪云:"契丹婦女屈將從突厥出來,知可汗死是實。"又云:"黃頭突厥與默啜突厥爭爭言氣,兵馬欲鬥,驚軍,屈將然得走來者。"參驗前後從突厥來者,說事全同;況此婦人,尤爲指實;死既非謬,天實誅之。且諸蕃之中,北虜爲桀;不待征戰,而自取殲夷;此誠天助有道,坐清妖祲。陛下嘗有聖料者,知其必有亡徵。今云兵馬自爭,其兆已見;佇聽其敗,但只納降;亭障息兵,將自此始。不勝欣慶之至!

《張九齡集校注》卷十四《賀聖料突厥必有亡征其兆今見狀》頁七六〇;《全唐文》卷二八九《賀聖料突厥必有亡征其兆今見狀》頁二九三二

唐故特進、松漠府都督兼同幽州節度副使、北平郡王李府君墓誌銘並序

府君諱過折,字過折,其先陰山王之種,即虜族也。初以副相可突于執心倔強,太上皇忌之,府君知其故而爲之謀,梟其首而獻其可,然後率彼部落數千餘人,咸挺身以許國,遂將命而歸天。府君累摭勛庸,特封茅土,代濟其美,因家京兆焉。況殘孽未殄,卒罹於谷,開元廿三年忽以眾寡不敵,奄終王事,春秋四十有二矣。嗚呼,其生也榮,其亡也哀,頃逢險艱,靡及安厝。今來卜宅,願畢封樹矣,即以永泰二年歲次景午四月丙戌朔十二日丁酉遷葬於霸陵原,禮也。夫人羊氏,閨閫令淑,琴瑟惠和,鸞鏡先沉,自起藎然之痛;龍泉次没,空盈逝者之悲。嗣子神策軍行營都知兵馬使、周至已來都防御使、開府儀同三司、試太常卿兼右武衛大將軍、交河郡王忠誠,孝本因心,泣惟繼血,猶恐壑舟易失,石火難留,爰命不才,式題銘曰:千夫長,萬夫長,倏兮來,忽兮往,驪岫北,霸陵東,於嗟府君兮居其中,刻貞石兮銘有功,與天地兮相終。

左衛倉曹參軍張彧撰,金紫光禄大夫試光禄卿段晏書。

《對西安市東郊唐墓出土契丹王墓誌的解讀》,《考古》2003年9期頁七六至八一

大唐故定州無極縣承白慶先府君墓誌

秦將武安王起廿七代孫。曾祖君恕，唐任太常少卿、邵陵郡開國公。祖大威，歷滄、綿、梓三州刺史。父羨言，太中大夫、上柱國，歷太子內直郎。御史中承兼幽府長史張守珪知君誠懇，奏充判官……今年二月廿二日使差給熟奚糧，奚叛遇害。

《中州唐志跋尾六則》，《華夏考古》1988年第2期頁八七至九四

至於開元末，愚儒奏章曰："天下文勝矣，請罷府兵。"詔曰："可。"武夫奏章曰："天下力強矣，請搏四夷。"詔曰："可。"於是府兵內劇，邊兵外作，戎臣兵伍，湍奔矢往，內無一人矣。起遼走蜀，繚絡萬里，事五強寇。奚、契丹、吐蕃、雲南、大石國。

《杜牧集系年校注》之《樊川文集》卷五《原十六衛》頁六四四；《文苑英華》卷三七五《原十六衛》頁一九一六

公元七三六年　唐玄宗開元二十四年

張守珪使平盧討擊使、左驍衛將軍安祿山討奚、契丹叛者，擊使，疏吏翻。驍，堅堯翻；下同。祿山恃勇輕進，為虜所敗。夏，四月，辛亥，守珪奏請斬之。祿山臨刑呼曰：敗，蒲邁翻。呼，火故翻。"大夫不欲滅奚、契丹邪，奈何殺祿山！"守珪亦惜其驍勇，【章：十二行本"勇"下有"欲活之"三字；乙十一行本同；孔本同；張校同。】乃更執送京師。張九齡批曰："昔穰苴誅莊賈，《史記》：齊景公使司馬穰苴為將，穰苴曰："願得君之寵臣以監軍。"景公使莊賈往。賈素

驕貴,穰苴與之約,日中會于軍門;夕時乃至。穰苴以賈後期,斬之,以令三軍。批,匹迷翻,判也,今人謂之批判。**孫武斬宮嬪**,孫武以兵法見吳王闔廬,吳王曰:"可以勒兵小試於婦人乎?"曰:"可。"於是出宮中美女百八十人,分爲二隊,以王寵姬二人各爲隊長,皆令持戟。約束既布,三令五申,於是鼓之,右婦人大笑。孫子曰:"約束不行,申令不熟,將之罪也。"復三令五申而鼓之,左婦人復大笑。孫子斬左、右隊長以徇,用其次爲隊長而復鼓,婦人左右前後跪起皆中繩墨規矩。於是吳王知孫子能用兵,以爲將。**守珪軍令若行,禄山不宜免死。"上惜其才,敕令免官,以白衣將領。**將,即亮翻。**九齡固爭曰:"禄山失律喪師,於法不可不誅。且臣觀其貌有反相,不殺必爲後患。"**喪,息浪翻。相,息亮翻。**上曰:"卿勿以王夷甫識石勒,枉害忠良。"**晉石勒年十四,隨邑人行販洛陽,倚嘯上東門。王衍見而異之,顧謂左右曰:"向者胡雛,吾觀其聲視有奇志,恐將爲天下之患。"馳遣收之,會勒已去。**竟赦之。**《考異》曰:《玄宗實録》:"四月,辛亥,張守珪奏禄山統戎失律,挫敗軍威,請依軍法斬決;許之。禄山臨刑抗聲言曰:'兩蕃未和,忍殺壯士!豈爲大夫謀也!'守珪以禄山嘗捷於擒生,聞其言,遂捨之,以聞。"《肅宗實録》云:"禄山爲互市牙郎,盜羊事發,守珪怒,追捕至,欲擊殺之。禄山大呼曰:'大夫不欲滅奚、契丹兩蕃邪!而殺壯士!'守珪奇其貌,壯其言,遂釋之。"姚汝能作《禄山事迹》,其盜羊事與《肅宗實録》同。又云:"二十一年,守珪令禄山奏事。中書令張九齡見之,謂侍中裴光庭曰:'亂幽州者此胡也。'"又云:"二十四年,禄山爲平盧將,討奚、契丹失利,守珪奏請斬之,九齡批曰:'穰苴出軍,必誅莊賈;孫武行令,亦斬宮嬪。守珪軍令若行,禄山不宜免死。'玄宗惜其勇鋭,但令免官,白衣展效。九齡執奏請誅之,玄宗曰:'卿豈以王夷甫識石勒,便臆斷禄山難制邪!'竟不誅之。"孫樵作《西齋録》,其序曰:"張守珪以安禄山叛者何?貸刑咈教,稔禍階也。禄山乃張守珪部將,嘗犯令,張曲江令守珪斬之,不從,果使亂天下;故書曰:'張守珪以安禄山叛。'"《舊張九齡傳》云："張守珪以裨將安禄山討奚、契丹，敗衄，執送京師，請行朝典。……

安禄山者，本營州雜胡，初名阿犖山。其母，巫也；《新書》曰：禄山本姓康。其母居突厥中，禱于軋犖山，虜所謂戰鬥神者，而生禄山，故以爲字；從母冒姓安氏。阿，烏葛翻。犖，呂角翻。父死，母携之再適突厥安延偃。會其部落破散，與延偃兄子思順俱逃來，故冒姓安氏，名禄山。又有史窣干者，窣，蘇骨翻。與禄山同里閈，先後一日生。《考異》曰：《舊傳》云："思明除日生，禄山元日生。" 按《禄山事迹》："天寶十載正月二十日，上及貴妃爲禄山作生日"，今不取。及長，相親愛，皆爲互市牙郎，以驍勇聞。牙郎，駔儈也：南北物價，定於其口，而後相與貿易。張守珪以禄山爲捉生將，禄山每與數騎出，輒擒契丹數十人而返。狡猾，善揣人情，將，即亮翻。騎，奇寄翻。揣，初委翻。守珪愛之，養以爲子。

《資治通鑑》卷二百一十四《唐紀三十·玄宗開元二十四年》頁六八一四至六八一七

二十四年，禄山爲平盧將軍，討〔奚〕契丹失利，守珪奏請斬之。

《安禄山事迹》卷上頁七四

聽逃户歸首敕

朕臨御天下，二十四載，何嘗不孜孜問政，業業興憂，以一德一心，與萬人請命。故宗廟降福，乾坤致和，使匈奴成父子之鄉，犬戎爲姻好之國。西南邛筰，皆曰内臣；東北林胡，是稱邊扞。

《全唐文》卷三五《聽逃户歸首敕》頁三八八下;《唐大詔
令集》卷一一〇《政事》頁五七七

敕平盧(節度)使烏知義書

敕平盧(節度)使烏知義:委卿重鎮,安輯兩蕃,動静須
知,節制斯在。而二虜將叛,來往有謀,曾不是思,信其至此;
又委安禄山輕突,挫我軍威。不嚴其約,是事無豫,一朝損
失,雖悔何追?

《張九齡集校注》卷九《敕平盧(節度)使烏知義書》頁
五七四至五七五;《全唐文》卷二八五《敕平盧使烏知義書》
頁二八九一

敕平盧諸(軍鎮)將士(已下)書

敕平盧諸軍鎮將士已下:兩蕃殘賊,餘類僅存,朕嘗懷撫
柔,冀其遷善;而數年之内,謀叛相仍,信是梟鴟,固非人也。
頃者所以列置軍鎮,遞爲脣齒,所虞在此,豈欲勞人?卿等委
身邊疆,爲國展效,遇其反噬,得不討除?近日安禄山無謀,
率爾輕敵,馳突不顧,遂損師徒。擇將非良,傷人已甚;事雖
既往,義實疚懷!凡在平盧,其陣亡之人,并委張守珪差人吊
祭,並勘實鄉貫,具以狀聞。憫彼傷魂,當有贈飾,興言悼惜,
久不能忘!然此賊比來削弱已甚,接繩繫頸,人有其心。安
禄山之誅,緣輕敵太過,勿因此畏懦,致失後圖立功成名,榮
貴斯在,各宜勉勵,共除凶惡。夏初漸熱,卿等并平安好。遣
書指不多及。

《張九齡集校注》卷九《敕平盧諸(軍鎮)將士(已下)書》

頁五七五至五七六；《全唐文》卷二八五《敕平盧諸將士書》
頁二八九二

敕突厥可汗書

兒去年冬討，雖有先言，然兩蕃既歸國家，亦即不合侵
伐。朕既與兒無間，終不以此爲懷。契丹及奚，諸蕃窮者，土
地不足以放牧，羊馬不足以貪求。遠勞師徒，兼冒鋒鏑，勝不
爲武，不勝亦危。以此言之，當務其大者。

《張九齡集校注》卷十一《敕突厥可汗書》頁六三三；《全
唐文》卷二八六《敕突厥可汗書》頁二九〇一至二九〇二；
《文苑英華》卷四六八《敕突厥可汗書四首》頁二三八九

敕幽州節度（副大使）張守珪書

敕幽州節度副大使張守珪：趙堪至，一一具之。以國家
之威武，取叛亡之殘孽，泰山壓卵，豈其難乎！頃者緣卿大
朝，節制暫闕，二虜乘隙，相繼叛亡。裨將無謀，輕兵遣襲，
遂有輸失，挫我銳氣。此故猶細，彼禍更深。卿可秣馬訓兵，
候時而動，草衰木落，其則不遠。近者所徵萬人，不日即令進
發。大集之後，諸道齊驅，蕞爾凶徒，何足殲盡。平盧信息，
日夕往來，數與籌宜，首尾相應，令彼醜虜，飛走無歸。事有
預圖，臨時合變，想卿所悉，不煩具言。所有奏請，并已處分
訖。夏末極熱，卿及將士已下，并平安好。遣書指不多及。

《張九齡集校注》卷九《敕幽州節度（副大使）張守珪書》
頁五六七；《全唐文》卷二八五《敕幽州節度張守珪書》頁
二八九〇

敕幽州節度(副大使)張守珪書

敕幽州節度副大使張守珪：頃者慰撫降虜，每事優給，而終不知恩，惟圖反噬。名雖人類，實甚豺狼，今所叛亡，何苦如此。近者聞其家累，多并爲我所得，惟有丁壯，挺身走險。樹木既暗，弓矢亦全，以窮寇失家之心，乘深林必死之地，若冒此輕進，豈云料敵？安禄山勇而無謀，遂至失利，衣甲資盗，挫我軍威。論其輕敵，合加重罪，然即初聞勇鬥，亦有誅殺；又寇戎未滅，軍令從權，故不以一敗棄之，將欲收其後效也。

《張九齡集校注》卷九《敕幽州節度(副大使)張守珪書》頁五七〇至五七一;《全唐文》卷二八五《敕幽州節度張守珪書》頁二八九一

敕幽州節度(副大使)張守珪書

敕幽州節度副大使張守珪：昨史思明往，已有處分;趙堪適至，委曲知之。安禄山等輕我兵威，曾不審料，致令損失，宜其就誅。卿既行軍，於法合爾。然此賊初叛，勢尚未合，乘其虛弱，正可追擒。直爲林暗山深，恃不存之地，萬一獸駭，致損更多。以此思之，固須且守，伺其有隙，乘便剪除，如此籌宜，應是長策。且戰者凶事，有勝有負，無以邂逅，遂至蒼黄，使我驍雄，小有奪氣。負罪者既其即戮，用命者亦宜升獎。彼之小丑，何足可除？所有奏人，即當處分。平盧以北，動静須知，得其委曲，隨事防備。委卿在遠，一一必由，但量宜行之，奏未晚也。

《張九齡集校注》卷九《敕幽州節度(副大使)張守珪書》

頁五七二至五七三；《全唐文》卷二八五《敕幽州節度張守珪書》頁二八九一

唐尚書右丞相中書令張公神道碑

幽州節度張公守珪緣降兩番斬屈突干，將拜侍中，涼州節度牛仙客以省軍用，將拜尚書，並觸鱗固争，竟不奉詔。平盧將安禄山入朝奏事，見於廟堂，以爲必亂中原，固請戮之，上曰："卿以王衍知石勒，此何足言？"無何用兵，爲虜所敗，張守珪請按軍令，中留不行。

《全唐文》卷四四〇《唐尚書右丞相中書令張公神道碑》頁四四九〇下至四四九一上

敕平盧（節度）使烏知義書

敕平盧節度（使）、營州都督烏知義：突厥去歲東侵，已大不利，志在報復，行必再來。契丹及奚，一心歸我，不有將護，豈云王略？頃有没蕃人出，云其見擬東行。蕃漢諸軍，須有嚴備；遠加斥候，動静須知；縱有凶徒，亦即無慮。

《張九齡集校注》卷九《敕平盧（節度）使烏知義書》頁五八六；《全唐文》卷二八五《敕平盧使烏知義書》頁二八九四

公元七三七年　唐玄宗開元二十五年

（二月）壬子，加宗正丞一員。戊午，罷江淮運，停河北運。癸酉，張守珪破契丹餘衆於楱禄山，殺獲甚衆。

《舊唐書》卷九《本紀第九·玄宗下》頁二〇八

二十五年三月乙酉,張守珪及契丹戰于捺禄山,敗之。

《新唐書》卷五《本紀第五·玄宗》頁一三九

（二月）乙酉,幽州節度使張守珪破契丹於捺禄山。使,疏吏翻。契,欺訖翻,又音喫。捺,奴剌翻。

《資治通鑑》卷二百一十四《唐紀三十·玄宗開元二十五年》頁六八二六

永樂,宗室女。開元二十五年十一月三日,出降契丹松漠郡王李失活。

《唐會要》卷六《和蕃公主》頁八六

公元七三八年　唐玄宗開元二十六年

開元二十六年六月,幽州節度使副大使張守珪大破契丹林胡。遣使獻捷,擇日告廟。

《唐會要》卷十四《獻俘》頁三七二

公元七三九年　唐玄宗開元二十七年

四曰河北道,古幽、冀二州之境,今懷、衛、相、洺、邢、趙、恒、定、易、幽、莫、瀛、深、冀、貝、魏、博、德、滄、棣、嬀、檀、營、平、安東,凡二十有五州焉。……遠夷則控契丹、奚、靺鞨、室韋之貢獻焉。

《唐六典》卷三《尚書户部》頁六六至六七

凡四蕃之國經朝貢已後自相誅絶及有罪見滅者,蓋三百余國。今所在者，有七十余蕃。謂三姓葛邏禄、處蜜、處月，三姓咽蔑，堅昆，拔悉蜜，窟内有姓殺下，突厥，奚，契丹，遠番靺鞨，渤海靺鞨，室韋，和解烏羅護，烏素固，達末婁，達垢，日本，新羅，大食，吐蕃，波斯，拔汗那，康國，安國，石國，俱戰，提勃律國，罽賓國，東天竺，西在竺，南天竺，北天竺，中天竺，吐火羅，米國，火尋國，骨咄國，訶毗施國，曹國，拂林國，謝颶勃時山屋馱國，獅子國，真臘國，尸科佛誓國，婆利國，葱嶺國，俱位國，林邑國，護密國，怛没國，悒怛國，烏萇國，迦葉彌羅國，無靈心國，蘇都瑟那國，史國，俱密國，于建國，可薩國，遏曜國，習阿薩般國，龜兹國，疏勒國，于闐國，焉耆國，突騎施等七十國，各有土境，分爲四蕃焉。其朝貢之儀，享燕之數，高下之等，往來之命，皆載於鴻臚之職焉。

　　　　　《唐六典》卷四《尚書禮部》頁一二九至一三〇

公元七四〇年　唐玄宗開元二十八年

　承嗣，開元末爲軍使安禄山前鋒兵馬使，累俘斬奚、契丹功，補左清道府率，遷武衛將軍。

　　《舊唐書》卷一百四十一《列傳第九十一·田承嗣》頁三八三七

　秋，八月，甲戌，幽州奏破奚、契丹。

　　《資治通鑑》卷二百一十四《唐紀三十·玄宗開元二十八年》頁六八四二

　二十八年八月二十日敕：“幽州節度奏破奚、契丹，宜擇日告廟。”自後，諸軍每有克捷，必先告廟。

　　　　　《唐會要》卷十四《獻俘》頁三七三

蕞爾狂胡，尚有餘孽，近令討襲，應時摧敗。豈朕菲德，能茂厥功？此繇宗廟之靈，所以然也。宜擇日告廟。

《册府元龜》卷一二《帝王部·告功》頁一三六上

唐故輔國大將軍右羽林將軍幽州長史兼御史大夫括州刺史□□□□□□□□□銘并序

朝散大夫守中書舍人河南達奚絢撰

故御史息□□□□□□□古之大將榮重卿珍有文武之能執□疆場之任至若上方太白下□□□□□□□威□於殊俗九原雖歿千載猶生其誰當之在我南陽公矣公諱守□□□□□□其先南陽人也因官於陝故遂家焉曾祖朝散大夫金州長史□大父□□□□司州濟北府折衝都尉才烈考京兆府棠□府折衝都尉贈蔚州刺史義福并□□□而無□□□□□鐘有後斯在公少懷大節長挺奇材勇則兼仁信以載義沉毅能斷朝野謀秉乘風破浪之心蓄駐日揮戈之誌登山而料兵勢畫地而成陣圖常願奮不顧身盡人臣之節景雲□□詣北庭轄將郭虔瓘深□器重□□以□□之□始於輪臺破賊授平樂府□□自此□□十五年拜瓜州刺史□破敗之後傷痍未復鳩集散卒□滿□千更造軍府築城將半賊精甲三萬四面合圍我出奇奮擊所向摧靡當不存之也成必勝之功使瓜州□□隴外□定求之自古諒所□賊退加宣威將軍左領衛率瓜州都督郡内營田悉□溉灌凶□□□□提防盡黍蓄水之處爲坑谷計功巨萬非力所□公仰□明□俗盡□無何暴風□赴雨雪交集飛在野之砂礫所貯之薪一夕之間蹙成高堰諒□玄化之攸感亦精誠之見佑焉中旨追□京拜右羽林將軍兼鄯州都

督持節隴右經略節度□糧□甲秣馬訓戒軍政既成兵威遠□
吐蕃因此屈膝請降□城晏然□有由矣二十一年復驛占至京
加御史中丞改幽州長史營府都督節度營田采訪□運等使公
始至幽府□降奚叛□遂乃精選驍雄□命追捕左縈右拂斬首
擒生林胡奮氣由是遁迹加鎮軍大將軍右羽林大將軍而□□
可突于□□狼心□於狡計憑險恃衆比角舉尾於是乎□□曰
□元戎節鉞風戈矛竟野觀兵營府□言徵之仍令辯士示以禍
福已合飛□無從喪其精魄失其□□帳下之士斬之以降並奚
王屈烈蕃酋怒厥□同日□□□清廟之神課掃□□之侵氣淡
林之旗鼓□狄□於公卿□李牧已來，未之□□聖主嘉其忠
勇□勞旋之□□□乃御層樓張廣樂侯王在列夷狄□□拜兼
御史大夫加輔國大將軍南陽郡開國公仍賜珍玩繒彩等□茂
□□廿七年重命偏師更誅殘□公時坐鎮，不自□成而部將
驕優遂違節制天子永惟春秋□師之義乃貶公爲括州刺史以
廿八年五月六日遘疾薨於廨舍春秋五十有七嗚呼哀哉上聞
而傷之有詔贈涼州都督以開元廿八年十月廿日返葬於北邙
之新塋禮也。惟公宏中不測□□□稱□言行而身重然諾於
知己在家爲□子在國爲名臣自受寵齋壇□威過塞□所應□
動若有神□生而攻□風行而電照當□軍之重鎮爲萬里之長
城況職□□□寄深廉向夫其典郡也令行禁止風俗穆然夫其
按部也激濁揚清官吏咸若□□□□猶將復由如何不淑□即
玄□嗚呼哀哉嗣子前朝散大夫中丞獻道等聿□厥德皆善
□□思誌家聲以光泉路絢也不敏嘗列下□公之敬猷□所詳
悉灑泣□□紀之斯文銘曰桓桓□柏爲世作武□有光兮禪禪
巡御進厥□虎截殊方兮卓行橫絕忠勇義烈□□□偏將違命

朝□示罰去江鄽兮命之不淑往而無返□雲□兮滕城一閑□□□□□□。

《唐張守珪墓誌考辯及有關史實摭拾》,《中原文物》1997年第 2 期頁九六至九八;《全唐文補遺》第六輯《唐故輔國大將軍右羽林大將軍幽州長史兼御史大夫括州刺(下闕)張守珪墓誌》頁六二至六三;《全唐文新編》第 2 部第二冊(總第六冊)《唐故輔國大將軍右羽林大將軍幽州長史兼御史大夫括州刺(下闕)張守珪墓誌》頁三九五三至三九五五

公元七四一年　唐玄宗開元二十九年

兩蕃、勃海、黑水四府經略使。唐謂奚、契丹爲兩蕃。

《資治通鑑》卷二百一十四《唐紀三十·玄宗開元二十九年》頁六八四五

利貞歸朝,盛稱禄山之美,遂授營州節〔都〕督,充平盧軍節度使,知左厢兵馬使,支度、營田、水利、陸運使副,押兩蕃、渤海、黑水四府經略〔使〕,順化州刺史。王仁經授以偉略,玄宗始親信之。

　　　　　　　　　　　　　　　《安禄山事迹》卷上頁七四

公元七四二年　唐玄宗天寶元年

范陽節度使,臨制奚、契丹,統經略、威武、清夷、静塞、恒陽、北平、高陽、唐興、橫海等九軍。

　　《舊唐書》卷三十八《志第十八·地理一》頁一三八七

　　安禄山兼平盧節度,表爲副,遷博陵太守。禄山欲擊奚、契丹,復奏循光禄卿自副,使知留後。九姓叛,禄山兼節度河東,而循亦兼雁門副之。

　　《新唐書》卷一百九十二《列傳第一百一十七·忠義中》頁五五三三

　　范陽節度臨制奚、契丹,統經略、威武、清夷、静塞、恒陽、北平、高陽、唐興、橫海九軍,屯幽、薊、嬀、檀、易、恒、定、漠、滄九州之境,治幽州,兵九萬一千四百人。

　　《資治通鑑》卷二百一十五《唐紀三十一·玄宗天寶元年》頁六八四九

　　柳城郡東至遼河四百八十里。南至海二百六十里。西至北平郡七百里。〔八二〕北至契丹界五十里。東南到安東府二百七十里。西南到北平郡七百里。〔八三〕西北到契丹界七十里。東北到契丹界九十里,契丹衙帳四百里。去西京五千里,去東京四千一百十里。户八百七十四,口三千。

【校勘記】

　　〔八二〕西至北平郡七百里　"七"原作"二",據北宋本改。

　　〔八三〕西南到北平郡七百里　"七百"原作"三百七十",北宋本、傳校本、明抄本、王吳本作"七十",俱誤。今據上文"西至北平郡七百里"訂正。

　　《通典》卷一百七十八《州郡八》頁四七一五至四七一六

　　柳城　有龍山、鮮卑山,在縣東南二百里,棘城之東塞外亦有鮮卑山，在遼西之北一百里，未詳孰是。青山、石門山、白狼山、白狼水。又有漢交黎縣故城，在東南。其龍山，即慕容皝祭龍所也。有饒樂水、漢故徒河縣城、和龍城。室韋、靺鞨諸部並在東北，遠者六千里，近者二千餘里，西北與奚接，北與契丹相接。

　　　　　《通典》卷一百七十八《州郡八》頁四七一六

　　柳城　漢縣，屬遼西郡。室韋、靺鞨諸部，並在東北。遠者六千里，近者二千里。西北與奚接界，北與契丹接界。

　　　　　《舊唐書》卷三十九《志第十九·地理二》頁一五二一

　　柳城縣，四鄉。漢柳城縣地，[二九]屬遼西郡。室韋、靺鞨諸部，並在東北，還者六千里，近者二千里，西北與奚接界，北與契丹接界。慕容皝改爲龍城縣。隋文改爲龍山，尋又改爲柳城縣。

【校勘記】

　　〔二九〕漢柳城縣地　“縣”，底本脱，《庫》本同，據萬本及《漢書》卷二八《地理志》下補。

　　　　　《太平寰宇記》卷之七十一《河北道二十·營州·柳城縣》頁一四三二、一四五二

　　柳城。……西北與奚接，北與契丹相接。

　　　　　《文獻通考》卷三百十六《輿地考二·古冀州·營州》頁二四八三下

雲麾將軍李府君神道碑　前人

斗極之下曰幽都,其氣角立,其風精悍。常山之下曰涿野,其鎮碣石,其神蚩尤。海岳回抱,府君出焉;雲龍感召,府君感焉。惟天永保唐運,故府君來朝,克生保臣,輔寧大業,坐中台者二子,銘鼎鼐者六朝,當國宣九合之勳,昇堂有八元之族。府君諱楷洛,先族漢校尉之裔也,世居其_疑北,遂食堅昆之地,實主崆峒之人,大爲王侯,小爲侯伯,其精薄日月,其勳破山川,厥後東遷,復爲鮮卑之右。府君英明淳渾,神踚天飛,威嚴生介冑之容,魁岸本山河之狀,雙舞長劍,左盤琱戈,虎嘯于窮溟,雲從於大澤,有沉謀以忠—作惠中國,有長技以服諸戎。天子聞而思之,密命奇士要之信誓。君子曰,井谷不可以遊龜龍,蟻垤不可以栽松柏。淮陰去楚,百里絶虞;尚父從周,樂生歸燕。此必精合於王霸,魄見於祥符。宜乎萬方而趨,一言而感矣。是年冬,府君與帳下騎士言曰:“吾乃祖本漢將,辱於單于之庭。而今千年大恥,壯士當建功大國,上駕真龍,曷有遇風雨而泥蟠,無卷舒以蜿變?”由是奮躍遼海,翻飛上京。其來也戎羯生憂,其至也幽燕罷警。上御前殿,庭列千官,鐘石畢陳,君臣相賀。始問其姓,因賜以家族,特拜玉鈐衛將軍,先賜以大弓文馬,又拜左奉宸内供奉,升玉堂,殢沉瀁矣。帝曰:“余欲成幽都,殪死市。”乃命府君爲朔方討擊大摠管。於是雲麾鐵騎,川動地踶,左飲青海,北登狼山。帝曰:“余欲宅嵎夷,破鴨緑,擊靺鞨,俘林胡。”乃命府君兼幽州經略使。於是開榆關,横障塞,三以奇伏,五以勝歸。帝曰:“余欲軍北方之野。”乃命府君爲清軍。於是敵也無氣歍之作,士也無踴躍之勞。帝曰:“欲護峒牧使。”於是憑列走隊,法掩亭院,神螭水瑞,孔阜充碩,帝曰:"余欲書日月之常,教熊羆之旅,咨爾職典彼朔方。"復命府君爲節度副使。於是鎮之以德,宣之以威,師和年豐,罔或不若。帝曰:"余欲配鈞陳之位,養死事之孤。"乃命府君爲左羽林將軍。於是蓬頭射聲,上貫牛斗。帝曰:"余欲屠石堡,疇其代謀。"命曰府君,乃命佐中權,發大號。於是玄黄灑血,玉石俱摧。載初中,兩蕃不庭。有詔府君尋盟舊國,單車從漢,二憾來同。戎狄變心,懼我爲患,乘主客之勢,合豺狼之凶,甲興於門,車結其外,府君復爲死地,甘爲國羞,仰而騰駒,若與神遇,橫跳出於虎口,伏念歎於龍顔。的盧之師,惡可喻也。吐蕃之寇河源,衝下憑矣,矢口交作。府君以精騎一旅,濟河之—作而南,萬火燎于他山,三軍出其間道,驚寇四潰,重圍自解,加竈之奇,孰云多也? 初,府君將赴征西,謂所親曰:"余往必刺敵,殆不能歸。"及班師獻捷,歿於中路。明達人之委,順君子之終,鄧公之勇,曷其智也。至若秉季布之然諾,法穰苴之政教,動於軍誌,舉合吏能,奇謀絶於揣摩,故事留於風俗,神對曆象,精合晦明。勤道不形,進而人莫見也;爲政以德,寵而久彌尊也。始自天后之末,至於聖皇之朝,前後録功凡二十四命,食邑二千七百户,封薊郡開國公,又加雲麾將軍,參定國者兩軍,拖侯服者四紀,會兵車者百勝,出帳下者千人,國有事,未嘗不勤勞。無私可謂知禮,故得大命三錫,重侯累封,輅車山玄,藏于大室。壯圖未極,沉疾生勞。臨合浦之秋,伏波將老;望河源之道,征虜不歸。其年某月日,薨于靈州懷定縣之師次,享年六十有七。追贈營州都督,賻物三百匹,米粟三百石。以明年某月日詔葬于富平縣檀山原,禮也。

　　夫人某郡都鴻臚卿某之女，異氣祥合，高門鬱興，卜鄰也鐘鼎再懸，受祿也夔龍在席。元子太尉臨淮郡王兼侍中光弼，河圖鈎合，上感神精，磅礴于陰陽之和，同符於元命之紀。次子將作監光彥，氣含精勁，仁服孝慈，列候于千石之家，從事于四方之志。少子太保光進，命世忠義，縱橫知略，天之辰象，物之粹靈。乾元中，太尉以東諸侯三會于河，再以駓駼濟于淮海。天子美齊桓之志，系凡蔣之盟，以府君炳德丕赫，積流仁慶，追考功績，發于簡書，謚曰忠，累有褒贈，號韓國夫人。於是建廟堂，命宗祝，室有山龍之服，饗有金石之和，昭宣令圖，焕然銘篆。以炎掌史之官也，奉命爲詞。徘徊大名，頌耿弇有終有慶；慷慨觀德，美張仲爲子爲臣。銘曰：

　　茫茫上天，下降狼星。崆峒之野，焜耀其形。於赫巨唐，風雨是經。矧伊本邦，曷不來庭。煌煌府君，爲國之翰。從順于戎，威讎剿亂。陰剛萃靈，渤碣精悍，志不可玩。綿綿塞草，天地疑之下。北拒狼山，野無胡馬。殊勛大績，玉劍玄社。天空武庫，海折崑崙。在昔遺慶，魯之臧孫。曰聖在天，勤于至道。既命太尉，亦崇太保。一門四龍，三作元老。赫赫元老，氣合清貞。白髮垂冕，高堂有親。帝命韓國，祚于夫人。亦詔薊丘，下寵明神。左鑿貞石，垂于將來。矧我洪勛，上懸雲臺。彼丘之頹，此澤之堆。悠悠令息，萬古不回。

　　《文苑英華》卷九〇八《雲麾將軍李府君神道碑前人》頁四七八〇上至四七八二上；《全唐文》卷四二二《雲麾將軍李府君神道碑（李楷洛）》頁四三〇八至四三一〇

唐贈范陽大都督忠烈公李公神道碑銘並序

　　秦霸也，張禄去魏；漢興也，淮陰離楚。龍鳴風雨之會，蛇變泥蟠之中。逶迤感通，精氣相合。斯冥契也，豈人力也？皇唐贈司空范陽大都督李公諱楷，其本出於隴西。八代祖節，後魏雁門太守，燕齊之亂，族没鮮卑。東遷號良將之家，北部實大人之種。其生渤碣，其居戴斗，海塞回抱，興公之氣；天星下直，爲國之祥。英氣混茫，熊據龍驤，望其形得山河之狀，睹其鋭見金鼓之威，神明爲徒，義勇爲器。久視中，以驍騎歲入於遼，西臨太原，南震燕趙。雲火照于河上，天兵宿于北門，朝庭憂之，有命招諭，合以信誓，際于天人，話言感寤，撫劍嘆息。是歲以控弦之士七百騎，垂橐入塞，解甲來朝。以其本枝，復賜李氏，授玉鈐衛將軍左奉宸内供奉，圖形雲閣之中，置酒蓬萊之上，君臣相賀，羽衛生光。君子曰，井谷不可以遊龜龍，蟻垤不可以戴松柏。漢於是始靖，虜於是始憂。是後殪靺鞨於鴨緑之野，覆林胡於榆關之外。北出障塞，懷其王庭；南救河源，復其死地。石堡之役，以一旅定三軍；冷陘之師，以虛聲破精勁。東封之歲，外將天軍，河湟未寧，西護監牧。雲麾鐵騎，山動地踴，右據清海，北登狼山，冰泮則會師，風高則出塞，皇威振於四海，王化敷於無外。故得大命三錫，天馬絡驂，定國難者兩朝，拖侯服者四紀，會兵車者百勝，出帳下者千人，國有事，未嘗不勤勞。無私可謂知禮。於戲！天道曖昧，胡星未殞，以營平之年，不終大用；以伏波之病，再出窮荒。天寶元年五月二十日，自河源薨於懷遠縣之師次，春秋六十七，贈營府都督。明年，詔葬于富平縣壇山原。

維公智之大寶，神之異門，心和體剛，慮遠精徹，思乎耳目之外，行乎變化之中。震呼戎獯，嘯叱風雲，貙虎之悍以禮成，百萬之强以謀勝。故鮮卑因之，以疲中國，天后取之，以空大漠，於中宗開朔方之地四百里，於睿宗食佐命之邑三千户，於玄宗則主禁衞，吞諸戎。東西南北，動罔不尅，禦戎安邊，凡十命焉。祚於後也，元子太尉中書令東都河南江淮等道副元帥臨淮郡王光弼，少子太保御史大夫渭北郿坊等州節度使武威郡王光進，負河圖以列四星，遇英主而當三傑。肅宗之功復區宇，更爲桓文；今上之道訓華夷，並爲召畢。乾元中，天子以公炳德丕赫，積仁流慶，大福再成，没而不朽，乃命太常，追考功績，謚曰忠烈，贈司空范陽大都督，夫人贈號韓國夫人。於是建廟堂，命宗紀，室有山龍之服，樂有鍾石之和。昭宣令圖，是有銘篆。銘曰：

茫茫上象，降精於北。是生純臣，其在異國。矯矯府君，蔚其英靈。蛇蟠北極，鵬化南溟。來於本邦，會此天庭。風驅虎旅，晝食狼星。綿綿塞草，天隔華夏。北拒陰山，野無胡馬。殊勛大績，玉劍玄社。天摧武庫，海折崑崙。在昔遺慶，惟魯臧孫。曰聖在天，勤於至道。既命太尉，又崇太保。一門四龍，二作元老。赫赫元老，氣含清真。白髮重冠，高堂有親。帝命韓國，祚于夫人。亦詔薊丘，下寵明神。彼邱之榛，此石之磷。悠悠令德，萬古清塵。

《唐文粹》卷五七《唐贈范陽大都督忠烈公李公神道碑銘並序》頁七八三至七八四；《全唐文》卷四二二《唐贈司空范陽大都督忠烈公李公神道碑銘並序》頁四三一〇至四三一一

公元七四五年　唐玄宗天寶四年

壬申，封外孫獨孤氏女爲静樂公主，出降契丹松漠都督李懷節；封外孫楊氏女爲宜芳公主，出降奚饒樂都督李延寵。

　　　　《舊唐書》卷九《本紀第九·玄宗下》頁二一九

九月，契丹及奚酋長各殺公主，舉部落叛。

　　　　《舊唐書》卷九《本紀第九·玄宗下》頁二一九

三月壬申，以外孫獨孤氏女爲静樂公主，嫁于契丹松漠都督李懷節；楊氏女爲宜芳公主，嫁于奚饒樂都督李延寵。

　　　　《新唐書》卷五《本紀第五·玄宗》頁一四四

九月，契丹、奚皆殺其公主以叛。

　　　　《新唐書》卷五《本紀第五·玄宗》頁一四五

四載，奚、契丹殺公主以叛，禄山幸邀功，肆其侵，於是兩蕃貳。禄山起軍擊契丹，還奏：“夢李靖、李勣求食於臣，乃祠北郡，芝生于梁。”

　　　　《新唐書》卷二百二十五上《列傳第一百五十上·逆臣上·安禄山》頁六四一二

三月，壬申，上以外孫獨孤氏爲静樂公主，嫁契丹王李懷節；樂，音洛。甥楊氏爲宜芳公主，嫁奚王李延寵。宜芳縣，屬嵐州。

　　　　《資治通鑑》卷二百一十五《唐紀三十一·玄宗天寶四

載》頁六八六四

安禄山欲以邊功市寵，數侵掠奚、契丹；奚、契丹各殺公主以叛，數，所角翻；下欲數、數徵同。所殺者蓋即静樂、宜芳也。禄山討破之。

《資治通鑑》卷二百一十五《唐紀三十一‧玄宗天寶四載》頁六八六八

冬，十月，甲午，安禄山奏："臣討契丹至北平郡，北平郡，平州。夢先朝名將李靖、李勣從臣求食。"朝，直遥翻。將，即亮翻；下同。遂命立廟。又奏薦奠之日，廟梁產芝。《通鑒》不語怪，而書安禄山飛鳥食蝗、廟梁産芝之事，以著禄山之欺罔，明皇之昏蔽。

《資治通鑑》卷二百一十五《唐紀三十一‧玄宗天寶四載》頁六八六八

四載，奚、契丹各殺公主，舉部落以叛。禄山方邀〔功〕兩蕃肆其侵掠，奚等始貳於我。禄山又奏：臣昨討契丹，軍次北平郡，夢見先朝名將李勣、李靖於臣求食。

《安禄山事迹》卷上頁七五

特進行左金吾衛大將軍上柱國清河郡開國公
贈開府儀同三司兼夏州都督康公神道碑銘

公諱阿義屈達干，姓康氏，柳城人。其先世爲北蕃十二姓之貴種，曾祖頡利部落都督，祖染可汗駙馬、都知兵馬使，父頡利發墨啜可汗衛衙官、知部落都督，皆有功烈，稱於北陲。公即衙官之子也。正直忠鯁,以信行聞,爲國人所敬。……四載以破契丹功遷右威衛將軍,俄拜范陽經略副使。五載又破契丹功居多,拜左武衛大將軍,仍充節度副使,元宗嘉之,璽書慰勉,盈溢篋笥。

《全唐文》卷三四三《特進行左金吾衛大將軍上柱國清河郡開國公贈開府儀同三司兼夏州都督康公神道碑銘》頁三四七四上至三四七五上;《文忠集》卷六《特進行左金吾衛大將軍上柱國清河郡開國公贈開府儀同三司兼夏州都督康公神道碑》頁四一至四二

公元七四六年　　唐玄宗天寶五年

夏,四月,癸未,立奚酋婆固爲昭信王,契丹酋楷洛爲恭仁王。酋,慈由翻。婆,素禾翻。

《資治通鑑》卷二百一十五《唐紀三十一·玄宗天寶五載》頁六八七一

五載四月,封奚王婆固爲昭信王,仍授饒樂府都督。契丹王楷雛爲恭仁王,仍授松漠府都督。

《冊府元龜》卷九六五《外臣部·封冊三》頁一一三四九上

唐故太中大夫行内侍省内常侍賜紫金魚袋上柱國劉府君(思賢)玄堂記

開(元)十八載,屬林胡作寇,覘我幽薊。上以公忠貞奉國,寬猛資身,好謀而成,臨事能斷,往以監撫,無何有功,制特拜公宮闈令,賜緋魚袋。廿載,奉使與平盧等軍截黃河而東註,凌黑山而北走,大破契丹三部落,制又加公内給事、上柱國。廿二載,公奉制往饒樂等城,宣慰熟奚。與幽府長史張守珪北逐戎虜,深入賊境,金甲耀日,霜戈蔽空。率先啓行,簸山丘而奮發;翻蹄散雹,噴風雨以騰驤。曾不逾旬,山戎斯敗矣。上以公謀敵必勝,㽵攻刓成,特授紫袍金帶,超七階入朝散大夫、内常侍,賜物二百匹,金銀二百兩。

《大唐西市博物館藏墓誌》頁五五三

公元七四七年　唐玄宗天寶六年

六載,會董延光獻策請下石堡城,詔忠嗣分兵應接之。忠嗣偃偃而從,延光不悦。河西兵馬使李光弼危之,遽而入告。將及於庭,忠嗣曰:"李將軍有何事乎?"光弼進而言曰:"請議軍。"忠嗣曰:"何也?"對曰:"向者大夫以士卒爲心,有拒董延光之色,雖曰受詔,實奪其謀。何者? 大夫以數萬衆付之,而不懸重賞,則何以買三軍之勇乎? 大夫財帛盈庫,何惜數萬段之賞以杜其讒口乎! 彼如不捷,歸罪於大夫矣。"忠嗣曰:"李將軍,忠嗣計已決矣。平生始望,豈及貴乎? 今爭一城,得之未制於敵,不得之未害於國,忠嗣豈以數萬人之命易一官哉? 假如明主見責,豈失一金吾羽林將軍,歸朝宿衛乎! 其次,豈失一黔中上佐乎? 此所甘心也。雖然,公實愛我。"光弼謝曰:"向者恐累大夫,敢以衷告。大夫能行古人之事,非光弼所及也。"遂趨而出。

《舊唐書》卷一百三《王忠嗣傳》頁三二〇〇

河西兵馬使李光弼入説曰:"大夫愛惜士卒,有拒(董)延

光心，雖名受詔，實奪其謀。然大夫已付萬衆，而不立重賞，
何以賈士勇？且大夫惜數萬段賜，以啓讒口，有如不捷，歸罪
大夫，大夫先受禍矣。”忠嗣曰：“吾固審得一城不足制敵，失
之未害於國。吾忍以數萬人命易一官哉！明日見責，不失一
金吾、羽林將軍，歸宿衛；不者，黔中上佐耳。”光弼謝曰：“大
夫乃行古人事，光弼又何言！”趨而出。

　　　　　《新唐書》卷一百三十三《王忠嗣傳》頁四五五四

　　時太平久，人忘戰，帝春秋高，嬖艷鉗固，李林甫、楊國
忠更持權，綱紀大亂。禄山計天下可取，逆謀日熾，每過朝堂
龍尾道，南北睥睨，久乃去。更築壘范陽北，號雄武城，峙兵
積穀。養同羅、降奚、契丹曳落河八千人爲假子，教家奴善弓
矢者數百，畜單于、護真大馬三萬，牛羊五萬，引張通儒、李廷
堅、平洌、李史魚、獨孤問俗署幕府，以高尚典書記，嚴莊掌簿
最，阿史那承慶、安太清、安守忠、李歸仁、孫孝哲、蔡希德、牛
廷玠、向潤客、高邈、李欽湊、李立節、崔乾祐、尹子奇、何千
年、武令珣、能元皓、田承嗣、田乾真皆拔行伍，署大將。潛遣
賈胡行諸道，歲輸財百萬。至大會，禄山踞重床，燎香，陳怪
珍，胡人數百侍左右，引見諸賈，陳犧牲，女巫鼓舞于前以自
神。陰令群賈市錦彩朱紫服數萬爲叛資。月進牛、橐駝、鷹、
狗、奇禽異物，以蠱帝心，而人不聊。自以無功而貴，見天子
盛開邊，乃紿契丹諸酋，大置酒，毒焉，既酣，悉斬其首，先後
殺數千人，獻馘闕下。帝不知，賜鐵券，封柳城郡公。又贈延
偃范陽大都督，進禄山東平郡王。

　　　　　《新唐書》卷二百二十五上《安禄山傳》頁六四一四

（十月乙酉）河西、隴右節度使王忠嗣以部將哥舒翰爲大斗軍副使，李光弼爲河西兵馬使、充赤水軍使。兵馬使，節鎮衙前軍職也，總兵權，任甚重。至德以後，都知兵馬使率爲藩鎮儲帥。將，即亮翻。使，疏吏翻。翰父祖本突騎施別部酋長，西突厥五弩失畢有哥舒闕俟斤。騎，奇寄翻。酋，慈由翻。長，知兩翻。光弼，契丹王楷洛之子也，開元初，李楷洛封爲契丹王。皆以勇略爲忠嗣所重。忠嗣使翰擊吐蕃，有同列爲之副，倨慢不爲用，翰檛殺之，軍中股慄，檛，則瓜翻。累功至隴右節度副使。每歲積石軍麥熟，吐蕃輒來穫之，穫，戶郭翻。無能御者，邊人謂之“吐蕃麥莊”。翰先伏兵於其側，虜至，斷其後，夾擊之，斷，音短。無一人得返者，自是不敢復來。復，扶又翻。

《資治通鑑》卷二百一十五《唐紀三十一·玄宗天寶六年》頁六八七七至六八七八

李光弼言於忠嗣曰：“大夫以愛士卒之故，不欲成延光之功，唐中世以前，率呼將帥爲大夫，白居易詩所謂“武官稱大夫”是也。雖迫於制書，實奪其謀也。何以知之？今以數萬衆授之而不立重賞，士卒安肯爲之盡力乎！爲，于僞翻。然此天子意也，彼無功，必歸罪於大夫。大夫軍府充牣，何愛數萬段帛不以杜其讒口乎！”忠嗣曰：“今以數萬之衆爭一城，得之未足以制敵，不得亦無害於國，故忠嗣不欲爲之。忠嗣今受責天子，不過以金吾、羽林一將軍歸宿衛，其次不過黔中上佐；黔中一道皆溪峒蠻、猺雜居，貶謫而不過嶺者處之。上佐，長史、司馬也。黔，音琴。忠嗣豈以數萬人之命易一官乎！李將軍，子誠愛我矣，然吾志決矣，子勿復言。”光弼曰：“曏

者恐爲大夫之累，復，扶又翻。累，力瑞翻。故不敢不言。今大夫
能行古人之事，非光弼所及也。"遂趨出。

《資治通鑑》卷二百一十五《唐紀三十一·玄宗天寶六
年》頁六八七八至六八七九

公元七五○年　唐玄宗天寶九年

（十月庚申）安禄山屢誘奚、契丹，爲設會，飲以莨菪酒，
《本草》曰：莨菪子生海邊川谷，今處處有之。苗莖高二三尺許，葉與地黃、紅
藍等，而三指闊；四月開花，紫色；苗夾莖有白毛；五月結實，有殼作罌子狀，如
小石榴；房中子至細，青白如米粒，毒甚；煮一二日而芽方生，以釀酒，其毒尤
甚。爲，于僞翻；下先爲同。飲，於鴆翻。莨，音浪。菪，音蕩。醉而阬之，
動數千人，函其酋長之首以獻，前後數四。

《資治通鑑》卷二百一十六《唐紀三十二·玄宗天寶九
年》頁六九○○

尋進封禄山爲東平郡王。制曰："……開府儀同三司兼
左羽林大將軍，員外置同正員，御史大夫，范陽大都督府長
史，柳城郡太守，（持）節范陽節度、[一二]經略、支度、營田、陸
運、押兩蕃、渤海、黑水四府處置及平盧軍、河北轉運并營田
管内采訪使，上柱國柳城郡開國公安禄山，性合韜鈐，氣稟雄
武，聲威振於絶漠，捍禦比於長城。戰必剋平，智能料敵，所
以擢升臺憲，仍仗旌旄。既表勤王之誠，屢伸殄寇之略。頃
者，契丹負德，潛懷禍心，乃能運彼深謀，〔累〕梟渠帥。風塵
攸静，邊朔底寧。不示殊恩，孰彰茂績？"

【校勘記】

〔一二〕持節范陽節度 "持"原作"使",據《類編》本改。

《安禄山事迹》卷上頁七九

是秋,禄山將入朝, ……又賜契丹生女口,大小五十人。

《安禄山事迹》卷上頁八〇

大唐博陵郡北嶽恒山封安天王銘并序

驃騎大將軍,員外置同正員,兼范陽郡長史,柳城郡太守,平盧節度、支度、營田、陸運、（押）兩蕃、四府、河北海運,兼范陽節度、經略、支度、營田副大使,采訪處置使,兼御史大夫,上柱國,柳城縣開國伯,常樂安公,曰禄山,國之英也。

《全唐文》卷三百六十四《李荃:大唐博陵郡北嶽恒山封安天王銘并序》頁三七〇四

封安禄山東平郡王制

開府儀同三司、兼右羽林軍大將軍員外置同正員、御史大夫、范陽大都督府長史、柳城郡太守、持節充范陽節度經略支度營田陸運押兩蕃渤海黑水等四府節度處置及平盧軍河北海運并管内采訪等事、上柱國、柳城郡開國公安禄山,性合韜鈐,氣稟雄武,聲威振於絶漠,捍禦比於長城,戰必尅平,智能料敵,所以擢升臺憲,仍仗旌麾,既表勤王之誠,屢申殄寇之略,頃者契丹負德,潛有禍心,乃能運彼深謀,累梟渠帥,風塵肅静,斥候無虞。

《全唐文》卷二十五《封安禄山東平郡王制》頁二八九；
《册府元龜》卷一二九《帝王部（一百二十九）·封建》頁
一五五二至一五五三

公元七五一年　唐玄宗天寶十年

天寶初，累功至將軍、知平盧軍事。入奏，帝賜坐與語，
奇之，問年，曰：“四十矣。”撫其背曰：“爾貴在晚，勉之！”遷
大將軍、北平太守。從禄山討契丹，禄山敗，單騎走師州，殺
其下左賢哥解、魚承仙自解。思明逃山中，再閲旬，裒散卒得
七百，追見禄山平盧，禄山喜，握手曰：“計而死矣，今故在，吾
何憂！”思明語親密曰：“吾聞進退在時，向蚤出，隨哥解地下
矣。”契丹取師州，守捉使劉客奴亡去，禄山使思明擊走之，表
平盧兵馬使。

　　　　《新唐書》卷二百二十五上《史思明傳》頁六四二六

（二月丙辰）禄山養同羅、奚、契丹降者八千餘人，謂之
“曳落河”。契，欺訖翻，又音喫。降，戶江翻。《考異》曰：《禄山事迹》云：
養爲己子。按養子必無八千之數，今不取。曳落河者，胡言壯士也。及
家僮百餘人，皆驍勇善戰，一可當百。又畜戰馬數萬匹，驍，堅
堯翻。畜，許六翻。多聚兵仗，分遣商胡詣諸道販鬻，歲輸珍貨數
百萬。輸，春遇翻。私作緋紫袍、魚袋，以百萬計。以高尚、嚴
莊、張通儒及將軍孫孝哲爲腹心，史思明、安守忠、李歸仁、蔡
希德、牛延玠、向潤容、向，式亮翻，姓也。李庭望、崔乾祐、尹子
奇、何千年、武令珣、能元皓、能，奴代翻。何氏《姓苑》云：能姓，出自
長廣。田承嗣、田乾真、阿史那承慶爲爪牙。……通儒，萬歲之

子；張萬歲，唐初掌厩牧。通儒必非其子，或者其孫也；否則別又有一張萬歲。孝哲，契丹也。承嗣世爲盧龍小校，禄山以爲前鋒兵馬使。【章：十二行本“使”下有“治軍嚴整”四字；乙十一行本同；孔本同；張校同；退齋校同。】嘗大雪，禄山按行諸營，校，戶教翻。使，疏吏翻。行，下孟翻。至承嗣營，寂若無人，入閲士卒，無一人不在者，禄山以是重之。

《資治通鑑》卷二百一十六《唐紀三十二·玄宗天寶十年》頁六九〇五至六九〇六

（八月丙辰）安禄山將三道兵六萬幽州、平盧、河東三道。以討契丹，以奚騎二千爲鄉導。騎，奇寄翻；下同。鄉，讀曰嚮。過平盧千餘里，至土護真水，遇雨。自雄武軍東北渡灤河，有古盧龍鎮，有斗陘嶺。自古盧龍北經九荆嶺、受米城、張洪隘，渡石嶺，至奚王帳六百里；又東北傍吐護真河五百里，至奚、契丹牙帳。又出檀州燕樂縣東北百八十五里，至長城口，又北八百里有吐護真河，奚王牙帳也。禄山引兵晝夜兼行三百餘里，至契丹牙帳，契丹大駭。時久雨，弓弩筋膠皆弛，大將何思德言於禄山曰：“吾兵雖多，遠來疲弊，實不可用，不如按甲息兵以臨之，不過三日，虜必降。”將，即亮翻；下同。降，戶江翻。禄山怒，欲斬之，思德請前驅效死。思德貌類禄山，虜争擊，殺之，以爲已得禄山，勇氣增倍。奚復叛，與契丹合，夾擊唐兵，殺傷殆盡。射禄山，中鞍，折冠簪，失履，獨與麾下二十騎走；會夜，追騎解，得入師州。貞觀三年，以室韋部落置師州，治營州之廢陽師鎮。復，扶又翻。射，而亦翻。中，竹仲翻。折，而設翻。歸罪於左賢王哥解、哥解蓋自突厥來降者。解，戶買翻。河東兵馬使魚承仙而斬之。

　　平盧兵馬使史思明懼,逃入山谷近二旬,近,其斬翻。收散卒,得七百人。平盧守將史定方將精兵二千救禄山,契丹引去,禄山乃得免。至平盧,麾下皆亡,不知所出。史思明出見禄山,禄山喜,起,執其手曰:"吾得汝,復何憂! "復,扶又翻。思明退,謂人曰:"曏使早出,已與哥解並斬矣。"史言史思明之智數過於安禄山。契丹圍師州,禄山使思明擊却之。

　　《資治通鑑》卷二百一十六《唐紀三十二·玄宗天寶十年》頁六九〇八至六九〇九

　　乃於范陽築雄武城,外示禦寇,内貯兵器,養同羅及降奚、契丹曳落河蕃人謂健兒爲曳落河。八千餘人爲假子,〔二一〕及家童教弓矢者百餘人,以推恩信,厚其所給,皆感恩竭誠,一以當百。

　　……

　　禄山性殘忍,多姦謀,常誘熟蕃奚、契丹因會,酒中寘毒,鴆殺之,動數十人,斬大首領,函以獻捷。

　　是年秋,禄山大舉兵討契丹,使人謂奚曰:"今契丹背盟,我將討之,汝豈無助乎?"奚遂以驍騎二千從之。禄山使爲鄉導,行至土護真河,誓衆曰:"兵法,疾雷不及掩耳,今久雨,復去賊尚遠,若倍道趨程,賊必不虞我至,破賊必矣。"遂晝夜兼行三百餘里,契丹不爲備,至,大駭亂矣。禄山使人持一繩,欲盡縛契丹,意欲生擒以歸。是時屬雨甚,弓弩盡濕,弛而不可張。大將何思德請曰:"兵志:遠來倍道疲頓,用之力必不足,不如少憩,張其勢必脅之,不三日必降。"禄山大怒,欲斬之以令三軍,遂請效死於先鋒。

思德形貌素類禄山，契丹望見，攢槍矢而取之，須臾支解，骨肉立盡。眾咸謂殺得禄山。奚又背禄山，以附契丹，併力夾攻，殺傷略相當。矢中禄山鞍橋，鞭弭俱棄，簪履亦墜，獨以麾下二十騎走，上山蒼黃，陷於坑中，男慶緒、麾下將孫孝哲扶出之。又戰數十里，會夜，追騎解，遂投平盧城。平盧騎將史定方領精兵三千赴之，契丹知救至，遂解圍而去，禄山方得脫。

【校勘記】

〔二一〕爲假子　繆校云：《考異》引《事迹》作"養爲己子"。

《安禄山事迹》卷上頁八二至八四

唐故雲麾將軍左威衛將軍兼青山州刺史
上柱國隴西李公墓誌銘并序

公諱永定，隴西人也。其先出自秦將，家于成紀，漢代則用猨辟禦戎，晉曰則凉王踐極，考其枝葉，皆傅五等之尊；察以波瀾，世有參邊之貴。曾祖延，皇朝本蕃大都督兼赤山州刺史，祖大哥，雲麾將軍左鷹揚大將軍兼玄州刺史，家承翰蠱，職列禁垣，夙夜在公，勳勞警蹕。父仙禮，寧遠將軍、玄州昌利府折衝，孝敬居懷，忠貞莅事，赤心以奉上，捐軀以殉國。公即寧遠君之長子也。氣稟辰象，量齊海岳，播英聲於廿歲，奮勇烈於弱齡。國家酬忠赤之誠，舉勤勞之嗣。以開元五載，襲父寧遠將軍、右衛昌利府折衝。恩行之日，悲咽炭心，居擾攘之郊，荷貞明之造，彎弧整纊，誓平凶醜。至陸載仲夏，奏事玉陛，恩敕便留内供奉射生，更配左羽林上下，控弦之美，更贏莫儔，落羽之能，射聲未匹。皇上懿公是名將之子，簉期門之流，以捌載貳月，令充兩蕃使薛泰下總管。當時戎夷背叛，侵軼邊垂，公勵鐵石之心，縱不顧之操，掩襲是遇，戈矛見鏦。公以死自誓，志無所詘，虜計窮力沮，而後見還。天子聞而嘉之，轉授安東盧龍府折衝都尉，兩蕃雖恣淫慝，我皇仁恕是懷，將存安輯之規，再建奉春之策。媞媞公主，女彼山戎。以公忠信克昭，式爲導送。後以要荒無事，移任清夷。久之復充范陽馬軍副使。拾五載貳月，改授上谷郡龍水府折衝都尉。後以林胡驕蹇，預萌侵權，既納我子女，復蠢我疆境，王赫斯怒，有命遄徵。廿載，節度使趙含章差公統馬軍大人。於是梁北河，屠白城，犁烏桓庭，芟鮮卑首。天子大悦，改授宣威將軍、右衛率府郎將。元惡則翦，餘氣未寧。貳拾壹載，節度使薛楚玉差公領馬步大人，斬獲俘級，不可勝書。制授忠武將軍、左衛率府中郎將，仍襲伯父青山州刺史。貳拾柒載，以盧龍塞下降奚内叛，節度使張守珪令公張惶陸師，斬刈梟孽，流血色水，僵屍滿原。天書降臨，改授右清道率。曩載騷擾，餘燼北奔。貳拾捌載，節度使李適之差公領馬騎討襲，大破奚軍，斬馘其君王，殺虜其人衆。妖氛既廓，制授左威衛將軍。貳拾玖載，節度使裴寬以公達於兵謀，奏充范陽都知兵馬使。至天寶五載，節度使安公以公閑於撫理，差攝嬀川郡太守、兼知雄武城使。熊車轉軔，豹略呈奇，五雲之野自康，甌脱之奸已屏。俄而轉攝漁陽郡太守、兼知静塞軍使。秀麥興謡，貳天仰德，政洽無終之國，惠流窮髮之鄉。日者安公伐叛柔遠，公爲都統。厥效未甄，柒載拾貳月，奏授雲麾將軍、左威衛將軍、兼青山州刺史如故。榮戟光門，是表公侯之貴，不貪爲寶，更標清白之尊。方期陪至蹕而禪玄亭，涉崆峒而訪至道，昊天不吊，哲人是萎。以拾載四月拾伍日薨于范陽郡之私第，春秋六十有五。嗚呼哀哉！
惟公少著英名，長懷令德，形容魁傑，武勇過人，惠訓有方，與
物無競，降年詎幾，梁木斯摧，豈徒輟相與磋，實謂囂人霸市。
即以其載八月十日葬於郡西北十五里之平原，前據桑河，上脣
龍尾，堆阜磊硌，形勝莫先，嗣子昌平府別將奇俊、次子奇□、
奇珍、奇恩等，並珪玉之珍，保家之主，仁惟天性，孝則自然。
痛嚴君之委離，思慕莪之罔極。式昭令行，迺爲銘曰：

伊君之先，肇自玄元，無爲希道，有德生賢。

粵曁秦漢，破狄摧燕，子崇孫貴，赫赫縣縣。

惟祖惟考，剋家之瑶，跨躡邊方，櫜搶是播。

臨下以簡，事君以道，翕習雄風，清冷文藻。

承家紹祚，聿我將軍，有卞之勇，如襄之文。

九流學行，三傑功勳，更務忠節，遐方播芬。

伐叛討貳，多於載稔，有德有言，躍馬衣錦。

重門列戟，紫綬高品，典郡典兵，緩步安寢。

昊天不惠，忽此降凶，中楹坐奠，西階立靈。

百身靡清，九刃摧峰，淑德安在，廬山已封。

寂寂幽途，蕭蕭郊外，人迹罕至，叢林相對。

月炫泣齡，風搖松蓋，何以痛心，泉門長晦。

《唐代墓誌彙編續集》天寶〇七三頁六三四至六三五；
《隋唐五代墓誌彙編（北京附遼寧卷）》第一冊頁九四；《唐李
永定墓誌考釋》，《首都博物館叢刊》一九九五年第一一期頁
六一至六五；《從李永定墓誌看唐幽州城的軍事地位》，《首都
博物館論叢》二〇一四年第二八輯頁一六至二七

公元七五二年　唐玄宗天寶十一年

三月,朔方節度副使、奉信王阿布思與安禄山同討契丹,布思與禄山不協,乃率其部下叛歸漠北。

《舊唐書》卷九《玄宗下》頁二二五

(安禄山)既肥大不任戰,前後十餘度欺誘契丹,宴設酒中著莨菪子,預掘一坑,待其昏醉,斬首埋之,皆不覺死,每度數十人。十一載八月,禄山併率河東等軍五六萬,號十五萬,以討契丹。去平盧千餘里,至土護真河,即北黄河也。又倍程三百里,奄至契丹牙帳。屬久雨,弓箭皆漲濕,將士困極,奚又夾攻之,殺傷略盡。禄山被射,折其玉簪,以麾下奚小兒二十餘人走上山,墜坑中,其男慶緒等扶持之。會夜,解走,投平盧城。

《舊唐書》卷二百上《安禄山傳》頁五三六九

奚車,契丹塞外用之,開元、天寶中漸至京城。

《舊唐書》卷四十五《志第二十五・輿服》頁一九五七

八月,范陽節度副大使安禄山及契丹戰于吐護真河,敗績。

《新唐書》卷五《玄宗本紀》頁一四八

十一載,率河東兵討契丹,告奚曰:"彼背盟,我將討之,爾助我乎?"奚爲出徒兵二千鄉導。至土護真河,禄山計曰:

“道雖遠，我疾趨賊，乘其不備，破之固矣。”乃敕人持一繩，欲盡縛契丹，晝夜行三百里，次天門嶺，會雨甚，弓弛矢脱不可用。禄山督戰急，大將何思德曰：“士方疲，宜少息，使使者盛陳利以脅賊，賊必降。”禄山怒，欲斬以令軍，乃請戰。思德貌類禄山，及戰，虜叢矛注矢邀取之，傳言禄山獲矣。奚聞亦叛，夾攻禄山營，士略盡。禄山中流矢，引奚兒數十，棄衆走山而墜，慶緒、孫孝哲掖出之，夜走平廬，部將史定方以兵鏖戰，虜解圍去。

禄山不得志，乃悉兵號二十萬討契丹以報。

《新唐書》卷二百二十五上《安禄山傳》頁六四一五

三月，安禄山發蕃、漢步騎二十萬擊契丹，欲以雪去秋之耻。初，突厥阿布思來降，事見上卷元年。降，户江翻。上厚禮之，賜姓名李獻忠，累遷朔方節度副使，賜爵奉信王。獻忠有才略，不爲安禄山下，禄山恨之；至是，奏請獻忠帥同羅數萬騎，與俱擊契丹。帥，讀曰率；下同。獻忠恐爲禄山所害，白留後張暐，奏請留不行，暐不許。安禄山領河東而張暐爲留後，暐知附禄山而已，安肯爲阿布思請哉！獻忠乃帥所部大掠倉庫，叛歸漠北，禄山遂頓兵不進。

《資治通鑑》卷二百一十六《唐紀三十二・玄宗天寶十一年》頁六九一〇

我國家開元、天寶之際，宇内謐如，[一二]邊將邀寵，競圖勳伐。西陲青海之戍，東北天門之師，磧西怛邏之戰，雲南渡瀘之役，没於異域數十萬人。天寶中哥舒翰尅吐蕃青海，青海中有島，置二萬人戍之。旋爲吐蕃所攻，翰不能救而全没。安禄山討奚、契丹於天門嶺，十萬衆盡没。

【校勘記】

〔一二〕宇内謐如　"宇"北宋本、明抄本、明刻本作"寓"。

《通典》卷一百八十五《邊防一・邊防序》頁四九八〇至四九八一、五〇〇〇

十一載三月，禄山引蕃奚步騎二十萬直入契丹，以報去秋之役，朔方節度副使奉信王阿布思率同羅數萬以會之。布思與禄山不協，遂擁衆歸漠北。

……

十一月十七日，禄山遣其男范陽節度副使、鴻臚卿同正兼廣陽太守慶緒（獻）奚、契丹及同羅、阿布思等[二七]阿布思者，九姓首領也。開元初，爲默啜所破，請降附。天寶元年，朝京師，玄宗甚禮焉。布思美容貌，多才略，代爲蕃首。禄山恃寵，布思不爲之下。禄山因請爲將，共討契丹。

【校勘記】

〔二七〕慶緒獻奚契丹及同羅阿布思等　"奚"上原脱"獻"，今據《類編》本補。

《安禄山事迹》卷上頁八四至八五、八九

公元七五四年　唐玄宗天寶十三年

（十三年二月癸酉）（安）禄山奏前後討契丹立功將士跳盪等，請超三資，告身仍望好寫；於是超授將軍者五百餘人，中郎將者二千餘人。

《舊唐書》卷九《玄宗下》頁二二八

　　十三年正月，范陽節度使安禄山入朝。時禄山立破奚、契丹功，尤加寵異。禄山求帶平章事，下中書擬議，國忠進言曰：“禄山誠立軍功，然眼不識字，制命若行，臣恐四夷輕國。”玄宗乃止，加左僕射而已。

　　　　《舊唐書》卷九十七《張説附子張垍傳》頁三〇五八

　　天寶十三載，禄山入朝，以破奚、契丹功，求平章事，國忠曰：“禄山有軍功，然不識字，與之，恐四夷輕漢。”乃止。

　　　　《新唐書》卷一百二十五《張説附子張垍傳》頁四四一二

　　雖然，迹其由來，事有因藉，地之輕重，視人謀臧否歟！今取擅興若世嗣者，爲《藩鎮傳》。若田弘正、張孝忠等，暴忠納誠，以屏王室，自如別傳云。

　　　　《新唐書》卷二百一十《藩鎮魏博》頁五九二三

　　田承嗣字承嗣，平州盧龍人。世事盧龍軍，以豪俠聞。隸安禄山麾下，破奚、契丹，累功至武衛將軍。禄山反，與張忠志爲賊前驅，陷河、洛。

　　　　《新唐書》卷二百一十《藩鎮魏博·田承嗣傳》頁五九二三

　　二月，……己丑，安禄山奏：“臣所部將士討奚、契丹、九姓、同羅等，勳效甚多，<small>將，即亮翻。契，欺訖翻，又音喫。</small>乞不拘常格，超資加賞，仍好寫告身付臣軍授之。”於是除將軍者五百餘人，中郎將者二千餘人。禄山欲反，故先以此收衆心也。

　　三月，丁酉朔，禄山辭歸范陽。<small>《舊志》：范陽，在京師東北</small>

二千五百二十里。上解御衣以賜之，禄山受之驚喜。恐楊國忠奏
留之，疾驅出關。出潼關。乘船沿河而下，令船夫執繩板立於
岸側，凡挽船夫用板長二尺許，斜搭胸前，一端至肩，一端至脅，繩貫板之兩
端，以接船絆而挽之。十五里一更，更，工衡翻，易也。晝夜兼行，日數
百里，過郡縣不下船。自是有言禄山反者，上皆縛送，【章：十二
行本“送”下有“之”字；乙十一行本同；孔本同。】由是人皆知其將反，
無敢言者。

　　《資治通鑑》卷二百一十七《唐紀三十三·玄宗天寶
十三年》頁六九二四至六九二五

　　（十三年正月二十四日）禄山奏前後破奚、契丹部落，及
討招九姓、十二姓等應立功將士，其跳蕩、第一、第二功，並請
不拘，付中書門下批擬。

　　　　　　　　　　　　　《安禄山事迹》卷中頁九〇

　　　　　　　杜甫：後出塞五首·其四
　　獻凱日繼踵，兩蕃静無虞。漁陽豪俠地，擊鼓吹笙竽。
雲帆轉遼海，粳稻來東吴。越羅與楚練，照耀輿臺軀。主將
位益崇，氣驕陵上都。邊人不敢議，議者死路衢。

　　　　　　《全唐詩》卷十八《横吹曲辭》頁一八五

公元七五五年　　唐玄宗天寶十四年

　　（十四年十一月）丙寅，范陽節度使安禄山率蕃、漢之兵
十餘萬，自幽州南向詣闕，以誅楊國忠爲名，先殺太原尹楊光
翽於博陵郡。……甲戌，以（封）常清爲范陽、平盧節度使、兼

御史大夫，令募兵三萬以禦逆胡。

《舊唐書》卷九《玄宗下》頁二三〇

李懷仙，柳城胡人也。世事契丹，降將，守營州。禄山之叛，懷仙以禆將從陷河洛。

《舊唐書》卷一百四十三《李懷仙傳》頁三八九五

孫孝哲，契丹人也。母爲禄山所通，因得狎近。及禄山僭逆，僞授殿中監、閑厩使，封王。孝哲尤用事，亞於嚴莊。裘馬華侈，頗事豪貴，每食皆備珍饌。性殘忍，果於殺戮，聞者畏之。禄山使孝哲與張通儒同守西京，妃王宗枝皆罹其酷。與嚴莊爭權不睦，及禄山死，奪其使，以鄧季陽代之。慶緒之奔，莊懼爲所圖，因而來奔。

《舊唐書》卷二百上《孫孝哲傳》頁五三七六

十四載三月壬午，安禄山及契丹戰于潢水，敗之。

《新唐書》卷五《玄宗》頁一五〇

李懷仙，柳城胡也。世事契丹，守營州。善騎射，智數敏給。禄山之反，以爲禆將。

《新唐書》卷二百一十二《李懷仙傳》頁五九六七

禄山謀逆十餘年，凡降蕃夷皆接以恩，有不服者，假兵脅制之，所得士，釋縛給湯沐、衣服，或重譯以達，故蕃夷情僞悉得之。禄山通夷語，躬自尉撫，皆釋俘囚爲戰士，故其下樂輸死,所戰無前。(高)邈最有謀,勸禄山取李光弼爲左司馬,不納,既而悔之,憂見顔色,久而曰:"史思明可當之。"

《新唐書》卷二百二十五上《逆臣上·安禄山傳》頁六四一七

夏,四月,安禄山奏破奚、契丹。契,欺訖翻。

《資治通鑑》卷二百一十七《唐紀三十三·玄宗天寶十四年》頁六九三二

十一月,甲子,禄山發所部兵及同羅、奚、契丹、室韋凡十五萬衆,號二十萬,反於范陽。《考異》曰:平致美《薊門紀亂》曰:"自其年八月後,慰諭兵士,磨厲戈矛,頗異於常,識者竊怪矣。至是,禄山勒兵夜發。將出,命屬官等謂曰:'奏事官胡逸自京回,奉密旨,遣禄山將隨身兵馬入朝來,莫令那人知。群公勿怪,便請隨軍。'那人,意楊國忠也。"

《資治通鑑》卷二百一十七《唐紀三十三·玄宗天寶十四年》頁六九三四

(十二月癸卯)安禄山大同軍使高秀巖寇振武軍,杜佑曰:振武軍,在單于都護府城内,西去朔方千七百餘里。朔方節度使郭子儀擊敗之,敗,補邁翻。子儀乘勝拔静邊軍。據《舊史》,静邊軍當在單于府東北,王忠嗣鎮河東所築也。宋白曰:雲中郡,西至静邊軍一百八十里。大同兵馬使薛忠義寇静邊軍,子儀使左兵馬使李光弼、右兵馬使高濬、左武鋒使僕固懷恩、右武鋒使渾釋之等逆擊,大破之,坑其騎七千。騎,奇寄翻;下同。《考異》曰:陳翃《汾陽王家傳》,此戰在十二月十二日。嫌其與禄山陷東都相亂,故並置此。

……

今且宜聲云，‘李光弼引步騎一萬出井陘；’因使人説張獻誠云：‘足下所將多團練之人，無堅甲利兵，難以當山西勁兵，’常山、饒陽以并、代爲山西。合天下言之，則河南、河北通謂之山東，函關以西爲山西。説，式芮翻。將，即亮翻，又音如字。獻誠必解圍遁去。此亦一奇也。”杲卿悦，用其策，獻誠果遁去，其團練兵皆潰。杲卿乃使人入饒陽城，慰勞將士。勞，力到翻。將，即亮翻。

《資治通鑑》卷二百一十七《唐紀三十三·玄宗天寶十四年》頁六九四四至六九四六

上謂宰臣曰：“禄山必無二心，其制朕已焚矣。”後禄山數詐稱破奚、契丹，所獲駝、馬、牛不可勝紀。……

十一月九日，禄山起兵反，以同羅、契丹、室韋曳落河，兼范陽、平盧、河東、幽、薊之衆，號爲父子軍，馬步相兼十萬，鼓行而西，以誅楊國忠爲名。

《安禄山事迹》卷中頁九二、九四

孝哲，本契丹部人也。母美容色，爲禄山所通，因兹狎近，身長七尺，勇健多謀。及事禄山，出入卧内，甚見親信。禄山常因對見宮門，俟玄宗之召，衣紐無故斷落，禄山驚忙不知所爲，孝哲探懷内，取鍼線爲禄山綴之，禄山轉憐之。常侍禄山，皆先意曲言，必嘉悦。又善於女工裁縫之事，禄山形大肚垂，與衆稍異，非孝哲裁縫，不稱其身也。天寶中，官至大將軍。禄山僭逆，爲殿中監，充閑厩使。衣馬奢侈，性殘賊，中外畏之。於西監安守忠、張通儒、田虔貞等攻長安，皆受制

於孝哲，殺王妃數十人，楊國忠、高力士之黨及素與禄山不叶
者，必殺之，以鐵棒揭腦蓋而死，血流於地。

《安禄山事迹》卷中頁九五

　　所至郡縣兵禦捍，兵起之後，列郡開甲仗庫，器械朽壞，皆不可執，
兵士皆持白棒。所謂天下雖安，忘戰必危。皆開門延敵，長史走匿，或
被擒殺，或自縊路旁，而降者不可勝計。禄山專制河朔已來，七年
餘，蘊蓄奸謀，潛行恩惠，東至靺鞨，北及匈奴，其中契丹委任尤重，一國之柄，
十得二三，行軍用兵皆在掌握。

《安禄山事迹》卷中頁九五至九六

　　至於開元末，愚儒奏章曰：“天下文勝矣，請罷府兵。”詔
曰：“可。”武夫奏章曰：“天下力强矣，請搏四夷。”詔曰：“可。”
於是府兵内鑠，邊兵外作，戎臣兵伍，湍奔矢往，内無一人
矣。起遼走蜀，繚絡萬里，事伍强寇。奚、契丹、吐蕃、雲南、大食國。

《文苑英華》卷三百七十五《原十六衛》頁一九一六

公元七五六年　　唐玄宗天寶十五年

　　（十五年正月）庚申，以李光弼爲雲中太守、河東節度
使。……

　　二月丙戌，李光弼、郭子儀將兵東出井陘，與賊將史思明
戰，大破之，進取郡縣十餘。丙辰，誅工部尚書安思順。

　　三月壬午朔，以河東節度使李光弼爲御史大夫、范陽節
度使。……

　　六月……庚寅，哥舒翰將兵八萬與賊將崔乾祐戰于靈寶

西原,官軍大敗,死者十六七。其日,李光弼與賊將史思明戰
于常山東嘉山,大破之,斬獲數萬計。

　　　　《舊唐書》卷九《玄宗下》頁二三一至二三二

　　軍既敗,(哥舒)翰與數百騎馳而西歸,爲火拔歸仁執降
於賊。禄山謂之曰:"汝常輕我,今日如何?"翰懼,俯伏稱:
"肉眼不識陛下,遂至於此。陛下爲撥亂主,今天下未平,李
光弼在土門,來瑱在河南,魯炅在南陽,但留臣,臣以尺書招
之,不日平矣。"禄山大喜,遂僞署翰司空。作書招光弼等,諸
將報書皆讓翰不死節。

　　　　《舊唐書》卷一百四《哥舒翰傳》頁三二一五

　　是時,禄山雖據河洛,其兵鋒東止於梁、宋,南不過許、
鄧。李光弼、郭子儀統河朔勁卒,連收恒、定,若崤、函固守,
兵不妄動,則凶逆之勢,不討自弊。

　　　　《舊唐書》卷一百六《楊國忠傳》頁三二四七

　　倓於行宮謂太子曰:"逆胡犯順,四海分崩,不因人情,何
以興復?夫有國家者,大孝莫若存社稷。今從至尊入蜀,則
散關已東,非皇家所有,何以維屬人情?殿下宜購募豪傑,暫
往河西,收拾戎馬,點集防邊將卒,不下十萬人,光弼、子儀,
全軍河朔,謀爲興復,計之上也。"廣平王亦贊成之,於是令李
輔國奏聞。

　　　　《舊唐書》卷一百一十六《肅宗代宗諸子·承天皇帝倓
傳》頁三三八四

二月,子儀與河東節度使李光弼率師下井陘,拔常山郡,破賊於九門,南攻趙郡,生擒賊四千,皆捨之,斬偽太守郭獻璆,獲兵仗數萬。……數日,光弼議曰:"賊怠矣,可以戰。"六月,子儀、光弼率僕固懷恩、渾釋之、陳迴光等陣於嘉山,賊將史思明、蔡希德、尹子奇等亦結陣而至,一戰敗之,斬馘四萬級,生擒五千人,獲馬五千匹,思明露髮跣足奔于博陵。

　　《舊唐書》卷一百二十《郭子儀傳》頁三四五〇

十五載,進軍與李光弼合勢,及史思明戰于常山、趙郡、沙河、嘉山,皆大破之,懷恩功居多。

　　《舊唐書》卷一百二十一《僕固懷恩傳》頁三四七七

安禄山構逆,瑊從李光弼出師河北,定諸郡邑。

　　《舊唐書》卷一百三十四《渾瑊傳》頁三七〇三

無何,潼關失守,郭子儀、李光弼退師,忠臣乃引軍北歸。

　　《舊唐書》卷一百四十五《李忠臣傳》頁三九四〇

其年二月,李光弼、郭子儀之師自土門東下,復收常山郡。(顏)杲卿、(袁)履謙等妻女數百人,繫之獄中,光弼破械出之,令行喪服,給遣周厚。

　　《舊唐書》卷一百八十七下《忠義下·顏杲卿附子泉明傳》頁四八九八

六月,李光弼、郭子儀出土門路,大破賊衆於常山郡東嘉山,河北諸郡歸降者十餘,(安)禄山窘急,圖欲却投范陽。

《舊唐書》卷二百上《安禄山傳》頁五三七一

顏真卿破袁知泰三萬衆於堂邑、〔一〕賀蘭進明再拔信都,李光弼、郭子儀繼收常山、趙郡,河北路絶者再。

【校勘記】

〔一〕袁知泰 "泰"字各本原作"奉",據本書卷一二八《顏真卿傳》《新書》卷一五三《顏真卿傳》、《通鑑》卷二一七改。

《舊唐書》卷二百上《高尚傳》頁五三七五

李光弼出土門,拔常山郡,思明解圍而拒光弼。光弼列兵於城南,相持累月。光弼草盡,使精卒以車數乘於旁縣取草,輒被擊之,其後率十匹唯共得兩束草,至銼蒿薦以飼之。初,禄山以賈循爲范陽留後,謀歸順,爲副留守向潤客所殺,以思明代之。又以征戰在外,令向潤客代其任。四月,朔方節度郭子儀以朔方蕃、漢二萬人自土門而至常山,軍威遂振,南拔趙郡,思明退保博陵。五月十日,子儀、光弼擊之,敗思明於沙河上。又攻之,思明以騎卒奔嘉山,光弼擊之,思明大敗,走入博陵郡。光弼圍之,城幾拔。屬潼關失守,肅宗理兵于朔方,使中官邢廷恩追朔方、河東兵馬。光弼入土門,思明隨後徼擊之,已而迴軍併行擊劉正臣,正臣易之,初不設備,遂棄軍保北平,正臣妻子及軍資二千乘盡没。

《舊唐書》卷二百上《史思明傳》頁五三七六至五三七七

（十五年正月）癸亥,朔方節度副使李光弼爲河東節度副大使,以討禄山。……二月乙亥,……李光弼克常山郡,郭子儀出井陘會光弼,及安禄山將史思明戰,敗之……三月……乙丑,李光弼克趙郡……六月……丙戌,哥舒翰及安禄山戰于靈寶西原,敗績。是日,郭子儀、李光弼及史思明戰于嘉山,敗之。

《新唐書》卷五《玄宗》頁一五二

天寶中,……時幽州又有謡曰:"舊來誇戴竿,今日不堪看,但看五月裏,清水河邊見契丹。"

《新唐書》卷三十五《五行二》頁九二〇

承天皇帝倓,始王建寧。英毅有才略,善騎射。禄山亂,典親兵,扈車駕。度渭,百姓遮道留太子,太子使喻曰:"至尊播遷,吾可以違左右乎?"倓進説曰:"逆胡亂常,四海崩分,不因人情圖興復,雖欲從上入蜀,而散關以東非國家有。夫大孝莫若安社稷,殿下當募豪傑,趣河西,收牧馬。今防邊屯士不下十萬,而光弼、子儀全軍在河朔,與謀興復,策之上者。"廣平王亦贊之,於是議定。

《新唐書》卷八十二《十一宗諸子·承天皇帝倓傳》頁三六一七至三六一八

（温）大雅四世孫佶,字輔國,以字行。安禄山亂,往見平原太守顔真卿,助爲守計。李光弼厚遇之。

《新唐書》卷九十一《温大雅附佶傳》頁三七八三至三七八四

當是時，禄山雖盗河、洛，所過殘殺，人人怨之，淹時月不能進尺寸地。又郭子儀、李光弼兵益進，取常山十數郡。禄山始悔反矣，將還幽州以自固。而國忠計迫，謬説帝趣翰出潼關復陝、洛。時子儀、光弼遥計曰：“翰病且耄，賊素知之，諸軍烏合不足戰。今賊悉鋭兵南破宛、洛，而以餘衆守幽州，吾直搗之，覆其巢窟，質叛族以招逆徒，禄山之首可致。若師出潼關，變生京師，天下怠矣。”乃極言請翰固關無出軍。……

禄山見翰責曰：“汝常易我，今何如？”翰俯伏謝罪曰：“陛下撥亂主。今天下未平，李光弼在土門，來瑱在河南，魯炅在南陽，臣爲陛下以尺書招之，三面可平。”

《新唐書》卷一百三十五《哥舒翰傳》頁四五七二至四五七四

李光弼討河北，曜請行，拜鴻臚卿，爲光弼副。降安太清、救宋州有功，改殿中監，襲封，爲東都鎮守兵馬使。

《新唐書》卷一百三十五《哥舒翰附子曜傳》頁四五七五

安禄山反，詔徙朔方兵東討，元光領所部結義營，長驅從光弼出土門。累遷太子詹事，封南陽郡王，爲兩都遊弈使。

《新唐書》卷一百三十六《白元光》頁四五九四

張伯儀，魏州人，以戰功隸光弼軍。

《新唐書》卷一百三十六《張伯儀傳》頁四五九三

侯仲莊字仲莊,蔚州人。爲光弼先鋒,授忠武將軍。

《新唐書》卷一百三十六《侯仲莊傳》頁四五九五

柏良器字公亮,魏州人。父造,以獲嘉令死安禄山難。乃學擊劍,欲報賊。父友王夬爲光弼從事,見之曰:"爾額文似臨淮王,面黑子似顏平原,殆能立功。"乃薦之光弼。

《新唐書》卷一百三十六《柏良器傳》頁四五九六

會李光弼攻賊常山,拔之,子儀引軍下井陘,與光弼合,破賊史思明衆數萬,平藁城……子儀曰:"彼恃加兵,必易我;易我,心不固,戰則克矣。"與戰未決,戮一步將以徇,士殊死鬥,遂破之,斬首二千級,俘五百人,獲馬如之。於是晝揚兵,夜搗壘,賊不得息,氣益老。乃與光弼、僕固懷恩、渾釋之、陳回光等擊賊嘉山,斬首四萬級,獲人馬萬計。思明跳奔博陵。於是河北諸郡往往斬賊守,迎王師。方北圖范陽,會哥舒翰敗,天子入蜀,太子即位靈武,詔班師。子儀與光弼率步騎五萬赴行在。

《新唐書》卷一百三十七《郭子儀》頁四五九九、四六〇〇

初,帝在東宫,李林甫數構譖,勢危甚,及即位,怨之,欲掘冢焚骨。泌以天子而念宿嫌,示天下不廣,使脅從之徒得釋言於賊。帝不悦,曰:"往事卿忘之乎?"對曰:"臣念不在此。上皇有天下五十年,一旦失意,南方氣候惡,且春秋高,聞陛下録故怨,將内慚不懌,萬有一感疾,是陛下以天下之廣不能安親也。"帝感悟,抱泌頸以泣曰:"朕不及此。"因從容

問破賊期,對曰:"賊掠金帛子女,悉送范陽,有苟得心,渠能定中國邪? 華人爲之用者,獨周摯、高尚等數人,餘皆脅制偷合,至天下大計,非所知也。不出二年,無寇矣,陛下無欲速。夫王者之師,當務萬全,圖久安,使無後害。今詔李光弼守太原,出井陘,郭子儀取馮翊,入河東,則史思明、張忠志不敢離范陽、常山,安守忠、田乾真不敢離長安,是以三地禁其四將也。"

《新唐書》卷一百三十九《李泌傳》頁四六三三

信安王禕節度朔方,京杲與弟旻以策干説,禕評咨加異。後從李光弼出井陘,督趣盪先驅,戰嘉山尤力,肅宗異之,召見曰:"黥、彭、關、張之流乎!" 累遷鴻臚卿,召爲英武軍使。

《新唐書》卷一百四十七《辛雲京附杲傳》頁四七五四

(辛)旻亦從光弼定恒、趙,後署太原三城使。史思明屯相,軍及滏陽,旻逆擊走之。

《新唐書》卷一百四十七《辛雲京附辛旻傳》頁四七五四

是時,從父兄杲卿爲常山太守,斬賊將李欽湊等,清土門。十七郡同日自歸,推真卿爲盟主,兵二十萬,絶燕、趙。詔即拜戶部侍郎,佐李光弼討賊。真卿以李暉自副,而用李銑、賈載、沈震爲判官。

《新唐書》卷一百五十三《顏真卿傳》頁四八五五

祿山反,從李光弼定河北,射賊驍將李立節,貫其左肩,死之。

　　　　　　《新唐書》卷一百五十五《渾瑊傳》頁四八九一

　　安禄山反,縣民孫俊驅市人以應,(鄭)旷率衆擊殺之。改登州司馬。李光弼表爲武寧府判官,遷沂州刺史,諭降賊李浩五千人。終滁州刺史。

　　　　　　《新唐書》卷一百六十一《鄭雲逵傳》頁四九八三

　　白志貞者,本名琇珪,故太原史也。事節度使李光弼,硜硜自力,有智數,光弼善之,使與帳下議。代宗素聞,及光弼卒,擢累司農卿。

　　　　　　《新唐書》卷一百六十七《白志貞傳》頁五一〇五

　　李光弼、郭子儀收常山,出杲卿、履謙二家親屬數百人於獄,厚給遺,令行喪。……

　　史思明圍李光弼,獲泉明,裹以革,送幽州,間關得免。

　　　　《新唐書》卷一百九十二《顏杲卿傳》頁五五三一、五五三二

　　懷恩善戰鬥,曉識戎情,部分謹嚴。安禄山反,從朔方節度使郭子儀討賊雲中,破之;敗薛忠義于背度山,殺七千騎,禽忠義子,下馬邑。進會李光弼,戰常山、趙郡、沙河、嘉山,走史思明。

　　　　《新唐書》卷二百二十四上《叛臣上·僕固懷恩傳》頁六三六五

德宗幸奉天,度支汴東兩稅使包佶寓揚州,所儲財賦八百萬緡將輸京師,少游意朱泚勢盛,不遽平,欲脅取其財,使判官崔頲就佶索文簿,貸二百萬緡,佶以非敕命,拒之。頲怒曰:"君善,得爲劉長卿,不爾,爲崔衆矣!"長卿嘗任租庸使,爲吳仲孺所囚,崔衆以偪李光弼被殺,故頲以爲言。

《新唐書》卷二百二十四上《叛臣上‧陳少遊傳》頁六三八〇

明年正月,僭稱雄武皇帝,國號燕,建元聖武,子慶緒王晉,慶和王鄭,達奚珣爲左相,張通儒爲右相,嚴莊爲御史大夫,署拜百官。復取常山,殺顏杲卿。安思義屯真定,會李光弼出土門救常山,思義降,博陵亦拔,唯橐城、九門二縣爲賊守。史思明、李立節、蔡希德圍饒陽,不克,引軍攻石邑,張奉璋固守。朔方節度使郭子儀自雲中引兵與光弼合,敗思明於九門,李立節死,希德奔鉅鹿;思明奔趙郡,自鼓城襲博陵,復據之。光弼拔趙郡,還圍博陵,軍恒陽。希德請濟師於賊,賊以二萬騎涉滹沱入博陵,牛廷玠發嫣、檀等兵萬人來助,思明益強,與光弼戰,敗于嘉山,光弼收郡十三,河南諸郡皆嚴兵守,潼關不開。

《新唐書》卷二百二十五上《逆臣上‧安禄山傳》頁六四一八至六四一九

會李光弼收常山,思明遽解圍迎戰,晝夜行二百里,相持久不決。郭子儀取趙郡,合兵攻賊。凡再戰,皆大敗,走入博陵。光弼追傅城,幾拔。屬潼關潰,肅宗召朔方、河東兵,光弼引還，使王俌守常山。賊尾追光弼於井陘，敗歸。

《新唐書》卷二百二十五上《逆臣上·史思明傳》頁
六四二七

（至德元年正月壬戌）上命郭子儀罷圍雲中，還朔方，益
發兵進取東京；選良將一人分兵先出井陘，定河北。子儀薦
李光弼，癸亥，以光弼爲河東節度使，分朔方兵萬人與之。《考
異》曰：杜牧《張保皋傳》曰："安禄山亂，朔方節度使安思順以禄山從弟賜死，
詔郭汾陽代之。後旬日，復詔李臨淮持節，分朔方半兵，東出趙、魏。當思順
時，汾陽、臨淮俱爲牙門都將，二人不相能，雖同盤飲食，常睥相視，不交一言。
及汾陽代思順，臨淮欲亡去，計未決，詔至，分汾陽兵東討。臨淮入請曰：'一死
固甘，乞免妻子。'汾陽趨下，持手上堂偶坐，曰：'今國亂主遷，非公不能東伐，
豈懷私忿時邪！'悉召軍吏，出詔書讀之，如詔約束。及別，執手泣涕，相勉以
忠義。"按於時玄宗未幸蜀，唐之號令猶行於天下，若制書除光弼爲節度使，子
儀安敢擅殺之！杜或得於傳聞之誤也。今從《汾陽家傳》及《舊傳》。

《資治通鑑》卷二百一十七《唐紀三十三·肅宗宗至德
元年》頁六九五三

二月，丙戌，加李光弼魏郡太守、河北道采訪使。……

史思明等圍饒陽二十九日，不下，李光弼將蕃、漢步騎萬
餘人、太原弩手三千人出井陘。騎，奇寄翻。陘，音刑。《考異》曰：
《玄宗實録》："己亥，光弼以朔方馬步五千，東出土門，收常山郡。"《河洛春秋》
云："光弼從大同城下領蕃、漢兵馬步一萬餘人，並太原弩手三千人，救真定。"
蓋《實録》言朔方元領之兵，《河洛》言到真定之數耳。己亥，至常山，常
山團練兵三千人殺胡兵，執安思義出降。降，戶江翻。光弼謂思

義曰:"汝自知當死否?"思義不應。光弼曰:"汝久更陳行,更,工衡翻。陳,讀曰陣。行,胡剛翻。視吾此衆,可敵思明否?今爲我計當如何?汝策可取,當不殺汝。"思義曰:"大夫士馬遠來疲弊,猝遇大敵,恐未易當;易,以豉翻。不如移軍入城,早爲備禦,先料勝負,然後出兵。胡騎雖銳,不能持重,騎,奇寄翻;下同。苟不獲利,氣沮心離,於時乃可圖矣。思明今在饒陽,去此不二百里。《九域志》:真定至饒陽二百三十五里。思義蓋指思明下營處言之。昨暮羽書已去,計其先鋒來晨必至,而大軍繼之,不可不留意也。"光弼悦,釋其縛,即移軍入城。史思明聞常山不守,立解饒陽之圍;明日未旦,先鋒已至,思明等繼之,合二萬餘騎,直抵城下。光弼遣步卒五千自東門出戰,賊守門不退。光弼命五百弩於城上齊發射之,射,而亦翻;下兵射同。賊稍却;乃出弩手千人分爲四隊,使其矢發發相繼,賊不能當,斂軍道北。光弼出兵五千爲槍城於道南,夾呼沱水而陳;賊數以騎兵搏戰,光弼之兵射之,人馬中矢者太半,陳,讀曰陣。數,所角翻。中,竹仲翻。乃退,小憩以俟步兵。有村民告賊步兵五千自饒陽來,晝夜行百七十里,至九門南逢壁,度憩息。九門縣屬常山郡,在郡東。宋白曰:《戰國策》云:本有九室而居,趙武靈王改爲九門縣。憩,去例翻。光弼遣步騎各二千,匿旗鼓,並水潛行,並,步浪翻。至逢壁,賊方飯,縱兵掩擊,殺之無遺。思明聞之,失勢,退入九門。時常山九縣,真定、藁城、石邑、九門、行唐、井陘、平山、獲鹿、靈壽,凡九縣。七附官軍,惟九門、藁城爲賊所據。光弼遣裨將張奉璋以兵五百戍石邑;石邑縣自漢以來屬常山郡,在郡西南。戍兵多於餘縣者,所以通太原之路也。宋白曰:隋改漢上曲陽縣爲石邑;尋移石邑於井陘縣,於舊石邑縣置恒陽縣,以在恒山之陽爲名。則此石邑在井陘也。餘皆三百人成之。

《資治通鑑》卷二百一十七《唐紀三十三·肅宗至德元年》頁六九五四至六九五五

三月……壬午，以河東節度使李光弼爲范陽長史、河北節度使。長，知兩翻。《考異》曰：《實録》云："乙丑，光弼收趙郡。"按壬午，三月二十九日；乙丑，十二日也。《河洛春秋》收趙郡在四月，今從之。加顔真卿河北采訪使。真卿以張澹爲支使。

《資治通鑑》卷二百一十七《唐紀三十三·肅宗至德元年》頁六九五六至六九五七

（三月）李光弼與史思明相守四十餘日，思明絶常山糧道。城中乏草，馬食薦藉。藉，慈夜翻。光弼以車五百乘之石邑取草，之，往也。乘，繩證翻。將車者皆衣甲，弩手千人衛之，爲方陳而行，衣，於既翻。陳，讀曰陣。賊不能奪。蔡希德引兵攻石邑，張奉璋拒却之。光弼遣使告急於郭子儀，子儀引兵自井陘出，使，疏吏翻。陘，音刑。夏，四月，壬辰，至常山，與光弼合，蕃、漢步騎共十餘萬。甲午，子儀、光弼與史思明等戰於九門城南，宋白曰：九門縣，戰國趙邑。《戰國策》云本有九室而居，趙武靈王改爲九門縣。思明大敗。中郎將渾瑊射李立節，殺之。將，即亮翻。渾，胡昆翻，又户本翻。瑊，古咸翻。射，而亦翻。瑊，釋之之子也。思明收餘衆奔趙郡，蔡希德奔鉅鹿。思明自趙郡如博陵，時博陵已降官軍，降，户江翻；下同。思明盡殺郡官。河朔之民苦賊殘暴，所至屯結，多至二萬人，少者萬人，各爲營以拒賊；及郭、李軍至，爭出自效。少，始紹翻。庚子，攻趙郡；一日，城降。士卒多虜掠，光弼坐城門，收所獲，悉歸之，民大悅。子儀生擒四千人，皆捨之，斬禄山太守郭獻璆。璆，音求。光弼進圍博陵，十日，不拔，引兵還恒陽就食。恒陽，即恒山郡，以其地在恒山之陽也，唐置恒陽軍於郡北。又博陵郡有恒陽縣，漢之上曲陽縣也，隋改爲恒陽縣，在博陵西十里。恒，户登翻。還，從宣翻，又音如字。

《資治通鑑》卷二百一十七《唐紀三十三·肅宗至德元年》頁六九五九至六九六〇

（五月戊辰）郭子儀、李光弼還常山，還，從宣翻，又音如字。史思明收散卒數萬躡其後。

……數日，子儀、光弼議曰："賊倦矣，可以出戰。"《考異》曰：《河洛春秋》以此爲光弼語，《汾陽家傳》作子儀語，蓋二人共議耳。壬午，戰于嘉山，據《舊史安禄山傳》：嘉山在常山郡東。魏收《地形志》：中山郡上曲陽縣有嘉山。上曲陽，即唐之恒陽也。《考異》曰：《實録》云"六月壬午"，按《長曆》，六月癸未朔；壬午，五月二十九日也。《汾陽家傳》《舊禄山傳》亦云"六月，戰嘉山"。《河洛春秋》云："六月二十五日，光弼破賊於嘉山。"今從《實録》而改其月。大破之，斬首四萬級，捕虜千餘人。思明墜馬，露髻跣足步走，至暮，杖折槍歸營，折，而設翻。奔于博陵；光弼就圍之，軍聲大振。於是河北十餘郡皆殺賊守將而降。將，即亮翻；下同。降，户江翻；下同。《考異》曰：《河洛春秋》云："五月，蔡希德從東都見禄山，禄山又與馬步二萬人，至邢州，取堯山、招慶，射趙州東界，效曲、鼓、鹿城間，渡洈池水，入無極，至定州。牛介從幽州占歸、檀、幽、易，兼大同、紇、蠟共萬餘人，帖思明。思明軍既壯，共五萬餘人；其中精騎萬人，悉是同羅、曳落河，精於馳突。光弼以十五萬衆頓軍恒陽，樵采往來，人有難色，召有策者試之。時趙州司户參軍先臣亡父包處遂上書與光弼曰：'思明用軍，惟將勁悍，觀其布措,實謂無謀。昔秦、趙争山,先居者勝,豈不爲勞逸勢倍,高下相懸。今宜重出軍人有膂力者五萬,被甲兩重,陌刀各二。東有高山甚大,先令五千甲士於山上設伏,後出二千人山東取糧。賊見必追之,則奔山上。伏兵馬與一百面鼓,應山上避賊百姓,壯者亦與器械,令隨大軍;老弱者令居險固守,遥爲聲援。賊必圍山攻之;城内出五萬人,擇將二人統之,各領二萬,一將於南面,一將於城北門出。賊營悉在山東,其軍夜出,長去賊三十里行;廣張左右翼,以天曉合圍。其軍每二十五爲隊,每隊置旗兩口,鏨鏨鼓子一具,圍落纔合,則動鼓子;賊必不測人之多少。然於城東門出軍一萬人,布掌底陳,山上亦擊鼓而下,齊攻之,必克勝。'光弼尤然此計,乃出朔方計會,出人取糧。賊果然來襲,即奔山上。至六月二十五日,依前計大破賊於嘉山陣,斬首數萬餘級,生擒數千。思明落馬步遁;至暮,拄折槍歸營。希德中槍索,押衙劉旻矸斷而走。生擒得旻。至二十六日,覆陣。二十七日,有詔至恒陽,云潼關失守,駕幸劍南。"包諝專欲歸功其父,而他書皆無之。今不取。**漁陽路再絶**,漁陽,即謂范陽也。范陽郡,幽州。其後又分置薊州漁陽郡,二郡始各有分界。然范陽節度盡統幽、易、平、檀、嬀、燕等州,賊之根本實在范陽也。唐人於此時多以范陽、漁陽通言之,白居易詩所謂“漁陽鼙鼓動地來”,是以范陽通爲漁陽也。前此顔杲卿以常山返正,漁陽路絶矣;杲卿敗而復通。今郭、李破史思明,故再絶。

《資治通鑑》卷二百一十八《唐紀三十四·肅宗至德元年》頁六九六三至六九六五

（六月癸未）（哥舒）翰不得已,撫膺慟哭;丙戌,引兵出關。逗,音豆。使,疏吏翻。趣,讀曰促。《考異》曰:《幸蜀記》曰:“賊將崔乾祐於陝郡西潛鋒蓄鋭,卧鼓偃旗,而偵者奏云,賊全無備。上然之。”又曰:“玄宗久處太平,不練軍事,既被國忠眩惑,中使相繼督責於公,不得已,撫膺慟哭久之,乃引師出關。國忠又令杜乾運領所募兵於馮翊境上,潛備哥舒公。公曰：‘今軍出關，勢十全矣。更置乾運於側以爲疑軍，人心憂疑，即不俟見賊，吾軍潰矣。必當併之以除内憂。’遂令衙前總管叱萬進追軍，誡之曰：‘若不受追，即便斬頭來。’乾運果不肯赴。進詐詞如欲叛哥舒，竊請見。乾運遂喜，遽見之。與語，進忽抽佩刀曰：‘奉處分，取公頭。’乾運驚懼。其左右悉新招募者，悉投仗散走，進遂斬乾運，携首至於軍門，衆皆攝氣，乃統其軍赴關。”按翰若擅殺乾運而奪其軍，則是已反也，朝廷安能趣之出關乎！蓋奏乞以其軍隸潼關，朝廷已許之，翰召乾運受處分，或有所違拒，因託軍法以斬之耳。凌準《邠志》云：“郭子儀、李光弼將進軍，聞朝廷議出潼關，圖復陝、洛，二公議曰：‘哥舒公老疾昏耄，賊素知諸軍烏合，不足以戰。今禄山悉鋭南馳宛、洛，賊之餘衆盡委思明，我且破之，便覆其巢。質叛徒之族，取禄山之首，其勢必矣。若潼關出師，有戰必敗。關城不守，京室有變，天下之亂，何可平之！’乃陳利害以聞，且請固關無出。”《唐曆》：“會偵人自陝至，云：‘崔乾祐所將衆不滿四千，不足圖也。’上大悦。”《舊翰傳》：“翰既斬乾運，心不自安，又素有風疾，至是頗甚，軍中之務不復躬親，委政於行軍司馬田良丘。良丘復不敢專斷，教令不一，頗無部伍。其將王思禮、李承光又爭長不叶，人無鬥志。”今兼采之。

《資治通鑑》卷二百一十八《唐紀三十四·肅宗至德元年》頁六九六七至六九六八

（六月辛卯）翰伏地對曰：“臣肉眼不識聖人。今天下未平，李光弼在常山，李祇在東平，李祇，即謂吳王祇。魯炅在南陽，炅，古迴翻。陛下留臣，使以尺書招之，不日皆下矣。”

《資治通鑑》卷二百一十八《唐紀三十四·肅宗至德元年》頁六九六九

（六月戊申）李光弼圍博陵未下，聞潼關不守，解圍而南。

史思明躡其後，光弼擊却之，與郭子儀皆引兵入井陘，留常山太守王俌將景城、河間團練兵守常山。俌，音甫。平盧節度使劉正臣將襲范陽，未至，史思明引兵逆擊之，正臣大敗，棄妻子走，士卒死者七千餘人。初，顏真卿聞河北節度使李光弼出井陘，即斂軍還平原，以待光弼之命。

　　《資治通鑑》卷二百一十八《唐紀三十四·肅宗至德元年》頁六九八〇

　　（六月庚辰）頃屬車駕南遷，屬，之欲翻。南遷，謂自長安南幸蜀也。蜀在長安南山之南。李大夫收軍退守晉陽，李大夫，謂光弼也。王太守權統後軍，欲舉城降賊，衆心不從，身首異處。

　　《資治通鑑》卷二百一十八《唐紀三十四·肅宗至德元年》頁六九八九

　　常山既陷，鄴郡、廣平、鉅鹿、上谷、博陵、文安、魏郡、信都等十一郡，[一二]復爲賊守。十五年六月八日，郭子儀、李光弼二軍東出，敗史思明之衆於嘉山。思明跣足露髮奔於博陵，歸順者十三郡，思明懼焉。潼關失守，二將旋師燕趙之間，賊復屠之。

【校勘記】

　　〔一二〕鄴郡、廣平、鉅鹿、上谷、博陵、文安、魏郡、信都等十一郡　按，上述地名不足十郡，考《舊唐書》卷一八七《顏杲卿傳》、《通鑑》卷二一七，“鉅鹿”下均有“趙”字，疑此處脱。

　　　　　　《安禄山事迹》卷中頁九八、一〇〇

　　（天寶十五年）五月，奚、契丹兩蕃數出北山口至於范陽，俘劫牛馬子女,止城下累日,城中唯留後羸兵數千,不敵,潤客等計無所出,遂以樂人戴竿索者爲趫捷可用,授兵出戰。至城北清水河大敗,爲奚、羯所戮,唯三數人伏草莽間,[五]獲免。其樂人本玄宗所賜,皆非人間之伎,轉相教習,得五百餘人。或一人肩一作扇。符首戴□,二十四人戴竿,長百餘尺,至於竿杪,人騰擲如猿狄、飛鳥之勢,竟爲奇絕,累日不憚,觀者汗流目眩。於是,此輩殱矣。虜未至前月餘日,童謠云:"舊來誇戴竿,今日不堪看。但看五日裏,清水河邊見。"契丹初聞莫悟,至是而應之。

【校勘記】

〔五〕唯三數人伏草莽間　類編本作"存"

《安禄山事迹》卷下頁一〇二至一一三

(安)禄山曰:"汝常輕我,今日何如?"(哥舒)翰俯伏,稱:"肉眼豈知陛下,遂至此。陛下爲撥亂之主,今天下未平,李光弼在土門,來瑱在河南,魯炅在南陽,但留臣,臣以尺書招之,不日平矣。"禄山大喜,遂署翰爲司空,令書招光弼等。諸將報書,皆讓翰不死節。禄山知事不遂,閉翰於苑中而害之。

《安禄山事迹》卷下頁一〇四

幽州謠

舊來誇戴竿,今日不堪看。但看五月裏,清水河邊見契丹。[一]

【校勘記】

〔一〕《青瑣高議》又載一謠云:山上一群鹿,大鹿來相遂。啼殺澗下羊，却被猪兒觸。

《全唐詩》卷八百七十八《謡》頁九九四五

公元七五六年　唐肅宗至德元年

八月壬午，朔方節度使郭子儀、范陽節度使李光弼破賊於常山郡之嘉山。上以治兵收京城，詔子儀等旋師，子儀、光弼率所統步騎五萬至自河北。[七]詔以子儀爲兵部尚書，依前靈州大都督府長史；光弼爲户部尚書，兼太原尹、北京留守：同中書門下平章事。

【校勘記】

〔七〕至自河北　“自”字各本原作〔屯〕，據本書卷一二〇《郭子儀傳》改。

《舊唐書》卷十《肅宗》頁二四三、二六五

（十月）癸未，彭原郡以軍興用度不足，權賣官爵及度僧尼。上素知房琯名，至是琯請爲兵馬元帥收復兩京，許之，仍令兵部尚書王思禮爲副。分兵爲三軍，楊希文、劉貴哲、李光進等各將一軍，其衆五萬。辛丑，琯與賊將安守忠戰于陳濤斜，官軍敗績，楊希文、劉貴哲等降於賊，琯亦奔還。平原太守顔真卿以食盡援絶，棄城渡河，於是河北郡縣盡陷於賊。

《舊唐書》卷十《肅宗》頁二四四

尋抗疏自請將兵以誅寇孽，收復京都，肅宗望其成功，許之。詔加持節、招討西京兼防禦蒲潼兩關兵馬節度等使，乃與子儀、光弼等計會進兵。

　　　　《舊唐書》卷一百一十一《房琯傳》頁三三二一

　八月，子儀與李光弼率步騎五萬至自河北。時朝廷初立，兵衆寡弱，雖得牧馬，軍容缺然。及子儀、光弼全師赴行在，軍聲遂振，興復之勢，民有望焉。

　　　　《舊唐書》卷一百二十《郭子儀傳》頁三四五○

　至德中，李光弼鎮太原，辟（馬炫）爲掌書記、試大理評事、監察御史，歷侍御史。常參謀議，光弼甚重之，奏授比部、刑部郎中。

　　　　《舊唐書》卷一百三十四《馬燧附炫傳》頁三七○二

　至德中，李光弼鎮太原，始署掌書記，常參軍謀，光弼器焉。

　　　　《新唐書》卷一百五十五《馬燧附炫傳》頁四八九一

　八月，壬午朔，以子儀爲武部尚書、靈武長史，以李光弼爲户部尚書、北都留守，武后天授元年以太原爲北都；中宗神龍元年罷；開元十一年復置；天寶元年曰北京；是年復曰北都。並同平章事，餘如故。光弼以景城、河間兵五千赴太原。

　先是，河東節度使王承業軍政不脩，朝廷遣侍御史崔衆交其兵，尋遣中使誅之；衆侮易承業，先，悉薦翻。易，弋豉翻。光弼素不平。至是，敕交兵於光弼，衆見光弼，不爲禮，又不時交兵，光弼怒，收斬之，軍中股栗。《考異》曰：《肅宗實錄》：“八月，壬午，子儀、光弼皆於常山郡嘉山大破賊，子儀等俱奉詔，領士馬五萬至自河北；以子儀爲某官，光弼爲某官。"《汾陽家傳》："六月八日，破史思明於嘉山之下。公謂光弼曰："賊散矣，其餘幾何，可長驅而南，以定天下。"其月，發恒陽，至常山。中使邢延恩至，奉詔取河北路，席卷而南。會哥舒翰敗績，玄宗幸蜀，肅宗如朔方，公聞之，獨總精兵五萬奔肅宗行在。玄宗有誥，以肅宗嗣皇帝位；肅宗奉誥歔欷，哀不自勝。公諫云云，跪上天子璽，以七月十三日即皇帝位。二十七日，制：可武部尚書、平章事。"《幸蜀記》："六月十一日，玄宗追郭子儀赴京，李光弼守太原。"《河洛春秋》："六月二十五日，大破賊於嘉山。二十六日，覆陳。二十七日，有詔至恒陽，云：潼關失守，駕幸劍南，儲君又往靈武。由是拔軍入井陘口。"《邠志》："六月八日，敗史思明于嘉山，會潼關失守，二公班師。"《唐曆》："七月二十八日，子儀、光弼並加平章事。又詔子儀收軍赴朔方，光弼赴太原。"《河洛春秋》又云："光弼至太原，殺王承恩，固守晉陽。"《舊紀》與《實錄》同。《子儀傳》："七月，肅宗即位，以賊據兩京，方謀收復，詔子儀班師。八月，子儀與光弼帥步騎五萬至自河北。"《光弼傳》："肅宗理兵於靈武，遣中使劉智達追光弼、子儀赴行在。"又云："以景城、河間之卒五千赴太原。"《玄宗實錄》："六月，壬午，光弼、子儀破史思明於嘉山。"《舊紀》："六月，癸未朔。庚寅，哥舒翰敗於靈寶。其日，光弼破史思明於嘉山。"《子儀》、《光弼傳》皆云"六月"，無日。諸書言李、郭事不同如此。按《歲朔曆》，六月、癸未朔，與《舊紀》同。《玄宗實錄》云壬午，誤也。《肅宗實錄》"八月壬午"，朔日也，子儀、光弼皆於嘉山大破賊，領士馬至自河北，以爲某官、某官。蓋壬午乃拜官日，因言已前事耳。《汾陽家傳》、《邠志》皆云六月八日破史思明，與《舊紀》同。《家傳》云勸肅宗即位，上璽，則恐不然。哥舒翰以六月八日敗，亦須旬日方傳至河北。肅宗七月十三日即位，若六月二十七日班師，七月十三日豈能便達靈武也！《河洛春秋》，二十五日破賊，與諸書皆不合，恐太後也。今據《舊玄宗紀》、《汾陽家傳》、《邠志》、《唐曆》，皆云六月八日破史思明，宜可從。《幸蜀記》,十一日,玄宗召子儀、光弼,事或如此。但二傳皆云肅宗召之,恐是二人在河北,聞潼關不守,已收軍赴難在道,遇肅宗中使,遂趨靈武。今從《舊傳》。《唐曆》拜相在七月二十八日,《汾陽家傳》二十七日,《肅宗實錄》八月一日,三書皆不相遠。《子儀傳》云八月,雖無日,與《實錄》亦略相應。今從《實錄》。據《舊傳》,光弼亦曾到靈武,疑朔方兵盡從肅宗,故光弼但領河北兵赴太原耳。《河洛春秋》月日尤疏,所云殺王承恩,固守晉陽,必誤也。

《資治通鑑》卷二百一十八《唐紀三十四·肅宗至德元年》頁六九九〇至六九九二

（九月壬子）上乃以廣平王俶爲天下兵馬元帥,諸將皆以屬焉。《考異》曰:《鄴侯家傳》曰:"以李光弼爲元帥左廂兵馬使,出井陘,以攻常山,圖范陽。郭子儀爲右廂兵馬使,帥衆南取馮翊、河東。"按《汾陽家傳》,時郭子儀方北討同羅,未向河東也。《鄴侯家傳》又曰:"上召光弼、子儀議征討計,二人有遷延之言。上大怒,作色叱之,二人皆仆地,不畢詞而罷。上告公曰:'二將自偏裨,一年,遇國家有難,朕又即位於此,遂至三公、將相;看已有驕色,商議征討,欲遷延;適來叱之,皆倒。方圖克復而將已驕,朕深憂之。朕今委先生戎事,府中議事,宜示以威令,使其知懼。'對曰:'陛下必欲使畏臣,二人未見廣平,伏望令王亦暫至府。二人至,時寒,臣與飲酒。二人必請謁王,臣因爲酒令,約不起,王至,但談笑,共臣同慰安。酒散,乃諭其脩謁於元帥。則二人見元帥以帝子之尊俯從臣酒令,可以知陛下方寵任臣,軍中之令必行,他時或失律,能死生之也。'上稱善。又奏曰:'伏望言於廣平,知是聖意,欲李、郭之畏臣,非臣敢恃恩然也。'上曰:'廣平於卿,豈有形迹!'對曰:'帝子國儲,以陛下故親臣;臣何人,敢不懼!'明日,將曉,王亦至。及李、郭至,具軍容,脩敬,乃坐飲。二人因言未見元帥,乃使報王。王將至,執盞爲令,並不得起。及王至,先公曰:'適有令,許二相公不起。'王曰:'寡人不敢。'遂就座

飲。李、郭失色。談笑皆歡。先公云：‘二人起謝。’廣平曰：‘先生能爲二相公
如此，復何憂，寡人亦盡力。今者同心成宗社大計，以副聖意。’既出，李謂郭
曰：‘適來飲令，非行軍意，皆上旨也，欲令吾徒稟令耳。’”按肅宗溫仁，二公沈
勇，必無面叱仆地之事。今不取。

　　《資治通鑑》卷二百一十八《唐紀三十四‧肅宗至德元
年》頁六九九五至六九九六

　　十月，辛巳朔，……瑄分爲三軍：使裨將楊希文將南軍，
自宜壽入；天寶元年，更盩厔縣曰宜壽，屬鳳翔郡。劉貴哲將中軍，自
武功入；李光進將北軍，自奉天入。光進，光弼之弟也。

　　《資治通鑑》卷二百一十九《唐紀三十五‧肅宗至德元
年》頁七〇〇一至七〇〇三

　　（十二月戊午）今若令李光弼自太原出井陘，郭子儀自馮
翊入河東，則思明、忠志不敢離范陽、常山，守忠、乾真不敢離
長安，令，力丁翻。陘，音刑。離，力智翻。是以兩軍縶其四將也，從
禄山者，獨承慶耳。願敕子儀勿取華陰，華，户化翻。使兩京之
道常通，陛下以所徵之兵軍於扶風，與子儀、光弼互出擊之，彼
救首則擊其尾，救尾則擊其首，使賊往來數千里，疲於奔命，我
常以逸待勞，賊至則避其鋒，去則乘其弊，不攻城，不遏路。來
春復命建寧爲范陽節度大使，並塞北出，復，扶又翻，又音如字。使，
疏吏翻。並，步浪翻。與光弼南北掎角以取范陽，泌欲使建寧自靈、夏
並豐、勝、雲、朔之塞，直搗媯、檀，攻范陽之北；光弼自太原取恒、定，以攻范陽
之南。覆其巢穴。賊退則無所歸，留則不獲安，然後大軍四合
而攻之，必成擒矣。”使肅宗用泌策，史思明豈能再爲關、洛之患乎！

《資治通鑑》卷二百一十九《唐紀三十五・肅宗至德元年》頁七〇〇八至七〇〇九

公元七五七年　唐肅宗至德二年

二月戊子，……節度使李光弼大破賊將蔡希德之衆於城下，斬虜七萬，軍資器仗稱是。

夏四月戊寅朔，以郭子儀爲司空，兼副元帥，統諸節度；李光弼爲司徒。

十二月戊午朔，上御丹鳳門，下制大赦。……司徒兼太原尹李光弼薊國公……仍並加實封……開府李光進范陽郡公。

《舊唐書》卷十《肅宗》頁二四五、二四六、二四九至二五〇

王縉字夏卿，河中人也。少好學，與兄維早以文翰著名。……禄山之亂，選爲太原少尹，與李光弼同守太原，功效謀略，衆所推先，加憲部侍郎，兼本官。

《舊唐書》卷一百一十八《王縉傳》頁三四一六

（安）禄山以體肥，長帶瘡。及造逆後而眼漸昏，至是不見物。又著疽疾。俄及至德二年正月朔受朝，瘡甚而中罷。以疾加躁急，動用斧鉞。嚴莊亦被捶撻，莊乃日夜謀之。立慶緒於戶外，莊持刀領曁李猪兒同入禄山帳内，猪兒以大刀斫其腹。禄山眼無所見，床頭常有一刀，及覺難作，捫床頭不得，但撼幄帳大呼曰：“是我家賊！”腹腸已數斗流在床上，言訖氣絕。因掘床下深數尺爲坑，以氈褥包其屍埋之。又無哭

泣之儀。莊即宣言於外,言禄山傳位於晉王慶緒,尊禄山爲太上皇。慶緒縱樂飲酒無度,呼莊爲兄,事之大小必咨之。

初,猪兒出契丹部落,十數歲事禄山,甚黠慧。禄山持刃盡去其勢,血流數升,欲死,禄山以灰火傅之,盡日而蘇。因爲閹人,禄山頗寵之,最見信用。禄山肚大,每著衣帶,三四人助之,兩人擡起肚,猪兒以頭戴之,始取裙褲帶及繫腰帶。玄宗寵禄山,賜華清宮湯浴,皆許猪兒等入助解著衣服,然終見刵者,猪兒也。

　　《舊唐書》卷二百上《安禄山傳》頁五三七一至五三七二

二年正月,〔二〕(史)思明以蔡希德合范陽、上黨兵馬十萬,圍李光弼於太原。光弼使爲地道,至賊陣前。驕賊方戲弄城中人,地道中人出擒之,敵以爲神,呼爲"地藏菩薩"。

【校勘記】

〔二〕二年正月　《御覽》一一二"二年"上有"至德"二字。

　　《舊唐書》卷二百上《史思明傳》頁五三七八、五三八三

二月戊子,次于鳳翔。李光弼及安慶緒之衆戰于太原,敗之。

閏月甲寅,安慶緒寇好畤,渭北節度使李光進敗之。

　　　　《新唐書》卷六《肅宗》頁一五七、一五八

至德中,將軍王去榮殺富平令杜徽,肅宗新得陝,且惜去榮材,詔貸死,以流人使自效。至諫曰:"聖人誅亂,必先示法令,崇禮義。漢始入關,約法三章,殺人者死,不易之法也。

按將軍去榮以朔方偏裨提數千士，不能整行列，挾私怨殺縣令，有犯上之逆。或曰去榮善守，陝新下，非去榮不可守，臣謂不然。李光弼守太原，程千里守上黨，許叔冀守靈昌，魯炅守南陽，賈賁守雍丘，張巡守睢陽，初無去榮，未聞賊能下也。以一能而免死，彼弧矢絕倫、劍術無前者，恃能犯上，何以止之！若捨去榮，誅將來，是法不一而招罪人也。惜一去榮，殺十去榮之材，其傷蓋多。彼逆亂之人，有逆於此而順於彼乎？亂富平而治於陝乎？悖縣令，能不悖於君乎？律令者，太宗之律令，陛下不可以一士小材，廢祖宗大法。"

　　《新唐書》卷一百一十九《賈曾附至傳》頁四二九八至四二九九

　　陳利貞，幽州范陽人。初爲平盧將，安禄山亂，從光弼軍河南。張巡被圍睢陽也，光弼遣郝廷玉及利貞救之，輕騎出入，廷玉稱爲勝己，以子妻之。及歸，薦于光弼，自行間累遷檢校太子賓客，封静戎郡王。

　　《新唐書》卷一百三十六《陳利貞傳》頁四五九四至四五九五

　　王縉字夏卿，本太原祁人，後客河中。少好學，與兄維俱以名聞。舉草澤、文辭清麗科上第，歷侍御史、武部員外郎。禄山亂，擢太原少尹，佐李光弼，以功加憲部侍郎，遷兵部。

　　　　《新唐書》卷一百四十五《王縉傳》頁四七一五

　　至德二載,與蔡希德、高秀巖合兵十萬攻太原。是時,
李光弼使部將張奉璋以兵守故關,思明攻陷之,奉璋走樂
平。思明取攻具山東,奉璋匿士廣陽,改服紿爲賊使者,責
其後期,斬數人,引衆得還太原。時光弼固守且十月,不能
拔。……

　　李光弼聞其絶慶緒,使人招之。前此烏承恩已歸國,帝
遣鐫諭之,思明使牙門金如意奉十三郡兵八萬籍歸于朝,於
是高秀巖以河東自歸。……

　　承恩子入見,因留臥。夜半,語其子曰:“吾受命除此逆
胡。”二人白思明,乃執承恩,探衣囊得賜阿史那承慶鐵券及
光弼牒,又得薄紙書數番,皆當誅將士姓名,賊大詬曰:“我何
負於爾,至是邪!”故答曰:“此太尉光弼謀,上不知也。”思
明召官吏于廷,西嚮哭曰:“臣赤心不負國,何至殺臣?”因搒
殺承恩父子及支黨二百餘人,囚思敬以聞。帝遣使諭曰:“事
出承恩,非朕與光弼意。”又聞三司議陳希烈等死,思明懼曰:
“希烈等皆大臣,上皇棄而西。既復位,此等宜見勞,返殺之,
況我本從禄山反乎?”諸將皆勸賊表天子誅光弼,思明使耿
仁智、張不矜上疏請斬光弼,不然,且攻太原。

　　《新唐書》卷二百二十五上《逆臣上·史思明傳》頁
六四二八至六四二九

　　正月……莊雖貴用事,亦不免箠撻,閹宦李猪兒被撻尤
多,《舊書》曰:李猪兒,出契丹部落,十數歲事禄山,甚黠慧。禄山持刃盡去
其勢,血射數升,欲死,禄山以灰火傅之,盡日而蘇。因爲閹人,遂見信用。左
右人不自保。

……

上謂泌曰：“今郭子儀、李光弼已爲宰相，若克兩京，平四海，則無官以賞之，奈何？”

……

（正月丙寅）李光弼麾下精兵皆赴朔方，餘團練烏合之衆不滿萬人。思明以爲太原指掌可取，既得之，當遂長驅取朔方、河、隴。太原諸將皆懼，議脩城以待之，光弼曰：“太原城周四十里，太原都城，左汾右晉，潛丘在中，長四千三百二十一步，廣二千一百二十二步，周萬五千一百五十三步。宮城在都城西北，周二千五百二十步。汾東曰東城，貞觀十一年長史李勣所築。兩城之間曰中城，武后築，以合東城。周四十里者，止言都城耳。賊垂至而興役，是未見敵先自困也。”乃帥士卒及民於城外鑿壕以自固。作壘數十萬，帥，讀曰率。壘，古曆翻，範土爲之。衆莫知所用；及賊攻城於外，光弼用之增壘於內，壞輒補之。思明使人取攻具於山東，以胡兵三千衛送之，至廣陽，廣陽，漢上艾縣，後漢改石艾縣，天寶元年更名，屬太原府。井陘關在其東，葦澤關在其東北，皆通山東之道。別將慕容溢、張奉璋邀擊，盡殺之。

……

而光弼軍令嚴整，雖寇所不至，警邏未嘗少懈，賊不得入。光弼購募軍中，苟有小技，皆取之，隨能使之，人盡其用，得安邊軍錢工三，善穿地道。安邊軍在蔚州興唐縣。蔚州有銅冶，有錢官，故有錢工，時得其三人也。賊於城下仰而侮詈，光弼遣人從地道中曳其足而入，臨城斬之。自是賊行皆視地。賊爲梯衝、土山以攻城，光弼爲地道以迎之，近城輒陷。近，其靳翻。賊初逼城急，光弼作大礮，飛巨石，一發輒斃二十餘人。賊死者什二三,乃退營於數十步外,退營於礮所不能及之地。礮,匹貌翻。圍守益固。光弼遣人詐與賊約,刻日出降,賊喜,不爲備。光弼使穿地道周賊營中,搘之以木。搘,章移翻,拄也。至期,光弼勒兵在城上,遣裨將將數千人出,如降狀,賊皆屬目。屬,之欲翻。

　　……

　　二月,戊子……李光弼將敢死士出擊蔡希德,大破之,斬首七萬餘級;希德遁去。將,即亮翻,又音如字。

　　《資治通鑑》卷二百一十九《唐紀三十五・肅宗至德二年》頁七〇一一、七〇一三、七〇一五至七〇一九

　　(十二月)戊午,上御丹鳳樓,赦天下,惟與安禄山同反及李林甫、王鉷、楊國忠子孫不在免例。立廣平王俶爲楚王,加郭子儀司徒,李光弼司空,鉷,户公翻。俶,昌六翻。《考異》曰:《實録》,光弼舊守司徒。按《舊傳》,光弼檢校司徒耳,《實録》誤也。自餘蜀郡、靈武扈從立功之臣,從,才用翻。皆進階,賜爵,加食邑有差。

　　《資治通鑑》卷二百二十《唐紀三十六・肅宗至德二年》頁七〇四五

讓憲部尚書表

　　與劉正臣計會,共和兩蕃。正臣等尅期南來,行已有日。屬逆賊史思明、尹子奇等乘其未至,悉力急攻,諸郡無援,相次陷没。皆由臣孱懦無謀,致此顛沛。誠合殉命危難,死守孤城,以爲歸罪闕庭,愈於受擒賊手,所以僶俛偷生過河,緣劉正臣使楊神功將牒與臣,索兵馬及盤瓶錦帳,令應接奚、契

丹等。

《文忠集》卷二《讓憲部尚書表》頁八;《全唐文》卷三三六《顏真卿：讓憲部尚書表》頁三四〇二

收復西京還京詔

今兵馬乘勝,便取東京;平盧節度使兼領奚契丹五萬,又收河北。天下之事,計日可平。

《全唐文》卷四二《還京減省供頓詔》頁四六五;《唐大詔令集》卷一二三《收復西京還京詔》頁六五七;《冊府元龜》卷六四《帝王部發號令第三》頁七一三

（安）慶緒每懼見廢,嚴莊亦慮（安）祿山眼疾轉甚,恐宮中事變之後將不利,遂夜與慶緒及祿山左右閹豎李猪兒等同謀。莊謂慶緒曰："殿下聞大義滅親乎? 臣子之間事不得已而爲者,不可失也。"慶緒小胡,性又怯懦,憂懼之際,遂應之曰："兄之所爲,敢不從命。"又謂猪兒曰："汝事皇帝,鞭笞寧可數乎? 汝不行大事,死無日矣。"二年正月五日,遂相與謀殺祿山。嚴莊、慶緒執兵立於帳外,猪兒執大刀直入賑下,以刀斬其腹,左右懼不敢動。祿山眼無所見,床頭常著佩刀,始覺難作,捫刀不得,但以手撼帳竿大呼云："賊由嚴莊!"須臾,腹已數斗血流出。掘床下地,以氈裹其屍埋之,戒宮中勿令泄。莊明日宣言於外,稱祿山疾亟,僞詔立慶緒爲皇太子,軍國事大小並決之於慶緒。僞即位,尊祿山爲太上皇,慶緒常兄事嚴莊,每事必咨之。猪兒,契丹之降口也,年十歲餘,事祿山頗謹。宮刑之時,流血數斗,殆死,數日方蘇,幼時祿山最信之。祿山腹大,每著衣服,令三四人擎腹,猪兒頭戴之,始得繫衣帶。玄宗賜禄山華清宮浴,猪兒得入宮與禄山解著衣裳。然禄山性殘暴,鞭撻猪兒最多,遂有割腹之禍。

……

至滏陽縣界,時河東節度使李光弼屯卒一萬,軍馬三百在滏陽,慶緒處必死地,謂諸弟曰:"一種是死,不如刀頭取決。"遂與慶和等三人領家童數百,設奇計大破官軍,光弼大潰。澤潞節度使王思禮營相去四五里,知光弼敗,一時分散,慶緒遂分八道,曳露布稱:"破光弼、思禮兩軍,收斫萬計,營幕儼然,天假使便,無所欠少,況回鶻已走,立功不難。"

《安禄山事迹》卷下頁一〇七至一〇九

公元七五八年　唐肅宗乾元元年

(八月)甲辰,上皇誕節,上皇宴百官於金明門樓。朔方節度使郭子儀、河東節度使李光弼、關内節度使王思禮來朝,加子儀中書令,光弼侍中,思禮兵部尚書,餘如故。

《舊唐書》卷十《肅宗》頁二五三

(九月)庚寅,大舉討安慶緒於相州。命朔方節度使郭子儀、河東節度李光弼、關内潞州節度使王思禮、淮西襄陽節度魯炅、興平節度李奂、滑濮節度許叔冀、平盧兵馬使董秦、北庭行營節度使李嗣業、鄭蔡節度使季廣琛等九節度之師,步騎二十萬,以開府魚朝恩爲觀軍容使。

《舊唐書》卷十《肅宗》頁二五三

九月,奉詔大舉,子儀與河東節度使李光弼、關内節度使王思禮、北庭行營節度李嗣業、襄鄧節度使魯炅、荆南節度季廣琛、[二]河南節度使崔光遠、滑濮節度許叔冀、平盧兵馬使董秦等九節度之師討安慶緒。帝以子儀、光弼俱是元勳，難相統屬，故不立元帥，唯以中官魚朝恩爲觀軍容宣慰使。

【校勘記】

〔二〕季廣琛　“季”字各本原作“李”，據本書卷一〇《肅宗紀》、《通鑑》卷二二〇改。

《舊唐書》卷一百二十《郭子儀傳》頁三四五二、三四七五

及李光弼代（郭）子儀，懷恩又副之。

《舊唐書》卷一百二十一《僕固懷恩傳》頁三四七九

四月，肅宗使烏承恩爲副使，候伺其過而殺之。初，承恩父知義爲節度，思明常事知義，亦有開獎之恩。以此李光弼冀其無疑，因謀殺之。承恩至范陽，數漏其情，夜取婦人衣衣之，[四]詣諸將家，以翻動之意諭之。諸將以白思明，甚懼，無以爲驗。有頃，承恩與思敬從上京來，宣恩命畢，將歸私第。思明留承恩且於館中，明當有所議。已令幨其所寢之床，伏二人于其下。承恩有小男，先留范陽，思明令省其父。夜後，私於其子曰：“吾受命除此逆，明便授吾節度矣。”床下二人叫呼而出，以告思明。思明令執之，搜其衣囊，得朝廷所與阿史那承慶鐵券及光弼與承恩之牒，云：“承慶事了，即付鐵券；不了，不可付之。”又得簿書數百紙，皆載先所從反軍將名。思明語之曰：“我何負於汝而至是耶？”承恩稱：“死罪，此太尉光弼之謀也。”思明集軍將官吏百姓，西向大哭曰：“臣以十三

州之地、十萬衆之兵降國家,赤心不負陛下,何至殺臣!"因榜殺承恩父子,囚李思敬,遣使表其事。朝廷又令中使慰諭云:"國家與光弼無此事,乃承恩所爲,殺之善也。"

又有使從京至,執三司議罪人狀。思明曰:"陳希烈已下,皆重臣,上皇棄之幸蜀,既收復天下,此輩當慰勞之。今尚見殺,況我本從禄山反乎!"諸將皆云:"烏承恩之前事,情狀可知,光弼尚在,憂不細也。大夫何不取諸將狀以誅光弼,以謝河北百姓。主上若不惜光弼,爲大夫誅之,大夫乃安;不然,爲患未已。"思明曰:"公等言是。"乃令耿仁智、張不矜修表,"請誅光弼以謝河北。若不從臣請,臣則自領兵往太原誅光弼"。

【校勘記】

〔四〕夜取婦人衣衣之　"衣之"二字各本原無,據《御覽》卷一一二補。

《舊唐書》卷二百上《史思明傳》頁五三七九至五三八〇、五三八三

(九月)庚寅,郭子儀率李光弼、李嗣業、王思禮、淮西節度使魯炅、興平軍節度使李奐、滑濮節度使許叔冀、平盧兵馬使董秦、鄭蔡節度使季廣琛以討安慶緒。

《新唐書》卷六《肅宗》頁一六一

及范陽節度使安禄山反,犯京師,天子之兵弱不能抗,遂陷兩京。肅宗起靈武,而諸鎮之兵共起誅賊。其後禄山子慶緒及史思明父子繼起,中國大亂,肅宗命李光弼等討之,號

“九節度之師”。

《新唐書》卷五十《兵》頁一三二九

始，（烏）承恩爲冀州刺史，失守，（史）思明護送東都。故肅宗使自雲中趨幽州開説思明，與（烏）承玼謀投釁殺之，不克，死。承玼奔李光弼，表爲冠軍將軍，封昌化郡王，爲石嶺軍使。

《新唐書》卷一百三十六《烏承玼傳》頁四五九七

乾元元年，罷爲太子少師，留守東都。於是上皇所置宰相無在者。王師之敗相州也，軍所過，皆縱剽，圓懼，委東都，奔襄陽，詔削階、封。尋召拜濟王傅。李光弼表爲懷州刺史，改汾州，以治行稱。

《新唐書》卷一百四十《崔圓傳》頁四六四一至四六四二

帝即詔大舉九節度師討慶緒，以子儀、光弼皆元功，難相臨攝，弟用魚朝恩爲觀軍容宣慰使，而不立帥。

……

慶緒求救於史思明，思明自魏來，李光弼、王思禮、許叔冀、魯炅前軍遇之，戰鄴南，夷負相當，炅中流矢。

《新唐書》卷一百三十七《郭子儀傳》頁四六〇一至四六〇二

乾元元年，總關中、潞州行營兵三萬、騎八千，與子儀圍賊相州，軍潰，惟李光弼、思禮完軍還。尋破史思明別將萬餘衆於直千嶺。光弼徙河陽，代爲河東節度副大使。

《新唐書》卷一百四十七《王思禮傳》頁四七五〇

（六月戊午）初，史思明以列將事平盧軍使烏知義，《考異》曰：《舊傳》，"知義爲節度使"。按安禄山始爲平盧節度使。《舊傳》誤也。知義善待之。知義子承恩爲信都太守，以郡降思明，事見上卷至德元載。思明思舊恩而全之。及安慶緒敗，承恩勸思明降唐。去年十二月事。李光弼以思明終當叛亂，而承恩爲思明所親信，陰使圖之；又勸上以承恩爲范陽節度副使，賜阿史那承慶鐵券，令共圖思明，上從之。

……

思明乃執承恩，索其裝囊，凡行者之裝，盛以囊橐，故曰裝囊。有底曰囊，無底曰橐。索，山客翻。得鐵券及光弼牒，牒云："承慶事成則付鐵券；不然，不可付也。"又得簿書數百紙，皆先從思明反者將士名。烏承恩持鐵券入不測之虜，使阿史那承慶之事不成，承恩其能奉鐵券以還天子乎！使思明果授首，則宜宥其同惡，而先籍其姓名，果能悉誅之乎！余謂李光弼之明智必不爲此。蓋思明因承恩言，僞爲此牒，抗表以罪狀光弼；又僞爲簿書，籍將士姓名以激怒之，使與己同反而無他志。思明責之曰："我何負於汝而爲此！"承恩謝曰："死罪，此皆李光弼之謀也。"思明乃集將佐吏民，西向大哭曰："臣以十三萬衆降朝廷，何負陛下，而欲殺臣！"遂榜殺承恩父子，榜，音彭。《考異》曰：《唐曆》、《舊傳》皆云四月殺承恩。今據《河洛春秋》，四月始爲節度副使，六月死。連坐死者二百餘人。承恩弟承玼走免。玼，音此，又且禮翻。思明囚思敬，表上其狀。上，時掌翻。上遣中使慰諭思明曰："此非朝廷與光弼之意，皆承恩所爲，殺之甚善。"

　　會三司議陷賊官罪狀至范陽，思明謂諸將曰："陳希烈輩皆朝廷大臣，上皇自棄之幸蜀，今猶不免於死，況吾屬本從安禄山反乎！"思明又以此激怒其將士。諸將請思明表求誅光弼，思明從之，命判官耿仁智與其僚張不矜爲表云："陛下不爲臣誅光弼，不爲，于僞翻。臣當自引兵就太原誅之。"不矜草表以示思明，及將入函，凡表皆函封。仁智悉削去之。寫表者以白思明，思明命執二人斬之。仁智事思明久，思明憐，欲活之，復召入，去，羌呂翻。復，扶又翻。謂曰："我任使汝垂三十年，今日非我負汝。"仁智大呼曰："人生會有一死，得盡忠義，死之善者也。今從大夫反，不過延歲月，豈若速死之愈乎！"思明怒，亂捶之，腦流于地。史言耿仁智去逆從順，以死全節。呼，火故翻。

　　烏承玼奔太原，李光弼表爲昌化郡王，充石嶺軍使。石嶺軍在忻州秀容縣。

　　《資治通鑑》卷二百二十《唐紀三十六・肅宗乾元元年》頁七〇五七至七〇五九

　　（八月）庚戌，李光弼入朝。丙辰，以郭子儀爲中書令，光弼爲侍中。丁巳，子儀詣行營。

　　《資治通鑑》卷二百二十《唐紀三十六・肅宗乾元元年》頁七〇六〇

　　（九月）庚寅，命朔方郭子儀、淮西魯炅、興平李奐、滑濮許叔冀、鎮西・北庭李嗣業、鄭蔡季廣琛、河南崔光遠七節度使及平盧兵馬使董秦將步騎二十萬討慶緒；炅，古迥翻。濮，博木翻。嗣，祥吏翻。琛，丑林翻。將，即亮翻，又音如字。騎，奇寄翻。又命河東李光弼、關内・澤潞王思禮_{王思禮先爲關内節度使，時兼領澤潞節}度使，鎮潞州。二節度使將所部兵助之。《考異》曰：《實録》有李奐，無崔光遠，而云凡九節度。《汾陽家傳》有光遠，無奐，又有河東兵馬使薛兼訓。蓋《實録》脱光遠，《汾陽傳》脱奐名耳。兼訓蓋光弼裨將，光弼未至間，先遣赴鄴城也。《汾陽傳》又以炅爲襄鄧，廣琛爲淮西、荆澧。《舊本紀》，“廣琛爲荆州”。今從《實録》。《汾陽傳》又云，“公九月十二日出洛，師涉河而東。”今從《實録》，涉庚，二十一日也。余按“涉庚”當作“庚寅”。上以子儀、光弼皆元勳，難相統屬，故不置元帥，諸軍並行，步騎數十萬，而不置元帥，號令不一，所以有安陽之敗。但以宦官開府儀同三司魚朝恩爲觀軍容宣慰處置使。處，昌呂翻。觀軍容之名自此始。

　　《資治通鑑》卷二百二十《唐紀三十六・肅宗乾元元年》頁七〇六一

　　（十月，丙午）慶緒乃入城固守，子儀等圍之。【章：十二行本“之”下有“李光弼引兵繼至”七字；乙十一行本同；孔本同；張校同。】

　　《資治通鑑》卷二百二十《唐紀三十六・肅宗乾元元年》頁七〇六三

東莞臧氏糺宗碑銘

　　少師（臧善德）生三子，曰右武衛將軍贈幽州大都督（闕三字）懷慶、冠軍左羽林大將軍兼營府都督御史中丞充平盧節度采訪兩蕃使懷亮、河源軍使安北都護右領軍將軍上柱國上蔡縣開國侯累贈太常卿魏州刺史工部尚書懷恪，皆行冠人倫，才兼文武，并時迭將，爲國虎臣，朔漠之間，峻風斯在。

　　《文忠集》卷五《東莞臧氏糺宗碑銘》頁三五至三六；《全

唐文》卷三三九《東莞臧氏糺宗碑銘》頁三四三九;《顏魯公
文集》卷七《東莞臧氏糺宗碑銘》頁六十（道光二十五年刻三
長物齋刻本）

公元七五九年　唐肅宗乾元二年

（七月）辛巳，制以趙王係爲天下兵馬大元帥，司空兼侍
中李光弼爲副。

　　　　　《舊唐書》卷十《本紀第十·肅宗》頁二五六

（八月）丙辰，寧國公主自回紇還宮。副元帥李光弼兼幽
州大都督府長史、河北節度等使。

　　　　《舊唐書》卷十《本紀第十·肅宗》頁二五六至二五七

（九月）庚寅，逆胡史思明陷洛陽，副元帥李光弼守河陽，
汝、鄭、滑等州陷賊。

　　　　　《舊唐書》卷十《本紀第十·肅宗》頁二五七

冬十月丁酉，制親征史思明，竟不行。乙巳，李光弼奏破
賊於城下。

　　　　　《舊唐書》卷十《本紀第十·肅宗》頁二五七

乾元中，史思明再陷洛陽，太尉李光弼以重兵守河陽。

　　　　《舊唐書》卷三十八《志第十八·地理一》頁一四二五

元帥。　舊無其名。安、史之亂，肅宗討賊，以廣平王爲天下兵馬元帥，

又以大臣郭子儀、李光弼隨其方面副之，號爲副元帥。及代宗即位，又以雍王爲之。自後不置。昭宗又以輝王爲之也。

《舊唐書》卷四十四《志第二十四·職官三》頁一九二二至一九二三

逆賊史思明寇逼河洛，副元帥李光弼議守河陽，令（韋）陟率東京官屬入關迴避，乃領兵守陝州。有詔遷吏部尚書，留守如故，令止於永樂，不許至京，候光弼收復河洛，令陟依前居守。

《舊唐書》卷九十二《列傳第四十二·韋安石附韋陟》頁二九六一

（崔）圓棄城南奔襄陽，詔削除階封。尋起爲濟王傅。李光弼用爲懷州刺史，除太子詹事，改汾州刺史，皆以理行稱。

《舊唐書》卷一百八《列傳第五十八·崔圓傳》頁三二七九

白孝德，安西胡人也，驍悍有膽力。乾元中，事李光弼爲偏裨。史思明攻河陽，使驍將劉龍仙率鐵騎五千臨城挑戰。[四]龍仙捷勇自恃，舉右足加馬鬣上，嫚罵光弼。光弼登城望，顧諸將曰："孰可取者？"僕固懷恩請行，光弼曰："此非大將所爲。"歷選其次，左右曰："白孝德可。"光弼乃招孝德前，問曰："可乎？"曰："可。"光弼問："所要幾何兵？"孝德曰："可獨往耳。"光弼壯之。終問所欲，對曰："願選五十騎於軍門爲繼，兼請大軍鼓譟以增氣勢，他無所用。"光弼撫其背以遣之。孝德挾二矛，策馬截流而渡。半濟，懷恩賀曰：

“克矣。”光弼曰：“未及，何知其克？”懷恩曰：“觀其攬轡便辟，可萬全者。”龍仙見其獨來，甚易之，足不降鬣。稍近，將動，孝德搖手示之，若使其不動，龍仙不之測，乃止。孝德呼曰：“侍中使余致辭，非他也。”龍仙去十步與之言，褻罵如初。孝德息馬伺便，因瞋目曰：“賊識我乎？”龍仙曰：“誰耶？”曰：“我，國之大將白孝德也。”龍仙曰：“是何猪狗！”孝德發聲虓㘁，持矛躍馬而搏之。城上鼓譟，五十騎繼進。龍仙矢不暇發，環走堤上。孝德追及，斬首，携之而歸，賊徒大駭。

【校勘記】

〔四〕五千　　各本原作“五十”，据影宋本及《册府》卷三九六改。

《舊唐書》卷一百九《列傳第五十九·白孝德》頁三三〇一、三三〇二

乾元二年，與子儀等九節度圍安慶緒於相州。思禮領關内及潞府行營步卒三萬、馬軍八千，大軍潰，唯思禮與李光弼兩軍獨全。及光弼鎮河陽，制以思禮爲太原尹、北京留守、河東節度使、兼御史大夫，貯軍糧百萬，器械精銳。尋加守司空。自武德已來，三公不居宰輔，唯思禮而已。

《舊唐書》卷一百一十《列傳第六十·王思禮》頁三三一三

會史思明逼城，元帥李光弼東保河陽，國貞領官吏寓于陝。

《舊唐書》卷一百一十二《列傳第六十·李國貞》頁三三四〇

　　乾元二年三月，九節度之兵潰於河北，史思明僭號於相州，王師未集，朝廷震駭。詔以李光弼握兵關東以代子儀。光弼請以親賢統師，七月，詔曰：

　　握兵之要，古先爲重；命帥之道，心膂攸憑。是知靖難夷凶，必資於金革；總戎授律，實仗於親賢。蓋將底寧邦家，保息黎獻者矣。朕以薄德，纘承鴻緒，往屬元兇暴亂，中夏不寧。上憑宗社之靈，下藉熊羆之力，由是廓清咸、洛，拯此生人。頃以河朔殘妖，尚稽天討，蛇豕竊依於城堡，塗炭久被於齊甿，朕爲人父母，寧忘閔念。雖好生息戰，每冀其歸降；而餘孽昧恩，靡聞於悔禍。所以軒後親征於獯鬻，周文致役於昆夷，古之用兵，蓋非獲已。

　　趙王係幼稟異操，〔一〕夙懷韜略，負東平之文學，蘊任城之智勇。性惟忠孝，持愛敬以立身；志尚權謀，有經通之遠智。知子者父，方有屬於維城；擇能而授，俾克申於戎律。且兇徒嘯聚，頗歷歲時，惡既貫盈，理當撲滅。君親有命，可不敬乎！俾展龍豹之韜，永清梟獍之類。可充天下兵馬元帥，仍令司空、兼侍中、蘇國公光弼副知節度行營事。應緣軍司署置，所司準式。

　　九月，史思明陷洛陽，光弼以副元帥董兵守河陽，王不出京師。

【校勘記】

　　〔一〕趙王係　"趙"字各本原作"越"，按彼時係猶未封越王，而爲趙王，今據《唐大詔令集》卷三六改。

　　《舊唐書》卷一百一十六《列傳第六十六·肅宗代宗諸子·越王係》頁三三八二至三三八三、三三九四二月，（史）思明率衆自魏州來，李光弼、王思禮、許叔冀、魯炅前軍遇賊於鄴南，與之接戰，夷傷相半，魯炅中流矢，子儀爲後陣，未及合戰，大風遽起，吹沙拔木，天地晦暝，跬步不辨物色。

……

中官魚朝恩素害子儀之功，因其不振，媒蘗之，尋召還京師。天子以趙王係爲天下兵馬元帥，李光弼副之，委以陝東軍事，代子儀之任。

《舊唐書》卷一百二十《列傳第七十・郭子儀》頁三四五三

乾元二年，……又從李光弼守河陽，破周义，擒徐璜玉、安太清、拔懷州，皆摧鋒陷敵，功冠諸將。

《舊唐書》卷一百二十一《列傳第七十一・僕固懷恩》頁三四七九

乾元初，太尉李光弼引爲偏裨，屢建勳績，由是知名。二年，自特進、右羽林軍大將軍、知軍事，遷鴻臚卿員外置同正員，持節鄭州諸軍事兼鄭州刺史、攝御史中丞、鄭陳潁亳四州節度。時史思明陷洛陽，光弼守河陽，賊兵鋒方盛，光弼謂抱玉曰："將軍能爲我守南城二日乎？"抱玉曰："過期若何？"光弼曰："過期而救不至，任棄城也。"賊帥周摯領安太清、徐黄玉等先次南城，將陷之，抱玉乃紿之曰："吾糧盡，明日當降。"賊衆大喜，斂軍以俟之。抱玉因得繕完設備，明日，堅壁請戰。賊怒欺紿，急攻之。抱玉出奇兵，表裏夾攻，殺傷甚衆，摯軍退。光弼自將於中潬城，摯舍南城攻中潭，不勝，乃整軍將攻北城。光弼以兵出戰，大敗之。

《舊唐書》卷一百三十二《列傳第八十二·李抱玉》頁三六四五至三六四六

數日，（李）忠臣夜以五百人斫其營，突圍歸，李光弼以聞，詔加開府儀同三司、殿中監同正，賜實封二百户。

《舊唐書》卷一百四十五《列傳第九十五·李忠臣》頁三九四一

郝廷玉者，驍勇善格鬥，事太尉李光弼，爲帳中愛將。乾元中，史思明再陷洛陽，光弼拔東都之師保河陽。時三城壁壘不完，芻糧不支旬日，賊將安太清等率兵數萬，四面急攻。光弼懼賊勢西犯河、潼，極力保孟津以掎其後，晝夜嬰城，血戰不解，將士夷傷。光弼召諸將訊之曰："賊黨何面難抗？"或對曰："西北隅最爲勍敵。"乃亟召廷玉謂之曰："兇渠攻西北者難奈，爾爲我決勝而還。"辭曰："廷玉所領，步卒也，願得騎軍五百。"光弼以精騎三百授之。光弼法令嚴峻，是日戰不利而還者，不解甲斬之。廷玉奮命先登，流矢雨集，馬傷不能軍而退。光弼登堞見之，駭然曰："廷玉奔還，吾事敗矣！"促令左右取廷玉首來。廷玉見使者曰："馬中毒箭，非敗也。"光弼命易馬而復，徑騎衝賊陣，馳突數四，俄而賊黨大敗於河壖，廷玉擒賊將徐璜而還。由是賊解中潭之圍，信宿退去。前後以戰功累授開府儀同三司，試太常卿，封安邊郡王。從光弼鎮徐州。光弼薨，代宗用爲神策將軍。

《舊唐書》卷一百五十二《列傳第一百二・郝廷玉》頁
四〇六七至四〇六八

又陷洛陽，與太尉（李）光弼相拒。思明恣行兇暴，下無
聊矣。

《舊唐書》卷二百上《列傳第一百五十上・史思明》頁
五三八〇

（七月）辛巳，趙王係爲天下兵馬大元帥，李光弼副之。

《新唐書》卷六《本紀第六・肅宗》頁一六二

十月乙巳，李光弼及史思明戰於河陽，敗之。

《新唐書》卷六《本紀第六・肅宗》頁一六二

乾元中，由長安令遷河南尹。史思明寇東都，李光弼壁
河陽，國貞率官吏西走陝，數月，召爲京兆尹。

《新唐書》卷七十八《列傳第三・宗室列傳・淮安王神
通附國貞》頁三五三〇

乾元二年，九節度兵潰河北，朝廷震駭，乃以李光弼代郭子
儀總兵關東，而光弼請賢王爲帥，於是詔係充天下兵馬元帥，而
光弼以司空兼侍中、薊國公副，知節度行營事，係留京師。

《新唐書》卷八十二《列傳第七・十一宗諸子列傳・肅
宗諸子・越王係》頁三六一七

　　史思明攻李光弼於河陽，周摰以兵二十萬陣城下，惟貞請銳卒數千，鑿數門出，自旦及午，苦戰破之。光弼表爲開府儀同三司。光弼討史朝義，以惟貞守徐州。賊將謝欽讓據陳，乃假惟貞穎州刺史，斬賊將，降者萬人。封蕭國公，實封百户。光弼病，表以自代。擢左領軍衞大將軍，爲英武軍使，卒。

　　《新唐書》卷一百一十《列傳第三十五·諸夷蕃將列傳·論弓仁附論惟貞》頁四一二七

　　史思明逼伊、洛，李光弼議守河陽，陟率東京官屬入關避之，詔授吏部尚書，令就保永樂，以圖收復。

　　《新唐書》卷一百二十二《列傳第四十七·韋安石附韋陟》頁四三五三

　　荔非元禮，起裨將，累兼御史中丞。光弼守河陽，周摰攻北城。光弼方壁中潬，摰聞，併兵從光弼。光弼使元禮守羊馬城，植小旗城東北隅，望摰軍。摰恃衆，直逼城，以車千乘載木鵝橦車，麾兵填塹，八道并進。光弼諭元禮曰：“中丞視賊過兵不顧，何也？”報曰：“公欲守邪？戰歟？”光弼曰：“戰。”曰：“方戰，賊爲我實塹，復何怪？”光弼曰：“吾慮不及此，公勉之。”元禮遂出戰，摰軍小却。元禮以敵堅，未可以馳，還軍示弱，怠其意。光弼怒，使召元禮，欲按軍法，答曰：“方戰，不及往，請破賊以見。”因休柵中，良久，顧麾下曰：“向公來召，殆欲斬我。鬥死有名，無庸受戮。”乃下馬持刀，瞋目直前，銳士堵而進，左右奮擊，一當數人，斬賊數百首，摰遁去。以功累遷驃騎大將軍、懷州刺史,知鎮西、北庭行營節度使。上元二年,光弼進收洛陽,軍敗,元禮徙軍翼成,爲麾下所害。

《新唐書》卷一百三十六《列傳第六十一·荔非元禮》頁四五九一至四五九二

郝廷玉驍勇善格鬥,爲光弼愛將,及保河陽,禽徐璜玉,功爲多。

《新唐書》卷一百三十六《列傳第六十一·郝廷玉》頁四五九二

李國臣,河西人,本姓安。力能抉關,以折衝從收魚海五城,遷中郎將。後爲朔方將,積勞擢雲麾大將軍,賜姓李。從光弼守河陽,累封臨川郡王。

《新唐書》卷一百三十六《列傳第六十一·李國臣》頁四五九二

白孝德,安西人,事光弼爲偏裨。史思明攻河陽,使驍將劉龍仙以騎五十挑戰,加右足馬鬛上,嫚罵(李)光弼。光弼登城顧諸將曰:"孰能取是賊?"僕固懷恩請行,光弼曰:"是非大將所宜。"左右以孝德對,召問所須幾兵,對曰:"願出五十騎,見可而進,大軍鼓譟以張吾氣,足矣。"光弼撫其背遣之。

《新唐書》卷一百三十六《列傳第六十一·白孝德》頁四五九三

史思明攻河陽，（李）光弼召主騎軍。其後歷靈武留後、定遠城使。

《新唐書》卷一百三十六《列傳第六十一·白元光》頁四五九四

魚朝恩素疾其功，因是媒譖之，故帝召子儀還，更以趙王爲天下兵馬元帥，李光弼副之，代子儀領朔方兵。子儀雖失軍，無少望，乃心朝廷。

《新唐書》卷一百三十七《列傳第六十二·郭子儀》頁四六〇二

史思明已破東都，兇焰勃然，鼓而行，自謂無前。光弼壁河陽拒之，使抱玉守南城。賊急攻，抱玉縱奇兵出，表裏俘殺甚衆。賊乃捨去，從光弼戰，大敗，因不能西。

《新唐書》卷一百三十八《列傳第六十三·李抱玉》頁四六一九

李光弼守河陽，高其才，引爲行軍司馬，兼糧料使。

……

蘇州豪士方清因歲凶誘流殍爲盜，積數萬，依黟、歙間，阻山自防，東南厭苦，詔李光弼分兵討平之。會平盧行軍司馬許杲恃功，擅留上元，有窺江、吳意，朝廷以創殘重起兵，即拜棲筠浙西都團練觀察使圖之。

《新唐書》卷一百四十六《列傳第七十一·李棲筠》頁四七三六

明年，與史思明戰安陽，王師不利，炅中流矢，輒奔，諸節度潰去，所過剽奪，而炅軍尤甚。有詔來瑱節度淮西，徙炅鄭陳亳節度使。至新鄭，聞郭子儀整軍屯穀水，李光弼還太原，炅羞懾，仰藥死，年五十七。

《新唐書》卷一百四十七《列傳第七十二·魯炅》頁四七五二

及史思明陷洛陽，有詔幸東京，將親征。源明因上疏極諫曰：“……李光弼拔河陽，王思禮下晉原，衛伯玉拂焉耆，過析支，不日可至。”

《新唐書》卷二百二《列傳第一百二十七·文藝列傳中·蘇源明》頁五七七二至五七七三

李光弼保河陽，釋之以朔方都知兵馬使爲裨將，進寧朔郡王，知朔方節度留後。

《新唐書》卷二百一十七下《列傳第一百四十二·回鶻列傳下》頁六一四一

懷恩爲人雄重寡言，應對舒緩，然剛決犯上，始居偏裨，意有不合，雖主將必折詬。其麾下皆蕃、漢勁卒，恃功多不法，子儀政寬，能優容之。及李光弼代子儀，懷恩仍爲副。光弼守河陽，攻懷州，降安太清。又子瑒，亦善鬥，以儀同三司將兵，每深入多殺，賊憚其勇，號猛將。太清妻有色，瑒劫致於幕，光弼命歸之，不聽，以卒環守。復馳騎趨之，射殺七人，奪妻還太清。懷恩怒曰：“公乃爲賊殺官卒邪？”光弼持法

嚴,少假貸。初,會軍汜水,朔方將張用濟後至,斬纛下。懷
恩心憚光弼,自用濟誅,常邑邑不樂。及光弼與史思明戰邙
山,不用令,以覆王師。帝思其功,召入爲工部尚書,寵以
殊禮。

《新唐書》卷二百二十四上《列傳第一百四十九上·叛
臣列傳上·僕固懷恩》頁六三六七

許叔冀以汴下史思明,秦力屈,亦降。思明撫背曰:"始
吾有左手,得公今完矣!"與俱寇河陽,秦夜挈五百人冒圍歸
李光弼,詔加殿中監,封户二百,召至京師,賜今氏名,給良
馬、甲第。

《新唐書》卷二百二十四下《列傳第一百四十九下·叛
臣列傳下·李忠臣》頁六三八八

(史)思明乘勝鼓行,西陷洛陽,破汝、鄭、滑三州,圍李光
弼河陽,不能拔。使安太清取懷州以守,光弼攻之,太清降。
思明又遣田承嗣擊申、光等州,王同芝擊陳,許敬釭擊兗、鄆,
薛崿擊曹。上元二年二月,思明以計敗光弼兵於北邙,王師
棄河陽、懷州,京師震恐,益兵屯陝州。

《新唐書》卷二百二十五上《列傳第一百五十上·逆臣
列傳上·史思明》頁六四三〇至六四三一

春,正月,乙巳朔,……李光弼曰:"思明得魏州而按兵
不進,此欲使我懈惰,而以精鋭掩吾不備也。請與朔方軍同
逼魏城,求與之戰,彼懲嘉山之敗,嘉山之敗,事見二百十八卷至德元

載。必不敢輕出。得曠日引久，則鄴城必拔矣。慶緒已死，彼則無辭以用其衆也。"魚朝恩以爲不可，乃止。使用光弼之計，安有滏水之潰乎！朝，直遥翻。

《資治通鑑》卷二百二十一《唐紀三十七・肅宗乾元二年》頁七〇六七

（二月，壬子）思明乃自魏州引兵趣鄴，果如李光弼之言。趣，七喻翻。使諸將去城各五十里爲營，每營擊鼓三百面，遥脅之。

《資治通鑑》卷二百二十一《唐紀三十七・肅宗乾元二年》頁七〇六九

三月，壬申，……思明直前奮擊，李光弼、王思禮、許叔冀、魯炅先與之戰，殺傷相半；魯炅中流矢。中，竹仲翻。郭子儀承其後，未及布陳，大風忽起，吹沙拔木，天地晝晦，咫尺不相辨，兩軍大驚，官軍潰而南，賊潰而北，棄甲仗輜重委積於路。史言滏水之戰，天未悔禍，非戰之罪。使皆如李光弼、王思禮，在亂能整，則其失亡，不至於甚。重，直用翻。

……

用濟役所部兵築南、北兩城而守之。是後李光弼雖斬張用濟而守河陽，則實張用濟定計於其先也。

《資治通鑑》卷二百二十一《唐紀三十七・肅宗乾元二年》頁七〇六九、七〇七〇

（四月，甲辰）九節度之潰於相州也，魯炅所部兵剽掠尤甚，剽，匹妙翻。聞郭子儀退屯河上，李光弼還太原，炅慚懼，飮

藥而死。還,從宣翻,又音如字。

《資治通鑑》卷二百二十一《唐紀三十七·肅宗乾元二年》頁七〇七五

（四月）戊申,以鴻臚卿李抱玉爲鄭、陳、潁、亳節度使。臚,凌如翻。使,疏吏翻。抱玉,安興貴之後也,安興貴,見一百八十七卷高祖武德二年。爲李光弼裨將,屢有戰功,自陳恥與安禄山同姓,故賜姓李氏。

《資治通鑑》卷二百二十一《唐紀三十七·肅宗乾元二年》頁七〇七五至七〇七六

六月,丁巳,……觀軍容使魚朝恩惡郭子儀,惡,烏路翻。因其敗,短之於上。秋,七月,上召子儀還京師,以李光弼代爲朔方節度使、兵馬元帥。《考異》曰:《邠志》曰:"四月,肅宗使丞相張公鎬東都,慰勉諸軍。郭公饌於軍,張公不坐而去。軍中不悦,朋肆流議。居十日,有中使追郭公。"《汾陽家傳》曰:"六月,公朝於京師,三讓元帥,上許之。乃詔李光弼代公爲副。"《段公別傳》曰:"五月,李光弼代子儀爲副元帥,守東都。"今因《實録》七月除趙王係爲元帥,並言之。

……

光弼願得親王爲之副,辛巳,以趙王係爲天下兵馬元帥,光弼副之,《考異》曰:《舊傳》:"思明縱兵河南,加光弼太尉兼中書令,代郭子儀爲朔方節度、兵馬副元帥,以東師委之。"《新傳》云:"帝貸諸將罪,以光弼兼幽州大都督府長史、知諸道節度行營事,又代子儀爲朔方節度使。未幾,爲天下兵馬副元帥。"按《實録》,光弼加太尉、中書令在上元元年破史思明後,爲幽州都督在此年八月。其代子儀節制朔方,《實録》無月日。制辭云:"宜副出車之命,仍踐分麾之寵。"蓋只在此時耳。仍以光弼知諸節度行營。光弼以河東騎五百馳赴東都,夜,入其軍。光弼治軍嚴整,始至,號令一施,士卒、壁壘、旌旗、精采皆變。史言光弼入朔方軍,部分皆因于儀之舊,但號令加嚴整耳。治,直之翻。是時朔方將士樂子儀之寬,憚光弼之嚴。樂,音洛。

　　左厢兵馬使張用濟屯河陽,光弼以檄召之。用濟曰:"朔方,非叛軍也,乘夜而入,何見疑之甚邪!"與諸將謀以精銳突入東京,逐光弼,請子儀;命其士皆被甲上馬,銜枚以待。被,皮義翻。上,時掌翻。都知兵馬使僕固懷恩曰:"鄴城之潰,郭公先去,觀懷恩此言,則《邠志》所云亦可以傳信。朝廷責帥,故罷其兵柄。今逐李公而强請之,【章:甲十六行本"之"下有"違拒朝命"四字;乙十一行本同;退齋校同。】是反也,其可乎!"帥,所類翻。强,其兩翻,又音如字。右武鋒使康元寶曰:"君以兵請郭公,朝廷必疑郭公諷君爲之,是破其家也。郭公百口何負於君乎!"用濟乃止。懷恩此言,與康元寶之言皆是也。使諸將從張用濟於惡,史思明之兵復至,唐事殆矣。光弼以數千騎東出氾水,用濟單騎來謁。光弼責用濟召不時至,斬之,命部將辛京杲代領其衆。《考異》曰:《舊傳》曰:"用濟承子儀之寬,憚光弼之令,與諸將頗有異議,欲逗留其衆。光弼以數千騎出次氾水縣,用濟單騎迎謁,即斬於轅門,諸將懾伏,以辛京杲代之。復追都兵馬使僕固懷恩。懷恩懼,先期而至。"《邠志》曰:"五月二十三日,詔河東節度使李公代子儀兼統諸軍。李公既受命,以河東馬軍五百騎至東都,夜,入其軍。張用濟在河陽,聞之曰:'朔方軍,非叛人也,何見疑之甚!'欲率精騎突入東都,逐李公,請郭公。李公知之,遂留東都,表請濟師於河陽。冬十月,思明引衆渡河。李公曰:'思明渡河,必圖洛城,我當守武牢關,揚兵於廣武原以待之。'遂引軍東出師氾水縣。檄追河陽諸將,用濟後至,李公數其罪而戮之，以辛京杲代領其職。明日，引軍入河陽。”按《實録》，此月光弼爲副元帥，九月始移軍河陽耳。

僕固懷恩繼至，光弼引坐，與語。史言李光弼待僕固懷恩有加於諸將。須臾，閽者白：“蕃、渾五百騎至矣。”蕃、渾，謂諸蕃種及渾種。光弼變色。懷恩走出，召麾下將，陽責之曰：“語汝勿來，何得固違！”將，即亮翻。語，牛倨翻。光弼曰：“士卒隨將，亦復何罪！”命給牛酒。史言懷恩成備而後見光弼，光弼雖知其情而容忍不發。復，音扶又翻。

以【章：甲十六行本“以”上有“丁亥”二字；乙十一行本同；退齋校同。】潞沁節度使王思禮王思禮節度澤、路、沁三州，史或稱澤潞，或稱潞沁。沁，七鴆翻。兼太原尹，充北京留守、河東節度使。代李光弼也。

《資治通鑑》卷二百二十一《唐紀三十七·肅宗乾元二年》頁七〇七七至七〇七八、七〇八〇

（八月）壬戌，以李光弼爲幽州長史、河北節度等使。使之收復河北及幽、燕也。

《資治通鑑》卷二百二十一《唐紀三十七·肅宗乾元二年》頁七〇八一

（九月，丁亥）李光弼方巡河上諸營，聞之，還入汴州，謂汴滑節度使許叔冀曰：“大夫能守汴州十五日，我則將兵來救。”叔冀許諾。光弼還東京。

……

思明乘勝西攻鄭州，鄭州滎陽郡。光弼整衆徐行，至洛陽，

謂留守韋陟曰："賊乘勝而來，利在按兵，不利速戰。洛城不可守，於公計何如？"陟請留兵於陝，退守潼關，據險以挫其銳。守，式又翻。陝，失冉翻。潼，音同。光弼曰："兩敵相當，貴進忌退，今無故棄五百里地，則賊勢益張矣。張，知亮翻，又如字。不若移軍河陽，北連澤潞，利則進取，不利則退守，表裏相應，使賊不敢西侵，此猿臂之勢也。猿臂可伸而長，可縮而短，故以爲喻。夫辨朝廷之禮，光弼不如公；夫，音扶。朝，直遙翻。論軍旅之事，公不如光弼。"陟無以應。判官韋損曰："東京帝宅，侍中奈何不守？"按李光弼至德之初已爲司空，乾元元年爲侍中，故韋損以此呼之。光弼曰："守之，則氾水、崿嶺、龍門皆應置兵，氾水有成皋之險。崿嶺在登封縣。龍門則伊闕。氾，音祀。崿，逆各翻。子爲兵馬判官，能守之乎？"遂移牒留守韋陟使帥東京官屬西入關，牒河南尹李若幽使帥吏民出城避賊，空其城。光弼帥軍士運油、鐵諸物詣河陽爲守備，光弼以五百騎殿。帥，讀曰率。殿，丁練翻。時思明遊兵已至石橋，諸將請曰："今自洛城而北乎，當石橋而進乎？"光弼曰："當石橋而進。"《水經注》：穀水東逕洛陽廣莫門北，漢之穀門也，東逕建春門石橋下，即上東門也。此言漢、晉洛城諸門，非隋、唐所徙洛城也。上東門之地，唐爲鎮。及日暮，光弼秉炬徐行，部曲堅重，賊引兵躡之，不敢逼。躡之者，欲其凶懼而自潰。不敢逼者，以其嚴整而難犯。光弼夜至河陽，有兵二萬，郭子儀自澠水退守河陽，衆及數萬。及李光弼至河陽，有兵二萬。何衆寡之相懸乎！蓋張用濟之死，朔方士卒畏威而逃散者多也。糧纔支十日。光弼按閱守備，部分士卒，無不嚴辦。分，扶問翻。《考異》曰：《實錄》，光弼謂韋陟曰："洛城無糧，不可守。"按河陽糧才支十日，亦非糧多也。今不取。庚寅，思明入洛陽，城空，無所得，畏光弼掎其後，掎，居綺翻。不敢入宮，退屯白馬寺南,築月城於河陽南以拒光弼。史思明乘鋭勝以攻河陽,乃先築月城者,恐戰有邂逅也。

《資治通鑑》卷二百二十一《唐紀三十七·肅宗乾元二年》頁七〇八二至七〇八三

（十月,丁酉）史思明引兵攻河陽,使驍將劉龍仙詣城下挑戰,驍,堅堯翻。挑,徒了翻。龍仙恃勇,舉右足加馬鬣上,慢罵光弼。光弼顧諸將曰:"誰能取彼者?" 僕固懷恩請行。光弼曰:"此非大將所爲。"光弼之言得體,懷恩固心服矣。左右言"裨將白孝德可往。"光弼召問之。孝德請行。光弼問:"須幾何兵?" 對曰:"請挺身取之。"光弼壯其志,然固問所須。對曰:"願選五十騎出壘門爲後繼,兼請大軍助鼓譟以增氣。"光弼撫其背而遣之。既賞其勇,而尤賞其有取敵之方略。孝德挾二矛,策馬亂流而進。橫絶流曰亂。半涉,懷恩賀曰:"克矣。"光弼曰:"鋒未交,何以知之?" 懷恩曰:"觀其攬轡安閒,知其萬全。"
……

光弼命索軍中牝馬,得五百匹,索,山客翻。繫其駒於城内。俟思明馬至水際,盡出之,馬嘶不已,思明馬悉浮渡河,一時驅之入城。牡馬慕牝,一時渡河,此小術耳。思明不能制,阻河水也。思明怒,列戰船數百艘,泛火船於前而隨之,欲乘流燒浮橋。光弼先貯百尺長竿數百枚,艘,蘇遭翻。貯,丁吕翻。以巨木承其根,氈裹鐵叉置其首,以迎火船而叉之。船不得進,須臾自焚盡。又以叉拒戰船,於橋上發礮石擊之,中者皆沉没,賊不勝而去。

思明見兵於河清,礮,匹貌翻。中,竹仲翻。見,賢遍翻。杜佑曰:

河清縣，南臨黄河。欲絕光弼糧道，光弼軍於野水渡以備之。既夕，還河陽，留兵千人，使部將雍希顥守其柵，雍，於用翻。曰："賊將高庭暉、李日越、喻文景，皆萬人敵也，喻，姓也。《姓譜》：東晉有喻歸，撰《河西記》。思明必使一人來劫我。我且去之，汝待於此。若賊至，勿與之戰。降，則與之俱來。"諸將莫諭其意，皆竊笑之。既而思明果謂李日越曰："李光弼長於憑城，今出在野，此成擒矣。汝以鐵騎宵濟，爲我取之，爲，於僞翻。不得，則勿返。"日越將五百騎晨至柵下，希顥阻壕休卒，吟嘯相視。日越怪之，怪其無戰意也。問曰："司空在乎？"李光弼加司空、侍中，故稱之。曰："夜去矣。""兵幾何？"曰："千人。""將誰？"曰："雍希顥。"日越默計久之，謂其下曰："今失李光弼，得希顥而歸，吾死必矣，不如降也。"遂請降。希顥與之俱見光弼，光弼厚待之，任以心腹。高庭暉聞之，亦降。或問光弼："降二將何易也？"易，弋豉翻。光弼曰："此人情耳。思明常恨不得野戰，聞我在外，以爲必可取。日越不獲我，勢不敢歸。庭暉才勇過於日越，聞日越被寵任，必思奪之矣。"此謂之善用其所短。孫臏有言，善戰者因其勢而利導之。庭暉時爲五臺府果毅，代州有五臺府。己亥，以庭暉爲右武衛大將軍。唐諸府果毅，品秩猶卑，諸衛大將軍，則三品矣。《考異》曰：《新傳》曰："上元元年，光弼降賊將高暉、李日越。"按此月己亥，高庭暉授特進，疑即高暉也。丁巳，李日越又授特進。是此月皆已降。《新傳》誤。《邠志》曰："二年三月，思明引衆南去，使其子朝義圍河陽。四月一日，思明陷洛城。上元元年五月，思明耀兵於河清，宣言曰：'我且渡河，絕彼餉道，三城食盡，不攻自下。'李公聞之，師於野水渡。既夕，還軍。"與《實錄》亦相違。今從《實錄》。

　　思明復攻河陽，復，扶又翻；下日復同。光弼謂鄭陳節度使李抱玉曰：《方鎮》表：乾元二年，置鄭陳節度使，領鄭、陳、亳、潁四州。然此時鄭州已没於史思明矣。“將軍能爲我守南城二日乎？”爲，於僞翻。抱玉曰：“過期何如？”光弼曰：“過期救不至，任棄之。”抱玉許諾。勒兵拒守。

……

董秦從思明寇河陽，夜，帥其衆五百，拔柵突圍，降於光弼。帥，讀曰率，下同。時光弼自將屯中潬，城外置柵，柵外穿塹，深廣二丈。中河起石潬，築城，以衛河橋。潬，蕩旱翻。《爾雅》：潬，沙出。深，式禁翻。廣，古曠翻。乙巳，賊將周摯捨南城，并力攻中潬。光弼命荔非元禮出勁卒於羊馬城以拒賊。城外別築短垣，高纔及肩，謂之羊馬城。光弼自於城東北隅建小朱旗以望賊。賊恃其衆，直進逼城，以車載攻具自隨，督衆填塹，三面各八道以過兵，又開柵爲門。光弼望賊逼城，使問元禮曰：“中丞視賊填塹開柵過兵，晏然不動，何也？”元禮曰：“司空欲守乎，戰乎？”光弼曰：“欲戰。”元禮曰：“欲戰，則賊爲吾填塹，爲，於僞翻；下保爲同。何爲禁之？”光弼曰：“善，吾所不及，勉之！”雖賞其敢戰，而戰危事也，故曰勉之。元禮俟柵開，帥敢死士突出擊賊，却走數百步。元禮度賊陳堅，未易摧陷，度，徒洛翻。易，弋豉翻。乃復引退，復，扶又翻；下摯復同。須其怠而擊之。光弼望元禮退，怒，遣左右召，欲斬之。元禮曰：“戰正急，召何爲？”乃退入柵中。賊亦不敢進。良久，鼓譟出柵門，奮擊，破之。

周摯復收兵趣北城。趣，七喻翻。光弼遽帥衆入北城，登城望賊曰：“賊兵雖多，囂而不整，不足畏也。不過日中，保爲諸君破之。”乃命諸將出戰。及期，不決，召諸將問曰：“向來賊陳，陳，讀曰陣。何方最堅？”曰：“西北隅。”光弼命其將郝廷玉當之。廷玉，光弼之愛將也。廷玉請騎兵五百，與之三百。又問其次堅者。曰："東南隅。"光弼命其將論惟貞當之。論，姓也。諸論自吐蕃來降。惟貞請鐵騎三百，與之二百。光弼令諸將曰："爾曹望吾旗而戰，吾颭旗緩，任爾擇利而戰；吾急颭旗三至地，颭，占琰翻。則萬衆齊入，死生以之，少退者斬！"又以短刀置靴中，曰："戰，危事，吾國之三公，不可死賊手，萬一戰不利，諸君前死於敵，我自到於此，不令諸君獨死也。"諸將出戰，頃之，廷玉奔還。光弼望之，驚曰："廷玉退，吾事危矣。"命左右取廷玉首。廷玉曰："馬中箭，非敢退也。"使者馳報。光弼令易馬，遣之。僕固懷恩及其子開府儀同三司瑒戰小却，瑒，音暢，又雄杏翻。光弼又命取其首。懷恩父子顧見使者提刀馳來，更前決戰。光弼連颭其旗，諸將齊進致死，呼聲動天地，呼，火故翻。賊衆大潰，史言河陽之戰，真爲確鬥，非李光弼督諸將致死，不足以決勝。斬首千餘級，捕虜五百人，溺死者千餘人，周摯以數騎遁去，擒其大將徐璜玉、李秦授。其河南節度使安太清走保懷州。思明不知摯敗，尚攻南城，光弼驅俘囚臨河示之，乃遁。

《資治通鑑》卷二百二十一《唐紀三十七・肅宗乾元二年》頁七〇八三至七〇八八

天下放生池碑銘

皇唐七葉，我乾元大聖光天文武孝感皇帝陛下以至聖之姿，屬艱虞之運，無少康一旅之衆，當禄山强暴之初。乾鞏勞謙，勵精爲理，推誠而萬方胥悦，克己而天下歸仁，恩信偹於四時，英威達於八表，功庸格天地，孝感通神明。故得回紇、奚、霫、契丹、大食、盾蠻之屬，扶服萬里，決命而爭先；朔方、河東、平盧、河西、隴右、安西、黔中、嶺南、河南之師,虓黴五年,推鋒而效死。

《顏魯公文集》卷六《天下放生池碑銘》頁四三至四四；《全唐文》卷三百三十九《天下放生池碑銘》頁三四三四下。

范陽道自西京出潼關,至范陽節度,去西京二千五百二十里,去東京一千六百八十六里,北去居庸關、盧龍關、塞外東胡故地,以契丹蕃長置饒樂①都督府,回紇五部落分爲五州,以白霫部落爲居延州,黑霫部落爲寘顔州,北至烏羅渾,去西京一萬五千里。

平盧道自西京經范陽節度,東至榆林關,至平盧此下舊抄本并脱去,以文瀾閣本參張刻本補。節度,去西京二千七百里,去東京三千里,抵安東,渡遼水路,接奚、契丹、室韋、勃海、靺鞨、高麗、黑水。②

《中國兵書集成》第三冊頁五一二

公元七六〇年　唐肅宗上元元年

三年春正月癸亥朔。辛巳,李光弼進位太尉、兼中書令,餘如故。

《舊唐書》卷十《本紀第十・肅宗》頁二五七

---

① “樂”,原文作“察”,據《舊唐書》卷一百九十九下《北狄・奚國傳》改。
② 關於《太白陰經》成書時間,據李筌《進太白陰經表》爲“乾元二年（759）”,而據《太白陰經序》則爲“永泰四年（768）”,這裏采納“乾元二年”之説。

四月甲午,李光弼奏破賊於懷州、河陽。

《舊唐書》卷十《本紀第十·肅宗》頁二五八

十一月乙巳,李光弼奏收懷州。

《舊唐書》卷十《本紀第十·肅宗》頁二六〇

(六月)乙酉,李光弼及史思明戰於懷州,敗之。

《新唐書》卷六《本紀第六·肅宗》頁一六三

春,正月,辛巳,以李光弼爲太尉兼中書令,餘如故。

《資治通鑑》卷二百二十一《唐紀三十七·肅宗上元元年》頁七〇八九

二月,李光弼攻懷州,史思明救之。癸卯,光弼逆戰於沁水之上,破之,斬首三千餘級。

《資治通鑑》卷二百二十一《唐紀三十七·肅宗上元元年》頁七〇九〇

(三月)庚寅,李光弼破安太清於懷州城下;夏,四月,壬辰,破史思明於河陽西渚,斬首千五百餘級。

《資治通鑑》卷二百二十一《唐紀三十七·肅宗上元元年》頁七〇九〇至七〇九一

(閏三月,乙卯)是日,史思明入東京。《考異》曰:按去年九月,思明已入東京。《實錄》至此復云爾者,蓋當時城空,李光弼在河陽,思明還屯白馬寺，不入宮闕，今始移軍入其城耳。

《資治通鑑》卷二百二十一《唐紀三十七・肅宗上元元年》頁七〇九二

九月，戊申，制：“子儀統諸道兵自朔方直取范陽，還定河北，發射生英武等禁軍射生號英武軍，見上卷至德二載十二月。及朔方、鄜坊、邠寧、涇原諸道蕃、漢兵共七萬人，皆受子儀節度。”鄜，音夫。制下旬日，復爲魚朝恩所沮，事竟不行。使郭子儀果總兵向范陽，則史思明有內顧之憂，李光弼成夾攻之勢，必無邙山之敗矣。郭、李成功，則又必無樹置河北諸帥之禍矣。復，扶又翻。

《資治通鑑》卷二百二十一《唐紀三十七・肅宗上元元年》頁七〇九六

（十一月）丙申，……李光弼攻懷州，百餘日，乃拔之，生擒安太清。《考異》曰：《舊傳》云：“擒安太清、周摯、楊希文等，送於闕下。”按周摯於時不在懷州城中，明年爲史朝義所殺，非光弼所擒也。

《資治通鑑》卷二百二十一《唐紀三十七・肅宗上元元年》頁七〇九九

公元七六一年　唐肅宗上元二年

（二月）戊寅，李光弼率河陽之軍五萬，與史思明之衆戰於北邙，官軍敗績。光弼、僕固懷恩走保聞喜，魚朝恩、衛伯玉走保陝州，河陽、懷州共陷賊，京師戒嚴。

《舊唐書》卷十《本紀第十・肅宗》頁二六〇

三月甲子,史朝義率衆夜襲我陝州,衛伯玉逆擊敗之。戊戌,史思明爲其子朝義所殺。李光弼以失律讓太尉、中書令,許之,授侍中、河中尹、晉絳等州節度觀察使。

《舊唐書》卷十《本紀第十・肅宗》頁二六一

（五月乙未）李光弼來朝,進位太尉、兼侍中,充河南副元帥,都統河南、淮南、山南東道五道行營節度,鎮臨淮。

《舊唐書》卷十《本紀第十・肅宗》頁二六一

十月,（魯炅）與朔方節度使司徒郭子儀、河東節度使太尉李光弼等九節度同圍安慶緒於襄州。

《舊唐書》卷一百一十四《列傳第六十四・魯炅》頁三三六三

釋褐,辟河西節度掌書記。神烏令李大簡嘗因醉辱炎,至是與炎同幕,率左右反接之,鐵棒撾之二百,流血被地,幾死。節度使呂崇賁愛其才,不之責。後副元帥李光弼奏爲判官,不應,徵拜起居舍人,辭禄就養岐下。

《舊唐書》卷一百一十八《列傳第六十八・楊炎》頁三四一九

上元二年二月,李光弼兵敗於邙山,河陽失守,魚朝恩退保陝州,

《舊唐書》卷一百二十《列傳第七十・郭子儀》頁三四五四

而光弼持法嚴肅,法不貨下,懷恩心憚而頗不叶。上元

二年,從李光弼與史思明戰于邙山,不利。

《舊唐書》卷一百二十一《列傳第七十一·僕固懷恩》頁
三四七九

上元二年,累官至殿中侍御史,佐鹽鐵轉運使。副元帥
李光弼以餉運不繼,或惡寧者誣譖於光弼,光弼揚言欲殺寧。
寧直抵徐州見光弼,喻以大義,不爲撓折。光弼深重之,寧得
行其職。

《舊唐書》卷一百五十五《列傳第一百五·穆寧》頁四一一四

上元二年,潛遣人反説官軍曰:"洛中將士,皆幽、朔人,
咸思歸。"魚朝恩以爲然,告光弼及諸節度僕固懷恩、衛伯玉
等:"可速出兵以討殘賊。"光弼等然之,乃出師兩道齊進。次
榆林,賊委物僞遁,將士等不復設備,皆入城虜掠。賊伏兵在
北邙山下,因大下,士卒咸棄甲奔散。魚朝恩、衛伯玉退保陝
州,光弼、懷恩棄河陽城,退居聞喜。步兵散死者數千人,軍
資器械盡爲賊所有,河陽、懷州盡陷於賊。

《舊唐書》卷二百上《列傳第一百五十上·史思明》頁
五三八○至五三八一

(二月)戊寅,李光弼及史思明戰於北邙,敗績。

《新唐書》卷六《本紀第六·肅宗》頁一六三

(三月)戊戌,史朝義弑其父思明。李光弼罷副元帥。

《新唐書》卷六《本紀第六·肅宗》頁一六三至一六四

（五月）庚子，李光弼爲河南道副元帥。

　　　《新唐書》卷六《本紀第六·肅宗》頁一六四

　　上元初，詔爲諸道兵馬都統，以管崇嗣副之，率英武、威遠兵及河西、河東鎮兵，繇邠寧、朔方、大同、橫野軍以趨范陽。詔下，爲朝恩沮解。明年，光弼敗邙山，失河陽。

　　　《新唐書》卷一百三十七《列傳第六十二·郭子儀》頁四六〇二

　　炎美須眉，峻風宇，文藻雄蔚，然豪爽尚氣。河西節度使呂崇賁辟掌書記。神烏令李太簡嘗醉辱之，炎令左右反接，榜二百餘，幾死。崇賁愛其才，不問。李光弼表爲判官，不應。

　　　《新唐書》卷一百四十五《列傳第七十·楊炎》頁四七二二

　　上元初，爲殿中侍御史，佐鹽鐵轉運，住埇橋。李光弼屯徐州，餉不至，檄取資糧，寧不與。光弼怒，召寧欲殺之。或勸寧去，寧曰："避之失守，亂自我始，何所逃罪乎？" 即往見光弼。光弼曰："吾帥衆數萬，爲天子討賊，食乏則人散，君閉廩不救，欲潰吾兵耶？" 答曰："命寧主糧者，敕也，公可以檄取乎？今公求糧，而寧專饋；寧有求兵，而公亦專與乎？"光弼執其手謝曰："吾固知不可，聊與君議耳。" 時重其能守官。

　　　《新唐書》卷一百六十三《列傳第八十八·穆寧》頁五〇一四

（程元振）素惡李光弼，數媒蝎以疑之。瑱等上將，冕、光弼元勳，既誅斥，或不自省，方帥繇是携解。

《新唐書》卷二百七《列傳第一百三十六·宦者列傳上·程元振》頁五八六一

（史）思明死，（張）忠志不肯事朝義，使裨將王武俊殺萬寶，挈恒、趙、深、定、易五州以獻。

《新唐書》卷二百一十一《列傳第一百三十六·藩鎮鎮冀列傳·李寶臣》頁五九四六

上元二年辛丑，官軍於邙山敗績，光弼奔聞喜。

　　　　　　　　　　　　　《安禄山事迹》卷下頁一一一

（二月）戊辰，……或言：“洛中將士皆燕人，燕，於肩翻。久戍思歸，上下離心，擊之，可破也。”陝州觀軍容使魚朝恩以爲信然，屢言於上，上敕李光弼等進取東京。光弼奏稱：“賊鋒尚銳，未可輕進。”朔方節度使僕固懷恩，勇而愎，愎，蒲逼翻。麾下皆蕃、漢勁卒，恃功，多不法，郭子儀寬厚曲容之，每用兵臨敵，倚以集事；李光弼性嚴，一裁之以法，無所假貸。懷恩憚光弼而心惡之，乃附朝恩，言東都可取。史言僕固懷恩欲覆李光弼之軍以便其私。惡，烏故翻。朝，直遙翻。由是中使相繼，督光弼使出師，光弼不得已，使鄭陳節度使李抱玉守河陽，與懷恩將兵會朝恩及神策節度使衛伯玉攻洛陽。

戊寅，陳於邙山。光弼命依險而陳，懷恩陳於平原，光弼曰：“依險則可以進，可以退；若平原，戰而不利則盡矣。思明不可忽也。”命移於險，懷恩復止之。史思明乘其陳未定，陳，讀曰陣。進兵薄之，官軍大敗，死者數千人，軍資器械盡棄之。《考異》曰：《實錄》曰：“史思明潛遣間諜反說官軍曰：‘洛中將士久戍思歸，士多不睦。’魚朝恩以爲然，乃告光弼及僕固懷恩、衛伯玉等曰：‘可速出軍，以掃殘寇。’光弼等然之。”今從《舊·光弼傳》。《實錄》曰：“光弼、懷恩敗績，步兵死者數萬。”今從《舊·思明傳》。光弼、懷恩渡河走保聞喜，朝恩、伯玉奔還陝，抱玉亦棄河陽走，河陽、懷州皆没於賊。朝廷聞之，大懼，益兵屯陝。相州之敗，邙山之敗，皆魚朝恩爲之也。唐不以覆軍之罪罪朝恩而罷郭、李兵柄，失刑甚矣。

　　……

　　思明既破李光弼，欲乘勝西入關，使朝義將兵爲前鋒，自北道襲陝城，思明自南道將大軍繼之。南道，出二崤之間。漢建安中，曹公西討巴蜀，惡南路之險，更開北道。

　　《資治通鑑》卷二百二十二《唐紀三十八·肅宗上元二年》頁七一〇五至七一〇六

　　（三月甲午）李光弼上表，固求自貶；上，時掌翻。制以開府儀同三司、侍中，領河中節度使。

　　《資治通鑑》卷二百二十二《唐紀三十八·肅宗上元二年》頁七一一二

　　五月，己丑，李光弼自河中入朝。

　　《資治通鑑》卷二百二十二《唐紀三十八·肅宗上元二年》頁七一一三

（五月，庚子）復以李光弼爲河南副元帥、太尉兼侍中，都統河南、淮南東·西、山南東、荆南、江南西、浙江東·西八道行營節度。《考異》曰：《實錄》、《舊紀》皆云，光弼都統河南、淮南、山南東、江東五道。《唐曆》、《會要》爲河南、淮南東·西、山南東、荆南五道。《劉展亂紀》又有江西、浙東、浙西凡八道。按袁晁亂浙東，光弼討平之，則是浙東亦其統内也。今從之。復，扶又翻。帥，所類翻。統，他綜翻。出鎮臨淮。臨淮郡，泗州。

《資治通鑑》卷二百二十二《唐紀三十八·肅宗上元二年》頁七一一四

（八月）己巳，李光弼赴河南行營。

《資治通鑑》卷二百二十二《唐紀三十八·肅宗上元二年》頁七一一五

公元七六二年　唐代宗寶應元年

（五月）丙戌，……李光弼進封臨淮王。……丁酉，御丹鳳樓，大赦。子儀、光弼、李光進諸道節度使并加實封，四月十七日立功人并號“寶應功臣”。

《舊唐書》卷十一《本紀第十一·代宗》頁二六九

（四月）庚辰，河南副元帥李光弼奏生擒袁晁，浙東州縣盡平。

《舊唐書》卷十一《本紀第十一·代宗》頁二七二

寶應中，李光弼鎮河南，時蘇、常等州草賊寇掠郡邑，代宗遣中使馬日新與光弼將兵馬同征討之。

　　《舊唐書》卷一百四十《列傳第九十・張建封》頁三八二八
至三八二九

　　嘗從李光弼攻賊洛陽，史朝義自領精卒，拒王師於北邙，
營壘如山，旌甲耀日，諸將愕眙不敢動。璘獨率所部橫戈而
出，入賊陣者數四，賊因披靡潰去。副元帥李光弼壯之，曰：
“吾用兵三十年，未見以少擊衆，有雄捷如馬將軍者。”遷試太
常卿。

　　《舊唐書》卷一百五十二《列傳第一百二・馬璘》頁
四〇六五至四〇六六

　　及史朝義遣將圍宋州，（劉）昌在圍中，連月不解，城中食
盡，賊垂將陷之。刺史李岑計蹙，昌爲之謀曰：“今河陽有李
光弼制勝，且江、淮足兵，此廩中有數千斤麴，可以屑食。計
援兵不二十日當至。東南隅之敵，衆以爲危，昌請守之。”昌
遂被鎧持盾登城，陳逆順以告諭賊，賊衆畏服。後十五日，副
元帥李光弼救軍至，賊乃宵潰。光弼聞其謀，召置軍中，超授
試左金吾衛郎將。光弼卒，宰臣王縉令歸宋州爲牙門將。

　　《舊唐書》卷一百五十二《列傳第一百二・劉昌》頁
四〇七〇

　　寶應元年十月，遣元帥雍王領河東朔方諸節度、回紇兵
馬赴陝。僕固懷恩與回紇左殺爲先鋒，魚朝恩、郭英乂爲後
殿，自澠池入；李抱玉自河陽入；副元帥李光弼自陳留入；雍

王留陝州。

《舊唐書》卷二百上《列傳第一百五十上‧史思明附史朝義》頁五三八二

（寶應元年，建寅月）甲辰，李光弼克許州。
　　　　　　《新唐書》卷六《本紀第六‧肅宗》頁一六五

（五月）丙申，李光弼及史朝義戰於宋州，敗之。
　　　　　　《新唐書》卷六《本紀第六‧代宗》頁一六七

十一月，史朝義死幽州，守將李懷仙斬其首來獻，河北平。（德宗）以功兼尚書令，與功臣郭子儀、李光弼等賜鐵券，圖形凌烟閣。
　　　　　　《新唐書》卷七《本紀第七‧德宗》頁一八三

（十二月）甲戌，李光弼及袁晁戰於衢州，敗之。
　　　　　　《新唐書》卷六《本紀第六‧代宗》頁一六八

從李光弼攻洛陽，史朝義衆十萬陣北邙山，旗鎧照日，諸將尤疑，未敢擊。璘率部士五百，薄賊屯，出入三反，衆披靡，乘之，賊遂潰。光弼曰：“吾用兵三十年，未見以少擊衆，雄捷如馬將軍者！”遷試太常卿。
　　　　　　《新唐書》卷一百三十八《列傳第六十三‧馬璘》頁四六一八

時賊圍宋州急，李光弼奏神功往救，賊解去。又破法子營，復攻敬釭，降之。朝義聞，乃奔下博。進封信都郡王，徙河南節度、汴宋八州觀察使。

……

始，嘗倨驕自如，見光弼待官屬鈞禮，乃折節謙損。既寢疾，宋之將吏爲禳祈報恩。

《新唐書》卷一百四十四《列傳第六十九‧田神功》頁四七〇二

建封少喜文章，能辯論，慷慨尚氣，自許以功名顯。李光弼鎮河南，盜起蘇、常間，殘掠鄉縣。代宗詔中人馬日新與光弼麾下皆討。建封見中人，請前喻賊，可不須戰。因到賊屯開譬禍福，一日降數千人，縱還田里，由是知名。

《新唐書》卷一百五十八《列傳第八十三‧張建封》頁四九三九

史朝義兵圍宋州，城中食盡且降。（劉）昌說刺史李岑曰：「李光弼在河陽，江淮足兵，勢必來援。今廩麴尚多，若屑以食，可支二十日，則救至。」岑聽之，昌乃被鎧登城，以忠義諭賊，賊不敢攻。俄而光弼援兵至，賊夜潰。光弼聞其謀，召置軍中，將用之。會光弼卒，還爲宋州牙門將。

《新唐書》卷一百七十《列傳第九十五‧劉昌》頁五一七三

會雍王以河東、朔方、回紇兵十餘萬討賊，僕固懷恩與回紇左殺爲先鋒，魚朝恩、郭英乂殿，入自電池，李抱玉薄河陽,李光弼徑陳留,合兵。始,代宗召南北軍諸將問所以討賊計,開府儀同三司管崇嗣曰:"我得回紇,無不勝。"帝曰:"未也。"右金吾大將軍薛景仙曰:"我若不勝,請以勇士二萬椎鋒死賊。"帝曰:"壯矣!"右金吾大將軍長孫全緒曰:"賊若背城戰,破之必矣;若閉城留死,未可取也。且回紇短於攻城,持久勢且沮。我若休士張勢以綴賊,使光弼取陳留,抱玉搗河北,先斷其手足,然後縱間賊中,彼脅從者相疑,則滅可待。"帝曰:"善。"命潼關、陝戒嚴。師次洛陽,馳兵下懷州,王師部伍靜嚴,賊有懼色。

　　《新唐書》卷二百二十五上《逆臣列傳上·史思明附史朝義》頁六四三二至六四三三

　　(建寅月,甲辰)李光弼拔許州,擒史朝義所署潁川太守李春;朝義將史參救之,許州,潁川郡,唐已復郡爲州,安、史猶仍天寶舊名。守,式又翻。將,即亮翻。丙午,戰於城下,又破之。

　　《資治通鑑》卷二百二十二《唐紀三十八·肅宗寶應元年》頁七一一八

　　(四月,壬辰)史朝義自圍宋州數月,城中食盡,將陷,刺史李岑不知所爲。遂城果毅開封劉昌曰:易州有遂城府。開封、漢縣,唐屬汴州,漢故縣在今縣南五十里。杜佑曰:天寶以後,邊帥怙寵,便請署官,易州遂城府、坊州安臺府別將、果毅之類,每一制則同授千餘人。"倉中猶有麴數千斤,請屑食之;不過二十日,李太尉必救我。李太尉,謂光弼。城東南隅最危,昌請守之。"李光弼至臨淮,諸將以朝義兵尚強,請南保揚州。光弼曰:"朝廷倚我以爲安危,

我復退縮，朝廷何望！復，扶又翻。且吾出其不意，賊安知吾之
衆寡！"遂徑趣徐州，趣，七喻翻。使兗鄆節度使田神功進擊朝
義，大破之。先是，田神功既克劉展，去年正月，神功克劉展。先，
悉薦翻；下同。留連揚州未還，太子賓客尚衡與左羽林大將軍殷
仲卿相攻於兗、鄆，《考異》曰：衡上元元年爲淄青節度使，此年五月，田
神功自淄青移兗鄆，六月，衡自賓客爲常侍，七月，仲卿自左羽林大將軍爲光禄
卿，而得相攻於兗、鄆者，蓋衡猶未離淄青，仲卿亦在彼，雖有新除官，皆未肯
入朝也。聞光弼至，憚其威名，神功遽還河南，此河南，總言河南道。
衡、仲卿相繼入朝。《考異》曰：《舊傳》曰："朝義乘北邙之勝，寇申、光等
十三州，自領精騎圍李岑於宋州，將士皆懼，請南保揚州。光弼徑赴徐州以鎮
之，遣田神功擊敗之。"又曰："初，光弼將赴臨淮，在道，舁疾而行。監軍使以
袁晁方擾江、淮，光弼兵少，請保潤州以避其鋒。光弼不從，徑往泗州。光弼未
至河南也，田神功平劉展後，逗留於揚府，尚衡、殷仲卿相攻於兗、鄆，來瑱旅拒
於襄陽，及光弼輕騎至徐州，史朝義退走，田神功遽歸河南，尚衡、殷仲卿、來瑱
皆懼其威名，相繼赴闕。"按光弼既使田神功擊敗朝義，則是神功已還也。《實
録》，今年八月，袁晁始陷台州。借使當時已擾江、淮，則自泗州往潤州，不得謂
避其鋒也。今從《新傳》。

　光弼在徐州，惟軍旅之事自決之，自餘衆務，悉委判官張
傪。傪，七感翻，又倉含翻。傪吏事精敏，區處如流，處，昌吕翻。諸
將白事，光弼多令與傪議之，諸將事傪如光弼，由是軍中蕭
然，東夏以寧。夏，户雅翻。先是，田神功起偏裨爲節度使，去年
六月，田神功自平盧兵馬使節度兗鄆。留前使判官劉位等於幕府，神
功皆平受其拜；及見光弼與傪抗禮，乃大驚，徧拜位等曰："神
功出於行伍，不知禮儀，諸君亦胡爲不言，成神功之過乎！"史
言武夫悍將可以禮化，居其上者當以身作則。行，户剛翻。

《資治通鑑》卷二百二十二《唐紀三十八‧肅宗寶應元年》頁七一二七至七一二八

秋，七月，壬辰，以郭子儀都知朔方、河東、北庭、潞‧儀‧澤‧沁‧陳‧鄭等節度行營<small>時以潞、儀、澤、沁、陳、鄭爲一鎮，以李抱玉爲節度使，蓋抱玉先以陳鄭節度使討賊在行營，李光弼邙山之敗，抱玉奔澤州，陳鄭爲賊所隔，朝廷因使之節度潞、儀、沁、澤四州。</small>及興平等軍副元帥。

《資治通鑑》卷二百二十二《唐紀三十八‧肅宗寶應元年》頁七一二九至七一三〇

（八月，己巳）台州賊帥袁晁攻陷浙東諸州，改元寶勝；<small>《考異》曰：柳璨《正閏位曆》、宋庠《紀元通譜》皆改元升國。今從《新書》。</small>民疲於賦斂者多歸之。李光弼遣兵擊晁於衢州，<small>衢州，春秋時越姑蔑之地，秦以爲太末縣，漢分立新安縣，晉改信安；唐置衢州，以三衢山名。昔洪水派山爲三道，故曰三衢。斂，力贍翻。</small>破之。

《資治通鑑》卷二百二十二《唐紀三十八‧肅宗寶應元年》頁七一三〇

（十月）戊辰，諸軍發陝州，僕固懷恩與回紇左殺爲前鋒，陝西節度使郭英乂、<small>《方鎮表》：上元元年，改陝、虢、華節度爲陝西節度使。乂，疏吏翻。</small>神策觀軍容使魚朝恩爲殿，<small>殿，丁練翻。</small>自澠池入；<small>澠，彌兗翻。</small>潞澤節度使李抱玉自河陽入；河南等道副元帥李光弼自陳留入；分道并入以攻洛陽。雍王留陝州。<small>《考異》曰：《代宗實錄》："戊辰，元帥雍王帥僕固懷恩等諸軍及回紇兵馬進發陝州東討，留英乂、朝恩爲</small>

後殿。是日，又詔河東道節度使自澤州路入。"今從《唐曆》及《舊·朝義傳》。
辛未，懷恩等軍於同軌。河南永寧縣，後周之同軌縣地，有同軌城。

　　《資治通鑑》卷二百二十二《唐紀三十八·肅宗寶應元
年》頁七一三三至七一三四

　　（十一月）丁酉，以張忠志爲成德軍節度使，統恒、趙、深、
定、易五州，賜姓李，名寶臣。初，辛雲京引兵將出井陘，常山
裨將王武俊説寶臣曰："今河東兵精鋭，出境遠鬭，不可敵也。
且吾以寡當衆，以曲遇直，戰則必離，守則必潰，公其圖之。"
寶臣乃撤守備，舉五州來降。及復爲節度使，以武俊之策爲
善，説，式芮翻。復，扶又翻。擢爲先鋒兵馬使。武俊，本契丹也，
初名没諾干。爲王武俊夷張氏、得成德張本。契，欺訖翻，又音喫。

　　《資治通鑑》卷二百二十二《唐紀三十八·肅宗寶應元
年》頁七一三六

公元七六三年　　唐代宗寶應二年　　廣德元年

　　（四月）庚辰，河南副元帥李光弼奏生擒袁晁，浙東州縣
盡平。

　　　　《舊唐書》卷十一《本紀第十一·代宗》頁二七二

　　三月……丁未，李光弼及袁晁戰，敗之。
　　　　　　《新唐書》卷六《本紀第六·代宗》頁一六八

　　（正月，壬寅，史朝義）東奔廣陽，檀州燕樂縣，後魏置廣陽郡，後齊
廢郡，而舊郡名猶存。廣陽不受；欲北入奚、契丹，至温泉柵，據《新、

舊書‧懷恩傳》,溫泉柵在平州界石城縣東北。契,欺訖翻,又音喫。柵,測革翻。李懷仙遣兵追及之;朝義窮蹙,縊於林中,懷仙取其首以獻。

《資治通鑑》卷二百二十二《唐紀三十八‧代宗廣德元年》頁七一三九

（正月）甲辰,朝義首至京師。《考異》曰:《河洛春秋》曰:"朝義東投廣陽郡,不受。北取潞縣、漁陽,擬投兩蕃。至榆關,李懷仙使使招回,却至漁陽過,從潞縣至幽州城東阿婆門外,於巫閭神廟中,兄弟同被絞縊而死,乃授首與駱奉仙。經一日,諸軍方知,歸莫州城下。"

《資治通鑑》卷二百二十二《唐紀三十八‧代宗廣德元年》頁七一四〇

夏,四月,庚辰,李光弼奏擒袁晁,浙東皆平。時晁聚衆近二十萬,近,其靳翻。轉攻州縣,光弼使部將張伯儀將兵討平之。伯儀,魏州人也。

《資治通鑑》卷二百二十二《唐紀三十八‧代宗廣德元年》頁七一四三

九月,……（裴）遵慶既至,懷恩抱其足號泣而訴,遵慶因宣聖恩優厚,諷令入朝,懷恩許諾。副將范志誠說之曰:"公以讒言交構,有功高不賞之懼,嫌隙已成,奈何入不測之朝,公不見來瑱、李光弼之事乎!功成而不見容,二臣以走、誅。"懷恩然之。

《舊唐書》卷一百二十一《列傳第七十一‧僕固懷恩》頁三四八七

（十月,乙亥）驃騎大將軍、判元帥行軍司馬程元振專權自恣,人畏之甚於李輔國。諸將有大功者,元振皆忌疾欲害之。吐蕃入寇,元振不以時奏,致上狼狽出幸。上發詔征諸道兵,李光弼等皆忌元振居中,莫有至者,中外咸切齒而莫敢發言。

　　《資治通鑑》卷二百二十三《唐紀三十九·代宗廣德元年》頁七一五五

公元七六四年　唐代宗廣德二年

　　七月己酉,河南副元帥、太尉、兼侍中、臨淮王李光弼薨於徐州,廢朝三日。

　　　　《舊唐書》卷十一《本紀第十一·代宗》頁二七五

　　其（韋述）甥蕭直爲太尉李光弼判官,廣德二年,直因入奏言事稱旨,乃上疏理於蒼黃之際,能存《國史》,致聖朝大典,得無遺逸,以功補過,合沾恩宥。乃贈右散騎常侍。

　　《舊唐書》卷一百二《列傳第五十二·韋述附蕭直》頁三一八四至三一八五

　　其年,河南副元帥李光弼薨於徐州,以縉爲侍中、持節都統河南、淮西、山南東道諸節度行營事。

　　《舊唐書》卷一百一十八《列傳第六十八·王縉》頁三四一六

　　七月……己酉,李光弼薨。

　　　　《新唐書》卷六《本紀第六·代宗》頁一七〇

《李光弼統軍靈轄秘策》一卷一作《武記》。

《新唐書》卷五十九《志第四十九·藝文三》頁一五五一

廣德初,甥蕭直爲李光弼判官,詣闕奏事稱旨。因理述"蒼卒奔逼,能存國史,賊平,盡送史官于休烈,以功補過,宜蒙恩宥"。有詔贈右散騎常侍。

《新唐書》卷一百三十二《列傳第五十七·韋述》頁四五三〇

(二月,戊寅)上之幸陝也,李光弼竟遷延不至;上恐遂成嫌隙,其母在河中,數遣中使存問之。數,所角翻。吐蕃退,除光弼東都留守以察其去就;光弼辭以就江、淮糧運,引兵歸徐州。上迎其母至長安,厚加供給,使其弟光進掌禁兵,遇之加厚。皆所以懷來光弼。

《資治通鑑》卷二百二十三《唐紀三十九·代宗廣德二年》頁七一六三至七一六四

七月,庚子,……太尉兼侍中、河南副元帥、臨淮武穆王李光弼,治軍嚴整,治,直之翻。指顧號令,諸將莫敢仰視,謀定而後戰,能以少制衆,與郭子儀齊名。及在徐州,擁兵不朝,諸將田神功等不復稟畏,少,始照翻。復,扶又翻。李光弼處危疑之地,其迹若無君者,而諸將亦不復稟畏光弼。節義天下之大義,非虛語也。光弼愧恨成疾,己酉,薨。史言李光弼不能以功名自終。八月,丙寅,以王縉代光弼都統河南、淮西、山南東道諸行營。統,他綜翻,俗從上聲。

《資治通鑑》卷二百二十三《唐紀三十九·代宗廣德二

《年》頁七一六五至七一六六

　　李光弼，爲河南副元帥，都知河南、淮西、山南東道諸節度行營事。代宗廣德二年七月，上表陳乞曰：“臣自去月十七日舊疾發動，有加無瘳。至今月五日，臣自量氣力，恐至不起，謹忍死口占，陳露上聞。臣受國重任，荷國厚恩。自陛下臨御以來，方隅多故，加以疾病，不任扶持，竟未獲趨拜闕庭，瞻奉宸極。忽此危亟，氣候奄然，將冥没聖代，長辭白日。撫心內痛，割切五情。且鳥之死其聲尤哀，况臣繫心聖朝，結戀慈母，倚枕西向，覯謁永遥。所以循環晷刻，心腸斷絕。臣以素無成效，累加封邑，每經陳讓，不蒙允許。今臣將死，靦冒猶存。若使無功之子嗣守素封，臣赴下泉，亦不瞑目。况生人凋獘，國用不充，軍興所須，實資錢穀。謹上前後所賜實封二千戶，請歸之有司，庶裨萬一。蓋臣宿素必守之誠，伏惟聖慈，特賜臨炤行營兵馬使已下至將士及資糧營田所繇等，并令恭守所職，伏聽進止。仰天瀝懇，誠切氣微，俛首嗚咽，申吐不盡，不勝哀迫痛戀之至。”手詔答曰：“爵土之封，以酬勳德。故受之日，適當其分。使賞在必行，而得之者不讓其餘，使人有可繼。國之彝憲，在乎至公。往者寇逆亂常，京闕失守，太尉兼侍中、充河南副元帥、都知河南、淮西、山南東道諸節度行營事、上柱國、臨淮郡王光弼首奉師律，翊佐先朝，克殄氛祲，底寧宗社。自朕纘成丕緒，又置大功，扶顛履危，勤恤於外，可謂忠存王室，道濟生人。則食邑所加，仰惟常典。小因疾故，遽有懇詞，不伐茂勳，請歸實食。覽其奏章，增用惘然。且福壽之理，期於勿藥；井賦之錫，傳於無窮。其宜暫以微瘵,便思獨善？將使在其下者,何顏受封？用阻深誠,蓋存大體。然謙撝有素,志義可嘉,足以激厲名節,光昭退讓。宣示中外,咸使聞知。"

《冊府元龜》卷四九〇《將帥部七十・退讓二》頁四六三三至四六三四;《全唐文》卷三四五《辭疾讓官表》頁三五〇〇至三五〇一

李光弼

光弼,營州柳城人。起家左衛親府左郎將,襲封薊郡公。安祿山反,郭子儀薦其能,詔攝御史大夫、持節河東節度副大使知節度事,尋加魏郡太守、河北采訪使、范陽大都督府長史、范陽節度使。肅宗立,更授户部尚書、同中書門下平章事。至德二載,遷司空,拜鄭國公。乾元元年,兼侍中,爲天下兵馬副元帥。上元元年,拜開府儀同三司、中書令、河中尹、晉絳等州節度使,進太尉。寶應二年,進封臨淮郡王,賜鐵券,藏名太廟,圖形凌烟閣。長慶二年薨,年五十七。贈太保,諡曰武穆。

《全唐文》卷三四五《李光弼》頁三五〇〇

　　唐故開府儀同三司太尉兼侍中河南副元帥都督河南淮
　　南淮西荆南山南東道五道節度行營事東都留守
　　　上柱國贈太保臨淮武穆王李公神道碑銘
　　昔宗周之中興也,時則有若方叔召虎,總師干肇敏之業,南威蠻荆,東截淮浦,以左右宣王,詩人歌之,列在《風》、《雅》。我皇唐之反正也,時則有若臨淮、汾陽,秉文武忠義之姿，廓清河朔，保乂王室，翼戴三聖，天下之人，謂之李、郭。異代同德，今古一時。公諱光弼，京兆萬年人也。曾祖皇左威衛大將軍、幽州經略軍副使府君諱令節，祖鴻臚卿兼檀州刺史府君諱重英，父雲麾將軍、左領左羽林二軍大將軍、朔方節度副使、薊郡開國公、贈幽州都督、司空諱楷洛，皆以英果沈勇，累葉將邊，憺威稜於幽碣。公即薊公之第四子也。體渾元之正性，秉弘毅之高躅。天予純嘏，生知禮度，謨謀炳邃，默識衝深。傑出經武之才，鬱爲興王之佐。故能東征北伐，厭難康屯，挺草昧不世之功，允蒼生具瞻之望。社稷威寶，公之謂歟！初，天后萬歲中，大將軍燕國公武楷固爲國大將，威震北陲，有女曰今韓國太夫人，才淑冠族，嘗鑒之曰：“爾後必生公侯之子。”因擇薊公配焉，後果生公。公年六歲，嘗撫鹿而游，薊公視而誨之曰：“兒勿更爾。”公振手而起，遂絕不爲童戲。未冠，以將門子工於騎射，能讀《左氏春秋》，兼該太史公、班固之學。開元中起家左衛左郎將，歷豐、夏二都督府長史，尋遷別駕，加朝散大夫。丁父憂以毀聞，終喪不入妻室。太夫人高明整肅，有慈有威，公下氣怡聲，承順而每竭其力，雖已官達，小不如意，猶加譙讓之責，故能濟其勛業。天寶二年拜寧朔郡太守，四載加左清道率兼安北都護，仍充朔方行軍都虞侯。五載充王忠嗣河西節度兵馬使，加游騎將軍，守右領軍，賜紫金魚袋，仍充赤水軍使，八月襲封薊郡開國公。八載遷右金吾衛將軍，充節度副使，以破吐蕃及招討吐谷渾加雲麾將軍左武衛大將軍。十一載拜單于副都護。十三載爲安思順朔方節度兵馬使，思順慕公信義，請爲婚姻，公辭不獲免，遂託疾

罷官。西平王哥舒翰聞而韙之，奏歸京師，遂守道屏居，杜
絕人事。十四載冬十一月，安禄山反范陽，天下驛騷，朝廷
旰食。聿求虓䍐之將，爰統鷹揚之師。明年春正月，起公爲
銀青光禄大夫、鴻臚卿兼雲中郡太守，攝御史中丞、持節充
河東節度支度營田副大使、知節度事，仍充大同軍使。二
月，拜攝御史大夫、魏郡太守，充河北道采訪使。俄除范陽
郡大都督府長史，充范陽節度使。初，公以朔方馬步八千人
出土門，其月既望，收常山郡。前是太守顏杲卿、臬長史袁履
謙殺禄山土門使李欽湊，擒其心腹高邈、何千年，屬太原尹
王承業不出救兵，杲卿、履謙爲史思明所陷，戰士死者跆藉
於滹沱之上。公親以衣袂拂去其口上沙塵，因慟哭以祭之，
分遣恤其家屬，城中莫不感激一心。史思明正圍饒陽，馳來
拒戰，公屢摧陷之。詔拜公兼御史大夫，俾今尚書令汾陽王
郭公子儀悉朔方之衆，與公合勢，南收趙郡，又敗之於沙河。
夏六月，戰於嘉山，大敗之，斬獲萬計，思明露髮跣足，奔於
博陵，窮蹙無計，歸節於禄山。禄山大恐，逆徒幾潰。屬潼
關不守，肅宗理兵於靈武，盡追朔方之師，加公太原尹。公
以麾下及景城、河間之卒數千人至。秋八月，拜户部尚書、
同中書門下平章事。史思明既有河北之地，與蔡希德悉衆
來攻，累月不剋而退。公自賊逼城，於東南角張帳次居止，
竟不省視妻子，每過府門，未嘗回顧。是後決遣事務，信宿
方歸。至德二載拜司徒。冬十二月十五日，肅宗既還京師，
策勳換司空兼兵部尚書，封鄭國公，食實封八百户。公弟光
進，亦以懋功同制封拜。乾元元年八月，拜侍中。其年冬十
月，與九節度圍安慶緒於相州。明年春三月，史思明至滏

陽，屢絕我糧道。衆咸請公簡精銳以擊之，交鋒竟日，思明奔北於百里之外。公反旆而歸，烟塵亘天，諸將皆以爲賊軍大至，遂南渡黄河，公至則無見矣，乃歸於太原。是年夏五月，除范陽節度使，尋代汾陽王爲朔方節度使。秋八月，充天下兵馬副元帥。以數千騎東巡，追兵馬使張用濟會於氾水，用濟獨來上謁，公數其罪而斬之。因追都知兵馬使御史大夫僕固懷恩，懷恩中夜馳赴，魚貫而前，再宿遄至，秋毫不敢犯。公趣河而東，及滑州，聞史思明已過河，遂迎强旅以至東京，移牒留守及官吏等，悉皆迴避，公獨與麾下趣河陽橋城。賊先鋒已下倒懸坂，公至石橋，命秉燭徐行，一夜方達，賊望之不敢近。思明來至城下，請見公，公於城上謂之曰：“我三代無葬地，一身必以死國家之患。爾爲逆虜，我爲王臣，義不兩全。我若不死於汝手，汝必死於我手。”將士聞之，無不激勵。相持凡八月，思明暴露，不敢入東京。乾元二年冬十月甲申，賊將周贄悉河北之衆，萃於河陽城北，思明以河南之衆，頓於河陽南城之南，南北夾攻，表裏受敵。公設奇分銳，襲其虛而大破贄軍，臨陣擒其大將徐璜玉，殺獲略盡，贄僅以身免，收軍資器械，不可勝數。思明心悸氣索，烟火不舉者三日，官軍大振。初，公以爲戰者危事，勝負難必，每臨陣，嘗貯伏突於靴中，義不受辱。至是登城，西向拜舞，因歘歟不自勝，三軍見之，無不淚下。三年春正月，遷太尉兼中書令，其年改元上元。冬十一月，攻拔懷州，擒其僞節度安太清。二年春二月，統僕固懷恩自河陽趨河清，與史思明合戰於邙山。屬風雨晦冥，王師不利，公收合餘軍，屯於垣縣，遂引過請罪，懇讓太尉。肅宗不能違之。二月，拜開府儀同三司、中書令兼河中尹節度使。夏五月十有一日，復拜太尉兼侍中，充河南副元帥、都知河南淮南淮西山南東荊南五道節度行營事，出鎮臨淮。時史朝儀乘邙山之捷，圍逼申、安等一十三州，自領精騎，圍李岑於宋州，公之將吏皆凶懼，議南保揚州。公謂之曰："臨淮城池卑陋，不堪鎮遏，不如徑赴彭城，俟其東寇，躡而追之，賊可擒也。"遂趨徐州。因召田神功宴慰，與同寢宿，以宋州之難告，祖道郊外，俾先飲以寵之。分麾下隸於其將喬岫，仍令兵馬使郝庭玉與岫犄角而擊之，賊遂一戰而走。使來告捷，公已屈指俟報，俄而吉語至焉。今上登極，寶應元年夏五月進封臨淮郡王。廣德元年秋七月，加實封三百戶，通前後凡二千戶，賜鐵券，名藏太廟，仍圖畫於凌烟閣。冬十一月，上在陝州，以公兼東都留守。制書未下，久待命於徐州，將赴東都。屬疾痢增劇，公知不起，使使齎表奉辭。廣德二年秋七月五日已亥，薨於徐州之官舍。初，將吏等問以後事，公曰："吾久在京中，不得就養，今爲不孝子矣。夫復何言？"因取已封布絹各三千匹，錢三千貫，鬻麥以分遺將士，衆皆感痛不自勝。及公云亡，遂以其布爲公制服。庚申，哀問至上都，上痛悼之，輟朝三日。太夫人一慟而絕，終夕方蘇。上使開府魚朝恩就宅敦諭，京兆尹第五琦監護喪事。九月己未，追贈太保。十二月闕二字，太常議行，謚曰武穆。夫人薛國夫人太原王氏，暨長子太僕卿義忠，并先公而逝。次曰太府少卿太僕卿象、殿中丞彙等，皆保家克荷，備聞詩禮，無忝燕翼過庭之訓。冬十一月二十七日庚申，泣而窆於王母，虔窆公於富平縣先塋之東，禮也。於戲！公以吉甫文武之姿，兼樊仲將

明之德。王國多難,群胡構紛,藉朔方偏師之旅,入井陘不
測之地,思明鉏銳於恒定,禄山絶望於江淮。守太原而地道
設奇,保河陽而雲梯罔冀。破周贄於温沇,擒太清於覃懷,
走史朝義叛涣之衆於梁宋,救僕固瑒已危之軍於瀛莫。皆
意出事外,敵墜計中,天下有缺二字之缺一字,國家無贅旒之
患,此皆公之力也。公兄遵直、遵行,仕至將軍。鼻弟光炎,
并不幸早世。次曰光顔,特進鴻臚卿,皆以將略,見稱時輩。
季曰光進,開府儀同三司太子太保兼御史大夫、渭北節度
使、凉國公,清識表微,沈謀絶衆,剛亦不吐,柔而能立,與公
并時仗鉞,分閫闕二字,凌霄翼聖,既有戴天之功;華原統師,
獨聞禁暴之德。方當會同正至,榮曜君親。入侍黼帷,峨二
貂乎泰階之上;歸聯彩服,頓雙節於高堂之下。斯歡未劇,
遺恨何居! 昔斛律丞相與弟并州,同務烈於北齊,賀拔行臺
與兄雍州,亦宣力於西魏,咸稱義烈,各懋勛庸。而風樹寂
寞,偏隅隘陋,比之我族,事則不侔。真卿昔守平原,困於凶
羯,繄公莅止,獲保餘生。束帶興居,空想北平之禮;操觚論
撰,敢墜中郎之辭。銘曰:

　　羯胡倡狂,俶擾皇綱。降生臨淮,佐我興王。惟此臨淮,
萬夫之望。爰初發迹,罔或弗臧。出入忠孝,人倫激昂。其
心鐵石,其行珪璋。天寶末造,河朔恈懷,天子命公,經營朔
方。沙河嘉山,我伐用張。思明歸節,禄山震惶。潼關勿帥,
醜虜其亡。肅宗有命,大鹵於襄。應變如神,兇徒靡亢。介
珪入覲,台座用光。俾公東征,北國是皇。長圍鄴下,望入河
陽。擒斬渠魁,霆擊龍驤。淮潰鎮定,徐土翱翔。服田蠖屈,
料瑒鷹揚。不有神筭,疇戡暴强。弟兄同時,秉鉞煌煌。方

期凱旋，雙映旗常。晨趨法座，夕慶高堂。如何不辰，愆此百
祥。素輀反葬，白驥蹢箱。簫鼓悲鳴，羽儀分行。萬乘致祭，
千官送喪。生榮死哀，身歿名揚，渭水川上，壇山路旁。惟餘
豐碑，突兀連岡。往來必拜，萬古沾裳。

《全唐文》卷三四二《顏真卿·唐故開府儀同三司太尉
兼侍中河南副元帥都知河南淮南淮西荆南山南東五道節度
行營事東都留守上柱國贈太保臨淮武穆王李公神道碑銘》頁
三四六九至三四七二

唐臨淮王李武穆廟碑

天寶末，安禄山反范陽，陷兩京。明皇流離於蜀，宇内幾
非唐有矣。非有而卒復有，蓋王與郭汾陽之功也。王之功，
紀金券，藏太廟，圖凌烟閣，載諸史册，霞電炯照而金翠補寫
也。迨於今，襄童笠豎皆知有王云。嗚呼！然孰知寧海閬
風、寂寞之野，有王之祠存焉？按之史册，求之圖志。寶應
初，袁晁反台州，盡有浙東地。王遣其將張伯議、李皋討平
之。此土之民被王德，立祠祀王。迨於今，火盜雨暘，螟蟊疾
厲，有禳有祝焉。嗚呼！王之食於此土，非忝也；民之報王，
盍忠信矣乎？且王嘗拔常山、拔趙、拔懷而與夫景城、河間、
信都、清河、平原、博平皆附焉，捍饒陽、捍太原、捍河陽，以至
於申、光、徐、泗、宋、許、兗、鄆、襄陽皆平焉。然則王之功滿
於河、淮、京、洛之間，平浙其細也，戮晁則易也。何獨此土之
民被其德哉？感之於平浙也，懷之以戮晁也。毋以小王乎？
嗚呼！德之深淺不以其功之小大也，功之小大不以其患之淺
深也。使晁蔓不已，寧能勿爲禄山耶？則此土之民被其德固

無異於淮、河、京、洛之間也。然廟始創歲月，無文字可繹，其
幾廢幾興邪？規制、像設、服飾，皆野老踞，居二勝座下伏文
獸，其何根何證邪？屋有低塌，風掀雨漉，破壁四面，見山星
斗零落，綻瓦中行，遂貫穿祠後，神露其背，過者憫然惻怛也。
余聞王之御軍行師，號令明一，麾幟壁壘，氣色皆光焰，不應
憔悴若是。想夫功成身危，程魚交毀，彷徨慘澹，其意態亦如
是乎？歲比不登，衆歡曰："王病民乎？民病王也。"於是富者
以田產之高下出財，貧者以口數之衆寡助力，典其役者以財
厚薄力小大取材。始於淳祐六年正月而成於明年十月九日。
過者肅然驚異矣，夫圖牒之所載，忠豪之遺迹。此以教長民
者，所當興奮也。而鄉人之爲是也，孰斜而孰率之？王之德
於此土也深，又能神而明之，故合而成焉者，出於忠信也。嗚
呼！王之功，紀金券，藏太廟，圖凌烟閣。今其物爲飛花、爲
聚沫，烟空月寒，故迹何在？曾不如豚蹄斗酒之肅愨也。其
被於河、淮、京、洛之間者，今且數經兵燹鞠爲丘墟，蓬蒿皆長
大成林藪，未必有數椽焉，簡潔可依也。然則廟之存於此土，
豈不幸歟？嗚呼！王之功，崇烈偉夫，豈係於廟之有無哉？
然廟之有無，民之忠信，厚薄觀焉，鄉人所以盡其情也。然則
廟之新於今，豈不韙歟？王之名氏不待書也，當時與郭令公
齊名者誰歟？

《赤城集》卷十《舒奎·唐臨淮王李武穆廟碑》頁二九八
至三〇一

公元七六五年　唐代宗永泰元年

（九月）己酉，郭子儀自河中至，進屯涇陽，李忠臣屯東

渭橋,李光進屯雲陽,馬璘、郝玉屯便橋,駱奉仙、李伯越屯盩
厔,李抱玉屯鳳翔,周智光屯同州,杜冕屯坊州。上親率六軍
屯苑内……(閏十月)戊申,進封渭北節度使李光進爲武威
郡王;以刑部侍郎路嗣恭檢校工部尚書、兼御史大夫、靈州大
都督府長史,充關内副元帥,兼知朔方節度等使。

　　　《舊唐書》卷十一《代宗紀》頁二八〇至二八一

　　(九月)己酉,命李忠臣屯東渭橋,李光進屯雲陽,馬璘、
郝庭玉 ①屯便橋,李抱玉屯鳳翔,内侍駱奉仙、將軍李日越屯
盩厔,同華節度使周智光屯同州,鄜坊節度使杜冕屯坊州,上
自將六軍屯苑中。

　　　《資治通鑑》卷二百二十三《唐紀三十九·代宗永泰元
年》頁七一七八

公元七六八年　　唐代宗大曆三年

　　加朱希彩幽州管内觀察使制
　　開府儀同三司,試太常卿,兼幽州大都督府長史,御史大
夫,持節充幽州節度,兼營田等副大使,知節度事,經略軍使,
兼盧龍節度并管内支度、營田及押奚、契丹兩藩等使,上柱國
朱希彩。

　　　《全唐文》卷四一三《常袞·加朱希彩幽州管内觀察使
制》,第四二三一;《文苑英華》卷四〇八《中書制誥·加朱希
彩幽州管内觀察使制》頁二〇六九

---

①"郝庭玉",《舊唐書》卷十一作"郝玉",無"庭"字。

公元七七二年　唐代宗大曆七年

是秋稔。迴紇、吐蕃、大食、渤海、室韋、靺鞨、契丹、奚、牂柯、康國、石國并遣使朝貢。

《舊唐書》卷十一《代宗紀》頁三〇一

公元七七五年　唐代宗大曆十年

王廷湊，本迴鶻阿布思之種族，世隸安東都護府。曾祖曰五哥之，事李寶臣父子。王武俊養爲假子，驍果善鬭，武俊愛之。

……

史臣曰：土運中微，群盜孔熾。寶臣附麗安、史，流毒中原，終竊土疆，爲國蟊賊。加以武俊之狼狡，爲其腹心，或叛或臣，見利忘義，蛇吞蝮吐，垂二百年。哀哉，王政不綱，以至於此。

《舊唐書》卷一百四十二《王廷湊傳》頁三八八四、三八九二

成德將王武俊以（盧）子期歸（李）寶臣，寶臣方攻洺州，因以示城下，降之，復徇瀛州，瀛州亦降。得兵萬人，粟二十萬石，獻子期京師，斬之。

《新唐書》卷二百一十《藩鎮魏博·田承嗣傳》頁五九二六

（田）承嗣弟廷琳方守貝州，遣高嵩巖將兵三千戍宗城，寶臣使張孝忠攻破之，斬嵩巖，逸所執將四十餘人。會王武

俊執賊大將盧子期，遂降洺、瀛。

……

於是天子遣中人馬希倩勞寶臣，寶臣歸使者百縑，使者恚，抵諸道，寶臣顧左右愧甚。諸將已休，獨武俊佩刀立阰下，語之故。武俊計曰："趙兵有功尚爾，使賊平，天子幅紙召置京師，一匹夫耳。"曰："奈何？"對曰："養魏以爲資，上策也。"寶臣曰："趙、魏有釁，何從而可？"對曰："勢同患均，轉寇讎爲父子，欬唾間耳。朱滔屯滄州，請禽送魏，可以取信。"寶臣然之。

《新唐書》卷二百一十一《藩鎮鎮冀·李寶臣傳》頁五九四六至五九四七

惟岳，少爲行軍司馬、恒州刺史。寶臣死，軍中推爲留後，求襲父位，帝不許。趣護喪還京師，以張孝忠代之。田悦爲請，不聽。遂與悦、李正己謀拒命。

……

於是張孝忠以易州歸天子，天子詔朱滔與孝忠合兵討惟岳，盡赦吏士，購惟岳首有賞。惟岳與滔戰束鹿，大奔。遂圍深州。

《新唐書》卷二百一十一《藩鎮鎮冀·李寶臣附惟岳傳》頁五九四八至五九四九

王廷湊，本回紇阿布思之族，隸安東都護府。曾祖五哥之，爲李寶臣帳下，驍果善鬥，王武俊養爲子，故冒姓王，世爲裨將。

廷湊生駢脅,沈鷙少言,喜讀鬼谷、兵家諸書。王承宗時,爲兵馬使。

……

贊曰:朱滔、王武俊南面稱王,地聯交昵。及泚僭天子,滔將應之,當時危矣。賈林以一語寤武俊,軋兵相仇,折幽、薊之銳,泚失其朋,不出孤城,終底覆夷。用林之功,賞不及身,德宗爲不明哉!

《新唐書》卷二百一十一《藩鎮鎮冀‧王廷湊傳》頁五九五九、五九六六

（二月）河陽三城使常休明,河陽縣,本屬懷州,顯慶二年,分屬河南府。城臨大河,長橋架水,古稱設險。此城,後魏之北中城也。東、西魏兵爭,又築中潬及南城,謂之河陽三城。乾元中,史思明再陷東京,李光弼以重兵守河陽。及雍王平賊,令魚朝恩守河陽,乃以河南之河清、濟源、温四縣租税入河陽三城,使河南尹但禮領其縣額,尋又以汜水軍賦屬之。使,疏吏翻。苛刻少恩。其軍士防秋者歸,休明出城勞之,少,詩沼翻。勞,力到翻。防秋兵與城内兵合謀攻之,休明奔東都;軍士奉兵馬使王惟恭爲帥,大掠,數日乃定。上命監軍冉庭蘭慰撫之。監,古銜翻。

《資治通鑑》卷二百二十五《唐紀四十一‧代宗大曆十年》頁七二二九至七二三〇

六月,辛未,田承嗣遣其將裴志清等攻冀州,志清以其衆降李寶臣。甲戌,承嗣自將圍冀州,寶臣使高陽軍使張孝忠將精騎四千禦之,寶臣大軍繼至;承嗣燒輜重而遁。重,直用

翻。冀州，治信都縣。將，即亮翻，又音如字。騎，奇寄翻。高陽軍，當置於瀛
州高陽縣。《兵志》：橫海、北平、高陽等軍皆屬平盧道。蓋安、史之亂，以兵授
張孝忠統制，而屬於李寶臣，因授高陽軍使耳。**孝忠，本奚也。**張孝忠，奚
人，世爲乙失活部酋長。

　　《資治通鑑》卷二百二十五《唐紀四十一·代宗大曆十
年》頁七二三一

　　（冬十月）上嘉李寶臣之功，遣中使馬承倩賫詔勞之；勞，
力到翻。將還，寶臣詣其館，遺之百縑，遺，于季翻。承倩詬詈，擲
出道中，寶臣慚其左右。爲承倩詈辱，顧見左右而自慚也。詬，許候翻，
又，古候翻。兵馬使王武俊説寶臣曰：使，疏吏翻。説，式芮翻；下客説
同。"今公在軍中新立功，豎子尚爾，況寇平之後，以一幅詔書
召歸闕下，一匹夫耳，不如釋（田）承嗣以爲己資。"寶臣遂有
玩寇之志。
　　……
　　承嗣聞幽、恒兵交，即引軍南還，嗣，祥吏翻。恒，户登翻。還，
從宣翻，又音如字。使謂寶臣曰："河内有警，不暇從公，石上讖
文，吾戲爲之耳！"寶臣慙怒而退。《考異》曰：《舊·王武俊傳》曰：
"代宗嘉其功，使中貴人馬承倩齎詔宣勞。承倩將歸，止傳舍，寶臣親遺百縑，
承倩詬罵，擲出道中。王武俊勸玩養承嗣以爲己資。寶臣曰：'今與承嗣有釁
矣，可推腹心哉！'武俊曰：'勢同患均，轉寇仇爲父子，欬唾間耳。若傳虚言，
無益也。今中貴人劉清潭在驛，斬首送承嗣，承嗣立質妻孥矣。'寶臣曰：'吾
不能如此。'武俊曰：'朱滔爲國屯兵滄州，請擒送承嗣以取信。'許之。"按
承嗣方求解於寶臣，何必擒滔以取信！且承倩尚在傳舍，武俊何不勸斬承倩
而斬清潭乎！寶臣自以承嗣誘之共取幽州，故襲朱滔，非因承倩之辱也。今

從《唐紀》。寶臣既與朱滔有隙，以張孝忠爲易州刺史，使將精騎七千以備之。史言田承嗣凶狡過於諸帥。宋白曰：易州，東至幽州二百一十四里。將，即亮翻，又音入字。騎，奇寄翻。

《資治通鑑》卷二百二十五《唐紀四十一·代宗大曆十年》頁七二三三、七二三五

公元七七七年　唐代宗大曆十二年

（四月）渤海、奚、契丹、室韋、靺鞨并遣使朝貢。

《舊唐書》卷十一《代宗紀》頁三一二

對沈謀秘略科策第一道

問：西自臨洮，東洎滄海，延袤萬里，控扼三邊。林胡不賓，犬戎猶梗，守之衝要，備其窺覦。聚多則戍卒不充，布少則敵人莫禦。用捨之理，揚搉而言。立鎮屯兵，其來非久；懸道分列，自昔猶安。李牧守邊，匈奴竄伏；魏尚爲郡，郊壘乂寧。今欲悉罷軍城，委之牧宰。敬達嘉話，將獻吾君。對：……將得其材，以之東鎮，則林胡清，以之西征，則犬戎息，何憂乎制禦之不足，多少之爲患也？

《全唐文》卷三百六十九《王昂·對沈謀秘略科策第一道》頁三七五三至三七五四；《文苑英華》卷四百八十《對沈謀秘略科策第一道》頁二四五一

公元七八〇年　唐德宗建中元年

建中初，魏州魏縣西四十里，忽然土長四五尺數畝，里人駭異之。明年，魏博田悅反，德宗命河東馬燧、潞州李抱真討

之，營于陘山。幽州朱滔、恒州王武俊帥兵救田悅，王師退保魏縣西。朱滔、武俊、田悅引軍與王師對壘。三年十一月，朱滔僭稱冀王，武俊稱趙王，田悅稱魏王。悅時壘正當土長之所，及僭署告天，乃因其長土爲壇以祭。魏州功曹韋稔爲《益土頌》以媚悅。馬燧聞之，笑曰："田悅異常賊也。"

　　　　　　　《舊唐書》卷三十七《五行志》頁一三五一

公元七八一年　唐德宗建中二年

　　九月辛酉，以易州刺史張孝忠爲恒州刺史，充成德軍節度觀察使。

　　　　　　　《舊唐書》卷十二《德宗紀上》頁三三〇

　　時（田）悅窘蹙，朱滔、王武俊皆反，聯兵救（田）悅，抱真與燧等退次魏縣。

　　　　　　《舊唐書》卷一百三十二《李抱真傳》頁三六四八

　　建中二年，鎮州李寶臣卒，子惟岳求襲節鉞，俄而淄青李正己卒，子納亦求節鉞，朝廷皆不允，遂與惟岳、李納同謀叛逆。時朝廷遣張孝忠等討恒州，（田）悅將孟希祐①率兵五千援之。

　　　　　　《舊唐書》卷一百四十一《田承嗣傳》頁三八四一

　　（李）惟岳亦素忌（谷）從政，皆不聽，竟與魏、齊謀叛。

---

①《舊唐書·李寶臣傳》中作"孟佑"。

　　既而惟岳大將張孝忠以郡歸國，朝廷以孝忠爲成德軍節度使，仍詔朱滔與孝忠合勢討之。惟岳以精甲屯束鹿以抗之，田悦遣大將孟佑①率兵五千助惟岳。

　　　　《舊唐書》卷一百四十二《李寶臣傳》頁三八六九

　　建中二年，（李）寶臣死，其子惟岳謀襲父位。（朱）滔與成德軍節度張孝忠征之，大破惟岳於束鹿。滔命偏師守束鹿，進圍深州。惟岳乃統萬餘衆及田悦援兵圍束鹿。惟岳將王武俊以騎三千方陳橫進。滔繪帛爲狻猊象，使猛士百人蒙之，鼓噪奮馳，賊爲驚亂，隨擊，大破之，惟岳焚營而遁。以功加檢校司徒，爲幽州盧龍軍節度使，以德、棣二州隸焉。朝廷以康日知爲深趙二州團練使，王武俊爲恒冀二州團練使。滔怒失深州，武俊怒失寶臣故地，滔構武俊同己反。馬燧圍田悦于魏州，悦告急，滔與武俊遂連兵救悦，敗李懷光於惬山。

　　　　《舊唐書》一百四十三《朱滔傳》頁三八九七

　　（李）寶臣死，子惟岳拒朝命，德宗令滔與張孝忠同力討之。及惟岳平，滔怨朝廷違約不與深州，含怒不已。會王武俊亦怨割地深、趙，相謀叛，欲救田悦。

　　　　《舊唐書》卷一百四十三《劉怦傳》頁三八九九

　　九月，李納陷宋州。李惟岳將張孝忠以易、定二州降。

　　　　《新唐書》卷七《德宗紀》頁一八七

①《舊唐書·田承嗣傳》中作“孟希祐”。

建中中，田悦反，圍邢及臨洺。詔抱真與河東馬燧合神策兵救之。……會朱滔、王武俊反，救悦，抱真退保魏。

《新唐書》卷一百三十八《李抱真傳》頁四六二一

程日華，定州安喜人，本單名華。父元皓，事安禄山爲帳下將，從陷兩京，頗稱勇力，史思明時爲定州刺史。華少事本軍，爲張孝忠牙將。

初，李寶臣授恒州節度，吞削藩鄰，有恒、冀、深、趙、易、定、滄、德等八州。寶臣既卒，惟岳拒朝命，以圖繼襲。寶臣部將張孝忠以定州歸國，授成德軍節度使，令與朱滔討惟岳。及惟岳誅，朝廷以恒、冀授王武俊，深、趙授康日知，易、定、滄授張孝忠，分爲三帥。時惟岳將李固烈守滄州，孝忠令華詣固烈交郡。固烈將歸真定，悉取滄州府藏，累乘而還。軍人怒，殺固烈，皆奪其財，相與詣華曰：“李使君貪鄙而死，軍州請押牙權領。”不獲已，從之。孝忠因授華知滄州事。

未幾，朱滔合武俊謀叛，滄、定往來艱阻，二盜遂欲取滄州，多遣人游説，又加兵攻圍，華俱不聽從，乘城自固。久之，録事參軍李宇爲華謀曰：“使君受圍累年，張尚書不能致援，論功獻捷，須至中山，所謂勞而無功者也。請爲足下至京師，自以一州爲使。”華即遣之。宇入闕，備陳華當二盜之間，疲於矢石。德宗深嘉之，拜華御史中丞、滄州刺史。復置横海軍，以華爲使。尋加工部尚書、御史大夫，賜名日華，仍歲給義武軍糧餉數萬。自是別爲一使，孝忠唯有易、定二州而已。

武俊遣人説華歸己，華曰：“相公欲敝邑仍舊隸恒州，且借騎二百以抗賊,俟道路通即從命。"武俊喜,即以二百騎助之。華乃留其馬,遣人皆還。武俊怒其背約,又以朱滔方攻圍,慮爲所有而止。及武俊歸國,河朔無事,日華即遣所留馬還武俊,別陳珍幣謝過,武俊歡然而釋。貞元四年卒,贈兵部尚書。子懷直。

《舊唐書》卷一百四十三《程日華傳》頁三九〇三至三九〇五

春,正月,戊辰,成德節度使李寶臣薨。……寶臣欲以軍府傳其子行軍司馬惟岳,以其年少闇弱,少,詩照翻。豫誅諸將之難制者,將,即亮翻。深州刺史張獻誠等,至有十餘人同日死者。寶臣召易州刺史張孝忠,孝忠不往,使其弟孝節召之。孝忠使孝節謂寶臣曰:"諸將何罪,連頸受戮!孝忠懼死,不敢往,亦不敢叛,正如公不入朝之意耳。"朝,直遥翻。孝節泣曰:"如此,孝節必死。"孝忠曰:"往則并命,我在此,必不敢殺汝。"遂歸,寶臣亦不之罪也。兵馬使王武俊,位卑而有勇,故寶臣特親愛之,以女妻其子士真,使,疏吏翻。妻,七細翻。士真復厚結其左右;故孝忠、武俊獨全。史言人不可妄殺,且爲孝忠、武俊歸國張本。復,扶又翻。

……

前定州刺史谷從政,惟岳之舅也,有膽略,頗讀書,王武俊等皆敬憚之,爲寶臣所忌,從政乃稱病杜門。

《資治通鑑》卷二百二十六《唐紀四十二·德宗建中二年》頁七二九一至七二九四

（八月）范陽節度使朱滔將討李惟岳,軍於莫州;張孝忠
將精兵八千守易州,范陽節度使治幽州,莫州在幽州南二百八十里。易
州,成德巡屬,在幽州西二百一十四里。滔遣判官蔡雄説孝忠曰:説,
式芮翻。"惟岳乳臭兒,敢拒朝命;今昭義、河東軍已破田悦,淮
寧李僕射克襄陽,計河南諸軍,朝夕北向,恒、魏之亡,可佇立
而須也。使君誠能首舉易州以歸朝廷,則破惟岳之功自使君
始,此轉禍爲福之策也。"朝,直遥翻。射,寅謝翻。恒,户登翻。使,疏
吏翻。孝忠然之,遣牙官程華詣滔,遣録事參軍董積奉表詣闕,
積,章忍翻。滔又上表薦之;上,時掌翻。上悦。九月,辛酉,以孝
忠爲成德節度使。命惟岳護喪歸朝,惟岳不從。孝忠德滔,
爲子茂和娶滔女,爲,于僞翻。深相結。

《資治通鑑》卷二百二十七《唐紀四十三·德宗建中二
年》頁七三〇七至七三〇八

張孝忠山亭再修葺記

高五尺一寸二分,廣三尺一寸五分,廿六行,行存四十五六字,行書,篆額
題"唐易州刺史張公山亭再葺記",在易州①。

大唐光禄大夫試太子賓客使持節易州諸軍事兼易州刺
史充高陽軍使兼御史中丞符陽郡王張公再葺池亭記②

---

①《唐文續拾》無"高五尺一寸二分,廣三尺一寸五分,廿六行,行存
　四十五六字,行書,篆額題'唐易州刺史張公山亭再葺記',在易
　州"句。
②《唐文續拾》無"大唐光禄大夫試太子賓客使持節易州諸軍事兼易
　州刺史充高陽軍使兼御史中丞符陽郡王張公再葺池亭記"句。

判官兼掌書記朝散大夫行司士參軍王璿缺①

上谷,古之郡名,昔韓魏列土,郡即燕國南郡之地也。郡王霸有幽荊,雄據朔易。……

我故相國司空贈太傅李公,自首除奸臣,秉節恒岳,地方千里,帶甲數萬。擇良將以惣戎,任良牧以守郡。……郡王張公曰孝忠,剖符於茲,逮今三祀。戊午歲,天作霪雨,害於粢盛。人多道饉,邑無遺堵。

王之來也……比及三年,兵自戢,民自安,衆自和,財自阜。……

《八瓊室金石補正》卷六十五《張孝忠山亭再修葺記》頁四五〇至四五一

公元七八二年　唐德宗建中三年

三年春正月乙卯朔。丙寅,幽州節度使朱滔、張孝忠破李惟岳之兵於束鹿。〔一〇〕

【校勘記】

〔一〇〕幽州節度使朱滔張孝忠　《合鈔》卷一二《德宗紀》"朱滔"下有"成德軍節度使"六字。

《舊唐書》卷十二《德宗紀上》頁三三一

(閏正月)甲辰,成德軍兵馬使王武俊殺李惟岳,傳首京師。

《舊唐書》卷十二《德宗紀上》頁三三一

---

①《唐文續拾》無"判官兼掌書記朝散大夫行司士參軍王璿缺"句。

二月戊午，（李）惟岳將定州刺史楊政義以州降。加朱滔檢校司徒，以張孝忠檢校兵部尚書、易定滄三州節度使，以檢校太子賓客王武俊檢校秘書監、恒州刺史、恒冀都團練觀察使，康日知爲趙州刺史、深趙都團練觀察使。

　　　　　《舊唐書》卷十二《德宗紀上》頁三三一至三三二

（夏四月）壬戌，封朱滔爲通義郡王。朱滔、王武俊與田悦合縱而叛。

　　　　　　　　《舊唐書》卷十二《德宗紀上》頁三三二

（六月）辛未，朱滔、王武俊兵救田悦，至魏州北。是日李懷光兵亦至，馬燧、抱真、李芃等盛軍容迓懷光。朱滔等慮其掩襲，遽出兵，懷光與之接戰於連籄山之西，王師不利，各還營壘。

　　　　　　　　《舊唐書》卷十二《德宗紀上》頁三三三

（秋七月）庚子，馬燧、李懷光、李抱真、李芃等四節度兵退保魏橋。朱滔、王武俊、田悦之衆亦屯於魏橋東南，與官軍隔河對壘。

　　　　　　　　《舊唐書》卷十二《德宗紀上》頁三三四

（十一月）是月，朱滔、田悦、王武俊於魏縣軍壘各相推獎，僭稱王號。滔稱大冀王，武俊稱趙王，悦稱魏王。又勸李納稱齊王。僭署官名如國初親王行臺之制。丁丑，李希烈自稱天下都元帥、太尉、建興王，與朱滔等四盜膠固爲逆。

　　　　　　　　《舊唐書》卷十二《德宗紀上》頁三三五

　　時馬燧、李抱真諸軍同討魏城未拔，朱滔、王武俊皆反，
連兵救悦。

　　　　《舊唐書》卷一百二十一《李懷光傳》頁三四九二

　　會中使宋鳳朝見之，謂納計蹙，欲誅破之以爲己功，奏請
無捨，上乃械（房）説等繫禁中。納遂歸鄆州，復與李希烈、朱
滔、王武俊、田悦合謀皆反，僞稱齊王，建置百官。

　　　　《舊唐書》卷一百二十四《李正己附子納傳》頁三五三六

　　時朱滔、王武俊聯兵在深、趙，怒朝廷賞功薄，田悦知
其可間，遣使求援，滔與武俊應之，遂以兵圍康日知於趙
州。……

　　王武俊攻趙州，（李）晟乃獻狀請解趙州之圍，欲引兵赴
定州與張孝忠合勢，欲圖范陽。德宗壯之，加晟御史大夫，
俾禁軍將軍莫仁擢、趙光銑、杜季泚皆隸焉。晟自魏州引軍
而北，徑趨趙州，武俊聞之，解圍而去。晟留趙州三日，與孝
忠兵合，北略恒州，圍朱滔將鄭景濟於清苑，決水以灌之。田
悦、王武俊皆遣兵來救，戰於白樓。賊犯義武軍稍却，晟引步
騎擊破之，晟所乘馬連中流矢。踰月，城中益急，滔、武俊大
懼，乃悉收魏博之衆而來，復圍晟軍。晟内圍景濟，外與滔等
拒戰，日數合，自正月至於五月。會晟病甚，不知人者數焉，
軍吏合謀，乃以馬輿還定州，賊不敢逼。

　　晟疾間，復將進師，會京城變起，德宗在奉天，詔晟赴難。
晟承詔泣下，即日欲赴關輔。義武軍間於朱滔、王武俊，倚晟
爲輕重，不欲晟去，數謀沮止晟軍。……義武軍有大將爲孝

忠委信者謁晟,晟乃解玉帶以遺之,因曰:"吾欲西行,願以
爲別。"陳赴難之意,受帶者果德晟,乃諫孝忠勿止晟。晟得
引軍踰飛狐,師次代州,詔加晟檢校工部尚書、神策行營節度
使,實封二百户。晟軍令嚴肅,所過樵采無犯。自河中由蒲
津而軍渭北,壁東渭橋以逼泚。時劉德信將子弟軍救襄城,
敗於扈澗,聞難,率餘軍先次渭南,與晟合軍。軍無統一,晟
不能制,因德信入晟軍,乃數其罪斬之。晟以數騎馳入德信
軍,撫勞其衆,無敢動者。既并德信軍,軍益振。

　　……

　　史臣曰:……解帶結孝忠之心,請婚釋延賞之怨,嫉惡
有楚琳之請,懲亂行希鑒之誅,可不爲明於決斷乎!

　　《舊唐書》卷一百三十三《李晟傳》三六六二至三六六四、
三六八七

　　(田)悦乃遣許士則、侯臧徒步間行説朱滔、王武俊,借兵
求救。時王武俊已殺李惟岳,傳首京師,授武俊恒冀觀察都
防禦使;時武俊同列張孝忠已爲易定節度使,武俊獨爲防禦
使,又割趙、深二州爲一鎮,以康日知爲觀察使,甚爲怨望,且
素輕孝忠,恥名在下。時朱滔討李惟岳,拔深州,求隸幽州不
得,亦怨望。由是滔、武俊同謀救悅。悅恃燕、趙之援,又出
兵二萬背城而陣,(馬)燧復與諸軍擊破之。五月,加燧同中
書門下平章事。

　　六月,朱滔、王武俊聯兵五萬來救悅,至於城下。……
七月,〔二〕燧與諸軍退次魏縣。是月,詔加燧魏州大都督府長
史,兼魏博貝四州節度、觀察、招討等使。田悅、朱滔、王武

俊軍亦至魏縣，與官軍隔河對壘。十一月，三盜於魏縣軍中遞相推獎王號：朱滔稱冀王，田悦稱魏王，王武俊稱趙王；又遣使於李納，納稱齊王。四道共推淮西李希烈爲天下兵馬元帥、太尉、建興王，皆僞署官號，如國初行臺之制，而名目頗有妖僻者，然未敢僞稱年號。而五盜合從圖傾社稷，兩河鼎沸，寇盜橫行；燧等雖志在勤王，竟莫能驅攘患難。

【校勘記】

〔二〕七月　各本原作“七日”，本書卷一二《德宗紀》作“七月”。上文已作六月晦，此處作“七月”是。據改。

《舊唐書》卷一百三十四《馬燧傳》頁三六九四至三六九五

初，王武俊自魏縣還鎮，雖去僞號，而攻圍趙州不解，康日知窘蹙，欲棄趙州，（馬）燧奏曰：“可詔武俊與抱真同擊朱滔，以深、趙隸武俊，請改日知僞晉慈隰節度使。”日知未至而三州降燧，故又加燧晉慈隰節度使。

《舊唐書》卷一百三十四《馬燧傳》頁三六九六

會王武俊殺李惟岳，朱滔攻深州下之，朝廷以武俊爲恒州刺史，又以（李）寶臣故將康日知爲深趙二州觀察使。是以武俊怨賞功在日知下，朱滔怨不得深州，二將有憾於朝廷。（田）悦知其可間，遣判官王侑、許士則使於北軍，説朱滔曰：“昨者司徒奉詔征伐，徑趨賊境。旬朔之内，拔束鹿，下深州，惟岳勢蹙，故王大夫獲殄凶渠，皆因司徒勝勢。又聞司徒離幽州日，有詔得惟岳郡縣，使隸本鎮，今割深州與日知，是國家無信於天下也。且今上英武獨斷，有秦皇、漢武之才，誅夷

豪傑,欲掃除河朔,不令子孫嗣襲。又朝臣立功立事如劉晏
輩,皆被屠滅;昨破梁崇義,殺三百餘口,投之漢江,此司徒之
所明知也。如馬燧、抱真等破魏博後,朝廷必以儒德大臣以
鎮之,則燕、趙之危可翹足而待也。若魏博全,則燕、趙無患,
田尚書必以死報恩義。合從連衡,救灾恤患,《春秋》之義也。
春秋時諸侯有危者,桓公不能救則耻之。今司徒聲振宇宙,
雄略命世,救鄰之急,非徒立義,且有利也。尚書以貝州奉司
徒,命某送孔目,惟司徒熟計之。"滔既有貳於國,欣然從之,
乃命判官王郅與許士則同往恒州説王武俊,仍許還武俊深
州。武俊大喜,即令判官王巨源報滔,仍知深州事。武俊又
説張孝忠同援悦,孝忠不從,恐爲後患,乃遣小校鄭悋心築壘
於北境,以拒孝忠;仍令其子士真爲恒、冀、深三州留後,以兵
圍趙州。

　　三年五月,悦以救軍將至,率其衆出戰於御河之上,大
敗而還。四月,朱滔、武俊搜軍於寧晉縣,共步騎四萬。五月
十四日,起軍南下,次宗城,滔判官鄭雲逵及弟方逵背滔歸馬
燧。六月二十八日,滔、武俊之師至魏州,會神策將李懷光軍
亦至。懷光鋭氣不可遏,堅欲與賊戰,遂徑薄朱滔陣,殺千餘
人。王武俊與騎將趙琳、趙萬敵等二千騎橫擊懷光陣,滔軍
繼踵而進,禁軍大敗,人相蹈藉,投尸於河三十里,河水爲之
不流。馬燧等收軍保壘。是夜,王武俊決河水入王莽故河,
欲隔官軍,水已深三尺,糧餉路絶。王師計無從出,乃遣人
告朱滔曰:"鄙夫輒不自量,與諸人合戰。王大夫善戰,天下
無敵,司徒五郎與王君圖之,放老夫歸鎮,必得聞奏,以河北
之事委五郎。"時武俊戰勝,滔心忌之,即曰:"大夫二兄敗官

軍，馬司徒卑屈若此，不宜迫人於險也。"武俊曰："燧等連兵
十萬，皆是國之名臣，一戰而北，貽國之恥，不知此等何面見
天子耶！然吾不惜放還，但不行五十里，必反相拒。"燧等至
魏縣，軍於河西，武俊等三將壁於河東，兩軍相持，自七月至
十月，勝負未決。

　　悦感朱滔救助，欲推爲盟主。滔判官李子牟、武俊判官
鄭儒等議曰："古有戰國連衡誓約以抗秦，請依周末七雄故
事，并建國號爲諸侯，用國家正朔，今年號不可改也。"於是朱
滔稱冀王，悦稱魏王，武俊稱趙王，又請李納稱齊王。十一月
一日，築壇於魏縣中，告天受之。滔爲盟主，稱孤；武俊、悦、
納稱寡人。

　　《舊唐書》卷一百四十一《田承嗣傳》頁三八四三至
三八四五

　　既而惟岳大將張孝忠以郡歸國，朝廷以孝忠爲成德軍
節度使，仍詔朱滔與孝忠合勢討之。惟岳以精甲屯束鹿以抗
之，田悦遣大將孟佑率兵五千助惟岳。建中三年正月，朱滔、
孝忠大破恒州軍於束鹿，惟岳燒營而遁。惟岳大將趙州刺史
康日知以郡歸國，惟岳乃令衙將衛常寧率士卒五千，兵馬使
王武俊率騎軍八百同討日知。武俊既出恒州，謂常寧曰："武
俊盡心於本使，大夫信讒，頗相猜忌，所謂朝不謀夕，豈圖生
路！且趙州用兵，捷與不捷，武俊不復入恒州矣！妻子任從
屠滅，且以殘生往定州事張尚書去也，孰能持頸就戮！"常寧
曰："中丞以大夫不可事，且有詔書云，斬大夫首者，以其官爵
授。自大夫拒命已來，張尚書以易州歸國得節度使。今聞日

知已得官爵。觀大夫事勢,終爲朱滔所滅。此際轉禍爲福,莫若倒戈入使府,誅大夫以取富貴也。況大夫暗昧,左右誆惑,其實易圖。事苟不捷,歸張尚書非晚。"武俊然之。三年閏正月,武俊與常寧自趙州迴戈,達明至恒,武俊子士真應於内。武俊兵突入府署,遣虞候任越劫擒惟岳,〔二〕縊死於戟門外;又誅惟岳妻父鄭華及長慶、王他奴等二十餘人,傳首京師。

……

惟簡,寶臣第三子。初,王武俊即誅惟岳,又械惟簡送京師,德宗拘於客省,防伺甚峻。

【校勘記】

〔二〕虞候任越　"候"字各本原無,據《合鈔》卷一九三《李寶臣傳》補。

《舊唐書》卷一百四十二《李寶臣傳》頁三八六九至三八七〇

三年十一月,滔僭稱大冀王,僞署百官,與李納、田悦、王武俊并稱王,南結李希烈。興元初,田悦、王武俊以朱泚據京師,滔兵强盛,首尾相應,田悦常謂武俊曰:"朱滔心險,不可堤防。"遂相率歸順。

《舊唐書》卷一百四十三《朱滔傳》頁三八九七

是歲長至日,朱滔、田悦、王武俊、李納各僭稱王,滔使至(李)希烈,希烈亦僭稱建興王、天下都元帥。

《舊唐書》卷一百四十五《李希烈傳》頁三九四四

三年正月丙寅,朱滔、成德軍節度使張孝忠及李惟岳戰於束鹿,敗之。

《新唐書》卷七《德宗紀》一八七

六月甲子,京師地震。恒冀觀察使王武俊反。辛巳,李懷光、馬燧、李芃、李抱真及朱滔、王武俊、田悅戰於連簍山,敗績。

《新唐書》卷七《德宗紀》頁一八八

稅法既行,民力未及寬,而朱滔、王武俊、田悅合從而叛,用益不給,而借商之令出。

《新唐書》卷五十二《食貨二》頁一三五二

(康)日知少事李惟岳,擢累趙州刺史。惟岳叛,日知與別駕李濯及部將百人啐牲血共盟,固州自歸。惟岳怒,遣先鋒兵馬使王武俊攻之,日知使客謝武俊曰:"賊屢甚,安足共安危哉?吾城固士和,雖引歲未可下,且賊所恃者田悅耳,悅兵血巇邢,壕可浮,不能殘半堞,況吾城之完乎?"又紿爲臺檢示曰:"使者齎詔喻中丞,中丞奈何負天子,從小兒跳梁哉?"武俊悟,引兵還,斬惟岳以獻。德宗美其謀,擢爲深趙觀察使,賜實封户二百。

會武俊拒命,遣將張鍾葵攻趙州,日知破之,上俘京師。興元元年,以深趙益成德,徙日知奉誠軍節度使,又徙晉絳,加累檢校尚書左僕射,封會稽郡王。貞元初卒,贈太子太師。

《新唐書》卷一百四十八《康日知傳》頁四七七三

　　朱滔、王武俊圍康日知於趙州也，（李）抱真分兵二千戍
邢，（馬）燧怒，欲班師，（李）晟曰：“奉詔東討者，吾三帥也。
邢、趙比壤，今賊以兵加趙，是邢有晝夜憂，李公分衆守之，不
爲過，公奈何遽引去！”燧悟，釋然，即造抱真壘，與交歡。晟
建言：“以兵趨定州，與張孝忠合，以圖范陽，則武俊等當捨
趙。”帝壯之，授御史大夫，又俾神策三將軍莫仁擢等隸之。
晟自魏引而北，武俊果解去。晟留趙三日，與孝忠連兵，北略
恒州。圍朱滔將鄭景濟於清苑，決水灌之。悅、武俊引兵戰
白樓，孝忠兵筭，晟引步騎擊破之，清苑益急。滔、武俊大懼，
悉起兵來救，圍晟軍。晟内攻景濟，而外抗滔等，自正月至五
月不解。會晟疾甚，不能興，軍中共計引還定州，而賊猶不
敢逼。

　　疾間，將復進，會帝出奉天，有詔召晟即日治嚴。而孝
忠以軍介二盜間，倚晟爲重，數止晟無西。晟語衆曰：“天子
播越，人臣當百舍一息。義武欲止吾，吾當以子爲質。”乃以
憑約昏，并遺良馬。孝忠有親將謁晟，晟解玉帶遺之，使喻孝
忠。乃得踰飛狐，次代州。

　　《新唐書》卷一百五十四《李晟傳》頁四八六四至四八六五

　　魏導御溝貫城，（馬）燧塞其上游，魏人恐，（田）悅遣許
士則、侯臧間行告窮於朱滔、王武俊。會二人者怨望，乃連
和。悅恃燕、趙方至，即出兵背城陣，燧復與諸軍破之。進同
中書門下平章事、北平郡王、魏州大都督長史。

　　滔、武俊聯兵五萬傅魏。會帝遣李懷光以朔方軍萬五千
助燧。懷光勇于鬬，未休士，即與滔等戰，不利。悅決水灌

軍,燧兵亦屈,退保魏縣。滔等瀕河爲壘。會涇師亂,帝幸奉
天,燧還軍太原。

《新唐書》卷一百五十五《馬燧傳》頁四八八七

（王）武俊略趙地,抱真分麾下二千人戍邢,（馬）燧怒謂：
"抱真以兵還守其地,我能獨戰死邪？" 將引還,李晟和之,乃
復與抱真善。

……

武俊之圍趙也,康日知不支,將棄趙,燧請詔武俊擊朱
滔,授以深、趙,以日知爲晉慈隰節度使。

《新唐書》卷一百五十五《馬燧傳》頁四八八八

孟華,史失其何所人。初事李寶臣爲府官屬,論議婞婞
不回,同舍疾之。王武俊斬李惟岳,遣華至京師陳事,德宗問
河朔利害,華對稱旨,擢檢校兵部郎中兼侍御史。

朱滔與武俊謀解田悦之圍,帝詔華還諭,欲亂其謀。華
至,讓武俊曰："安、史未覆滅時,大夫觀其兵,自謂天下可取,
今日何汩汩？ 且上於大夫恩甚厚,將還康中丞他州,而歸我
深、趙。自古忠臣,未有不先大功而後得高官者。大夫何望
於失地邪？ 夫藥苦口者利病,大夫後日思愚言,悔無逮！" 或
曰："華入朝私奏便宜,欲傾我,故得顯職。" 武俊惑之,然以
華舊人,未忍奪其職,卒進援悦。華從至臨清,稱病還恒州。
武俊令子察所爲,乃闔門謝賓客。武俊知不足忌,無殺華意。
既僭稱王,授禮部侍郎,不肯起,嘔血死。

《新唐書》卷一百九十三《忠義下·孟華傳》頁五五五三

（谷倚相之子崇義）生子從政，略涉儒學，有風操。事李寶臣，歷定州刺史，封清江郡王。寶臣及張孝忠妻，其女兄弟也。寶臣初倚任，晚稍疏忌，從政乃闔門謝交游不事。及惟岳知節度，與田悅謀拒天子命，從政諫曰："上神斷，紲諸侯，欲致太平。爾考與燕有切骨恨。天子致討，命帥莫先於燕。誅怨復仇，必盡力後已。前日而考誅大將百餘，子弟存者常不平，乘危相覆，誰不能爾？昔魏有洺、相之圍，王師四集，身投零陵，仰天垂泣，不知所出。賴爾考保佑，頓兵不進，而先帝寬厚，僅獲赦貸。不然，田氏尚有種乎？今悅凶獷勢與承嗣？爾又幼富貴，不出户廷，便欲旅拒？且人心難知，天道難欺，軍中諸將乘危投隙，自古豈少哉！今圖久安計，莫若令而兄惟誠攝留後，爾速入宿衛，則福禄可保矣。"不納。從政塞門移疾不出，惟岳所信王他奴等疑其怨望，日伺之。從政懼，乃吐血，即仰藥，五日死。曰："吾不恨死，而痛渠覆宗矣！"後惟岳被殺於王武俊，如其揣云。

　　《新唐書》卷一百九十八《儒學上·谷那律附谷從政傳》頁五六五二至五六五三

　　未幾，王武俊殺惟岳，而深州降朱滔，滔分兵守之。天子授武俊恒州刺史，以康日知爲深、趙二州觀察使。武俊恨賞薄，滔怨不得深州，悅知二將可間，乃儳路使王侑、許士則説滔曰："司徒奉詔討賊，不十日，拔束鹿，下深州，惟岳勢麤，故王大夫能得逆首。聞出幽州日，有詔破惟岳得其地即隸麾下，今乃以深州與康日知，是朝廷不信於公也。且上英武獨斷，有秦皇、漢武風，將誅豪桀，掃除河朔，不使父子相襲。又功臣劉晏等皆旋踵破滅，殺梁崇義，誅其口三百餘，血丹漢江。今日破魏，則取燕、趙如牽轅下馬耳。夫魏博全則燕、趙安，鄆州尚書必以死報德。且合從連衡，救災恤患，不朽之業也，尚書願上貝州以廣湯沐，使侑等奉簿最孔目，司徒朝至魏則夕入貝，惟孰計之。"滔心素欲得貝，即大喜，使侑先還告師期。

先是，詔武俊出恒冀粟三十萬賜滔，使還幽州，以突騎五百助燧軍。武俊懼悅破，將起師北伐，不肯歸粟、馬。滔因使王郅說武俊曰："天子以君善戰，天下無前，故分散粟、馬以弱君軍。今若舉魏博，則王師北向，漳、滏勢危。誠能連營南旆，解田悅於倒縣，大夫之利也，豈特粟不出窖，馬不離厩，又有排危之義，聲滿天下。大夫親斷逆首，血衊衣袖，曰知不出趙城，何功於國，而坐兼二州。河北士以不得深州爲大夫恥。"武俊即得深，亦喜，即日使使報滔。

於是滔率兵二萬屯寧晉，武俊以兵萬五千會之。悅恃救至，使康愔督兵與王師戰御河上，大敗，棄甲走城。悅怒，閉門不內，蹈藉死塹中者甚衆。其夏，滔、武俊軍至，悅具牛酒迎犒。燧等營魏河西，武俊、滔、悅壁河東，起樓櫓營中，兩軍相持，自秋汔冬。燧遣晟以兵三千，自邢、趙與張孝忠合攻涿、莫二州，以絕幽、薊路。

……會朱泚亂，帝出奉天，燧還太原，武俊等皆罷，悅餞之，厚遺武俊、（馬）寔，官屬皆有贈。

《新唐書》卷二百一十《田承嗣附子田悅傳》頁五九二九至五九三〇

　　先是，武俊陰約悦背滔，使相望。及聞滔要悦西，使田秀馳説悦曰："聞大王欲從滔度河，爲泚犄角，非也。方泚未盜京師時，滔爲列國，且自高，如得東都，與泚連禍，兵多勢張，返制於豎子乎？今日天子復官赦罪，乃王臣，豈捨天子而北面滔、泚耶！願大王閉壘不出，武俊須昭義軍出，爲王討之。"悦因秀還，具道其謀，而遣曾穆報滔。滔喜，自河間悉師而南，逾貝州，次清河，使人報悦，悦不至。……

　　於是李抱真、武俊約出兵救魏。

　　《新唐書》卷二百一十《田承嗣附子田悦傳》頁五九三一至五九三二

　　于是張孝忠以易州歸天子，天子詔朱滔與孝忠合兵討惟岳，盡收吏士，購惟岳首有賞。惟岳與滔戰束鹿，大奔。遂圍深州。明年正月，率兵萬餘，使王武俊爭束鹿，田悦亦遣孟祐來助。武俊以精兵先陷陣，師却。

　　……

　　惟岳懦不能決，畢華見曰："大夫與魏盟未久，魏雖被圍，彼多蓄積，未可下。齊兵勁地廣，裾帶山河，所謂東秦險固之國，與相持維，足以抗天下。夫背義不祥，輕慮生禍。且孟祐驍將，王武俊善戰，前日逐滔，滔僅免，今合兩將，破滔必矣。惟審圖之！"惟岳見深圍未解，畏祐還，乃斬（邵）真以謝悦。明日復戰，又大敗。而康日知舉趙州聽命，惟岳益困，乃付牙將衛常寧兵五千，而俾王武俊騎八百攻日知。

　　武俊才雄，素爲惟岳忌，及師行，謂常寧曰："大夫信讒，吾朝不圖晏，是行勝與否，吾不復入恒矣！將以身托定州張公,安能持頸就刀乎?"常寧與副李獻誠曰:"君不聞詔書乎?斬大夫首以其官畀之。觀大夫勢終爲(朱)滔滅,若倒戈還府,事實易圖,有如不捷,張公可歸也。"武俊然之。惟岳使要藉官謝遵至武俊壁議事,武俊與謀,使内應。至期,啓城門,武俊入,殺人廷中,無亢者。乃傳令曰:"大夫叛命,今且取之,敢拒者族!"士不敢動。武俊使裨校任越牽惟岳出,縊之戟門下,并殺鄭詵、他奴等數十人,使子士真傳首京師。帝盡赦其府將士,給部中租役三年。

(邵)真始事寶臣,掌文記,武俊表其忠,贈户部尚書。其息吕擢冀州長史。

常寧在武俊時用事,爲内史監,其後謀亂,誅。

《新唐書》卷二百一十一《藩鎮鎮冀·李寶臣附惟岳傳》頁五九四八至五九五〇

李惟岳拒命,滔與成德張孝忠再破之束鹿,取深州,進檢校司徒,遂領節度,賜德、棣二州。德宗以康日知爲深、趙二州團練使,詔滔還鎮。滔失深州,不平,又請恒、定七州所賦供軍,復不許,愈怨。時馬燧圍田悦,悦窮,間滔與王武俊同叛。滔姑子劉怦爲涿州刺史,以書諫曰:"司徒身節制,太尉位宰相,恩遇極矣。今昌平有太尉鄉、司徒里,不朽業也。能以忠順自將,則無不濟。比忘上樂戰,不顧成敗如安、史者,今復何有?司徒圖之,無貽悔。"滔不從,連兵救悦。又懼張孝忠之襲,使怦壁險而軍。……

滔愈悖,分兵與武俊屯趙州脅日知,矯詔發其糧貯,即引兵救悦,次束鹿。……滔回次深州,誅首變者二百人。衆懼,乃率兵南壁寧晉,與武俊合。……

悦德滔援,欲尊而臣之,滔讓武俊,曰:"篏山之勝,王大夫力也。"於是,滔、武俊官屬共議:"古有列國連衡共抗秦。今公等在此,李大夫在鄆,請如七國,并建號,用天子正朔。且師在外,其動無名,豈長爲叛臣,士何所歸? 宜擇日定約,順人心,不如盟者共伐之。"滔等從之。滔以禄山、思明皆起燕,俄覆滅,惡其名,以冀,堯所都,因號冀,武俊號趙,(田)悦號魏,(李)納號齊。建中三年冬十月庚申,爲壇魏西,祀天,各僭爲王,與武俊等三讓乃就位。滔爲盟主,稱孤;武俊、悦及納稱寡人。是日,三叛軍上有雲氣頗異,燧望笑曰:"是雲無知,乃爲賊瑞邪!"先是,其地土息高三丈,魏人韋稔佞悦,以爲益土之兆。後二年,滔等册壇,正值其所。

《新唐書》卷二百一十二《藩鎮盧龍·朱滔傳》頁五九六九至五九七〇

時中人宋鳳朝以納窮,欲立功,建不可赦,帝乃械(房)説於禁中。(李)納於是還鄆,與(田)悦、李希烈、朱滔、王武俊連和,自稱齊王,置百官。

《新唐書》卷二百一十三《藩鎮緇青横海·李正己附納傳》頁五九九〇至五九九一

(李)師古,以蔭累署青州刺史。納死,軍中請嗣帥,詔起爲右金吾衛大將軍、本軍節度使。初,棣州有蛤蜕鹽池,歲産鹽數十萬斛。李長卿以州入朱滔,獨蛤蜕爲納所據以專利。後德、棣入王武俊,納乃築壘德州南,跨河以守蛤蜕,謂之三洨,通魏博以交田緒,盗掠德州,武俊患之。師古始襲,武俊易其弱,且納時將無在,乃率兵取蛤蜨、三洨。師古使趙鎬拒戰,武俊子士清兵先濟滴河,會營中火起,士大躁不敢前。德宗遣使者諭武俊罷兵。師古亦墮三洨聽命。

《新唐書》卷二百一十三《藩鎮緇青横海·李正己附師古傳》頁五九九一

程日華,定州安喜人,始名華,德宗以其有功,益曰日華。父元皓爲安禄山帳下,僞署定州刺史,故日華籍本軍,爲張孝忠牙將。滄,故成德部州也,孝忠絕李惟岳,德宗以滄畀義武。前刺史李固烈與惟岳姻屬,即牢守。孝忠令日華往喻之,固烈請還恒州。既治裝,悉帑以行,軍中怒曰:"馬瘠,士飢死,刺史不棄豪髮恤吾急,今刮地以去,吾等何望?"遂共殺固烈,屠其家。日華驚匿床下,將士迎出之曰:"暴吾軍者已死,何畏而亡?"共逼領州。孝忠亦以日華寬厚,遂假以刺史。

朱滔叛,兵屯河間,以故滄、定道阻不相聞。滔及王武俊皆招日華,不納,即攻之。日華乘城自固……

武俊欲得滄,遣人說日華歸己,日華紿曰:"敝邑爲賊攻,力屈則下之。願假騎二百以抗賊,賊退,請以地授公。"武俊喜,歸之馬,日華留馬謝其使。武俊大怒,與滔方睦,懼有怨,乃止。久之,武俊歸命,日華乃還馬,以珍幣厚謝,復結好,武俊亦釋然。貞元二年卒,贈兵部尚書。

《新唐書》卷二百一十三《藩鎮緇青横海·程日華傳》頁五九九五至五九九六

（春正月）丙寅李惟岳遣兵與孟祐守束鹿，束鹿，本鹿城縣。安禄山反，玄宗改縣爲束鹿以厭之，屬深州。《九域志》：在州西四十五里。宋白曰：束鹿縣，本漢西梁縣地，今縣南六十里有西梁故城尚存。朱滔、張孝忠攻拔之，進圍深州。……丙寅，朱滔、張孝忠與戰於束鹿城下，惟岳大敗，燒營而遁。《考異》曰：《實録》及《舊·惟岳傳》止言惟岳一敗。按《滔傳》曰：“滔與孝忠征之，大破惟岳於束鹿。滔命偏師守束鹿，進圍深州。惟岳乃統萬餘衆及田悦援兵圍束鹿。惟岳將王武俊以騎三千方陣横進。滔續帛爲狻猊象，使猛士百人蒙之，鼓噪奮馳，賊馬驚亂，隨擊，大破之，惟岳焚營而遁。”據此，則是惟岳再敗也。《燕南記》，孟祐先敗，惟岳又敗。與《滔傳》相應，今從之。

兵馬使王武俊爲左右所構，惟岳疑之，惜其才，未忍除也。束鹿之戰，使武俊爲前鋒，私自謀曰：“我破朱滔，則惟岳軍勢大振，歸，殺我必矣。”故戰不甚力而敗。

朱滔欲乘勝攻恒州，使，疏吏翻。恒，户登翻。張孝忠引軍西北，軍于義豐。義豐縣，屬定州。滔大驚，孝忠將佐皆怪之，孝忠曰：“恒州宿將尚多，未易可輕。將，即亮翻。易，以豉翻。迫之則并力死鬬，緩之則自相圖。諸君第觀之，吾軍義豐，坐待惟岳之殄滅耳。且朱司徒言大而識淺，可與共始，難與共終也！”朱滔後卒如張孝忠所料。於是滔亦屯束鹿，不敢進。

惟岳將康日知以趙州歸國，惟岳益疑王武俊，武俊甚懼。或謂惟岳曰：“先相公委腹心於武俊，先相公，謂李寶臣。相，息亮翻。使之輔佐大夫，又有骨肉之親。謂武俊子士真婿於李氏。武俊勇冠三軍，今危難之際，復加猜阻；若無武俊，欲使誰爲大夫却敵乎！”冠，古玩翻。難，乃旦翻。復，扶又翻。爲，于僞翻。惟岳以爲然，乃使步軍使衛常寧與武俊共擊趙州，又使王士真將兵宿府中以自衛。將,即亮翻,又音如字。

《資治通鑑》卷二百二十七《唐紀四十三·德宗建中三年》頁七三一六至七三一七

王武俊既出恒州,謂衛常寧曰:"武俊今幸出虎口,不復歸矣!當北歸張尚書。"恒,戶登翻。尚,辰羊翻。張尚書,謂張孝忠也。常寧曰:"大夫暗弱,信任左右,觀其勢終爲朱滔所滅。今天子有詔,得大夫首者,以其官爵與之,中丞素爲衆所服,與其出亡,曷若倒戈以取大夫,轉禍爲福,特反掌耳;事苟不捷,歸張尚書,未晚也。"武俊深以爲然。會惟岳使要藉謝遵至趙州城下,要藉官,亦唐時節度衙前之職。中宗景雲二年,解琬爲朔方大總管,分遣隨軍要藉官河陽丞張冠宗、肥鄉令韋景駿、普安令于處忠校料三城兵募。則唐邊鎮有要藉官尚矣。又據《新書·忠義傳》,朱泚統幽州行營,爲涇原、鳳翔節度使,詔蔡廷玉以大理少卿爲司馬,朱體微爲要藉。則要藉,乃節度使之腹心也。朱滔、王武俊之相王,改要藉官曰承令。武俊引遵同謀取惟岳;遵還,密告王士真。閏月,甲辰,武俊、常寧自趙州引兵還襲惟岳;還,從宣翻,又音如字。遵與士真矯惟岳命,啓城門內之。黎明,武俊帥數百騎突入府門;帥,讀曰率。騎,奇寄翻。士真應之於內,殺十餘人。武俊令曰:"大夫叛逆,將士歸順,敢違拒者族!"衆莫敢動。遂執惟岳,收鄭詵、畢華、王它奴等,皆殺之。令,力定翻。將,即亮翻。詵,疏臻翻。武俊以惟岳舊使之子,李寶臣已死,故曰舊使。使,疏吏翻。欲生送之長安。常寧曰:"彼見天子,將復以叛逆之罪歸咎於中丞。"復,扶又翻;下復權同,又音如字。中丞,謂王武俊。乃縊殺之,縊,於賜翻,又於計翻。傳首京師。卒如谷從政之言。代宗廣德元年,李寶臣帥成德,凡二世、十九年而滅。深州刺史

楊榮國，惟岳姊夫也，降於朱滔；滔使復其位。姊，蔣兕翻。降，
户江翻。

　　《資治通鑑》卷二百二十七《唐紀四十三・德宗建中三
年》頁七三一八至七三一九

　　（二月）甲子，以張孝忠爲易、定、滄三州節度使，朝，直遥
翻。使，疏吏翻。王武俊爲恒冀都團練觀察使，康日知爲深趙都
團練觀察使，以德、棣二州隸朱滔，令還鎮。滔固請深州，不
許，由是怨望，留屯深州。朱滔討李惟岳，再戰再勝，及瓜分成德巡屬
以賞降將，尺寸之地，滔不預焉；又欲使之取德、棣，此左氏所以知桓王之失鄭
也！王武俊素輕張孝忠，自以手誅李惟岳，功在康日知上，而
孝忠爲節度使，己與康日知俱爲都團練使，又失趙、定二州，
亦不悦。又詔以糧三千石給朱滔，馬五百匹給馬燧。武俊以
爲朝廷不欲使故人爲節度使，王武俊，恒州舊將，故云然。魏博既
下，必取恒冀，故分其糧馬以弱之，疑，未肯奉詔。
　　田悦聞之，遣判官王侑、許士則間道至深州，説朱滔曰：
“司徒奉詔討李惟岳，旬朔之間，拔束鹿，下深州，惟岳勢蹙，
間，古莧翻。説，式芮翻；下説王、人説同。蹴，與蹙同。故王大夫因司徒
勝勢，得以梟惟岳之首，此皆司徒之功也。又天子明下詔書，
梟，堅堯翻。下，遐嫁翻。令司徒得惟岳城邑，皆隸本鎮。今乃割
深州以與日知，是自棄其信也。且今上志欲掃清河朔，不使
藩鎮承襲，將悉以文臣代武臣，魏亡，則燕、趙爲之次矣；令，力
丁翻。燕，因虔翻。若魏存，則燕、趙無患。然則司徒果有意矜魏
博之危而救之，非徒得存亡繼絶之義，亦子孫萬世之利也。”
同舟遇風，則胡、越可使相救。是以善用兵者，必先離其交。又許以貝州賂

滔。貝州，魏博巡屬。滔素有異志，聞之，大喜，即遣王侑歸報魏州，使將士知有外援，各自堅。又遣判官王郅，將，即亮翻。《考異》曰：《舊傳》"王郅"作"王郢"，今從《燕南記》。與許士則俱詣恒州，説王武俊曰："大夫出萬死之計，誅逆首，拔亂根，謂誅李惟岳也。康日知不出趙州，豈得與大夫同日論功！而朝廷褒賞略同，誰不爲大夫憤邑者！朝，直遥翻。爲，于僞翻。今又聞有詔支糧馬與鄰道，朝廷之意，蓋以大夫善戰，【章：十二行本"戰"下有"無敵"二字；乙十一行本同；退齋校同；張校同，云無注本亦無。】恐爲後患，先欲貧弱軍府，俟平魏之日，使馬僕射北首，射，寅謝翻。馬僕射，謂馬燧，時攻魏州。首，式又翻。朱司徒南向，共相滅耳。朱司徒亦不敢自保，使郅等效愚計，欲與大夫共救田尚書而存之。尚，辰羊翻。田悦拒命，宜削官，而當時猶稱其朝銜，可以見朝命之重。大夫自留糧馬以供軍；朱司徒不欲以深州與康日知，願以與大夫，請早定刺史以守之。三鎮連兵，此三鎮，謂范陽、恒冀、魏博。若耳目手足之相救，則他日永無患矣！"武俊亦喜，許諾，利害同，故説之易入。即遣判官王巨源使於滔，使，疏吏翻。且令知深州事，令，力丁翻。相與刻日舉兵南向。滔又遣人説張孝忠，孝忠不從。説，式芮翻。

《資治通鑑》卷二百二十七《唐紀四十三‧德宗建中三年》頁七三一九至七三二一

（四月庚申）上遣中使發盧龍、恒冀、易定兵萬人盧龍，朱滔；恒冀，王武俊；易定，張孝忠。使，疏吏翻。恒，户登翻。詣魏州討田悦。王武俊不受詔，執使者送朱滔，

……

上以魏州未下，王武俊復叛，力未能制滔，壬戌，賜滔爵通義郡王，冀以安之。_{眉州通義郡。}滔反謀益甚，分兵營於趙州以逼康日知，_{將，即亮翻，又音如字。趙州，治平棘縣。}以深州授王巨源，_{朱滔如前約，以結王武俊。}武俊以其子士真爲恒、冀、深三州留後，將兵圍趙州。_{恒，户登翻。將，即亮翻，又音如字。}

《資治通鑑》卷二百二十七《唐紀四十三・德宗建中三年》頁七三二二

滔將起兵，恐張孝忠爲後患，復遣牙官蔡雄往説之。孝忠曰："昔者司徒發幽州，遣人語孝忠曰：_{卒，子恤翻。復，扶又翻。説，式芮翻；下解説同。語，牛倨翻。}'李惟岳負恩爲逆'，謂孝忠歸國即爲忠臣。孝忠性直，用司徒之教。今既爲忠臣矣，不復助逆也。_{復，扶又翻，又音如字。}且孝忠與武俊皆出夷落，_{張孝忠，本奚乞失活種。王武俊，出契丹怒皆部。}深知其心最喜翻覆。_{喜，許記翻。}司徒勿忘鄙言，他日必相念矣！"_{其後滔、武俊交惡，果如孝忠之言。}雄復欲以巧辭説之，_{復，扶又翻；下復以同。}孝忠怒，欲執送京師；雄懼，逃歸。滔乃使劉怦將兵屯要害以備之。_{怦，普耕翻。將，即亮翻，又音如字；下文滔將同。}孝忠完城礪兵，獨居强寇之間，莫之能屈。

《資治通鑑》卷二百二十七《唐紀四十三・德宗建中三年》頁七三二三

滔即引軍還深州，密令諸將訪察唱率爲亂者，得二百餘人，悉斬之，_{詰，去吉翻，復音如字。令，力丁翻。將，即亮翻。}餘衆股慄；乃復引軍而南，衆莫敢前却。_{呼，火故翻。復，扶又翻，又音如字。}觀田庭玠之諫田悅,谷從政、邵真之諫李惟岳,范陽之兵不肯從朱滔南救魏州,河朔三鎮之人豈皆好亂哉！上之人御失其道耳。進,取寧晉,寧晉縣,屬趙州,本瘞陶縣,天寶元年更名。《九域志》:在趙州南四十一里。留屯以待王武俊。武俊將步騎萬五千取元氏,元氏縣,漢爲常山郡治,後魏屬趙郡,唐屬趙州。將,即亮翻,又音如字。東趣寧晉。趣,七喻翻。宋白曰:寧晉,漢楊氏縣也,後漢爲瘞陶侯國,後魏爲瘞陶縣,唐天寶元年,改寧晉縣。《九域志》:寧晉縣,在趙州東南四十一里。

　　武俊之始誅李惟岳也,遣判官孟華入見。【章:十二行本"見"下有"上問以河朔利害"七字;乙十一行本同;退齋校同;張校同,云無注本亦無。】見,賢遍翻。華性忠直,有才略,應對慷慨;上悅,以爲恒冀團練副使。慷,苦廣翻。恒,戶登翻。會武俊與朱滔有異謀,上遽遣華歸諭旨。華至,武俊已出師,華諫曰:"聖意於大夫甚厚,苟盡忠義,何患官爵之不崇,土地之不廣！不日天子必移康中丞於他鎮,康中丞,謂康日知。深、趙終爲大夫之有,何苦遽自同於逆亂乎！異日無成,悔之何及！"華曏在李寶臣幕府,以直道已爲同列所忌,至是爲副使,同列尤疾之,言於武俊曰:"華以軍中陰事奏天子,請爲內應,故得超遷;是將覆大夫之軍,大夫宜備之。"武俊以其舊人,不忍殺,奪職,使歸私第。

　　《資治通鑑》卷二百二十七《唐紀四十三·德宗建中三年》頁七三二四至七三二五

　　（四月甲戌）及王武俊逼趙州,抱真分麾下二千人戍邢州,燧大怒曰:"餘賊未除,宜相與戮力,乃分兵自守其地！"【章:十二行本"地"下有"我甯得獨戰邪"六字;乙十一行本同;退齋校同;張校同,云無注本亦無。】欲引兵歸。

《資治通鑑》卷二百二十七《唐紀四十三·德宗建中三年》頁七三二七

（五月丙戌）朱滔、王武俊自寧晉南救魏州,是年四月,王武俊進屯寧晉。辛卯,詔朔方節度使李懷光將朔方及神策步騎萬五千人東討田悦,且拒滔等。

《資治通鑑》卷二百二十七《唐紀四十三·德宗建中三年》頁七三三〇

（五月）辛亥,置義武軍節度於定州,以易、定、滄三州隸之。以命張孝忠。

……

朱滔、王武俊軍至魏州,田悦具牛酒出迎,魏人懽呼動地。呼,火故翻。滔營於愜山,【嚴:“愜山”改“連篋山”。】是日,李懷光軍亦至,馬燧等盛軍容迎之。滔以爲襲己,遽出陣;懷光勇而無謀,欲乘其營壘未就擊之。……滔軍崩沮;沮,在呂翻。懷光按轡觀之,有喜色。士卒爭入滔營取寶貨,王武俊引二千騎橫衝懷光軍,軍分爲二;滔引兵繼之,官軍大敗,麋入永濟渠溺死者不可勝數,人相蹈藉,其積如山,水爲之不流,騎,奇寄翻。溺,奴狄翻。勝,音升。爲,于僞翻。馬燧等各收軍保壘。是夕,滔等堰永濟渠入王莽故河,酈道元曰:《漢溝洫志》云:河爲中國害尤甚,故禹導河自積石,歷龍門,釃二渠以引河,一則漯川,今河所流也;一則北瀆,王莽時絶,故世俗名是瀆爲王莽河。絶官軍糧道及歸路,明日,水深三尺餘。深,式禁翻。馬燧懼,遣使卑辭謝滔,求與諸節度歸本道，奏天子，請以河北事委五郎處之。使，疏吏翻。朱滔第五，故稱之爲五郎，若尊之然。處，昌吕翻。滔欲許之，王武俊以爲不可；滔不從。

《資治通鑑》卷二百二十七《唐紀四十三·德宗建中三年》頁七三三〇、七三三一

秋七月，燧與諸軍涉水而西，退保魏縣以拒滔，《九域志》：魏縣，在魏州城西三十五里。滔乃謝武俊，武俊由是恨滔。後數日，滔等亦引兵營魏縣東南，與官軍隔水相拒。《考異》曰：《實錄》：「六月辛巳，朱滔、王武俊兵至魏州。是日，李懷光之師亦至。七月庚子，馬燧等四節度兵退保魏縣。」又曰：「田悦等築堰，欲決御河水，灌王莽故河以絶我糧道。燧令白懷光，欲退軍，懷光不可。抱真、晟亦欲決死守之。賊築堰愈急，勢迫，會夜，乃俱引退。」《燕南記》曰：「六月，朱滔、武俊、懷光俱至。懷光即欲戰，馬燧、抱真不得已，從之。七月六日，懷光等擊滔，勝之，尋爲王武俊所敗。其夜，決河水，絶懷光等西歸之路。明日，水深三尺餘。馬燧與朱滔有外族之親，呼滔爲表姪，使人説滔曰：‘老夫不度氣力，與李相公等昨日先陳。王大夫善戰，海内所知也。司徒五郎與商議，放老夫等却歸太原，諸節度亦各還本道，當爲聞奏，河北地任五郎收取。’滔見武俊戰勝，私心忌其勝已，乃謂武俊曰：‘大夫二兄破懷光等，氣已沮喪，馬司徒既屈服如此，且放去，漸圖未晚。’武俊曰：‘豈有四五節度，兵逾十萬，使打賊，始經一陣，被殺却五萬人，將何面目歸見天子！今窮蹙詐求退去，料不過到洺州界，必築壘相待，悔難及也。’滔心明知其事，竟絶水，放燧等。既離魏府城下，退行三十里，遂連魏縣河，列營相拒。滔雖慚謝，武俊終有恨意。又同進軍魏橋河東南，去懷光營五里。」移營在七月中旬也。《郊志》曰：「三年夏，詔懷光率郊甲五千兼統諸軍東征。六月，師及魏郊，戰焉，陷燕人之衆，師入賊營，收其寶貨。馬公燧

曰：'我二年困此賊,彼旦至而夕破之,人其謂我何！'乃稍抽戰卒以孤其勢。
田悦曰：'馬太原妒功也,朔方軍可襲矣。'乃使步卒七百人負刀而趨,乘我
失度,擠之于河,死者數百人,皆精騎也。馬公遽命平射三百人爭橋,以出我
軍,故步軍不敗,軍勢大岻。詔唐朝臣自河南引軍會之。"《舊·田悦傳》曰：
"王武俊以二千騎橫擊懷光陳,滔軍繼踵而進,禁軍大敗,人相蹈藉,投尸于河
二十里,河水爲之不流。馬燧收軍保壘。是夜,王武俊決河水入王莽故河,欲
隔官軍,水已深三尺,糧餉路絶,王師計無從出,乃遣人告朱滔云云。時武俊
戰勝,滔心忌之,即曰：'大夫二兄已敗官軍,馬司徒卑屈若此,不宜迫人於險
也。'武俊曰：'燧等連兵十萬,皆是國之名臣,一戰而北,貽國之耻,不知此等
何面目見天子邪！然吾不惜放還,但不行五十里,必反相拒。'"按《長曆》：六
月壬子朔,七月壬午朔。然則辛巳,六月三十日；庚子,七月十九日也。滔與
懷光至魏之日,滔營壘猶未立,懷光即與之戰,豈得至七月六日邪！戰于惬山
之夜,武俊決水,明日,燧等即退保魏縣,豈得至十九日邪！《實録》、《燕南記》
所載日,皆不可據也。然《實録》多據奏到之日,不知戰與移營的在何日,要之
必在六七月之際,故但記七月退保魏縣耳。朱滔與王武俊同舉兵,志在破馬
燧軍,豈有一戰纔勝,遽忌武俊,縱燧令去,自貽後患邪！直是滔無遠識,謂燧
等不足畏,得其卑辭而縱去耳。又《舊·悦傳》云："決河水。"若決黄河,不須
築堰,決水經日,不止三尺。既決之後,不可復壅。今從《實録》,決御河水,灌
王莽河耳。

　　《資治通鑑》卷二百二十七《唐紀四十三·德宗建中三
年》頁七三三一至七三三三

　　（七月甲辰）神策行營招討使李晟請以所將兵北解趙州
之圍,與張孝忠分勢圖范陽,上許之。晟自魏州引兵北趨趙
州,晟,成正翻。將,即亮翻,又音如字。趨,逡諭翻。王士真解圍去。晟

留趙州三日，與孝忠合兵北略恒州。恒，戶登翻。

《資治通鑑》卷二百二十七《唐紀四十三·德宗建中三年》頁七三三三至七三三四

（十一月乙卯）田悅德朱滔之救，與王武俊議奉滔爲主，稱臣事之，滔不可，曰："恆山之捷，皆大夫二兄之力，二兄，謂王武俊也。武俊，第二。滔何敢獨居尊位！"於是幽州判官李子千、恒冀判官鄭濡等《考異》曰：《舊傳》作"李子牟、鄭儒"，今從《燕南記》。共議："請與鄆州李大夫爲四國，鄆州李大夫，謂李納也。俱稱王而不改年號，如昔諸侯奉周家正朔。……"滔等皆以爲然。滔乃自稱冀王，田悅稱魏王，王武俊稱趙王，仍請李納稱齊王。是日，滔等築壇於軍中，告天而受之。《考異》曰：《實錄》於十一月末云："是月朱滔僭稱大冀王。"《燕南記》云："十月十一日，於下營處各築壇場，設儀注，告天，稽首稱名，同日僞立爲王。"《舊本紀》、《朱滔》、《王武俊傳》皆云十一月，而無日。惟《田悅傳》云，"十一月一日"。今從之。滔爲盟主，稱孤；武俊、悅、納稱寡人。

……

武俊以孟華爲司禮尚書，華竟不受，嘔血死；司禮尚書，視天朝禮部尚書。以兵馬使衛常寧爲內史監，彼所謂內史監，當位於左、右內史之上。使，疏吏翻。委以軍事。常寧謀殺武俊，武俊腰斬之。武俊遣其將張終葵寇趙州，康日知擊斬之。將，即亮翻。

《資治通鑑》卷二百二十七《唐紀四十三·德宗建中三年》頁七三三五至七三三六

十二月，丁丑，李希烈自稱天下都元帥、太尉、建興王。

時朱滔等與官軍相拒累月，官軍有度支饋糧，諸道益兵，而滔與王武俊孤軍深入，專仰給於田悦，度，徒洛翻。仰，牛向翻。客主日益困弊。客，謂滔、武俊之軍；主，謂田悦。聞李希烈軍勢甚盛，頗怨望，乃相與謀遣使詣許州，勸希烈稱帝，希烈由是自稱天下都元帥。使，疏吏翻。帥，所類翻。

《資治通鑑》卷二百二十七《唐紀四十三·德宗建中三年》頁七三三七

公元七八三年　唐德宗建中四年

時朱滔、王武俊、田悦、李納使在坐，目真卿謂希烈曰：“聞太師名德久矣，相公欲建大號，而太師至，非天命正位？欲求宰相，孰先太師乎？”真卿正色叱之曰：“是何宰相耶！君等聞顏杲卿無？是吾兄也……吾今年向八十，官至太師，守吾兄之節，死而後已，豈受汝輩誘脅耶！”諸賊不敢復出口。

《舊唐書》卷一百二十八《列傳第七十八·顏真卿》頁三五九五至三五九六

四年十月，涇師犯闕，諸帥各還本鎮。悦、滔、武俊互相疑惑，各去王號，遣使歸國，悦亦致書於抱真，遣使聞奏。

《舊唐書》卷一百四十一《列傳第九十一·田承嗣》頁三八四五

四年十月，駕幸奉天，度支汴東兩稅使包佶在揚州，尚未知也。……（陳少遊）先使判官崔頒就佶強索其納給文曆……未與之。頒勃然曰：“中丞若得，爲劉長卿；不爾，爲崔衆矣。”長卿嘗任租庸使,爲吴仲孺所困,崔衆供軍吝財,爲光弼所殺,故崔頎言及之。

《舊唐書》卷一百二十六《列傳第七十六·陳少遊》頁三五六五

(李)希烈大會其黨,召真卿,使倡優斥侮朝廷,真卿怒曰:“公,人臣,奈何如是?”拂衣去。希烈大慚。時朱滔、王武俊、田悦、李納使者皆在坐,謂希烈曰:“聞太師名德久矣,公欲建大號而太師至,求宰相孰先太師者?”真卿叱曰:“若等聞顔常山否?吾兄也,禄山反,首舉義師,後雖被執,詬賊不絶于口。吾年且八十,官太師,吾守吾節,死而後已,豈受若等脅邪!”諸賊失色。

《新唐書》卷一百五十三《列傳第七十八·顔真卿》頁四八六〇

明年,圍清苑,(朱)滔將鄭景濟固守。滔使馬寔將兵萬人,與(王)武俊拒燧,自以兵萬餘救清苑,絶(李)晟糧道。兵至定州,晟不知,夜引兵還。滔疑有伏,不敢逼,遽保瀛州。而孝忠、晟合兵千人城萊水,滔驍將烏薩戒以兵七百襲殺城卒數百,晟不出。景濟望滔軍立幟爲應。滔進軍薄晟營,晟戰不利,城中兵亦出,晟大敗,奔易州。茂昭走滿城。滔已破晟,則回屯河間不進。武俊使宋端趣讓,滔怒曰:“孤亟戰且病,就醫藥,而王已復云云。孤南救魏,棄兄背君如脱屣。王必相疑,亦聽所爲!”端還,武俊謂寔曰:“寡人望王速來指蹤,决勝負,復何惡?王異日并天下,寡人得六七城,爲節度足矣。”寔遣具道所以然,武俊亦遣使謝滔,滔悦,亦報謝。然武俊内銜之,滋不懌,與田悦潛謀絶滔。

及(朱)泚反,(馬)燧等皆班師,武俊、寔亦還。悦、武俊遣使至河間,賀泚即位。武俊詭請寔共攻康日知於趙州,謀覆其軍,不克。寔歸,武俊餞之,厚贈遺。泚遣人密召滔,使趨洛陽。滔發書,西向再拜,移檄諸道曰:“今發突騎四十萬走洛陽,與皇帝會上陽宫。”使王郅説悦連和俱西。滔素强調斂,武俊等不能堪。又令各以兵五千從攻洛,欲僭稱帝,乘輿、法從及赦令皆具。

……及僭相王,與武俊、悦、納納四金鑰於回紇,曰:“四國願聽命於可汗,謹上金鑰,啓閉出納,唯所命。”至是,乞師焉。回紇以二千騎從,而武俊亦先乞師,以斷懷光餉路,未至,而王師還。回紇……過武俊境,武俊勞之,牛酒芻米皆具。然悦已用武俊謀,不肯出,儲峙于野以待。滔至貝州,悦刺史邢曹俊上謁滔,即歸閉城守,滔疑之,次永濟。武俊陰遣客反間滔曰:“悦有憾,須公南,以兵斷公歸路,宜少備。”滔聞怒,入永濟,執悦吏掠訊,不得其情,殺之。……

滔整軍北還,使馬寔屯冠氏,聞悦死,遂攻魏州,圍貝州。於是,武俊、李抱真合軍擊滔。滔急召寔至貝州,步馬乏頓。明日,輒約戰,寔請休士三日,蔡雄、達干等畏武俊堅壁難圖,請戰。楊布曰:“大王將取東都,逢小敵即怯,何以長驅天下邪?”術士尹少伯亦言必勝。既戰,爲二軍所乘,大敗,大將朱良祐、李進皆被執,委杖如丘,滔奔入德州。恨少伯、雄、布之謬,殺之。俄而京師平,滔已敗,不能軍,走還幽州,上書待罪。有詔武俊、抱真開示大信,若誠心審固者,當洗釁録勳,與更始。

《新唐書》卷二百一十二《列傳第一百三十七·藩鎮盧龍·朱滔》頁五九七一至五九七三

（正月庚寅）朱滔、王武俊、田悦、李納各遣使詣希烈，上表稱臣，勸進，使者拜舞於希烈前，説希烈曰：使，疏吏翻。上，時掌翻。説，式芮翻。"朝廷誅滅功臣，失信天下；都統英武自天，功烈蓋世，已爲朝廷所猜忌，將有韓、白之禍，朝，直遥翻。統，他綜翻，俗從上聲。韓、白之禍，謂韓信斬於鍾室，白起死於杜郵也。願亟稱尊號，使四海臣民知有所歸。"希烈召顔真卿示之曰："今四王遣使見推，不謀而同，以朱滔稱冀王，王武俊稱趙王，田悦稱魏王，李納稱齊王，故希烈謂之四王。使，疏吏翻。太師觀此事勢，豈吾獨爲朝廷所忌無所自容邪！"邪，音耶。真卿曰："此乃四凶，何謂四王！相公不自保功業，爲唐忠臣，乃與亂臣賊子相從，求與之同覆滅邪！"希烈不悦，扶真卿出。

《資治通鑑》卷二百二十八《唐紀四十四·德宗建中四年》頁七三四〇

（五月乙未）李晟謀取涿、莫二州，以絶幽、魏往來之路，與張孝忠之子升雲圍朱滔所署易州刺史鄭景濟於清苑，《水經注》：徐水出北平，東逕清苑城，東至高陽，入于河。劉昫曰：清苑縣，漢之樂鄉縣，屬信都國。隋爲清苑縣，屬瀛州；唐景雲元年，屬冀州；至宋，以清苑縣爲保州治所。宋白曰：漢高宗訪樂毅之後，得樂叔，封於樂鄉。高齊省，仍自今易州滿城縣界移永寧縣，理北城。隋改爲清苑縣，因滿城縣界清苑河爲名。累月不下。

……

王武俊以滔既破李晟，留屯瀛州，未還魏橋，遣其給事中宋端趣之。趣，讀曰促。端見滔，言頗不遜，滔怒，使謂武俊曰：“滔以熱疾，暫未南還，大王二兄遽有云云。滔以救魏博之故，叛君棄兄，如脫屣耳。履不躡跟曰屣，脫之易耳。二兄必相疑，惟二兄所爲！”端還報，武俊自辨於馬寔，寔以狀白滔，言：“趙王知宋端無禮於大王，深加責讓，實無他志。”武俊亦遣承令官鄭和隨寔使者見滔，謝之。時武俊等改要藉官爲承令官。滔乃悦，相待如初。然武俊以是益恨滔矣。

《資治通鑑》卷二百二十八《唐紀四十四·德宗建中四年》頁七三四四、七三四五

六月，李抱真使參謀賈林詣武俊壁詐降。節度參謀，關預軍中機密。武俊見之。林曰：“林來奉詔，非降也。”武俊色動，問其故，林曰：“天子知大夫宿著誠效，謂誅李惟岳也。及登壇之日，謂稱王時也。撫膺顧左右曰：‘我本徇忠義，天子不察。’諸將亦嘗共表大夫之志。天子語使者曰，‘朕前事誠誤，悔之無及。朋友失意，尚可謝，況朕爲四海之主乎！’”賈林先言武俊心事，後述天子詔旨，鋪陳悔過之意，可謂善説矣。語，牛倨翻。武俊曰：“僕胡人也，爲將尚知愛百姓；況天子，豈專以殺人爲事乎！今山東連兵，暴骨如莽，杜預曰：草之生於廣野莽莽然，故曰草莽。莽，莫朗翻。暴，步卜翻，又薄報翻。就使克捷，與誰守之！僕不憚歸國，但已與諸鎮結盟。胡人性直，不欲使曲在己，天子誠能下詔赦諸鎮之罪，僕當首唱從化；諸鎮有不從者，請奉辭伐之。如此，則上不負天子，下不負同列，不過五旬，河朔定矣。”使林

還報抱真，陰相約結。<small>爲武俊與抱真破走朱滔張本。</small>

《資治通鑑》卷二百二十八《唐紀四十四·德宗建中四年》頁七三四五至七三四六

（八月乙卯）時兩河用兵久不決，<small>兩河，謂河南、河北。</small>賦役日滋，贄以兵窮民困，恐別生内變，乃上奏，其略曰：……又曰："將不能使兵，國不能馭將，非止費財甏寇之弊，亦有不戢自焚之灾。"<small>《左氏傳》曰：兵猶火也，不戢，將自焚。</small>又曰："今兩河、淮西爲叛亂之帥者，獨四五凶人而已。<small>四五凶人，謂河北則朱滔、王武俊、田悦，河南則李納，淮西則李希烈也。帥，所類翻。</small>尚恐其中或遭詿誤，<small>詿，古賣翻，又胡卦翻。</small>内蓄危疑。"

《資治通鑑》卷二百二十八《唐紀四十四·德宗建中四年》頁七三四八

（十月丁巳）田悦説王武俊，使與馬寔共擊李抱真於臨洺。<small>魏縣行營既散，李抱真退屯臨洺。説，式芮翻；下林説、因説、復説同。</small>抱真復遣賈林説武俊曰："臨洺兵精而有備，未易輕也。<small>復，扶又翻。易，以豉翻。</small>今戰勝得地，則利歸魏博；不勝，則恒冀大傷。易、定、滄、趙，皆大夫之故地也，<small>時張孝忠據易、定、滄，康日知據趙州。</small>不如先取之。"武俊乃辭悦，與馬寔北歸。壬戌，悦送武俊於館陶，<small>《九域志》：館陶在元城北四十五里。</small>執手泣别，下至將士，贈遺甚厚。

先是，武俊召回紇兵，使絶李懷光等糧道，<small>遣，于季翻。先，悉薦翻。</small>懷光等已西去，而回紇達干將回紇千人、雜虜二千人適至幽州北境。

……

賈林復説武俊曰：復，扶又翻。"自古國家有患，未必不因之更興；況主上九葉天子，自高祖、太宗、高宗、中宗、睿宗、玄宗、肅宗、代宗至帝，凡九世。聰明英武，天下誰肯捨之共事朱泚乎！滔自爲盟主以來，輕蔑同列。河朔古無冀國，冀乃大夫之封域也。滔稱冀王，蓋奄禹跡冀州之域以自大。而王武俊巡屬有冀州，故林以是間之。今滔稱冀王，又西倚其兄，泚者，滔兄。北引回紇，其志欲盡吞河朔而王之，大夫雖欲爲之臣，不可得矣。田悦之間王武俊、朱滔，與賈林之説王武俊者同一利害耳。人惟趨利而避害，故説行，非有他巧也。且大夫雄勇善戰，非滔之比；又本以忠義手誅叛臣，謂殺李惟岳也。當時宰相處置失宜，處，昌吕翻。爲滔所誑誘，故蹉跌至此。蹉，倉何翻。跌，徒結翻。不若與昭義併力取滔，其勢必獲。滔既亡，則泚自破矣。此不世之功，轉禍爲福之道也。今諸道輻湊攻泚，不日當平。天下已定，大夫乃悔過而歸國，則已晚矣！"時武俊已與滔有隙，因攘袂作色曰："二百年天子吾不能臣，豈能臣此田舍兒乎！"遂與抱真及馬燧相結，約爲兄弟；然猶外事滔，禮甚謹，與田悦各遣使見滔於河間，瀛州，治河間縣。賀朱泚稱尊號，且請馬寔之兵共攻康日知於趙州。

《資治通鑑》卷二百二十八《唐紀四十四・德宗建中四年》頁七三六五至七三六六

（十月）壬申，王武俊與馬寔至趙州城下。

《資治通鑑》卷二百二十八《唐紀四十四・德宗建中四年》頁七三六七

（十一月丙子）神策河北行營節度使李晟疾愈，前年五月，李晟疾甚，自易州還保定州，事見上卷。晟，成正翻。聞上幸奉天，帥衆將奔命。帥，讀曰率。張孝忠迫於朱滔、王武俊，倚晟爲援，不欲晟行，數沮止之。數，所角翻。沮，在呂翻。晟乃留其子憑，使娶孝忠女爲婦，又解玉帶賂孝忠親信，使説之，説，式芮翻。孝忠乃聽晟西歸，遣大將楊榮國將鋭兵六百與晟俱。晟引兵出飛狐道，晝夜兼行，至代州。沈存中曰：北岳常岑，謂之大茂山者是也，半屬契丹，以大茂山脊爲界。飛狐路，在茂之西。自銀冶寨北出倒馬關，度虜界，却自石門子、令水鋪入餅形、梅回兩寨之間，至代州。今此路已不通，惟北寨西出承天關路，可至河東，然路極峭狹。按存中所謂地界，乃石晉與契丹所分地界也。

《資治通鑑》卷二百二十九《唐紀四十五・德宗建中四年》頁七三七〇至七三七一

（十一月丁丑）王武俊、馬寔攻趙州不克。辛巳，寔歸瀛州，武俊送之五里，犒贈甚厚；武俊亦歸恒州。恒，户登翻。

《資治通鑑》卷二百二十九《唐紀四十五・德宗建中四年》頁七三七一

（十二月乙丑）上在奉天，使人説田悦、王武俊、李納，赦其罪，説，式芮翻。《考異》曰：《燕南記》，十二月二十四日前已云赦武俊等罪，而《實録》明年正月改元乃赦武俊等。蓋上先已諭旨赦罪，及赦書出，始明言之耳。厚賂以官爵；悦等皆密歸款，而猶未敢絶朱滔，各稱王如故。滔使其虎牙將軍王郅説悦曰：朱滔等仿漢官，置虎牙將軍。按《唐書》：滔等之相王也，以左將軍曰虎牙，右將軍曰豹略。征以《新書》，虎牙將軍，蓋王郅也。"日者八郎有急，滔與趙王不敢愛其死，竭力赴救，幸而解圍。田悅，第八。解圍事見二百一十七卷三年。今太尉三兄弟受命關中，朱泚，第三。滔欲與回紇共往助之，願八郎治兵，與滔渡河共取大梁。"……王武俊聞李琄適魏，遣其司刑員外郎田秀馳見悅曰：嵎，五各翻。琄，古瑗翻。司刑員外郎，猶天朝刑部員外郎。"武俊曩以宰相處事失宜，相，息亮翻。處，昌呂翻。恐禍及身，又八郎困於重圍，重，直龍翻。故與滔合兵救之。今天子方在隱憂，以德綏我，我曹何得不悔過而歸之邪！捨九葉天子不事而事【章：十二行本"事"下有"泚及"二字；乙十一行本同；孔本同；張校同；退齋校同。】滔乎！自高祖、太宗、高宗、中宗、睿宗、玄宗、肅宗、代宗至帝，凡九葉。且泚未稱帝之時，滔與我曹比肩為王，固已輕我曹矣。事見上卷本年。況使之南平汴、洛，與泚連衡，汴，皮變翻。汴州，宣武軍。洛州，東都也。衡，讀曰橫。吾屬皆為虜矣！八郎慎勿與之俱南，但閉城拒守；武俊請伺其隙，連昭義之兵，擊而滅之，伺，相吏翻。與八郎再清河朔，復為節度使，共事天子，不亦善乎！"

《資治通鑑》卷二百二十九《唐紀四十五·德宗建中四年》頁七三八六、七三八七至七三八八

公元七八四年　　唐德宗興元元年

興元元年春正月癸酉朔，上在奉天行宮受朝賀，詔曰：
……

今上元統曆，獻歲發祥，宜革紀年之號，式敷在宥之澤，可大赦天下，改建中五年為興元元年。李希烈、田悅、王武俊、李納，咸以勳舊，繼守藩維，朕撫馭乖方，致其疑懼，皆由

上失其道而下罹其災。一切並與洗滌，復其爵位，待之如初，仍即遣使宣諭。

　　《舊唐書》卷十二《本紀第十二·德宗上》頁卷三三九至三四〇

　　（二月戊寅）王武俊效順，加中書門下平章事，兼幽州節度使，令討朱滔。

　　《舊唐書》卷十二《本紀第十二·德宗上》頁三四一

　　（五月）丙子，李抱真、王武俊破朱滔於經城東南，[一七]斬首三萬級，擒僞相朱良祐、李俊以獻。朱滔遁歸幽州。

【校勘記】

〔一七〕經城　各本原作"京城"，據本書卷一三二《李抱真傳》、《新書》卷七《德宗紀》改。

　　《舊唐書》卷十二《本紀第十二·德宗上》頁三四二、三六〇

　　八月辛丑……緇青節度使承前帶陸海運、押新羅渤海兩蕃等使，宜令李納兼之。

　　《舊唐書》卷十二《本紀第十二·德宗上》頁三四五

　　（九月）乙亥，王武俊加檢校司徒，李抱真檢校司空，並賜實封五百戶，賞破朱滔之功也。

　　《舊唐書》卷十二《本紀第十二·德宗上》頁三四六

　　上自奉天下罪己之詔,悉赦群賊,抱真乃遣門客賈林以
大義説武俊,合從擊朱滔,武俊許之。時兩軍尚相疑,抱真
乃以數騎徑入武俊營。其將去也,賓客皆止之,抱真遣軍司
馬盧玄卿勒軍部分曰:“僕今日此舉,繫天下安危。僕死不
還,領軍事以聽朝命,亦唯子;奮勵士馬,東向雪僕之恥,亦唯
子。”言訖而去。武俊設備甚嚴,抱真曰:“朱泚、希烈僭竊大
位,朱滔攻圍貝州,此輩皆欲陵駕吾屬。足下既不能自振數
賊之上,捨九葉天子而北面臣反虜乎?乃者聖上奉天下罪己
之詔,可謂禹、湯之主也。”因言及播越,持武俊哭,涕泗交下,
武俊亦哭,感動左右。因退卧武俊帳中,酣寢久之。武俊感
其不疑,待之益恭,指心仰天曰:“此身已許公死敵矣。”遂與
結爲兄弟而別,約明日合戰,遂擊破朱滔于經城,以功加檢校
司空,實封五百户。

　　《舊唐書》卷一百三十二《列傳第八十二·李抱真》頁
三六四八至三六四九

　　史臣曰:李抱玉、李抱真,以武勇之材,兼忠義之行,有唐
之良將也。且如農隙教潞人之射,數騎入(王)武俊之營,非
有奇謀,孰能如是。

　　《舊唐書》卷一百三十二《列傳第八十二·史臣曰》頁
三六五九

　　時朱滔率兵兼引迴紇之衆南侵,(田)緒遣兵助王武俊、
李抱真,大破朱滔于經城,[四]以功授檢校工部尚書。

【校勘記】

〔四〕經城　各本原作“涇城”，據本書卷一三三《李抱真傳》、《册府》卷三八五改。

《舊唐書》卷一百四十一《列傳第九十一·田緒》頁三八四六、三八六三

三月，田緒殺田悦，魏州亂。滔令大將馬寔分兵逼魏州，營于王莽河。德宗在山南，慮二凶兵合，遣使授王武俊平章事，令與李抱真叶力擊滔。四月，恒、潞兩軍次涇城北，〔一〕行營相距十里，抱真自率二百騎徑入武俊軍，面申盟約，結爲兄弟。五月四日，進軍距貝州三十里而軍。翌日，滔令大將馬寔、盧南史引迴紇、契丹來挑戰，武俊遣騎將趙珍提精騎三百當之，抱真將王虔休掎角待之。武俊與其子士清自當迴紇、契丹部落。兩軍既合，鼓譟震地，迴紇恃捷，穿武俊陣而過。武俊乘騎勒馬不動，俟迴紇引退，因而薄之，迴紇勢不能止。武俊父子縱馬急擊，獲迴紇三百騎。滔陣亂，東走，兩邊追斬，俘馘數萬計。遇夜，夾滔壘而軍。是夜，滔以殘衆千人奔德州，委棄戈甲山積。滔至瀛州，殺騎將蔡雄、楊布，以其前鋒先敗；又殺陰陽人尹少伯，以其言舉兵必勝故也。

六月……滔還幽州，爲武俊所攻，僅不能軍，上章待罪。九月，詔曰：“朱滔累獻款疏，深效懇誠，省之惻然，良用憫嘆！宜委武俊、抱真開示大信，深加曉諭。若誠心益固，善跡克彰，朕當掩釁錄勳，與之昭雪。”

【校勘記】

〔一〕經城　各本原作“涇城”，據本書卷一三二《李抱真

傳》及卷三九《地理志》改。

　　《舊唐書》卷一百四十三《列傳第九十三·朱滔》頁
三八九七至三八九八、三九〇九

　　興元元年正月癸酉，大赦，改元。去"聖神文武"號。復
李希烈、田悦、王武俊、李納官爵。
　　　　　　《新唐書》卷七《本紀第七·德宗》頁一九〇

　　（五月）丙子，李抱真、王武俊及朱滔戰于經城，敗之。
　　　　　　《新唐書》卷七《本紀第七·德宗》頁一九一

　　抱真乃遣客賈林以大義説武俊，使合從擊滔，武俊許諾，
而内尤豫。抱真將自造其壁，諉軍事於司馬盧玄卿曰："吾此
行，繫時安危，使遂不還，部勒以聽天子命，惟子；勵兵東向，
雪吾之恥，亦唯子。"即以數騎馳入見武俊，曰："泚、希烈爭
竊帝號，滔攻貝州，此其志皆欲自肆于天下。足下既不能與
競長雄，捨九葉天子而臣反虜乎？ 且詔書罪己，禹、湯之心
也。方上暴露播越，公能自安乎？"因持武俊，涕下交頤，武
俊亦感泣，左右皆泣。退臥帳中，甘寢久之。武俊感其不疑，
乃益恭，指心誓天曰："此身已許公死矣！"食訖，約爲昆弟而
別。旦日合戰，大破滔經城。進檢校司空，實封六百户。
　　　　《新唐書》卷一百三十八《列傳第六十三·李抱真》頁
四六二一至四六二二

　　德宗以王武俊破朱滔功，皆隸成德，故以（傅）良弼守樂

壽,李寰守博野。

《新唐書》卷一百四十八《列傳第七十三·傅良弼》頁
四七八九

曾穆勸(田)緒絕(朱)滔,而緒部分亦定,乃乘城戰,
(王)武俊、(李)抱真各脩好如悅時。詔即拜緒節度使。

《新唐書》卷二百一十《列傳第一百三十五·田緒》頁
五九三二至五九三三

春正月,癸酉朔,赦天下,改元,制曰:"……李希烈、田
悅、王武俊、李納等,咸以勳舊,各守藩維,朕撫御乖方,致其
疑懼;皆由上失其道而下罹其灾,朕實不君,人則何罪！此
等言語,強藩悍將聞之,宜其感服易心。宜并所管將吏等一切待之如
初。"

……

王武俊、田悅、李納見赦令,皆去王號,去,羌呂翻。上表
謝罪。

《資治通鑑》卷二百二十九《唐紀四十五·德宗興元元
年》頁七三九〇至七三九三

(正月癸酉)朱滔引兵入趙境,王武俊大具犒享;犒,口
到翻。

《資治通鑑》卷二百二十九《唐紀四十五·德宗興元元
年》頁七三九四

（正月）辛卯，以王武俊爲恒、冀、深、趙節度使，壬辰，加李抱真、張孝忠並同平章事。

《資治通鑑》卷二百二十九《唐紀四十五·德宗興元元年》頁七三九八

（二月）辛酉，加王武俊同平章事兼幽州、盧龍節度使。欲使之討朱滔也。使，疏吏翻。

《資治通鑑》卷二百二十九《唐紀四十五·德宗興元元年》頁七四〇六

（三月壬申朔）李抱真、王武俊引兵將救貝州，聞亂①，不敢進……李抱真、王武俊又遣使詣（田）緒，許以赴援，如（田）悦存日之約。緒召將佐議之，幕僚曾穆、盧南史曰："用兵雖尚威武，亦本仁義，然後有功。今幽陵之兵恣行殺掠，白骨蔽野，雖先僕射背德，背，蒲妹翻。其民何罪！今雖盛强，其亡可跂立而待也。跂，去智翻，舉踵而立也。況昭義、恒冀方相與攻之，昭義，李抱真；恒冀，王武俊。奈何以目前之急欲從人爲返逆乎！不若歸命朝廷，天子方蒙塵於外，聞魏博使至必喜，官爵旋踵而至矣。"旋踵，轉足也。緒從之，遣使奉表詣行在，城守以俟命。

《資治通鑑》卷二百三十《唐紀四十六·德宗興元元年》頁七四一三至七四一四

①指田緒殺從兄魏博節度使田悦自立，時唐封田悦爲檢校尚書右僕射、濟陽郡王。

（四月丁卯）朱滔攻貝州百餘日，馬寔攻魏州亦踰四旬，皆不能下。賈林復爲李抱真説王武俊復，扶又翻。爲，于僞翻。説，輸芮翻。曰：“朱滔志吞貝、魏，復值田悦被害，復，扶又翻。儻旬日不救，則魏博皆爲滔有矣。魏博既下，則張孝忠必爲之臣。張孝忠時鎮易、定。滔連三道之兵，三道，謂幽州、易定、魏博。益以回紇，時回紇遣兵助滔。進臨常山，恒州常山郡，王武俊居之。明公欲保其宗族，得乎！常山不守，則昭義退保西山，自常山南至趙州，皆恒冀巡屬。又西南抵邢州界，即昭義巡屬，阻山以爲固。河朔盡入於滔矣。不若乘貝、魏未下，與昭義合兵救之；滔既破亡，則關中喪氣，朱泚不日梟夷，朱泚竊據關中，滔破則泚喪氣矣。喪，息浪翻。鑾輿反正，諸將之功，孰有居明公之右者哉！”武俊悦，從之。

戊辰，武俊軍于南宮東南，抱真自臨洺引兵會之，與武俊營相距十里。兩軍尚相疑，明日，抱真以數騎詣武俊營；賓客共諫止之，抱真命行軍司馬盧玄卿勒兵以俟，曰：“吾之此舉，繫天下安危，若其不還，領軍事以聽朝命亦惟子，勵將士以雪讎恥亦惟子。”言終，遂行。武俊嚴備以待之，抱真見武俊，敘國家禍難，難，乃旦翻。天子播遷，持武俊哭，流涕縱橫。縱，子容翻。武俊亦悲不自勝，勝，音升。左右莫能仰視，遂與武俊約爲兄弟，誓同滅賊。武俊曰：“相公十兄名高四海，李抱真第十，故呼爲十兄。嚤蒙開諭，得棄逆從順，免葅醢之罪，享王公之榮。今又不間胡虜，間，古莧翻。王武俊本出於夷落。辱爲兄弟，武俊當何以爲報乎！滔所恃者回紇耳，不足畏也。戰日，願十兄按轡臨視，武俊決爲十兄破之。”決爲，于僞翻。抱真退入武俊帳中，酣寢久之。武俊感激，待之益恭，指心仰天曰："此身已許十兄死矣！"史言抱真推心待武俊以成大功。遂連營而進。

《資治通鑑》卷二百三十《唐紀四十六·德宗興元元年》頁七四二六至七四二七

（五月）乙亥，李抱真、王武俊距貝州三十里而軍。朱滔聞兩軍將至，急召馬寔，寔晝夜兼行赴之。或謂滔曰："武俊善野戰，不可當其鋒，宜徙營稍前逼之，使回紇絶其糧道。我坐食德、棣之饋，饋，音運。糧運曰饋。依營而陳，陳，讀曰陣。利則進攻，否則入保，待其飢疲，然後可制也。"滔疑未決。會馬寔軍至，滔命明日出戰。寔言："軍士冒暑困憊，憊，音蒲拜翻。請休息數日乃戰。"

常侍楊布、滔仿天朝置常侍。將軍蔡雄引回紇達干見滔，達干曰："回紇在國與鄰國戰，常以五百騎破鄰國數千騎，如掃葉耳。今受大王金帛、牛酒前後無算，思爲大王立效，爲，于僞翻；下同。此其時矣。明日，願大王駐馬高丘，觀回紇爲大王翦武俊之騎，使匹馬不返。"爲，于僞翻。布、雄曰："大王英略蓋世，舉燕、薊全軍，將掃河南，清關中，今見小敵尨豫不擊，尨，讀與猶同。按《後漢書·馬援傳》，計尨豫未決。章懷太子賢《注》曰：尨，行貌也，義見《説文》。豫，亦未定也。尨，音以林翻。毛晃曰：尨豫不定，《後漢書·馬援傳》計尨豫未決，字從犬曲其足，與古尨同。與侵韻尨韻不同。《唐史》尨豫音淫，誤。今從晃。失遠近之望，將何以成霸業乎！達干請戰是也。"滔喜，遂決意出戰。

丙子旦，武俊遣其兵馬使趙琳將五百騎伏於桑林，桑林之地，在經城西南。抱真列方陳於後，陳，讀曰陣；下同。武俊引騎兵居前，自當回紇。回紇縱兵衝之，武俊命其騎控馬避之。回紇突出其後，將還，武俊乃縱兵擊之，趙琳自林中出橫擊之，回紇敗走。武俊急追之，滔騎兵亦走，自踐其步陳，步騎皆東奔，滔不能制，遂走趣其營，趣，七喻翻；下同。抱真、武俊合兵追擊之。時滔引三萬人出戰，死者萬餘人，逃潰者亦萬餘人，滔纔與數千人入營堅守。會日暮，昏霧，兩軍不能進，抱真軍其營之西北，武俊軍其東北。滔夜焚營，引兵出南門，趣德州遁去，委棄所掠資財山積；兩軍以霧，不能追也。

滔殺楊布、蔡雄而歸幽州，心既內慙，又恐范陽留守劉怦因敗圖己。怦，普耕翻。怦悉發留守兵夾道二十里，具儀仗，迎之入府，相對悲喜，時人多之。

初，張孝忠以易州歸國，詔以孝忠爲義武節度使，以易、定、滄三州隸之。事見二百二十七卷建中三年。滄州刺史李固烈，李惟岳之妻兄也，李惟岳，本姓張，故娶李氏。請歸恒州，孝忠遣押牙安喜程華交其州事。安喜縣，漢之盧奴縣，屬中山國，燕主慕容垂改爲不連，北齊改爲安喜，隋改爲鮮虞，唐武德四年復爲安喜，帶定州。固烈悉取軍府綾、縑、珍貨數十車，將行，軍士大譟曰：“刺史掃府庫之寶以行，將士於後飢寒，奈何！”遂殺固烈，屠其家。程華聞亂，自竇逃出，亂兵求得之，請知州事。華不得已，從之。孝忠聞之，即版華攝滄州刺史。《考異》曰：《舊‧張孝忠傳》曰：“遣華往滄州交檢府藏。”《程日華傳》曰：“孝忠令華詣固烈交郡，固烈死，孝忠版華知滄州事。”《燕南記》曰：“孝忠差牙官程華與固烈交割，固烈死，孝忠聞之，當日差人送文牒，令攝刺史。”按固烈既去，則滄州無主，孝忠豈得但令華交檢府藏！今從《華傳》及《燕南記》。華素寬厚，推心以待將士，將士安之。

會朱滔、王武俊叛，更遣人招華，更，工衡翻，迭也。華皆不從。時孝忠在定州，自滄如定，必過瀛州，瀛隸朱滔，道路阻澀。澀，色立翻。史炤曰：阻，隔也。澀，不通滑也。滄州錄事參軍李宇說華，表陳利害，請別爲一軍，華從之，說，輸芮翻；下同。遣宇奉表詣行在。上即以華爲滄州刺史、橫海軍副大使、知節度事，賜名曰華，令曰華歲供義武租錢十二萬緡。

王武俊又使人說誘之；時軍中乏馬，曰華紿使者曰："王大夫必欲相屬，當以二百騎相助。"武俊給之，曰華悉留其馬，遣其士歸。武俊怒，而方與馬燧等相拒，不能攻取，曰華由是獲全。及武俊歸國，曰華乃遣人謝過，償其馬價，且賂之。武俊喜，復與交好。騎，奇寄翻。好，呼到翻。

《資治通鑑》卷二百三十一《唐紀四十七·德宗興元元年》頁七四三一至七四三四

（五月己亥）王武俊既破朱滔，還恒州，表讓幽州、盧龍節度使，上許之。王武俊兼幽州盧龍節度使，見上卷是年二月。恒，戶登翻。

《資治通鑑》卷二百三十一《唐紀四十七·德宗興元元年》頁七四三六

（八月癸卯）初，王武俊急攻康日知於趙州，馬燧奏請詔武俊與李抱真同擊朱滔，以深、趙隸武俊，改日知爲晉、慈、隰節度使，上從之。

……

朱滔爲王武俊所攻，殆不能軍，上表待罪。上，時掌翻。

《資治通鑑》卷二百三十一《唐紀四十七·德宗興元元年》頁七四四四

公元七八五年　唐德宗貞元元年

（七月）辛亥,加檢校工部尚書王士真爲德棣都團練觀察使。壬子,以前涿州刺史、兼御史中丞劉怦爲幽州長史、御史大夫、幽州盧龍節度副大使,兼知節度管理度支營田觀察、〔二三〕押奚契丹經略盧龍等軍使。

【校勘記】

〔二三〕劉怦爲幽州長史御史大夫幽州盧龍節度副大使兼知節度　局本原作"劉怦爲幽州御史大夫幽州盧龍節度副大使長史兼知節度",餘各本"使"字在"兼"字下。今據本書卷一四三《劉怦傳》改。

《舊唐書》卷十二《本紀第十二·德宗上》頁三四九、三六一

（九月）辛巳,以權知幽州盧龍軍府事劉濟爲幽州長史、兼御史大夫、幽州盧龍節度觀察、押奚契丹兩蕃等使。

《舊唐書》卷十二《本紀第十二·德宗上》頁三五一

貞元元年,〔三〕（朱）滔卒,三軍推（劉）怦權撫軍府事,怦爲衆所服,卒有其地。朝廷因授怦幽州大都督府長史、兼御史大夫、幽州盧龍節度副大使、知節度事、管内營田觀察、押奚契丹、經略盧龍軍使。

【校勘記】

〔三〕貞元元年　"元年",各本原作"二年",據本卷上下文改。

《舊唐書》卷一百四十三《列傳第九十三·劉怦》頁三八九九至三九〇〇、三九〇九

會馬燧討賊河北久不決,請濟師;李希烈寇襄城。詔問策安出,贄言:"……今幽、燕、恒、魏之勢緩而禍輕,汝、洛、榮、汴之勢急而禍重。田悦覆敗之餘,無復遠略,王武俊有勇無謀,朱滔多疑少決,互相制劫,急則合力,退則背憎,不能有越軼之患,此謂緩也。"

《新唐書》卷一百五十七《列傳第八十二·陸贄》頁四九一二

(八月甲子)馬燧至行營,與諸將謀曰:"長春宮不下,燧,音遂。將,即亮翻。圍長春宮事始上卷是年四月。則懷光不可得。長春宮守備甚嚴,攻之曠日持久,我當身往諭之。"遂徑造城下,造,七到翻。呼懷光守將徐庭光,庭光帥將士羅拜城上。將,即亮翻。帥,讀曰率。燧知其心屈,徐謂之曰:"我自朝廷來,可西向受命。"庭光等復西向拜。復,扶又翻。燧曰:"汝曹自禄山已來,徇國立功四十餘年,天寶十四載,安禄山反,郭子儀、李光弼皆以朔方軍討賊立大功。其後回紇、吐蕃深入京畿,諸鎮叛亂,外禦内討,亦倚朔方軍以成功。至是年凡三十一年,今曰"四十餘年","四"字誤也,當作"三"。何忽爲滅族之計!從吾言,非止免禍,富貴可圖也。"眾不對。燧披襟曰:"汝不信吾言,何不射我!"射,而亦翻。將士皆伏

泣。燧曰：“此皆懷光所爲，汝曹無罪。弟堅守勿出。”弟，讀曰第，但也。皆曰“諾。”

《資治通鑑》卷二百三十二《唐紀四十八·德宗貞元元年》頁七四六〇至七四六一

上使問陸贄：“河中既平，復有何事所宜區處？”處，昌呂翻。令悉條奏。令，力丁翻。贄以河中既平，慮必有希旨生事之人，以爲王師所向無敵，請乘勝討淮西者。李希烈必誘諭其所部及新附諸帥曰：新附諸帥，謂李納、王武俊、田緒等。誘，音酉。“奉天息兵之旨，乃因窘【章：乙十六行本“窘”下有“急”字；乙十一行本同；孔本同；退齋校同。】而言，朝廷稍安，必復誅伐。”如此，則四方負罪者孰不自疑，河朔、青齊固當響應，窘，臣隕翻。復，扶又翻，又音如字。河朔，謂王武俊、田緒、劉怦；青齊，謂李納。兵連禍結，賦役繁興，建中之憂，行將復起。乃上奏，其略曰：“福不可以屢徼，幸不可以常覬。上，時掌翻。徼，一遥翻。覬，音冀。臣【章：乙十六行本“臣”上有“又曰”二字；乙十一行本同；孔本同。】姑以生禍爲憂，未敢以獲福爲賀。”又曰：“陛下懷悔過之深誠，實心爲誠。降非常之大號，此謂興元赦書也。所在宣敭之際，聞者莫不涕流。敭，與揚同。假王叛換之夫，削僞號以請罪；王武俊、田悦、李納去王號謝罪，見二百二十九卷興元元年。觀釁首鼠之將，一純誠以效勤。”

《資治通鑑》卷二百三十二《唐紀四十八·德宗貞元元年》頁七四六三至七四六四

公元七八七年　唐德宗貞元三年

（劉）士寧位未定時，遣使通王武俊、劉濟、田緒，以士寧未受詔於國，皆留之。

《舊唐書》卷一百四十五《列傳第九十五·劉玄佐附劉士寧》頁三九三三

鄭國莊穆公主，始封義章。下嫁張孝忠子茂宗。薨，加贈及謚。

《新唐書》卷八十三《列傳第八·諸帝公主·德宗十一女》頁三六六四

（劉）士寧未授詔時，私遣人結王武俊、劉濟、田緒等，諸鎮不直之，皆執其使。

《新唐書》卷二百一十四《列傳第一百三十九·藩鎮宣武彰義澤潞·劉玄佐》頁六〇〇一

公元七八八年　唐德宗貞元四年

（二月）上曰："彼皆非所謂相也。凡相者，必委以政事；如玄宗時牛仙客、陳希烈，可以謂之相乎！如肅宗、代宗之任卿，雖不受其名，乃真相耳。必以官至平章事爲相，則王武俊之徒皆爲相也。"唐之使相，時主未嘗不知名器之濫也。

《資治通鑑》卷二百三十三《唐紀四十九·德宗貞元四年》頁七五一二

（七月癸丑）振武軍節度使唐朝臣不嚴斥候，己未，奚、室韋寇振武，李延壽曰：室韋，蓋契丹之在南者爲契丹，在北者爲室韋。宋祁曰：室韋，契丹別種，東胡北邊，蓋丁零苗裔也。地據黃龍北，傍猺越河，直長安東北七千里。東黑水、靺鞨，西突厥，南契丹，北瀕海。執宣慰中使二人，大掠人畜而去。

《資治通鑑》卷二百三十三《唐紀四十九·德宗貞元四年》頁七五一四

公元七八九年　唐德宗貞元五年

（冬十月）己丑，易定節度使、檢校司空、平章事張孝忠以擅出兵襲蔚州，降檢校司空爲左僕射。

《舊唐書》卷十三《本紀第十三·德宗下》頁三六八

（十月）易定節度使張孝忠興兵襲蔚州，蔚，紆勿翻。驅掠人畜；詔書責之，踰旬還鎮。

《資治通鑑》卷二百三十三《唐紀四十九·德宗貞元五年》頁七五一九

幽州□度□□□營田觀察處置押奚契丹經□□□□□□檢校工部尚書□□□大都督府長史、御史大夫、上柱國劉濟貞元五年歲在已巳二月八日建卷三百條〔七百一十五〕（一·八六四）

幽州盧龍節度副大使、知節度事、管內支度營田觀察處置押奚契丹經略盧龍軍等使、特進、檢校尚書右僕射、同中書門下平章事、兼幽州大都督府長史、御史大夫、上柱國劉濟貞元五年二月八日建卷〔三百零一〕條〔七百一十七〕（一·八八六）

（殘）卷三百零〔一〕三百零〔二〕條〔七百一十八〕（一‧八六一）（兩石同文）

　　　《房山石經題記匯編》頁一二〇至一二一

　　幽州盧龍節度副大使、知節度事、管内支度營田觀察處置押奚契丹經略盧龍軍等使、檢校工部尚書、兼幽州大都督府長史、〔御史大夫〕、上柱國劉濟貞元五年二月八日建卷三百零三條七百二十一（二‧八七）卷〔三百零四〕條〔七百二十二〕（外六七）（外一四九）（殘兩石合一）卷三百零四　三百零五條七百二十三（一‧八五）卷三百零五條七百二十四（外三三六）（二‧八二四）（殘兩石合一）（以上四石同文）

　　　《房山石經題記匯編》頁一二一

公元七九〇年　唐德宗貞元六年

　　（二月）丁酉，王武俊守棣州將趙鎬以郡歸李納，武俊怒，以兵攻之。

　　　《舊唐書》卷十三《本紀第十三‧德宗下》頁三六九

　　（十一月）青州李納以棣州還王武俊，并其兵士三千。

　　　《舊唐書》卷十三《本紀第十三‧德宗下》頁三七〇

　　初，朱滔敗於貝州，見二百三十一卷興元元年。其棣州刺史趙鎬以州降於王武俊，既而得罪於武俊，召之不至。田緒殘忍，其兄朝，仕李納爲齊州刺史。或言納欲納朝於魏，緒懼；判官孫光佐等爲緒謀，厚賂納，且説納招趙鎬取棣州以悦之，爲，于偽翻。説，式芮翻。因請送朝於京師；納從之。丁酉，鎬以棣州降于納。三月，武俊使其子士真擊之，不克。

《資治通鑑》卷二百三十三《唐紀四十九·德宗貞元六年》頁七五二○至七五二一

五月，王武俊屯冀州，將擊趙鎬，鎬帥其屬奔鄆州；鄆，音運。李納分兵據之。田緒使孫光佐如鄆州，矯詔以棣州隸納；武俊怒，遣其子士清伐貝州，取經城等四縣。

《資治通鑑》卷二百三十三《唐紀四十九·德宗貞元六年》頁七五二一

十一月，庚午，上祀圜丘。上屢詔李納以棣州歸王武俊，納百方遷延，請以海州易之於朝廷；上不許。乃請詔武俊先歸田緒四縣；上從之。十二月，納始以棣州歸武俊。

《資治通鑑》卷二百三十三《唐紀四十九·德宗貞元六年》頁七五二二

□支度營田觀察處置、押奚契丹經略盧龍軍等使、雲麾將軍、起復左金吾衛上將軍、檢校兵部尚書、兼幽州大都督府長史、御史大夫、上柱國劉濟　薊國夫人張氏　貞元六年四月八日上　檢校官宋庭照趙崇暉卷三百一十五條七百四十（一·九四三）

《房山石經題記匯編》頁一二三

公元七九一年　唐德宗貞元七年

（三月）癸未，義武軍節度使、檢校司空、平章事張孝忠卒。

　　　　　《舊唐書》卷十三《本紀第十三・德宗下》頁三七一

　　七年，定州張孝忠卒，以諝領義武軍節度大使、易定觀察
等使，以定州刺史張茂昭爲留後。

　　　　　《舊唐書》卷一百五十《列傳第一百・德宗順宗諸子・文
敬太子諝》頁四〇四五

　　（三月）癸未，易定節度使張孝忠薨。

　　　　　《資治通鑑》卷二百三十三《唐紀四十九・德宗貞元七
年》頁七五二四

　　唐故義武軍節度使營田易定等州觀察處置使開府
　　儀同三司檢校司空同中書門下平章事范陽郡王
　　贈太師貞武張公遺愛碑銘并序[一]
　　　　　　　　權德輿

　　維唐十一[二]葉，皇帝纂大統，建大中，始初清明，敷佑下
土。稽四征六服之理，閲先正宗臣之籍，流慶斯復，遺風可
懷。繇是博陵、上谷、列侯、二千石、元僚、司武、從事、亞旅，
上其故府太師貞武公功德，請銘於碑，以示厥後。乃詔小司
徒臣德輿，因地域之名物，酌軍師之憲令，舉而叙之：[三]

　　公諱孝忠，字孝忠，其先燕人。八代祖奇，北齊右北平太
守，封右北平王。齊季喪亂，實①開邊隟，代有長技，軼於外

―――――――――

①《全唐文》作“寔”。

區。曾王父靖，乙失活部落節度使。王父遜，部落刺史。父
謐，早襲先職，〔四〕來朝上京。星環北極，輸君長之贄幣；鵬
變南溟，發邊關之導譯。拜開府儀同三司。他日以公之勤，
累贈至戶部尚書。公雄姿正志，沈毅英達，傳兵符於百勝，襲
王爵於九代。年未弱冠，入侍明庭，才爲異倫，射必命中。以
日磾之信愛，受秦仲之車服，自他有耀，至是來歸。時玄①宗
御天下四十餘載，習文事而去武備，人不知戰，恬於已然。幽
陵首禍，轂洛恇駭。公跡染汙俗，心堅本朝，豈求生以害仁，
將蹈難以明義。史羯繼亂，猶居劫中。質其所恃，無路自奮。
間②道旁午，密陳嘉猷。俄而成德軍節度李寶臣，錫姓撫封，
同信臣之任，就義若渴，推心於公。綜其都軍，以壯支郡，乃
策崇勳，累居大官。凡軍師之禁令，攻守之奇正，成德之重，
必咨於公。鄰帥猖蹶，皇赫問罪，公出自上谷，覘於貝丘。
寇③徒六萬，將犯中冀，乘轅外嚮，方陣而前。公以駟介千數，
飆馳急擊，采入其阻，夾攻其堅。敵人力屈，昏夜引去。遷御
史中丞，封范陽郡王。尋拜易州刺史，加太子賓客。以軍之
輯睦移於郡，以郡之班制叶於軍。文理武毅，交修四暢。師
貞人龢，爲列郡表儀。

　　初，公與寶臣感慨於少年之場，周旋於多難之際，迎導
善氣，切劘良規。若驂有靳，如熱斯濯，異時自代，前定於公。
且曰："興師之心，勳力之冠也。"俄然④寢疾，瘖不能言，猶以

①《全唐文》作"元"。
②《全唐文》作"閒"。
③《全唐文》作"冠"。
④《全唐文》作"而"。

手指北，瞠然注目。既而惡子阻命，陰交匪人，因喪以干紀，專地而圖禍。公驟諫不入，飛章上陳，請以州兵，首遏亂略。優詔拜工部尚書，兼御史大夫、恒州刺史、成德軍節度使。一人注意，四履專征，糾合諸侯，連收城縣。敗之於束鹿，走之於常山，以至斬首，且無遺策。轉兵部尚書、易州刺史、易定滄等州節度觀察使。錫軍號曰義武。時三分恒陽之地，録功有差。而群帥侈心，或懷觖望，太行而東，疆場日駭。且有從約，皆爲假王。公居其腹心，守正持重。玉立于磷緇之際，鷄鳴于風雨之中。静柯勁草，在我而已。彼朱滔者，以燕啗公，誇大煽結，譸張指斥。公乃出和門以莅衆，援皦日以誓公，〔五〕義利之間，死生不惑。且曰："縣官之所以賦車宿兵，〔六〕下尺一之詔者，在排難捍患而已；吾徒之所以乘堅驅良，佩丈二之組者，在畢力致命而已。碎首塗地，吾無悔焉。"一心事王，〔七〕四面受敵。俄屬京師急變，鑾輅時巡。時太師西平王以禁兵自魏來援於我。於是與公決策，赴行在所。公素約以伯仲，又申之婚姻。分鋭師，選良將，授以赴蹈，使居顔行。斷金之契，匪石不轉。定山東爲己任，坐制群疑；清穀下爲前籌，行戡大憝。赤誠相照，血涕交頤。西平縣是建大勳，立大烈，而公亦静深以制動，貞厲以代謀。使其從①散約解，②而無亡矢遺鏃之費者，〔八〕公之功也。前此拜尚書左僕射，至是同中書門下平章事。貞元元年，就加司空。凡授律行師，〔九〕十有一歲。承寧諸侯，減黜不端，動有節制，人斯愛戴。贍助

---

① 《全唐文》作"徒"。
② 《全唐文》無"解"。

其供養，賻補其禮喪，拊循接禮，勞徠安輯。輔以正德，〔十〕而不怵於邪；濟以守忠，而不回於利。章灼卓異，有初有終。其居涼國太夫人憂也，手植松檟，倚廬於墓。感致瑞祉，詔旌其門。終身之哀，加人一等。不遺故舊，皆以器使。戲下多善吏，庭中無留事。雖古人之威懷，無以過焉。春秋六十二，以七年三月感疾薨於位。德宗皇帝不視朝三日，册贈太傅，詔郎吏吊祠，禮賻有加。其後累贈太師，易名“貞武”，〔十一〕追封上谷郡王。

《易》之《大有》曰：“信以發志。”《禮》之《中庸》曰：“誠之不可揜。”惟公推本於是，闇然而彰。德宇宏大，色容厲肅，長才經武，奇表出倫。喬枝戞雲以直上，雄劍發匣而耀穎。始以天寶十載受詔即戎，授范陽郡洪源府右果毅。破九姓突厥，改上黨郡漳源府折衝。乾元初，轉左領軍衛朔府左郎將，實鎮飛狐之地。寶應中，拜左武衛大將軍，加金印紫綬。歷左金吾大將軍兼太僕卿殿中監。以至于專席賓護，剖符建牙，載居六官，乃進左揆。爕和鼎餁，平理水土，真食大封，異姓而王。積功伐以崇厚，履信順而光大。壯武之後，遠繼公台，富平之門，時推德器，豈徒然哉？

嗣子今司徒、〔十二〕同中書門下平章事、延德郡王茂昭，以全才休績，保大宣力，戴翼天子，撫征諸侯。嘗①以工部尚書建旟博陵，以刑部尚書循方伯之職。特詔所理郡爲大都督府。歷左僕射、司空、〔十三〕亟②居代官。南北軍衛，爪牙上

---

①《全唐文》作“常”。
②《全唐文》作“丞”。

將，同氣分職，寵冒一時。侯王則銀黃相映，子弟乃金埒對
起。流光貽訓，其信矣乎！二十年，延德王以介圭四牡，來朝
京師。德宗沃心嘉歎，燕喜蕃錫，如韓侯、申伯故事。順宗繼
明，崇德報功，乃居台宰，〔十四〕進掌邦教。敦喻還鎮，涕洟就
塗。今皇帝以道御天下，燭明理本。間歲再入覲，爲守臣龜
龍。乞留京師，以奉朝請，堅若金石，激以肺肝。服勤王家，
丕赫宸眷，①感念勳節，顧懷義方。直以鄭武公桓公，漢韋平
父子，古先懿鑠，舉集公門。二邦幼艾，千夫長、百夫長，沐浴
風烈，怵惕慕思。是儀古式，以永光耀，斯不朽之事也。拜君
命之辱，而傳信焉。銘曰：

天秉日星，亦有風霆。君用文德，亦資武力。太師矯矯，
生我王國。時或艱屯，師惟壯直。大蹇朋來，其心不回。好
謀而成，義路乃開。博陵上谷，地直柹②木。既夷狡童，則理
長轂。威謀抗勵，命賜渥緯。回回盜泉，皦皦嘉玉。凡我所
履，與之豐福。士皆賈餘，人以仰足。雕戈袞章，裕此一方。
追錫吊祠，禮優職喪。司徒襲慶，道叶仁聖。三朝戴君，皆受
四命。覲禮煌煌，嘉猷洋洋。湛露彤弓，威儀有光。甘棠蔽
芾，邵伯所憩。緇衣改爲，鄭國之詩。仍代休③烈，〔十五〕邦人
戴之。永言實懷，乃刻斯碑。

【校勘記】

〔一〕范　　原作“符”，據《舊唐書·張孝忠傳》改。下同。

---

①《全唐文》作“睠”。

②《全唐文》作“析”。

③《全唐文》作“洪”。

〔二〕一　《英華》、《唐文》作“二”。

〔三〕之　《英華》、《唐文》作“之雲”。

〔四〕襲　原作“習”，據《英華》、《唐文》改。

〔五〕公　《英華》、《唐文》作“心”。

〔六〕車　《英華》、《唐文》作“軍”。

〔七〕王　原校：“一作君。”朱本、《英華》、《唐文》作“君”。

〔八〕無　《英華》、《唐文》作“而無”。

〔九〕授　《英華》、《唐文》作“受”。

〔十〕輔　原作“幅”，據《英華》、《唐文》改。

〔十一〕名　《英華》、《唐文》作“曰”。

〔十二〕徒　《唐文》作“空”。

〔十三〕歷　《英華》、《唐文》作“經歷”。左　《唐文》作“右”。

〔十四〕乃　《英華》、《唐文》作“及”。

〔十五〕休　原校：“一作洪。”朱本、《英華》、《唐文》作“洪”。《英華》校：“集作休。”

《權德輿詩文集》卷十一《碑·唐故義武軍節度使營田易定等州觀察處置使開府儀同三司檢校司空同中書門下平章事范陽郡王贈太師貞武張公遺愛碑銘》頁一八三至一八八；《全唐文》卷四九六《唐故義武軍節度使營田易定等州觀察處置使開府儀同三司檢校司空同中書門下平章事范陽郡王贈太師貞武張公遺愛碑銘並序》頁五〇五七至五〇六〇

公元七九二年　唐德宗貞元八年

　　成德軍節度王武俊率師次于德、棣二州,將取蛤蝓及三
汊城。棣州之鹽池與蛤蝓歲出鹽數十萬斛,棣州之隸淄青
也,其刺史李長卿以城入朱滔,而蛤蝓爲納所據,因城而戍
之,以專鹽利。其後武俊以敗朱滔功,以德、棣二州隸之,蛤
蝓猶爲納戍。納初於德州南跨河而城以守之,謂之三汊,交
田緒以通魏博路,而侵掠德州,爲武俊患。及納卒,師古繼
之。武俊以其年弱初立,舊將多死,心頗易之,乃率衆兵以取
蛤蝓、三汊爲名,其實欲窺納之境。師古令棣州降將趙鎬拒
之。武俊令其子士清將兵先濟於滴河,會士清營中火起,軍
驚,惡之,未進。德宗遣使諭旨,武俊即罷還。師古毀三汊口
城,從詔旨。

　　《舊唐書》卷一百二十四《列傳第七十四·李正己附孫
師古》頁三五三七

　　(寶)常字中行,大曆中及進士第,不肯調,客廣陵,多所
論著,隱居二十年。鎮州王武俊聞其才,奏辟不應。

　　《新唐書》卷一百七十五《列傳第一百·寶群附兄寶常》
頁五二四四

　　(十一月庚午)初,李納以棣州蛤蝓有鹽利,城而據之;又
戍德州之南三汊城,以通田緒之路。棣,大計翻。蛤,古合翻。蝓,
康音螺。余按《集韻》"螺"字下無"朵"字;同韻有"垛"字,音都戈翻,小堆
也。蝓,恐當作"垛"。汊,楚嫁翻。李納之阻兵也,李長卿以棣州入朱滔,而蛤

蛤蜍爲納所據,因城而戍之。其後王武俊敗朱滔,得德、棣二州,蛤蜍猶爲納戍。納又於德州南跨河而城守之,謂之三汊,以交魏博,通田緒。及李師古襲位,王武俊以其年少,輕之,少,詩照翻。是月,引兵屯德、棣,將取蛤蜍及三汊城;師古遣趙鎬將兵拒之。上遣中使諭止之,武俊乃還。鎬,下老翻。將,即亮翻,又音如字。使,疏吏翻。還,從宣翻,又音如字。

《資治通鑑》卷二百三十四《唐紀五十·德宗貞元八年十二月庚午》頁七五三八

公元七九三年　　唐德宗貞元九年

海州團練使張昇璘,昇雲之弟,李納之婿也,以父大祥歸于定州,海州,東海郡,緇青巡屬。璘,離珍翻。婿,四計翻。定州,義武帥治所。子居父喪,再朞而大祥。嘗於公座罵王武俊,武俊奏之。夏,四月,丁丑,詔削其官,遣中使杖而囚之。使,所吏翻。定州富庶,武俊常欲之,因是遣兵襲取義豐,掠安喜、無極萬餘口,徙之德、棣。義豐,屬定州。安喜縣,本定州治所,蓋州治徙也。無極,漢古縣,因無極山爲名,唐屬定州。按《無極山碑》云:"無極山與天地俱生,從上至體,可三里所,立石爲體,二丈五尺所。石上青,下黃白色,前正平,可布兩大席。"在無極西南三十里。景福二年,以無極縣爲祁州。棣,大計翻。昇雲閉城自守,屢遣使謝之,乃止。

《資治通鑑》卷二百三十四《唐紀五十·德宗貞元九年三月》頁七五四三

(五月,甲辰)陸贄上奏論備邊六失,以爲:"……開元、天寶之間,控禦西北兩蕃,唯朔方、河西、隴右三節度。中興以來，未遑外討，抗兩蕃者亦朔方、涇原、隴右、河東四節度而已。言西北兩蕃者，以別奚、契丹兩蕃。若開元、天寶以來，西則吐蕃，北則突厥。中興以來，所謂兩蕃，西則吐蕃，北則回紇。

《資治通鑑》卷二百三十四《唐紀五十·德宗貞元九年五月甲辰》頁七五四四至七五四五

公元七九四年　　唐德宗貞元十年

（李）抱真薨之日，其子殿中侍御史緘匿喪不發。營田副使盧會昌令抱真從甥元仲經潛與緘謀，……緘初謀亂，遣裨將陳榮詐以文書告成德節度使王武俊，求假財帛，武俊大怒曰：“吾與汝府公善者，冀恭王命，非同惡也。今聞已亡，孰詐令其子而不俟朝旨耶？何敢告我，況有求也！”乃囚陳榮而遣使讓緘焉。〔三〕

【校勘記】

〔三〕乃囚陳榮　“囚”字各本原作“因”，據《新書》卷一三八《李抱真傳》、《合鈔》卷一八三《李抱真傳》改。

《舊唐書》卷一百三十二《列傳第八十二·李抱真》頁三六四九至三六五〇、三六六〇

（李抱真死）始，（李抱真子）緘遣將陳榮以書抵（王）武俊，假其財。武俊怒曰：“吾與乃公善者，恭王命，非同惡也。今聞已亡，誰詐其子使不俟朝制邪？”因榮而讓緘焉。詔贈抱真太保。

《新唐書》卷一百三十八《列傳第六十三·李抱真附子緘》頁四六二三

六月,壬寅朔,昭義節度使李抱真薨。其子殿中侍御史緘與抱真從甥元仲經謀,秘不發喪,詐爲抱真表,求以職事授緘;又詐爲其父書,遣裨將陳榮詣王武俊假貨財。武俊怒曰:"吾與乃公厚善,欲同獎王室耳,豈與汝同惡邪! 聞乃公已亡,乃,猶汝也。公,猶翁也。乃敢不俟朝命而自立,朝,直遥翻。又敢告我,況有求也!"使榮歸,寄聲質責緘。質,正也。以正義責之也。

《資治通鑑》卷二百三十五《唐紀五十一·德宗貞元十年六月壬寅》頁七五六〇

公元七九六年　唐德宗貞元十二年

(正月)乙丑,以渾瑊、王武俊並兼中書令。

《資治通鑑》卷二百三十五《唐紀五十一·德宗貞元十二年正月乙丑》頁七五七〇

公元七九七年　唐德宗貞元十三年

張孝忠子茂宗尚義章公主,母亡,遺占丐成禮。帝念孝忠功,即日召爲左衛將軍,許主下降。(蔣)乂上疏,以爲:"墨縗禮本緣金革,未有奪喪尚主者。繆盭典禮,違人情,不可爲法。"帝令中使者諭茂宗之母之請,乂意殊堅。帝曰:"卿所言,古禮也。今俗借吉而婚不爲少。"對曰:"偏室窮人子,旁無至親,乃有借吉以嫁,不聞男冒凶而娶。陛下建中詔書,郡、縣主當婚,皆使有司循典故,毋用俗儀。公主春秋少,待年不爲晚,請茂宗如禮便。"帝曰:"更思之。"

《新唐書》卷一百三十二《列傳第五十七·蔣乂》頁四五三一至四五三二

公元七九八年　唐德宗貞元十四年

貞元十四年，鎭州節度使王武俊聞其賢，遣人致聘，辟爲掌書記，不就。

《舊唐書》卷一百五十五《列傳第一百五·竇群附兄常》頁四一二二

幽州盧龍節度副大使、知節度、管内支度營田觀察處置押奚契丹經略盧龍軍等使、特進、檢校尚書右僕射、同中書門下平章事兼幽州大都督府長史、上柱國彭城郡王劉濟卷三百九十條九百二十四（二·五九四）（殘）卷三百九十一條九百二十五（二·六一四）卷三百九十一條九百二十六（二·四四八）卷三百九十二條九百二十八（一·九一二）卷三百九十二　三百九十三條〔九百二十九〕（一·五四六）卷三百九十三條〔九百三十〕（一·六五〇）（殘）卷三百九十三條九百三十一（二·六〇八）（殘）卷三百九十四條九百三十二（二·三八六）（殘）卷三百九十四　三百九十五條九百三十三（一·六一〇））（殘）（九石同文）

《房山石經題記匯編》頁一四三

公元八〇〇年　唐德宗貞元十六年

（馮）宿登進士第，徐州節度張建封辟爲掌書記。後建封卒，其子愔爲軍士所立，李師古欲乘喪襲取。時王武俊且觀其釁，愔恐懼，計無所出，宿乃以檄書招師古而説武俊曰：“張公與君爲兄弟，欲同力驅兩河歸天子，衆所知也。今張公殁，幼子爲亂兵所脅，内則誠款隔絶於朝廷，外則境土侵逼於强寇。孤危若此，公安得坐視哉！誠能奏天子，念先僕射之忠勳，捨其子之迫脅，使得束身自歸，則公於朝廷有靖亂之功，於張氏有繼絕之德矣。"武俊大悦，即以表聞。由是朝廷賜憺節鉞，仍贈建封司徒。

宿以嘗從建封，不樂與其子處，乃從浙東觀察使賈全府辟。憺恨其去己，奏貶泉州司户。徵爲太常博士。王士真死，以其子承宗不順，不加諡。宿以爲懷柔之義，不可遺其忠勞，乃加之美諡。轉虞部、都官二員外郎。

《舊唐書》卷一百六十八《列傳第一百一十八·馮宿》頁四三八九

徐州張建封表掌書記。建封卒，子憺爲軍中脅主留事。李師古將乘喪復故地，憺大懼。于是，王武俊擁兵觀釁，宿以書說曰："張公與公爲兄弟，欲共力驅兩河歸天子，天下莫不知。今張公不幸，幼兒爲亂兵所脅，内則誠款隔絕，外則强寇侵逼，公安得坐視哉？誠能奏天子不忘舊勳，赦憺罪，使束身自歸，則公有靖亂之功、繼絕之德矣。"武俊悦，即以表聞，遂授憺留後。……

王士真死，子承宗阻命，不得諡，宿謂世勞不可遺，乃上佳諡，示不忘忠。

《新唐書》卷一百七十七《列傳第一百二·馮宿》頁五二七七、五二七八

公元八〇一年　唐德宗貞元十七年

（六月）丁巳，成德軍節度使、恒冀深趙德棣觀察等使、恒

州大都督府長史、檢校太尉、中書令、琅邪郡王王武俊薨,贈太師,謚曰忠烈。

秋七月戊寅,吐蕃寇鹽州。辛巳,以前成德軍節度副使、檢校工部尚書、知恒府事、清河郡王王士真起復授恒州長史,充成德軍節度使。

　　　《舊唐書》卷十三《本紀第十三・德宗下》頁三九五

（六月）丁巳,成德軍節度使王武俊卒,其子士真自稱留後。

　　　《新唐書》卷七《本紀第七・德宗》頁二〇三

（六月）丁巳,成德節度使王武俊薨。

……

（七月）辛巳,以成德軍節度副使王士真爲節度使。

　　《資治通鑑》卷二百三十六《唐紀五十二・德宗貞元十七年》頁七五九七

炭山,本匈奴避暑之處,地多豐草,掘丈餘即有堅冰。賈耽所説"嬀州西北八十里至陘山",即奚契丹避暑之處。唐史載契丹之地,西至冷陘是也。今遼中目爲炭山,近更名雙山。

　　《武經總要》前集・卷十六下《邊防・番界有名山川》頁二七〇

王武俊,本出契丹,爲李寶臣裨將。李惟岳既死,武俊遣使請命,詔授武俊恒冀觀察使。而惟岳將楊政義等以深、定

二州來降。武俊怨不得節度，又失二州，乃反，僭號趙王。興
元初，乃黜僞號請命，詔授節度使，加同平章事。以破朱滔
功，封清河郡王，卒。士真，武俊長子。嗣爲節度使，拜同平
章事，卒。承宗，士真子。初爲副大使，憲宗即位，欲析藩鎮，
遣使諭承宗，承宗乃上德、棣二州。詔以薛昌朝爲保信軍節
度使，統德、棣。承宗拒命，却昌朝囚之。帝怒，削承宗官爵，
遣兵討之，久無功，而緇青、盧龍數表請赦承宗，乃罷兵。盡
以故地界之。承宗復拒命，出兵掠鄰鄙，吳元濟平，〔三三〕乃
恐，遣二子入侍，歸德、棣二州。詔復官爵。卒，軍中推其
弟承元爲留後，承元不敢，乃請命於朝，詔以爲義成軍節度
使。〔三四〕廷湊，本回紇阿布思之族，爲武俊養子，世爲裨將。
承元既以成德軍請命，後詔以田弘正爲節度使。廷湊以兵作
亂，害弘正，自稱留後，脅監軍表請節，又取冀州。穆宗怒，詔
弘正子布以魏博兵討之。會魏博軍變，布死，乃赦廷湊。廷
湊復拒命，討之無功。後廷湊上表謝，表上景州。穆宗厭兵，
赦之，復其官爵，封太原郡公，卒。元逵，廷湊次子。廷湊死，
軍中以元逵請命，詔襲節度使。以討劉稹功，加同平章事，太
原郡公，卒。紹鼎，元逵子。嗣爲節度使，遷檢校尚書左僕
射，〔三五〕卒。紹懿，元逵次子。嗣爲留後，封太原縣伯，加檢
校司空，卒。景崇，紹鼎子。嗣爲節度使，以討龐勛功，進檢
校尚書右僕射，同平章事，常山王，卒。鎔，景崇子。嗣爲節
度，爲李克用所擊，兵敗，與克用和。後復附於朱全忠，全忠
既篡，封鎔趙王。全忠謀取河北，鎔附克用。後爲其將張文
禮所殺，滅王氏之族。文禮自爲留後，李存勖討而誅之。自
廷湊至鎔，凡百年。

【校勘記】

〔三三〕吴元濟平　"吴"上原衍"爲"字,據《新唐書》卷二一一《藩鎮鎮冀傳》改。

〔三四〕詔以爲義成軍節度使　"成"原作"承",據《新唐書》卷二一一《藩鎮鎮冀傳》改。

〔三五〕檢校尚書左僕射　"檢校"二字原脱,據《新唐書》卷一四二《王廷湊傳》、《新唐書》卷二一一《藩鎮鎮冀傳》補。

《文獻通考》卷二百七十六《封建考十七》頁七五五六至七五五七、七五七二

公元八〇三年　唐德宗貞元十九年

唐故幽州盧龍軍節度副大使知節度事管内支度營田觀察處置押奚契丹兩番經略盧龍軍等使開府儀同三司檢校司徒兼中書令幽州大都督府長史上柱國彭城郡王贈太師劉公墓誌銘并序

權德輿

公姓劉氏,諱濟,字濟之,蜀昭烈皇帝二十一代孫。……貞元初,烏桓誘北方之戎,幸吾阻饑,大聳邊鄙。公先計後戰,陳兵於郊,乃遣單車使者,誘掖教告,繇是諸戎,反爲公用,〔五〕幹不庭方,厥猷茂焉。明年,鮮卑墨乙之犯古漁陽,其後啜利寇右北平。公分命左右軍,異道並出,然後以中堅衝擊,〔六〕士不離傷,師不留行,采入其阻,抵青都山下,捕斬首虜以二萬級,〔七〕獲橐駝馬牛羊萬數。十九年,林胡率諸部雜衆,〔八〕浸淫於澶薊之北。〔九〕公親統革車,會九國室韋之師以討焉。飲馬灤河之上,揚旌泠陘之北,〔十〕戎王棄其國遁去。

公署南部落剌史爲王而還。登山斸石，著《北伐銘》以見志。自太行以東，[十一]懷和四鄰，或歸其天倫，或復其地理，謁急則解其顛沒，[十二]居常則納諸矩度。兵興以來，氣俗相因，或以奢敗度，或以美没禮，比屋之人，被縵胡而揮盂觫，不知書術。公乃修先師祠堂，選幼壯孝弟之倫，春秋二仲，行釋菜、鄉飲酒之禮。生徒俎豆，若在洙泗……銘曰：

帝在法宮，推心懋功。洸洸彭城，秉義納忠。幽都朔易，賜履來宅。便蕃渥命，焜耀嘉績。北戎病燕，從古以然。懷徠蕩定，勇略昭宣。變和之重，公作霖雨。師律之嚴，公作齊斧。

【校勘記】

〔五〕反　《文粹》、《唐文》作“皆”。

〔六〕衝　原作“衡”，據宋刻本、《文粹》改。

〔七〕二　《文粹》、《唐文》無。

〔八〕衆　宋刻本、《文粹》、《唐文》作“種”。

〔九〕澶　原作“檀”，據宋刻本、《文粹》改。

〔十〕泠　朱本作“冷”。

〔十一〕太行　原作“大山”，據《文粹》、《唐文》改。

〔十二〕謁　《文萃》、《唐文》作“警”。

《權德輿詩文集》卷二十一《墓誌銘·唐故幽州盧龍軍節度副大使知節度事管内支度營田觀察處置押奚契丹兩番經略盧龍軍等使開府儀同三司檢校司徒兼中書令幽州大都督府長史上柱國彭城郡王贈太師劉公墓誌銘并序》頁三一八至三二〇；《全唐文》卷五〇五《唐故幽州盧龍軍節度副大使知節度事管内支度營田觀察處置押奚契丹兩番經略盧龍軍等使開府儀同三司檢校司徒兼中書令幽州大

都督府長史上柱國彭城郡王贈太師劉公墓誌銘並序》頁
五一三八至五一四〇

公元八〇四年　　唐德宗貞元二十年

襄陽公主，始封晉康縣主。下嫁張孝忠子克禮。主縱
恣，常微行市里。有薛樞、薛渾、李元本皆得私侍，而渾尤愛，
至謁渾母如姑。有司欲致詰，多與金，使不得發。克禮以聞，
穆宗幽主禁中。

《新唐書》卷八十三《列傳第八・諸帝公主・順宗十一
女》頁三六六六

公元七八五至八〇五年　　唐德宗貞元年間

燕將録

譚忠者，[一]絳人也。祖瑶，天寶末令内黄，死燕寇。忠
豪健喜兵，始去燕，燕牧劉濟與二千人，障白狼口。[二]山名，契
丹路。後將漁陽軍，留范陽。

【校勘記】

〔一〕譚忠　原作"譚忠"，據《唐文粹》卷一〇〇、《資治
通鑑》卷二四〇改。

〔二〕白狼口　"白"字原作"曰"，據《唐文粹》卷一〇〇、
《文苑英華》卷七九五改。

　　　　　　　　　　《樊川文集》卷六《燕將録》頁九八

公元八〇五年　　唐順宗永貞元年

使入蕃賜物令雜令諸官人緣使，諸色行人請賜訖停行，

并却征。已發五百里外,征半;一千里外,停征。已造衣裳,聽兼納。東至高麗,南至真臘,西至波斯、吐蕃及堅昆都督,北至突厥、契丹、靺鞨,并爲入蕃,餘爲絶域。

《白氏六帖事類集》卷十六《和戎第十一》,收自《四部叢刊四編·子部》頁六七四

公元八〇六年　唐憲宗元和元年

（三月,丁丑）河東節度使嚴綬表請討之,詔河東、天德軍合擊（楊）惠琳,綬遣牙將阿跌光進及弟光顏將兵赴之。阿,烏葛翻。跌,徒結翻。光進本出河曲步落稽,兄弟在河東軍,皆以勇敢聞。《考異》曰:《舊·李光進傳》曰:"肅宗自靈武觀兵,光進從郭子儀破賊收兩京。上元初,郭子儀爲朔方節度,用光進爲都知兵馬使,尋遷渭北節度使。大曆四年,葬母於京城南原,將相致祭者凡四十四幄。"此乃李光弼弟光進事也,而劉昫置之此《傳》下,乃云"元和四年范希朝救易定,表光進爲馬步都虞候。"其疏謬如此。辛巳,夏州兵馬使張承金斬惠琳,傳首京師。

《資治通鑑》卷二百三十七《唐紀五十三·憲宗元和元年三月丁丑》頁七六二九

唐故劍南東川節度副大使知節度事管内
支度營田觀察處置靜戎軍等使光禄大夫檢校
尚書左僕射使持節梓州諸軍事兼梓州刺史
御史大夫鄭國公贈司空嚴公神道碑銘并序
權德輿
惟鄭國嚴公諱礪,字元明……其間下劍門,覆蕩口,收劍

州，〔一〕破契丹，命裨校可提彌誅斬虜之特將文德昭，然後分秦險阻，潰其心腹。

【校勘記】

〔一〕州　原作"川"，據《唐文》改。

《權德輿詩文集》卷十五《唐故劍南東川節度副大使知節度事管內支度營田觀察處置靜戎軍等使光禄大夫檢校尚書左僕射使持節梓州諸軍事兼梓州刺史御史大夫鄭國公贈司空嚴公神道碑銘并序》頁二四三至二四四；《全唐文》卷四九七《唐故劍南東川節度副大使知節度事管內支度營田觀察處置靜戎軍等使光禄大夫檢校尚書左僕射使持節梓州諸軍事兼梓州刺史御史大夫鄭國公贈司空嚴公神道碑銘并序》頁五〇七〇

公元八〇七年　唐憲宗元和二年

是歲，吐蕃、迴紇、奚、契丹、渤海、牂柯、南詔並朝貢。

《舊唐書》卷十四《本紀第十四·憲宗上》頁四二四

公元八〇九年　唐憲宗元和四年

九月甲辰朔。庚戌，以成德軍都知兵馬使、鎮府右司馬王承宗起復檢校工部尚書，充成德軍節度使；以德州刺史薛昌朝檢校左常侍，充保信軍節度、德棣等州觀察等使。昌朝，薛嵩之子，婚於王氏，時爲德州刺史。朝廷以承宗難制，乃割二州爲節度，以授昌朝。制才下，承宗以兵虜昌朝歸鎮州。……

（十月）癸未，詔："成德軍節度使王承宗頃在苫廬，潛窺戎鎮。而内外以事君之禮，叛而必誅；分土之儀，專則有辟。
朕念其先祖嘗有茂勳，貸以私恩，抑於公議。使臣旁午以告
諭，孽童俯伏以陳誠，願獻兩州，期無二事。朕亦收其後效，
用以曲全，授節制於舊疆，齒勳賢於列位。況德、棣本非成德
所管，昌朝又是承宗懿親，俾撫近鄰，斯誠厚澤，外雖兩鎮，内
是一家。而承宗象恭懷奸，肖貌稔惡，欺裴武於得位之後，囚
昌朝於授命之中。加以表疏之間，悖慢斯甚，義士之所興歎，
天地之所不容。恭行天誅，蓋示朝典，承宗在身官爵，並宜削
奪。”以神策左軍中尉吐突承璀爲鎮州行營招討處置等使，以
龍武將軍趙萬敵爲神策先鋒將，内官宋惟澄、曹進玉、馬朝江
等爲行營館驛糧料等使。京兆尹許孟容與諫官面論，征伐大
事，不可以内官爲將帥，補闕獨孤鬱其言激切。詔旨只改處
置爲宣慰，猶存招討之名。己丑，詔軍進討，其王武俊、士真
墳墓，軍士不得樵采，其士平、士則各守本官，仍令士則各襲
武俊之封。〔十五〕

【校勘記】

〔十五〕仍令士則各襲武俊之封，《册府》卷一六五作“其
武俊實封仍特賜士則承襲”。

《舊唐書》卷十四《本紀第十四·憲宗上》頁四二八至
四二九

王士真死，其子承宗以河北故事請代父爲帥。憲宗意速
於太平，且頻蕩寇孽，謂其地可取。吐突承璀恃恩，謀撓（裴）
垍權，遂伺君意，請自征討。盧從史陰苞逆節，内與承宗相結
約，而外請興師，以圖厚利。垍一一陳其不可，且言：“武俊有

大功於朝,前授李師道而後奪承宗,是賞罰不一,無以沮勸天下。"逗留半歲,憲宗不決,承璀之策竟行。及師臨賊境,從史果携貳,承璀數督戰,從史益驕倨反覆,官軍病之。時王師久暴露無功,上意亦怠。

《舊唐書》卷一百四十八《列傳第九十八·裴垍》頁三九九一

王承宗擅襲節度,方帝屢削叛族,意必取之,又吐突承璀每欲橈(裴)垍權,因探帝意,自請往。于時澤潞盧從史詭獻征討計,垍固爭,以爲:"從史苞逆節,内連承宗,外請興師,以圖身利。且武俊有功於國,陛下前以地授李師道,而今欲奪承宗地有之,賞罰不一,沮勸廢矣。"帝猗違不能決。久之,卒用承璀謀,會兵討承宗,從史果反覆,兵久暴無功,王師告病。
……
京兆少尹裴武使王承宗還,得德、棣二州,已而地不入。

《新唐書》卷一百六十九《列傳第九十四·裴垍》頁五一四八、五一五〇

王承宗叛,濟合諸將曰:"天子知我怨趙,必命我伐之,趙且大備我,奈何?"裨將譚忠欲激濟伐承宗,疾言曰:"天子不使我伐趙,趙亦不備燕。"濟怒,繫之。使視趙,果不設備。數日,詔書許濟無出師。濟釋忠,謝而問之,忠曰:"昭義盧從史外親燕,内實忌之;外絕趙,内實與之。此爲趙畫曰:'燕倚趙自固,雖甚怨,必不殘趙,故不足虞也。'趙既不備燕,從史則告天子曰:'燕、趙,宿怨也,今趙見伐而不備燕,是燕反與

趙。'此所以知天子不使君伐趙,趙亦不備燕。"濟曰:"計安出?"曰:"今天子誅承宗,而燕無一卒濟易水者,正使潞人賣恩于趙,販忠於上,是君貯忠誼心,而染私趙之名,卒不見德于趙,惡聲徒嘈嘈於天下。"濟然之,以兵七萬先諸軍,斬首數千級,又拔饒陽,屯瀛州。進攻安平,久不拔,濟命次子總以兵八千先登,日中拔其城。會赦承宗,進中書令。

《新唐書》卷二百一十二《列傳第一百三十七·藩鎮盧龍·劉怦附劉濟》頁五九七四至五九七五

與裴塤書_{裴塤。墐之弟。字行具此書。惟不詳其爵位。公時在永。}_{其書曰:河北之師,當已平奚虜聞吉語矣。考其時,蓋當吐突承璀誅王承宗時。}_{事在元和四年。書必此年作。}

……河北之師。當已平奚虜。聞吉語矣。_{時吐突承璀討鎮}_{冀王承宗。鎮冀自李寶臣。本范陽內屬奚。承宗之先武俊,亦本契丹部落,故}_{曰奚虜。}

《柳河東集》(下)卷三十《書明謗責躬》頁四九〇、四九一

唐元和四年四月八日,幽州盧龍節度支度營田觀察處置押奚契丹經略盧龍軍等使、開府儀同三司、檢校司徒兼侍中、幽州大都督府長史、上柱國彭城郡王劉濟,奉願聖壽延長,遵石經故事,敬刻大般若經于石,以今日運上山頂,納於石室。_{卷四百三十七條一千零四十一(八·一二一)卷四百三十八條一千零四十五}_{(三·六六)(殘)卷四百三十九條一千零四十六(八·四二)卷四百四十條}_{一千零四十七(二·八五)卷四百四十一條一千零四十九(二·四四七)卷}_{四百四十一條一千零五十一(二·一二四)卷四百四十二條一千零五十二}

（八·一六一）卷四百四十二條一千零五十三（八·四七）卷四百四十三條
一千零五十四（八·一六五）（殘）卷四百四十三條一千零五十五（八·七〇）
（以上十石同文）

《房山石經題記匯編》頁一五六

成德軍節度管內支度營田恒冀深趙德棣等州
觀察處置等使開府儀同三司檢校司空同中
書門下平章事兼恒州大都督府長史上柱國
清河郡王贈司徒王□墓誌銘并序 ①

成德軍節度掌書記承奉郎試大理司□兼殿中侍御史賞
緋魚袋安平李序□

恒冀深趙德棣等州觀察推官朝議□殿中侍御史內供奉
賜緋魚袋太原王計□

皇唐元和己丑歲，春三月乙酉，辰象變于畢昂之度，□下
台臣王公薨於位。浹旬而聞於四海，皇帝申詔曰："方弼予
志，天不戀留。"方嶽相吊曰："哲人云萎，□將安放？"軍民相
哭曰："喪我父母，令將疇依？"夫忠於君，君斯款；信於朋，朋
斯仰；慈於下，下斯慕。故孝先備，而□□忠；德先著，而成於
信；仁先積，而業於慈。總是三美，播爲百行。以□□□□，
□臻大位，向非孕元精之和，當命世之運，曷至是哉？公諱士
真，字公一，其先太原人也。嶽狀際天，海董苞地，□□□則
崇不可極，遠派長源，□蕩□古，鴻勳茂烈，振耀當今。自帝

---

① 《王士真墓誌》，二〇〇七年五月出土於河北省正定縣城北約 6 公里的于家
莊村北，現藏於正定縣文物保管所。

譽盛德以開基,周文代殷以受命,靈王垂休,以□□晉輕舉,以上賓追高□而不及命,厥後爲王氏。秦漢已降,賢達繼興,布在方册,今可得而略也。晉、宋或播於江南,周、隋或遷於薊北。五代祖毅,贈鄧州刺史;高祖越,贈陳州刺史;曾祖可訥于,贈尚書左僕射,自公之秉鈞衡也,改贈太子太保;王父路俱,□金吾衞將軍,贈司空,始自北落,仕于聖朝;皇考武俊,成德軍節度使、太尉兼□書令、琅琊郡王,贈太師,自公之領旄鉞也,重贈太師兼揚州大都督。咸立□流慶,成功業祥。公即太師□元子也。岐嶷表於弱齡,英華備於始□,陶黄中之,正性禀天地之全德;文武朝王之繹君臣父子之紀。天縱神興,博□該明。至善,詩之序,書之通,樂之和,禮之敬,咸不師而自至,不習而自弘。早歲以地望拜□金吾衞兵曹參軍,俄而成德軍節度使李公寶臣署公戎府之職,三遷至開府儀同三司,試太常卿兼左金吾衞大將軍。建中末,凶狂竊發于京輦,公興順動於近郊,復屬恒嶽塵飛,兩河波蕩,朝典累拜先太師檢校司空、同中書門下平章事、成德幽州盧龍三道節度使,拜公使持節恒州刺史兼御史大夫、成德幽州盧龍等軍節度副使。興元歲,泚、滔二豎,燕秦肆虐,□□□□,陣西合謀,烈火焚於中原,翠華狩於南鄭。公忠義奮激,冒險排危,三令陣必勝之師,一鼓刲垂天之寇。鳥散魚潰,傾池覆巢,乃皇興於上京。賊泚敗於西□土。建瓴之勢,肇自敗滔,□□謂贊嚴父戡難之功,成大君正戈之德。□勳命秩,特拜檢校工部尚書,餘如故。□月,詳録殊功,再疇懋賞,又拜德棣觀察□。公固讓不受,復轉刑部尚書兼御史大夫、知恒州大都督府事、清河□王、食邑三千户、成德軍節度副使。俄丁尊夫人憂，動皆合禮。朝遷以金革無辟檢校驍衛大將軍，依前刑□尚書，餘如故。及日月，有除轉户部尚書，餘如故。貞元十六年，又轉兵部尚書，餘如故。明歲，先太師薨。公慕切充窮，日惟藥棘，絶漿泣蹈，超古□今。詔書奪情，俾嗣戎鉞，起復左金吾衛大將軍，依前□□□書、成德軍節度等使。服闋，除尚書左僕射，餘如故。旋拜司空。山川以寧，俄登袞職，陰陽以順，春秋五十一，寢疾而□□□□兼亞相，□□□書由盛府；兩侯旌旆，歷上公而登弼輔。崇階貴秩，逾三十春夏。凶訃京師，皇上震□□□□□□□贈司徒，仍命左庶子崔樞馳傳申吊，給事中昌元膺備禮册命，賻米粟布帛□加常等，蓋以尊□□□□□□□惟公□□生知，德爲人範。以嚴御衆，虎旅肅於軍門；以禮待賢，琳琅粲於賓府。雅好儉約，克踐名□□之□□，雖踈必興；義之所御，雖愛必捐。詳刑政明，義文經節，財用以豐，武德□□，將大厦俱逸，媼褐與華袞同□不享遐齡，宜鍾後慶。有子十一人，長子承宗，恒府右司馬兼御史大夫、節度副使，哀號順禮，遠膜昔賢，忠孝承家，必復先德；次子承系，駙馬都尉、將作少監；次子承迪，贊善大夫兼殿中侍御史，咸被成訓，克諧素風。先遠□期，乃筮葉□以其年六月廿八日壬寅，剋葬於恒府壽陽原□先塋，禮也。夫人魏國夫人李氏，故成德軍節度使、尚書右僕射、同中書門下平章事寶臣之女，先公三歲而歿，今啓而祔焉。地久天長，陵遷谷變，雖鴻勳已詳於國史，靡茂烈載修于泉扃，謹銘墓曰：

　　惟我長源，肇于帝嚳，累德流派，賓天啓揆，秦漢已還，公侯繼躅，南仕江甸，北居海服。粵自司空，被服華風，繁祉有開，□慶無窮。恭惟太師，燮贊昌時，崇勳定傾，以安易危。嗣

德不孤,復生司徒,繼紆相印,再握兵符。孝友承家,忠貞體
國,黃中通理,謙晦居德,業茂伊皋,功存社稷。話□垂範,威
容可□,識苞萬有,辯解群疑,清乃化本,儉爲德師,□方沐恩,
邦國是毗。天胡不惠,賢哲云萎,□寵贈延慈,五教是委,□□
流□,百行云履,夜壑藏舟,逝川閱水,賢達同盡,遺芳舊史。

　　《河北正定出土唐成德節度使王士真墓誌初探》,《中國
國家博物館館刊》二○一三年第五期,頁八○至八六

李景裕妻王循墓誌銘

　　□□□□□□□□□□□月廿日,前京兆府櫟陽縣
尉、襲郇國公隴□李景裕妻王氏□□□□上都安邑里之私
舍,享年廿六。李氏先塋□澠池縣,阻以日時,未叶歸祔。取
其年六月廿九日,葬於萬年縣洪固鄉□棲原從權,禮也。其
夫□涕抑哀,書石識事于墓云:夫人諱循,字柔之,其先太原
人。太尉中書令忠烈公諱武俊之曾孫,司徒平章事景襄公諱
士真之孫,僕射贈侍中諱承宗之女,司空贈司徒諱承元之姪。
蟬聯弈葉,傅芳繼美,持雙旌者四世,乘朱輪者百人。榮耀當
時,輝映前古。□太史氏備之,此固闕而不書。其夫,即夫人
姑之子也,太師平章事康□公諱抱真之曾孫,右領軍大將軍
郇國公諱緘之孫,鄜州司馬殿□御史諱承鼎之子。當建中之
季,朱滔勃亂於幽薊,賊泚竊發于咸秦。時□烈公秉鉞常山,
康武公擁旌上黨,掎角相應,封圻相連。俱勵盡萃之□,同
成戡靖之業。銘勳竹帛,垂于不朽矣。後景襄公以愛女聘于
司馬,修舊好也。爰及司空,以猶子之念,又歸夫人于李生,
姻不失其親也。嗚呼!夫人自嫁及夭,未二十月,非至傷□

痛,則曷以書夭。夫人幼而聰惠,長逎温和,德茂蘭熏,儀標玉立。在家必聞仁孝,既嫁以彰令淑。婦道固自天知,女工不待師受。至於正家事,肅閨闈,勤謹以睦六姻,柔明以主中饋,徵之當代,罕得其儔。於戲! 夫人誕公侯之門,媲丞相之嗣,宜享福壽,以保餘家。豈謂白日如流,青春遽歇。格言有曰:天道無親,唯與善人。而今反是,其天也耶! 其不天也耶! 銜悲鬱塞,言不成文。銘曰:

霜風忽起兮芳蘭罷薰,逝水東流兮雙劍俄分。福善禍淫兮道其何申,淚盡繼血兮天不復雲。已矣哉! 陵谷雖變兮永永斯文。

《全唐文補遺》第二輯,頁八〇

公元八一〇年　唐憲宗元和五年

代李侍郎論伐劍南更發兵表

許叔冀之保靈昌,李光弼之全河陽,李晟之收復京邑,皆以兵少將一,而建大功。

《吕衡州文集》卷四《代論伐劍南更發兵表》,王雲五主編:《叢書集成初編》頁三五

公元八一二年　唐憲宗元和七年

大唐狄梁公祠堂之碑(又稱"狄仁傑祠堂碑")

憶昔通天,契丹猖狂。衝陷連城,勢莫與抗。山東驛騷,駘藉跳梁。顧是都會,孰能保障。天後召公,飛傳靡遑。至自彭澤,屹爲金湯。以逸待勞,以柔排剛。緩賦寬役,勸農植桑。外示無虞,内爲之防。敵則隱歸,歲獲大穰。人荷公來,

踊躍歡康。人惜公遷，泣涕彷徨。援刀割膚，守闕上章。終
然莫克，詎可彌忘。衆心成城，經始斯堂。立公儀形，薦此馨
香。于以祝之，萬壽無疆。于以歌之，久久垂芳。追惟我公，
實邦之良。嶷岐有聞，金玉之相……燕寇之後，終爲戰場。
何人不鰥，靡室不喪。祠宇煨燼，階除虛無。

《大名石刻精選》頁一至四

公元八一三年　　唐憲宗元和八年

大唐故定遠將軍□左金吾□大將軍兼（下闕）

賜紫金魚袋上柱國

麻府君（令昇）墓誌銘

先□□□此，宣慰使盧從願奏，開元世□□内巡□烏知義
河北間，破契丹□□□□□□可突于等三部落。衙帳□□格
酬勳，名成上柱國……遂於元和癸巳歲中，寢疾終□夏臺朔方。

《全唐文補遺》第七輯《麻令昇墓誌銘》頁九〇

公元八一四年　　唐憲宗元和九年

唐故銀青光禄大夫檢校户部尚書兼光禄卿上柱國

上谷郡開國公贈陝州大都督上谷張府君墓誌銘并叙

檢校太子右庶子兼循王府長史竇克良纂

故吏文林郎權知光禄寺主薄□□尉陳審書

上谷張公諱茂宣，字懿明，其先燕人。九代祖奇，仕北
齊官至北平太守、北平王。其後代襲統帥，稱强于艮維。至
貞武公因官封于上谷，因家焉。曾祖遜，唐乙失活部落刺
史。祖謐，平州刺史、北平郡王，贈太子太傅。烈考孝忠，義

武軍節度使,檢校司空、同中書門下平章事,贈太師。諡曰貞武。其勳績義烈蔚乎青史。公即貞武之第八子也。生而岐嶷,少多大略,博通經史,尤精韜鈐太逸之學。性重義、好施,不事生業,善左右射,彎弓數百斤。貞武公大奇之,撫其背曰:"爾必大吾門也。"因以名聞。授太子通事舍人,轉太常寺主簿。建中末,妖豎構亂,德宗皇帝西幸奉天,貞武公乃俾公朝于行在。伏奏之日,詔賜從容,凡所顧問,應對如響。德宗深嘉之。遷太子洗馬,仍許歸侍。及鑾輿反政,公復來朝,換太子右善贊大夫,尋遷海州刺史。

既為方伯所制,莫展字人之術,乃棄官還京師。歷□□□王二府長史,稍遷虔王傅。雖梁園置醴,而利刃猶匣。改太仆少卿,位亞九列,職司五輅,在公未幾,能事已彰,除右羽林軍將軍。順宗皇帝登極,念羽衛之勤,詔兼御史中丞。今天子即位,寵三朝之舊,特加御史大夫,而累上表章,亟論邊事,拜左金吾將軍,轉鴻臚卿並兼御史大夫。元和七年春,以本官加檢校工部尚書,充持節入回鶻使,奉命星馳,車無停軌,曾未累月達單于庭。時虜之酋長方肆傲慢。公抗節直進,諭之禮義,以三寸舌挫十萬虜。虜于是屈膝受詔,遣使納貢,來與公俱。八年春復命,詔授檢校户部尚書兼光禄卿。明年三月廿七日,寢疾,薨于懷遠里之私第,春秋四十有六。九月廿三日,詔贈陝州大都督。冬十月己酉,葬于京兆之少陵原。南陽郡夫人許氏,性□□。長子尚舍直長,曰弘矩;嗣子太子通事舍人,曰弘規;次曰仆寺主簿弘簡;次曰弘□,次曰弘亮;次曰嶽王府參軍弘度。咸温温恭仁,飾躬履善。嗟乎!公蘊文武之材,懷貞義之節,足可以安邊塞,威戎狄。今則已矣,天可問耶? 宜乎書於金石,式紀遺烈。銘曰：

　赫矣祖宗,勳績隆崇。惟公嗣之,載揚英風。德義居心,禮樂在躬。辯而能訥,莊而能同。

　虛白有地,還丹無術。東流逝水,西歸落日。原氏之阡,滕公之室。遺令空在,藏經永畢。

　前對青□,□□鳳城,川原古色,草木秋聲。泉冷燈暗,山空月明。紀勳華於貞石,托不□□□□。

李宗俊、周正：《唐張茂宣墓誌考釋》,《中國邊疆史地研究》二〇一五年第四期頁一五八至一八二

公元八一五年　唐憲宗元和十年

是歲,渤海、新羅、奚、契丹、黑水、南詔、牂柯並遣使朝貢。

《舊唐書》卷十五《本紀第十五・憲宗下》頁四五五

涇原節度李常侍墓誌

府君,諱彙,太尉武穆公光弼之少子也。爲人儉毅意氣。祖楷洛,自匈奴提其屬來入,始爲唐臣。累遷至將軍,贈司徒。武穆既壯,當天寶末；以平燕寇有功,故公於提緤之間,得賜校書郎。武穆薨,公少無所倚,薛兼訓憐之,奏試殿中丞。後從朔方軍,事汾陽王於邠。又從東平軍,事李正已於淄青。正已悖,公説之以善,語雖不從,然得重賜與馳歸。即從宣武軍司徒勉,公使於京,而賊希烈攻勉城拔,公不得赴,乃從淮汝軍,事哥舒曜於東都。興元中,行營爲先軍,得試將作少監兼侍御史。後從義成軍,再事賈耽於滑,得兼御史中

丞。貞元九年入爲左神策左將，加都將。元和初，加御史大夫。二年，出鎮同官。四年加右散騎常侍，遷宿州刺史。七年，改安州刺史。九年入爲右羽林將軍。十年春加左散騎常侍，拜節帥涇原。既至，聞士卒前以食不賑而鬻子者，皆與贖歸之。夏六月，公疾發，視政不能勤。七月十二日薨，行年五十九，贈工部尚書。發御府粟帛，命官即其家吊勞。生子男三人，女七人，長女適焦氏。娶竇氏夫人，生嗣子罕。夫人卒，娶潭氏。潭氏亦早卒。公將葬，使卜兆。兆言合葬不宜，罕從卜。竟祔先將軍太尉之墓於華原其原，乃用亞之爲誌，以銘其所。詞曰：

惟漢都尉，肇自其源。居彼北方，繼世不還。乃公之祖，始爲唐臣。武穆嗣毅，即我家勳。帝念不忘，公亦爲藩。乃葬王畿，北指華原。嗚呼哀哉！惟功與魂，千古不泯。

　　　　　《沈下賢集校注》卷第十一頁二三六至二三七

公元八一六年　唐憲宗元和十一年

（春正月）癸未，削奪王承宗在身官爵，所襲封邑賜武俊子金吾將軍士平。

　　　　　《舊唐書》卷十五《本紀第十五·憲宗下》頁四五五

是歲冬雷，桃、杏花。迴鶻、靺鞨、奚、契丹、牂柯、渤海等朝貢。

　　　　　《舊唐書》卷十五《本紀第十五·憲宗下》頁四五八

十一年，遣使獻名馬。爾後每歲朝貢不絕，或歲中二三至。故事,常以范陽節度使爲押奚、契丹兩蕃使。自至德之後,藩臣多擅封壤,朝廷優容之,彼務自完,不生邊事,故二蕃亦少爲寇。

《舊唐書》卷一百九十九下《列傳第一百四十九下·北狄·奚》頁五三五六

代崔中丞請朝觀表憲宗

臣某言:臣歷刺三州,連總三府;外任逾紀,入觀無階;就日望雲,魂飛心往。臣某中謝……及移臨松漠,星紀屢周。微衷尚隔於戴盆,積望徒懸於窺管。葵藿之誠彌切,犬馬之戀愈深。

《全唐文》卷六百九十三《杜周士·代崔中丞請朝觀表》頁七一二〇

公元八一八年　唐憲宗元和十三年

是歲,迴紇、南詔蠻、渤海、高麗、吐蕃、奚、契丹、訶陵國並朝貢。

《舊唐書》卷十五《本紀第十五·憲宗下》頁四六五

公元八二〇年　唐憲宗元和十五年

(十月乙酉)以鎮冀深趙登觀察度支使、朝議郎、試金吾左衛冑曹參軍、兼監察禦史王承元可銀青光禄大夫、檢校工部尚書、使持節滑州諸軍事、守滑州刺史、御史大夫、充義成軍節度、鄭滑等州觀察等使……

十一月乙亥朔。癸卯,制:“……王承元首陳章疏,願赴闕庭。永念父兄之忠,克固君臣之義,已加殊獎,別委重藩。又念成德軍將士等,叶謀向義,丹款載申,咸欲效其器能,各宜列之爵秩……朕以武俊之勳勞,光于彝鼎;士真之恭恪,繼被節旄。承宗感恩,亦克立效。永言十代之宥,俾賜一門之榮。承宗兄弟已授官爵,其承宗葬事亦差官監視,務令周厚。"丁未,封王承宗祖母李氏爲晉國太夫人。辛亥,田弘正奏王承元以今月九日領兵二千人赴鎮滑州。

　　　《舊唐書》卷十六《本紀第十六·穆宗》頁四八二至四八三

　　李全略者,本姓王,名日簡。爲鎮州小將,事王武俊。元和中,節度使王承宗没,軍情不安,自拔歸朝,授代州刺史……

　　(子同捷)又表朝廷加(李)載義左僕射、王廷湊司徒,以悦其心事。廷湊本蓄狼心,欲吞橫海,乃出兵於境以赴同捷。

　　……同捷既窘,王廷湊援之不及,乃令人誘兀志沼,俾倒戈攻憲誠,許以代爲魏博節度。

　　　《舊唐書》卷一百四十三《列傳第九十三·李全略》頁三九〇六、三九〇七

　　李全略,本王氏,名日簡,事王武俊爲偏裨。承宗時,虐用其軍,故入朝,授代州刺史……

　　王廷湊本窺橫海,欲乘其隙取之,引軍來援……

　　是時,帝絶王廷湊朝貢,且討之……(李)祐拔德州,餘卒奔廷湊。

　　　《新唐書》卷二百一十三《列傳第一百三十八·藩鎮緇

青橫海・李全略》頁五九九七至五九九八

授入朝契丹首領達于只枕等二十九人果毅別將

敕：朕聞德教加于四海，則遠人斯屆。餘德不類，而爾等實來，良用愧于厥衷，是以置野廬以勞其勤，委舌人以通其意。始於郊迓，還以禮成，寵秩仍加，厚意斯在。被服冠冕，無忘敬恭。可各授。

《元稹集》卷五十《制誥・授入朝契丹首領達于只枕等二十九人果毅別將》頁六三九

公元八二一年　唐穆宗長慶元年

（三月）癸丑，以幽州盧龍軍節度副大使、知節度事、押奚契丹兩蕃經略等使、檢校司空、同中書門下平章事、楚國公劉總可檢校司徒、兼侍中、天平軍節度、鄆曹濮等州觀察等使。

《舊唐書》卷十六《本紀第十六・穆宗》頁四八七

（十月）丁丑，裴度自將兵出承天軍故關以討王庭湊。承天軍當在遼州界。故關，即娘子關也。宋朝廢遼州，以平城、和順二縣爲鎮；以并州之樂平、平定二縣爲平定軍，二鎮屬焉；以承天軍爲寨，屬平定縣。平定，唐之廣陽縣也。按沈存中《筆談》：鎮州通河東有兩路：飛狐路在大茂山之西，大茂山，恒山之岑也。自銀冶寨北出倒馬關，却自石門子、令水鋪入餅形、梅回兩寨之間至代州。自石晉割地與契丹，以大茂山分脊爲界，此路已不通；惟北寨西出承天關路，可至河東，然路極峭峽。宋白曰：承天軍，太原東鄙，土門路所衝也。

《資治通鑑》卷二百四十二《唐紀五十八・德宗長慶元

年十月丁丑》頁七八〇〇

授劉悟檢校司空幽州節度使制_{馬注：長慶元年七月，幽州軍士}
因其節度使張弘靖以反，故以悟爲節度使。

可檢校司空兼幽州大都督府長史、御史大夫、充幽州盧
龍軍節度副大使、知節度事、觀察處置押奚契丹兩蕃經略盧
龍等使，[一]散官，勳、封如故。

【校勘記】

〔一〕《英華》無“盧龍軍節度副大使知節度事觀察處置
押奚”。

《元稹集》卷四十三《授劉悟檢校司空幽州節度使制》頁
五四二

公元八二二年　唐穆宗長慶二年

唐太原郡王公逆修墓誌銘_{并序}

公代貫磁州人也，家亦先寄河北征戰之地。……長慶二
年正月廿八日，別除元戎，是太保郎君，授右散騎常侍，領此
方鎮。録其前效，又獎新勞，奏加監察御史，都名仍舊。長男
昌鋭、仲男昌術，并在鄉中；季男昌共，趨庭問禮，寧侍可觀；
女劉氏十三娘，恭全仁孝。夫人郭氏，育子明珠，薦公升禄，
恨不偕榮，奈何先逝。繼婚賈氏，良會積慶，保家日休。公昨
因染疾，放家人從良。漢婢净德，年五十一，前使金吾李大夫
賞得，任取本姓張；男春子，年十二，乞姓王，名昌鉉，與男昌
共爲弟。契丹婢，番名信的鈴，漢名春燕，年十四，乞姓王，行
第十五娘，與賈氏夫人爲女。長慶三年九月廿九日，設逆修

齋對僧士,并與手書,仍用都虞侯司,廢歸德州印。付他年失墜及有子孫近房眷屬妄爲抑壓充賤,任阿張等啓撿志銘,官司申訴。

《唐王遞修墓誌銘考釋》,《內蒙古文物考古》一九八一年創刊號頁六七至七二;《內蒙古文物考古文集》第二輯頁五〇二至五一八;《全唐文補遺》第七輯頁九七至九八

公元八二三年　唐穆宗長慶三年

（四月）丙申,賜宣徽院供奉官錢,紫衣者百二十緡,下至承旨各有差。唐中世以後,置宣徽院,以宦者主之。其大朝賀及聖節上壽,則宣徽使宣答。徐度《却掃編》曰:"宣徽使,本唐宦者之官,故其所掌皆瑣細之事。本朝更用士人,品秩亞二府,有南、北院,南院比北院資望尤優,然其職猶多因唐之舊。賜群臣新火,及諸司使至崇班、內侍、供奉、諸司工匠、兵卒名籍,及三班以下遷補、假故、鞫劾,春秋及聖節大宴,節度迎授恩命,上元張燈,四時祠祭,契丹朝貢,內庭學士赴上,督其供帳,內外進奉名物,教坊伶人歲給衣帶,郊御殿、朝謁聖容,賜酺,國忌,諸司使下別籍分産,諸司工匠休假之類。"今觀穆宗所賜,則宣徽院官員數多矣。

《資治通鑑》卷二百四十三《唐紀五十九·穆宗長慶三年四月丙申》頁七八二五

唐故青州壽光縣王少府墓銘并序
鳳翔節度掌書記試太常寺協律郎陳翺撰

有唐長慶三年十月廿六日,青州壽光縣王少府承憲病卒于鳳翔府敷化里之私第,年十九,字從度。其先太原人,周隋之際,或以事遷,處於北落,號爲巨族。由餘去虜,來仕于秦,

良史稱賢，我得餘裕，由是入國朝，歷官至左金吾衛將軍、贈司徒諱路俱，少府之曾王父也。在建中末，德宗皇帝狩于近郊，滔連沘禍兵起薊朔。嫉其欺天之醜，維其勘難之誠，橫潰凶徒，一舉大捷，乘輿反正，社稷以安，由是歷官自深趙觀察使至成德軍節度、太尉、中書令、兩贈太師諱武俊，少府之王父也。在元和初，憲宗皇帝清一宇內。嗣忠爲業，傳孝爲基，高承繼代之榮，寵行象賢之典，鎮接褚夏，輝華上台，地連戚姻，門省殊錫，由是歷官自成德軍節度、檢校司空、同中書門下平章事、贈司徒，自我公秉鉞，恩贈太尉諱士真，少府之烈考也。在長慶初，我文武睿聖皇帝臨統天下。懇陳嘉謨，盡獻舊土，拔其盤結之固，安於鎮厖之時，轝然大忠，精耀白日，年在既冠，恩授節旄，由是自鎮冀觀察支使、監察御史，一命鄭滑節度，再命鄜坊，三命鳳翔，今我公禮部尚書承元，少府之仲兄也。夫以昔金吾之始仕聖朝，先太尉之首建丕績，故相府之嗣世炳鑠，今尚書之茂勳昭朗，推是而論於少府，可以見有地矣。夫惟清約內敏，謙易外和，手不釋書，行無違禮。幼居喪，孝著長，事兄以順聞，推是而論於少府，可以見有才矣。維才與地能全得之者幾何？方將振奮羽翼，凌勵青置，溘隨化流，俄若風逝。官惟初命，齒在韶年。行路聞斯，爲之歎息，況我公友念惻惻之至乎。日月未宜，卜筮從吉，不克陪葬於先塋，權窆岐山縣之望雲原，禮之變也。翱職忝幕府，名參文翰，承公之命，豈遑讓辭，謹誌其葬之年月，又爲銘。卯在年，子在月，卜之申金，其告曰：岐渭兩間，悲挽蕭瑟。嗟嗟少府，窆此泉室。

承務郎行隴州汧陽縣尉張申贊書。

《岐山新發現唐代〈王承憲墓誌〉考釋——由王武俊家族墓誌考察其家族世系》，《乾陵文化研究》第十二輯頁三四一至三四八

公元八二四年　唐穆宗長慶四年

十二月乙亥朔。癸未，迴紇、吐蕃、奚、契丹遣使朝貢。

《舊唐書》卷十七上《本紀第十七上·敬宗》頁五一三

唐故成德軍節度使金紫光禄大夫檢校尚書左僕射
兼御史大夫贈待中王公先齊國太夫人濮陽
吳氏墓誌銘并序（王士真妻吳氏墓誌銘）

今日岐帥檢校禮部尚書太原王公，命部從事朝議郎、監察御史里行劉幼復言曰：余之兄故贈待中、鎮州節度觀察等使齊國太夫人，享年六十一，長慶四年二月十四日薨於東都履信里之私第。始余卯時，蒙伯兄之仁愛，奉夫人之淑哲，嘉惠懿德，被服訓言。方抱終天之痛，恭行慈己之製。爰考龜筮，叶于日時。俾小子得舉官業年月誌于幽岁云。按，齊國太夫人吳氏，其先公族之胄，繼世弈業，如纍珠編，具輝灼于邦家。曾祖。〔一〕祖郅，皇任隨州司馬。父希光，皇任右金吾衛大將軍。夫人體苞元和，氣爲禎祥。柔順懿範，光映閨壺。始我公之先公太尉扙鉞冀方也，夫人以温芳茂行歸于德門。外佐君子，克樹勳績。内正柔道，躬親織紝。肇修詩體之訓，聿行嬿婉之德。盛業必嗣鍾于洪胤。泊太尉下世，天子命我侍中俾紹堂構，建侯鎮土。故聖朝始彰訓子之美，克宣封邑之號。拜燕國太夫人。而門風再昌，母儀益振。修敬祀事，

訓齊義方。主宗榮湯沐之錫,繼體兼茅土之寄。高朗令德,煥焉當時。先帝上元初,侍中薨于位。我公參贊戎律,始有成命,遂董鎮帥。至于浹旬,大奮仁勇,乃請命于上,舉宗以西。詔書亟下,拜檢校工部尚書鄭滑節度使。公於是杖義心以遏亂掠,殲逆類而奉詔條。躬侍燕國太夫人,泊弟兄親族敢不之去,願從者皆至于南燕。宸扆嘉之。又命封齊國太夫人,褒我公成績故也。及公移鎮鄜時,轉右扶風。夫人飾勵貞一,遊心道源。澣濯是衣,鉛華不御。期高謝於紛垢,將永躋于大年。仁而不壽,鍾是短曆。以其年五月一日,葬於河南府伊闕縣歸善鄉之原,禮也。幼復忝公牛馬走,庇公清塵,奉命紀述,敢贊揚芳烈,將詁于彤中云。銘曰:

望之華,德之芳,仁而宜慶兮何祚之不長。擔封樹之不烈,撰日時之既良。痛佳城兮求閟,哀脩夜之不暘。唯盛德兮難泯,與東川而茫茫。

　　奉議郎前右衛率府兵曹參軍馬鴻之書

　　潁川陳子春刻字

　　周□□

　撰此誌時署汝南周□□撰

【校勘記】

〔一〕原誌此處空字。

《全唐文補遺》第五輯頁三五

公元八二八年　唐文宗大和二年

封王智興等詔

平盧軍節度使、淄青登萊棣等州觀察處置等使兼押新羅、渤海兩番等使、銀青光禄大夫、檢校尚書僕射、御史大夫、上柱國、會稽縣開國公、食邑一千户〔一〕康志睦，可檢校尚書左僕射，餘如故。

【校勘記】

〔一〕一千户　《唐大詔令集》卷六〇作“一千五百户”。

《册府元龜》卷一二八《帝王部·明賞二》頁一五四二；《全唐文》卷七一《文宗·封王智興等詔》頁七四九

公元八三一年　唐文宗大和五年

五年正月，幽州軍亂，逐其帥李載義。文宗以載義輸忠於國，遽聞失帥，駭然，急召宰臣謂之曰：“范陽之變奈何？”僧孺對曰：“此不足煩聖慮。……至今志誠亦由前載義也，但因而撫之，俾扞奚、契丹不令入寇，朝廷所賴也。”

《舊唐書》卷一百七十二《列傳第一百二十二·牛僧孺》頁四四七一

文宗立，李宗閔當國，屢稱僧孺賢，不宜棄外。復以兵部尚書平章事。幽州亂，楊志誠逐李載義，帝不時召宰相問計，僧孺曰：“是不足爲朝廷憂。夫范陽自安、史後，國家無所繫休戚，前日劉總挈境歸國，荒財耗力且百萬，終不得范陽尺帛斗粟入天府，俄復失之。今志誠縣向載義也，第付以節使扞奚、契丹，彼且自力，不足以逆順治也。”帝曰：“吾初不計此，公言是也。”因遣使慰撫之。進門下侍郎、弘文館大學士。

《新唐書》卷一百七十四《列傳第九十九·牛僧孺》頁五二三〇

　　僧孺相文宗，幽州楊志誠逐其將李載義，帝召問計策，僧孺曰："是不足爲朝廷憂也。范陽自安史後，不復係國家休戚。前日劉總納土，朝廷糜費且百萬，終不能得斗粟尺布以實天府，俄復失之。今志誠猶向載義也。第付以節，使捍奚、契丹，彼且自力，不足以逆順治也。"帝曰："吾初不計此，公言是也。"因遣使慰撫之。

　　《欒城集》卷十一《歷代論五·欒城後集·牛李》頁一二七二至一二七三

公元八三三年　唐文宗大和七年

　　三月辛卯，幽州盧龍軍節度使楊志誠執春衣使邊奉鸞、送奚契丹使尹士恭。

　　　　　　　《新唐書》卷八《本紀第八·文宗》頁二三四

　　谷況《燕南記》三卷張孝忠事。

　　《新唐書》卷五十八《志第四十八·藝文二》頁一四六八

　　楊志誠怒不得僕射，留官告使魏寶義并春衣使焦奉鸞、送奚·契丹使尹士恭；唐中世已後，凡藩鎮加官，率遣中使奉命，謂之官告使。焦奉鸞以賜春衣，尹士恭以送兩蕃使者，同時至幽州，故皆爲所留。甲午，遣牙將王文穎來謝恩并讓官。

　　《資治通鑑》卷二百四十四《唐紀六十·文宗太和七年三月壬辰》頁七八八四

父母恩重經

奉爲翁翁婆婆造父母恩重石經一條,經主幽州盧龍節度觀察處置押奚契丹兩蕃等使、檢校工部尚書、兼御史大夫楊志誠大和七年四月（八・七三七）

《房山石經題記彙編》頁二三八

公元八三七年　唐文宗開成二年

（十一月）己丑,契丹朝貢。

《舊唐書》卷十七下《本紀第十七下・文宗下》頁五七二

公元八三八年　唐文宗開成三年

善恭敬經

幽州盧龍節度副大使、知節度事、觀察處置押奚契丹經略盧龍軍等使、銀青光禄大夫、檢校尚書、右僕射、兼幽州大都督府長史、御史大夫史元忠,僕射四月八日於西山上佛經銘一首……

開成三年四月八日建（九・一九九）

《房山石經題記彙編》頁二四〇

公元八四〇年　唐文宗開成五年

萍沙王五願經

……起復守佐金吾衛上將軍員外置同正員、幽州盧龍節度副大使、知節度事、觀察處置押奚契丹兩蕃經略盧龍軍等使、檢校司徒、兼幽州大都督府長史、御史大夫史元忠　師舅懷寂親事兵馬使史友信　開成五年四月八日建造

（九・一九一）

《房山石經題記彙編》頁二五二

唐易州都押衙朝散大夫檢校太子賓客
上谷郡故張府君墓誌序

公諱佑明，其先夏後氏之胤，夏季失國而有陰山焉。公之先祖乙失活，開元中全部歸闕。建中中賜姓張，封上谷郡公。伯考諱孝忠，自易州牧國步多虞，藩臣背化，有詔除恒冀易定滄等五州觀察處置等使，所向郡縣，未不尅（"尅"即"克"）從。皇考諱庭光，尋除易州刺史。守政十稔，字人之德，唯天降之，可以秉鈞軸，可以爲陶師，故太師兵權寄半。公即使君公之令子。公器宇剛毅，言辭灑正，彩曜錦綺，香郁芝術。弱冠之歲，秀而且溫，惣（"惣"即"總"）戎任公署以節度要籍。萬里長途，起乎跬步，有隟（"隟"即"隙"），弓毬是襲，不絕門風。尋署同十將，佩跨之間，便當足武。長慶中，節將柳公審以門望，度以清通，改經略副使、易州押衙。出入公門，自然肅肅，守職不渝，僅十五霜矣。開成初，州將李公偵公之公，特狀論舉。元戎即公之從兄，依狀改署都押衙。濟弱苗而女蘿凌空，釋鋒芒而吳鈞斂鍔；奈何鯤欲化而鬐折，鵬正搏而翼墜。開成五年四月染疾，月內終于慈善方之私第，享年五十有三。嗚呼！公之在也，弁紱朱紫，爛其盈門；公之去矣，蓬茨生階，可哀哉！有子守行、守禮，號訴過制。夫人北平田氏，躬親播種，以具塗蒭。即以會昌三年九月四日禮窆于先塋西北，就其禮也。乃刊石銘之：

木中之梓，玉中之英。爲林可棟，爲器可京。王孫公子，
琤然有名。忽矣朝波，冥然夜壑。黯黯白日兮何無晶？蕭蕭
隴樹悲風生。

《張佑明墓誌考辯》，《文物春秋》一九九九年第六期
頁一一至二五；《河北淶水唐墓清理簡報》，《文物春秋》
一九九七年第二期頁二一至二六

公元八四二年　唐武宗會昌二年

始，回鶻常有酋長監奚、契丹以督歲貢，因訵刺中國。
（張）仲武使裨將石公緒等厚結二部，執諜者八百餘人殺之。
《新唐書》卷二百一十二《列傳第一百三十七·藩鎮盧
龍·張仲武》頁五九八〇

先是，奚、契丹皆有迴鶻監護使，督以歲貢，且爲漢諜。
《舊唐書》卷一百八十《張仲武傳》頁四六七八

先是奚、契丹皆有虜使監護其國，責以歲遺，且爲漢謀，
自迴鶻嘯聚，靡不鴟張。
《唐文粹》卷五十九《碑十一·幽州紀聖功碑銘並序》
《文淵閣四庫全書》一三四三冊頁八一〇

（七月）李德裕以爲“那頡啜屯於山北，烏介恐其與奚、契
丹連謀邀遮，故不敢遠離塞下。離，扐智翻。望敕張仲武諭奚、
契丹與回鶻共滅那頡啜，使得北還。”……（八月）庚午，詔
發陳、許、徐、汝、襄陽等兵屯太原及振武、天德，俟來春驅逐

回鶻。《考異》曰：《實録》：“六月，回鶻寇雲州，劉沔出太原兵禦之。”又云：“劉沔救雲州，爲回鶻所敗。”七月又云：“烏介過天德，至杷頭烽，突入大同川，驅太原部落牛馬數萬，轉戰至雲州。”《新紀》：“正月，回鶻寇横水柵，略天德、振武軍。三月，回鶻寇雲、朔。六月，劉沔及回鶻戰于雲州，敗績。”按《一品集奏回鶻事宜狀》：“臣等見楊觀説，緣回鶻赤心下兵馬多散在山北，恐與奚、契丹、室韋同邀截可汗，所以未敢遠去。今因賜仲武詔，令諭以朝旨。緣回鶻曾有忠效，又因殘破，歸附國家，朝廷事體須有存恤。今奚、契丹等與其同力，討除赤心下散卒，遣可汗漸出漢界，免有滯留。”此狀雖無月日，約須在楊觀自回鶻還、赤心死、那頡啜未敗前也。又《賜可汗書》云：“一昨數使却回，皆言可汗只待馬價。及令交付之次，又聞所止屢遷。”則是可汗邀求馬價，而朝廷於此盡給之也。又七月十九日狀云：“望賜可汗書：‘得嗢没斯表，稱在本國之時各有本分馬，其馬價絹並合落下，請充進奉。以可汗本國殘破，久在邊陲，此已量與嗢没斯優當，其嗢没斯以下本分馬價絹，便賜可汗。’”然則給其馬價必在七月十九日前。當是時，回鶻必未寇雲州，敗劉沔，突入大同川，掠太原牛馬，故朝廷曲徇其所求，欲其早離塞下北去，尚未有攻討之意也。又《實録》：“八月，壬戌朔，李德裕奏請遣石雄斫營取公主，擒可汗。戊辰，又奏斫營事令且住。辛未，詔發陳、許、徐、汝、襄陽兵屯太原、振武、天德救援。”按《一品集》，德裕《論討襲回鶻狀》云：“臣頻奉聖旨，緣回鶻漸逼杷頭烽，早須討襲。臣比聞戎虜不解攻城，只知馬上馳突。臣料必無遊弈伏道，又不會斫營。儻令石雄以義武馬軍兼退渾馬騎，精選步卒以爲羽翼，銜枚夜襲，必易成功。”狀無月日。《實録》據七日狀云，今月一日所商量石雄斫營事，望且令住，故置之朔日耳。此時猶云漸逼杷頭烽，則是尚未知過杷頭烽南也。又八月七日《論回鶻事宜狀》云：“回鶻自至杷頭烽北，已是數旬，奏報寂然，更無侵軼。察其情狀，只與在天德、振武界首不殊。臣等今月一日所商量石雄斫營事，望且令住，更審候事勢。”據此狀意，則是殊未知可汗深入犯雲州也。又八月十日《請發陳許等兵狀》云：

"臣等昨日已於延英面奏，請太原、振武、天德各加兵備，請更徵發陳、許、徐、汝、襄陽等兵。至河冰合時，深慮可汗突出過河，兼與吐蕃連結，則爲患不細，深要防虞。其所征諸道兵恐不可停，須令及冰未合前，各到所在。"然則回鶻突入大同川犯雲州必在八月之初，一日、七日猶未知，九日始奏到，故議發兵守備驅逐。《實錄》、《新紀》皆誤。今從《舊紀》。

《資治通鑑》卷二百四十六·唐紀六十二《武宗會昌二年七月》頁七九六三至七九六五

九月，以劉沔兼招撫回鶻使，如須驅逐，其諸道行營兵權令指揮；以張仲武爲東面招撫回鶻使，其當道行營兵及奚、契丹、室韋等並自指揮……

初，奚、契丹羈屬回鶻，各有監使，歲督其貢賦，且訕唐事。監，古銜翻。使，疏吏翻。訕，火迥翻，又翾正翻。張仲武遣牙將石公緒統二部，盡殺回鶻監使等八百餘人……

癸卯，李德裕等奏："河東奏事官孫儔適至，云回鶻移營近南四十里。近，其靳翻。劉沔以爲此必契丹不與之同，恐爲其掩襲故也。據此事勢，正堪驅除。臣等問孫儔，若與幽州合勢，迫逐回鶻，更須益幾兵。儔言不須多益兵，唯大同兵少，得易定千人助之足矣。"上皆從之。詔河東、幽州、振武、天德各出大兵，移營稍前，以迫回鶻。

《資治通鑑》卷二百四十六《唐紀六十二·武宗會昌二年九月》頁七九六六至七九六七

（十月，丁卯）又言"將徙就合羅川，居回鶻故國，回鶻舊居薛延陀北娑陵水上，去長安七千里。開元中破突厥，徙牙烏德鞬山昆河之間，南距漢高闕塞一千七百里。兼已得安西、北庭達靼等五部落。"李心傳曰：達靼之先與女真同種，靺鞨之後也。靺鞨本臣高麗，唐滅高麗，其遺人迸入勃海，惟黑水完疆。及勃海盛，靺鞨皆役屬。後爲奚、契丹所攻，部族分散。其居混同江之上者曰女真，乃黑水遺種也。其居陰山者，自號爲韃靼。韃靼之人皆勇悍善戰，其近漢地者謂之熟韃靼，尚能種秌穄，以平底瓦釜煮而食之。其遠者謂之生韃靼，以射獵爲生，無器甲，矢貫骨鏃而已。余謂李心傳蜀人也，安能知直北事，特以所傳聞書之。

《資治通鑑》卷二百四十六《唐紀六十二・武宗會昌二年十月丁卯》頁七九六八

授張仲武東面招撫回鶻使制　奉宣撰

幽州盧龍軍節度副使知節度事、觀察處置押奚、契丹兩蕃經略盧龍軍等使、銀青光禄大夫、檢校工部尚書、兼幽州大都督府長史、御史大夫、蘭陵郡王、食邑三千户張仲武，風雲感契，鳧藻協誠。自升將壇，首剪狂寇。戈鋋亟聞於彗掃，牛馬殆至於穀量。……可檢校兵部尚書、兼充東面招撫回鶻使。其當道行營兵馬使及奚、契丹、室韋等，並自指揮。餘如故。主者施行。

會昌二年（八四二）九月上旬

《李德裕集文集校箋》卷三《授張仲武東面招撫回鶻使制奉宣撰》頁四五至四六

請發鎮州馬軍狀

右，太原奏事官孫儔適到，云回鶻移營近南四十里。劉沔料必是緣契丹不同，恐襲其背，所以移營。

《李德裕集文集校箋》卷十四《請發鎮州馬軍狀》頁
三一一

會昌二年正月，以撫王紘爲開府儀同三司，行幽州大都
督府長史，充幽州盧龍軍節度觀察處置，押奚、契丹兩蕃，經
略盧龍等軍大使。

《唐會要》卷七十八《諸使中·親王遙領節度使》頁
一六九八

公元八四三年　唐武宗會昌三年

有特勤葉被沽兄李二部南奔吐蕃，有特勤可質力二部東
北奔大室韋，有特勤荷勿啜東討契丹，戰死。

《舊唐書》卷一百九十五《迴紇傳》頁五二一四

與契丹王鶻戌書

敕契丹王鶻戌，大首領末荷得等至，省所朝賀及進馬，具
悉。卿英雄挺出，忠信生知，威令可固于封疆，誠素必彰于禮
義。情深向闕，志切輸忠，萬里趨風，表堅明之節操，元辰稱賀，
見馨盡之忠勤，想屬再三，寧忘寤寐。將綏多福，勉守令圖。今
賜卿少物，至宜領之。妃以下及男等並兵馬使屯刺〔一〕史梅落達
磨縣令等各有賜物，具如別録。末荷各賜官告，想宜知悉。春
寒，卿比平安好否？兵馬使以下並各存問之，遣書指不多及。

第二書

敕契丹王鶻戌，某至，省所進馬事，具悉。卿才雄沙漠，
氣勁燕山。忠良自稟于生知，毅勇豈資于時習，禮備正朔，誠

懸表章。職貢聿修,遠致右牽之獻;威儀就列,常嘉左袵之風。節及元正,慶均多福,永遵令善,無替前勞,相屬之懷,寤興爲念。今賜卿少物,至宜領之。

【校勘記】

〔一〕《全唐文》作"敕",《文苑英華》作"刺",應以"刺"爲是。

《全唐文》卷七二八《封敕·與契丹王鵑戌書、第二書》頁七五〇六;《文苑英華》卷四七一"與契丹王鵑戌書二首·封敕二"頁二四〇八

公元八四五年　　唐武宗會昌五年

幽州紀聖功碑銘並序　奉敕撰

以公威動蠻貊,功在漏刻,因命公爲東面招撫回鶻使。先是奚、契丹皆有虜使監護其國,責以歲遺,且爲漢諜。自回鶻嘯聚,靡不鴟張。公命裨將石公緒等諭意兩部,戮回鶻八百人,雖介子討罪於龜茲,班超行誅於鄯善,未足儔也。

《李德裕文集校箋》卷二《幽州紀聖功碑銘並序奉敕撰》頁一六

公元八四六年　　唐武宗會昌六年

(會昌)六年春正月癸卯朔……己未,南詔、契丹、室韋、渤海、牂柯、昆明等國遣使入朝,對于麟德殿。

《舊唐書》卷十八上《本紀第十八上·武宗》頁六〇九

唐故幽州節度兩番副使朝散郎檢校秘書少監兼禦史中丞上柱國賜緋魚袋平原華府君墓誌銘並序

孝子鄉貢進士郇伯纂

……府君即別駕幼子，諱封興，字德之，平原高唐人……未幾，連帥相國張公大破單于軍。以參畫功，轉尚書職方郎，充幽州節度兩蕃副使。旋表授秘書少監、兼御史中丞。僖伯等罪深績，上口殃禍。越以會昌六年景寅十月二日，遭棄背於幽州幽都縣遵化里第，享年五十九。

魯曉帆：《唐華封興墓誌考》，《首都博物館叢刊》二〇〇九年第二十三期頁一六至二一。

銀青光禄大夫太子中允贈工部尚書清河張公神道碑並序

嗣子仲武今幽州節度副大使知節度事□□兩蕃經略盧龍軍兼充招撫回鶻等使銀青光禄大夫檢校司空同中書門下平章事兼幽州大都督府長史蘭陵郡王食邑五千户□□□□□□□□□而緝□□圖立言而金玉　王度嚴干戈以衛社稷推象象以究天人側席求賢勞心致理歷階清級夙奉鴻私泪授鉞專征□□□□□□□□□□先論道三召之列破獯鬻之衆帳盈七千拓鮮卑之疆地開千里七狄稽顙百蠻投誠

張鴻牆、呂冬梅：《唐張仁憲神道碑考》，《文物春秋》一九九二年第二期頁七九至八二

公元八五二年　唐宣宗大中六年

觀自在如意輪菩薩瑜伽法要

幽州盧龍節度副大使、知節度事、觀察處置押奚契丹兩蕃經略盧龍軍等使、□□□大夫、檢校工部尚書、兼幽州大都督府長史、御史大夫上柱國　張允伸，大中六年四月八日敬造（九·二三二）

《房山石經題記彙編》頁二六四

契丹賀正使大首領等授官制

敕。幽州道入朝賀正契丹大酋領討魯等。天子有道，守在四夷，爾今來朝，予亦增愧。綏之玉帛，榮以班秩，宜懷恩寵，永保封疆。可依前件，仍並放還蕃。

《樊川文集》卷二十《契丹賀正使大酋領等授官制》頁一一三五至一一三六

公元八五三年　唐宣宗大中七年

度一切諸佛境界智嚴經

幽州盧龍節度副大使、知節度事、觀察處置押奚契丹兩蕃經略盧龍軍等使、銀青光禄大夫、檢校工部尚書、兼幽州大都督府長史、御史大夫上柱國　張允伸，大中七年四月八日敬造（九·二二一）

《房山石經題記彙編》頁二六四

稱讚净土佛攝受經

幽州盧龍節度副大使、知節度事、觀察處置押奚契丹兩蕃經略盧龍軍等使、銀青光禄大夫、檢校工部尚書、兼幽州大都督府長史、御史大夫上柱國　張允伸，大中七年四月八日建造（九·二四五）

《房山石經題記彙編》頁二六五

公元八五四年　　唐宣宗大中八年

佛説普法義經

佛説普法義經一卷、應法經一卷（以上額）

起復幽州盧龍節度副大使、知節度事、觀察處置押奚契丹兩蕃經略盧龍軍等使、雲麾將軍、守左金吾衛大將軍、員外置同正員、檢校兵部尚書、兼幽州大都督府長史、御史大夫上柱國　張允伸，大中八年四月八日建造（九·二三一）

《房山石經題記彙編》頁二六五

佛説廣義法門經

佛説廣義法門經一卷、尊上經一卷

幽州盧龍節度副大使、知節度事、觀察處置押奚契丹兩蕃經略盧龍軍等使、雲麾將軍、守左金吾衛大將軍、員外置同正員、檢校兵部尚書、兼幽州大都督府長史、御史大夫上柱國　張允伸，大中八年四月八日敬造（九·二一○）

《房山石經題記彙編》頁二六五至二六六

公元八五五年　唐宣宗大中九年

菩薩修行經

起復幽州盧龍節度副大使、知節度事、觀察處置押奚契丹兩蕃經略盧龍軍等使、雲麾將軍、守左金吾衛大將軍、員外置同正員、檢校兵部尚書、兼幽州大都督府長史、御史大夫上柱國 張允伸,大中九年四月八日敬造(九・一八八)

《房山石經題記彙編》頁二六六

金色王經

起復幽州盧龍節度副大使、知節度事、觀察處置押奚契丹兩蕃經略盧龍軍等使、雲麾將軍、守左金吾衛大將軍、員外置同正員、檢校兵部尚書、兼幽州大都督府長史、御史大夫上柱國 張允伸,大中九年四月八日敬造(八・七四一)

《房山石經題記彙編》頁二六六

公元八五七年　唐宣宗大中十一年

佛説內藏百寶經

幽州盧龍節度副大使、知節度事、觀察處置押奚契丹兩蕃經略盧龍軍等使、銀青光禄大夫、檢校尚書右僕射、兼幽州大都督府長史、御史大夫上柱國 張允伸,大中十一年四月八日敬造(九・二七七)

《房山石經題記彙編》頁二六七

大方等如來藏經

幽州盧龍節度副大使、知節度事、觀察處置押奚契丹兩蕃經略盧龍軍等使、銀青光禄大夫、檢校尚書右僕射、兼幽州大都督府長史、御史大夫上柱國張允伸，大中十一年四月八日敬造（九·二一五）

《房山石經題記彙編》頁二六七

出生菩提心經

幽州盧龍節度副大使、知節度事、觀察處置押奚契丹兩蕃經略盧龍軍等使、銀青光禄大夫、檢校尚書右僕射、兼幽州大都督府長史、御史大夫上柱國 張允伸，大中十一年四月八日敬造（九·二二六）

《房山石經題記彙編》頁二六八

故幽州大都督府兵曹參軍陳君（立行）墓誌銘並序

幽州押奚契丹兩番副使中散大夫檢校秘書少監攝御史大夫上柱國賜紫金魚袋漁陽李儉撰。

《唐代墓誌彙編》上册“大中129”頁二三五二

公元八五八年　唐宣宗大中十二年

希有希有校量功德經

幽州盧龍節度副大使、知節度事、觀察處置押奚契丹兩蕃經略盧龍軍等使、銀青光禄大夫、檢校尚書右僕射、兼幽州大都督府長史、御史大夫上柱國 張允伸，大中十二年四月八日敬造（九·二四七）

《房山石經題記彙編》頁二六八

文殊師利巡行經

　　幽州盧龍節度副大使、知節度事、觀察處置押奚契丹兩蕃經略盧龍軍等使、銀青光禄大夫、檢校尚書右僕射、兼幽州大都督府長史、御史大夫上柱國 張允伸,大中十二年四月八日敬造(九·一八三)

　　　　　　　　　　《房山石經題記彙編》頁二六八

緣起聖道經

　　幽州盧龍節度副大使、知節度事、觀察處置押奚契丹兩蕃經略盧龍軍等使、銀青光禄大夫、檢校尚書右僕射、兼幽州大都督府長史、御史大夫上柱國張允伸,大中十二年□月八日敬造(九·一七九)

　　　　　　　　　　《房山石經題記彙編》頁二六九

公元八五九年　　唐宣宗大中十三年

佛説獅子月佛本生經

　　佛説獅子月佛本生經一卷、妙色王因緣經一卷

　　幽州盧龍節度副大使、知節度事、觀察處置押奚契丹兩蕃經略盧龍軍等使、銀青光禄大夫、檢校尚書右僕射、兼幽州大都督府長史、御史大夫上柱國張允伸,大中十三年四月八日敬造(九·二○三)

　　　　　　　　　　《房山石經題記彙編》頁二六九

佛説十吉祥經

佛説十吉祥經一卷、大乘四法經一卷

幽州盧龍節度副大使、知節度事、觀察處置押奚契丹兩蕃經略盧龍軍等使、銀青光禄大夫、檢校尚書右僕射、兼幽州大都督府長史、御史大夫上柱國張允伸，大中十三年四月八日敬造（九·二四六）

《房山石經題記彙編》頁二七〇

佛説長壽王經

佛説長壽王經一卷、金剛三昧本性清净不滅不壞經一卷

幽州盧龍節度副大使、知節度事、觀察處置押奚契丹兩蕃經略盧龍軍等使、銀青光禄大夫、檢校尚書右僕射、兼幽州大都督府長史、御史大夫上柱國張允伸，大中十三年四月八日敬造（九·二二三）

《房山石經題記彙編》頁二七〇

公元八六二年　唐懿宗咸通三年

實相般若波羅蜜經

幽州盧龍節度副大使、知節度事、觀察處置押奚契丹兩蕃經略盧龍軍等使、銀青光禄大夫、檢校司空、同中書門下平章事、兼幽州大都督府長史、上柱國、清河縣開國伯、食邑七百户張允伸，咸通三年歲次壬午四月乙亥朔八日丙午敬造（九·二〇二）

《房山石經題記彙編》頁二七五

藥師琉璃光本願如來經

幽州盧龍節度副大使、知節度事、觀察處置押奚契丹兩蕃經略盧龍軍等使、銀青光禄大夫、檢校司空、同中書門下平章事、兼幽州大都督府長史、上柱國、清河縣開國伯、食邑七百户張允伸,咸通三年歲次壬午四月乙亥朔八日丙午敬造,王慶賓鐫字並書（九・二七八）

《房山石經題記彙編》頁二七五至二七六

佛頂尊勝陁羅尼經

佛頂尊勝陁羅尼經一卷、報恩奉盆經一卷、大七寶陁羅尼經一卷

幽州盧龍節度副大使、知節度事、觀察處置押奚契丹兩蕃經略盧龍軍等使、銀青光禄大夫、檢校司空、同中書門下平章事、兼幽州大都督府長史、上柱國、清河縣開國伯、食邑七百户張允伸,咸通三年歲次壬午四月乙亥朔八日丙午 敬造,王慶賓鐫字並書（九・二四二）

《房山石經題記彙編》頁二七七

公元八六三年　　唐懿宗咸通四年

大乘遍照光明藏無字法門經

大乘遍照光明藏無字法門經一卷、佛説華積陁羅尼經神咒經一卷

幽州盧龍節度副大使、知節度事、觀察處置押奚契丹兩蕃經略盧龍軍等使、銀青光禄大夫、檢校司徒、同中書門下平章事、兼幽州大都督府長史、上柱國、清河縣開國公、食邑

一千五百户張允伸,咸通四年歲次癸未四月癸巳朔八日庚子敬造,王慶賓鐫字並書(九·二四〇)

《房山石經題記彙編》頁二七八

文殊師利問菩提經

文殊師利問菩提經一卷、華聚陁羅尼呪經一卷

幽州盧龍節度副大使、知節度事、觀察處置押奚契丹兩蕃經略盧龍軍等使、銀青光禄大夫、檢校司徒、同中書門下平章事、兼幽州大都督府長史、上柱國、清河縣開國公、食邑一千五百户張允伸,咸通四年歲次癸未四月癸巳朔八日庚子敬造,王慶賓鐫字並書(九·一八七)

《房山石經題記彙編》頁二七八

大方等修多羅王經

大方等修多羅王經一卷、大乘百福相經一卷

幽州盧龍節度副大使、知節度事、觀察處置押奚契丹兩蕃經略盧龍軍等使、銀青光禄大夫、檢校司徒、同中書門下平章事、兼幽州大都督府長史、上柱國、清河縣開國公、食邑一千五百户 張允伸,咸通四年歲次癸未四月癸巳朔八日庚子敬造,王慶賓鐫字並書(九·二三九)

《房山石經題記彙編》頁二七八至二七九

佛説作佛刑像經

奉爲相公造作佛刑像經一卷及普遍知藏般若波羅密多經一卷

長史幽州盧龍節度副大使、知［節］度事、觀察處置押奚契丹兩蕃經略盧龍軍等使、銀青光禄大夫、檢校司徒、同中書門下平章事、上柱國、清河縣開國公、食邑一千五百户張允伸，咸通四年四月八日建造，勾當石作楊君亮、楊秀安尅字（八・二五四）

《房山石經題記彙編》頁二七九至二八〇

公元八六四年　　唐懿宗咸通五年

唐幽州盧龍節度押奚契丹兩蕃副使攝薊州刺史
正議大夫檢校太子左庶子兼御史大夫上柱國賜
紫金魚袋安定張公（建章）墓誌並序

公諱建章，字會王，中山北平人也。……咸通五年四月，奏升押奚契丹兩蕃副使、正議大夫、檢校左庶子兼御史大夫。儲幄清崇，亞相顯貴。

《唐代墓誌彙編》上册“中和007”頁二五一一

公元八六七年　　唐懿宗咸通八年

盧至長者因緣經
盧至長者因緣經一卷並讚
司徒四月八日於西山上佛經銘並序
……

幽州盧龍節度副大使、知節度事、觀察處置押奚契丹兩蕃經略盧龍軍等使、銀青光禄大夫、檢校司徒、兼幽州大都督府長史、御史大夫史元忠。

《房山石經題記彙編》頁二八七至二八八

公元八六八年　唐懿宗咸通九年

是後契丹方强，奚不敢亢，而舉部役屬。虜政苛，奚怨之，其酋去諸引別部内附，保嬀州北山，遂爲東、西奚。

《新唐書》卷二百一十九《奚傳》頁六一七五至六一七六

公元八七〇年　唐懿宗咸通十一年

王知信墓誌

有唐咸通十一年龍集□□□月四日，朝散大夫、守衛尉卿、兼御史中丞、上柱國、賜紫金魚袋太原王公知信，寢疾薨于京師道德里私第，春秋六十矣。有子四人，長曰修古，次曰存古，次曰虔古，次曰殷古，皆揮涕啓詞，殆不□□□，請前密州軍事判官李潛志其墓云。公乃晉陽人也，列仙之胄也。雄傑勇烈，有國有之，懿德賢能，無代無矣，此故略而不備記也。公量澄大海，勢拔孤峰，立言振□護之音，爲行植松筠之操。提劍中野，爭鞭未恥于孫吳。彎弓塞垣，竟彎不慚登臣。其於韜鈐詩禮，變化機謀，君臣父子之明規，五常六順之大義，皆自童卯，發乎意調也。大王父諱武俊，字，成德軍節度使、檢校太尉、兼中書令，贈太師。王諱士真，字，成德軍節度使、檢校司徒同中書門下平章事，贈太保。列考諱承宗，字，成德軍節度使、檢校尚書左僕射、兼御史大夫，贈司空。家傳節鉞，門襲勳庸，弈葉騰芳，古今無疋。公乃司空之次子也。以元和十三年，自鎮冀遵司空之命，提德棣二州來歸朝闕。是時，公年七歲矣。天資雅質，小而能慧，神生大量，幼若老成。皇上嘉之，寵錫殊等，乃拜公左龍武軍兵曹參軍，仍賜長興坊宅一所，並什器坐料等，有司供給。猶謂忠誠可重，國恩未深，仍錫朱服，用明獎勵，乃賜緋魚袋，餘如故。才登總角之歲，未及師訓之年，身被渥澤，名聞節義。授禦府之殊貺，趍禁旅之官班。腰佩銀魚，手持象簡。若非儒落風骨，卓犖奇材，即雖負殊庸，焉能□此。旋乃曳裾監寺，結綬□園。常將不惑爲珍，每以不貪爲寶。恪居官次，稟守彝章，上簡帝心，遂登□□，乃拜公右領軍衛將軍。公道之以德，齊之以刑，是用九考不遷，三經舊任。時□□略，盡贊器能，譽滿金闈，爰膺明命，乃拜公右神武軍將軍，仍賜紫金魚袋。俄遷當軍大將軍，知軍事。公夜傳玉漏，曉遏□金，以贊萬乘之威，示四方之重。忠誠足以救代，孝節可以肥家。朝野欽風，親朋仰德。累遷右武衛上將軍、兼御史中丞。公內修韜略，外整儀容，思報國於烽煙，常郁悒於朝列。素波長逝，白日頻飛，筋骨被疾，年侵朽耄。拜章辭務，瀝懇懸車。有欲以固貞節於金石，樂清貧於園囿也。乃拜公衛尉卿致仕。公名班九列，跡繼二疎，優遊何啻於三年，食禄僅逾于百萬。爲君之道可觀終始，爲臣之義可鑒忠貞。何期積善無征，幽冥事昧，膏肓驟至，藥石無功。歷數云亡，□□大夜。公年當冲幼，早蘊宏圖，質其身而河朔晏然，提其土而國計□□一竭忠也，千古初焉。故天子於是廢朝，百辟因而憤歎。天何明焉，□我賢哲。神何不□，迫我遐齡。嗚呼。誠可痛哉！嗚呼。誠可惜哉！以明歲二月八日葬於京兆府萬年縣洪固鄉李永村。其銘曰：

　　風蕭蕭兮天地□沉，煙濛濛兮松柏幽深。

　　□寞無涯兮何處尋，死生不再兮古與今。

　　已矣哉，冠劍閑兮雲暗泉臺。

楊瑋燕:《唐〈王知信墓誌〉考略》,《文博》二〇一四年第六期頁五七至六〇

公元八七二年　唐懿宗咸通十三年

太祖大聖大明神烈天皇帝,姓耶律氏,諱億,字阿保機,小字啜里只,契丹迭剌部霞瀨益石烈耶律彌里人,德祖皇帝長子,母曰宣簡皇后蕭氏,唐咸通十三年生。初,母夢日墮懷中,有娠。及生,室有神光異香,體如三歲兒,即能匍匐。祖母簡獻皇后異之,鞠爲己子。常匿於別幕,塗其面,不令他人見。三月能行,晬而能言,知未然事。自謂左右若有神人翼衛。雖齠齔,言必及世務,時伯父當國,疑輒諮焉。既長,身長九尺,豐上鋭下,目光射人,關弓三百斤。爲撻馬狘沙里。時小黄室韋不附,太祖以計降之,伐越兀及烏古、六奚、比沙狘諸部,克之。國人號阿主沙里。

《遼史》卷一《本紀第一·太祖上》頁一

公元八七五年　唐僖宗乾符二年

魏州故禪大德獎公塔碑

乾符二年,有幽州節度、押兩蕃副使、檢校秘書、兼御史中丞、賜紫金魚袋董廓及幽州臨壇律大德沙門僧惟信並涿州石經寺監寺律大德宏嶼等,咸欲指陳盤嶺,祈請北歸。

《全唐文》卷八一三《公乘億:魏州故禪大德獎公塔碑》頁八五五八至八五五九;《文苑英華》卷八百六十八《魏州故禪大德獎公塔碑·公乘億》頁四五八二

公元八七七年　唐僖宗乾符四年

（乾符四年）五月，幽州節度使李茂勳上表乞致仕，以其男可舉權知兵馬事。制以壽王傑爲開府儀同三司、幽州經略盧龍等軍節度觀察押奚契丹等使；以幽州節度副使、權知兵馬事李可舉檢校左散騎常侍、幽州大都督府左司馬，充幽州兵馬留後。

　　　《舊唐書》卷十九下《本紀第十九下·僖宗》頁七〇〇

乾符四年，（壽王傑）授開府儀同三司、幽州大都督、[一]幽州盧龍等軍節度、押奚契丹、管内觀察處置等使。

【校勘記】

〔一〕幽州大都督　"幽州"上各本原有"同"字，据《御覽》卷一一六、《册府》卷一一删。

　　　《舊唐書》卷二十上《本紀第二十上·昭宗》頁七三五

公元八八〇年　唐僖宗廣明元年

（七月辛酉）李琢、赫連鐸進攻蔚州，李國昌戰敗，部衆皆潰，獨與克用及宗族北入達靼。宋白曰：達靼者，本東北方之夷，蓋靺鞨之部也。貞元、元和之後，奚、契丹漸盛，多爲攻劫，部衆分散，或投屬契丹，或依于勃海，漸流徙于陰山，其俗語訛，因謂之達靼。唐咸通末，有首領每相温、于越相温部，帳于漠南，隨草畜牧。李克用爲吐渾所困，嘗往依焉，達靼善待之。及授雁門節度使，二相温帥族帳以從克用，收復長安，逐黄巢于河南，皆從戰有功，由是俾牙於雲、代之間，恣其畜牧。

　　　《資治通鑑》卷二百五十三《唐紀六十九·僖宗廣明元

年》頁八二三一

達靼本靺羯之別部也，居于陰山。歐陽修曰：靺鞨本在奚、契
丹東北，後爲契丹所攻，部族分散，居陰山者自號達靼。洪景盧曰：蕃語以華言
譯之，皆得其近似耳。天竺，語轉而爲捐篤、身毒；禿髮，語轉而爲吐蕃；達靼，
乃靺鞨也。契丹之讀如喫，惟《新唐書》有音。冒頓讀如墨突，惟《晉書》《音
義》有之。

《資治通鑑》卷二百五十三《唐紀六十九·僖宗廣明元
年》頁八二三二

公元八八一年　唐僖宗中和元年

（田）令孜置酒會諸將，以黃金樽行酒，即賜之。黃頭將
郭琪不肯飲，曰："軍容能易偏惠，均衆士，誠大願也。"令孜
目曰："君有功邪？"答曰："戰党項，薄契丹，數十戰，此琪之
功。"令孜嘻怒曰："知之。"密以酖注酒中，琪飲已，馳歸，殺
一婢，吮血得解。

《新唐書》卷二百八《田令孜傳》頁五八八五至五八八六

（七月）丙寅，田令孜宴土客都頭，土軍，蜀軍。客軍，從駕諸
軍。唐之中世，以諸軍總帥爲都頭。至其後也，一部之軍謂之一都，其部帥呼
爲都頭。以金杯行酒，因賜之，諸都頭皆拜而受，西川黃頭軍使
郭琪獨不受，起言曰："諸將月受俸料，豐贍有餘，常思難報，
豈敢無厭！俸，扶用翻。厭，於鹽翻。顧蜀軍與諸軍同宿衛，而賞
賚懸殊，頗有觖望，觖，古穴翻，怨望。恐萬一致變。願軍容減諸
將之賜以均蜀軍，使土客如一，則上下幸甚！"令孜默然有

間,曰：間,如字。"汝嘗有何功？"對曰："琪生長山東,長,知兩
翻。征戍邊鄙,嘗與党項十七戰,契丹十餘戰,契,欺紇翻。金創
滿身；創,初良翻。又嘗征吐谷渾,傷肋腸出,線縫復戰。"復,扶
又翻。令孜乃自酌酒於別樽以賜琪。琪知其毒,不得已,再拜
飲之。

《資治通鑑》卷二百五十四《唐紀七十·僖宗中和元年》
頁八二五四

靈棋經後序

僕知命之後,從宦幽、燕,值唐祚湮微。時歲在辛丑三月
中旬,契丹大下,圍繞燕城。原野之中,略無虛地,盡白壤而
已。士庶驚駭,寮屬惶惑。弱子幼婦,晨夕不保。自是無所
控告,遂焚香以《靈棋經》筮,得三上、二中、二下。卦辭云：
"土地平安,無有艱難。大宜種作,利用往還。"翌日,勾院博
陵公郎中召飲,因議茲事。博陵曰："某昨日亦得斯兆。"是時
契丹攻圍轉逼。有僧同族,始以當家,因相慰問,又虔祝而筮
之,前卦復顯。至五月,救兵不致。僕與同輩在昌平,縣令周
居隱、懷來縣令吳湘、都押衙趙宗古同宿于守備之所,憂援兵
來緩,因言是經,遂眾請虔禱而筮之,得二上、一中。見卦體
不全,合坐愕然貼歎。覽其辭曰："以事託人,日望其意。乃
至於今,方獲嘉喜。事須淹留,終保其志。"顏曰："以其位孤
微,不能自立,吉則終吉,但應遲爾。"至六月,危困愈甚。僕
又請筮之,眾曰"休,休。若得好卦,猶不敢仗。如更凶惡,轉
加愁思。"余自心口相謂曰："但自擲之,好即揚,凶則自謀脫
命之計。"由是擲之。依前得"土地平安無有艱難"之卦。至

七月九日,門徒醫術士郭彤雲來相省慰,僕不在家,與諸子共話《靈棋經》之事,復懇祝之,擲而成卦,亦得"土地平安"之卦。僕因啓願,若免斯難,當手書十卷,傳於好事者。是年八月二十四日,大兵解圍,乃知至誠感神,至誠感靈。敬叙其事,附於十卷之後云。黨紫團山叟韓運序。

《全唐文》卷八百二十一《韓運·靈棋經後序》頁八六五七至八六五八

公元八八七年　唐僖宗光啓三年

契丹其先與奚異種同類,俱爲慕容氏所破,竄於松漠之地,後居和龍之北遼澤間。遼澤去榆關一千一百里,榆關去幽州七百里,其地南接海,東際遼河,西包冷陘,北界松陘,山川東西三千里。唐置契丹王兼松漠府都督。光啓中,中原多故,北邊無備,其王欽德稍鹽食。轄鞪、奚、室韋之屬,咸被驅役,族帳寢盛。天祐末,遂僭號。

《武經總要·前集》卷十六下《邊防·北番地理》頁二五九

潤州,盧龍塞,東北至遼東澤。唐光啓中,契丹有營平之叛,既討平,遷其部落,置州以居之,取潤水爲名。

《武經總要·前集》卷十六下《邊防·幽州四面州軍》頁二六二

公元八八八年　唐僖宗光啓四年

光啓二年,克脩擊邢州取故鎮,進攻武安。(孟)方立將呂臻、馬爽戰焦岡,爲克脩所破,斬首萬級,執臻等,拔武安、

臨洺、邯鄲、沙河。克用以安金俊爲邢州刺史，招撫之。方立
丐兵於王鎔，鎔以兵三萬赴之，克脩還。後二年，方立督部將
奚忠信兵三萬攻遼州，以金喋赫連鐸與連和。會契丹攻鐸，
師失期，忠信三分其兵鼓而行，克用伏兵于險，忠信前軍没。
既戰，大敗，執忠信，餘衆走，脱歸者才十二。

　　　　《新唐書》卷一百八十七《孟方立傳》頁五四四九

公元八九〇年　　唐昭宗大順元年

　　（十二月庚午）太原軍屯晉州，李克用遣中使韓歸範還
朝，因上表訴冤，言：“被賊臣張濬依倚朱全忠離間功臣，致削
奪臣官爵。”朝廷欲令釋憾，下群臣議其可否。左僕射韋昭度
等議曰：“……然猶王承宗擁兵鎮、冀，詔范希朝討之，仍歲無
功，卒行赦宥。而又朱滔以幽州之衆，結田悦、李納、王武俊
之强，遣馬燧等征之不克，旋又寬之。”

　　　　《舊唐書》卷二十上《本紀第二十上·昭宗》頁七四三

公元八九五年　　唐昭宗乾寧二年

　　（乾寧二年八月）以河中兵馬留後王珂檢校司空，兼河中
尹、御史大夫，充護國軍節度、河中晉絳慈隰觀察等使；以幽
州兵馬留後劉仁恭檢校司空，兼幽州大都督府長史，充幽州
盧龍軍節度、押奚契丹等使；以故左軍中尉楊復恭開府、魏國
公：並從克用奏請也。

　　　　《舊唐書》卷二十上《本紀第二十上·昭宗》頁七五六

公元八九六年　唐昭宗乾寧三年

乾寧二年，克用擊王行瑜，表仁恭爲檢校司空、盧龍軍節度使。明年，克用攻魏州，召盧龍兵，仁恭以契丹解。

《新唐書》卷二百一十二《劉仁恭傳》頁五九八六

三年，羅宏信背盟，武皇遣李存信攻魏州，徵兵於燕，仁恭託以契丹入寇，俟敵退聽命。

《舊五代史》卷一百三十五《僭僞列傳第二・劉守光傳》頁一八〇〇

公元八九七年　唐昭宗乾寧四年

（七月辛丑）初，李克用取幽州，見二百五十九卷乾寧元年。表劉仁恭爲節度使，留戍兵及腹心將十人典其機要，租賦供軍之外，悉輸晉陽。及上幸華州，克用徵兵於仁恭，又遺成德節度使王鎔、義武節度使王郜書，遺，唯季翻。郜，音告。欲與之共定關中，奉天子還長安。仁恭辭以契丹入寇，洪遵曰：契丹之讀如喫，惟《新唐書》有音。今從欺訖翻。須兵扞禦，請俟虜退，然後承命。

《資治通鑑》卷二百六十一《唐紀七十七・昭宗乾寧四年》頁八五〇五至八五〇六

公元九〇〇年　唐昭宗光化三年

（李存進）光化三年，契丹犯塞，寇雲中，改永安軍使、雁門以北都知兵馬使。

《舊五代史》卷五十三《李存進傳》頁七一八

公元九〇一年　唐昭宗天復元年

太祖（李克用）大恐，謀走雲州，李存信等勸太祖奔于契丹，嗣昭力爭以爲不可，賴劉太妃亦言之，乃止。

《新五代史》卷三十六《李嗣昭傳》頁三八六至三八七

唐天復元年，歲辛酉，痕德菫可汗立，以太祖爲本部夷離菫，專征討，連破室韋、于厥及奚帥轄剌哥，俘獲甚衆。冬十月，授大迭烈府夷離菫。

《遼史》卷一《本紀第一·太祖上》頁一至二

公元九〇二年　唐昭宗天復二年

明年（天復二年）秋七月，以兵四十萬伐河東代北，攻下九郡，獲生口九萬五千，駝、馬、牛、羊不可勝紀。九月，城龍化州于潢河之南，始建開教寺。

《遼史》卷一《本紀第一·太祖上》頁二

（耶律德光）唐天復二年生，神光異常，獵者獲白鹿、白鷹，人以爲瑞。及長，貌嚴重而性寬仁，軍國之務多所取決。

《遼史》卷三《本紀第三·太宗上》頁二七

公元九〇三年　唐昭宗天復三年

盧龍節度使劉仁恭習知契丹情僞，常選將練兵，乘秋深入，踰摘星嶺擊之，契丹畏之。每霜降，仁恭輒遣人焚塞下野草，契丹馬多飢死，常以良馬賂仁恭買牧地。北荒寒早，至秋，草先枯死。近塞差暖，霜降草猶未盡衰，故契丹南並塞放牧；焚其野草，則馬無所食而飢死。契，欺訖翻。契丹王【章：十二行本“王”下有“邪律”二字；乙十一行本同。】阿保機遣其妻兄阿【章：十二行本“阿”上有“述律”二字；乙十一行本同；退齋校同；孔本“述律”二字在“阿”字下。】鉢將萬騎寇渝關，契丹阿保機始此。宋白曰：平州東北至榆關守捉一百九十裏。渝，《漢書音義》音喻，今讀如榆。仁恭遣其子守光戍平州，守光僞與之和，設幄犒饗於城外，犒，苦到翻。酒酣，伏兵執之以入。虜衆大哭，契丹以重賂請於仁恭，然後歸之。《考異》曰：薛居正《五代史》及《莊宗列傳》皆云：“光啓中，守光禽舍利王子，其王欽德以重賂贖之。”按是時仁恭猶未得幽州也。今從《薛史·蕭翰傳》及王皞《唐餘録》。

　　《資治通鑑》卷二百六十四《唐紀八十·昭宗天復三年》頁八六二三

　　蕭翰者，契丹諸部之酋長也。父曰阿鉢。劉仁恭鎮幽州，阿鉢曾引衆寇平州，仁恭遣驍將劉雁郎與其子守光率五百騎先守其州，阿鉢不知，爲郡人所紿，因赴牛酒之會，爲守光所擒。契丹請贖之，仁恭許其請，尋歸。

　　　　　　《舊五代史》卷九十八《蕭翰傳》頁一三一六

　　明年（天復三年）春，伐女直，下之，獲其户三百。九月，復攻下河東懷遠等軍。冬十月，引軍略至薊北，俘獲以還。先是，德祖俘奚七千户，徙饒樂之清河。至是創爲奚迭剌部，分十三縣。遂拜太祖于越、總知軍國事。

　　　　　　　《遼史》卷一《本紀第一·太祖上》頁二

公元九〇四年　唐昭宗天復四年

明年(天佑元年)歲甲子,三月,廣龍化州之東城。九月,
討黑車子室韋,唐盧龍軍節度使劉仁恭發兵數萬,遣養子趙
霸來拒。霸至武州,太祖諜知之,伏勁兵桃山下。遣室韋人
牟里詐稱其酋長所遣,約霸兵會平原。既至,四面伏發,擒
霸,殲其衆,乘勝大破室韋。

《遼史》卷一《本紀第一·太祖上》頁二

公元九〇五年　唐哀帝天祐二年　後梁太祖開平元年

帝東遷,詔至太原,(李)克用泣謂其下曰:"乘輿不復西
矣。"遣使者奔問行在,俄加號"協盟同力功臣"。李茂貞、王
建與邠州楊崇本遣使者來約義舉,克用顧藩鎮皆附汴,不可
與共功,惟契丹阿保機尚可用,乃卑辭召之。保機身到雲中,
與克用會,約爲兄弟,留十日去,遺馬千匹、牛羊萬計,期冬大
舉度河,會昭宗弑而止。四年,王建、李茂貞約克用大舉。建
將康晏步騎二萬與克用監軍張承業會鳳翔,是時汴將王重師
守長安,劉知俊守同州,與戰長安西,建兵敗,遂不振。

《新唐書》卷二百一十八《沙陀傳》頁六一六五

天祐二年春,契丹阿保機始盛,武皇召之,阿保機領部族
三十萬至雲州,與武皇會於雲州之東,握手甚歡,結爲兄弟,
旬日而去,留馬千匹,牛羊萬計,期以冬初大舉渡河。

《舊五代史》卷二十六《武皇紀下》頁三六〇

（天復）五年，會契丹阿保機於雲中，約爲兄弟。

《新五代史》卷四《莊宗上》頁三八

明年（天祐二年）七月，復討黑車子室韋。唐河東節度使李克用遣通事康令德乞盟。冬十月，太祖以騎兵七萬會克用於雲州，宴酣，克用借兵以報劉仁恭木瓜澗之役，太祖許之。易袍馬，約爲兄弟。及進兵擊仁恭，拔數州，盡徙其民以歸。

《遼史》卷一《本紀第一·太祖上》頁二

天祐末，阿保機乃自稱皇帝，署中國官號。其俗舊隨畜牧，素無邑屋，得燕人所教，乃爲城郭宮室之制于漠北，距幽州三千里，名其邑曰西樓邑，屋門皆東向，如車帳之法。城南別作一城，以實漢人，名曰漢城，城中有佛寺三，僧尼千人。其國人號阿保機爲天皇王。

《舊五代史》卷一百三十七《外國列傳一》頁二一三二

（三月甲辰）銀胡䩮都指揮使王思同帥部兵三千，䩮，盧穀翻。胡䩮，箭室也。帥，讀曰率。山后八軍巡檢使李承約帥部兵二千盧龍以嬀、檀、新、武四州爲山后。奔河東；奔李克用。守光弟守奇奔契丹，未幾，亦奔河東。

《資治通鑑》卷二百六十六《後梁紀一·太祖開平元年三月》頁八六七二

（五月丁丑）契丹遣其臣袍笏梅老來通好，好，呼到翻。帝遣太府少卿高頎報之。頎，渠希翻。

　　初，契丹有八部，歐陽修曰：契丹君長曰大賀氏，後分爲八部：一曰但利皆部，二曰乙室活部，三曰實活部，四曰納尾部，五曰頻没部，六曰内會鷄部，七曰集解部，八曰奚嗢部。部之長號大人。路振《九國志》：契丹，古匈奴之種也。代居遼澤之中，潢水南岸，南距榆關一千一百里，榆關南距幽州七百里。《考異》曰：蘇逢吉《漢高祖實録》曰：“契丹本姓大賀氏，後分八族：一曰利皆邸，二曰乙失活邸，三曰實活邸，四曰納尾邸，五曰頻没邸，六曰内會鷄邸，七曰集解邸，八曰奚嗢邸。管縣四十一，縣有令。八族之長，皆號大人，稱刺史，常推一人爲王，建旗鼓以尊之。每三年，第其名以相代。”《莊宗列傳》曰：“咸通末，其王曰習爾，疆土稍大，累來朝貢。光啓中，其王曰欽德，乘中原多故，北邊無備，遂蠶食諸部，達靼、奚、室韋之屬，咸被驅役。”《漢高祖實録》《唐餘録》皆曰：“僖、昭之際，其王邪律阿保機怙强恃勇，距諸族不受代，自號天皇王。後諸族邀之，請用舊制。保機不得已，傳旗鼓，且曰：‘我爲長九年，所得漢人頗衆，欲以古漢城領本族，率漢人守之，自爲一部。’諸族諾之。俄設策復并諸族，僭稱皇帝，土地日廣。大順中，後唐武皇遣使與之連和，大會於雲州東城，延之帳中，約爲昆弟。”《莊宗列傳》又曰：“及欽德政衰，阿保機族盛，自稱國王。天祐二年，大寇我雲中。太祖遣使連和，因與之面會於雲州東城，延入帳中，約爲兄弟，謂曰：‘唐室爲賊臣所篡，吾以今冬大舉，弟助我精騎二萬，同收汴、洛。’保機許諾。保機既還，欽德以國事傳之。”賈緯《備史》云：“武皇會保機故雲州城，結以兄弟之好。時列兵相去五里，使人馬上持杯往來，以展酬酢之禮。保機喜，謂武皇曰：‘我蕃中酋長，舊法三年則罷，若他日見公，復相禮否？’武皇曰：‘我受朝命鎮太原，亦有遷移之制，但不受代則可，何憂罷乎！’保機由此用其教，不受諸族之代。’趙志忠《虜庭雜紀》云：“太祖諱億，番名阿保謹，又諱斡里。太祖生而智，八部落主愛其雄勇，遂退其舊主阿輦氏歸本部，立太祖爲王。”又云“凡立王，則衆部酋長皆集會議，其有德行功業者立之。或災害不生，群牧孳盛，人民安堵，則王更不替代；苟不然，其諸酋長會衆部別選一名爲王；故王以番法，亦甘心退焉，不爲所害。"又曰："有韓知古、韓穎、康枚、王奏事、王郁，皆中國人，共勸太祖不受代。"《新唐書》載契丹八部名與《漢高祖實録》所載八部名多不同，蓋年祀相遠，虜語不常耳，其實一也。阿保機云"我爲長九年"，則其在國不受代久矣，非因武皇之教也。今從《漢高祖實録》。又《唐餘録》前云"乾寧中，劉仁恭鎮幽州，保機入寇，仁恭擒其妻兄述律阿鉢，由此十餘年不能犯塞"，下乃云"大順中與武皇會於雲中"，按大順在乾寧前，乾寧二年仁恭方爲幽州節度，大順中未也。又武皇謂曰："唐室爲賊臣所篡，吾以今冬大舉。"此非大順中事，《餘録》唐誤也。又《編遺録》："開平二年五月，契丹王阿保機及前國王欽德貢方物。"然則於時七部猶在也。**部各有大人，相與約，推一人爲王，建旗鼓以號令諸部，每三年則以次相代。咸通末，有習爾者爲王，土宇始大。其後欽德爲王，乘中原多故，時入寇邊。及阿保機爲王，尤雄勇，五姓奚**五姓奚，一阿會部，二處和部，三奧失部，四度稽部，五元俟折部，各有辱紇主爲之酋領。歐陽修曰：奚當唐末居陰凉川，在營府之西，幽州之西北，皆數百里，分爲五部：一曰阿薈部，二曰奻米部，三曰粤質部，四曰怒皆部，五曰黑訖支部。後徙居幽州之東北數百里。宋白曰：奚居陰凉川，東去營府五百里，西南去幽州九百里，東南接海，山川三千里。後徙居琵琶川。**及七姓室韋**、室韋本有二十餘部，其近契丹者七姓。**達靼咸役屬之。阿保機姓邪律氏**，歐《史・四夷附録》曰：阿保機以其所居橫帳地名爲姓，曰世里。世里，譯者謂之耶律。**恃其强，不肯受代。久之，阿保機擊黃頭室韋還，七部劫之於境上，求如約。**如三年一代之約。**阿保機不得已，傳旗鼓，且曰："我爲王九年，得漢人多，請帥種落**帥，讀曰率。種，章勇翻。**居古漢城，與漢人守之，別自爲一部。"七部許之。漢城，故後魏滑鹽縣也。**《漢志》，滑鹽縣屬漁陽郡。後漢明帝改曰鹽田。《水經注》：大榆河自密雲城南東南流，逕後魏安州舊漁陽郡之滑鹽縣南。滑鹽，世謂之斛鹽

城,西北去禦夷鎮二百里。歐陽修曰:漢城在炭山東南灤河上。宋白曰:契丹
居遼澤之中,潢水南岸。遼澤去渝關一千一百三十里,渝關去幽州一百七十四
里。其地東南接海,東際遼河,西包冷陘,北界松陘山。東西三千里,地多松
柳,澤多蒲葦。阿保機居漢城,在檀州西北五百五十里。城北有龍門山,山北
有炭山,炭山西是契丹、室韋二界相連之地。其地灤河上源,西有鹽泊之利,則
後魏滑鹽縣也。地宜五穀,有鹽池之利。其後阿保機稍以兵擊
滅七部,復併爲一國。又北侵室韋、女真,女真,肅慎氏之遺種,黑
水靺鞨即其地也。入遼東著籍者號熟女真,界外野處者號生女真,極邊遠者號
黃頭女真。西取突厥故地,擊奚,滅之,復立奚王而使契丹監其
兵。監,古銜翻。東北諸夷皆畏服之。

　　是歲,阿保機帥衆三十萬寇雲州,晉王與之連和,面會
東城,約爲兄弟,延之帳中,縱酒,握手盡歡,約以今冬共擊
梁。《考異》曰:唐《太祖紀年録》:“太祖以阿保機族黨稍盛,召之。天祐二年
五月,阿保機領其部族三十萬至雲州東城,帳中言事,握手甚歡,約爲兄弟,旬
日而去。留男骨都舍利、首領沮稟梅爲質,約冬初大舉渡河反正,會昭宗遇盜
而止。”歐陽《史》曰:“梁將篡唐,晉王李克用使人聘于契丹,阿保機以兵三十
萬會克用於雲州東城,握手約爲兄弟,期共舉兵擊梁。”按雲州之會,《莊宗列
傳》、薛《史》皆在天祐四年,而《紀年録》獨在天祐二年;又云“約今年冬同收
汴、洛,會昭宗遇盜而止”。如此則應在天祐元年昭宗崩已前,不應在二年也。
且昭宗遇盜則尤宜興兵討之,何故止也! 按武皇云“唐室爲賊臣所篡”,此乃四
年語也;其冬武皇寢疾,蓋以此不果出兵耳。今從之。或勸晉王曰:“因
其來,可擒也”,王曰:“讎敵未滅而失信夷狄,自亡之道也。”
阿保機留旬日乃去,晉王贈以金繒數萬。阿保機留馬三千
匹,雜畜萬計以酬之。阿保機歸而背盟,更附于梁。繒,慈陵
翻。畜,許救翻。背,蒲妹翻。更,工衡翻。遣使通好,是附梁也。晉王由是

恨之。《通鑑》於《唐紀》書“李克用”，君臣之分也。於《梁紀》書“晉王”，敵
國之體也。吳、蜀義例同。

　　《資治通鑑》卷二百六十六《後梁一·太祖開平元年》頁
八六七六至八六七九

公元九〇六年　唐哀帝天祐三年

　　契丹阿保機強盛，室韋、奚、霤皆服屬之。奚人常爲契丹
守界上，而苦其苛虐，奚王去諸怨叛，以別部西徙嬀州，依北
山射獵，常采北山麝香、仁參賂劉守光以自託⋯⋯

　　達靼，靺鞨之遺種，本在奚、契丹之東北，後爲奚、契丹所
攻，而部族分散，或屬契丹，或屬渤海，其別部散居陰山者，自
號達靼。

　　《新五代史》卷七十四《四夷附錄第三》頁九〇七至九一一

　　自天祐初，契丹兵力漸盛，室韋、奚、霤皆受制焉。故奚
之部族爲契丹代守邊土，暨虜人虐其首領，去諸怨之，以別
部內附，徙於嬀州，依北山而居，漸至數千帳，故有東、西奚
之號。

　　　　　　　　《五代會要》卷二十八《奚傳》頁四五三

　　明年（天祐三年）二月，復擊劉仁恭。還，襲山北奚，破
之。汴州朱全忠遣人浮海奉書幣、衣帶、珍玩來聘。十一月，
遣偏師討奚、霤諸部及東北女直之未附者，悉破降之。十二
月，痕德堇可汗殂，群臣奉遺命請立太祖。曷魯等勸進，太祖
三讓，從之。

《遼史》卷一《本紀第一‧太祖上》頁二至三

奚，本匈奴別種，牙帳在東胡之地，酋長號王，唐制兼饒樂府，都部居陰凉川。東至營州五百里，西南至幽州九百里。後徙居琵琶川，在幽州東北數百里，古北口之北。天祐初，契丹漸盛，遂受制焉。或徙居嬀州，依山而居之，有東西奚之號。今契丹盡取奚之故地。

《武經總要‧前集》卷十六下《邊防奚、渤海、女真》頁二七三

公元九〇四至九〇七　唐哀帝天祐中

唐天祐中，契丹陷其郡，昫被俘至新州，逃而獲免。

《舊五代史》卷八十九《劉昫傳》頁一一七一

光遠事莊宗爲騎將，唐天祐中，莊宗遣振武節度使周德威討劉守光於幽州，因令光遠隸於德威麾下。後與德威拒契丹於新州，一軍以深入致敗，因傷其臂，遂廢，罷於家。

《舊五代史》卷九十七《楊光遠傳》頁一二九〇

約 8—9 世紀

“烏護”（Ho-yo-vor）部落。勝兵六千人。其北境爲契丹（Ge-tan）部落。契丹王者稱“可汗”，其食物衣著與吐谷渾（Va-2ha）同。其家畜大率有黃牛、綿羊、馬。其語言與吐谷渾人相同。與烏護人時戰時和。

其東，爲奚人部落。

　　《北方若干國君之王統叙記》（古藏文敦煌本，1908 年
法國人伯希和發現於敦煌莫高窟藏經洞，今藏巴黎國家圖書
館，編號爲 P.1283），載薛宗正輯注:《突厥稀見史料輯成——
正史外突厥文獻集萃》頁五二八至五三一

散見未繫年史料

庫莫奚，鮮卑之別種也。其先爲慕容晃所破，竄於松漠之間。後種類漸多……役屬於突厥，而數與契丹相攻。虜獲財畜，因而行賞。

《周書》卷四十九《列傳第四十一·異域上·庫莫奚》頁八九九

奚本曰庫莫奚，東部胡之種也。爲慕容氏所破，遺落者竄匿松、漠之間……初臣於突厥，後稍強盛……隨逐水草，頗同突厥。有阿會氏，五部中爲盛，諸部皆歸之。每與契丹相攻擊，虜獲財畜，因而得賞。死者以葦薄裹屍，懸之樹上。自突厥稱藩之後，亦遣使入朝，或通或絕，最爲無信。

《隋書》卷八十四《列傳第四十九·北狄·奚》頁一八八一

奚本曰庫莫奚，其先東部胡宇文之別種也。初爲慕容晃所破，遺落者竄匿松漠之間……隨逐水草，頗同突厥。有阿會氏，五部中最盛，諸部皆歸之。每與契丹相攻擊，虜獲財畜，因遣使貢方物。

《北史》卷九十四《列傳第八十二·奚》頁三一二六至三一二七

　　奚國,蓋匈奴之別種也,所居亦鮮卑故地,即東胡之界也,在京師東北四千餘里。東接契丹,西至突厥,南拒白狼河,北至霫國……此外部落皆散居山谷,無賦税。其人善射獵,好與契丹戰争。

《舊唐書》卷一百九十九下《列傳第一百四十九·北狄·奚》頁五三五四

　　奚亦東胡種,爲匈奴所破,保烏丸山。漢曹操斬其帥蹋頓,蓋其後也。元魏時自號庫真奚,[二]居鮮卑故地,直京師東北四千里。其地東北接契丹,西突厥,南白狼河,北霫。與突厥同俗,逐水草畜牧,居穹廬,環車爲營。

【校勘記】

　　〔二〕庫真奚　“真”,《魏書》卷一〇〇及《周書》卷四九《庫莫奚傳》、《隋書》卷八四《奚傳》、《通典》卷二〇〇均作“莫”。

《新唐書》卷二百一十九《列傳第一百四十四·北狄·奚》頁六一七三

　　契丹阿保機强盛,室韋、奚、霫皆服屬之。奚人常爲契丹守界上。

《新五代史》卷七十四《四夷附録第三·奚》頁九〇九

奚，本名庫莫。俗甚爲不潔，而善騎射，好爲寇鈔。每與契丹相攻擊，虜獲財畜，因而得賞。……

契丹之先，與庫莫奚異種同類，居黄龍之北數百里。其俗與靺鞨同。好爲寇盜。父母死而悲哭者，以爲不壯，但以其屍置於山樹之上。經三年之後，乃收其骨而焚之。因舉而祝曰："東月特向陽食，若我射獵，時時使我多得諸鹿。"其無禮頑嚚，於諸夷最甚。

南室韋，契丹別部也，在契丹北三千里。土地卑濕，至夏則移向西北。貸勃、欠對二山，多草木，饒禽獸。又多蚊蚋，人皆巢居，以避其患。俗，丈夫皆被髮，婦女盤髮，衣服與契丹同。……

北室韋，亦契丹之別部也。……

霫，匈奴之別種，亦鮮卑故地也。人多善射獵，好以赤皮爲衣緣，婦人貴銅釧，衣襟上下，懸以銅鈴。風俗略與契丹同。

《册府元龜》卷九六一《外臣部·土風三》頁一一一一四〇

霫，匈奴之別種也，居于潢水北，亦鮮卑之故地，其國在京師東北五千里。東接靺鞨，西至突厥，南至契丹，北與烏羅渾接。……人多善射獵，好以赤皮爲衣緣，婦人貴銅釧，衣襟上下懸小銅鈴，風俗略與契丹同。

《舊唐書》卷一百九十九《列傳第一百四十九·北狄·霫》頁五三六三

白霫，居鮮卑故地，直京師東北五千里，與同羅、僕骨接。

避薛延陁，保奥支水、冷陘山，南契丹，北烏羅渾，東疏鞨，西拔野古，地圓袤二千里，山繚其外，勝兵萬人。

《文獻通考》卷三百四十四《四裔二十一·白霤》頁九五五二

失韋國，在勿吉北千里，去洛六千里。路出和龍北千餘里，入契丹國，又北行十日至啜水，又北行三日有蓋水，又北行三日有犢了山，其山高大，周回三百餘里，又北行三日有大水名屈利，又北行三日至刃水，又北行五日到其國。有大水從北而來，廣四里餘，名榇水。國土下濕。語與庫莫奚、契丹、豆莫婁國同。

《魏書》卷一百《列傳第八十八·失韋》頁二二二一

室韋，契丹之類也。[二二]其南者爲契丹，在北者號室韋，分爲五部，不相總一，所謂南室韋、北室韋、鉢室韋、深末怛室韋、太室韋。並無君長，人民貧弱，突厥常以三吐屯總領之。

南室韋在契丹北三千里……其俗丈夫皆被髮，婦人槃髮，衣服與契丹同。

【校勘記】

〔二二〕室韋契丹之類也　“室韋”原缺，據《北史·室韋傳》補。

《隋書》卷八十四《列傳第四十九·北狄·室韋》頁一八八二、一八八六

室韋，契丹別種，東胡之北邊，蓋丁零苗裔也。地據黄龍

北,傍猺越河,直京師東北七千里,東黑水靺鞨,西突厥,南契丹,北瀕海。

《新唐書》卷二百一十九《列傳第一百四十四·北狄·室韋》頁六一七六

突厥沙鉢略可汗嘗以吐屯潘垤統領之,[一四]蓋契丹之類也。其在南者爲契丹,在北者號室韋。南室韋在契丹北三千里,《後魏書》云:自契丹路經啜水、蓋水、犢了山,[一五]其山周迴三百里,又經屈利水,始到其國。……盤髮衣服與契丹同。

【校勘記】

〔一四〕嘗以吐屯潘垤統領之　"嘗"原作"常",據《太平寰宇記》卷一九九改。

〔一五〕蓋水犢了山　"水"原脫,"了"原訛"子",據《魏書·失韋傳》二二二一頁、《太平寰宇記》卷一九九補改。按:《北史·室韋傳》三一二九頁"蓋"作"善"。

《通典》卷第二百《邊防十六·北狄七·室韋》頁五四八七、五五〇四至五五〇五

突厥沙鉢略可汗嘗以吐屯潘垤徒結切[二六]統領之,並契丹之別種也。[二七]南室韋在契丹北三千里……按《後魏書》云:[二八]"自契丹路經啜水、蓋水、犢了山,其山周迴三百里,又經屈利水、刃水,始到其國。"

……

四至:南室韋在契丹北三千里。《後魏書》云:"自契丹路經啜水、犢了山,又經屈利水,始到其國。"

土俗物産：……盤髮衣服與契丹同。

【校勘記】

〔二六〕潘垤徒結切　　“潘垤”底本作“蕃咥”，據宋版記《通典·邊防一六》改。萬本、《庫》本及傳校皆作“垤”。“徒結切”底本脱，萬本、《庫》本同，據宋版補。

〔二七〕並契丹之別種也　　“並”，底本脱，萬本、《庫》本同，據宋版補。

〔二七〕按《後魏書》云　　“云”，底本脱，據宋版、萬本、《庫》本及《通典·邊防》一六補。

《太平寰宇記》卷之一百九十九《四夷二十八·北狄十一·室韋》頁三八一三至三八一五、三八二六

室韋者，契丹之別種。附于突厥……突厥沙鉢羅可汗常以吐屯潘怪統領之，蓋並契丹之別種也。其南者爲契丹，在北者號室韋。南室韋在契丹北三千里。《後魏書》云：自契丹路經啜水蓋犢子山，其山周迴三百里，又經屈利水。始到其國。土地卑濕……盤髮衣服，與契丹同。

《唐會要》卷九十六《室韋》頁二〇三七至二〇三八

突厥沙鉢略可汗嘗以吐屯潘垤統領之，蓋契丹之類也。其南者爲契丹，在北者號室韋。南室韋在契丹北三千里，《後魏書》云：“自契丹路經啜水、蓋水、犢了山，其山周迴三百里，又經屈利水，始到其國……盤髮衣服與契丹同。

《文獻通考》卷三百四十七《四裔二十四·室韋》頁九六二七

渤海，本粟末靺鞨附高麗者，姓大氏。高麗滅，率衆保挹婁之東牟山，地直營州東二千里，南比新羅，以泥河爲境，東窮海，西契丹。

《新唐書》卷二百一十九《列傳第一百四十四·北狄·渤海》頁六一七九

烏羅渾國，蓋後魏之烏洛侯也，今亦謂之烏羅護，其國在京師東北六千三百里。東與靺鞨，西與突厥，南與契丹，北與烏丸接。

《舊唐書》卷一百九十九下《列傳第一百四十九下·北狄·烏羅渾》頁五三六四

羅渾國亦謂之烏護，乃言訛也。東與靺鞨，西與突厥，〔三三〕南與契丹，北與烏丸爲鄰，風俗與靺鞨同。

【校勘記】

〔三三〕西與突厥　　四字原脱，據《舊唐書·北狄傳》五三六四頁補。

《通典》卷第二百《邊防十六·北狄七·烏洛侯》頁五四八九、五五〇七

烏羅渾。蓋後魏烏洛侯也。今亦謂之烏羅護。東與靺鞨，南與契丹。北與烏丸爲鄰。風土與靺鞨同。

《唐會要》卷九十九《烏羅渾國》頁二一〇一

烏羅渾國亦謂之烏護，乃言譌也。東與靺羯，西與突厥，

南與契丹,北與烏丸爲鄰,風俗與靺鞨同。

　　《文獻通考》卷三百四十七《四裔二十四・烏洛侯》頁
九六二七

　　贊曰:遼之先,出自炎帝,世爲審吉國,其可知者蓋自奇
首云。奇首生都庵山,徙潢河之濱。傳至雅里,始立制度,置
官屬,刻木爲契,穴地爲牢,讓阻午而不肯自立。雅里生毗
牒。毗牒生頦領。頦領生耨里思,大度寡欲,令不嚴而人化,
是爲肅祖。肅祖生薩剌德,嘗與黃室韋挑戰,矢貫數札,是爲
懿祖。懿祖生匀德實,始教民稼穡,善畜牧,國以殷富,是爲
玄祖。玄祖生撒剌的,仁民愛物,始置鐵冶,教民鼓鑄,是爲
德祖,即太祖之父也,世爲契丹遥輦氏之夷離堇,執其政柄。
德祖之弟述瀾,北征於厥、室韋,南略易、定、奚、霫,始興板
築,置城邑,教民種桑麻,習織組,已有廣土衆民之志。而太
祖受可汗之禪,遂建國。

　　　　《遼史》卷二《本紀第二・太祖紀下》頁二四

　　著帳郎君:初,遥輦痕德堇可汗以蒲古只等三族害于越
釋魯,籍没家屬入瓦里。

　　　　《遼史》卷三十一《志第一・營衛志上》頁三七一

　　部落曰部,氏族曰族。契丹故俗,分地而居,合族而處。
有族而部者,五院、六院之類是也;有部而族者,奚王、室韋之
類是也;有部而不族者,特里特勉、稍瓦、曷朮之類是也;有族
而不部者,遥輦九帳、皇族三父房是也。

奇首八部爲高麗、蠕蠕所侵，僅以萬口附于元魏。生聚未幾，北齊見侵，掠男女十萬餘口。繼爲突厥所逼。寄處高麗，不過萬家。部落離散，非復古八部矣。別部有臣附突厥者，内附於隋者，依紇臣水而居。部落漸衆，分爲十部，有地遼西五百餘里。唐世大賀氏仍爲八部，而松漠、玄州別出，亦十部也。遙輦氏承萬榮可突于散敗之餘，更爲八部；然遙輦、迭剌別出，又十部也。阻午可汗析爲二十部，契丹始大。至于遼太祖，析九帳、三房之族，更列二十部。聖宗之世，分置十有六，增置十有八，并舊爲五十四部；内有拔里、乙室已國舅族，外有附庸十部，盛矣！

其氏族可知者，略具《皇族》《外戚》二表。餘五院、六院、乙室部止見益古、撒里本、涅剌，烏古部止見撒里卜、涅勒，突呂不、突舉部止見塔古里、航斡，皆兄弟也。奚王府部時瑟、哲里，則臣主也。品部有拏女，楮特部有洼。其餘世系名字，皆漫無所考矣。

舊《志》曰：“契丹之初，草居野次，靡有定所。至涅里始制部族，各有分地。……”

《遼史》卷三十二《志第二·營衛志中》頁三七六至三七七

古八部：悉萬丹部。何大何部。伏弗郁部。羽陵部。[二]日連部。匹絜部。黎部。[三]吐六于部。

【校勘記】

〔二〕伏弗郁部及羽陵部　按此二部名本《魏書·契丹傳》。《魏書·顯祖紀》兩見，並作具伏弗部、郁羽陵部，《册府元龜》九六九同。《魏書・勿吉傳》又見郁羽陵之名。《魏書・契丹傳》誤,《通典・邊防典》《北史・契丹傳》及本志均沿誤。

〔三〕匹絜部及黎部　按此本《魏書・契丹傳》。《魏書・顯祖紀》《勿吉傳》並作匹黎爾部,《册府元龜》九六九、《通典・邊防典》作匹黎部,均作一部之名。本志沿《魏書・契丹傳》誤分爲二部。又《魏書・顯祖紀》來朝者爲具伏弗、郁羽陵、日連、匹黎爾、叱六于、悉萬丹、阿大何、羽真侯各部。

契丹之先,曰奇首可汗,生八子。其後族屬漸盛,分爲八部,居松漠之間。今永州木葉山有契丹始祖廟,奇首可汗、可敦並八子像在焉。潢河之西,土河之北,奇首可汗故壤也。

隋契丹十部:元魏末,莫弗賀勿于畏高麗、蠕蠕侵逼,率車三千乘、衆萬口内附,乃去奇首可汗故壤,居白狼水東。〔四〕北齊文宣帝自平州三道來侵,虜男女十餘萬口,分置諸州。又爲突厥所逼,以萬家寄處高麗境内。隋開皇四年,諸莫弗賀悉衆款塞,聽居白狼故地。又别部寄處高麗者曰出伏等,率衆内附,詔置獨奚那頡之北。〔五〕又别部臣附突厥者四千餘户來降,詔給糧遣還,固辭不去,部落漸衆,徙逐水草,依紇臣水而居。在遼西正北二百里,其地東西亘五百里,南北三百里。分爲十部,逸其名。

【校勘記】

〔四〕白狼水　按《隋書》八四《契丹傳》作白貔河。

〔五〕獨奚那頡　按《世表》及《隋書・契丹傳》作渴奚那頡。

唐大賀氏八部：達稽部，峭落州。紇便部，彈汗州。獨活部，無逢州。芬問部，[六]羽陵州。突便部，日連州。芮奚部，徒河州。墜斤部，萬丹州。伏部，州二：匹黎、赤山。

【校勘記】

〔六〕芬問部　芬問部，《册府元龜》、《新唐書·地理志》及《契丹傳》同。《地理志》一作芬阿部。

唐太宗置玄州，以契丹大帥據曲爲刺史。[七]又置松漠都督府，以窟哥爲都督，分八部，並玄州爲十州。則十部在其中矣。

【校勘記】

〔七〕大帥據曲爲刺史　據曲，《新唐書·契丹傳》、《地理志》並作曲據。《舊唐書·地理志》作李去閭。

遙輦氏八部：旦利皆部。乙室活部。實活部。[八]納尾部。頻没部。納會鷄部。[九]集解部。奚嗢部。

【校勘記】

〔八〕實活部　按《地理志三》作室活部。

〔九〕納會鷄部　按《地理志》一作内會鷄部。

當唐開元、天寶間，大賀氏既微，遼始祖涅里立迪輦祖里爲阻午可汗。[一〇]時契丹因萬榮之敗，部落凋散，即故有族衆分爲八部。涅里所統迭剌部自爲別部，不與其列。並遙輦、迭剌亦十部也。

【校勘記】

〔一〇〕迪輦祖里　按《世表》作迪輦俎里。

遙輦阻午可汗二十部：耶律七部。審密五部。八部。

涅里相阻午可汗，分三耶律爲七，二審密爲五，並前八部爲二十部。三耶律：一曰大賀，二曰遥輦，三曰世里，即皇族也。二審密：一曰乙室已，二曰拔里，即國舅也。其分部皆未詳；可知者曰迭刺，曰乙室，曰品，曰楮特，曰烏隗，曰突吕不，曰捏刺，[一]曰突舉，又有右大部、左大部，凡十，逸其二。大賀、遥輦析爲六，而世里合爲一，兹所以迭刺部終遥輦之世，强不可制云。

【校勘記】

〔一一〕涅刺　按上下文均作捏刺。

《遼史》卷三十二《志第二·營衛志中》頁三七七至三八一、三八一至三八二

五院部。其先曰益古，凡六營。阻午可汗時，與弟撒里本領之，曰迭刺部。傳至太祖，以夷離菫即位。

　　　　《遼史》卷三十三《志第三·營衛志下》頁三八四

乙室部。其先曰撒里本，阻午可汗之世，與其兄益古分營而領之，曰乙室部。

　　　　《遼史》卷三十三《志第三·營衛志下》頁三八五

品部。其先曰挐女，阻午可汗以其營爲部。

　　　　《遼史》卷三十三《志第三·營衛志下》頁三八五

楮特部。其先曰洼，阻午可汗以其營爲部。

　　　　《遼史》卷三十三《志第三·營衛志下》頁三八五

烏隗部。其先曰撒里卜，與其兄涅勒同營，阻午可汗析爲二：撒里卜爲烏隗部，涅勒爲涅剌部。

《遼史》卷三十三《志第三·營衛志下》頁三八六

涅剌部。其先曰涅勒，阻午可汗分其營爲部。

《遼史》卷三十三《志第三·營衛志下》頁三八六

突呂不部。其先曰塔古里，領三營。阻午可汗命分其一與弟航斡爲突舉部；塔古里得其二，更爲突呂不部。

《遼史》卷三十三《志第三·營衛志下》頁三八六

突舉部。〔五〕其先曰航斡，阻午可汗分營置部。

【校勘記】

〔五〕突舉部 《紀》會同四年正月作突軌部，統和四年八月作諦居部。

《遼史》卷三十三《志第三·營衛志下》頁三八七、三九三

奚王府六部五帳分。其先曰時瑟，事東遙里十帳部主哲里。後逐哲里，自立爲奚王。卒，弟吐勒斯立。遙輦鮮質可汗討之，俘其拒敵者七百户，撫其降者。以時瑟鄰睦之故，止俘部曲之半，餘悉留焉。奚勢由是衰矣。初爲五部：曰遙里，曰伯德，曰奧里，曰梅只，曰楚里。太祖盡降之，號五部奚。

《遼史》卷三十三《志第三·營衛志下》頁三八七

突吕不室韋部。本名大、小二黄室韋户。太祖爲達馬狨沙里,以計降之,乃置爲二部。

《遼史》卷三十三《志第三·營衛志下》頁三八七

涅剌拏古部。與突吕不室韋部同。節度使戍泰州東。

迭剌迭達部。本鮮質可汗所俘奚七百户,太祖即位,以爲十四石烈,置爲部。隸南府,節度使屬西南路招討司,戍黑山北,部民居慶州南。

《遼史》卷三十三《志第三·營衛志下》頁三八八

遼國左都遼海,右邑涿鹿,兵力莫强焉。其在隋世,依紇臣水而居,分爲十部。兵多者三千,少者千餘。順寒暑,逐水草畜牧。侵伐則十部相與議,興兵致役,合契而後動,獵則部得自行。至唐,大賀氏勝兵四萬三千人,分爲八部。大賀氏中衰,僅存五部。有耶律雅里者,分五部爲八,立二府以總之,析三耶律氏爲七,二審密氏爲五,凡二十部。刻木爲契,政令大行。遜不有國,乃立遥輦氏代大賀氏,兵力益振,即太祖六世祖也。

及太祖會李克用于雲中,以兵三十萬,盛矣。

遥輦耶瀾可汗十年,歲在辛酉,太祖授鉞專征,[一]破室韋、于厥、奚三國,俘獲廬帳,不可勝紀。十月,授大迭烈府夷離菫,明賞罰,繕甲兵,休息民庶,滋蕃群牧,務在戢兵。十一年,總兵四十萬伐代北,克郡縣九,俘九萬五千口。十二年,德祖討奚,俘七千户。十五年,遥輦可汗卒,遺命遜位于太祖。[二]

【校勘記】

〔一〕遥輦耶瀾可汗十年歲在辛酉太祖授鉞專征　按《世表》，耶瀾可汗在唐會昌間，次巴剌可汗在咸通間，又次痕德堇可汗在光啓間。辛酉歲當天復元年，不合。《太祖紀》上，"唐天復元年，歲辛酉，痕德堇可汗立，以太祖爲本部夷離堇，專征討"。較近實際。

〔二〕十五年遥輦可汗卒遺命遜位于太祖　按《太祖紀》上云，丙寅年"十二月，痕德堇可汗殂"，太祖翌年丁卯歲"正月，即皇帝位"。

《遼史》卷三十四《志第四·兵衛志上》頁三九五至三九六、四〇〇

遼國其先曰契丹，本鮮卑之地，居遼澤中；去榆關一千一百三十里，去幽州又七百一十四里。南控黃龍，北帶潢水，冷陘屏右，遼河塹左。高原多榆柳，下濕饒蒲葦。當元魏時，有地數百里。至唐，大賀氏蠶食扶餘、室韋、奚、靺鞨之區，地方二千餘里。貞觀三年，以其地置玄州。尋置松漠都督府，建八部爲州，各置刺史：達稽部曰峭落州，紇便部曰彈汗州，獨活部曰無逢州，芬阿部曰羽陵州，突便部曰日連州，芮奚部曰徒河州，墜斤部曰萬丹州，伏部曰匹黎、赤山二州。以大賀氏窟哥爲使持節十州軍事。分州建官，蓋昉於此。

迨于五代，闢地東西三千里。遥輦氏更八部曰旦利皆部、乙室活部、實活部、納尾部、頻没部、内會鷄部、集解部、奚嗢部，屬縣四十有一。每部設刺史，縣置令。

《遼史》卷三十七《志第七·地理志一》頁四三七至四三八

祖州，天成軍，上，節度。本遼右八部世没里地。[一七]

【校勘記】

[一七]祖州天成軍至右八部世没里地　天成軍，《大典》同。《太祖紀》、《太宗紀》、《聖宗紀》並作天城軍。"右八部"，疑當作右大部。《營衛志》中阻午可汗二十部中有右大部，下文儀坤州亦有右大部之名。

《遼史》卷三十七《志第七·地理志一》頁四四二、四五三

越王城。太祖伯父于越王述魯西伐党項、吐渾，[一八]俘其民放牧於此，因建城。

【校勘記】

[一八]于越王述魯　述魯，《皇子表》作述瀾，釋魯字。

《遼史》卷三十七《志第七·地理志一》頁四四三、四五三

儀坤州，啓聖軍，節度。本契丹右大部地。應天皇后建州。回鶻糯思居之，至四世孫容我梅里，生應天皇后述律氏，適太祖。太祖開拓四方，平渤海，后有力焉。俘掠有伎藝者多歸帳下，謂之屬珊。以所生之地置州。州建啓聖院，中爲儀寧殿，太祖天皇帝、應天地皇后銀像在焉。隸長寧宫。統縣一：

廣義縣。本回鶻部牧地。

《遼史》卷三十七《志第七·地理志一》頁四四六至四四七

龍化州，興國軍，下，節度。本漢北安平縣地。契丹始祖奇首可汗居此，稱龍庭。太祖於此建東樓。唐天復二年，太祖爲迭烈部夷離堇，破代北，遷其民，建城居之。明年，伐女直，俘數百戶實焉。天祐元年，增修東城，制度頗壯麗。十三年，太祖於城東金鈴岡受尊號曰大聖大明天皇帝，建元神册。

　　　　《遼史》卷三十七《志第七‧地理志一》頁四四七

饒州，匡義軍，中，節度。本唐饒樂府地。貞觀中置松漠府。太祖完葺故壘。

　　　　《遼史》卷三十七《志第七‧地理志一》頁四四八

遼始祖涅里究心農工之事，太祖尤拳拳焉，畜牧畋漁固俗尚也。

　　　　《遼史》卷四十六《志第十六‧百官志二》頁七三〇

遼本朝鮮故壤，箕子八條之教，流風遺俗，蓋有存者。自其上世，緣情制宜，隱然有尚質之風。遙輦胡剌可汗制祭山儀，蘇可汗制瑟瑟儀，阻午可汗制柴册、再生儀。其情朴，其用儉。敬天恤災，施惠本孝，出於悃忱，殆有得於膠瑟聚訟之表者。太古之上，椎輪五禮，何以異茲。太宗克晉，稍用漢禮。

　　　　《遼史》卷四十九《志第十八‧禮志一》頁八三三

契丹轉居薦草之間，去邃古之風猶未遠也。太祖仲父述瀾，以遙輦氏于越之官，占居潢河沃壤，始置城邑，爲樹藝、桑麻、組織之教，有遼王業之隆，其亦肇跡於此乎！

　　《遼史》卷五十六《志第二十五·儀衛志二》頁九〇五

　　遥輦氏之世，受印于回鶻。至耶瀾可汗請印於唐，武宗始賜"奉國契丹印"。

　　《遼史》卷五十七《志第二十六·儀衛志三》頁九一三

　　自大賀氏八部用兵，則合契而動，不過刻木爲胖合。太祖受命，易以金魚。

　　《遼史》卷五十七《志第二十六·儀衛志三》頁九一五

　　遼自大賀氏摩會受唐鼓纛之賜，是爲國仗。其制甚簡，太宗伐唐、晉以前，所用皆是物也。

　　《遼史》卷五十八《志第二十七·儀衛志四》頁九一八

　　遥輦末主遺制，迎十二神纛、天子旗鼓置太祖帳前。

　　《遼史》卷五十八《志第二十七·儀衛志四》頁九一八

　　大賀失活入朝于唐，娑固兄弟繼之，尚主封王，飫覯上國。開元東封，邵固扈從，又覽太平之盛。自是朝貢歲至于唐。遼始祖涅里立遥輦氏，世爲國相，目見耳聞，歆企帝王之容輝有年矣。遥輦致鼓纛於太祖帳前，曾何足以副其雄心霸氣之所睥睨哉。

　　《遼史》卷五十八《志第二十七·儀衛志四》頁九一九

契丹舊俗，其富以馬，其强以兵。縱馬於野，弛兵於民。有事而戰，驍騎介夫，卯命辰集。馬逐水草，人仰湩酪，挽强射生，以給日用，糗糧芻茭，道在是矣。以是制勝，所向無前。

　　《遼史》卷五十九《志第二十八·食貨志上》頁九二三

　　初，皇祖匀德實爲大迭烈府夷離菫，喜稼穡，善畜牧，相地利以教民耕。仲父述瀾爲于越，飭國人樹桑麻，習組織。

　　《遼史》卷五十九《志第二十八·食貨志上》頁九二三至九二四

　　鼓鑄之法，先代撒剌的爲夷離菫，以土産多銅，始造錢幣。太祖其子，襲而用之，遂致富强，以開帝業。

　　《遼史》卷六十《志第二十九·食貨志下》頁九三〇至九三一

　　始太祖爲迭烈府夷離菫也，懲遙輦氏單弱，於是撫諸部，明賞罰，不妄征討，因民之利而利之，群牧蕃息，[六]上下給足。

【校勘記】

〔六〕群牧蓄息　蓄，應作蕃。

　　《遼史》卷六十《志第二十九·食貨志下》頁九三一、九三三

　　及阻午可汗知宗室雅里之賢，命爲夷離菫以掌刑辟，豈非士師之官，非賢者不可爲乎。

　　《遼史》卷六十一《志第三十·刑法志上》頁九三五

　　籍没之法，始自太祖爲撻馬狘沙里時，奉痕德菫可汗命，按于越釋魯遇害事，以其首惡家屬没入瓦里。

　　　　　《遼史》卷六十一《志第三十・刑法志上》頁九三六

　　契丹之始也，中國簡典所不載。遠夷草昧，復無書可考，其年代不可得而詳也。本其風物，地有二水。曰北乜里没里，復名陶猥思没里者，是其一也，其源出自中京西馬盂山，東北流，華言所謂土河是也。曰裊羅箇没里，復名女古没里者，又其一也，源出饒州西南平地松林，直東流，華言所謂潢河是也。至木葉山，合流爲一。古昔相傳：有男子乘白馬浮土河而下，復有一婦人乘小車駕灰色之牛，浮潢河而下，遇於木葉之山，顧合流之水，與爲夫婦，此其始祖也。是生八子，各居分地，號八部落：一曰祖皆利部，二曰乙室活部，三曰寶活部，四曰納尾部，五曰頻没部，六曰内會鷄部，七曰集解部，八曰奚嗢部。立遺像始祖及八子。于木葉山，後人祭之，必刑白馬殺灰牛，用其始來之物也。後有一主，號曰廼呵，此主特一髑髏，在穹廬中覆之以氈，人不得見。國有大事，則殺白馬灰牛以祭，始變人形，出視事，已，即入穹廬，復爲髑髏。因國人竊視之，失其所在。復有一主，號曰喎呵，戴野猪頭，披猪皮，居穹廬中，有事則出，退復隱入穹廬如故。後因其妻竊其猪皮，遂失其夫，莫知所如。次復一主，號曰晝里昏呵，惟養羊二十口，日食十九，留其一焉，次日復有二十口，日如之。是三主者，皆有治國之能名，餘無足稱焉。異矣哉！氈中枯骨，化形治事；戴猪服豕，罔測所終。當其隱入穹廬之時，不知其孰爲主也，孰爲之副貳也，荒唐怪誕，訛以傳訛，遂爲口實，其詳亦不可得而詰也。自時厥後，牛馬死損，詞訟龐淹，復遭風雨雪霜之害，中遂衰微。八部大人後稍整兵，三年一會，於各部内選雄勇有謀略者，立之爲主，舊主退位，例以爲常。至阿保機爲衆所立，後併七部而滅之，契丹始大。

　　　　《契丹國志》卷首之《契丹國初興本末》頁三至四

　　太祖皇帝諱億，番名阿保機，乃斡里小子也，父斡里，[一]爲夷離巾，猶中國刺史。帝生而拓落多智，與衆不群。及壯，雄健勇武，有膽略。好騎射，鐵厚一寸，射而洞之。所寢至夜曾有光，左右莫不驚怪。部落憚其雄勇，莫不畏而服之。

　　先是契丹部落分而爲八，以次相代。唐咸通末，有習爾者爲王，土宇始大。其後欽德爲王，乘中原多故，時入侵邊。

【校勘記】

　　〔一〕乃斡里小子也父斡里　《資治通鑒》卷一百六十六遼太祖開平元年（九〇七）五月紀事胡三省注引趙志忠《虜廷雜記》：太祖諱億，番名阿保機，又諱斡里。《遼史‧太祖紀》上：德祖皇帝長子。按德祖皇帝名撒剌的。此言太祖皇帝乃斡里小子也，父斡里云云，與《雜記》《遼史》等有異。

　　　　《契丹國志》卷之一《太祖大聖皇帝》頁一、一〇

　　初，唐末藩鎮驕横，互相併吞鄰藩，燕人軍士多亡歸契丹，契丹日益强大。

　　　　《契丹國志》卷之一《太祖大聖皇帝》頁二

　　論曰：契丹之興，本自東胡。然人外而獸内，窺覷中原，

未若有太祖其盛者也。唐末諸藩霧暗，五嶽塵氛，赤縣成墟，
紫宸遷宅。太祖奮自荒陬，馳驅中夏，漲幽、燕而胡塵，吞八
部以高嘯，雄亦盛矣。豈天未厭亂，而淫名越號，亦可帖服諸
人歟？不然，何以若斯其鋒也。五胡雲擾，聖鼎終移；拓拔鯨
吞，南宇分割。雖曰人事，亦有運數存焉。

　　　　《契丹國志》卷之一《太祖大聖皇帝》頁九至一〇

　　契丹部族，本無姓氏，惟各以所居地名呼之，婚嫁不拘
地理。

　　　　《契丹國志》卷之二十三《族姓原始》頁二四七

　　契丹國在庫莫奚東，唐所謂黑水靺鞨者，今其地也。有
七十二部落，不相統制，好爲寇盜。父母死而悲哭者，以爲不
壯，但以其屍置於山樹上，經三年後，乃收其骨而焚之。因酹
酒而祝曰：“冬月時，向陽食；夏月時，向陰食；我若射獵時，
使我多得猪鹿。”其無禮頑囂，於諸夷最甚。其風俗與奚、靺
鞨頗同。至阿保機，稍并服諸小國，而多用漢人。漢人教之
以隸書之半增損之，作文字數千，以代刻木之約。又制婚嫁，
置官號，稱皇帝。漢時爲匈奴所破，保鮮卑山。魏青龍中，部
酋爲王雄所殺，衆遂逃潢水之南，黃龍之北。至元魏，自號曰
契丹。在唐開元、天寶間，使朝獻者無慮二十。故事：以范陽
節度爲押奚、契丹使，至唐末，契丹始盛。

　　　　《契丹國志》卷之二十三《國土風俗》頁二四七至二四八

　　初契丹有八部，族之大者曰大賀氏。後分爲八部，部之

長號"大人",而常推一人爲王,建旗鼓,以統八部。每三年則以次相代,或其部有災疾而畜牧衰,則八部聚議,以旗鼓立其次而代之。被代者以爲元約如此,不敢争。及阿保機,乃曰"中國之主無代立者"。由是阿保機益以威制諸國,不肯代。其立九年,諸部共責誚之。阿保機不得已,傳其旗鼓,而謂諸部曰:"吾立九年,所得漢人多矣。吾欲別自爲一部以治漢城,可乎?"諸部將許之。漢城在炭山東南灤河上,有鹽鐵之利,乃後魏滑鹽縣也。其地可植五穀,阿保機率漢人耕種,爲治城郭邑屋廛市如幽州制,漢人安之,不復思歸。阿保機知衆可用,用其妻述律策,使人告諸部大人曰:"我有鹽池之利,諸部所食。然諸部知食鹽之利,而不知鹽有主人,可乎?當來犒我。"諸部以爲然,共以牛酒會鹽池。阿保機伏兵其旁,酒酣伏發,盡殺諸部大人,復並爲一國,東北諸夷皆畏服之。

《契丹國志》卷之二十三《併合部落》頁二四八至二四九

石抹也先

石抹也先者,遼人也。其先,嘗從蕭后舉族入突厥,及后還而族留。至遼爲述律氏,號稱后族。

《元史》卷一五〇《列傳第三十七·石抹也先傳》頁三五四一

耶律羽之墓誌

公諱羽之,姓耶律氏,其先宗分佶首,沠出石槐,歷漢、魏、隋、唐已來,世爲君長。曾祖諱勤德迭列,夷離菫、北大王,九領節鉞,十全功勳。祖曷魯匣麥,夷離菫,兩奉王猷,控制藩屏。列考諱漚思涅烈，夷離菫、金雲大王，劍履承家，旌麾顯世。皇妣夫人邈屈耐奇，叔畫宰相之女也，賢方衛女，德比樊姬。生六男六女，公即金雲大王弟四息也。

《遼代石刻文續編》頁三

耶律仁先墓誌

王諱仁先，字一得，姓耶律氏，其先□□人。遠祖曰仲父述刺實魯于越，即第二橫帳，太祖皇帝之龍父也。

《遼代石刻文編》頁三五二

蕭袍魯墓誌

公姓蕭氏，諱袍魯，其先蘭陵人也。自遥輦建國以還，泊太祖開國而下。文武奕代，將相盈門。積善之家，慶有餘而彌劭；盛德之後，世雖百以猶昌。

《遼代石刻文編》頁四二三

耶律慶嗣墓誌

公諱慶嗣，字襲美，其先漆水人也。遠祖于越蜀國王諱述列實魯，即太祖大聖天皇帝之伯父也。有玄鑒澄量，當太祖潛德時，嘗謂族人曰：“觀吾姪應變非常，迺龍之至神者。以吾輩況之則虵虺爾，吾國業家一天下，非姪而何爾，宜肩一心，始終善愛戴之。”其先見遠識若此。

《遼代石刻文編》頁四五六

參考文獻

紀傳體史料

（北齊）魏收撰：《魏書》，中華書局，一九七四年。

（唐）李延壽撰：《北史》，中華書局，一九七四年。

（唐）魏徵等撰：《隋書》，中華書局，一九七三年。

（後晉）劉昫等撰：《舊唐書》，中華書局，一九七五年。

（北宋）歐陽修、宋祁撰：《新唐書》，中華書局，一九七五年。

（北宋）薛居正等撰：《舊五代史》，中華書局，一九七六年。

（北宋）歐陽修撰：《新五代史》，中華書局，一九七四年。

（南宋）鄭樵撰：《通志》，中華書局，一九八七年。

（南宋）葉隆禮撰：《契丹國志》，中華書局，二〇一四年。

（元）脫脫等撰：《遼史》，中華書局，一九七四年。

（明）宋濂等撰：《元史》，中華書局，一九七六年。

（朝鮮）金富軾撰：《三國史記》，吉林大學出版社，二〇一五年

編年體史料

（北宋）司馬光編著，（元）胡三省注：《資治通鑑》，中華書局，
　　一九五六年。

典制體史料

（唐）杜佑撰：《通典》，中華書局，一九八八年。

（北宋）王溥撰：《唐會要》，上海古籍出版社，二〇〇六年。

（北宋）王溥撰：《五代會要》，上海古籍出版社，一九七八年。

（元）馬端臨撰：《文獻通考》，中華書局，二〇一一年。

類書

（北宋）李昉等撰：《太平御覽》，中華書局，一九六〇年。

（北宋）王欽若等編：《册府元龜》，鳳凰出版社，二〇〇六年。

（北宋）李昉等編：《文苑英華》，中華書局，一九六六年。

地理類史料

（北宋）樂史撰：《太平寰宇記》，中華書局，二〇〇七年。

（清）顧祖禹撰：《讀史方輿紀要》，中華書局，二〇〇五年。

其他史料

（北魏）崔鴻撰、（清）湯球輯補：《十六國春秋輯補》，中華書局，二〇二〇年。

（唐）張鷟撰：《朝野僉載》，中華書局，一九七九年。

（唐）顏真卿：《文忠集》，《叢書集成》本，中華書局，一九八五年。

（唐）張九齡撰，劉斯翰校注：《曲江集》，廣東人民出版社，一九八六年。

（唐）李林甫等撰，陳仲夫點校：《唐六典》，中華書局，一九九二年。

（唐）姚汝能撰：《安禄山事迹》，中華書局，二〇〇六年。

（唐）張九齡撰，熊飛校注：《張九齡集校注》，中華書局，二○○八年。

（唐）韓愈撰：《韓愈文集彙校箋注》，中華書局，二○一○年。

（唐）張説撰：《張説集校注》，中華書局，二○一三年。

（唐）杜牧撰：吳在慶撰：《杜牧集繫年校注》，中華書局，二○一六年。

（唐）李德裕撰，傅璇琮、周建國校箋：《李德裕文集校箋》，中華書局，二○一八年。

（宋）姚鉉：《唐文粹》，《文淵閣四庫全書》一三四三册，臺灣商務印書館，一九八六年。

（宋）宋敏求編：《唐大詔令集》，中華書局，二○○八年。

（宋）曾公亮等：《武經總要》，商務印書館，二○一七年。

（宋）林表民輯：《赤城集》，《臺州文獻叢書》本，上海古籍出版社，二○一九年。

（清）董誥等編：《全唐文》，中華書局，一九八三年。

（清）陸增祥：《八瓊室金石補正》，文物出版社，一九八五年。

北京圖書館金石組、中國佛教圖書文物館石經組編：《房山石經題記彙編》，書目文獻出版社，一九八七年。

周紹良編：《唐代墓誌彙編》，上海古籍出版社，一九九二年。

向南：《遼代石刻文編》，河北教育出版社，一九九五年。

吳剛主編：《全唐文補遺》（第六輯），三秦出版社，一九九九年。

耿世民著：《古代突厥文碑銘研究》，中央民族大學出版社，二○○五年。

薛宗正輯注：《突厥稀見史料輯成——正史外突厥文獻集

萃》,新疆人民出版社,二〇〇五年。

向南、張國慶、李宇峰輯注:《遼代石刻文續編》,遼寧人民出版社,二〇一〇年。

胡戟、榮新江主編:《大唐西市博物館藏墓誌》,北京大學出版社,二〇一二年。

中國唐史學會主辦:《唐史論叢》(十七輯),陝西師範大學出版社,二〇一四年。

陝西省考古研究院編:《陝西省考古研究院新入藏墓誌》,上海古籍出版社,二〇一九年。

趙超:《中州唐誌跋尾六則》,載《華夏考古》一九八八年二期。

張鴻膺、吕冬梅:《唐張仁憲神道碑考》,載《文物春秋》一九九二年第二期。

朱學武:《河北淶水唐墓清理簡報》,載《文物春秋》一九九七年第二期,

吴建華:《唐張守珪墓誌考辯及有關史實摭拾》,載《中原文物》一九九七年第二期。

周錚:《張佑明墓誌考辯》,載《文物春秋》一九九九年第六期。

葛承雍:《對西安市東郊唐墓出土契丹王墓誌的解讀》,載《考古》二〇〇三年九期。

蔡强、于俊玉:《朝陽唐代駱本墓發掘簡報》,載教育部人文社會科學重點研究基地、吉林大學邊疆考古研究中心、邊疆考古與中國文化認同協同創新中心編:《邊疆考古研究》第

二一輯,二〇一七年。

向傳君:《岐山新發現唐代〈王承憲墓誌〉考釋——由王武俊家族墓誌考察其家族世系》,載《乾陵文化研究》第十二輯,二〇一八年。

馬文濤:《遼寧遼陽唐駱本墓誌考》,載《黄河、黄土、黄種人》二〇二一年第一期下。

鐵顔顔:《北方民族政權融入統一國家的基本路徑探析——以〈唐故左屯衛郎將李公墓誌銘〉爲中心的研究》,載《中央民族大學學報》二〇二二年第三期。

後 記

　　《契丹資料輯録》即將付梓,作爲編者,倍感欣慰,希望能對契丹建國前早期歷史的研究有所裨益。該資料輯録來源龐雜,涉及紀傳體、編年體、典制體、大型類書、地理總志、文集、兵書等多類古籍和碑刻資料,輯録內容儘量做到準確、豐富、全面、系統。一定程度而言,資料輯録是一件"做嫁衣"的工作,但要做好,却非易事。既需要編者熟悉掌握相關歷史,還需要具備一定的古文字、版本目録學知識。尤其是各類資料分布零散、謬誤繁多、生僻字及異體字大量存在,增加了高水準完成這一工作的難度。雖然我們制定了高標準、高質量、嚴把關的工作原則,並不斷强化、完善。但能否達到預先設想,讓讀者滿意,爲研究者所用,助益專業研究,尚需實踐檢驗。

　　在編輯出版過程中,內蒙古大學歷史與旅遊文化學院副院長王麗娟教授給予了大力支持和幫助,組織國家社科基金重大項目"東胡系民族歷史文獻整理與研究"團隊成員袁剛、馮科、吳飛、王石雨、曹磊、林睿、張宇、于伯樂、馬傲天、張祥瑞、郝意如、周俊昊、柏楊、包勁然等,按照"東胡系民族資料匯編"叢書的整體體例和出版格式要求,對《契丹資料輯録》作了形式上的統一修改完善和文字校對,博士研究生張祥瑞做了大量的溝通聯繫等工作;河北大學宋史研究中心博士研究生郭天翔、張静、高雲霄和碩士研究生吳曉傑、馬昊、才俊良、李耀興、張又天等做了大量輯録、校對工作,付出很多時間和精力;另外,責編陳喬付出了大量辛勤勞動。在此謹致以衷心的感謝!

書中難免有錯誤紕漏,敬祈讀者批評指正。

2024 年 4 月 5 日